Lehrerinnen und Lehrer lernen

W0326333

Florian H. Müller, Astrid Eichenberger,
Manfred Lüders, Johannes Mayr (Hrsg.)

Lehrerinnen und Lehrer lernen

Konzepte und Befunde zur Lehrerfortbildung

Waxmann 2010
Münster / New York / München / Berlin

Bibliografische Informationen der Deutschen Nationalbibliothek
Die Deutsche Nationalbibliothek verzeichnet diese Publikation in der Deutschen Nationalbibliografie; detaillierte bibliografische Daten sind im Internet über http://dnb.d-nb.de abrufbar.

Publiziert mit Unterstützung des Forschungsrats der Alpen-Adria-Universität Klagenfurt.

ISBN 978-3-8309-2107-3

© Waxmann Verlag GmbH, Münster 2010

www.waxmann.com
info@waxmann.com

Umschlaggestaltung: Christian Averbeck, Münster
Titelfoto: Johannes Puch, Klagenfurt
Satz und Layout: Nicole Kelner, Klagenfurt
Druck: Hubert und Co., Göttingen
Gedruckt auf alterungsbeständigem Papier, säurefrei gemäß ISO 9706

Alle Rechte vorbehalten
Printed in Germany

Inhalt

IV Spezifische Interventionen

Prolog

Die Entdeckung der dritten Phase der Lehrerbildung

Die Lehrerbildung ist in vielen Ländern in die Diskussion geraten: In der Schweiz war es insbesondere die Studie von Oser & Oelkers (2001), die Aufmerksamkeit erregte, weil sie die Wirksamkeit der aktuell praktizierten Lehrerausbildung stark in Zweifel zog. In Deutschland war es die Expertise von Terhart (2002), in der – angestoßen unter anderem durch die Befunde und Lösungsvorschläge von Oser & Oelkers – „Standards" für die erste und zweite Phase der Lehrerbildung formuliert wurden. Vergleichbare Bedeutung erreichten auf internationaler Ebene der Report der *American Educational Research Association* (Cochran-Smith & Zeichner, 2005) und die OECD-Studie *Teachers Matter* (2005). Gemeinsam ist allen diesen Studien und Expertisen, dass sie für die Lehrerbildung deutlichen Verbesserungsbedarf sehen.

Die wissenschaftlichen Analysen und die damit zusammenhängenden bildungspolitischen Forderungen richteten bisher ihr Hauptaugenmerk auf die Erstausbildung der Lehrkräfte und allenfalls auf das Referendariat (siehe etwa die Beiträge im Handbuch Lehrerbildung von Blömeke, Reinhold, Tulodziecki & Wildt, 2004). Es mag mit den ernüchternden Befunden zur Wirksamkeit dieser beiden ersten Phasen der Lehrerbildung zusammenhängen, dass nun verstärkt auf die Fortbildung, also die dritte Phase der Lehrerbildung gesetzt wird. Dies ist ganz deutlich bei der zitierten OECD-Studie der Fall, die das Bemühen um gute Lehrpersonen als ein abgestimmtes Zusammenspiel von Rekrutierung einerseits und einem die komplette Laufbahn erfassenden Qualifizierungsprozess andererseits sieht.

Die Bedeutung der Fortbildung lässt sich mehrfach begründen (vgl. Mayr & Neuweg, 2009):

- Die Phase der Berufstätigkeit – und damit zugleich die dritte Phase der Lehrerbildung – weist im Vergleich zur Erstausbildung ein Vielfaches an Dauer auf;
- die Ausformung beruflicher Expertise bei Lehrerinnen und Lehrern ist ein deutlich über die Ausbildung hinausreichender, mehrjähriger Prozess und
- die Entwicklungsdynamik der Gesellschaft und des Bildungswesens fordert von den Lehrkräften stets neue und damit neu zu erwerbende Kompetenzen, man denke etwa an die Einführung von Bildungsstandards (siehe hierzu den Beitrag von *Hofmann* und *Astleitner* in diesem Band), die zunehmende Notwendigkeit, mit Heterogenität umzugehen, oder an die Tatsache, dass Lehrpersonen vermehrt Erziehungsaufgaben wahrnehmen müssen.

Aus Sicht der Bildungsforschung gibt es noch einen weiteren, pragmatischen Grund, die Lehrerfortbildung als „Hoffnungsträgerin" für die Verbesserung des Bildungswesens zu sehen: Die empirischen Befunde zu ihrer Wirksamkeit fallen nämlich tatsächlich um einiges optimistischer aus als jene zur Grundausbildung. Dies zeigt die Forschungsübersicht von *Frank Lipowsky* im vorliegenden Band, und etliche weitere Beiträge illustrieren dies durch Evaluationsergebnisse zu konkreten Fortbildungsinitiativen.

Es gibt allerdings deutliche Hinweise darauf, dass auch im Bereich der Fortbildung Verbesserungsbedarf besteht: So zeigt *TALIS 2008*, die kürzlich veröffentlichte erste internationale Vergleichsstudie zur Lehrerfortbildung, dass das Potenzial von Fortbildung aus verschiedenen Gründen noch nicht ausreichend genutzt wird (OECD, 2009). Gerade die besonders wirksamen Angebote der Lehrerfortbildung – solche mit einer längeren Dauer, mit einem Wechsel von Praxis- und Reflexionsphasen und einer starken Vernetzung zwischen den sich fortbildenden Lehrpersonen – sind jene, die in manchen Ländern am wenigsten wahrgenommen bzw. nicht in ausreichendem Maße angeboten werden. Mehr noch: Viele Lehrkräfte nehmen selten, manche praktisch gar nicht an Fortbildungen teil.

Nicht nur mit Blick auf diese zuletzt genannten Gruppen gilt es zu überlegen, wie das formelle und informelle Lernen im Beruf intensiviert werden kann. Entsprechende Überlegungen stellen *Konrad Krainer* und *Peter Posch* in diesem Band an. *Judith Schellenbach-Zell* und *Cornelia Gräsel* vertiefen dieses Thema und gehen mit Hilfe motivationspsychologischer Annahmen der Frage nach den überdauernden Motiven für die Teilnahme an unterrichtlichen Innovationsprojekten auf den Grund. Aus ihren Analysen lassen sich Bedingungen des Gelingens von Fortbildungen ableiten.

Sichtet man die konkreten Konzepte und die praktischen Umsetzungen in der Lehrerfortbildung, entdeckt man eine erstaunliche inhaltliche, theoretisch-konzeptionelle und methodische Vielfalt. Allerdings lassen sich zwischen den innovativen Konzepten auch grundsätzliche Gemeinsamkeiten entdecken, die in die Richtung der oben skizzierten Merkmale wirksamer Fortbildung gehen. Die konkreten Beispiele in diesem Band verdeutlichen dies:

Zunächst ist es die Gruppe der breit angelegten Interventionsprojekte, die allein schon durch die hohe Zahl an involvierten Lehrkräften Aufmerksamkeit erregt. Bedeutender ist aber vielleicht noch die dahinterstehende Idee, dass Fortbildungen erst dann nachhaltig sind, wenn es sich bei ihnen nicht um das isolierte Lernen Einzelner handelt, sondern das Lernen eingebettet ist in die sozialen Kontexte der Schulen und Regionen, dass es dabei um eine gezielte, kollaborative Weiterentwicklung des Unterrichts und der Schulen geht und letztlich um eine Intervention, die sich auch auf größere Teile des Bildungssystems auswirkt. Ein Beispiel dafür ist das deutsche „Entwicklungsprogramm für Unterricht und Lernqualität" (E.U.LE; siehe *Fauser* und *Kolleg/inn/en* in diesem Band), das auf Bundeslandebene agiert und auf dem konstruktivistischen Ansatz des „Verständnisvollen Lernens" basiert. Es zielt auf die Veränderung von individuellen Handlungsroutinen, indem kollektive Zusammenarbeit betont wird und organisatorische sowie institutionelle Unterstützung bereitgestellt werden. Einen ähnlichen, noch weitergehenden Ansatz verfolgt das österreichische Projekt IMST (Innovations in Mathematics, Science and Technology Teaching), dessen Grundkonzeption und Evaluationsergebnisse *Gertraud Benke* vorstellt. IMST interveniert explizit auf mehreren Ebenen des Bildungssystems von der Lehrperson bis zur Beratung bildungspolitischer Entscheidungsträger/innen. Ähnliche Intentionen verfolgt in Deutschland das Projekt SINUS. *Uta Meentzen* und *Matthias Stadler* berichten über einen Teilaspekt dieses Projekts, nämlich die Erfahrungen mit dem Portfolioansatz als Reflexionsmethode zur Förderung der Unterrichtskompetenz von Lehrkräften.

Der größte Teil des vorliegenden Buches widmet sich „Spezifischen Interventionen“, indem die theoretischen Ansätze einzelner Fortbildungsinitiativen, ihre praktischen Umsetzungen und die Befunde aus der Evaluation und Begleitforschung zur Diskussion gestellt werden:

So werden etwa die Wirkungen von „Aktionsforschung“ in der Lehrerbildung in zwei Beiträgen untersucht. *Stefan Zehetmeier* blickt auf die Nachhaltigkeit solcher Projekte in einer Schule; *Florian Müller, Irina Andreitz* und *Johannes Mayr* berichten von Forschungsbefunden aus Universitätslehrgängen, die eine forschend-lernende Konzeption verfolgen.

Das „Trainieren“ von spezifischen Kompetenzen ist seit Langem ein wesentliches Element von Lehrerfortbildungen: *Manfred Lüders* beschreibt die theoretischen Grundlagen des Programms „Effektives Unterrichten“, welches vor allem als Training von Methodenkompetenzen in der Lehrerausbildung und Lehrerfortbildung zum Einsatz kommt. Die Wiener Gruppe um *Christiane Spiel* stellt das Grundkonzept ihres „Trainingsprogramms für Lehrkräfte zur Förderung von Lebenslangem Lernen in der Schule“ (TALK) vor und berichtet von Forschungsbefunden der längsschnittlich angelegten Begleitforschung (*Marko Lüftenegger* und *Kolleginnen* in diesem Band). *Gernot Aich* und *Michael Behr* widmen sich einem vernachlässigten Thema in der Lehrerfortbildung, nämlich der Entwicklung von kommunikativen Kompetenzen für das Elterngespräch. Sie stellen ihr Training zur Gesprächsführung sowie Befunde aus der Evaluationsuntersuchung vor.

Vermehrt findet man in den letzten Jahren auch Ansätze in der Lehrerfortbildung, die Internetplattformen nutzen, um kooperative Lerngelegenheiten für Lehrer/innen zu initiieren. So entwickelte ein in Deutschland und der Schweiz situiertes Kooperationsprojekt eine webbasierte Fortbildung mit Unterrichtsvideos, vorwiegend zur Entwicklung von analytischen Unterrichtskompetenzen. Das Konzept und Forschungsergebnisse zu dieser einjährigen Fortbildung werden von *Kathrin Krammer* und *anderen* in diesem Band vorgestellt und diskutiert. Über eine webbasierte Lehrerfortbildung zum Thema selbstreguliertes Lernen sowie deren Evaluationsbefunde berichten *Edith Grasmück*, *Gerhard Büttner* und *Regina Vollmeyer*. *Bernhard Sieland* und *Tobias Rahm* vergleichen reale und virtuelle professionelle Lerngemeinschaften für reflektierende Praktikerinnen und Praktiker.

In kaum einem sozialen Beruf werden so wenige Unterstützungsangebote für die psychische und physische Gesundheit des Personals angeboten wie im Lehrerberuf, obgleich das Thema Burnout in Massenmedien und in der Wissenschaft seit Langem thematisiert wird. *Uwe Schaarschmidt* erörtert diese Problematik und zeigt Wege einer personenzentrierten Intervention zur Gesundheitsförderung von Lehrkräften auf. *Birgit Nieskens* und *Lutz Schumacher* untersuchen die Frage, unter welchen personalen und organisatorischen Bedingungen gesundheitsbezogene Schulentwicklungsprojekte gelingen.

Dass die Professionalitätsentwicklung von Lehrkräften auch Wege „abseits des Mainstream“ beschreitet, zeigen exemplarisch die Beiträge von *Thomas Eberle* zum Thema Outdoor-Training in der Lehrerfortbildung, von *Agnes Turner, Doris Ingrisch* und *Gertraud Diem-*

Wille zur psychoanalytischen Beobachtung in der Lehrerfortbildung sowie der Aufsatz von *Albert Meier* und *Barbara Kohlstock* über „begleitete Weiterbildungsurlaube für Lehrpersonen". Interessant an diesen Ansätzen ist unter anderem, dass die intendierten Wirkungen – ähnlich wie bei den gesundheitlichen Interventionen – oft weit über unmittelbar unterrichtsbezogene Kompetenzen hinausgehen.

Lehrerfortbildung scheint sich auch zusehends zu internationalisieren. Dies zeigt sich vor allem in transnationalen Projekten auf europäischer Ebene. *Tina Hascher* und *Sieglinde Weyringer* analysieren am Beispiel des Programms COMENIUS, wie Lehrerteams über die nationalen Grenzen hinweg Lernprojekte organisieren können und welche praktischen und wissenschaftlichen Desiderata sich daraus ergeben. *Frank Brückel* und *Jacques Schildknecht* stellen ihr Konzept eines binationalen Schulentwicklungsprojekts vor. Diesen „Blick über den deutschsprachigen Raum hinaus" ergänzen die Fallstudie von *Christoph Winkler* über Unterstützungssysteme in einer schwedischen Schule sowie eine Bestandsaufnahme der Lehrerfortbildung in Kroatien von *Igor Radeka*, *Marko Palekčić* und *Ana Marija Rogić*.

Wenn man nun die konkrete Ebene der skizzierten Interventionsansätze verlässt und die dahinterstehenden „Basiskonzepte" betrachtet, dann gelangt man zu Fragen wie der Einbettung des Lernens im Beruf in die Berufsbiographie – dieser Frage widmet sich der Beitrag von *Silvio Herzog* und *Andrea Munz* – oder der Frage, wie weit das Habitus-Konzept bzw. die Expertiseforschung Anregungen für das Verständnis und die Gestaltung des lebenslangen Lernens von Lehrerinnen und Lehrern leisten können. In den Beiträgen von *Tanja Sturm* bzw. von *Elena Stamouli*, *Christoph Schmid* und *Hans Gruber* ist davon die Rede.

Um eine konzeptuelle Frage geht es auch, wenn die Einbettung der Fortbildung in ein phasenübergreifendes Gesamtkonzept der Lehrerbildung in den Blick genommen wird – wie dies *Georg Hans Neuweg* in seinem Beitrag tut: Wie kann das bei Lehrkräften bereits aus der Grundausbildung und der Berufseinführungsphase mitgebrachte Wissen und Können unter Bedingungen des Berufsalltags so weiterentwickelt werden, dass sich Könnerschaft ausbildet?

Einer weiteren, ebenfalls grundlegenden Frage widmet sich der Beitrag von *Herbert Altrichter*: Wie kann eine sinnvolle Koordination zwischen einzelnen Akteurinnen und Akteuren verschiedener Ebenen des Bildungssystems entstehen? Die vom Autor eingebrachte Governance-Perspektive erlaubt es, unterschiedliche Steuerungsansätze und deren Wirkungen auch in Bezug auf die Lehrerfortbildung zu analysieren.

Insgesamt betrachtet: Die an diesem Band beteiligten Autorinnen und Autoren zeichnen zwar kein vollständiges, wohl aber ein anschauliches und weitgehend repräsentatives Bild des aktuellen Standes der Theoriebildung, der Forschung und der Praxis der Lehrerfortbildung im deutschen Sprachraum – mit kleinen Exkursen darüber hinaus. Allen Autorinnen und Autoren gilt der erste Dank des Herausgeberteams. Nicht unerwähnt bleiben soll auch, dass die Autor/inn/en auch noch eine weitere Funktion ausgeübt haben, für die ihnen ebenfalls Dank gebührt: Sie fungierten im Prozess der Peer-Reviews auch als (anonyme) Gutachter/innen und kritische Freunde ihrer Mitautor/inn/en.

Nicht weniger zum Gelingen des Buchprojekts beigetragen hat Nicole Kelner vom Institut für Unterrichts- und Schulentwicklung der Alpen-Adria-Universität Klagenfurt: Ihr oblag das Korrektorat und die Aufgabe, den Beiträgen und dem gesamten Buch eine ansprechende optische Gestalt zu geben. Wir danken ihr für diesen monatelangen Einsatz, der weit über ihre dienstlichen Verpflichtungen hinausging.

Dank gebührt nicht zuletzt auch allen jenen, die durch Finanzierungsbeihilfen oder durch die Bereitstellung personeller Ressourcen die Entstehung dieses Buches ermöglicht haben. Es sind dies der Forschungsrat der Alpen-Adria-Universität Klagenfurt, das Institut für Unterrichts- und Schulentwicklung sowie die Österreichische Gesellschaft für Forschung und Entwicklung im Bildungswesen (ÖFEB).

Oktober 2009

Astrid Eichenberger, Liestal
Manfred Lüders, Erfurt
Johannes Mayr, Klagenfurt
Florian H. Müller, Klagenfurt

Literatur

Blömeke, S., Reinhold, P., Tulodziecki, G. & Wildt, J. (Hrsg.). (2004). Handbuch Lehrerbildung. Bad Heilbrunn: Klinkhardt.

Cochran-Smith, M. & Zeichner, K. M. (Hrsg.). (2005). Studying Teacher Education. The Report of the AERA Panel on Research and Teacher Education. Mahwah, NJ: Lawrence Erlbaum Associates.

Mayr, J. & Neuweg, G. H. (2009). Lehrer/innen als zentrale Ressource im Bildungssystem: Rekrutierung und Qualifizierung. In W. Specht (Hrsg.), Nationaler Bildungsbericht Österreich 2009. Band 2: Fokussierte Analysen bildungspolitischer Schwerpunktthemen (S. 99-119). Graz: Leykam.

OECD (2005). Teachers matter: Attracting, developing and retaining effective teachers. Paris: OECD.

OECD (2009). Creating effective teaching and learning environments: First results from TALIS. Teaching and learning international study. Paris: OECD.

Oser, F. & Oelkers, J. (Hrsg.). (2001). Die Wirksamkeit der Lehrerbildungssysteme. Von der Allrounderbildung zur Ausbildung professioneller Standards. Chur: Rüegger.

Terhart, E. (2002). Standards für die Lehrerbildung. Eine Expertise für die Kultusministerkonferenz. Münster: Institut für Schulpädagogik und Allgemeine Didaktik der Westfälischen Wilhelms-Universität.

Kapitel I

Grundlagen 1: Konzepte, Kontexte und Befunde

Lehrerfortbildung im Kontext von Veränderungen im Schulwesen

Herbert Altrichter

Abstract

In diesem Beitrag werden Veränderungen im Schulwesen und in seiner Steuerung seit den 1980er Jahren darauf hin untersucht, welche neuen Anforderungen durch sie an Lehrerfortbildung gestellt werden. Während man die wesentlichen Entwicklungen der Lehrerfortbildung zwischen 1988 und 1998 in *didaktischen und fortbildungsorganisatorischen Begriffen* analysieren konnte (vgl. Kap. 1), muss man für eine Untersuchung der folgenden zehn Jahre auch in *Kategorien der Bildungspolitik und der systemischen Funktionen von Fortbildung* argumentieren (vgl. Kap. 2). In Kapitel 3 nenne ich schließlich einige Aspekte von Fortbildung, die – angesichts des weiter steigenden Reformdrucks im Schulwesen – künftig im Fokus von Veränderungsforderungen stehen werden.

Schlagworte (dt.)

Lehrerfortbildung, Governance des Schulwesens, Innovation, Teacher Empowerment, Reform des Bildungswesens

Schlagworte (engl.)

teacher professional development, governance of schooling, innovation, teacher empowerment, school reform

1. Lehrerfortbildung als Lehrerlernen und „Teacher Empowerment"

Vor etwa 10 Jahren habe ich gemeinsam mit Peter Posch die Entwicklung von neuen Anforderungen an die Lehrerfortbildung in der damals vergangenen Dekade und von möglichen Antworten darauf, wie wir sie in dem Lehrgangskonzept „Pädagogik und Fachdidaktik für Lehrer/innen (PFL)" erprobt hatten, beschrieben (vgl. Altrichter & Posch, 1998). Dabei hatten wir diese Veränderungen in Form von drei Blickwechseln dargestellt, mit denen eine Abkehr von einem traditionellen Bild von Lehrerfortbildung geschah, das Fortbildung vornehmlich über unterschiedliche Inhalte, die in kursmäßig organisierten Veranstaltungen unterschiedlicher, aber meist kürzerer Dauer aufgenommen wurden, definierte. Der erste Blickwechsel bestand darin, Lehrerinnen und Lehrer nicht primär als *Empfänger/innen von Fortbildung* anzusehen, die in der Fortbildung Wissen von externen Expert/inn/en angeboten bekommen, das sie dann in ihrer Praxis anwenden sollen, sondern als aktive *Gestalter/innen ihrer Fortbildung*. Diese Metapher diente – in einer heute wohl als „konstruktivistisch" zu bezeichnenden Wendung – dazu, Lehrer/innen auch in ihrer Fortbildung eher als „aktiv Lernende" denn als „zu Belehrende" anzusprechen.

Eine zweite grundlegende Idee bestand darin, die Dezentrierung von der Tätigkeit der Lehrerfortbildner/innen im Seminar hin auf die Lerntätigkeit der Teilnehmer/innen auch für einen *Blick auf die zeitliche und örtliche Organisation von Fortbildung* zu nutzen. Lernen in nachhaltigen Fortbildungslehrgängen sollte *längerfristig* – im Fall der PFL-Lehrgänge: in zwei Jahren – angelegt sein (vgl. zur Konzeption dieser Lehrgänge Müller, Andreitz & Mayr, in diesem Band). Die „Zeit zwischen den Seminaren", die Tätigkeit der Lehrpersonen in ihrer Praxis, die *Lernorte Schule und Lehrerzimmer* sollten in die Lehrgangskonzeption hereingenommen werden. Ein Vehikel dafür bot der Ansatz der *Lehrerforschung*. In dessen Zentrum steht die Idee, dass sowohl die professionelle Entwicklung von Lehrpersonen als auch die Entwicklung der Unterrichtsqualität durch die Erforschung und Weiterentwicklung des eigenen Unterrichts durch Lehrpersonen und durch die kollegiale Diskussion dieses Prozesses erreicht werden könnte (vgl. Altrichter & Posch, 2007). In diesem Sinne sollte der Fortbildungslehrgang Lehrerinnen und Lehrern stimulieren, Entwicklungsprojekte für den eigenen Unterricht in der Zeit zwischen den Seminaren in Angriff zu nehmen, sie mit Selbstevaluation zu begleiten und die Erfahrungen im nächsten Seminar einer kollegialen Diskussion auszusetzen.

Eine dritte Idee bestand schließlich in der Annahme, dass Lernen in der Fortbildung, um „wirksam" zu werden, auf „fruchtbaren Boden" fallen müsse und dass dieser Boden nicht nur ein „individueller" wäre. Jenen Lehrer/inne/n, die in einer Umgebung arbeiten, in der das, was sie zu lernen im Begriff sind, Bedeutung hat, in der darüber gesprochen wird und in der emotionale Unterstützung ebenso wie konkrete Handlungsbeispiele, Artefakte, Ressourcen und Instrumente vorhanden sind, wird es leichter fallen, neue Entwicklungen zu betreiben und neue Kompetenzen auszubilden, als jenen, die in einer Umgebung arbeiten, die ganz andere Werte hat (Lave & Wenger, 1991). Wir haben diese Idee durch das Bild eines „Hintergrundnetzes" der Lehrertätigkeit, einer „professionellen Lehrerkultur", zu fassen versucht, die das Lernen der Einzelnen trägt und stützt, aber auch herausfordert. Konkrete Ansätze zur Entwicklung dieser „Lehrerkultur" bestanden in den PFL-Lehrgängen in folgenden Strategien:

- Bildung von Regionalgruppen, die ein inhaltliches und motivationales Netz für die Entwicklungsarbeit der Lehrpersonen bieten sollten,
- Anregung und Gelegenheit, Kompetenzen für „kollegiale Fortbildung" in den Seminaren zu entwickeln,
- Anregung und Unterstützung, eigene Entwicklungs- und Lernerfahrungen in schulinterner Fortbildung weiterzugeben.

Die speziellen Merkmale der PFL-Lehrgänge, die wir damals theoretisch durch Beobachtung anderer Konzepte und durch Erfahrung gefunden hatten, stimmen weithin (Krainer, 2007) mit jenen *Merkmalen „ertragreicher Lehrerfortbildung"* überein, die beispielsweise Lipowsky (in diesem Band und 2004; ähnlich Messner & Reusser, 2000; Richardson & Placier, 2001; Bessoth, 2007) aus einer Zusammenschau bisheriger Forschungsbefunde herausgearbeitet hat.

Wenn man kritisch Rückschau auf diese Innovationsbemühungen in der Fortbildung hält, so fallen einige typische Schwerpunktsetzungen auf ebenso wie Felder, die weniger wichtig genommen wurden: Beispielsweise wurde – in einer Loslösung von einer bloß

„stofforientierten" Definition von Fortbildung – die Frage, wohin denn genau das Lernen von Lehrkräften in der Fortbildung gehen solle, als weniger wichtig erachtet, als die *Aktivierung der Lernenden.* Im Sinne einer „Selbstaktualisierungs-Annahme" war es wichtiger, Lehrer/innen zu Reflexion und Weiterentwicklung anzuregen, als ihnen dafür inhaltliche Ziele vorzugeben. Ganz im Gegenteil sollten sie zur Selbstdefinition von Lern- und Entwicklungszielen angeregt werden. Diese musste zwar selbst verantwortet werden, nach dem Konzept der Lehrerforschung erfolgte sie allerdings nicht individualistisch, sondern sollte sich der kritischen Diskussion in der professionellen Gruppe aussetzen. Die Diskursivität und Reflexivität der Berufsgruppe zu stärken, wurde dadurch zu einer Bedingung des Erfolgs von Fortbildung.

In einem Element der Methodik dieser Fortbildung war allerdings eine inhaltliche Vorentscheidung – die uns am Anfang in dieser Form nicht bewusst war – versteckt: Durch die Aufgabe, Entwicklungsprojekte in Hinblick auf eigenen Unterricht anzugehen, wurde eine *Fokussierung auf Unterricht* erreicht. Durch die Aufforderung, die eigenen Entwicklungsprojekte auch durch Forschung und Evaluation zu begleiten und dabei – den Vorgaben der Aktionsforschung entsprechend – Perspektiven anderer relevanter Akteurinnen und Akteure einzubeziehen, wurde jene *Fokussierung auf Schülerlernen* erreicht, die später von Schul- und Unterrichtsentwicklung gefordert wurde.

Die Frage möglicher Entwicklungsziele des Staates als Auftraggeber des öffentlichen Schulwesens – Was soll Fortbildung für die Entwicklung des staatlichen Schulwesens leisten? – wurde nicht explizit gestellt, weil sie implizit durch die professionalistische Argumentation beantwortet schien: Es ist im Interesse der Qualität des Bildungswesens und des Staates, möglichst gut ausgebildete, professionelle Lehrerinnen und Lehrer zu haben, die sich in professioneller Verantwortung Entwicklungsziele setzen und ihre Tätigkeit reflektieren.

Die wesentlichen Entwicklungen der Lehrerfortbildung zwischen 1988 und 1998 konnte man in *didaktischen und fortbildungsorganisatorischen Begriffen* beschreiben. „Teacher Empowerment", die Entwicklung professionell verantwortlicher und qualifizierter Lehrer/innen, schien das beherrschende Ziel, die Anwendung der Ergebnisse der Lernforschung nun endlich auch auf das Feld der Lehrerfortbildung schien der Schlüssel zur Entwicklung zu sein. Die Entwicklungen in den nächsten zehn Jahren muss man – so meine These – auch in Begriffen der Bildungspolitik und der systemischen Funktionen von Fortbildung diskutieren.

2. Lehrerfortbildung 1993 – 2008: Aktuelle Reform-Politiken und die Rolle intermediärer Akteurinnen und Akteure

Schulautonomie, Schulprogramme, Qualitätsevaluation, wirkungsorientierte Schulverwaltung, Bildungsstandards, large scale assessment usw. … dass wir uns an diese Schlagworte, die vor 1990 kaum zum gängigen Repertoire von Gesprächen über Bildung gezählt hätten, schon gewöhnt haben, ist das Ergebnis einer sich intensivierenden Diskussion über eine „Modernisierung der Schule" (Brüsemeister & Eubel, 2003), welche die Bildungssysteme in den deutschsprachigen Ländern erleben und sich in der Zwischenzeit in einer

Reihe von Veränderungen der Organisation und Funktionsweise von Bildungssystemen niedergeschlagen hat. Zentral in diesem Modernisierungsdiskurs sind *Steuerungsfragen*: Die Steuerungsstrukturen im Bildungswesen, die die Zeiten des quantitativen Ausbaus und der Schulsystemdiskussionen in großer Stabilität überstanden hatten, sind in den Blickpunkt des Interesses geraten und sollen so verändert werden, dass qualitätsvolle Ergebnisse zielgerichtet und ökonomisch erbracht werden können (Halasz & Altrichter, 2000).

2.1 „Systemsteuerung" in der Governance-Perspektive

Der Begriff „Governance" wird seit den 1980er Jahren in den Politik- und Sozialwissenschaften für die Konzeptualisierung von Phänomenen, die vorher als „Regieren" oder „Steuern" bezeichnet worden wären (Schneider & Kenis, 1996; Brand, 2004; Benz, 2004, S. 15 ff.), und in letzter Zeit zunehmend häufig auch in der Bildungsforschung verwendet. Die Strategie, durch welche die Governance-Forschung die Frage nach der „Gesteuertheit von Systemen" zu beantworten trachtet, besteht in der Untersuchung des Zustandekommens von sozialer Ordnung („Regelungsstruktur") und sozialen Leistungen („Leistungsstruktur") unter der Perspektive der Handlungskoordination zwischen verschiedenen („sozialen") Akteur/inn/en in komplexen Mehrebenensystemen (Altrichter & Heinrich, 2007; Schimank, 2007). Das Schulsystem wird in der Governance-Perspektive als eine komplexe soziale Ordnung angesehen. Innovationen im Schulsystem sind Versuche, diese soziale Ordnung zu transformieren.

Im Zentrum steht der Begriff „Handlungskoordination": Das soziale Phänomen „Steuerung" entsteht, wenn Akteurinnen und Akteure an verschiedenen Stellen dieses Systems ihre Handlungen in einigermaßen regelmäßiger Weise koordinieren. Um die Feinstruktur von Steuerung besser zu verstehen, fragt die Governance-Analyse u.a. nach den Akteur/inn/en, nach den Regeln und Ressourcen, auf die sich ihre Handlungsbeiträge stützen, nach unterschiedlichen Ebenen im „Mehrebenensystem" sowie nach spezifischen „Modi der Handlungskoordination" (genauer in Altrichter & Heinrich, 2007). Zwei Analyserichtungen möchte ich im Folgenden herausgreifen:

Intermediäre Akteurinnen und Akteure im Mehrebenensystem

Welche Rolle kommt dem „Fortbildungssystem" bei der Betrachtung der Handlungskoordination im Schulsystem zu (vgl. Rürup, Fussangel & Gräsel, in Vorb.)? Der soziale Akteur „Lehrerfortbildung" trägt durch seine Tätigkeit zwar selbst zur sozialen Ordnung im Schulsystem und zu seiner Leistungserbringung bei; wir sehen ihn aber weder als primären Quell der Geordnetheit des Systems an, noch fiele unser erster Blick auf Fortbildung, wenn es um die Leistungen des Schulsystems geht. Die Beiträge der Lehrerfortbildung sind „indirekter", sie liegen „dazwischen", sollen „vermitteln". Lehrerfortbildung ist aus diesem Grund zu den *intermediären Ebenen* des Schulsystems gezählt worden. Zu den Teilsystemen dieser Ebenen sind noch manche andere Player zuzuordnen, wie Schulverwaltung, -aufsicht und -beratung, Lehrbuchverlage und -produzent/inn/en, Interessenverbände, Nachhilfeinstitutionen usw. Gemeinsames Merkmal dieser Einrichtungen ist, dass ihre Aufgabe – aus der Perspektive der Handlungskoordination – darin liegt, zwischen der Makro-, Meso- und Mikro-Ebene des Schulsystems – zwischen der Politik (mit ihrem Regierungs- oder Steuerungs*anspruch*) und den Teilsystemen (in denen die *Leistungs*produktion im engeren Sinn geschieht, in Schule und Unterricht) – zu vermitteln und zu koordinieren.

Die traditionelle Art der Lehrerfortbildung, ihre systemische Koordinationsfunktion zu erfüllen, liegt darin, *Kompetenzen*, die für die Erfüllung wichtiger Alltagsfunktionen in Schulen wichtig sind und nicht durch die vorgängige Lehrergrundausbildung oder die Arbeit vor Ort erworben werden konnten, in verschiedenen Formen (z.B. Einzelseminare, Lehrgänge, Netzwerkarbeit, Beratungstätigkeiten, andere Formen der Kommunikation) zu vermitteln. Dies soll es Schulen und Lehrpersonen leichter machen, intentionsgemäße Handlungen aufzubauen, aufrechtzuerhalten und sozial zu koordinieren.

Die Systemaufgaben von Fortbildung gehen jedoch sicher über Kompetenzvermittlung hinaus. Intermediären Einrichtungen zwischen Politik und Schule wird oft eine besondere Rolle für das Gelingen von Veränderungen im Schulsystem zugesprochen (z.B. Haider, Eder, Specht, Spiel & Wimmer, 2005). Aus der Perspektive einer Governance-Theorie ist diese Bedeutungszuschreibung plausibel. In einer Reform sollen die Mitspieler/innen neue und intensivierte koordinierende Beziehungen aufnehmen und sich mit neuen Ideen auseinandersetzen; Fortbildung bietet eines der wenigen Foren innerhalb des Schulsystems, in denen neue Beziehungen zu Akteur/inn/en und Ideen probehandelnd ausprobiert und gelernt werden können. Oft müssen relativ allgemeine normative Intentionen von Politik und Verwaltung erst zu konkreten *Verfahrensweisen und Instrumenten* der Handlungskoordination ausgearbeitet werden; im Fortbildungssystem sind Expertinnen und Experten tätig, die dies im Zuge der Erstellung eines Fortbildungsangebots oder eines konkreten Kursdesigns leisten können. Durch Fortbildung werden auch System-*Ressourcen* verteilt und in bestimmte Aufgaben kanalisiert. Über die Kompetenzvermittlung hinaus werden durch Fortbildung schließlich (formelle und/oder informelle) *Normen* aus anderen Systemebenen kommuniziert und mit existierenden Normen vermittelt.

Entsprechend begründet der Deutsche Verein zur Förderung von Lehrerinnen- und Lehrerbildung (DVLfB, 2003, S. 8) die aktuellen Aufgaben der Lehrerfortbildung durch ihre Funktion für die Systemkoordination: „Die Entwicklung des Bildungssystems als Ganzes erfordert gemeinsame Bildungsprozesse quer zur bisherigen Systemhierarchie. Im Sinne neuer Steuerungsmodelle ist Lehrerfortbildung zu einem Ort des bildungspolitischen und pädagogischen Diskurses und zum Forum aller am Schulwesen ‚Interessierten' auszubauen".

Modi der Handlungskoordination

Um Veränderungen der Steuerung im Schulwesen zu charakterisieren, hat der Soziologe Uwe Schimank (2007) im Anschluss an den Hochschulforscher Burton Clark einige Kategorien vorgeschlagen. Die dahinterstehende Behauptung ist, dass sich aktuelle Veränderungen der Systemsteuerung im Hochschul- und Schulwesen durch Veränderungen in der Handlungskoordination zwischen wichtigen Systemakteur/inn/en in fünf Dimensionen verdeutlichen lassen. Diese Dimensionen, die Schimank als „Governance-Equalizer" graphisch darstellt (vgl. Abb. 1), lassen sich wie folgt beschreiben:

1. *Staatliche Input-Regulierung:* Die Steuerung durch Input-Regelung ist das zentrale Element der traditionellen Steuerung deutschsprachiger Schulsysteme. Ein übereinstimmendes Element aller Vorschläge zu deren Erneuerung besteht darin, die bisherige staatliche Input- und Detailsteuerung zurückzunehmen (Lassnigg, 2000, S. 108).
2. *Selbststeuerung der Lehrerprofession:* Input-Regulierung ist traditionell gekoppelt mit einer weitgehenden Autonomie der Lehrkräfte bei der Umsetzung dieser „Vor-Steuerungen", insbesondere bei unterrichtlichen Fragen (Brüsemeister, 2004).
3. *Außensteuerung substanzieller Ziele:* Die Governance-Mechanismen (3) bis (5) beschreiben wiederkehrende Elemente von Innovationsvorschlägen. Einer besteht darin, für die Binnensteuerung der autonomeren Einzelschulen klarere Ziele (z.B. durch Bildungsstandards) vorzugeben, deren Umsetzung und Ergebnisse durch verschiedene Evaluations- und Monitoringmaßnahmen zu überprüfen sowie die dabei erhobenen Informationen für einzelschulische und systemische Steuerung zu verwenden.
4. *Hierarchische Selbststeuerung der Einzelschule:* Verschiedene Typen von Systemkoordination können sich auch darin unterscheiden, inwieweit Teileinheiten dieses Systems – z.B. die Einzelschulen – als relativ handlungsfähige organisatorische Einheiten, die eine interne Hierarchie, eine Leitung und für diese verfügbare Steuerungsinstrumente haben, verstanden werden und als solche agieren können. „Führung durch Schulleitung und innerschulisches Management" sind aktuelle Reformvorschläge, die auf dieser Analysedimension thematisiert werden.
5. *Konkurrenzdruck und Quasi-Märkte:* Schulsysteme können schließlich danach unterschieden werden, welches Maß an Wettbewerb zwischen Einzelschulen sie zulassen und für die Systemkoordination nutzen. Gut zugängliche Informationen, Forcierung der Unterschiedlichkeit von Einzelschulen, wenig Beschränkungen des Zugangs für Schüler/innen (z.B. durch Sprengel) und Gratifikationen für Erfolgreiche sind übliche Merkmale stärker wettbewerbsorientierter Systeme.

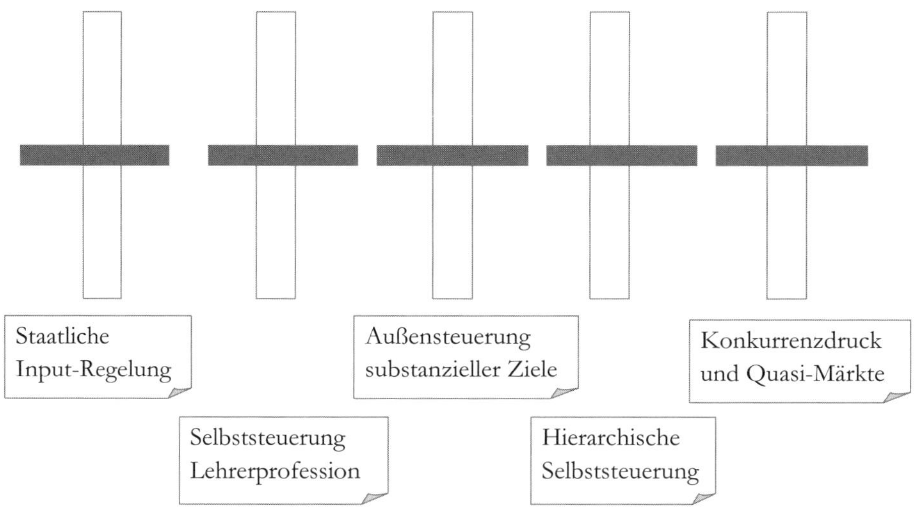

Abb. 1: „Governance-Equalizer" (nach Schimank, 2007)

2.2 Phasen der Systemmodernisierung

Im folgenden Abschnitt soll eine Skizze der Veränderungen der Systemsteuerung des österreichischen Schulsystems zur Diskussion gestellt werden (ausführlicher bei Altrichter & Heinrich, 2007), aus der sich Hypothesen über Veränderungsdruck im System und über neue Anforderungen, denen intermediäre Akteurinnen und Akteure wie die Lehrerfortbildung ausgesetzt sind, ergeben.

Phase 1: Schulautonomisierung

Die erste Phase der Schulmodernisierung zu Beginn der 1990er Jahre war durch Schlagworte wie „Schulautonomie", „Dezentralisierung/Deregulierung" und „Erhöhung schulischer Gestaltungsspielräume" (Marx & van Ojen, 1993) gekennzeichnet. Die Veränderungsvorstellungen wollten den Handlungsspielraum der Einzelschule erweitern, um sie responsiver gegenüber den Potenzialen und Bedürfnissen vor Ort zu machen, was wiederum die Qualität und Effizienz schulischer Arbeit steigern sollte.

Dabei handelte es sich in Österreich zunächst und vor allem um „curriculare Verfügungsrechte", um eine *curriculare Teil-Autonomie*. Durch die 14. Novelle zum SchOG 1993/94 durften Schulen (mussten aber nicht) 5 bis 10 Prozent ihres Curriculums nach eigenen Vorstellungen gestalten, wobei sie bestehende Fächer erweitern, verringern oder zusammenlegen sowie neue Fächer in ihren „schulautonomen Lehrplan" aufnehmen konnten. Dies wurde zum Aufbau neuer „Schulprofile" genutzt. Aber auch neue Rechte zur Entscheidung über Schulzeit, interne Organisation, Finanzen und internen Personaleinsatz (nicht aber über Personalrekrutierung) wurden in den Folgejahren nach und nach an Schulen gegeben (Posch & Altrichter, 1993; Fankhauser, o.J.).

Die Politik der Eröffnung von Handlungsspielräumen war in ihren Anfängen durch neue Werte wie Flexibilität und Dezentralisierung charakterisiert, nicht aber durch *genaue Zielbeschreibungen und Erfolgskriterien*. Es war nicht klar, in welche Richtung genau die weitere Entwicklung des Schulwesens gehen würde und welche Entwicklungsziele die Einzelschulen wählen sollten, um sich zukunftsfähig zu machen. Die Reformpolitik wollte ihre Dynamik aus der Freisetzung des ‚Engagements' professioneller Lehrerindividuen schöpfen, ohne dass weitere Instrumente und soziale Orte für die Koordination dieser Entwicklungen und den Umgang mit den unweigerlich auftretenden Konflikten zwischen Professionsmitgliedern mit unterschiedlichen Wertorientierungen aufgebaut worden wären. Wo in konkreten Projekten klarere Ziele benötigt wurden, galt – in Ermangelung externer Zielvorgaben – vor allem die Attraktivität der Entwicklungsziele nach innen – also vor allem die „Zustimmung der Lehrpersonen" im Kollegium (in manchen Fällen, wo diese Einfluss auf die Schule hatten, auch der Eltern) – als *Erfolgskriterium* für die Entwicklungsprozesse. In manchen Fällen – vor allem dort, wo schon Konkurrenz durch andere Schulen spürbar wurde – gewann das Kriterium „Attraktivität nach außen" Bedeutung

Governanceanalytisch steht die Rücknahme des Ausmaßes „staatlicher Input-Regelung" im Zentrum der Veränderungen des Steuerungssystems. Die Nutzung der neuen Handlungsoptionen erforderte wahrscheinlich – wie die Blitze auf Abbildung 2 andeuten – eine partiell veränderte Rolle von Lehrerinnen, Lehrern und Schulleitung.

Je mehr sich Schulen profilierten, desto bedeutsamer wurden Konkurrenz und Wettbewerb als systemische Koordinierungsmechanismen.

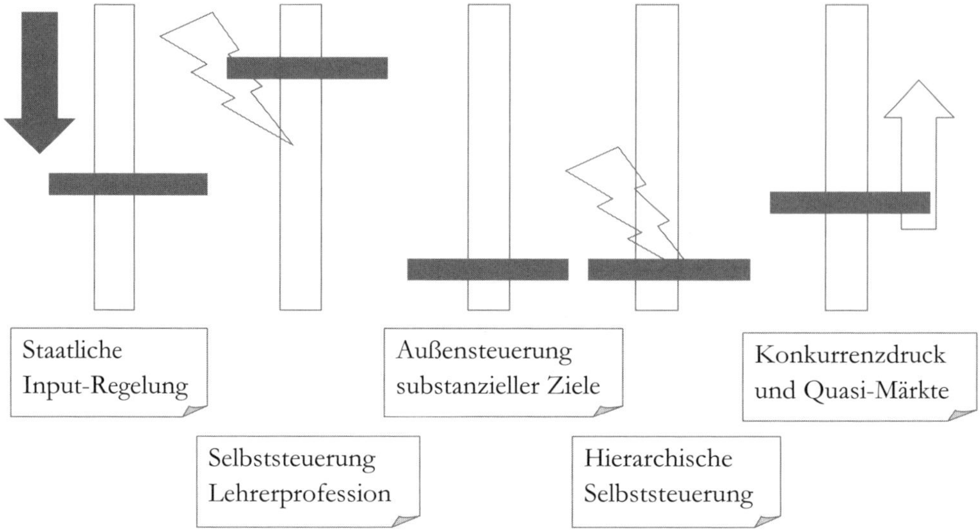

Abb. 2: Governance-Transformationen in Phase 1

Phase 2: Schulmanagement und innerschulische Steuerungsinstrumente

In der zweiten Hälfte der 1990er Jahre stand die *Verbesserung der internen Steuerungsfähigkeit* von Schulen im Zentrum der Reformbemühungen. Die „Einzelschule" sollte Konturen gewinnen; ein wesentliches Instrument dazu war die Schulleitung, die als Leitungsfunktion herausgehoben und konturiert wurde und der auch Steuerungsinstrumente – wie Schulprogramm und schulische Selbstevaluation, aber auch neue budgetäre Regelungen und dienst- und arbeitsrechtliche Möglichkeiten – an die Hand gegeben werden sollten. Innerschulische Koordination und größere Verbindlichkeit wurden wichtigere Werte.

In der Sprache des „Governance-Equalizer" (vgl. Abb. 3) heißt das: Die *hierarchische Selbststeuerung* der Einzelschule, die Steuerungsfähigkeit durch die interne Hierarchie der Einzelschule, also durch die Schulleitung und die von ihr abhängigen Strukturen, sollte gesteigert werden. Durch die Hierarchisierung wurde Veränderungsdruck auf die bisherige – recht autonome – Verfasstheit der *Lehrerrolle* ausgeübt. Gleichzeitig gab es erste Überlegungen und Ansätze, die Zielorientierung für die Schulentwicklung zu präzisieren und damit ein Element *staatlicher Außensteuerung* zu erhöhen: Durch „Vergleichsarbeiten" oder durch die Akzentuierung von „Qualitätsbereichen" (z.B. in der ministeriellen Qualitätsplattform Q.I.S.) sollte die Aufmerksamkeit der Schulen auf Entwicklung in Richtung *verbesserten Unterrichts* (oft jedoch ohne spezifisch zu beschreiben, wie sich diese „Unterrichtsqualität" äußern sollte) gelenkt werden. In der Praxis wurde die „Attraktivität der Einzelschule" in einem konkurrenzorientierten Umfeld zu einem immer wichtigeren Entwicklungsgesichtspunkt.

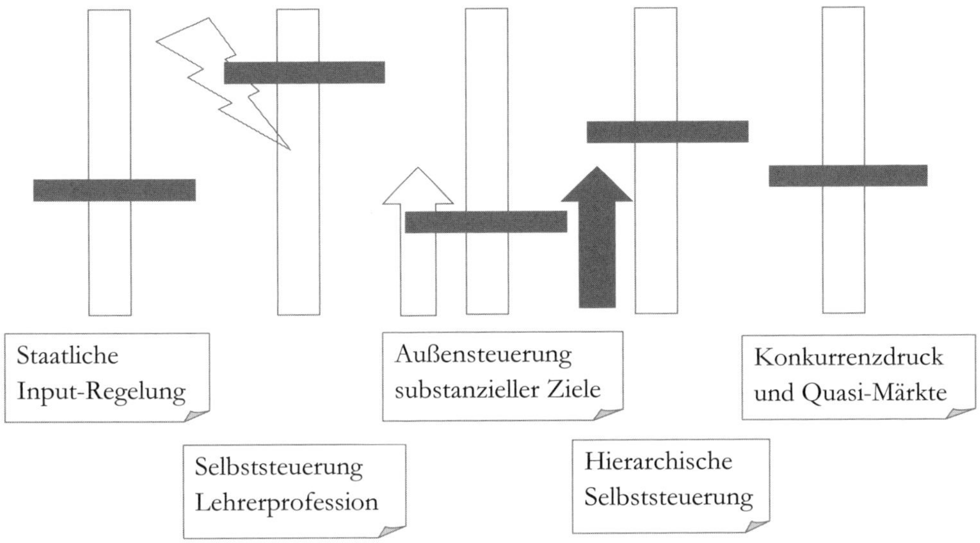

Abb. 3: Governance-Transformationen in Phase 2

Phase 3: PISA-Schock und schulübergreifende Steuerungselemente

Phase 3 war und ist nach dem PISA- und TIMSS-Schock durch den Versuch der Bildungspolitik geprägt, Instrumente und Strukturen für eine *schnellere und zielgerichtete Entwicklung* zu schaffen. Die Entwicklung des Systems soll dadurch erfolgen, dass erstens Steuergrößen für die Entwicklung von Einzelschulen vorgegeben werden – und zwar durch Bildungsstandards, die schulische Leistungsziele formulieren, sowie durch „Qualitätsrahmen", die als inhaltliche Rahmen für Schulinspektionen entwickelt wurden. Zweitens soll die Erreichung dieser Standards und Qualitätskriterien auch überprüft werden – durch standardbezogene Lernstandserhebungen und durch Schulinspektionen, die schulspezifische Stärken und Schwächen der Umsetzung dieser Ziele aufzeigen.

In der Sprache des Governance-Equalizer (vgl. Abb. 4) bedeutet dies alles eine Erhöhung der *Außensteuerung substanzieller Ziele,* die der dominierende Ansatzpunkt der Governance-Reform in dieser Phase ist. Dies kann einesteils Druck auf die Lehrerprofession ausüben, weil diese – potenziell – *erstmals extern vorgegebenen und extern gemessenen Leistungskriterien* unterworfen ist. Zweitens wird dies Druck auf die Schulleitungen ausüben, weil sie den *Systemdruck auf die Schule und die Lehrerprofession* an ihrem eigenen Standort in sinnvolle Entwicklungsenergie umsetzen müssen. Schließlich werden auch durch die vergleichend gemessene Schulleistung klare Orientierungspunkte für die Konkurrenz zwischen Schulen bereitgestellt, durch die der „Dienstleistungscharakter" schulischer Tätigkeit betont und Konsument/inn/en vergleichbare Daten für ihre Wahlentscheidungen zur Verfügung gestellt werden.

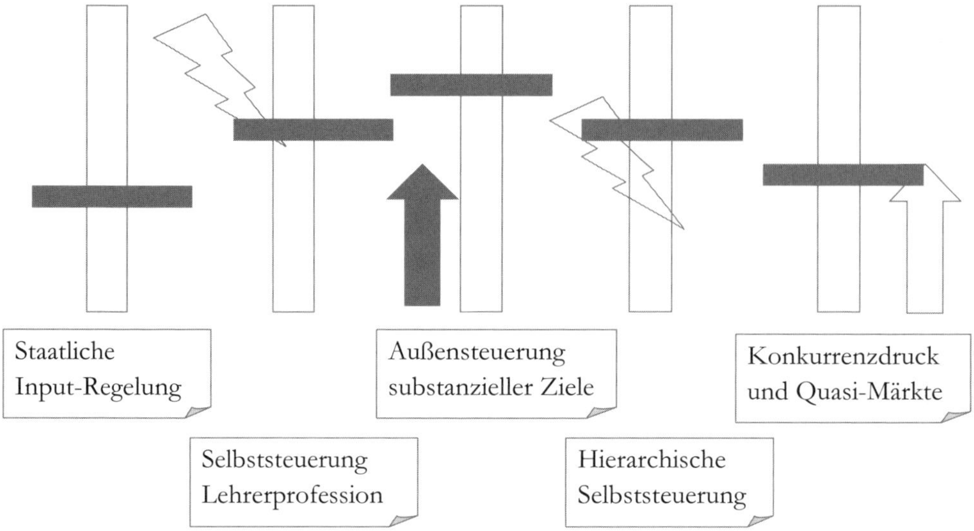

Abb. 4: Governance-Transformationen in Phase 3

2.3 Konsequenzen für die Fortbildung

Was bedeuten diese bildungspolitischen Debatten und Entwicklungen, die in unterschiedlichen Ländern durchaus verschieden weit gediehen sind (Rürup, 2007 für die deutschen Bundesländer; Eder & Altrichter, 2009 für Österreich), für die Rolle des Fortbildungssystems? Ausgehend von einer – hier nicht weiter entfalteten – Analyse der Implementation der „Bildungsstandards-Politik" (Altrichter, 2008) möchte ich einige Probleme im Zuge der Umsetzung des „neuen Steuerungsmodells" aufzeigen, die Fortbildung herausfordern, aber auch ihre Grenzen aufzeigen:

Neue Kompetenzen: In den skizzierten Entwicklungen werden für Lehrpersonen und Schulleitungen neue *Kompetenzen* bedeutsam. Ab Phase 2 wird aber auch deutlich, dass es nicht um eine „allgemeine Kompetenzsteigerung der Lehrkräfte" in beliebigen Kompetenzfeldern geht, sondern dass *zielgerichtet* spezifische Kompetenzen als notwendig erachtet werden – solche der schulinternen Koordination, solche der Evaluation und ihrer Interpretation und schließlich solche der Unterrichtsentwicklung. Kompetenzentwicklung ist ohnehin die Domäne von Fortbildung; im Zuge der neuen bildungspolitischen Entwicklungen wird Lehrerfortbildung aber weniger als Hilfe zu einer allgemeinen Höherqualifizierung von Lehrerinnen und Lehrern und als Instanz des Teacher Empowerments, sondern als „intermediäres Unterstützungssystem" für die angezielten Veränderungen der Systemsteuerung gefordert.

Akzeptanzprobleme und normative Orientierungen: Zweitens haben manche Neuerungen – je mehr wir uns Phase 3 nähern und die Innovationen entschiedenere „Umsteuerung" und Eingriff in die Arbeit der Schulen beabsichtigen, umso mehr – mit Akzeptanzproblemen zu kämpfen. Wenn es sich tatsächlich um systemverändernde Reformen handelt, ist dies nicht besonders überraschend, bringt aber eine spezifische Situation für die Fortbildung. In hochqualifizierten Berufen kann man wahrscheinlich keine Veränderungen allein durch „power-coercive strategies" (im Sinne von Bennis, Benne & Chin, 1973) erreichen, ohne Qualitätsverluste in Kauf zu nehmen. Aus den bisherigen Untersuchungen können wir annehmen, dass ein guter Teil der Lehrpersonen zwar auf einer allgemeinen Ebene keinen offenen Widerstand leistet, dort aber, wo es für ihren Unterricht konkret wird, äußerst skeptisch ist (Altrichter, 2008). Damit die Reform wirksam werden kann, müssten diese Lehrer/innen ihre handlungsleitenden Werte dem neuen Steuerungsmodell anpassen. Auch bei der Vermittlung neuer normativer Orientierungen hat Fortbildung traditionell Funktionen übernommen. Im Gegensatz zu Situationen, in denen neue Inhalte und Instrumente an ein im Prinzip bereitwilliges Publikum weitergegeben werden sollen, erfordern derartige „normative-reeducative" Aufgaben (im Sinne von Bennis, Benne & Chin, 1973) allerdings einen Typ von Fortbildung, in dem Wissensaufnahme, Arbeit an den normativen Implikationen in einer unterstützenden Gruppe, Erprobung praktischer Implikationen und Weiterentwicklung der Arbeitsbedingungen in einem längerfristigen Konzept verbunden werden. Das PFL-Konzept aus Kapitel 1 bietet dazu durchaus Ansatzpunkte, wie wir beispielsweise in einer Variante, die „neue Lernformen" verbreiten sollte (Wittwer, Salzgeber, Neuhauser & Altrichter, 2004), gezeigt haben. Allerdings ist mit Spannungen zwischen den Ansprüchen nach „zielorientierter Entwicklung" und „Teacher Empowerment" zu rechnen.

Beratungs-, Moderations- und Konfliktlösungsbedarf: Drittens entsteht in den Transformationsprozessen massiver Beratungs-, Moderations- und Konfliktlösungsbedarf für die Entwicklungsprozesse, in denen Schulen neue Arbeits- und Koordinationsbeziehungen aufbauen sollen. In der Vergangenheit wurde versucht, die bestehenden Ressourcen und Institutionalisierungsformen der Fortbildung für diese Aufgaben zu nutzen. Dabei entstanden neue Angebote, wie z.B. „schulinterne Fortbildung", dabei stieß man aber auch immer wieder an Grenzen: Beispielsweise wurden Beratungssitzungen mit Steuergruppen oft als Fortbildungseinheiten abgerechnet, für die jedoch eine – bei Steuergruppen unrealistisch hohe – Teilnehmerzahl erforderlich war. Beispielsweise ist „Beratung als Fortbildung" schwer so flexibel organisierbar, wie es der nicht immer vorhersehbare Takt einzelschulischer Entwicklungsprozesse erforderte.

Aufbau neuer Handlungskoordination: Für ein neues Steuerungsmodell müssen auch neue Handlungskoordinationen im System aufgebaut werden, neue Instrumente und Prozeduren, durch die die verschiedenen Akteurinnen und Akteure ihr Handeln neu aufeinander abstimmen. So ist es wahrscheinlich für das Wirksamwerden kompetenzorientierter Bildungsstandards wichtig, dass diese nicht nur von Lehrpersonen gekannt und beachtet werden, sondern dass auch Schüler/innen ihr Lernen an den Bildungsstandards ausrichten. Ebenso erscheint auch die Koordination mit Bezugsgruppen außerhalb der Einzelschule bedeutsam, wie z.B. mit der Schulaufsicht, die ja die Orientierung auf Bildungsstandards fordern und fördern soll.

Dazu wird es notwendig sein, bestimmte Koordinationsarten vorzuschlagen und durch Projekte fassbar zu machen. Dies ist für traditionelle Fortbildungseinrichtungen nicht unbedingt einfach, weil zum einen manche dieser Akteurinnen und Akteure (z.B. Schüler/innen, Eltern) außerhalb ihres traditionellen Klientels liegen und zum anderen – wie z.B. zur Schulaufsicht – unklare Beziehungen herrschen, die – je nach Ort und Projekt – zwischen (impliziter) Konkurrenz, Über- oder Unterordnung wechseln.

„Strukturreformen" und die Autonomie der Lehrerfortbildung: In den bisher genannten Bereichen sind z.T. traditionelle Funktionen angesprochen, für die Lehrerfortbildung Kompetenzen hat. Gleichzeitig ist aber den meisten Beteiligten klar, dass der angekündigte „Systemwandel" nicht allein durch Kompetenzvermittlung und das Machen von „gutem Wind" für neue Ziele geschehen kann. Da bisher kaum etwas dafür spricht, dass die Akteurinnen und Akteure im System selbständig – gleichsam emergent – eine neue, dem Standards-Lernstandstest-Steuerungsmodell (z.B. Specht, 2006, S. 33) entsprechende Handlungskoordination entwickeln werden, wird es notwendig sein, *stützende und fordernde Strukturen* aufzubauen, die die ‚neue Koordinationsweise' nahelegen, fordern und stützen (vgl. Posch, 2009; Altrichter, in Vorb.). Hier ist gegenwärtig noch vieles offen. So nennt Lucyshyn (2006, S. 10 ff.) als „notwendige Voraussetzungen für das Gelingen" der Standard-Reform u.a. folgende Elemente: verpflichtendes Schulprogramm und Rechenschaftslegung, mehr Autonomie für die Schulleitungen und eine Anpassung der Leistungsbeurteilungsverordnung entsprechend dem neuen Konzept der Outputorientierung. Specht kritisiert (2006, S. 28), dass die Frage der Verbindlichkeit von Bildungsstandards in Österreich offengehalten wird, und meint, dass es „schwierig ist, die Praktiker an den Schulen von Reformkonzepten zu überzeugen und zu ernsthafter Mitarbeit zu bewegen, wenn unter den Planern und Protagonisten selbst noch Unklarheit besteht und keine klaren Botschaften kommuniziert werden".

Fortbildung kann solche fordernden und fördernden Strukturen vielleicht in Modellprojekten erfahren lassen, letztlich aber nicht systemwirksam generieren. Sie ist, wenn sie fördernde Beiträge zu Strukturreformen leisten will, auf die Strukturangebote, die Politik und Verwaltung produzieren, angewiesen und muss mit diesen enger als bisher zusammenarbeiten. In diesem Sinne deutet die Rede von der Fortbildung als „Unterstützungsstruktur" auch verbal an, dass Lehrerfortbildung deutlicher als vorher selbst zu einer dieser stützenden und fordernden Strukturen wird, die in die staatlichen Entwicklungsanstrengungen eingebunden sind. Die prekäre Balance zwischen staatlicher Funktionserfüllung und autonomer Arbeitsgestaltung, die bisher die Fortbildungseinrichtungen in Österreich charakterisierte, wird dadurch neuem Druck ausgesetzt.

Neue intermediäre Akteurinnen und Akteure: Schließlich treten im Zuge der Modernisierungswellen neue intermediäre Akteurinnen und Akteure auf, die fortbildungsähnliche Aufgaben übernehmen. Sie tun dies, weil der Entwicklungsbedarf offenbar so groß und drängend ist, dass traditionelle fortbildnerische Mittel und Formen nicht mehr ausreichen. Ich nenne einige Beispiele:

- Die Rolle der *Schulentwicklungsberatung* entstand schon in Phase 1 neu, um flexibler jene Entwicklungsprozesse von Schulen, die die neu entstandenen autonomen Spielräume nutzen wollten, zu unterstützen. Das Bildungsministerium unterstützte diese Entwicklung durch einen gesamtösterreichischen Lehrgang für „autonome Schulentwicklungsberater/innen". Ihre Tätigkeit wurde in Österreich (z.B. im Gegensatz zu manchen Kantonen der Schweiz) selten privatwirtschaftlich ausgeübt, sondern über die Strukturen der Fortbildung finanziert.

- Schon Phase 2 brachte einen Wechsel von einer Idee von „Schulentwicklung als Angebot" zu einem Konzept von „Schulentwicklung als Verpflichtung": Wenn Schulprogramm und Qualitätsmanagement sinnvolle interne Steuerungsinstrumente sind, dann sollten sie in allen Schulen wirksam werden. „Schulentwicklung" war nicht mehr eine Option für besonders interessierte Schulen, sondern sollte „auf ganzer Breite erfolgen". Bildungspolitik und Schulverwaltungen reagierten auf diese Anforderungen oft nicht mit einem Ausbau traditioneller Fortbildungsinstitutionen, sondern experimentierten mit neuen Formen der Kommunikation mit Schulen, durch die – so die Hoffnung – mehr Schulen gleichzeitig erreicht werden könnten: Ein Beispiel ist der Versuch, Informationen durch *Internetplattformen* zu verbreiten und dadurch neue Handlungsweisen zu stimulieren – die österreichische Plattform Q.I.S. ist ein frühes Beispiel dafür. In der Zwischenzeit haben viele Bildungsministerien inhaltsreiche Webauftritte.
- Eine weitere Strategie bestand darin, bei der *Projektentwicklung mit externer Expertise* und z.T. mit externem Geld aus Stiftungen zusammenzuarbeiten: Ein prominentes Beispiel dafür ist die Evaluationsplattform SEIS der Bertelsmannstiftung, die nun – nach Ende des Projektstatus – in die Verantwortung von einigen deutschen Bundesländern übernommen wird (vgl. http://www.seis-deutschland.de/).
- Weiterhin wurde versucht, das Problem der „Breite" (viele Schulen müssen in kurzer Zeit angesprochen werden) durch eventartige *Großgruppenveranstaltungen* – ebenfalls mithilfe von Projektnehmer/inne/n außerhalb des Fortbildungssystems – zu bearbeiten, um gleichzeitig größere Gruppen zu erreichen, zu dynamisieren und deren Selbstentwicklungskräfte zu stimulieren.
- In Phase 3 setzen Innovationsprojekte – wohl als Folge des verstärkten Umsetzungsdrucks – zunehmend auf *speziell ausgebildete Personen*, die die Umsetzung der speziellen Neuerung (z.B. Qualitätsentwicklung durch Bildungsstandards und Datenfeedback) in den Schulen fördern sollen, indem sie die Loyalität und Akzeptanz der Lehrer/innen durch persönliche Kontakte binden und Kompetenz an einigen notwendigen Punkten substituieren. Im österreichischen Projekt zur Implementation von Bildungsstandards heißen diese „Rückmeldemoderator/inn/en" (in der Zwischenzeit gibt es zahlreiche Vorschläge für verschiedenste Typen von Evaluationsberater/inne/n); sie besuchen die Pilotschulen und helfen „dort bei der angemessenen Interpretation der Ergebnisse", was in diesem Fall von den beteiligten Lehrerinnen und Lehrern durchaus geschätzt wird (Grabensberger, Freudenthaler & Specht, 2008, S. 69 f.).
- Ich bin skeptisch, ob auf spezielle, aktuell bedeutsame, aber insgesamt enge Aufgaben hin ausgebildete „Berater/innen" die Zukunft einer veränderten und intensiveren Handlungskoordination im Schulsystem sind. Tatsächlich findet sich im zitierten Evaluationsbericht nach der guten Rückmeldung zur allgemeinen Kommunikation mit den „Rückmeldemoderator/inn/en" eine kleine, aber strategisch wichtige Einschrän-

kung: „Etwas weniger ertragreich waren die moderierten Gespräche in Bezug auf die Frage, welche Konsequenzen die Schule aus den Ergebnissen ziehen soll." (a.a.O., S. 70) Die Weiterentwicklung von Unterricht hängt eben nicht nur davon ab, ob man Evaluationsrückmeldungen richtig interpretieren kann, sondern auch davon, ob man fachdidaktisch passende Alternativen kennt und umsetzen kann und ob man – aller Voraussicht nach länger dauernde – Prozesse der Ausarbeitung einer neuen Praxis inhaltlich und motivational unterstützen kann. Dazu braucht es aber nicht allein eine punktuelle, evaluationsbezogene Beratung, sondern eine breitere Verfügbarkeit von Beratung, die evaluationsbezogene und fachdidaktische Qualifikation mit der Fähigkeit verbindet, Entwicklungsprozesse unter den organisationellen Bedingungen der Schule zu begleiten. Oder wie die Evaluator/inn/en im zitierten Bericht richtig bemerken: „Für einen erfolgreichen Schritt ‚von der Evaluation zur Innovation' [könnte es wichtig sein], dass diese Personen über ihre Übersetzerrolle hinaus auch stärker die Funktion der Entwicklungsberatung bzw. Begleitung übernehmen" (a.a.O., S. 75 f.).

Für die Fortbildungsinstitutionen stellt sich im Zusammenhang der genannten Beispiele „neuer Akteurinnen und Akteure" und „neuer Aktivitäten" die strategische Frage, ob es sinnvoll ist und ob es ihnen gelingt, diese in ihr Tätigkeitsspektrum zu integrieren (wie dies offensichtlich in Österreich mit den „Schulentwicklungsberater/inne/n" der Fall war), oder ob dem bisherigen staatlichen Quasi-Monopol dadurch dauerhafte Konkurrenz erwächst.

3. Lehrerfortbildung 2009+: Mögliche Zukünfte der Fortbildung

Im vorhergehenden Abschnitt habe ich einige Anforderungen skizziert, die im Zuge der aktuellen „Steuerungsreformen" an Fortbildung gestellt werden. „Lehrerfortbildung" ist aber nicht nur ein Unterstützungssystem *für* das Bildungssystem, sondern ebenso ein Teil *des* Bildungssystems, das wie seine anderen Teile Veränderungsansprüchen unterworfen ist. Die instrumentellen Forderungen an das Fortbildungssystem im Zuge der schulischen Steuerungsreform können – so die abschließende These – den ohnehin bestehenden Reformdruck auf die Lehrerfortbildung verstärken. Als Beleg mögen Aussagen und Beobachtungen internationaler Gruppen gelten, die Zukunftsszenarien für die Lehrerfortbildung skizzieren. Diese gehorchen einesteils ähnlichen Entwicklungsprinzipien wie die Reformen im Schulwesen: Outputorientierung, Kompetenzorientierung, Zielorientierung, Evaluation und Evidenzbasierung allerorten. Anderenteils passen sie gut zu den Anforderungen, die aus der Analyse der Steuerungsreformen in Abschnitt 2.3 herausgearbeitet wurden.

So konstatierte die OECD-Studie „Staying ahead" (1998, S. 33 f.), dass *gesamtstaatliche und einzelschulische Reforminteressen* gegenüber den Interessen einzelner Lehrer/innen in den letzten Jahren stärkeres Gewicht gewonnen hätten. Dies geht einher mit der Tendenz, Fortbildung eher als *Verpflichtung* denn als Gelegenheit, eher in Hinblick auf *aktuelle Leistungen* von Lehrerinnen und Lehrern denn auf deren zukünftige Perspektiven zu sehen.

Die Koordinierung und Verbindung von staatlicher Reform und Tätigkeit der Fortbildung wäre nicht immer vorhanden gewesen, habe sich jedoch neuerdings stark gefestigt (a.a.O., S. 11 f.).

Eine zweite Tendenz bestünde in vielen Ländern in der Steigerung der *Zahl und Unterschiedlichkeit der Anbieter/innen von Fortbildung.* Dies wirkt auf den ersten Blick wie ein Widerspruch zur Tendenz, Fortbildung stärker in das System staatlicher Leistungsziele und Entwicklungsinteressen einzubinden. Für den Staat ist es aber wahrscheinlich leichter, seine Ziele umzusetzen, wenn eine Vielzahl von Anbieterinnen und Anbietern um Aufträge konkurriert, als wenn er sich auf gewachsene eigene Institutionen stützen muss, die in je eigenen Mischungen aus professioneller Widerstandskraft und institutioneller Trägheit staatliche Aufträge kleinarbeiten. Zu diesen „neuen" Anbieterinnen und Anbietern können private Firmen, entrepreneurisch eingestellte Universitäten und Fachhochschulen, durchaus aber auch Schulen zählen, die bei SCHILF sowie bei Schulplanungs- und Curriculumentwicklungsaktivitäten als Fortbildungsanbieter/innen auftreten können.

Damit könnte auch ein weiteres, speziell in den deutschsprachigen Ländern auftretendes Problem in das Zentrum der Aufmerksamkeit treten, jenes der *Integration und Anerkennung von Fortbildung* in einem System lebenslangen Lernens sowie jenes ihrer Anrechenbarkeit für Weiterstudien. Dieses existiert in anderen Ländern nicht, in denen ein wesentlicher Teil der Lehrerfortbildung von Universitäten angeboten wird, während in den deutschsprachigen Ländern Fortbildung bisher stärker als Instrument des Staates angesehen und in Distanz von den Universitäten gehalten wurde.

Die Themen der *Rechenschaftslegung und Qualitätsevaluation* gewinnen auch in der Fortbildung eine verstärkte Bedeutung (z.B. Biott, Easen & Spindler, 2001; Niemi, 2001). Mit der Diversifizierung der Anbieter/innen tritt die Frage der *Legitimierung von Angeboten* (Wer sagt, was ein legitimes Lehrerfortbildungsangebot ist?) in den Blick, die sich in Systemen, die von der Verwaltung kontrolliert waren, nur in Einzelfällen stellte (Sind Surfkurse für Lehrpersonen als berufsbezogene Fortbildung anzusehen?). Dazu gibt es international zwei Strategien, einesteils die *Akkreditierung von Anbieterinnen, Anbietern und Angeboten* (z.B. Setenyi, 2001), anderenteils die *Festlegung von Standards der Berufsqualifikation.* Die letztere – „outputorientierte" – Strategie, die v.a. in angloamerikanischen Ländern verfolgt wurde, enthält u.a. folgende Elemente: Beispielsweise hat die „Teacher Training Agency" in England und Wales ein Konzept professioneller Standards entwickelt, das unterschiedliche Qualifikationsniveaus unterscheidet: Für Berufsanfänger/innen, für qualifizierte „Normallehrpersonen", aber auch für verschiedene weiterführende Karrierewege (z.B. *special educational needs-coordinators*, Fachbereichsleiter/innen, Lehrkräfte für fortgeschrittene Fähigkeiten, Schulleiter/innen) wurden Qualifikationsstandards formuliert. Diese werden dazu benutzt, die Leistungen von Lehrerinnen und Lehrern zu prüfen, aber auch ihre Bedürfnisse festzustellen. Es wird erwartet, dass die Anbieter/innen von Lehrerfortbildung sich von diesen Standards leiten lassen, wenn sie ihre Angebote planen (OECD, 1998; Biott et al., 2001). Durch diese unterschiedlichen Qualifikationsniveaus wird einerseits eine „Standardisierung" der angebotenen Leistungen angestrebt, andererseits Karrieremöglichkeiten für Lehrer/innen eröffnet, die Einsatz und Qualifikation herausfordern und belohnen sollen.

Die Festlegung von beruflichen Standards entspricht einer anderen Entwicklungstendenz, die wohl auch vom Schulwesen auf den Fortbildungssektor übergreifen wird, der *Kompetenzorientierung*. Durch die Arbeiten von Oser (Oser & Oelkers, 2001) sowie der KMK-Lehrerbildungskommission (Terhart, 2000) wurde auch im deutschen Sprachraum die Grundlage für eine spezifischere Formulierung von Anforderungen an Lehrpersonen gelegt. Solche Kompetenzraster können zum Bezugspunkt für Forderungen gemacht werden, Fortbildungsmaßnahmen zielorientierter zu gestalten und zu evaluieren, ebenso wie zur Basis für Leistungsbeurteilungen von Lehrpersonen, die beispielsweise in einem Portfolio entsprechende Leistungsnachweise sammeln müssen. Ein plausibles System von Lehrerkompetenzen könnte schließlich auch ein Instrument bieten, um die *mangelnde Abstimmung und Kohärenz innerhalb des Fortbildungssektors* sowie jene *zwischen Ausbildung und Fortbildung,* die in vielen Ländern zu herrschen scheint, in Angriff zu nehmen.

In einer Reihe von Schulsystemen ist die Erstellung von *schulinternen Fortbildungsplänen* zur Pflicht gemacht worden. Dadurch soll Fortbildung einerseits aus einer „individualistischen Zufälligkeit" gehoben und für die schulischen Entwicklungsziele genutzt werden: Andererseits – und im deutschen Sprachraum zu wenig beachtet – sollen die englischen *performance management schemes* für jede Lehrkraft eine stärkere, nachvollziehbare und auch evaluierte Verbindung von Fortbildung und Entlohnungs- und Karrierefortschritt herstellen (Biott et al., 2001).

Die Tendenz der bildungspolitischen Entwicklungen in den deutschsprachigen Ländern geht eindeutig in die Richtung einer stärkeren und zielorientierten Indienstnahme von Fortbildung für staatliche Transformationsinteressen. Diese Entwicklung hat einesteils ihre guten Seiten, wenn Fortbildungsinstitutionen gefordert sind, ihre Lernangebote klar zu machen und zu evaluieren. Damit wird eine Schwäche allzu unverbindlicher Fortbildung angegangen, die unter dem Deckmantel von „Teacher Empowerment" beliebig in Hinblick auf ihre Ziele war und diese nicht an eine kritische professionelle Diskussion in der Berufsgruppe binden konnte.

Eine zu enge Orientierung auf vorgegebene Entwicklungsziele und Lehrerkompetenzen führt aber zu Widerstand der Lehrkräfte – eine Entwicklung, die sich schon andeutet und international unter dem Kürzel „teacher alienation" diskutiert wird (Galton & MacBeath, 2008). Meiner Einschätzung nach muss ein zukunftsträchtiges Fortbildungssystem auf einer einforderbaren Balance zwischen individuellen Entwicklungsinteressen von Lehrpersonen, den Entwicklungsbedürfnissen der Einzelschulen und öffentlich diskutierten und legitimierbaren gesellschaftlichen Transformationsinteressen aufbauen. Gegenwärtig scheinen wir uns jedoch in einem sich beschleunigenden Spiel von Bewegung und Gegenbewegung zu befinden, in dem verschiedene extreme Ausformungen der Befriedigung systemischer Unterstützungs- und Fortbildungsbedürfnisse erprobt werden, ohne dass die Konturen einer solchen Balance sichtbar werden.

4. Literatur

Altrichter, H. (2008). Veränderungen der Systemsteuerung im Schulwesen durch die Implementation einer Politik der Bildungsstandards. In T. Brüsemeister & K.-D. Eubel (Hrsg.), Evaluation, Wissen und Nichtwissen (S. 75-115). Wiesbaden: Verlag für Sozialwissenschaften.

Altrichter, H. & Heinrich, M. (2007). Kategorien der Governance-Analyse und Transformationen der Systemsteuerung in Österreich. In H. Altrichter, T. Brüsemeister & J. Wissinger (Hrsg.), Educational Governance – Handlungskoordination und Steuerung im Bildungssystem (S. 55-103). Wiesbaden: Verlag für Sozialwissenschaften.

Altrichter, H. & Posch, P. (1998). Einige Orientierungspunkte für ‚nachhaltige Lehrerfortbildung'. In H.-J. Herber & F. Hofmann (Hrsg.), Schulpädagogik und Lehrerbildung (S. 245-259). Innsbruck: Studienverlag.

Altrichter, H. & Posch, P. (2007). Lehrerinnen und Lehrer erforschen ihren Unterricht. Unterrichtsentwicklung und Unterrichtsevaluation durch Aktionsforschung (4. überarbeitete und erweiterte Aufl.). Bad Heilbrunn: Klinkhardt.

Bennis, W. G., Benne, K. D. & Chin, R. (Eds.). (1973). The Planning of Change. New York, NY: Holt, Rinehart & Winston.

Benz, A. (2004). Governance – Modebegriff oder nützliches sozialwissenschaftliches Konzept? In A. Benz (Hrsg.), Governance – Regieren in komplexen Regelsystemen (S. 11-28). Wiesbaden: Verlag für Sozialwissenschaften.

Bessoth, R. (2007). Wirksame Weiterbildung. Oberentfelden: Sauerländer.

Biott, C., Easen, P. & Spindler, J. (2001). Tendencies of teacher education policy and practice in England during the last decade. Unpublished manuscript. Newcastle, UK.

Brand, U. (2004). Governance. In U. Bröckling, S. Krasmann & T. Lemke (Hrsg.), Glossar der Gegenwart (S. 111-117). Frankfurt am Main: Suhrkamp.

Brüsemeister, T. (2004). Das andere Lehrerleben. Bern: Haupt.

Brüsemeister, T. & Eubel, K.-D. (Hrsg.). (2003). Zur Modernisierung der Schule. Bielefeld: transcript.

Deutscher Verein zur Förderung der Lehrerinnen- und Lehrerbildung (DVLfB) (2003). Lehrerfortbildung im Wandel – Beiträge zur Standortbestimmung des DVLfB. Online unter http://www.lehrerfortbildung.de/verein/dvlfbpositionspapier.pdf [12.02.2007].

Eder, F. & Altrichter, H. (2009). Qualitätsentwicklung und Qualitätssicherung im österreichischen Schulwesen: Bilanz aus 15 Jahren Diskussion und Entwicklungsperspektiven für die Zukunft. In W. Specht (Hrsg.), Nationaler Bildungsbericht. Österreich 2009 (Bd. 2, S. 305-322). Graz: Leykam.

Fankhauser, R. (o.J.). Rechtliche Verankerung der Schulautonomie in Österreich. Unveröffentlichtes Manuskript. Wien: BMUKK.

Galton, M. & MacBeath, J. (2008). Teachers Under Pressure. London: Sage.

Grabensberger, E., Freudenthaler, H. & Specht, W. (2008). Bildungsstandards: Testungen und Ergebnisrückmeldungen auf der achten Schulstufe aus der Sicht der Praxis – Ergebnisse einer Befragung von Leiterinnen, Leitern und Lehrkräften der Pilotschulen. Graz: bifie.

Haider, G., Eder, F., Specht, W., Spiel, Ch. & Wimmer, M. (2005). Abschlussbericht der Zukunftskommission. Wien: BMBWK.

Halasz, G. & Altrichter, H. (2000). Comparative Analysis of Decentralisation Policies and Their Results in Central European Countries. Synthesis Report. In H. Altrichter (Ed.), Comparative Analysis of Decentralisation Policies and Their Results in Central European Countries. Case Studies and Synthesis Report. ZSE-Report Nr. 47 (pp. 87-113). Wien: Zentrum für Schulentwicklung.

Lassnigg, L. (2000). Zentrale Steuerung in „autonomisierten" Bildungssystemen. In Schweizerische Konferenz der kantonalen Erziehungsdirektoren (Hrsg.), Die Vielfalt orchestrieren (S. 107-141). Innsbruck: Studienverlag.

Lave, J. & Wenger, E. (1991). Situated Learning. Cambridge: University of Cambridge Press.

Lipowsky, F. (2004). Was macht Fortbildungen für Lehrkräfte erfolgreich? Die Deutsche Schule, 96(4), 462-479.

Lucyshyn, J. (2006). Implementation von Bildungsstandards in Österreich – Arbeitsbericht. Salzburg: Bifie.

Marx, E. C. H. & van Ojen, Q. H. J. M. (1993). Dezentralisation, Deregulierung und Autonomisierung im niederländischen Schulsystem. In P. Posch & H. Altrichter (Hrsg.), Schulautonomie in Österreich (S. 162-185). Wien: BMUKK.

Messner, H. & Reusser, K. (2000). Berufliches Lernen als lebenslanger Prozess. Beiträge zur Lehrerbildung, 18(3), 277-294.

Niemi, H. (2001). Tendencies of Teacher Education and Practice in Finland. Unpublished manuscript. Helsinki.

OECD (1998). Staying ahead: In-service Training and Teacher Professional Development. Paris: OECD/CERI.

Oser, F. & Oelkers, J. (Hrsg.). (2001). Die Wirksamkeit der Lehrerbildungssysteme. Von der Allrounderausbildung zur Ausbildung professioneller Standards. Zürich: Rüegger.

Posch, P. (2009). Zur schulpraktischen Nutzung von Daten: Konzepte, Strategien, Erfahrungen. Die Deutsche Schule, 101(2), 119-135 (zit. nach dem Ms.).

Posch, P. & Altrichter, H. (1993). Schulautonomie in Österreich (2. Aufl.). Wien: BMUKK.

Richardson, V. & Placier, P. (2001). Teacher Change. In V. Richardson (Ed.), Handbook of Research on Teaching (pp. 905-947). Washington, D.C.: AERA.

Rürup, M. (2007). Innovationswege im deutschen Bildungssystem. Wiesbaden: Verlag für Sozialwissenschaften.

Rürup, M., Fussangel, K. & Gräsel, C. (in Vorb.). Lehrerfortbildung als Unterstützungssystem. In H. Altrichter & K. Maag Merki (Hrsg.), Neue Steuerung im Schulsystem. Wiesbaden: Verlag für Sozialwissenschaften.

Schimank, U. (2007). Die Governance-Perspektive: Analytisches Potential und anstehende konzeptionelle Fragen. In H. Altrichter, T. Brüsemeister & J. Wissinger (Hrsg.), Educational Governance – Handlungskoordination und Steuerung im Bildungssystem (S. 231-260). Wiesbaden: Verlag für Sozialwissenschaften.

Schneider, V. & Kenis, P. (1996). Verteilte Kontrolle. Institutionelle Steuerung in modernen Gesellschaften. In P. Kenis & V. Schneider (Hrsg.), Organisation und Netzwerk (S. 9-43). Frankfurt am Main: Campus.

Setenyi, J. (2001). New School Management Approaches. What Works in Innovation in Education. Paris: OECD (zit. nach dem Ms.).

Specht, W. (2006). Von den Mühen der Ebene. Entwicklung und Implementation von Bildungsstandards in Österreich. In F. Eder, A. Gastager & F. Hofmann (Hrsg.), Qualität durch Standards? (S. 13-37). Münster: Waxmann.

Terhart, E. (Hrsg.). (2000). Perspektiven der Lehrerbildung in Deutschland. Weinheim: Beltz.

Wittwer, H., Salzgeber, G., Neuhauser, G. & Altrichter, H. (2004). Forschendes Lernen in einem Lehrgang zum kooperativen offenen Lernen. In S. Rahm & M. Schratz (Hrsg.), LehrerInnenforschung (S. 105-118). Innsbruck: Studienverlag.

Fortbildung im Kontext eines phasenübergreifenden Gesamtkonzepts der Lehrerbildung

Georg Hans Neuweg

Abstract

Ausgehend von einer Systematik lehrerbildungsdidaktischer Leitvorstellungen, die zwölf Figuren der Relationierung von Lehrerwissen und Lehrerkönnen unterscheidet, und mit Bezug auf ein Stufenmodell der Entwicklung von Expertise in komplexen Domänen stellt der Beitrag Lehrerfortbildung in den idealen Rahmen eines phasenübergreifenden Gesamtkonzepts von Lehrerbildung. Von dort her lässt sich ihr methodisches Gepräge als virtuose Orchestrierung unterschiedlicher didaktischer Leitvorstellungen charakterisieren.

Schlagworte (dt.)

Lehrerbildungsdidaktik, Expertiseentwicklung, Lehrerwissen und Lehrerkönnen, implizites Wissen

Schlagworte (engl.)

pedagogy of teacher education, development of expertise, teacher knowledge and teacher know-how, tacit knowing

1. Problemstellung

„Hast du's mit dem Wissen oder mehr mit Reflexion?" – Stärker noch als für den Erstausbildner mag das für den Fortbildner eine Art Gretchen-Frage sein. Denn einerseits bezieht auch er seinen Anspruch auf professionelle Autorität aus seiner Rückverpflichtung auf einen die Profession einenden, ja sie eigentlich begründenden Wissenskorpus. Ohne Wissensgefälle gibt es keine Lehrer-Schüler-, ja nicht einmal eine Beraterbeziehung, weil weder lehren noch beraten kann, wer nicht mehr, Richtigeres, Funktionaleres weiß als sein Schüler oder Klient. Und so sehr der Fortbildner im Respekt vor der Dignität der Praxis oft auch „nur" beim Reflektieren helfen will, so häufig hegt er wohl auch Belehrungswünsche – eben weil er glaubt zu wissen, was der andere noch nicht weiß, aber wissen sollte. Andererseits stellt die Arbeit in der Fortbildung Theorie-Praxis-Gleichungen äußerst radikal in Frage. Fortbildnerinnen und Fortbildner sind ständig mit den mächtigen Spuren konfrontiert, die die Erfahrung im Verhaltensrepertoire, im Emotionshaushalt und in den kognitiven Strukturen der Teilnehmerinnen und Teilnehmer hinterlässt. Daher wissen sie, dass diese Spuren quer zu dem liegen können, was „man" eigentlich theoretisch besser oder zumindest anders weiß oder wissen müsste, und wie stark das einst in der Erstausbildung angeeignete Wissen im Zeitverlauf erodiert ist. Irritierender noch: So oft dem Fortbildner auch schlechte und vielleicht wissensbedürftige Praxis begegnen mag, so sicher begegnet ihm doch auch gute Praxis, die das, was der Fortbildner an Wissen anzubieten vermag, unterkomplex erscheinen lassen kann. Und schließlich: Zu den Urerfahrungen von Lehrerbildnerinnen und Lehrerbildnern gehört, dass Teilnehmer nachher oft nicht tun, was sie – offenbar nur träge, aber eben nicht handlungssteuernd – wissen. Es wundert nicht, dass die Antworten auf die Frage nach dem Stellenwert des Wissens und der Wissensvermittlung gerade in der Fortbildung oft recht faustisch werden: „Nenn's Wissen! Theorien! Ich habe keinen Namen Dafür! Reflexion ist alles; Name ist Schall und Rauch, Umnebelnd Himmelsglut."

An welchen didaktischen Leitvorstellungen also sollte sich Lehrerfortbildung vorrangig ausrichten? Zur Beantwortung dieser Frage sind ostentativ auszuweisende Annahmen über die Vorleistungen erforderlich, die die anderen Phasen erbringen sollten. Dem dafür erforderlichen Gesamtkonzept von Lehrerbildung wiederum muss eine ebenfalls auszuweisende Vorstellung davon zugrunde liegen, wie sich Lehrerexpertise entwicklungslogisch über die Jahre hinweg entfaltet. Für die folgende Antwortskizze wird auf vier Vorarbeiten zurückgegriffen:

- auf eine Systematik lehrerbildungsdidaktischer Leitvorstellungen im Lichte des Spannungsverhältnisses von Lehrerwissen und Lehrerkönnen (Neuweg, 2004a, 2005a),
- auf eine Darlegung der zentralen Emergenzbedingungen pädagogischer Könnerschaft und der darin aufgehobenen lehrerbildungsdidaktischen Dilemmata (Neuweg, 2005b),
- auf eine Analyse der Implikationen des „tacit knowing view" (Neuweg, 2005c) für die Ausgestaltung der Lehrerbildung (Neuweg, 2002a) sowie
- auf das auf Dreyfus & Dreyfus zurückgehende Stufenmodell der Entwicklung beruflicher Expertise in komplexen Domänen (Dreyfus & Dreyfus, 1987; Neuweg, 2004b, S. 296 ff.) und seine Anwendung auf den Lehrerberuf (Neuweg, 1999).

2. Das Rohmaterial: Zwölf lehrerbildungsdidaktische Leitvorstellungen

Ein in jüngerer Zeit vorgelegter Versuch, die Vielfalt der in der Lehrerbildungsdidaktik existierenden Leitvorstellungen zu systematisieren, unterscheidet zwölf Konzepte (Neuweg, 2005a), die insbesondere als unterschiedliche Figuren der Relationierung von Lehrerwissen und Lehrerkönnen (Neuweg, 2004a) aufzufassen sind:

Tab. 1: Lehrerbildungsdidaktische Leitvorstellungen (Neuweg, 2004a, 2005a)

Integrationskonzepte	*Differenzkonzepte*
(I) Technologie	(VII) Persönlichkeit
(II) Brille	(VIII) Erfahrung und Meisterlehre
(III) Mutterwitz	(IX) Anreicherung
(IV) Prozeduralisierung (Training)	(X) Reflexion
(V) Induktion	(XI) Interferenz
(VI) Parallelisierung	(XII) Konsekution

Integrationskonzepte konzipieren Professionalität als Kongruenz von Wissen und Können (prototypisch in jüngerer Zeit zum Beispiel Oser, 2001). Das Leitbild ist der Lehrer, der anwendet, was er weiß, und der umgekehrt zu begründen vermag, was er tut. Innerhalb dieser Klammer lassen sich unterschiedliche Konzepte spezifizieren. (I) Das Modell *Technologie* legt den Schwerpunkt auf die Vermittlung empirisch abgesicherter Handlungsregeln, die in Distanz zur Praxis und in bewusstem Kontrast zum Alltagswissen studierend angeeignet werden sollen. Typisch ist in der Regel eine klare Trennung der Lernorte Universität und Praxis und eine auch wertende Stufenfolge, die von der vorgängigen theoretischen Beschulung zur nachgängigen praktischen Anwendung führt. (II) Auch das Modell *Brille* geht davon aus, dass professionelles Handeln durch theoretisches Wissen fundiert werden muss, fasst dieses Wissen aber als wahrnehmungs- und problemdefinitionsleitendes Wissen auf, das eher hilft, Situationen zu „lesen", als das Handeln unmittelbar anzuleiten. Die Situationsdeutung von Lehrerinnen und Lehrern denkt man sich als Funktion verinnerlichter, in einem Prozess intellektueller Sozialisation zu vermittelnder Deutungsschemata und Denkstile. (III) Die Leitvorstellung *Mutterwitz* akzentuiert in besonderer Weise die Anwendungskompetenz als Bindeglied zwischen Theorie und Praxis, indem sie daran erinnert, dass zwischen abstraktem Wissen und konkreten Situationen eine logische Lücke klafft, die durch Urteilskraft und pädagogischen Takt überwunden werden muss, wenn Wissen nicht träge bleiben soll. Neben der Erfahrung im Feld gilt dabei vor allem die Kasuistik als eine Methode, mit der einzelfallsensibles Wahrnehmen und Entscheiden eingeübt werden kann. (IV) Der Trägheit von Wissen versucht auch das Konzept *Prozeduralisierung* durch Wissensvermittlung und anschließend systematisches Wahrnehmungs- oder Verhaltenstraining vorzubeugen. (V) Typisch für die Leitvorstellung *Induktion* ist die Umkehrung der für die bisher genannten Modelle charakteristischen Stufenfolge Theorie vor Praxis. Stattdessen werden Praxiserfahrungen vor aller Beschulung befürwortet oder zumindest die aus der Schülererfahrung entstandenen subjektiven Theorien über Schule und Unterricht zum Ausgangspunkt der systematischen Konfrontation mit objektiven Theorien gemacht. Letzteres geschieht in der Absicht, diese subjektiven Theorien zu korrigieren, wo sie falsch sind, zu ergänzen, wo sie unvollständig sind, und zu dekontextualisieren und zu festigen, wo sie richtig sind. (VI) Im Modell der *Parallelisierung* schließlich, dem ideellen Rückgrat vieler einphasiger Konzepte, gilt jede Phasierung von Theorie und Praxis als von Grund auf problematisch; sie soll durch ein möglichst enges und permanentes Ineinander von Anschauung beziehungsweise Handlung und Verbegrifflichung vermieden werden. Das hat unter anderem Konsequenzen für die Ansprüche an das lehrende Personal: Hochschullehrerinnen und Hochschullehrer müssen praktisch können, was sie theoretisch wissen, es im Hörsaal selbst tun und zum Gegenstand der Betrachtung mit den Studentinnen und Studenten machen. Und Betreuungslehrkräfte müssen theoretisch kommentieren können, was sie praktisch kompetent vorzeigen.

Dagegen postulieren *Differenzkonzepte* die grundsätzliche kategoriale Verschiedenheit und Eigenlogik von Wissen einerseits und Können andererseits (in jüngerer Zeit beispielsweise Neuweg, 2002a). „Könnerschaft" (Neuweg, 2004b) gründe nicht auf propositionalem oder zumindest in Propositionen überführbarem Wissen, sondern auf einer ebenso komplexen wie funktionalen Verwobenheit von Persönlichkeit, normativen Orientierungen, Erfahrungsbeständen und Routinen, auf „professionellen Schemata" (Tenorth,

2006), die man gar nicht als Wissen ansprechen sollte. Es sei eine Sache, über Wirklichkeit reflektieren und theoretisieren, und eine grundsätzlich andere Sache, sich in ihr kunstvoll bewegen zu können, weshalb die Beziehung zwischen Wissen und Können nicht als Ableitungsbeziehung aufzufassen sei. Eher sei von komplexen und mehrfach gebrochenen Austauschbeziehungen zwischen theoretischem Bildungs-, Begründungs- und Reflexionswissen einerseits und handlungsleitenden Schemata andererseits auszugehen. (VII) Folgt man der Leitvorstellung *Persönlichkeit* (Mayr & Neuweg, 2006), dann sind vor allem relativ stabile Personmerkmale für Bruchstellen zwischen dem, was einer zu sagen vermag, und dem, was einer tatsächlich kann, verantwortlich. Wer beispielsweise Schwierigkeiten im Kontaktaufbau mit der Klasse hat, ist nicht unbedingt unwissend, sondern vielleicht einfach introvertiert – und das stabil, weil der Grad an Extraversion in hohem Maße teils genetisch bedingt ist und teils frühkindlich geprägt wird. (VIII) Dagegen postuliert die Leitvorstellung *Erfahrung und Meisterlehre* in Übereinstimmung mit der Basishypothese der Expertiseforschung, dass Erfahrung die wichtigste Quelle für die Ausformung von Könnerschaft sei und konzipiert Lehrerlernen in seiner didaktisierten Form als Meisterlehre. (IX) Komplexere Varianten gehen von einer Stufenfolge des Lernens aus, die von anfänglicher Beschulung zur allmählichen Ausformung subtiler Schemata und hochflexiblen impliziten Wissens führen (Dreyfus & Dreyfus, 1987), wobei dieser Prozess nicht als bloßes Unbewusstwerden des vormals Expliziten beschrieben wird (so der Fall bei Prozeduralisierungskonzepten), sondern als Vorgang der qualitativen Reorganisation und *Anreicherung* der kognitiven Strukturen (Bromme, 1992). (X) Auch die Leitvorstellung *Reflexion* betrachtet Erfahrung als zentrales Lernvehikel; ihre Wirkung wird aber vor allem den begleitenden oder ausbleibenden Verarbeitungsprozessen zugeschrieben. Diese wiederum sollten möglichst auf Dauer gestellt werden – der Prozess des Lernens von Lehrerinnen und Lehrern durch Reflexion ist im Prinzip unabschließbar. (XI) Gleichsam invers warnt die Leitvorstellung *Interferenz* vor den performanzmindernden Effekten der Reflexion dort, wo Handeln auch ohne sie gelingt. Dieser Vorstellung nach können intuitive Regulationsprozesse empfindlich gestört werden, wenn man sie ohne Not „verkopft". „Je mehr ich denke, desto schlechter werde ich" – so mögen Praktikerinnen und Praktiker das Phänomen der Interferenz von Denken und Tun formulieren. (XII) Das Konzept der *Konsekution* schließlich wendet den Differenzgedanken auf die Makrostruktur von Lehrerbildung an. Aus der epistemologischen Differenz zwischen explizitem Wissenschaftswissen und implizitem Handlungswissen wird eine phasen- und institutionenspezifische Zuordnung von Ausbildungsaufgaben abgeleitet. Dabei wird, vereinfacht ausgedrückt, der ersten Phase die Aufgabe der Wissensvermittlung, der zweiten Phase und dem Lernen im Beruf die Aufgabe der Ausformung erfahrungsgesättigter Schemata und der dritten Phase die Aufgabe der weiteren Professionalisierung dieser Schemata durch deren Thematisierung auf der Folie von Wissenschaftswissen im Bündnis mit dem Fortbildungsteilnehmer zugeschrieben.

3. Organisierende Gesichtspunkte: Anreicherung und Konsekution

Wenn, wie an anderer Stelle ausgeführt (Neuweg, 2004a), zwischen den genannten Leitvorstellungen nicht gewählt werden soll, weil ihnen allesamt gewisse Wahrheitsmomente innewohnen, sodass zu fragen ist, wie und an welchen Stellen sie in einem umfassend gedachten Konzept von Lehrerbildung zur Geltung gebracht werden können, dann muss zunächst ein übergreifendes Modell bestimmt werden, das es erlaubt, die einzelnen Leitvorstellungen begründet unterschiedlichen Phasen oder Stufen im Prozess der Expertiseentwicklung von Lehrerinnen und Lehrern zuzuweisen.

Einen ersten Ansatzpunkt bietet das Modell der Expertiseentwicklung von Dreyfus und Dreyfus (Dreyfus & Dreyfus, 1987; Berliner, 1994; Neuweg, 1999), das den Weg zur Expertise als Vorgang der *Anreicherung* der Denk- und Handlungsstrukturen über fünf aufeinanderfolgende Stufen rekonstruiert. Attraktiv an diesem Modell ist, dass reifes Expertenkönnen nicht als Anhängsel der Verarbeitung theoretischen Wissens missverstanden, sondern als eigenständiger Modus des Urteilens, des Kognizierens, der Handlungsregulation und des Handelns selbst aufgefasst wird, seine Herausbildung aber dennoch nicht der bloßen Praxissozialisation überantwortet wird. Im Gegenteil hebt der Lernprozess mit Beschulung an; dem Anfänger werden auf Stufe 1 elementare und kontextfreie (absolute) Handlungsregeln vermittelt, die ihm erlauben, das Relevante im Feld vom Hintergrundrauschen zu unterscheiden und sich in ihm mit grundsätzlicher Sicherheit zu bewegen. Auf Stufe 2 formt der fortgeschrittene Anfänger ein erstes Gefühl für Situationselemente aus, die sich ihm aus der Erfahrung heraus als bedeutsam erschließen, und lernt, mehr und subtilere Handlungsregeln auf Situationen anzuwenden. Kompetente Lerner der Stufe 3 haben gelernt, Komplexität auf eine neue Weise zu reduzieren. Statt Regeln anzuwenden, definieren sie nun Ziele, entwerfen Pläne, in denen sie den Situationselementen und den Regeln ihren Platz zuweisen, und fühlen sich für den Erfolg oder Misserfolg ihrer Pläne verantwortlich. Bei Geübten der Stufe 4 haben sich die erfolgreichen Pläne aus der Vergangenheit zu prototypischen Fällen verdichtet, die ihnen ein spontan richtiges, professionelles Erkennen der Gesamtsituation ermöglichen, an das sich meist noch ein mehr oder weniger bewusstes Entscheiden darüber anschließt, was in dieser als typisch begriffenen Situation nun am besten zu tun ist – ein letzter Rest von Distanz, der sich auf der fünften Stufe der eigentlichen Expertise in intuitivem Handeln auflöst. Der den Stufendurchlauf begleitende Didaktiker muss jeweils einschätzen, auf welcher Stufe der Lernende sich aktuell befindet, um die Stufenprogression wirkungsvoll anstoßen zu können und umgekehrt zu verhindern, dass durch eine stufenunangemessene Didaktik Regressionen auf schon überwundende Stufen erzwungen werden.

So interessant das Modell für die Rekonstruktion der Expertiseentwicklung von Lehrerinnen und Lehrern und als Heuristik für die Lehrerbildungsdidaktik auch ist, so wichtig ist, im Auge zu behalten, dass es für Flugzeugpiloten entwickelt worden ist – für eine Domäne also, in die man im Wesentlichen als *tabula rasa* eintritt. Lehrerinnen und Lehrer tun aber unter anderem, was jedermann schon lange vor Beginn der formellen Lehrerbildung tut: Sie gestalten zum Beispiel Beziehungen und machen sich anderen verständlich. Die Studierenden sind daher am Beginn der Ausbildung keineswegs einfach Novizen der Stufe 1 (so Blömeke, Kaiser, Schwarz, Lehmann, Seeber, Müller & Felbrich, 2008, S. 136), sondern eher ein bunter Haufen von Personen, die unterschiedliche relevante Teilkompetenzen auf unterschiedlichen Stufen beherrschen.

Im Versuch, das Modell auf die Lehrerbildung zu übertragen, wird ein Weiteres deutlich: Offenbar noch vor der ersten Stufe läge, was wir als erste Phase der Lehrerbildung kennen, und am Ende fehlt gänzlich, was wir die dritte Phase nennen. Eine erste Phase vermisst man schon deshalb, weil bei Lehrerinnen und Lehrern zunächst die fachlichen Grundlagen dafür zu legen sind, dass überhaupt gelernt werden kann, wie diese Grundlagen sodann anderen weiterzuvermitteln sind. Aber auch den berufsbezogenen Studienanteil wird man der Stufe 1 nicht zuordnen können, weil die erziehungswissenschaftlichen Studienkomponenten sich nur sehr partiell als Prozess der Vermittlung von Handlungsregeln rekonstruieren lassen. Erst recht zweifelhaft ist, dass in der Grundausbildung Stufe 2 durchlaufen werden kann (so Blömeke et al., 2008, S. 136 f.), weil bereits dies, folgt man Dreyfus und Dreyfus, ausgedehnte praktische Erfahrung in der Domäne voraussetzt.

Eine dritte Phase wiederum fehlt, weil der Experte bei Dreyfus und Dreyfus in gewisser Weise ausgelernt hat. Was er gelernt hat, ist hochfunktional, und wo es das nicht ist, hat er gelernt, das zu bemerken; seine Schemata sind subtil und professionell, aber flexibel; wo sie scheitern, spürt er ihrem Scheitern nach und entwickelt sich daran weiter. Indessen: Erfahrung kann, muss aber nicht so wirken, und bei Lehrerinnen und Lehrern wirkt sie mit Sicherheit nicht immer so. Realiter beschreibt das Modell etwas Profaneres: den Übergang vom rational-regelgeleiteten zum intuitiven Handeln im Gefolge von Erfahrung. Über die objektive Wahrnehmungs- und Handlungsgüte auf Stufe 5 ist damit nichts gesagt, und daher auch nicht darüber, ob das dort vorfindliche implizite Wissen sich bei näherer Betrachtung nicht als starre und oft dysfunktionale Routine erweisen könnte.

Offenbar also muss das Anreicherungskonzept in ein breiteres Rahmenkonzept eingelassen werden, das dem Lernen an der Erfahrung ein Studium vor- und die Fortbildung nachschaltet, kurzum: das für Professionalisierung eben auch erforderliche Moment der Distanz zur Praxis zur Geltung bringt. Damit wäre erinnert an die notwendige Ungleichzeitigkeit zweier für das Lernen von Lehrerinnnen und Lehrern unverzichtbarer Kulturen: einer Kultur der *Distanz*, wie sie nur in einem Studium realisierbar ist, das diesen Namen verdient, und einer Kultur der *Einlassung* auf Praxis, die ihrerseits nur so genannt werden kann, wenn sie nicht dauerreflexiv und damit verhalten bleibt (vgl. ausführlich Neuweg, 2002a, 2005b). Das Distanzgebot ist überall dort elementar, wo es um die Aneignung und das tiefe Verstehen von Wissen sowie um die Ausformung eines im weiteren Sinne des Wortes forschenden Habitus geht. Vorausgesetzt sind sowohl für das Studium der später zu unterrichtenden Fächer als auch für die erziehungswissenschaftlichen Studien Muße sowie der Zugang zur Sache selbst und unabhängig von ihren möglichen praktischen Verzweckungen. Die Sache kommt im Vollsinne gar nicht zur Geltung, wenn sie nur im Horizont der Anwendung thematisiert wird.

Opportunitätskosten der Einhaltung des Distanzgebots existieren, aber sie wären so hoch nicht. Denn die Versuche der Universitäten, ihre Lehrangebote inhaltlich und methodisch „praxisrelevant“ auszurichten, verkennen das Wesen des Erfahrungswissens. Es kann gerade *nicht* als zum Laufen gebrachtes Wissenschaftswissen aufgefasst werden. Man kann dieses Missverständnis wahlweise als Selbstüberschätzung oder aber als Unterschätzung der kunsthandwerklichen Komponente des Lehrerberufs interpretieren. In den schmalen Zeitgefäßen der Studienpläne und mit dafür nicht ausgebildeten Hochschullehrern lässt sich jedenfalls nicht üben, was zu üben wäre, damit es einigermaßen gekonnt wird, und schon gar nicht lassen sich professionelle Schemata aufbauen. Der Aufbau von Könnerschaft setzt Formen der Einlassung auf Praxis voraus, die universitär nicht simulierbar sind. Die Konfrontation mit auf das Anwenden zurechttrivialisiertem Wissen, mit die Theorie illustrierenden Fällen oder mit einer aktionsbeforschten Praxis, die man auf Distanz zu sich hält, formt kein Können aus. Dafür notwendig sind vielmehr das Beobachten und intelligente Imitieren von Meistern, die das Kunsthandwerk beherrschen, das eigene Handeln unter den Bedingungen von Unschärfe und Unsicherheit und, vor allem, Achtsamkeit für das, was einem begegnet, und für das, was sich ändert, wenn man selbst der Situation so oder anders begegnet.

Als übergreifendes Rahmenkonzept erweist sich damit die Leitvorstellung *Konsekution*. Der ersten Phase kommen die Aufgaben der Vermittlung von Wissen und der Schulung von Denkkompetenzen zu; die zweite Phase und das Lernen im Beruf besorgen das teils didaktisierte Bereitstellen von Gelegenheiten zum Erfahrungmachen im Tun und zur Ausformung eines Erfahrungswissens, in das wesentlich auch kunsthandwerkliche Weisheit und implizites Wissen eingeschrieben sind; Lehrerfortbildung schließlich hat die unabschließbare Aufgabe der Unterstützung des fortlaufenden Wachstums an den beruflichen Aufgaben – auf der Grundlage einer in den ersten beiden Phasen grundzulegenden Wachstumskompetenz (zu diesem Begriff Korthagen, 2001, S. 47). In die übergreifende Orientierung an diesem konsekutiven Dreiphasenkonzept einzulassen ist dann eine systematische Didaktisierung des Prozesses des Erfahrungslernens im Rahmen der Berufseinführung, ausgerichtet an der Leitvorstellung *Anreicherung*.

4. Zur phasenspezifischen Verortung einzelner Leitvorstellungen

4.1 Lernen in der ersten und zweiten Phase

Weil die in Abschnitt 2 dargestellten Leitvorstellungen Lehrerbildung im Spannungsfeld zwischen bildungswissenschaftlichem (soziologischem, pädagogischem, pädagogisch-psychologischem usw.) Wissen und berufspraktischem Können diskutieren, bleibt der Aspekt des Lehrinhaltswissens ausgeblendet. Deshalb sei zunächst ausdrücklich daran erinnert, dass, und dies gilt für alle Lehrämter, eine zentrale Aufgabe der Grundausbildung in der Grundlegung der fachlichen Kompetenz besteht. Lehrende und Lernende versammeln sich um einen Gegenstand, und es darf nicht lehren, wer diesen Gegenstand nicht intim kennt. Hinter der sich immer wieder artikulierenden Forderung nach Ausweitung der bildungswissenschaftlichen Komponenten des Studiums auf Kosten der fachwissenschaftlichen stehen folgenreiche Irrtümer. Erstens: Erziehen und Unterrichten wollen gekonnt und nicht gewusst sein. Während Tiefenverstehen der Fächer nicht irgendwie handelnd, sondern eben nur studierend errungen werden kann, können sich die professionellen Schemata des Organisierens und Durchführens von Unterricht umgekehrt nur im jahrelangen Wechselspiel zwischen Einlassung auf Erfahrung und ihrer reflexiven Verarbeitung ausformen. Zweitens: Die platte Dichotomie – hier „das Pädagogische", dort „das Fachliche" – verfehlt einen strukturellen Kern, an dem sich das Gelingen von Lehrerbildung mitentscheidet: das pädagogisch-didaktisch überformte, auf seine Lehr- und Lernbarkeit hingedachte Fachliche. Dieses mag auch in eigens geschaffenen fachdidaktischen Aus- und Fortbildungsveranstaltungen zu thematisieren sein. Vor allem aber entsteht fachdidaktisches Können unvermeidlich als Kuppelprodukt der Qualität, in der angehende Lehrerinnen und Lehrer selbst in ihr Fach eindringen, und – Parallelisierung! – der Qualität der Didaktik, mittels derer man ihnen die Fächer näherbringt.

Der berufswissenschaftliche Teil der Grundausbildung müsste sich vor allem an drei Leitvorstellungen orientieren: an der Leitvorstellung Persönlichkeit im Rahmen der Eingangsselektion, an der Leitvorstellung Brille bei der systematischen Vermittlung erziehungswissenschaftlichen Wissens und an der Leitvorstellung Reflexion für den Aufbau eines forschend-neugierigen Habitus (vgl. dazu und zum Folgenden Tab. 2 am Textende). Wichtig sind die darin beschlossenen Ausgrenzungen. Erst in der unmittelbaren Vorbereitung auf das Erfahrungmachen im Feld, nicht aber im Studium, ginge es um die Zuspitzung des Wissens auf seinen technologischen Gehalt. Zunächst muss Wissen als Instrument deutlich werden, mit dem man besser und differenzierter sehen und analysieren kann. Dazu sind Hintergrund-, Bildungs-, Reflexionswissen zu vermitteln, Problemmodelle, die Fragen zulassen, Deutungsschemata, die helfen, Wirklichkeit zu lesen. Das hat, wenn es gut gemacht ist, praktische Relevanz, weil sich die Perspektiven verbreitern, in denen später praktische Probleme ihre Rahmung erfahren, weil der Raum an Handlungsalternativen sich verbreitert, den man sieht, und weil das praktische Denken sich am Möglichen und nicht nur am Vorfindlichen zu orientieren lernt. Deshalb auch muss die Leitvorstellung Reflexion in der Grundausbildung auf eine spezifisch andere Weise interpretiert werden als in der zweiten und in der dritten Phase. Es geht in der Grundausbildung um wissenschaftsförmige Sozialisation: um das Wecken von Neugier, um den Aufbau von Wahrheitsliebe, um die Schulung präzisen Denkens, um die Grundlegung maximaler Skrupel gegenüber allen Versuchen, das Komplexe durch Meinung, Gewohnheit, Verallgemeinerung, Unschärfe einfach zu machen. Auf diesem Fundament muss später Fortbildung aufbauen können. Das wiederum wird sie nur können, wenn angehenden Lehrerinnen und Lehrern in der Grundausbildung deutlich wird, dass und inwiefern von Wirklichkeit die Rede ist, wenn theoretisiert wird. Ob das deutlich wird, ist wesentlich eine Frage der Qualität der Hochschuldidaktik. Als unverzichtbare didaktische Begleitorientierungen sind deshalb die Leitvorstellungen Induktion und Parallelisierung zu nennen, was zumindest hieße: Das Vorwissen der Lerner ist gezielt und differenziert zu thematisieren, subjektive und objektive Theorien sind bewusst zu relationieren, und vor allem ist jede Gelegenheit zu nutzen, um der Sprache die Sache zur Seite zu stellen, seien es nun die Anschauungen im Praktikum oder die im Hörsaal oder Seminarraum.

Am Ausgang der ersten und am Eingang in die zweite Phase wäre dann die Stufe 1 des Dreyfus'schen Modells positioniert. Dort kämen die Konzepte Technologie und Prozeduralisierung zu ihrem Recht. Voraussetzung dafür wären strengste Inhaltsselektion, Konzentration auf das relativ Wenige, das guten Gewissens als wissenschaftlich abgesichertes Handlungsrezept vermittelt werden kann und muss und vor allem: Training. Für die inhaltliche Konzeption braucht man Forscher, nicht Trainer, für die Durchführung Trainer, nicht Forscher. Zielgröße wäre nach Durchlauf der Grundausbildung, der darauf folgenden anwendungsorientierten Zuspitzungen und des ersten Berufsjahres ein intellektuell aufgeschlossener, gebildeter Mensch, der sein Fach kategorial aufgeschlossen hat und elementar handlungssicher ist im gleichzeitigen Wissen, dass man die Stützräder nicht mit dem Fahrrad verwechseln darf. Die Stufen 2 und 3 des Dreyfus'schen Modells – für

Berliner (1994), der sich als einer der wenigen zu Zeitangaben hinreißen lässt: das zweite bis vierte Jahr im Beruf – zu durchschreiten hieße, Erfahrung zu machen im Unterrichten, bei Meistern zu hospitieren und diese bei sich hospitieren zu lassen, über Unterricht in der Sprache zu reden, die man in der Grundausbildung zu sprechen gelernt hat, und vor allem: zu planen, umzusetzen, auf die Lücken zwischen dem, was man über Unterricht denken und dem, was man im Unterricht erfahren kann, zu achten und darauf, wie Könner diese Lücken füllen. Eingelassen wäre all das in die Fähigkeit, zunehmend bewusster mit den eigenen Stärken und Schwächen umzugehen, und in Übereinstimmung mit der professionellen Aufgabe *und* der eigenen Person zu handeln. Beobachtung und Erfahrung, Planung und Überraschung, Brille und Mutterwitz, Persönlichkeit und natürlich Parallelisierung – das wären die Ingredienzen für diese Zeit des Lernens. Zu flankieren wäre die didaktische Arbeit durch die Leitvorstellung Interferenz; überall dort nämlich, wo Lerner einzelne Kompetenzen bereits auf höheren Stufen ausgeformt haben, müssen Beschulung und Anleitung zum Denken nicht Fortschritt bedeuten.

4.2 Fortbildung als Arbeit an flexiblen Mustern

Was sich auf den Stufen 4 und 5 des Dreyfus-Modells vollzieht, ist ein Prozess des Auskondensierens von Mustern der Situationsauffassung, an die sich Handlungsmuster so dicht anlagern, dass der Experte später glauben wird, in der Situation selbst sei die Handlungsaufforderung schon zu sehen. Nicht nur das Dreyfus-Modell, im Grunde die Expertiseforschung überhaupt macht deutlich, wo die für die Ausbildung dieser professionellen Schemata kritischen Lernprozesse zu suchen sind: im Erfahrungsfeld und in den für ein Lernen im Erfahrungsfeld günstigen oder weniger günstigen Bedingungen innerhalb und außerhalb der lernenden Person. Zentrale persönliche Voraussetzung ist, dass der Lerner Verantwortung für das eigene Wachstum übernimmt und übernehmen kann und diese weder an welches Wissen auch immer noch an ein passives Erfahrungmachen delegiert. Zu den Umgebungsbedingungen gehört vor allem der soziale Mikrokosmos, in dem sich das alltägliche Lernen im Beruf vollzieht: die Lernfreundlichkeit der Schulkultur, das Vorhandensein der für Reflexion und Austausch erforderlichen Zeitgefäße, die Verfügbarkeit erfahrener Mentorinnen und Mentoren, die Erwünschtheit und Möglichkeit kollegialer Hospitation und Beratung.

Fragt man, an welchen Leitvorstellungen formelle Fortbildung, die sich in diese mehr oder weniger günstigen Umgebungsbedingungen dann und wann einblendet, orientieren müsste, dann zeigt sich rasch: Nirgendwo stärker als in der Lehrerfortbildung geht es darum, verschiedene didaktische Leitvorstellungen virtuos zu orchestrieren.

Das hat zum einen damit zu tun, dass die ersten beiden Phasen mehr oder weniger gute Lernangebote gemacht haben, die wiederum vom einzelnen Lerner mehr oder weniger gut genutzt worden sind, sodass sich die Fortbildungsteilnehmer – und das noch je nach Teilkompetenz unterschiedlich – auf verschiedenen Stufen des Dreyfus-Modells befinden werden. Auch hier wieder bietet das Modell interessante Anregungen für die erforderliche Individualisierung der Fortbildungsangebote, zum Beispiel: Mache aus Regelanwendern eigenverantwortliche Planer, führe Planer ins Intuitive, die Intuitiven ins Reflexive.

Es hat vor allem aber auch zu tun mit der Eigenart professioneller Schemata. Diese haben im Idealfall den Charakter „flexibler Muster“ (Volpert, 1994), die die Momente von Stabilität und Veränderung, von Wiederkehr und Entwicklung, ausbalancieren. Sie geben Orientierung in einer nicht-beliebigen, eben professionellen Form, aber sie tun dies in einer erfahrungsoffenen, flexiblen Weise, die das Besondere nicht gänzlich am Allgemeinen zerbröseln lässt und dadurch beständiges Weiterlernen ermöglicht. Von Gadamer wissen wir: „Jede Erfahrung, die diesen Namen verdient, durchkreuzt eine Erwartung.“ (Gadamer, 1972, S. 338). Erfahrungmachen setzt also einerseits die Existenz von Erwartungen, Schemata, Wissen voraus; wer nichts erwartet, wer „unvoreingenommen“ ist, erfährt nichts, weil nichts da ist, das durchkreuzt werden könnte, kein Grund existiert, von dem sich Figuren abheben könnten. Gleichzeitig dürfen sich die Schemata niemals gänzlich stabilisieren, denn wo nichts durchkreuzt wird, wird auch nichts erfahren. Wer glaubt Erfahrung zu haben, kann sie eben nicht mehr machen. Das macht das Geschäft des Fortbildners so schwierig: Er muss die einen gleichsam voreinnehmen und die anderen unvoreingenommener machen. Da braucht es mehr als bloß *eine* Leitvorstellung, und vielleicht bedarf es auch einer modifizierten Form des Gelassenheitsgebets – vonnöten wäre die Gelassenheit, auf Belehrung und Reflexionszumutungen zu verzichten, wo Erfahrungswissen in der Gestalt flexibler Muster auftritt, der Mut, es instruierend und reflexiv zu unterspülen, wenn es sich als starre Schablone darstellt, und die Weisheit, das eine vom anderen zu unterscheiden.

Der mit Recht viele Fortbildungsveranstaltungen tragenden Leitidee Reflexion wäre also die Leitidee der Interferenz als kritische Partnerin zur Seite zu stellen. Fortbildung lebt über erhebliche Strecken vom Glauben an ein Dogma: Je mehr man denkt, desto besser wird man. Aber wo Können die Reife des Kunsthandwerks erreicht hat, muss mit performanzmindernden Effekten von Reflexion und Wissensexplikation gerechnet werden. Nicht nur dass sich, wie Frankl bemerkt hat, „die forcierte Selbstbeobachtung, der Wille zum bewussten ‚Machen‘ dessen, was sich wie von selbst in unbewusster Tiefe vollziehen müsste, zu einem Handikap des schaffenden Künstlers“ auswachsen kann (Frankl, 1956, S. 101). Es ist außerdem das Verhältnis zwischen Praxis und ihrer Kodifizierung grundsätzlich prekär. Die professionellen Schemata, die entlang der Erfahrung entstehen, begrifflich zu fassen, heißt ja immer auch, in die Dialektik von Assimilation und Akkomodation empfindlich einzugreifen, das Fluide am Schema auskristallisieren zu lassen. Das kann schlechte Praxis verbessern, aber es wird zugleich gute Praxis trivialisieren (vgl. zum Problem der Deflexibilisierung durch Abstraktion näher Neuweg, 2002b). Für die Lehrerfortbildung bedeutet dies, dass sie, auch auf die Gefahr hin, im Einzelfall überflüssig zu werden, die Größe haben müsste, sich vor gelingender Praxis verneigen und bewundernd schweigen zu können. Mit Karl Kraus könnte sie andernfalls manchmal die Krankheit sein, für deren Behandlung sie sich hält.

Dennoch: Reflexion gilt mit Recht als zentrale Leitvorstellung in der Lehrerfortbildung. Was den erfahrenen Experten vom erfahrenen Nicht-Experten unterscheidet, ist, dass ersterer an seiner Erfahrung weiterlernt und sein Fallrepertoire zunehmend ausdifferenziert. Das ist genau dann nicht möglich, wenn jeder neue Fall als „typischer Fall von“ aufgefasst wird. Ein wesentliches Vehikel des Lernens im Beruf ist die Versprachlichung impliziten

Wissens, seine Überführung in explizite subjektive Theorien und die Konfrontation mit alternativen Perspektiven – und für dieses Unternehmen bedarf es didaktischer Rahmenstrukturen. Wenn die These von der fallartig-holistischen Wissensrepräsentation erfahrener Lehrerinnen und Lehrer richtig ist, dann muss es vor allem darum gehen, unmittelbar an berufspraktischen Fällen der Teilnehmerinnen und Teilnehmer zu arbeiten, Übergeneralisierungen von Erfahrungen aufzubrechen und ein hinreichend differenziertes Fallrepertoire zu entwickeln. Jede Konfrontation mit kontextfreien Regeln in Orientierung an der Leitvorstellung Technologie würde erfahrene Lehrkräfte zum Aufsuchen von Beispielen provozieren, die diesen Regeln und Theorien widersprechen, weil ihre berufspraktische Erfahrung nuancierter ist, als jede explizit ausformulierte und notwendig kontextunsensible Theorie es sein kann. Das nimmt den Fortbildnerinnen und Fortbildnern einen Gutteil der Hoffnung auf Lehrgangsförmigkeit und Systematik, bietet aber neue Chancen. Anders als die Erstausbildung, die ständig Antworten auf noch nicht gestellte Fragen liefert, nichts hat, von dem weg sie in das Allgemeinere induzieren könnte und daher oft mit Lernwiderständen arbeiten muss, kann Fortbildung mit berufsbiographisch-episodischem Wissen arbeiten und entlang dessen, was die Teilnehmerinnen und Teilnehmer als Grenze, Rätsel, Problem, Frage erlebt haben oder ihnen zumindest dazu gemacht werden kann.

Eine ebenso systematisch wie anschaulich durchgearbeitete Illustration der inneren Verwobenheit der einzelnen Leitvorstellungen in einer so verstandenen Fortbildung kann man dem Entwurf einer *realistic teacher education* entnehmen, den Korthagen vorgelegt hat (vgl. Korthagen, 2001, S. 175 ff.; Korthagen & Kessels, 1999). Dahinter steht die Auffassung, dass der Lernprozess nicht auf der Theorieebene beginnen kann, weil derartige Lernangebote an den fest etablierten Erfahrungsmustern vorbei ins Leere laufen würden und allenfalls „träges Wissen“ entstünde. Veränderungsprozesse müssen vielmehr an dem ansetzen, was der Lerner erlebt und wie er es erlebt, an den im Erfahrungsprozess erlebten oder eigens durch Rückfragen zu setzenden Irritationen. Das Rohmaterial, an dem der Fortbildner zu arbeiten beginnt, ist daher die spontane und areflexive Gestaltwahrnehmung. In ihr legieren sich Gefühle, Erfahrungen mit ähnlichen Situationen, persönliche Werthaltungen und Rollenverständnisse, Ziele und Interessen sowie erworbene Routinen zur Einheit von Situationsauffassung und spontaner Reaktion auf die Situation. Es ist „klar“ und daher auch nicht bewusst thematisch, was der Fall und wie auf ihn „natürlicherweise“ zu reagieren ist. Wenn diese Gestaltprojektionen an einer widerständigen Realität scheitern, weil Unerwartetes geschieht oder das Handlungsziel verfehlt wird, oder wenn diese Projektionen durch Dritte irritiert werden (sei es, weil nach Begründungen für das eigene Tun gefragt wird oder diese Dritten andere Gestalten auf die Situation projizieren), fallweise auch aufgrund schlichter intellektueller Neugierde, reflektiert der Lehrer auf die Gestalt. Das Erlebte wird thematisiert, die spontane Gestaltprojektion als Schema zugänglich, über das gesprochen werden kann. Dabei ist Konkretheit oberstes Gebot. Es geht darum, über das Erfahrene zu sprechen und sich nicht in die Unverbindlichkeit unpersönlicher Generalisierungen zu flüchten.

Das jetzt erst als solches greifbare Schema ist also immer noch an die konkrete Situation gebunden, nun aber reflexiv zugänglich, weil die Situation begrifflich thematisiert wird. Erst wenn geklärt ist, was „der Fall war“, wird Theoriebegrifflichkeit eingeführt, so dass der Lerner in der spezifischen Situation mehr und anderes sehen kann als zuvor. Das Schema wird Gegenstand eines weiteren Reflexionsschritts, in dem die Verallgemeinerungen hinter dem Schema untersucht, auf andere Verallgemeinerungen bezogen und auf logische Konsistenz überprüft werden. Nun wird thematisch, was in der deutschsprachigen Diskussion „Subjektive Theorie" genannt wird, und hier nun geht es darum, Brillen als solche bewusst zu machen, alternative Sichtweisen einzuspeisen und die Fähigkeit zum Brillenwechsel zu kultivieren.

Der Fortbildner steht dabei nicht einfach vor der Herausforderung, Theorien zu veranschaulichen, er muss vielmehr Anschauungen theoretisieren. Nicht er gibt die Beispiele, ihm werden die Beispiele gegeben, und er weiß noch nicht einmal, wofür sie Beispiele sind. Das Problem des Praktikers ist ja leider nicht deduktiver, sondern induktiver oder abduktiver Art: Immer fällt zuerst etwas vor und dann muss man die passende Theorie finden und außerdem noch mutterwitzig wenden, um sie überhaupt anwenden zu können. An realen Fällen, nicht an solchen, die a priori auf „die Theorie" zugeschnitten sind, wird für die Teilnehmer und den Fortbildner sichtbar, dass der „Grenzfall" und der „Ausnahmefall" lästig häufig sind und dass am Fall fast immer mehr der Fall ist, als Theorie enkapsulieren könnte.

Und mehr noch: Alle reflexiven Weiterungen müssen durch neue Erfahrungen zu neuen Gestalten rückverdichtet werden. Diesen Prozess des Aufbrechens von Mustern *und* ihres Rückverdichtens systematisch zu organisieren, würde wirksame Fortbildung ausmachen. Dieser Einsicht folgend hat beispielsweise Wahl (1991, S. 187 ff.) das Verfahren einer „Kommunikativen Praxisbewältigung in Gruppen (KOPING)" entwickelt, das Strategien des Aufbrechens verdichteten Wissens mit Strategien des Verdichtens elaborierter Theorien in einem kleingruppenorientierten Setting kombiniert. Aber solche Bemühungen bilden theoretisch wie praktisch eher die Ausnahme als die Regel. Meist wird vergessen, dass die Rücktransformation theoretischer Einsichten in Schemata und Gestalten eigens angeleitet und abgesichert werden muss, der Aufbau von Fähigkeiten und Fertigkeiten durch Wissensvermittlung nur angebahnt werden kann, letztlich aber erst systematisches und konsequentes Üben in Verbindung mit qualifiziertem Feedback das eigentliche Lernen bewirkt. Genau diese Trainingskomponente fehlt vielen Fortbildungsveranstaltungen, sei es, weil Veranstaltern wie Teilnehmern das Üben zu „unintellektuell" ist, sei es, weil die Veranstaltungen inhaltlich zu breit angelegt sind und sich daher in oberflächlicher Vielheit verlieren müssen, oder sei es, weil die Veranstaltungen schlicht zu kurz sind, um üben zu können. In jedem Fall steht am Ende oft ein kluges Reden über Praxis, das den Weg ins Handeln nicht findet – die nur verbalisierte großartige Rückhand im Tennis des Unterrichts sozusagen.

5. Synopse

Die folgende Übersicht fasst den Ertrag der Überlegungen zusammen. Den Phasen der Lehrerbildung werden in der zweiten Spalte ihre je besonderen Kernfunktionen zugeordnet. Die dritte Spalte weist die Leitvorstellungen aus, die das Profil der jeweiligen Phase prägen. Die vierte Spalte nennt weitere Leitvorstellungen, die man, sozusagen am Rande des Gesichtsfeldes, mitberücksichtigen sollte.

Tab. 2: Phasen, Funktionen und didaktische Leitvorstellungen in der Lehrerbildung

Phase	*Kernfunktionen*	*Profilbestimmende Leitvorstellungen*	*Flankierende Leitvorstellungen*
Grundausbildung	▪ Studium der Fächer ▪ Aufbau einer wissenschaftlichen Haltung ▪ Aufbau von Deutungsschemata („knowing-with", pädagogischer Denkstil), Hintergrund-, Bildungs- und Reflexionswissen ▪ Verbreiterung der Perspektiven, aus denen Probleme ihre Rahmung erfahren, Aufbau eines breiten Raums von Handlungsalternativen ▪ Transzendenz vorfindlicher Praxis, Aufbau von Innovationsbereitschaft	▪ Persönlichkeit (Eingangsselektion) ▪ Brille ▪ Reflexion (Habitusformation)	▪ Induktion (Referenz auf Vorerfahrungen) ▪ Parallelisierung (Referenz auf hochschuldidaktische Erfahrungen; Parallelisierung von Sprache und Sache: Lernen auch im Medium von Fällen, Studium von in Fällen enkapsulierten Theorien, Praktika)
Dreyfus 1	▪ Technologische Transformation erziehungswissenschaftlicher Theorien, Einsatz rezeptologischer Literatur ▪ Komplexitätsreduktion und Aufbau elementarer Handlungssicherheit durch Handlungsregeln ▪ Verhaltenstraining	▪ Technologie ▪ Prozeduralisierung (Training)	▪ Interferenz
Dreyfus 2	▪ Selbstständige Unterrichtsführung ▪ Anbahnung des „Kennerblicks"	▪ Erfahrung und Meisterlehre ▪ Mutterwitz	▪ Brille ▪ Parallelisierung ▪ Interferenz
Dreyfus 3	▪ Transformation der Regelbindung in Planungsverantwortung	▪ Erfahrung und Meisterlehre ▪ Reflexion	▪ Persönlichkeit ▪ Interferenz
Dreyfus 4 und 5	▪ Aufbau professioneller Schemata	▪ Erfahrung und Meisterlehre	
Lernen im Beruf, informelle Fortbildung	▪ Verfeinerung der Schemata, vorrangig durch implizites Lernen	▪ Erfahrung und Meisterlehre ▪ Reflexion ▪ Interferenz	
Formelle Lehrerfortbildung	▪ Versprachlichung impliziten Wissens ▪ Konfrontation mit Alternativen ▪ Integration durch neue Handlungserfahrungen	▪ Induktion ▪ Reflexion ▪ Prozeduralisierung (Training)	▪ Persönlichkeit ▪ Brille ▪ Mutterwitz ▪ Interferenz

6. Literatur

Berliner, D. (1994). Teacher expertise. In B. Moon & A. Shelton Mayes (Eds.), Teaching and Learning in the Secondary School (pp. 107-113). London: Routledge.

Blömeke, S., Kaiser, G., Schwarz, B., Lehmann, R., Seeber, S., Müller, C. & Felbrich, A. (2008). Entwicklung des fachbezogenen Wissens in der Lehrerausbildung. In S. Blömeke, G. Kaiser & R. Lehmann (Hrsg.), Professionelle Kompetenz angehender Lehrerinnen und Lehrer. Wissen, Überzeugungen und Lerngelegenheiten deutscher Mathematikstudierender und -referendare. Erste Ergebnisse zur Wirksamkeit der Lehrerausbildung (S. 135-169). Münster: Waxmann.

Bromme, R. (1992). Der Lehrer als Experte. Zur Psychologie des professionellen Wissens. Bern: Huber.

Dreyfus, H. & Dreyfus, St. (1987). Künstliche Intelligenz. Von den Grenzen der Denkmaschine und dem Wert der Intuition. Reinbek bei Hamburg: Rowohlt.

Frankl, V. (1956). Theorie und Therapie der Neurosen. Einführung in Logotherapie und Existenzanalyse. Wien: Urban & Schwarzenberg.

Gadamer, H.-G. (1972). Wahrheit und Methode. Grundzüge einer philosophischen Hermeneutik (3. Aufl.). Tübingen: Mohr.

Korthagen, F. A. J. (2001). Linking Practice and Theory. The Pedagogy of Realistic Teacher Education. Mahwah, NJ: Lawrence Erlbaum Associates.

Korthagen, F. A. J. & Kessels, J. P. M. (1999). Linking Theory and Practice. Changing the Pedagogy of Teacher Education. Educational Researcher, 28(4), 4-17.

Mayr, J. & Neuweg, G. H. (2006). Der Persönlichkeitsansatz in der Lehrer/innen/forschung. Grundsätzliche Überlegungen, exemplarische Befunde und Implikationen für die Lehrer/innen/bildung. In M. Heinrich & U. Greiner (Hrsg.), Schauen, was 'rauskommt. Kompetenzförderung, Evaluation und Systemsteuerung im Bildungswesen (S. 183-206). Münster: Lit.

Neuweg, G. H. (1999). Erfahrungslernen in der LehrerInnenbildung. Potenziale und Grenzen im Lichte des Dreyfus-Modells. Erziehung und Unterricht, 149, 363-372.

Neuweg, G. H. (2002a). Lehrerhandeln und Lehrerbildung im Lichte des Konzepts des impliziten Wissens. Zeitschrift für Pädagogik, 48, 10-29.

Neuweg, G. H. (2002b). Über die Explizierbarkeit flexibler Muster. In M. Moldaschl (Hrsg.), Neue Arbeit – Neue Wissenschaft der Arbeit? Festschrift zum 60. Geburtstag von Walter Volpert (S. 91-108). Heidelberg: Asanger.

Neuweg, G. H. (2004a). Figuren der Relationierung von Lehrerwissen und Lehrerkönnen. In B. Hackl & G. H. Neuweg (Hrsg.), Zur Professionalisierung pädagogischen Handelns. Arbeiten aus der Sektion Lehrerbildung und Lehrerbildungsforschung in der ÖFEB (S. 1-26). Münster: Lit.

Neuweg, G. H. (2004b). Könnerschaft und implizites Wissen. Zur lehr-lerntheoretischen Bedeutung der Erkenntnis- und Wissenstheorie Michael Polanyis (3. Aufl.). Münster: Waxmann.

Neuweg, G. H. (2005a). Konzepte der Lehrer/innen/bildung im Spannungsfeld von Wissen und Können. SEMINAR – Lehrerbildung und Schule, 11(3), 7-25.

Neuweg, G. H. (2005b). Emergenzbedingungen pädagogischer Könnerschaft. In H. Heid & C. Harteis (Hrsg.), Verwertbarkeit. Ein Qualitätskriterium (erziehungs-)wissenschaftlichen Wissens? (S. 205-228). Wiesbaden: VS Verlag für Sozialwissenschaften.

Neuweg, G. H. (2005c). Der Tacit Knowing View. Konturen eines Forschungsprogramms. Zeitschrift für Berufs- und Wirtschaftspädagogik, 101, 556-573.

Oser, F. (2001). Standards: Kompetenzen von Lehrpersonen. In F. Oser & J. Oelkers (Hrsg.), Die Wirksamkeit der Lehrerbildungssysteme. Von der Allrounderbildung zur Ausbildung professioneller Standards (S. 215-342). Zürich: Rüegger.

Tenorth, H.-E. (2006). Professionalität im Lehrerberuf. Ratlosigkeit der Theorie, gelingende Praxis. Zeitschrift für Erziehungswissenschaft, 9(4), 580-597.

Volpert, W. (1994). Wider die Maschinenmodelle des Handelns. Aufsätze zur Handlungsregulationstheorie. Lengerich: Pabst.

Wahl, D. (1991). Handeln unter Druck. Der weite Weg vom Wissen zum Handeln bei Lehrern, Hochschullehrern und Erwachsenenbildnern. Weinheim: Deutscher Studien Verlag.

Lernen im Beruf

Empirische Befunde zur Wirksamkeit von Lehrerfortbildung

Frank Lipowsky

Abstract

Die dritte Phase der Lehrerbildung wurde lange Zeit in ihrer Bedeutung für die Kompetenzentwicklung von Lehrpersonen unterschätzt und vernachlässigt. In der letzten Dekade ist jedoch eine verstärkte Tendenz zur Implementierung neuer Konzepte und zur empirischen Überprüfung ihrer Wirksamkeit zu beobachten. Der Transfer von Fortbildungsinhalten in die Unterrichtspraxis und damit auch dessen Erforschung erweist sich jedoch als ein komplexer und anspruchsvoller Prozess, da neben den Komponenten der Fortbildung auch eine Vielzahl von Merkmalen auf Seiten der lernenden Lehrpersonen und der schulischen Kontextbedingungen auf diesen Prozess einwirkt. Der Beitrag gibt einen Überblick über den Forschungsstand zur Wirksamkeit von Lehrerfortbildung und entwickelt aus den vorliegenden empirischen Befunden ein Rahmenmodell. Die Ergebnisse verdeutlichen im Unterschied zu älteren Befunden, dass unter günstigen Voraussetzungen durchaus von einer Wirksamkeit von Lehrerfortbildungs- und Professionalisierungsmaßnahmen ausgegangen werden kann.

Schlagworte (dt.)

Lehrerfortbildung, Professionalisierung, Forschung, theoretisches Rahmenmodell, Wirksamkeit

Schlagworte (engl.)

inservice teacher training, professional development, research, model of frame, effectiveness

1. Einleitung

Wovon ist es abhängig, dass Lehrerinnen und Lehrer im Rahmen von Fortbildungs- und Professionalisierungsmaßnahmen lernen, Kompetenzen erwerben und ihr unterrichtspraktisches Handeln so verändern, dass ihre Schüler/innen davon profitieren? Und wie lassen sich diese Prozesse gezielt fördern und unterstützen?

Hinter diesen Fragestellungen verbirgt sich ein komplexes Terrain, da aus theoretischer Sicht eine Vielzahl von Determinanten und Variablen und deren Interaktionen auf diese Prozesse einwirken können. Dabei geraten nicht nur Merkmale der Professionalisierungsmaßnahmen[1] selbst, sondern auch Kontextmerkmale des beruflichen Umfelds – Merk-

1 Die in den einzelnen Studien untersuchten Maßnahmen sind sehr heterogen. Sie reichen von weitgehend selbstorganisierten und informellen Professionalisierungsmaßnahmen mit einem hohen Autonomie- und Partizipationsgrad der teilnehmenden Lehrer/innen bis hin zu sehr strukturierten Programmen mit engen Vorgaben und eher geringen Mitbestimmungsmöglichkeiten für die Lehrer/innen. Die Begriffe Fortbildungs-, Weiterbildungs- und Professionalisierungsmaßnahmen werden – trotz bestehender begrifflicher Differenzen – hier synonym verwendet.

male der Schule, der Klasse, der Lernenden – sowie individuelle kognitive, motivationale, volitionale und persönlichkeitsbezogene Voraussetzungen der Lehrpersonen sowie ihre (berufs-)biographische Situation in den Blick.

Auch auf Seiten der abhängigen Variablen, an denen der Erfolg der Maßnahmen festgemacht wird, bestehen vielfältige Zusammenhänge und Wechselwirkungen, die die Komplexität des Untersuchungsfelds zusätzlich erhöhen. So zeigen die Lehrer- und die Unterrichtsforschung, dass zwischen Lehrerwissen, Lehrerhandeln und dem Schulerfolg der Schüler/innen komplexe und keineswegs nur lineare unidirektionale Zusammenhänge bestehen.

Der vorliegende Beitrag stellt ein Update eines Übersichtsbeitrags aus dem Jahr 2004 (Lipowsky, 2004) dar. Er fasst zusammen, was gegenwärtig über Wirkungen von Fortbildungs- und Professionalisierungsmaßnahmen bekannt ist. Dabei werden auch Befunde der Trainings- und Transferforschung einbezogen und in einem erweiterten Angebots-Nutzungsmodell (vgl. Abb. 1) zusammengeführt. Unberücksichtigt bleiben in diesem Beitrag Studien, die die Wirksamkeit von Lehrertrainings auf affektiv-motivationale Lehrervariablen oder auf den Umgang mit Belastungen untersuchten.

Wirkungen von Fortbildungen lassen sich nach der Reichweite ihrer Wirkungen auf vier Ebenen verorten: Auf einer ersten Ebene lassen sie sich an den unmittelbaren Reaktionen und Einschätzungen der teilnehmenden Lehrkräfte, an ihrer Zufriedenheit und Akzeptanz festmachen, zum zweiten an kognitiven Veränderungen, also z.B. an der Erweiterung des Lehrerwissens, auf einer dritten Ebene an Veränderungen im unterrichtspraktischen Handeln und auf einer vierten Ebene an Veränderungen auf Seiten der Schüler/innen, also z.B. an einem höheren Lernerfolg, einer günstigeren Motivationsentwicklung oder einem veränderten Lernverhalten.[2]

2. Ebene 1: Die Reaktionen und Einschätzungen der teilnehmenden Lehrpersonen

Diese Ebene ist vergleichsweise häufig Gegenstand der Evaluation und Forschung. In nahezu allen Studien, die die Wirksamkeit von Fortbildungen untersuchen, werden auch die Sichtweisen und Einschätzungen der Teilnehmenden, deren Zufriedenheit und Akzeptanz sowie die eingeschätzte Relevanz erfasst.

Befragt man Lehrpersonen nach den Determinanten und Faktoren für ihre Zufriedenheit, so zeichnen die vorliegenden Befunde ein vergleichsweise stimmiges Bild: Fortbildungen erfahren dann eine hohe Akzeptanz bei Lehrpersonen, wenn sie „close to the job“ sind, wenn sie sich also auf den alltäglichen konkreten Unterricht und auf das Curriculum beziehen, wenn sie Gelegenheiten zum Austausch mit teilnehmenden Kollegen bieten, wenn sie Partizipationsmöglichkeiten eröffnen und Feedback vorsehen, wenn sie von kompetenten Referent/inn/en bzw. Moderator/inn/en professionell durchgeführt wer-

2 Guskey (2000) schlägt vor, zwischen der zweiten und der dritten Ebene noch eine weitere Ebene einzuziehen, auf der Veränderungen und Entwicklungen der ganzen Schule untersucht werden. Hintergrund ist, dass für nachhaltige Veränderungen im Lehrerhandeln auch der Ebene der Einzelschule eine wichtige unterstützende Funktion zukommt (vgl. auch Abschnitt 6).

den und wenn sie in einer angenehmen Atmosphäre stattfinden (z.B. Jäger & Bodensohn, 2007). Dies gilt nicht nur für die deutsche Situation, wie der Blick in die internationale Literatur verrät (Guskey, 2002; Smith & Gillespie, 2007).

Der Akzeptanz von Professionalisierungsmaßnahmen war auch eine aktuelle israelische Studie gewidmet. Nir und Bogler (2008) stellten fest, dass die Beteiligung von Lehrpersonen an der Konzeption einer Fortbildungsmaßnahme, die Freiwilligkeit der Maßnahme und der Erhalt von Feedback durch den/die Trainer/in bzw. Moderator/in die Zufriedenheit der Teilnehmenden erhöhten. Allerdings waren die Effekte der Prädiktoren vergleichsweise gering. Kognitive und motivationale Voraussetzungen und Dispositionen der Lehrpersonen wurden nicht als Prädiktoren erfasst und demzufolge auch nicht einbezogen. In diesem Ergebnis zeigen sich Parallelen zu Ergebnissen einer Teilstudie aus dem Projekt „Chemie im Kontext" (CHIK). In dieser Teilstudie weisen Schellenbach-Zell und Gräsel (2007) nach, dass das Erleben von Autonomie und die wahrgenommene Relevanz der Professionalisierungsmaßnahme einen positiven Einfluss auf die Teilnahmemotivation der Lehrer/innen hatten. Auf die Bedeutung der wahrgenommenen inhaltlichen Relevanz für die Teilnahmebereitschaft weist auch die niederländische Studie von Kwakman (2003) hin. Sie stellt fest, dass von den in ihrer Studie untersuchten Faktoren die wahrgenommene Relevanz die stärkste Vorhersagekraft für die selbst berichtete Partizipation an den unterschiedlichen Fortbildungsaktivitäten der befragten Lehrpersonen hatte. Eine theoretische Erklärung für die berichteten Effekte bietet die Selbstbestimmungstheorie von Deci und Ryan (1985), nach der die persönliche Relevanz eines Lerngegenstands eine wichtige Determinante für den Aufbau von Motivation darstellt.

Ob ein hoher Grad an Selbstbestimmung und Selbstorganisation, ungeachtet weiterer Merkmale der Fortbildungen und ungeachtet der Voraussetzungen der teilnehmenden Lehrpersonen, auch positive Einflüsse auf die anderen drei Ebenen des Fortbildungserfolgs hat, muss aber eher in Frage gestellt werden (Guskey, 1986; Timperley, Wilson, Barrar & Fung, 2007; Timperley, 2008). Denn zum einen kann ein hoher Grad an Selbststeuerung Lehrpersonen auch überfordern (Richardson, 1990), wenn die Lehrpersonen nicht über die notwendigen fachlichen, selbstregulativen und motivationalen Voraussetzungen verfügen oder wenn es an konstruktiven Rückmeldungen fehlt. Zum anderen ist vorstellbar, dass ohne Impulse von außen der Aufbau von Wissen in einigen Fällen eher verhindert als gefördert wird (Guskey, 1996; Corcoran, Fuhrman & Belcher, 2001; Latham, 1998), dann nämlich, wenn sich selbstorganisierte Lehrergruppen in ihren bisherigen Überzeugungen, in ihren Klagen über Schüler/innen und in ihrem Defizitdenken gegenseitig bestärken, statt ihr unterrichtliches Handeln in Frage zu stellen und zu reflektieren.

Kann von einer positiven Evaluation der Fortbildung durch die Teilnehmer/innen, von einer hohen Akzeptanz und Zufriedenheit der Lehrpersonen auf nachhaltige Veränderungen im Lehrerwissen, im unterrichtlichen Handeln oder auf eine positive Beeinflussung des Schulerfolgs der Schüler/innen geschlossen werden?

Für den Lehrberuf liegen hierzu bislang nur wenige Befunde vor. In einer Studie am CRESST, in der ein großes bundesstaatenweites Projekt zur Vertiefung fachlichen und fachdidaktischen Lehrerwissens evaluiert wurde, zeigten sich keinerlei Zusammenhänge zwischen der Einschätzung der Qualität der Fortbildungsinstitutionen durch die teilnehmenden Lehrer/innen und ihrem Wissenszuwachs (Goldschmidt & Phelps, 2007). Ähnliche Befunde ergaben sich aus einer Metaanalyse der allgemeinen Trainingsforschung.

Demnach existiert beispielsweise kein nennenswerter Zusammenhang zwischen der Zufriedenheit von Trainingsteilnehmer/inne/n einerseits und dem Erwerb von Wissen bzw. einem veränderten Verhalten im Beruf andererseits (Alliger, Tannenbaum, Bennett, Traver & Shotland, 1997). Dagegen lassen sich etwas engere Zusammenhänge zwischen der Einschätzung der Nützlichkeit und Relevanz eines Trainings einerseits und dem Wissenszuwachs bzw. einem veränderten Verhalten im Beruf andererseits nachweisen. Dies wird auch durch neuere Studien aus dem Bereich der Trainingsforschung bestätigt (Colquitt, LePine & Noe, 2000; Salas & Cannon-Bowers, 2001; Hochholdinger & Schaper, 2007).

Sind die Akzeptanz und Zufriedenheit also vernachlässigbare Evaluationsdimensionen für Lehrerfortbildungen? Dieser Schluss erscheint gegenwärtig noch zu voreilig. Zum einen kann angenommen werden, dass ein Minimum an Akzeptanz eine notwendige, wenngleich eben keine hinreichende Voraussetzung für einen erfolgreichen Lern- und Transferprozess darstellt. Insofern wären lineare Zusammenhänge ohnehin nicht zu erwarten. Zweitens dürfte sich die Akzeptanz einer Fortbildung eher indirekt – über das Engagement und die Intensität der Nutzung der Fortbildungsangebote durch die Lehrer/innen – auf den Lern- und Transferprozess auswirken (vgl. Abb. 1).

3. Ebene 2: Erweiterung der Lehrerkognitionen

In einem hier erweiterten Sinne werden unter Lehrerkognitionen einerseits Überzeugungen und subjektive Theorien, andererseits das fachliche, fachdidaktische, pädagogisch-psychologische und diagnostische Wissen von Lehrerinnen und Lehrern verstanden.

In den letzten Jahren mehren sich die empirischen Befunde, insbesondere für das Fach Mathematik, nach denen dem fachdidaktischen und dem fachlichen Lehrerwissen eine größere Bedeutung für den Schulerfolg der Schüler/innen eingeräumt werden muss als bislang angenommen (zusammenfassend Lipowsky, 2006; Baumert & Kunter, 2006; Blum & Krauss, 2008; Baumert, 2006). Damit gewinnen Fortbildungsmaßnahmen, die auf eine Erweiterung der Lehrerkognitionen und des Lehrerwissens setzen, an besonderem Gewicht.

Das Projekt „Cognitively guided Instruction" (Carpenter, Fennema, Peterson, Chiang & Loef, 1989) zielte auf die Förderung problemlösenden Lernens in der Grundschule ab. Für diesen Zweck wurde eine spezielle Lehrerfortbildung entwickelt, deren Wirkungen auf die mathematische Leistungsentwicklung von Schüler/inne/n in mehreren Studien untersucht wurden (Carpenter et al., 1989; Fennema et al., 1996). Innerhalb der Fortbildung wurden die teilnehmenden Lehrpersonen mit dem mathematischen Denken und den Lernstrategien von Grundschulkindern konfrontiert. Durch diese Auseinandersetzung sollte das fachdidaktische und diagnostische Wissen der Lehrpersonen erweitert und vertieft werden. In einer experimentellen Studie wurde eine Experimentalgruppe von 20 Lehrpersonen mit einer Kontrollgruppe von ebenfalls 20 Lehrpersonen verglichen. Die Ergebnisse der anschließenden Lehrerbefragungen, Unterrichtsbeobachtungen und Leistungstests ergaben teilweise deutliche Vorteile zugunsten der Experimentalgruppe. Unter anderem gelang es den Lehrenden der Experimentalgruppe deutlich besser als den Lehrenden der Kontrollgruppe, die Strategien von Schüler/inne/n bei der Lösung von

Aufgaben vorherzusagen, was die Autoren als Beleg für eine Veränderung des fachdidaktischen Wissens werten. Auch die langfristigen Veränderungen fachdidaktischen Wissens sind – zumindest für einen Teil der fortgebildeten Lehrpersonen – empirisch nachgewiesen (Franke, Carpenter, Levi & Fennema, 2001). Welche Merkmale der Fortbildung haben zu diesen positiven Effekten beigetragen? Anzunehmen ist, dass das Zusammenspiel mehrerer Komponenten entscheidend war. Die CGI-Fortbildungsreihe zeichnete sich durch die Betonung forschender und reflexiver Lehreraktivitäten und durch eine deutliche Orientierung am mathematischen Denken und den mathematischen Konzepten der Schüler/innen aus. Hierdurch ergab sich ein enger Zusammenhang zwischen „teaching and students' outcomes" (Timperley et al., 2007), also zwischen dem unterrichtlichen Handeln der Lehrpersonen und der Förderung des Schülerverständnisses. Schließlich dürfte auch die Expertise der an der Fortbildung beteiligten Wissenschaftler/innen einen Beitrag zu diesen Ergebnissen geleistet haben.

Mehrere aktuellere deutsche Studien untersuchten ebenfalls die Auswirkungen von Lehrerfortbildungen auf die Veränderungen von Lehrerkognitionen. Gärtner (2007) analysierte die Effekte einer langfristigen Zusammenarbeit von Mathematiklehrerinnen und -lehrern im Rahmen eines von ihm moderierten videobasierten Qualitätszirkels. Das Ziel der Fortbildung war es, den Unterricht der teilnehmenden Lehrpersonen in eine „konstruktivistische Richtung" zu verändern. Um dieses Ziel zu erreichen, wurden die Lehrpersonen dazu angeregt, kleinere Unterrichtseinheiten zu entwickeln, die videographiert und gemeinsam reflektiert wurden. Der Untersuchung lag ein Prätest-Treatment-Posttest-Design zugrunde. Die beiden Interventionsgruppen bestanden aus insgesamt 16 Lehrpersonen, die Kontrollgruppen aus acht Lehrpersonen. Hinsichtlich der unterrichtsbezogenen Überzeugungen ergaben sich auf drei der acht Skalen signifikante Unterschiede im Längsschnitt zugunsten der Interventionsgruppenlehrer/innen, und zwar in Richtung eines von Gärtner (2007) als „konstruktivistisch" bezeichneten Unterrichts. Zusätzlich qualitative Interviews mit den teilnehmenden Lehrpersonen ergaben, dass insbesondere das Feedback, die konstruktive Atmosphäre, die Moderation sowie der Einsatz der Videographie als förderlich und unterstützend erlebt wurden.

In der deutsch-schweizerischen Fortbildung „Binationale videogestützte Fortbildung für Lehrpersonen aus Deutschland und der Schweiz" wurde untersucht, inwiefern der Einsatz von Unterrichtsvideos im Rahmen eines Blended-learning-Designs dazu beitragen kann, Lehrerkognitionen zu erweitern und zu verändern. Im Verlauf der einjährigen Fortbildung veränderten sich die unterrichtsbezogenen Kognitionen der teilnehmenden Lehrpersonen dahingehend, dass diese am Ende der Fortbildung über ein höheres konstruktivistisches Verständnis berichteten und eher davon überzeugt waren, mit ihrem Unterricht die mathematische Leistungsentwicklung ihrer Schüler/innen beeinflussen zu können als zu Beginn der Fortbildung (Lipowsky, Kuntze, Ratzka, Klieme & Reiss, 2006; Krammer et al., in diesem Band). Ferner zeigen schriftliche – zu Beginn und am Ende der Fortbildung erhobene – Kommentare der Lehrpersonen zu den gleichen Videosequenzen, dass die Lehrer/innen am Ende der Fortbildung vermehrt auf die Beziehung zwischen dem unterrichtlichen Handeln der Lehrpersonen und den Lernprozessen der Schüler/innen zu sprechen kommen und die Unterrichtssequenzen komplexer und differenzierter wahrnehmen und beurteilen als zu Beginn der Fortbildung (Schnetzler et al., in Vorb.; Krammer et al., in diesem Band).

Die Münsteraner Arbeitsgruppe um Kornelia Möller untersuchte die Effekte einer Fortbildung zum naturwissenschaftlichen Unterricht in der Grundschule. Als abhängige Variablen wurden die Entwicklung unterrichtsbezogener Lehrerkognitionen und die Entwicklung der Schülerleistungen analysiert (Möller, Hardy, Jonen, Kleickmann & Blumberg, 2006). Die Stichprobe bestand aus 72 Lehrpersonen, die auf vier Gruppen aufgeteilt wurden: Die beiden Experimentalgruppen nahmen an einer insgesamt 16 Tage umfassenden Fortbildungsreihe zum naturwissenschaftlichen Unterricht teil. Die so genannte Selbststudiumsgruppe erarbeitete sich die Fortbildungsthemen auf der Basis einer umfangreichen Handreichung selbst, eine vierte Gruppe (Basisgruppe) erhielt keine Fortbildung. Das Prätest-Treatment-Posttest-Design ergab zum einen, dass die Teilnehmer/innen der beiden Experimentalgruppen eine deutlich ausgeprägtere Vorstellung vom naturwissenschaftlichen Lehren und Lernen als „conceptual change" entwickelten. Mehrebenenanalysen zeigen zum anderen – und dies verweist auf Effekte der vierten Ebene (s.u.) – dass die Schüler/innen der Experimentalgruppenlehrer/innen größere Lernfortschritte im Rahmen einer anschließenden Unterrichtseinheit zum Schwimmen und Sinken erzielten als die Schüler/innen der Selbststudiumslehrer/innen und dass diese Fortschritte im wesentlichen durch die in Richtung „conceptual change" weiterentwickelten Überzeugungen der Lehrpersonen erklärt werden konnten (Kleickmann, Möller, Jonen & Vehmeyer, 2006).

Ganz ähnliche Ergebnisse, was die Entwicklung von „conceptual change" Überzeugungen anbelangt, erbrachte die Münchener Untersuchung von Heran-Dörr (2006), in der ebenfalls eine Fortbildung für Sachunterrichtslehrkräfte evaluiert wurde. Allerdings wurde von Heran-Dörr keine Kontrollgruppe einbezogen, auch wurde kein Kompetenzzuwachs auf Seiten der Schüler/innen gemessen.

In beiden Fortbildungen wurde gezielt an den naturwissenschaftlichen Präkonzepten der Lehrpersonen angeknüpft und diese weiterentwickelt und modifiziert. Auch die Studie von Garet und Kollegen (2001) sowie die Metaanalyse von Timperley und Kollegen (2007) verweisen auf die Bedeutung des Anknüpfens an die Erfahrungen und die Lernbedürfnisse der Lehrpersonen, wenngleich Timperley und Kollegen auch deutlich herausstellen, dass die Lernbedürfnisse der Lehrer/innen sich immer an der Förderung der Schüler/innen und nicht an ihren eigenen Vorlieben oder inhaltlichen Präferenzen zu orientieren haben.

Für eine Erweiterung fachdidaktischen Lehrerwissens in den Naturwissenschaften erscheint es auf der Basis vorliegender Forschungsbefunde zielführend zu sein, wenn Lehrer/innen Gelegenheit erhalten, im Rahmen von Fortbildungen den Prozess des „conceptual change" selbst zu erfahren, um seine Bedeutung einschätzen und diesen dann auch im Unterricht bei den Schüler/inne/n evozieren zu können (Webb, 1992). Dieser „conceptual-change-Prozess" auf Seiten der Lehrer/innen wird dann befördert, wenn es zu einem intensiven inhaltlichen Austausch der Lehrer/innen untereinander und zu kognitiven Dissonanzen mit bestehenden Konzepten und Vorstellungen kommt (Richardson, 1996; Hollingsworth, 1989; Hashweh, 2003; Timperley et al., 2007).

Wie kann es zu einem solchen produktiven kognitiven Ungleichgewicht auf Seiten der teilnehmenden Lehrpersonen kommen? Aktuelle Studien stützen die Annahme, dass die Rückmeldung von Leistungsdaten und anderen diagnostischen Informationen an die Lehrenden als „Katalysator" fungieren kann, indem die Erwartungen und Überzeugungen der Lehrpersonen erschüttert werden und es nachfolgend zu einer Weiterentwicklung des fachdidaktischen und diagnostischen Lehrerwissens kommt. Die Interpretation und Analyse von leistungsbezogenen Schülerdaten scheint jedoch die Unterstützung durch Wissenschaftler bzw. Wissenschaftlerinnen oder externe Experten bzw. Expertinnen vorauszusetzen (vgl. Timperley et al., 2007; Taylor et al., 2005).[3]

Kann man von einem Zuwachs an Lehrerwissen und von einer eingetretenen Veränderung von Lehrerüberzeugungen auf ein verändertes Lehrerhandeln im Unterricht schließen? In der Studie von Garet und Kollegen (2001) ergab sich zwischen dem selbstberichteten Zuwachs an Wissen durch Fort- und Weiterbildungsmaßnahmen und den selbstberichteten Veränderungen im unterrichtspraktischen Handeln zwar ein vergleichsweise enger Zusammenhang von r=.58, allerdings dürfte dieser hohe Zusammenhang auch dadurch bedingt sein, dass die Lehrpersonen befragt und nicht getestet bzw. beobachtet wurden. Aus der Münsteraner Studie wird ebenfalls ein Zusammenhang zwischen den Kognitionen der Lehrpersonen und den Urteilen externer Beobachter/innen, die den Unterricht der Lehrpersonen hochinferent einschätzten, berichtet (Vehmeyer, Kleickmann & Möller, 2007). Auch in der Lehrerforschung wird häufig auf den Einfluss von Lehrerkognitionen auf die Planung und Gestaltung von Unterricht hingewiesen (vgl. Calderhead, 1996; Hashweh, 1996; Munby, Russell & Martin, 2001; Stipek, Givvin, Salmon & MacGyvers, 2001; Thompson, 1992), wenngleich aber auch umgekehrte Effekte – vom Handeln auf die Kognitionen der Lehrperson – plausibel sind: So lässt sich annehmen, dass Lehrpersonen erst dann ihre Einstellungen und Überzeugungen nachhaltig und dauerhaft verändern, wenn sie bemerken, dass ihr unterrichtliches Handeln Wirkungen zeigt und erfolgreich ist.

4. Ebene 3: Unterrichtspraktisches Handeln

Studien, die Veränderungen unterrichtlichen Handelns von Lehrpersonen durch Fortbildungsmaßnahmen untersuchen, sind methodisch anspruchsvoll. Streng genommen setzt dies mehrfache Messungen unterrichtlichen Handelns unter vergleichbaren Kontextbedingungen voraus. Videoaufnahmen sind die Methode der Wahl, doch erweist sich die Auswertung entsprechender Daten als ein sehr aufwändiges Unterfangen. Alternativ kommen Schülerbefragungen in Betracht, doch muss berücksichtigt werden, dass sich die Sichtweisen unterschiedlicher Personengruppen – z.B. Schüler/innen und externe Beobachter/innen – auf die gleichen unterrichtlichen Situationen bedeutsam voneinander unterscheiden (Clausen, 2002; Kunter & Baumert, 2006). In einigen Studien, die die Wirkungen von Fortbildungen untersuchten, wurden die Daten zum Unterricht aber auch durch strukturierte Tagebucheinträge der Lehrpersonen erfasst (Correnti, 2007; Desimone, Porter, Garet, Suk Yoon & Birman, 2002), wobei allerdings keine Qualitätseinschätzungen, sondern Angaben über die Häufigkeit von Unterrichtsmethoden, Instruktionsformen und anderen Merkmalen des Unterrichts erfragt wurden.

3 Aktuell bemühen sich verschiedene Forschergruppen in den USA darum, Tests und diagnostische Verfahren zu entwickeln, um Lehrpersonen dabei zu unterstützen, Lernschwierigkeiten und Verständnisprobleme von Schüler/inne/n regelmäßig, in kurzen Abständen und curriculumsbezogen zu identifizieren und darauf angemessen zu reagieren (vgl. z.B. die Arbeiten am National Center for Research on Evaluation, Standards, and Student Testing, CRESST).

Häufig wird die Ebene unterrichtspraktischen Handelns auch ausgespart, indem von Veränderungen auf Schülerebene (also z.B. einem höheren Lernzuwachs) auf potenziell stattgefundene Veränderungen im Unterricht rückgeschlossen wird, denn – so die angenommene Kausalkette – unterrichtliches Lehrerhandeln ist die proximalste aller Lehrervariablen und wenn es zu Veränderungen auf Seiten der Schüler/innen gekommen ist, dürften diese demzufolge am ehesten mit Veränderungen im Unterricht und im unterrichtlichen Handeln der Lehrpersonen zu erklären sein.

Zu den Ergebnissen: In der bereits erwähnten Studie von Carpenter und Kollegen (1989) unterschieden sich die Lehrpersonen der Experimentalgruppe auch im unterrichtlichen Handeln von den Lehrpersonen der Kontrollgruppe. Sie räumten ihren Schüler/innen mehr Unterrichtszeit für die Bearbeitung von offeneren Aufgaben ein, achteten stärker auf die Antworten der Lernenden und stellten mehr Unterrichtszeit für die Bearbeitung von Textaufgaben zur Verfügung.

Die Essener Gruppe um Hans Fischer entwickelte und untersuchte eine Fortbildung, die darauf abzielte, Physiklehrkräfte in der Gestaltung prozess- und verständnisorientierten Unterrichts zu unterstützen. Die Stichprobe bestand aus einer Interventionsgruppe mit 18 und einer Kontrollgruppe mit 17 Lehrpersonen. Die Interventionsgruppe wurde über ein ganzes Schuljahr darin fortgebildet, lernprozessorientierten Unterricht im Sinne der Basismodelle von Oser und Baeriswyl (2001) zu planen und durchzuführen.

Als abhängige Variablen wurden u.a. Veränderungen im Handeln der Lehrer/innen und der Schüler/innen untersucht. Dies erfolgte auf zwei Wegen: Zum einen wurde über Videographien der Unterricht der Interventionsgruppe vor und während der Fortbildung untersucht, zum anderen wurden die Schüler/innen der Interventions- und Kontrollgruppe zur Wahrnehmung des Unterrichts befragt.

Was die Einschätzung der Unterrichtsqualität durch die Schüler/innen anbelangt, unterschieden sich Interventionsgruppe und Kontrollgruppe in Bezug auf Verständnisorientierung, Pacing und Klarheit und Strukturiertheit, und zwar jeweils zugunsten der Interventionsgruppe. Die Fehlerkultur wurde jedoch – überraschenderweise – in den Kontrollklassen günstiger beurteilt.

Die Auswertung der Videodaten erbrachte, dass sich im Verlaufe der Intervention der Zeitanteil, in dem die Schüler/innen komplexeren und anspruchsvolleren Aktivitäten nachgingen, erhöhte (Wackermann, 2008). Fraglich ist jedoch, ob die den einzelnen Videoaufnahmen zugrundeliegenden curricularen Kontextbedingungen tatsächlich vergleichbar waren.

In einer sehr aufwändigen Längsschnittuntersuchung analysierte die Arbeitsgruppe von Garet (Desimone et al., 2002) den Zusammenhang zwischen den Inhalten von Fortbildungsmaßnahmen und nachfolgenden Unterrichtsveränderungen. Das längsschnittliche Design sah drei Messzeitpunkte vor. Dadurch war es möglich, Einflüsse der Teilnahme an Fort- und Weiterbildungsangeboten auf die nachfolgende Unterrichtspraxis auch nach Kontrolle des bereits vor der Fortbildung realisierten Unterrichts zu untersuchen.

Die Angaben zum Unterricht und zur Fortbildung bezogen sich auf drei Aspekte unterrichtlichen Handelns: auf den Einsatz von neuen Medien, auf „higher order instruction" – im weitesten Sinne gleichzusetzen mit kognitiv aktivierendem Unterricht – und auf innovative Beurteilungsformen. Analog wie die Studie von Garet und Kollegen aus dem Jahr 2001 stützte sich auch diese Studie auf selbst berichtete Daten der Lehrpersonen.

Den Ergebnissen dieser Studie zufolge konnten die Fortbildungen auch tatsächlich Änderungen in der Unterrichtspraxis der teilnehmenden Lehrpersonen bewirken, und zwar unabhängig davon, wie die Lehrpersonen vorher unterrichtet haben. Darüber hinaus zeigte sich, dass Merkmale der Fortbildung diesen Effekt verstärken oder abschwächen können. So wirkten sich z.B. Gelegenheiten zur gegenseitigen Hospitation und das Fokussieren auf das Lernen der Schüler/innen verstärkend auf das Ausmaß kognitiv aktivierenden Unterrichts nach der Fortbildung aus.

Auch Correnti (2007) berichtet in einer aktuellen Untersuchung von Zusammenhängen zwischen den Inhalten von Fortbildungen und nachfolgenden Veränderungen des Unterrichts. Er stützt sich dabei auf die Analyse von mehreren tausend Tagebucheinträgen von Lehrpersonen.

Während allgemein geteilt wird, dass sich Fortbildungen an der alltäglichen Unterrichtspraxis von Lehrerinnen und Lehrern zu orientieren haben und daher auch Gelegenheiten zur Erprobung von Fortbildungsinhalten zur Verfügung stellen sollten, gehen die Meinungen darüber, ob man ein erwünschtes Verhalten von Lehrpersonen mit engen Skripts und Anleitungen trainieren sollte, durchaus auseinander.

In der oben erwähnten Fortbildung innerhalb des CGI-Projekts wurde bewusst auf die Vorgabe bestimmter unterrichtlicher Skripts verzichtet. Auch Timperley und Kollegen (2007) sprechen sich auf der Basis der von ihnen herangezogenen Befunde gegen zu enge Vorgaben und Anleitungen für die Lehrer/innen aus.

Andererseits liegen aber auch Befunde vor, die die Wirksamkeit von Fortbildungen und Interventionsprogrammen nachweisen, in denen Lehrpersonen vergleichsweise enge, vorab ausgearbeitete Unterrichtseinheiten implementierten. Souvignier und Mokhlesgerami (2006) untersuchten beispielsweise die Effekte des Programms „Wir werden Textdetektive“, das von Lehrpersonen im Rahmen ihres herkömmlichen Unterrichts implementiert wurde. Die teilnehmenden Lehrer/innen hatten die Aufgabe, 20 von den Wissenschaftlern entwickelte Unterrichtseinheiten umzusetzen. Die Ergebnisse des Programms fielen, was die Leseleistungen der Schüler/innen anbelangt, positiv aus, was die Forscher als Beleg für die konzepttreue Realisierung der entwickelten Lernumgebungen werten. Ob dieses Programm zu einer dauerhaften Veränderung unterrichtspraktischen Handelns beitragen kann, ist bislang jedoch noch nicht geklärt.

5. Ebene 4: Effekte auf Schüler/innen

Bis vor kurzem ging man davon aus, dass Lehrerfortbildungen in der Regel keine nachweisbaren Effekte auf Schüler/innen und deren Entwicklung haben (vgl. Scheerens & Bosker, 1997; Hanushek, 1986). Dieses Bild hat sich in den letzten Jahren gewandelt.

Im Folgenden werden zunächst jene Studien angeführt und einige davon kurz dargestellt, die die Effektivität von Fortbildungen auf fachliche Leistungen in Mathematik, in den Naturwissenschaften und in sprachlichen Domänen untersuchten. Im Anschluss folgen Studien, die die Motivation der Lernenden in Abhängigkeit von Fortbildungsmerkmalen analysierten.

Die bereits erwähnte Studie von Carpenter und Kollegen (1989) konnte Effekte der Fortbildung auf den mathematischen Lernerfolg der Schüler/innen in einigen Leistungsdimensionen nachweisen. So erzielten die Lernenden beim Lösen von Additions- und Subtraktionsaufgaben und beim Lösen von komplexeren Textaufgaben bessere Leistungen, in anderen Leistungsdimensionen wurden die Unterschiede zwischen Experimental- und Kontrollgruppe jedoch nicht signifikant.

Positive Effekte von Fortbildungs- und Professionalisierungsmaßnahmen auf die Leistungen im Fach Mathematik können auch die Studien von Cardelle-Elawar (1995), Elawar und Corno (1985), Cobb und Kollegen (1991), Saxe, Gearhart und Nasir (2001), Wood und Sellers (1996) sowie Shayer und Adhami (2007) nachweisen. Elawar und Corno (1985) berichten beispielsweise von einem Programm, in dem Lehrpersonen trainiert wurden, den Lernenden schriftlich differenziertes und elaboriertes Feedback zu Hausaufgaben zu geben. Die Schüler/innen der Experimentalgruppe erwiesen sich im Vergleich zu Schüler/inne/n der Kontrollgruppe, die nur ein einfaches, lösungsorientiertes Feedback erhielten, als deutlich überlegen.

Cobb und Kollegen (1991) untersuchten die Effekte einer Fortbildungsmaßnahme, in der Mathematiklehrer/innen des 2. Schuljahrs mit sozio-konstruktivistischen Konzepten vertraut gemacht wurden. Verglichen mit einer Kontrollgruppe zeigten die Schüler/innen der trainierten Lehrer/innen ein besseres konzeptionelles Verständnis und verfügten über höhere Leistungen im Problemlösen, während im Rechnen keine Vorteile gegenüber der Kontrollgruppe zu verzeichnen waren. Die Fortbildungsaktivitäten für die Lehrpersonen umfassten unter anderem die Konfrontation mit Lösungswegen der Schüler/innen, eigene Bearbeitungsprozesse im Umgang mit mathematischen Problemen, die Analyse von Unterrichtsvideos und Feedback zu ihrem eigenen Unterricht durch die Fortbildungsleiter.

Das britische CAME-Projekt (Cognitive Acceleration through Mathematics Education) zielte auf die Förderung der mathematischen Leistungen der Schüler/innen durch einen kognitiv herausfordernden Unterricht ab. Die Stichprobe bestand insgesamt aus 78 Klassen. Die teilnehmenden Lehrpersonen erhielten in der Regel eine mehrtägige Einführung in das Programm und wurden mehrmals während der Projektlaufzeit von Mitgliedern des Forschungsteams in ihrem Unterricht besucht und gecoacht. Zentraler Bestandteil des Fortbildungsprogramms war ein aus 30 ausgearbeiteten Unterrichtseinheiten bestehendes Curriculum, das über die Dauer von zwei Schuljahren von den Lehrpersonen in ihrem Unterricht implementiert wurde. Die Ergebnisse zeigen zusammenfassend günstigere Leistungsentwicklungen in den Projektklassen als in einer Normstichprobe, wobei die Effekte für die einzelnen Klassen jedoch deutlich variierten.

Für den Bereich der Naturwissenschaften enthalten die britische CASE-Studie (zusammenfassend Adey, 2004), die Münsteraner Studie von Kleickmann, Möller und Kollegen (2006; s.o.) sowie die Studie von Fishman und Kollegen (2003) Hinweise auf positive Effekte von Professionalisierungsmaßnahmen.

Die Schweizer Studie von Beck und Kollegen (2008) bezieht sich ebenfalls auf naturwissenschaftlichen Unterricht. Das Forscherteam untersuchte, ob sich adaptive Lehrkompetenz durch eine Interventionsmaßnahme verändern lässt und welche Wirkungen dies auf die naturwissenschaftlichen Leistungen der Schüler/innen hat. Der Studie lag ein klassisches Prätest-Treatment-Posttest-Design mit 32 Lehrpersonen in der Experimentalgruppe und 18 Lehrpersonen in der Kontrollgruppe zugrunde. Ein Teil der Experimental- und Kontrollgruppenlehrer/innen unterrichtete in der Primarstufe, der andere Teil in der Sekundarstufe. Die Zuteilung der Lehrpersonen zu den beiden Untersuchungsgruppen (Experimental- vs. Kontrollgruppe) erfolgte nicht randomisiert. Die eigentliche Intervention bestand aus einem zweitägigen Workshop und aus mehrmaligem Feedback durch einen Coach im Kontext von Unterrichtsbesuchen. Diese Coachingfunktion wurde von 14 erfahrenen Lehrpersonen unter der Leitung von Fritz Staub übernommen.

Die Posttests bestanden unter anderem aus Befragungen, Schülertests und aus der Durchführung einer Unterrichtseinheit mit vorgegebenem Inhalt. Die Ergebnisse der Studie zeigen für die Lehrkräfte in der Primar- und in der Sekundarstufe uneinheitliche Ergebnisse: Bei den Lehrkräften in der Sekundarstufe verbesserte sich die adaptive Planungskompetenz der Interventionsgruppenlehrer/innen deutlicher als die der Kontrollgruppenlehrer/innen und auch die Leistungen der Schüler/innen im allgemeinen Naturwissenschaftstest fielen in der Interventionsgruppe besser aus als in der Kontrollgruppe. Bei den Lehrpersonen in der Primarstufe war ein Vorteil der Interventionsgruppe jedoch nicht nachweisbar. Auch die Schülerleistungen der beiden Gruppen unterschieden sich kaum.

Zu beachten ist, dass einige Bedingungen, die systematisch zwischen beiden Gruppen variieren könnten, in den bislang publizierten Analysen noch nicht kontrollierend berücksichtigt wurden. Mehr Aufschluss über die Wirksamkeit der Intervention dürften Mehrebenenanalysen erbringen, bei denen die Lehrermerkmale und die Kontextmerkmale der Klassen kontrollierend einbezogen werden können. Offen ist auch noch, wie die Interventions- und Kontrollgruppe in der standardisierten Unterrichtseinheit nach Abschluss der Intervention abgeschnitten haben. Auf weitere Veröffentlichungen aus dem Projekt darf man gespannt sein.

Auch für den Sprachbereich liegen Evidenzen für Effekte von Lehrerfortbildungen und Professionalisierungsmaßnahmen auf die Lese- und Schreibkompetenzen von Lernenden vor (McDowall, Cameron, Dingle, Gilmore & MacGibbon, 2007; Parr, Timperley, Reddish, Jesson & Adams, 2007; Taylor et al., 2005; De Corte, Verschaffel & van de Ven, 2001; Guthrie et al., 2004).

Das Programm CORI (Concept-Oriented Reading Instruction) von Guthrie, Wigfield und Kollegen zielt auf die Förderung der Lesekompetenz und der Lesemotivation ab. Es bezieht dabei vor allem Sachtexte aus dem Bereich der Biologie mit ein. Die Kernelemente bzw. Strategien von CORI sind: Aktivierung des Vorwissens, Formulierung von Fragen und Entwicklung von Ideen, Zusammenfassung der wichtigsten Informationen, Übertragen in andere Repräsentationsformen (z.B. Anfertigen einer Skizze oder einer Abbildung) und Weitergabe der Informationen an andere Mitschüler/innen. Dabei werden Interdisziplinarität, Lebensweltbezug, selbstgesteuertes und kooperatives Lernen und der Erwerb und die Bewusstmachung von Strategien betont. Das Programm ist langfristig angelegt und dauert bis zu einem Jahr. Die Lehrpersonen werden hierzu im Rahmen eines zehn halbe Tage umfassenden Workshops besonders ausgebildet. Dabei werden sie mit den Kernprinzipien vertraut gemacht, werden von erfahrenen CORI-Lehrerinnen und -lehrern informiert und beraten, probieren die verschiedenen Strategien und Techniken selbst aus, betrachten Videos aus CORI-Klassen und werden mit Schülerlösungen und Produkten von Lernenden aus ihrer Klassenstufe konfrontiert. Außerdem haben die Lehrer/innen

Gelegenheit, sich über die fachlichen Hintergründe der naturwissenschaftlichen Themen zu informieren und neues Wissen zu erwerben. Darüber hinaus lernen sie verschiedene Möglichkeiten kennen, wie sie die Motivation der Lernenden in ihrem Klassenzimmer unterstützen können. Die positiven Effekte auf die Leseleistungen und die Lesemotivation wurden in mehreren Studien nachgewiesen (vgl. z.B. Guthrie et al., 2004), wobei insbesondere die Verbindung zwischen motivationaler Unterstützung und dem Erwerb von Strategien zu den positiven Ergebnissen beizutragen scheint.

Was motivationale Zielkriterien von Schulerfolg anbelangt, zeigen aktuellere Studien zusammenfassend uneinheitliche Ergebnisse. Die Studien von Stipek und Kollegen (1998), Fischer (2006) sowie Otto (2007) können keine überzeugenden und nachhaltigen Effekte von Lehrerfortbildungen auf die affektiv-motivationale Entwicklung der Lernenden nachweisen. Dies deckt sich auch mit den Ergebnissen einiger älterer Studien von Rheinberg, Krug und Kollegen (Rheinberg & Krug, 1999), die aufzeigen, dass es offenbar erheblicher und wahrscheinlich auch langfristiger Anstrengungen bedarf, mit Lehrerfortbildungen die affektiv-motivationale Entwicklung der Schüler/innen nachhaltig zu beeinflussen.

Hinweise auf eine positive Beeinflussung der Schülermotivation ergeben sich durch das Transferprogramm „Chemie im Kontext“. Darin konnte festgestellt werden, dass die Lernmotivation von Schüler/innen in CHIK-Klassen weniger stark zurückging als in Kontrollklassen und dass die Schüler/innen aus CHIK-Klassen Chemie häufiger als Grund- oder Leistungskurs wählten als Lernende in Kontrollklassen (vgl. Demuth et al., 2005).

Eine mögliche Erklärung für die geringeren Effekte von Lehrerfortbildungen auf die affektiv-motivationale Entwicklung der Schüler/innen ist, dass bei affektiv-motivationalen Zielkriterien von Schulerfolg grundsätzlich weniger Varianz durch Unterschiede auf Klassenebene gebunden wird als bei kognitiven Variablen. Das bedeutet aber auch, dass der Spielraum von lehrerspezifischen Merkmalen, wie z.B. der Teilnahme an einer Fortbildung, für die affektiv-motivationale Entwicklung der Lernenden grundsätzlich begrenzter ist als für die kognitive Entwicklung.

6. Ein Rahmenmodell zur Beschreibung und Erklärung der Wirksamkeit von Fortbildungen

Für die Entwicklung von Lehrpersonen im Rahmen von Fortbildungs- und Professionalisierungsmaßnahmen spielen individuelle Determinanten, kontextuelle Bedingungen sowie strukturelle und didaktische Merkmale der Fortbildungen und deren Interaktionen eine entscheidende Rolle. Diese Variablenbündel beeinflussen die Art und Weise, wie Lehrpersonen die Lernangebote wahrnehmen, nutzen und verarbeiten, was sie von den Fortbildungen „mitnehmen“, wie gut und intensiv sie die Anregungen in ihrem Unterrichtsalltag umsetzen und wie stark sie selbst und ihre Schüler/innen davon profitieren.

Analog zum Angebots-Nutzungsmodell im Bereich der Unterrichtsforschung lässt sich auch für die Wirksamkeit von Fortbildungs- und Professionalisierungsmaßnahmen ein Angebots-Nutzungsmodell generieren (vgl. Abb. 1).

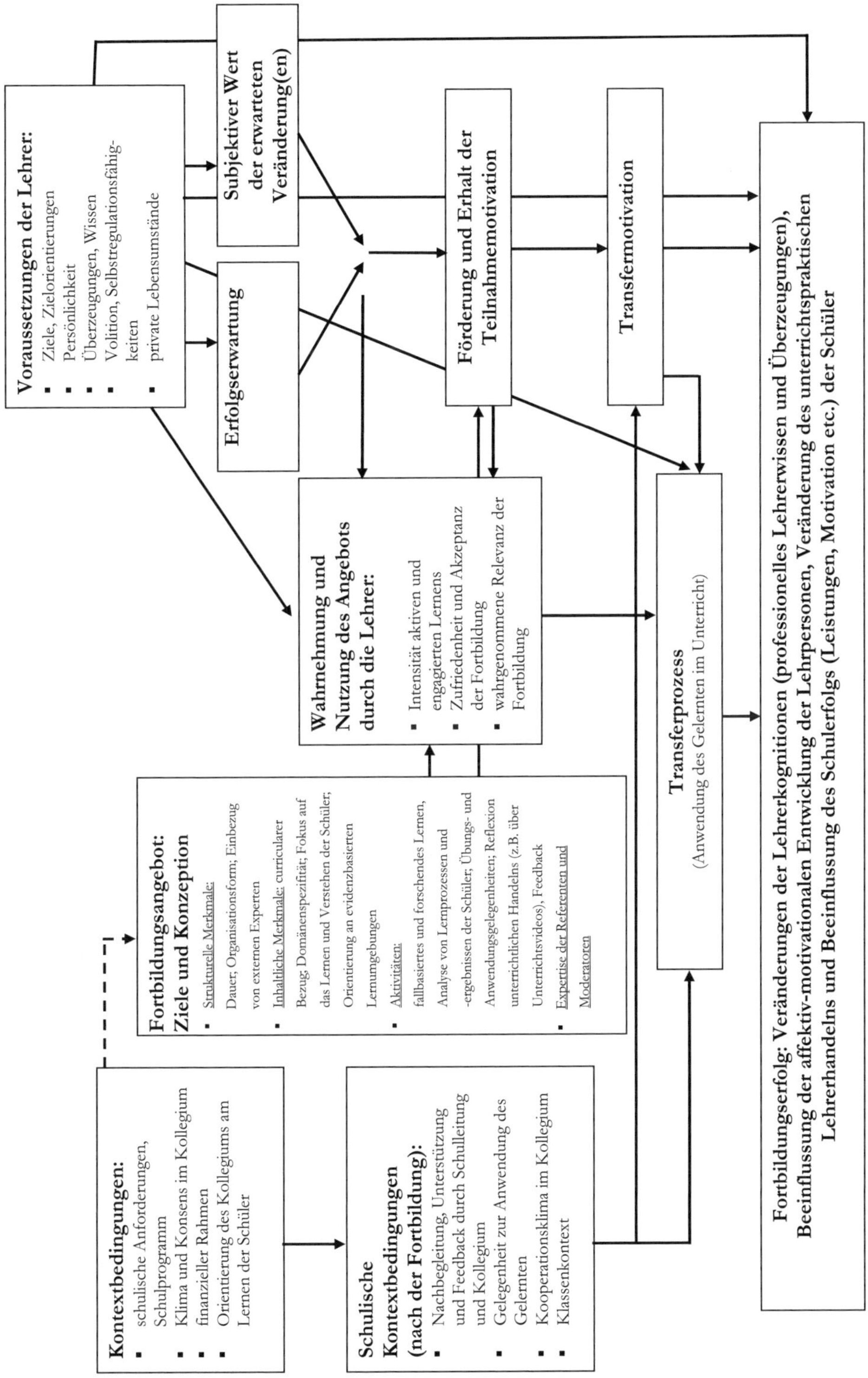

Abb. 1: Erweitertes Angebots- und Nutzungsmodell zur Erklärung der Wirksamkeit von Fortbildungs- und Professionalisierungsmaßnahmen für Lehrpersonen

Im Zentrum dieses Modells steht das Angebot an Lerngelegenheiten innerhalb einer Fortbildung, die von teilnehmenden Lehrer/inne/n – auch in Abhängigkeit von ihren kognitiven, motivationalen, volitionalen und persönlichkeitsbezogenen Voraussetzungen – unterschiedlich wahrgenommen und genutzt werden können.

Fokussiert man auf die Angebotsseite, also auf die Fortbildungsangebote, so lassen sich strukturelle und inhaltlich-didaktische Merkmale unterscheiden. Zu den strukturellen Merkmalen zählen z.B. die vorgesehene Zeit für die Fortbildung, damit verbunden die Organisationsform der Fortbildung (Einzelveranstaltungen vs. kontinuierliche Veranstaltungen über einen längeren Zeitraum) und die Einbindung von externen Experten, Moderatoren und Wissenschaftlern. Wirksame Fortbildungen sind in der Regel zeitintensiv[4], erstrecken sich über einen längeren Zeitraum und beziehen externe Expertise mit ein.

Was die didaktischen und inhaltlichen Kernkomponenten erfolgreicher Fortbildungen anbelangt, so zeichnen sich erfolgreiche und wirksame Fortbildungen durch einen eher engen fachdidaktischen Fokus aus, der das Lernen und die Lernprozesse der Schüler/innen, ihre fachbezogenen Konzepte, Vorstellungen, Denkweisen und auch Misskonzepte in den Vordergrund rückt und hierdurch das fachdidaktische und diagnostische Wissen der Lehrpersonen vertieft. Erfolgreiche Fortbildungen regen Lehrpersonen zum vertieften Nachdenken über ihre eigene Praxis an, was z.B. durch die Konfrontation mit Unterrichtsvideos oder/und auch durch Konfrontation mit Leistungsdaten von Schüler/inne/n befördert und verstärkt werden kann. Fortbildungen sind offenbar insbesondere dann veränderungswirksam, wenn es zu Dissonanzen zwischen den eigenen Erwartungen und Überzeugungen auf der einen Seite und der eigenen unterrichtlichen Praxis bzw. deren Wirkungen auf die Schüler/innen auf der anderen Seite kommt. Erfolgreiche Fortbildungen knüpfen an die Kognitionen und Konzepte der Lehrpersonen an und versuchen diese weiterzuentwickeln.

Zahlreiche wirksame Fortbildungen zeichnen sich durch eine Kombination aus Reflexions- und handlungspraktischen Erprobungsphasen aus. Eine Reihe wirksamer Fortbildungen nutzt Schülerdaten, um das fachdidaktische und diagnostische Wissen von Lehrpersonen weiterzuentwickeln, wobei die Lehrpersonen bei der Interpretation der Daten jedoch nicht sich selbst überlassen sind, sondern von wissenschaftlicher Seite begleitet werden.

Die Professionalität und Kompetenzen der Trainer und Koordinatoren werden zwar von den teilnehmenden Lehrpersonen häufig als eine entscheidende Determinante für die Wirksamkeit von Fortbildungen genannt (vgl. z.B. Jäger & Bodensohn, 2007), sie sind aber vergleichsweise selten Gegenstand systematischer Forschung. Bislang liegen nur wenige Befunde vor, die die Bedeutung von Fortbildungsinstitutionen, Moderatoren, Trainern und wissenschaftlichen Experten tatsächlich auch nachweisen können (McDowall et al., 2007; Goldschmidt & Phelps, 2007).

Eine zentrale, aber in der bisherigen Lehrerbildungsforschung eher noch kaum systematisch untersuchte Rolle spielt auch das Feedback an die Lehrpersonen durch Trainer und Moderatoren (Staub, 2004).

Neben den „Merkmalen der Fortbildung“ dürften auch individuelle Voraussetzungen auf Seiten der Lehrpersonen eine wichtige Erklärungskraft haben, die bislang selten um-

4 Hierbei kann jedoch nicht von linearen und direkten Zusammenhängen zwischen der Fortbildungsdauer und ihrer Wirksamkeit ausgegangen werden (vgl. Kennedy, 1998; Lipowsky, i.V.; Harris & Sass, 2007; Timperley et al., 2007).

fassend kontrolliert und auf ihre Interaktionen mit Fortbildungsmerkmalen untersucht wurden. Aus theoretischer Sicht kann angenommen werden, dass insbesondere motivationale, persönlichkeitsbezogene und kognitive Voraussetzungen die Wahrnehmung und engagierte Nutzung von Fortbildungsangeboten bestimmen und darüber zur Wirksamkeit der Fortbildung beitragen. Empirische Evidenzen für die erhebliche Bedeutung motivationaler Voraussetzungen ergeben sich durch einige der hier vorgestellten Arbeiten, aber auch aus aktuellen Studien der Trainingsforschung (Gräsel, Pröbstel, Freienberg & Parchmann, 2006; Burke & Hutchins, 2007). Eine höhere Motivation dürfte auch zu einer engagierten Nutzung der Fortbildungsangebote beitragen, die sich in einigen Studien als eine bedeutsame Moderatorvariable für die Wirksamkeit von Fortbildungsmaßnahmen erwies (z.B. Wackermann, 2008; Louis & Marks, 1998; Taylor et al., 2005). Umgekehrt deutet sich aber auch an, dass Merkmale der Fortbildungen, wie z.B. die Möglichkeit zur Partizipation und die wahrgenommene Relevanz der Veranstaltung, auf die Trainings- und Transfermotivation zurückwirken.

Bei der Konzeption von Fortbildungen wird der Phase nach Abschluss der Fortbildung eine vergleichsweise geringe Aufmerksamkeit geschenkt. Ergebnisse aus der Trainingsforschung verdeutlichen jedoch, dass die Transfermotivation, also die Bereitschaft, das Gelernte in der alltäglichen Praxis anzuwenden, zum einen von den tatsächlichen Anwendungsgelegenheiten, zum anderen vom Austausch mit Kolleginnen und Kollegen und von der Unterstützung durch Vorgesetzte abhängig ist (Seyler, Holton, Bates, Burnett & Carvalho, 1998; Fishman, 2003). Eher selten wird im Bereich der Lehrerbildung darüber nachgedacht, wie extern stattfindende Fortbildungsaktivitäten einzelner Lehrer/innen oder Lehrerteams sinnvoll in schulische Prozesse eingebunden und von der Schulleitung wirkungsvoll unterstützt werden können (vgl. Abb. 1).

Das hier nur grob skizzierte Rahmenmodell verdeutlicht die Komplexität des Forschungsfelds und muss in Abhängigkeit des jeweiligen theoretischen Hintergrunds sogar noch weiter ausdifferenziert werden. Insgesamt stimmen die neueren Befunde aus dem Bereich der Fortbildungsforschung zuversichtlich, dass Fortbildungen unter günstigen Bedingungen sehr wohl Wirkungen auf Schüler/innen entfalten können, wenngleich zu beachten ist, dass es sich in vielen Studien um selegierte, freiwillige Lehrerstichproben handelt, bei denen von einer besonderen Motivation und einem besonderen Engagement für Schule und Unterricht ausgegangen werden muss. Darüber hinaus ist nicht zu verkennen, dass wirksame Fortbildungen – auch durch den Einbezug von Experten – in der Regel zeit- und kostenintensiv sind. Berücksichtigt man jedoch, dass Lehrer/innen 30 Jahre und länger im Schuldienst sind, dürften sich solche Investitionen auch volkswirtschaftlich durchaus lohnen.

7. Literatur

Adey, P. (2004). The professional development of teachers: Practice and theory. Dordrecht, Netherlands: Kluwer Academic Publishers.

Alliger, G. M., Tannenbaum, S. I., Bennett, W. Jr., Traver, H. & Shotland, A. (1997). A meta-analysis of the relations among training criteria. Personnel Psychology, 50, 341-358.

Baumert, J. (2006). Erfassung von fachwissenschaftlicher und fachdidaktischer Kompetenz von Lehrkräften. Vortrag auf dem DFG-Rundgespräch „Erfassung und Beurteilung der beruflichen Kompetenzen von Lehrkräften: Entwicklung eines kombinierten Instrumentariums. Münster: Westfälische Wilhelms Universität.

Baumert, J. & Kunter, M. (2006). Stichwort: Professionelle Kompetenz von Lehrkräften. Zeitschrift für Erziehungswissenschaft, 9(4), 469-520.

Beck, E., Baer, M., Guldimann, T., Bischoff, S., Brühwiler, C., Müller, P., Niedermann, R., Rogalla, M. & Vogt, F. (2008). Adaptive Lehrkompetenz. Analyse von Struktur, Veränderbarkeit und Wirkung handlungssteuernden Lehrerwissens. Münster: Waxmann.

Blum, W. & Krauss, S. (2008). Professionelle Kompetenz von Mathematiklehrkräften: Was heißt das und welche Auswirkungen hat das auf Unterricht und Schülerleistungen? Köln: Vortrag auf dem Kongress „Lernen individuell gestalten, Lernkompetenzen – Lernräume – Lernmittel".

Burke, L. A. & Hutchins, H. M. (2007). Training transfer: An integrative literature review. Human Resource Development Review, 6, 263-296.

Calderhead, J. (1996). Teachers: Beliefs and knowledge. In D. C. Berliner & R. C. Calfee (Eds.), Handbook of educational psychology (pp. 709-725). New York, NY: Prentice Hall International.

Cardelle-Elawar, M. (1995). Effects of metacognitive instruction on low achievers in mathematics problems. Teaching and Teacher Education, 11(1), 81-96.

Carpenter, T. P., Fennema, E., Peterson, P. L., Chiang, C. P. & Loef, M. (1989). Using knowledge of children's mathematics thinking in classroom teaching. An experimental study. American Educational Research Journal, 26(4), 499-531.

Clausen, M. (2002). Unterrichtsqualität. Eine Frage der Perspektive? Münster: Waxmann.

Cobb, P., Wood, T., Yackel, E., Nicholls, J. G., Wheathley, G., Trigatti, B. & Perlwitz, M. (1991). Assessment of a problem-centered second-grade mathematics project. Journal for Research for Mathematics Education, 22, 3-29.

Colquitt, J. A., LePine, J. A. & Noe, R. A. (2000). Toward an integrative theory of training motivation: A meta-analytic path analysis of 20 years of research. Journal of Applied Psychology, 85, 678-707.

Corcoran, T. B., Fuhrman, S. H. & Belcher, C. L. (2001). The district role in instructional improvement. Phi Delta Kappan, 83(1), 78-84.

Correnti, R. (2007). An empirical investigation of professional development effects on literacy instruction using daily logs. Educational Evaluation and Policy Analysis, 29(4), 262-295.

Corte, De E., Verschaffel, L. & van de Ven, A. (2001). Improving text comprehension strategies in upper primary school children: A design experiment. British Journal of Educational Psychology, 71, 531-559.

Deci, E. L. & Ryan, R. M. (1985). Intrinsic motivation and self-determination in human behavior. New York: Plenum Publishing Co.

Demuth, R., Fußangel, K., Gräsel, C., Parchmann, A., Ralle, B., Schellenbach-Zell, J. & Weber, I. (2005). Schlussbericht. Forschungsprojekt Optimierung von Implementationsstrategien bei innovativen Unterrichtskonzeptionen am Beispiel von Chemie im Kontext. Kiel: IPN.

Desimone, L., Porter, A. C., Garet, M., Suk Yoon, K. & Birman, B. (2002). Effects of professional development on teachers' instruction: Results from a three-year study. Educational Evaluation and Policy Analysis, 24(2), 81-112.

Elawar, M. C. & Corno, L. (1985). A factorial experiment in teachers written feedback on student homework: Changing teacher behavior a little rather than a lot. Journal of Educational Psychology, 77(2), 162-173.

Fennema, E., Carpenter, T. P., Franke, M. L., Levi, L., Jacobs, V. & Empson, B. (1996). A longitudinal study of learning to use children's thinking in mathematics instruction. Journal for Research in Mathematics Education, 27(4), 403-434.

Fischer, N. (2006). Motivationsförderung in der Schule. Konzeption und Evaluation einer Fortbildungsmaßnahme für Mathematiklehrkräfte. Hamburg: Kovac.

Fishman, B. J., Marx, R. W., Best, S. & Tal, R. T. (2003). Linking teacher and student learning to improve professional development in systemic reform. Teaching and Teacher Education, 19, 643-658.

Franke, M. F., Carpenter, T. P., Levi, L. & Fennema, E. (2001). Capturing teachers' generative change: A follow-up study of professional development in mathematics. American Educational Research Journal, 38(3), 653-689.

Garet, M. S., Porter, A. C., Desimore, L., Birman, B. F. & Yoon, K. S. (2001). What makes professional development effective? Results from a national sample of teachers. American Educational Research, 38(4), 915-945.

Gärtner, H. (2007). Unterrichtsmonitoring. Münster: Waxmann.

Goldschmidt, P. & Phelps, G. (2007). Does teacher professional development affect content and pedagogical knowledge: How much and for how long? National Center for Research on Evaluation, Standards, and Student Testing (CRESST), Center for the Study of Evaluation (CSE), Graduate School of Education and Information Studies University of California, Los Angeles.

Gräsel, C., Pröbstel, C., Freienberg, J. & Parchmann, I. (2006). Forschendes Lernen in einer kontextorientierten Unterrichtskonzeption. Nürnberg: Vortrag auf dem 45. Kongress der DGPs.

Guskey, T. R. (1986). Staff development and the process of teacher change. Educational Researcher, 15(5), 5-12.

Guskey, T. R. (1996). Jointly planning staff training. The School Administrator, 53(11), 33-34.

Guskey, T. R. (2000). Evaluating professional development. Thousand Oaks, CA: Corwin Press.

Guskey, T. R. (2002). Professional development and teacher change. Teachers and Teaching: Theory and Practice, 8(3/4), 381-391.

Guthrie, J. T., Wigfield, A., Barbosa, P., Perencevich, K. C., Taboada, A., Davis, M. H., Scafiddi, N. T. & Tonks, S. (2004). Increasing reading comprehension and engagement through concept-oriented reading instruction. Journal of Educational Psychology, 96(3), 403-423.

Hanushek, E. A. (1986). The economics of schooling: Production and efficiency in public schools. Journal of Economic Literature, 24(3), 1141-1177.

Harris, D. & Sass, T. R. (2007). Teacher training, teacher quality and student achievement. Verfügbar unter: http://www.caldercenter.org/PDF/1001059_Teacher_Training.pdf [März 2009].

Hashweh, M. Z. (1996). Effects of science teachers' epistemological beliefs in teaching. Journal of Research in Science Teaching, 33, 47-63.

Hashweh, M. Z. (2003). Teacher accommodative change. Teaching and Teacher Education, 19(4), 421-434.

Heran-Dörr, E. (2006). Entwicklung und Evaluation einer Lehrerfortbildung zur Förderung der physikdidaktischen Kompetenz von Sachunterrichtslehrkräften. Eine explorative Studie. Berlin: Logos.

Hochholdinger, S. & Schaper, N. (2007). Trainingsevaluation und Transfersicherung. In H. Schuler & K. Sonntag (Hrsg.), Handbuch der Arbeits- und Organisationspsychologie (S. 625-633). Göttingen: Hogrefe.

Hollingsworth, S. (1989). Prior beliefs and cognitive change in learning to teach. American Educational Research Journal, 26(2), 160-189.

Jäger, R. & Bodensohn, R. (2007). Die Situation der Lehrerfortbildung im Fach Mathematik aus Sicht der Lehrkräfte. Ergebnisse einer Befragung von Mathematiklehrern. Bonn: Deutsche Telekomstiftung.

Kennedy, M. (1998). Form and substance in inservice teacher education (Research Monograph, 13). Madison, WI: University of Wisconsin, National Institute for Science Education.

Kleickmann, T., Möller, K., Jonen, A. & Vehmeyer, J. (2006). Haben Lehrerfortbildungen einen Effekt auf Leistungszuwächse bei Schülerinnen und Schülern? München: Vortrag auf der 68. Tagung der Arbeitsgruppe Empirische Pädagogische Forschung (AEPF).

Kunter, M. & Baumert, J. (2006). Who is the expert? Construct and criteria validity of student and teacher ratings of instruction. Learning Environments Research, 9(3), 231-251.

Kwakman, K. (2003). Factors influencing teachers' participation in professional learning activities. Teaching and Teacher Education, 19, 149-170.

Latham, A. S. (1998). Site-based management: Is it working? Educational Leadership, 55(7), 85-86.

Lipowsky, F. (2004). Was macht Fortbildungen für Lehrkräfte erfolgreich? Die Deutsche Schule, 96(4), 462-479.

Lipowsky, F. (2006). Auf den Lehrer kommt es an. Empirische Evidenzen für Zusammenhänge zwischen Lehrerkompetenzen, Lehrerhandeln und dem Lernen der Schüler. Zeitschrift für Pädagogik, 51. Beiheft, 47-70.

Lipowsky, F. (i.V.). Theoretische und empirische Perspektiven zur Wirksamkeit von Lehrerfortbildung. In E. Terhart, H. Bennewitz & M. Rothland (Hrsg.), Handbuch der Forschung zum Lehrerberuf. Münster: Waxmann.

Lipowsky, F., Kuntze, S., Ratzka, N., Klieme, E. & Reiss, K. (2006). Unterricht entwickeln und verbessern – Was leisten videobasierte Lehrerfortbildungen? Abschlussbericht an die Robert Bosch Stiftung.

Louis, K. S. & Marks, H. (1998). Does professional community affect the classroom? Teachers' work and student experiences in restructuring schools. American Journal of Education, 106(4), 532-575.

McDowall, S., Cameron, M., Dingle, R., Gilmore, A. & MacGibbon (2007). Evaluation of the Literacy Professional Development Project. Ministry of Education, New Zealand.

Möller, K., Hardy, I., Jonen, A., Kleickmann, T. & Blumberg, E. (2006). Naturwissenschaften in der Primarstufe. Zur Förderung konzeptuellen Verständnisses durch Unterricht und zur Wirksamkeit von Lehrerfortbildungen. In M. Prenzel & L. Allolio-Näcke (Hrsg.), Untersuchungen zur Bildungsqualität von Schule (S. 161-193). Münster: Waxmann.

Munby, H., Russell, T. & Martin, A. K. (2001). Teachers' knowledge and how it develops. In V. Richardson (Ed.), Handbook of research on teaching (4th ed., pp. 877-904). Washington, D.C.: American Educational Research Association.

Nir, A. & Bogler, R. (2008). The antecedents of teacher satisfaction with professional development programs. Teaching and Teacher Education, 24, 377-386.

Oser, F. K. & Baeriswyl, F. J. (2001). Choreographies of teaching: Bridging instruction to learning. In V. Richardson (Ed.), Handbook of research on teaching (4th ed., pp. 1031-1065). Washington, D.C.: American Educational Research Association.

Otto, B. (2007). SELVES – Schüler-, Eltern- und Lehrertrainings zur Vermittlung effektiver Selbstregulation. Berlin: Logos.

Parr, J., Timperley, H., Reddish, P., Jesson, R. & Adams, R. (2007). Literacy professional development project: Identifying effective teaching and professional development practices for enhanced student learning. Report to the Ministry of Education. Wellington: Ministry of Education.

Rheinberg, F. & Krug, S. (1999). Motivationsförderung im Schulalltag. Psychologische Grundlagen und praktische Durchführung. Göttingen: Hogrefe.

Richardson, V. (1990). Significant and worthwile change in teaching practice. Educational Researcher, 19(7), 10-18.

Richardson, V. (1996). The role of attitudes and beliefs in learning to teach. In J. Sikula, T. J. Buttery & E. Guyton (Eds.), Handbook of Research on Teacher Education (pp. 102-119). New York: Simon & Schuster Macmillan.

Salas, E. & Cannon-Bowers, J. A. (2001). The science of training: A decade of progress. Annual Review of Psychology, 52, 471-499.

Saxe, G., Gearhart, M. & Nasir, N. S. (2001). Enhancing students' understanding of mathematics: A study of three contrasting approaches to professional support. Journal of Mathematics Teacher Education, 4(1), 55-79.

Scheerens, J. & Bosker, R. (1997). The foundations of educational effectiveness. Oxford: Elsevier.

Schellenbach-Zell, J. & Gräsel, C. (2007). Warum beteiligen sich Lehrkräfte an Innovationsprojekten? Lüneburg: Poster auf der 70. Tagung der Arbeitsgruppe Empirische Pädagogische Forschung (AEPF), Leuphana Universität.

Schnetzler, C. L., Krammer, K. & Ratzka, N., Reusser, K., Pauli, C., Klieme, E. & Lipowsky, F. (in Vorb.). Entwicklung und Erfassung von Lehrkompetenzen mit Unterrichtsvideos: Verändern sich die Unterrichtskommentare der Lehrpersonen?

Seyler, D. L., Holton III, E. F., Bates, R. A., Burnett, M. F. & Carvalho, M. A. (1998). Factors affecting motivation to transfer training. International Journal of Training and Development, 2, 2-16.

Shayer, M. & Adhami, M. (2007). Fostering cognitive development through the context of Mathematics: Results of the CAME project. Educational studies in Mathematics, 64(3), 265-291.

Smith, C. & Gillespie, M. (2007). Research on professional development and teacher change: Implications for Adult Basic Education. Review of Adult Learning and Literacy, 7, 205-244.

Souvignier, E. & Mokhlesgerami, J. (2006). Using self-regulation as a framework for implementing strategy-instruction to foster reading comprehension. Learning and Instruction, 16, 57-71.

Staub, F. (2004). Fachspezifisch-Pädagogisches Coaching: Ein Beispiel zur Entwicklung von Lehrerfortbildung und Unterrichtskompetenz als Kooperation. Zeitschrift für Erziehungswissenschaft, 7(Beiheft 3), 113-141.

Stipek, D., Givvin, K. B., Salmon, J. M. & MacGyvers, V. L. (1998). Can a teacher intervention improve classroom practices and student motivation in mathematics? Journal of Experimental Education, 66(4), 319-337.

Stipek, D. J., Givvin, K. B., Salmon, J. M. & MacGyvers, V. L. (2001). Teachers' beliefs and practices related to mathematics instruction. Teaching and Teacher Education, 17, 213-226.

Taylor, B. M., Pearson, P. D., Peterson, D. S., Rodriguez, M. C. (2005). The CIERA School Change Framework: An evidence-based approach to professional development and school reading improvement. Reading Research Quarterly; 40(1), 40-69.

Thompson, A. G. (1992). Teachers' beliefs and conceptions: A synthesis of the research. In D. A. Grouws (Ed.), Handbook of research on mathematics learning and teaching (pp. 127-146). New York: Macmillan.

Timperley, H. (2008). Teacher professional learning and development. Brussels, Belgium: International Academy of Education/International Bureau of Education.

Timperley, H., Wilson, A., Barrar, H. & Fung, I. (2007). Teacher professional learning and development: Best evidence synthesis iteration (BES). Wellington: Ministry of Education.

Vehmeyer, J., Kleickmann, T., Möller, K. (2007). Lehrervorstellungen und -handlungen. Gibt es Zusammenhänge? In D. Höttecke (Hrsg.), Naturwissenschaftlicher Unterricht im internationalen Vergleich (S. 503-505). Münster: LIT.

Wackermann, R. (2008). Überprüfung der Wirksamkeit eines Basismodell-Trainings für Physiklehrer. Berlin: Logos.

Webb, P. (1992). Primary science teacher's understandings of electric current. International Journal of Science Education, 14(4), 423-429.

Wood, T. & Sellers, P. (1996). Assessment of a problem-centered mathematics program: Third grade. Journal for Research in Mathematics Education, 27(3), 337-353.

Kapitel II

Grundlagen 2: Biografie, Habitus und Expertise

Entwicklungsprozesse von Lehrpersonen begleiten

Ein Rahmenkonzept biografischer Weiterbildung

Silvio Herzog & Andrea Munz

Abstract

Die Gewinnung von Professionalität kann als ein sich je individuell vollziehender berufsbiografischer Entwicklungsprozess verstanden werden. Der Weiterbildung von Lehrpersonen kommt die Aufgabe zu, diesen Prozess zu begleiten. Um Orientierungspunkte dieser Begleitung herauszuarbeiten, werden im vorliegenden Beitrag aktuelle Erkenntnisse der Lehrerbiografieforschung auf ihre Relevanz für die Weiterbildung hin diskutiert und konkretisiert. Porträtiert wird eine Ausrichtung an der Berufsspanne, die sich nicht auf allgemeine Zeitpläne abstützt. Übergänge im Lehrerberuf werden beschrieben, da sie den Entwicklungsprozess besonders prägen. Beachtung findet zudem die berufliche Mobilität und die Forderung einer Differenzierung des Lehrerberufs. Diese Zugänge münden in die Explikation dreier zentraler Aufgaben und eines übergreifenden Verständnisses von Zeit, Raum und Lehrperson, welche der biografischen Weiterbildung ein theoretisch und empirisch fundiertes Rahmenkonzept bieten.

Schlagworte (dt.)

Lehrpersonen, Biografie, Übergänge, Lehrerfortbildung, Personalentwicklung

Schlagworte (engl.)

teachers, biography, transitions, teacher professional development, human resources development

1. Zur Einleitung: Von „Brillen" und Ansprüchen

„Lehrer-Werden und Lehrer-Bleiben als lebenslanger Prozess" – in dieser Aussage von Terhart (1990, S. 247) kommt zum Ausdruck, was sich in den letzten Jahrzehnten nach und nach in den Köpfen von Lehrpersonen und Lehrerbildner/inne/n etabliert hat: Die Ausbildung von Lehrpersonen ist mit der Grundausbildung nicht abgeschlossen, sondern findet in formellen und informellen Weiterbildungsanlässen über die gesamte Berufsspanne ihre Fortführung. Unterstützung erhält die Perspektive des „lebenslangen Lernens" aus der Forschung zur Professionalisierung im Lehrerberuf. So wird in der neueren Literatur die Gewinnung von Professionalität explizit als ein sich je individuell vollziehender berufsbiografischer Entwicklungs- und Lernprozess verstanden (Reh & Schelle, 2000). Der Weiterbildung kommt die Aufgabe zu, diesen Prozess von Lehrpersonen zu begleiten. Aber woran soll sie sich dabei konzeptionell orientieren?

Dieser Frage geht der folgende Beitrag nach. Es steht der Versuch im Vordergrund, ein Rahmenkonzept für eine biografisch orientierte Weiterbildung zu erstellen. Wer biografische Konzepte denkt, tut dies immer auch vor dem Hintergrund der eigenen Berufsbiografie. Bei der Autorin und dem Autor dieses Beitrags sind es zumindest drei *Zugänge* oder eben „Brillen" der Betrachtung, die prägend sind. In der theoretischen Auseinandersetzung mit dem Konstrukt „Biografie" und den damit verbundenen Dimensionen von Zeit und Raum hat Herzog (2007) den ersten, theoretischen Zugang vorbereitet.

Der zweite Zugang ist empirischer Natur. Um Wissen über Berufsbiografien von Lehrpersonen zu generieren, haben wir mit einem Team der Universität Bern in einer vergleichenden Studie ehemalige Absolventinnen und Absolventen der seminaristischen Ausbildung zur Primarlehrperson (Grundschullehrkraft) im Kanton Bern (Schweiz) befragt (Herzog, Herzog, Brunner & Müller, 2007). Als empirische Grundlage dienen die schriftlichen Aussagen von rund 1900 Personen sowie die mündlichen Erläuterungen aus biografischen Interviews mit rund 170 Personen. Mit dem Einbezug von Berufswegen, die vom Schuldienst wegführen, ist der Blick auf die Berufsbiografie von Lehrpersonen sowohl in der Erforschung als auch in der Begleitung in bedeutsamer Weise erweitert worden.

Der dritte Zugang ist durch unsere aktuelle Arbeitstätigkeit geprägt. Als Leiterin der Berufseinführung und als Leiter des gesamten Weiterbildungsangebots an der Pädagogischen Hochschule Zentralschweiz in Luzern erstellen wir Weiterbildungskonzepte, die hohe Praxisrelevanz haben und sich in der Umsetzung bewähren müssen. Wir stehen unter Handlungserwartung vielfältiger Partner/innen wie der Hochschule, kantonale Behörden, Lehrpersonen und Schulleitungen. Nachhaltige Wirksamkeit bei der einzelnen Lehrperson, im Unterricht und in der Schule ist für den Erfolg unserer Arbeit das zentrale Kriterium.

Diese Hintergründe und die damit verbundenen Ansprüche werden in die folgenden Ausführungen zur Begleitung berufsbiografischer Entwicklungsprozesse einfließen.[1] Die Grundorientierung basiert auf theoretischen Setzungen zu Zeit und Raum (s. Kap. 2). Darauf aufbauend werden drei Suchrichtungen erläutert, die für unsere Vorstellung von biografischer Weiterbildung zentral sind. Es sind dies die Berufsspanne (s. Kap. 3), berufsbiografische Übergänge (s. Kap. 4) und die berufliche Mobilität (s. Kap. 5). Entsprechend unserer „Brillen" werden hierzu jeweils empirische Befunde zusammengefasst, theoretische Folgerungen abgeleitet und Forderungen für die Weiterbildung formuliert. Die gemeinsamen und verbindenden Elemente der drei Suchrichtungen werden abschließend diskutiert und mit Metaphern versehen (s. Kap. 6).

2. Das multiple Zeit- und Raumverständnis als Ausgangslage

Die Auseinandersetzung mit dem Konstrukt „Biografie" kennt eine lange Tradition in unterschiedlichen Disziplinen der Wissenschaft. Die Vielfalt der Definitionen ist deshalb groß. Die in diesem Beitrag vorgeschlagene biografische Orientierung ist inhaltlich auf ein Lebenslaufkonzept ausgerichtet, das aus der ökologischen Entwicklungspsychologie der Lebensspanne stammt. Hier finden sich zentrale Prämissen, die sich anhand der beiden Konstrukte „Zeit" und „Raum" erläutern lassen (Herzog, 2007, S. 78 ff.).

---

1 Dieser Beitrag fokussiert, präzisiert und konkretisiert Überlegungen, die zu einem früheren Zeitpunkt in ähnlicher Struktur publiziert wurden (Herzog, 2008).

Die *Zeit* kann in dreifacher Weise zur Erfassung von Lebensgeschichten verwendet werden.

1. Mit ihr können Lebensläufe *strukturiert* werden. Wir gliedern die Lebensbeschreibung in unterschiedliche Abschnitte, Etappen sowie Phasen, bestimmen ihre Dauer und – und das ist zentral – setzen sie zueinander in Beziehung. Im Vordergrund steht der Zeitplan.
2. Zeit kann auch dazu genutzt werden, einzelne Ereignisse oder Situationen zu *situieren*. Die einzelne Episode wird – im Gegensatz zum obenstehenden Zeitbegriff – weitgehend losgelöst von anderen Episoden vor- und nachher betrachtet. Ereignisse können im Kontext des Lebensalters der einzelnen Person betrachtet werden (ontogenetische Sicht). Berufseinstieg und Pensionierung oder auch die Geburt eines Kindes weisen eine hohe Korrelation mit dem chronologischen Alter auf. Weiter sind für die zeitliche Verortung von Situationen wirtschaftliche, gesellschaftliche und politische Einflüsse der Zeitgeschichte zu beachten. Sie zeigen sich beispielsweise in veränderten Rahmenbedingungen des Schulegebens oder in veränderten Lebenskontexten von Schulkindern. Und schließlich kennen wir non-normative Ereignisse, die nicht jeden betreffen und nicht auf bestimmte Zeiträume bezogen sind. Sie sind von der Normierung her sozusagen „zeitlos“. Berufliche Veränderungen sind Beispiele hierfür.
3. Sind die beiden oben genannten Zeitbegriffe eher physikalischer Art, bezieht sich die dritte Verwendung auf ein qualitatives Zeitverständnis. Die „modale“ Zeit, wie sie Herzog (1988) versteht, ist für die individuelle Handlung bedeutsam, indem sie die verschiedenen Zeitmodi zusammenführt: Vergangenheit (Erfahrungen) und Zukunft (Ziele, Absichten) werden zueinander in Beziehung gesetzt, um in der Gegenwart zu handeln. Wer also gegenwärtiges Handeln von Personen verstehen will, muss sowohl Lebensgeschichte als auch Lebenspläne des Individuums kennen.

Die zweite Dimension, diejenige des *Raums,* findet ihren Ansatz in der ökologisch orientierten Sozialisations- und Entwicklungstheorie. So wird im Sinne von Bronfenbrenner (1978) das Subjekt in einen sich verändernden sozialen und ökologischen Kontext gestellt. Betont wird die Bedeutung unterschiedlicher *Lebenswelten* und vor allem des Übergangs von einem Kontext in den anderen. Im Rahmen der Berufsbiografie können als Beispiele der Wechsel von der Schule in den Beruf, von einer Arbeitsstelle zu einer anderen oder vom Erstberuf in den Zweitberuf aufgeführt werden. Berücksichtigt werden aber auch private Lebenskontexte wie Familie oder Freizeit. Um individuelles Handeln zu verstehen, gilt es diese sozialen Bedingungen zu erfassen, so dass die Möglichkeits- und Entwicklungsräume des Individuums sichtbar werden.

Eine Weiterbildung, die sich in diesem Sinne biografisch ausrichtet, befasst sich in differenzierender Weise mit den unterschiedlichen zeitlichen Prägungen und den Lebenskontexten von Lehrerinnen und Lehrern. Diese Forderung wird nun folgend anhand der einzelnen Elemente des Rahmenkonzepts berufsbiografischer Weiterbildung expliziert und konkretisiert.

3. Orientierung an der Berufsspanne – (k)eine neue Forderung

Ob „lebenslanges Lernen", „Sozialisation als lebenslanger Vorgang" oder „Entwicklungspsychologie der Lebensspanne" – ihnen gemeinsam ist die Forderung, Konzepte der Veränderung über die gesamte Lebens- oder Berufsspanne zu erfassen. Diese Orientierung kennt verschiedene Versuche, diese Erfassung theoretisch zu verorten. Am bekanntesten sind wohl *Stufen- und Phasenmodelle,* die sich vom Ansatz her an einer zeitlichen Struktur des Lebenslaufs ausrichteten. Sie erfreuen sich nicht nur in der Entwicklungspsychologie, sondern auch in der Lehrerforschung bis heute großer Beliebtheit. Für die Beschreibung beruflicher Entwicklung von Lehrpersonen sind etwa die „Stages of Learning to Teach" von Fuller und Bown (1975) oder das Entwicklungsmodell von Sikes, Measor und Woods, das „abgegrenzte Phasen sowie jeweils damit verknüpfte Aufgaben beinhaltet" (1991, S. 231), zu nennen. Im deutschsprachigen Raum besonders häufig rezipiert wird das Modell von Huberman (1991), welches aufgeteilt nach Berufsjahren zwischen der Phase des Überlebens und Entdeckens, der Phase der Stabilisierung und der darauf folgenden Phase des Aktivismus respektive der Selbstzweifel unterscheidet.

Welche Folgerungen lassen sich aus diesen Versuchen der Lehrerbiografieforschung für die *Weiterbildung* von Lehrpersonen ableiten? Unmissverständlich klar wird: Die berufsbiografische Weiterbildung hat sich an der gesamten Berufsspanne von Lehrerinnen und Lehrern zu orientieren. Diese Forderung ist nicht neu. Allerdings lassen sich aus der kritischen Reflexion der Erträge von Stufen- und Phasenmodellen durchaus neue Folgerungen ableiten, welche zwar nicht den Grundsatz der Orientierung hinterfragen, aber für die Begleitung bedeutsame Akzentuierungen bieten.

Phasenmodelle über die gesamte Berufsdauer bieten für die biografisch ausgerichtete Weiterbildung eine erste wichtige Orientierung. Zu betonen ist vor allem ihr *heuristischer* Wert zur Beschreibung von Entwicklungsverläufen. Erkennbar wird, dass sich Lehrerinnen und Lehrer im Verlauf ihrer Berufsbiografie bezüglich ihrer Einstellung, ihres Selbstvertrauens und ihrer Kompetenzen verändern. Weiterbildung muss sich demnach auf verschiedene Alterskohorten einstellen und Angebote bereitstellen, welche die Bedürfnisse der gesamten Berufsdauer abdecken. Phasenmodelle ermöglichen zudem der einzelnen Lehrperson, sich sozial zu orientieren und ihre persönlichen Fragen in einen größeren Kontext zu stellen. So kann die Feststellung, dass sich mit ca. 40 Jahren eine Midlife-Crisis einstellen kann und (selbst)kritische Fragen nach dem bisher Erreichten und nach den zukünftigen Perspektiven auftauchen, für das Individuum zu einer Erleichterung führen.

Gleichzeitig birgt sich in diesem Vergleich die größte *Gefahr* in der Rezeption solcher Phasenmodelle. Was ist, wenn der *individuelle* Zeitplan eben gerade nicht mit diesem *allgemeinen* Zeitplan übereinstimmt? Da sich individuelle Verläufe in hohem Ausmaß von solchen allgemeinen Beschreibungen unterscheiden können, ist die *normative* Verwendung der von der Lehrerbiografieforschung erstellten Modelle für die einzelne Lehrperson sowie für die Weiterbildung mit vielen Problemen behaftet. Weiterbildungsverantwortliche dürfen deshalb ihre Überlegungen weder betreffend Zulassungsbedingungen (wer darf in eine spezifisch biografisch ausgerichtete Weiterbildung?) noch betreffend inhaltlichen Ausrichtung (welche Themen sind für eine anvisierte Alterskohorte von Bedeutung?) auf solche Modellvorstellungen der Lehrerbiografieforschung reduzieren.

Abgesehen von Gefahren der Ergebnisrezeption sind Phasenmodelle auch grundsätzlich auf ihre Richtigkeit hin zu hinterfragen. Die empirische Datenbasis ist allerdings schmal. So hat die Antwort von Terhart (1994, S. 41) auf die Frage, was in der Forschung über ältere Lehrpersonen bekannt ist, auch heute noch nach über 14 Jahren große Gültigkeit: „Fast gar nichts." Die letzten Jahre im Beruf werden meist lediglich dann thematisiert, wenn sie – wie im Falle von Burnout – problematisch sind. Mit der Erfassung des beruflichen Wohlbefindens im Karriereverlauf konnten wir aber mit der eigenen Biografiestudie Hinweise darauf geben, dass ein stetig sinkendes Wohlbefinden „bis zum bitteren Ende" für eine Vielzahl von Lehrpersonen nicht der erlebten Realität entspricht (Herzog, 2007, S. 183 ff.). Eine Reduktion der Personalentwicklung für ältere Lehrpersonen auf die Prävention und Intervention im Zusammenhang mit Erschöpfungen würde demnach weder einem großen Teil der Lehrerschaft noch dem Berufsimage dienen. Gefordert ist deshalb eine gewisse Entpathologisierung der letzten Berufsjahre, auch in der Weiterbildung. Was viele Lehrpersonen um die 45 Jahre und älter beschäftigt, sind Fragen danach, welche neuen Herausforderungen sie noch annehmen möchten und wo ihre Erfahrungsschätze, Interessen und Kompetenzen ihren Raum finden. Die Auseinandersetzung mit solchen Fragen erachten wir als wichtig. Ziel soll sein, sich bewusst für einen Weg zu entscheiden und diesen dann entschieden weiterzugehen. Das kann heißen, am selben Ort und auf derselben Stufe zu bleiben, weil die Befriedigung in der Tätigkeit und die Qualität des Unterrichts nach wie vor hoch sind. Vielleicht besteht aber der Wunsch oder der Bedarf, sich gezielt fachlich weiterzuentwickeln, den Verantwortungsbereich für ein Projekt oder die Einführung von Berufseinsteigenden zu übernehmen oder neue Perspektiven im privaten Bereich zu finden.

Um biografische Aufgaben wahrzunehmen und der Individualität einzelner Verläufe gerecht zu werden, braucht es zusammenfassend betrachtet ein multiples Zeitverständnis (s. Kap. 2). Von großer Bedeutung ist die situierende Zeit, da sie dazu auffordert, die jeweils „aktuelle Uhrzeit" der einzelnen Person (wo steht sie in ihrer Entwicklung?) und ihrer Lebenswelt (wie sehen aktuelle Bedingungen von Schule und Unterricht aus?) zu reflektieren. Aber auch die situierende Zeit hat ihre Grenzen, weil sie nur die Gegenwart beachtet. Die Brücke von Vergangenheit, Gegenwart und Zukunft lässt sich nur mit der modalen Zeit erstellen. Im Mittelpunkt steht demnach die einzelne Person und ihre (Re-)Konstruktion der Vergangenheit und der Zukunft. Hier muss die biografisch orientierte Weiterbildung ansetzen. Im Vordergrund müssen *persönliche Standortbestimmungen* stehen, in denen die biografische „Geschichte" und auch die Perspektiven zueinander in Beziehung und in den Kontext sich verändernder Lebenswelten gestellt werden. Weiterbildung will Lehrpersonen unterstützen, damit sie einerseits die Ankopplung an neue Bedürfnisse und Fragestellungen der Schule finden und andererseits ihre persönliche Laufbahnentwicklung bewusst gestalten. Erläuterungen zur beruflichen Mobilität führen diese Gedanken weiter (s. Kap. 5), vorerst aber zur Begleitung von Übergängen.

4. Begleitung von Übergängen im beruflichen Verlauf

Mit Busshoff (1998) kann davon ausgegangen werden, dass es weniger die stabilen Phasen als vielmehr die Übergänge sind, welche den Lebenslauf des Menschen prägen. Dies konnte mit der eigenen Studie bestätigt und auf den Lehrerberuf spezifiziert werden (Herzog, Herzog, Brunner & Müller, 2007). Die Berufsbiografie von Lehrpersonen ist von zahlreichen Übergängen geprägt, die mehr oder weniger stark institutionalisiert sind. Die Gestaltung von Übergängen, wie sie in der ökologisch orientierten Entwicklungspsychologie verstanden werden (s. Kap. 2), ist anspruchsvoll. Welche Unterstützung die Weiterbildung bei solchen „Zustandswechseln" geben kann, soll im Folgenden anhand ausgewählter Beispiele aufgezeigt werden.

4.1 Von der Grundausbildung in den Beruf

Keine Phase der Berufskarriere von Lehrpersonen ist intensiver erforscht worden als der Berufseinstieg. Untersucht wurden Veränderungen sowohl aus sozialisations- beziehungsweise entwicklungstheoretischer als auch aus stresstheoretischer Perspektive. Ihnen gemeinsam ist die Erkenntnis, dass sich in den ersten Jahren des Berufs Veränderungen in der Entwicklung von Lehrpersonen ergeben, die weit über diesen biografischen Abschnitt hinaus bedeutsam sind. In dieser frühen Berufsphase bilden sich personenspezifische Routinen, Wahrnehmungsmuster und Beurteilungstendenzen sowie die Grundzüge einer beruflichen Identität aus (Terhart, 2000). Aufgrund der Forschungslage ist auch klar, dass der Berufseinstieg für alle Lehrpersonen eine besonders große Herausforderung darstellt (Hericks, 2006). Durch die verschiedenen Perspektiven, mit denen dies untersucht wurde, lassen sich aus unserer Sicht drei für die Weiterbildung besonders bedeutsame Ansatzpunkte herausarbeiten.

Der Berufseinstieg ist erstens für viele Lehrpersonen mit erheblichen *Anfangsschwierigkeiten* verbunden (Veenman, 1984; Terhart, 1994). Das bisherige Wissen und Können muss weiterentwickelt, verfeinert und an das aktuell Geforderte angepasst werden. Das vorwiegend regelgeleitete Wissen der Berufseinsteigenden muss situativ adaptiert werden (Dick, 1994; Neuweg, 1999). Der viel beschriebene „Praxisschock" und die Beeinträchtigung des Wohlbefindens ist eine Realität, die schon früh erkannt wurde und bis heute nicht an Relevanz verloren hat (Lipowsky, 2003). Die Weiterbildung hat traditionellerweise auf diesen Umstand mit spezifischen Begleitangeboten in der Berufseinstiegsphase reagiert (EDK, 1996) und wird dies auch in Zukunft weiterhin tun müssen. So ist davon auszugehen, dass die Anforderungen, welche das Praxisfeld an die Berufseinsteigenden stellt, steigen werden (Herzog, 2007).

Eine Beschreibung des Übergangs von der Grundausbildung in den Beruf, die lediglich den Stressaspekt fokussiert, greift zweitens allerdings deutlich zu kurz. So konnte mit der eigenen Studie gezeigt werden, dass in keiner anderen Zeitspanne der beruflichen Tätigkeit so viele *Hochgefühle* erlebt werden wie beim Berufseinstieg (ebd., S. 213 ff.). Der Übergang von der Grundausbildung in den Lehrerberuf scheint nicht nur Ängste, sondern auch besonders positive Gefühle auszulösen – so zum Beispiel die Freude, nach der langen Ausbildung „endlich" im angestrebten Beruf arbeiten zu dürfen. Für die Berufseinführung bedeutet dies, dass den positiven Erlebnissen der ersten Berufsjahre vermehrt Bedeutung zugemessen werden sollte. Interessante Ansätze finden sich beispielsweise in verschiedenen Methoden des Positiven Managements (Cooperrider & Whitney, 2005). Ihnen gemeinsam ist die Abkehr vom defizitorientierten Vorgehen hin zu einer ressourcen- und lösungsorientierten Sichtweise.

Ein dritter Anhaltspunkt ergibt sich aus der Tatsache, dass der Berufseinstieg nicht lediglich eine Berufsphase, sondern vor allem ein *Übergang* ist. Im Übergang verändert die junge Lehrperson ihre Position durch einen Wechsel ihrer Rolle – zum Beispiel von der Lernenden zur Lehrenden, von der Studentin zur Erwerbstätigen – und ihrer Lebensbereiche, wie z.B. von der Hochschule zur Volksschule, von der Studentenwohngemeinschaft zur eigenen Wohnung, von der Stadt aufs Land. Versteht sich die Berufseinführung in diesem Zusammenhang als „Brücke" zwischen der Grundausbildung und der Praxistätigkeit, muss sie diese Lebenswelten auch in ihrer Veränderung sehr gut kennen. Die Weiterbildung teilt sich demnach ihre Aufgaben mit der Grundausbildung sowie kantonalen Dienststellen und der Schulleitung oder den Mentorinnen und Mentoren vor Ort. In dieser systemischen Sicht kann die Weiterbildung Lücken schließen und als konzeptionelle und institutionalisierte „Klammer" wirken. Gemäß unserem Konzept für die Berufseinführung (Wyss, 2006) kommt den Mentorinnen und Mentoren in den Schulen vor Ort eine besondere Rolle zu. Sie sind in Absprache mit der Schulleitung für die Einführung der Berufseinsteigenden in bestehende Kulturen und Strukturen der Schule sowie für das Aufzeigen von Partizipationsmöglichkeiten zuständig. Hierzu müssen die erfahrenen Lehrpersonen weitergebildet werden. Auch das muss die Weiterbildungsinstitution im Sinne der Qualitätssicherung und -entwicklung leisten. Als besonders hilfreich für die eigene Entwicklung wird der Erfahrungsaustausch mit anderen Berufseinsteigenden und die kollegiale Beratung sowie die Zusammenarbeit mit erfahrenen Kollegen und Kolleginnen beurteilt (Dietrich, Wicki & Wyss, 2009). Inter- und Supervision in der Gruppe tragen dazu bei, eigene didaktische und pädagogische Handlungskonzepte und deren Wirkungen zu reflektieren und bewusst zu machen. Durch den Austausch mit anderen Berufseinsteigenden werden individuelle Schwierigkeiten in einen erweiterten Kontext gebracht (Messner & Reusser, 2000). Sich als Lehrkraft in solchen Subgruppen zu vernetzen, trägt darüber hinaus zur Unterrichts- und Schulentwicklung bei, weil dadurch experimentelle Erprobungsmöglichkeiten offengehalten und alternative Normenhorizonte gestärkt werden (Hericks, 2006): eine bedeutsame Ergänzung zu den schulteambezogenen Kooperationen, nicht nur, aber vor allem beim Berufseinstieg.

Wird der Berufseinstieg im theoretischen Rahmen des Übergangs konzipiert, wird implizit auch eine spezifische *Vorstellung einer/eines Berufseinsteigenden* porträtiert. Das Bild eines Stufenmodells, in dem die Berufseinsteigenden als Noviz/inn/en auf der untersten Treppe des Expertentums stehen (s. Kap. 3), passt nicht zur aus dem Übergang konzipierten professionellen Entwicklung. Vielmehr ist die Vorstellung einer gut ausgebildeten Fachperson prägend, die mit all ihrem Wissen und mit ihrer Persönlichkeit in ein neues System einsteigt, dieses beeinflusst und sich beeinflussen lässt. Sie ist aktiv, erkennt Möglichkeiten und Grenzen ihres Handelns und ist sich ihrer Unterstützungssysteme bewusst. Weiterbildung für Berufseinsteigende muss von dieser *Mündigkeit* ausgehen und sie fördern. So kann nicht der Weiterbildungszwang der richtige Weg sein, sondern nur die individuelle Weiterbildungsberatung. Mit ihr kann auch individuell beurteilt werden, wann die einzelne

Lehrperson nicht mehr die auf diesen Übergang bezogenen Angebote benötigt und die Begleitung der Berufsbiografie von der Berufseinführung an die allgemeine Weiterbildung von Lehrpersonen übergeben wird.

4.2 Vom Unterbruch zum Wiedereinstieg

Zeitlich deutlich weniger determiniert als der Berufseinstieg sind Übergänge, die von einer Unterbrechung (z.B. Familienarbeit, Zweitausbildung, Erwerbslosigkeit, andere Erwerbstätigkeit) zurück in den Lehrerberuf führen. Studien, die solche „Brüche" im Berufsleben untersucht haben (Herzog, 2007; Mayring, König, Birk & Hurst, 2000), belegen deutlich, dass auch hier relevante Wechsel von Rollen und Lebenswelten erfahren werden. Die „Auszeit" im Sinne einer Distanz zum schulischen Alltag, die sich durch die Unterbrechung ergeben hat, beeinflusst das Verhältnis Lehrperson und Schule aus zwei Richtungen. Einerseits hat die Lehrperson während dieser Zeit vielfältige Erfahrungen außerhalb der Schule gemacht und somit die Möglichkeit erhalten, die Betrachtung ihrer Berufstätigkeit beziehungsweise der eigenen Person im Beruf zu erweitern. Andererseits haben sich – gerade bei längeren Unterbrechungen – die Rahmenbedingungen des Schulehaltens selbst verändert, wobei sich die Erneuerungszyklen durch die Vielzahl von Reformen in den letzten Jahrzehnten deutlich verkürzt haben. Die wiedereinsteigende Lehrperson muss sich demnach sowohl mit persönlichen als auch umweltbezogenen Veränderungen auseinandersetzen. Die eigene Studie zeigt (Herzog, 2007, S. 300 ff.): Gelingt es, diese Veränderungen zu reflektieren und in einen persönlichen und institutionellen Wiedereinführungsplan zu integrieren, dann ist dieser Übergang ein bedeutsamer Initiator der Weiterentwicklung der Lehrperson und der Qualität von Unterricht und Schule.

Wie lässt sich dieser Übergang durch die *Weiterbildung* begleiten? Diese Frage ist deutlich schwieriger als beim Berufseinstieg zu beantworten, weil – wie bereits erwähnt – der Wiedereinstieg weniger normiert ist. So ist erstens die Gruppe der Wiedereinsteigenden kleiner als diejenige der Berufseinsteigenden, auch wenn dies stark von der Stellensituation im Lehrerberuf abhängt. Zweitens ist davon auszugehen, dass gesellschaftliche Veränderungen diesen Übergang stark prägen. Zwar sind es heute noch vor allem Frauen, welche ihre Lehrertätigkeit aus familiären Gründen für eine gewisse Zeit unterbrechen (Herzog et al., 2007). Aufgrund der flexiblen Arbeitszeiten im Lehrerberuf und somit der gut realisierbaren Vereinbarkeit zwischen Beruf und Familie halten aber Lehrerinnen die familiären Arbeitsunterbrechungen zunehmend kürzer und nehmen rascher eine Teilzeitbeschäftigung in der Schule auf (Rustemeyer, 1998). Drittens sind die zum Wiedereinstieg führenden Wege vielfältiger als beim stärker normierten Übertritt aus der Grundausbildung. So kann sich das Konzept des Wiedereinstiegs auch auf Personen beziehen, die zum Beispiel von einer krankheitsbedingten Absenz zurück in den Beruf begleitet werden müssen – eine Aufgabe, welcher gerade bei psychischen Erkrankungen hohe und zunehmende Bedeutung zukommt.

Aus diesen Gründen erhebt sich an Angebote zur Begleitung des Wiedereinstiegs der Anspruch, dass sie von der Teilnehmendenzahl flexibel und von den Inhalten breit sind. Zudem müssen sie die individuellen Vorkenntnisse und Erfahrungen in der Unterbrechung, die aktuellen Bedürfnisse und die Zukunftsperspektiven individuell zueinander in Verbindung bringen. Als Konsequenz haben wir unser eigenes Angebot weg von einem im Vorfeld definierten Kursangebot hin zu einer individuellen Weiterbildungsberatung weiterentwickelt (Munz, 2009). Mit dieser Konzeption werden Wiedereinsteigende nicht als gesonderte Gruppe betrachtet, sondern einerseits individuell begleitet und andererseits möglichst rasch ins allgemeine Weiterbildungsfeld integriert.

4.3 Vom Beruf in den Ruhestand

Am Ende der beruflichen Karriere steht ein weiterer normativ hoch standardisierter Übergang, nämlich derjenige in den Ruhestand. Pensionierungen von Lehrpersonen werden in der Forschung allerdings nur dann thematisiert, wenn sie frühzeitig stattfinden oder im Zusammenhang mit Dienstunfähigkeit stehen (Jehle, 1997) – und auch hier bleiben die weiteren biografischen Verläufe ausgeblendet. Wir haben *kein Wissen* darüber, wie der Übergang vom Berufsleben in den Ruhestand verläuft, wie er sich auf das Wohlbefinden von Lehrpersonen auswirkt und ob respektive wie Interventionen wirken.

Im Nachdenken über die Möglichkeiten der *Weiterbildung* für die Begleitung dieses Übergangs taucht schnell die systemisch bedingte Begrenztheit auf. Dies hat mit dem Auftrag und der Finanzierung der institutionalisierten, an einer Hochschule angesiedelten Weiterbildung zu tun. Hat sie beim Berufseinstieg sowohl Aufgaben der Vorbereitung (zusammen mit der Grundausbildung) als auch der Nachbereitung des Übergangs (zusammen mit dem Praxisfeld), kann sie in der Begleitung des Übergangs in den Ruhestand ausschließlich *vorbereitende* Angebote machen. Für ein lückenloses Angebot in der Begleitung ist deshalb die Triage der verschiedenen Stellen und Supportsysteme bedeutsam.

Da der Zeitpunkt für den Ruhestand weitgehend normiert ist, lässt sich die Zielgruppe relativ zielgenau definieren. Die Perspektiven für die „Zeit danach" sind allerdings sehr unterschiedlich und von divergenter emotionaler Betroffenheit begleitet, so dass auch hier vor pauschalisierenden Annahmen zu Motiven und Themeninteressen zu warnen ist. Die soziale Normierung dieses Übergangs kann sowohl als Entlastung als auch als Belastung wahrgenommen werden (s. Kap. 3). Angebote der Weiterbildung zur Vorbereitung des Ruhestands sollen deshalb sowohl individuelle Ansätze (Standortbestimmungen, Coaching) als auch gruppenspezifische Angebote (z.B. Informationsveranstaltungen) und offene beziehungsweise allgemeine Vertiefungsmöglichkeiten beinhalten.

Mit der letztgenannten Erkenntnis, die sich in unterschiedlicher Gewichtung auch auf die anderen genannten Übergänge übertragen lässt, wird deutlich: Um der Gleichheit und der Differenz verschiedener Lebensläufe gerecht zu werden, braucht es Weiterbildungskonzeptionen, die sich an einem multiplen Zeitverständnis ausrichten.

5. Eröffnung beruflicher Perspektiven

Auch Übergänge in Form von Berufs- oder Stellenwechseln prägen die Biografie von Lehrpersonen. Wie Herzog et al. (2007) mit ihrer Schweizer Studie zeigen, sind (auch) Lehrpersonen beruflich mobil und werden gemäß der Prognose der Kohortenvergleiche in Zukunft noch mobiler werden. Interessanterweise bleiben Lehrkräfte zwar nicht dem angestammten Beruf „treu“, wohl aber weitgehend der Bildung. Sie suchen sich sozusagen Veränderungs- und Spezialisierungsmöglichkeiten im Feld von Schule und Pädagogik. Die Mobilität erweist sich in dem Sinne eher als „job enrichment“ beziehungsweise „job enlargement“ denn als „job changement“. Das belegen auch die Motive für den Ausstieg (ebd., S. 242 ff.): Nicht etwa die Belastung im Lehrerberuf ist der Hauptgrund, weshalb die Lehrkräfte ihren Beruf verlassen. Vielmehr ist es – vor allem bei Männern – die Suche nach neuen beruflichen Perspektiven: Perspektiven, die ihnen der Lehrerberuf nicht bieten konnte.

Ohne die Studie und ihre Ergebnisse im Detail zu referieren, ergeben sich daraus einige bedeutsame Hinweise für die Begleitung von Berufsbiografien von Lehrpersonen. Erstens ist die Forderung abzuleiten, dass sich Schulbehörden und Schulleitungen, Beratungspersonen, aber auch die Lehrerbildung vom Kontinuitätsparadigma „Einmal Lehrer/in, immer Lehrer/in“ verabschieden müssen. Obschon bei wachsender Entscheidungsfreiheit die Grenzen der Gestaltung beruflicher Karrieren nicht auszublenden sind, wurden die Optionen für Entscheidungen im Lebenslauf einer Lehrkraft bisher unterschätzt. Zweitens müssen Karriereverläufe nicht lediglich innerhalb des Lehrerberufs, sondern auch aus dem Beruf heraus berücksichtigt werden. Das erweitert die Perspektive auf die Begleitung von Berufsbiografien von Lehrpersonen deutlich. Die Vielfalt der beruflichen Wege, welche die Probandinnen und Probanden der erwähnten Studie gegangen sind, zeigen drittens, dass der Lehrerberuf bereits heute kein „Sackgassenberuf“ ist. Sein Image und auch die Unzufriedenheit mit den Perspektiven weisen aber darauf hin, dass diese Wege wenig formalisiert und daher von den Lehrpersonen nicht als solche erkannt werden.

Da Berufsperspektiven immer auch vom jeweiligen Bildungssystem und seinen Diversifizierungsmöglichkeiten abhängen, ist die Übertragbarkeit auf andere Kontexte sorgfältig zu leisten. Wie die Studie von Lipowsky (2003) zeigt, haben wir es aber bei der Entstandardisierung des traditionellen, auf Kontinuität angelegten Karrieremusters von Lehrpersonen mit einem internationalen Phänomen zu tun.

Für die Weiterbildung sehen wir in diesem Kontext insbesondere *drei* Aufgaben.

1. Sie muss in die Laufbahnplanung investieren, indem sie verschiedene *Standortbestimmungsangebote* und *individuelle Weiterbildungsberatungen* anbietet. Auf die Bedeutung dieser Aufgabe wurde bereits in verschiedenen Kontexten hingewiesen (s. Kap. 3 und 4). Eine professionelle Standortbestimmung umfasst analog zum modalen Zeitbegriff einen differenzierten Rückblick in die Vergangenheit, einen Ausblick auf kommende Lebensphasen oder Lebensabschnitte und den Einblick in die aktuelle Situation, um daraus die nächsten konkreten Schritte ableiten zu können. Sowohl Langzeitweiterbildung, die ihre Wirksamkeit immer wieder unter Beweis gestellt hat (Herzog, Rüegg, Herzog & Schönbächler, 2001; Landert, 1999), als auch kürzere Vollzeitkurse oder Beratungen sind zentrale Elemente dieser Ausrichtung. Wir stimmen mit Häfeli (2001) überein, dass Laufbahnperspektiven bereits bei der Berufswahlvorbereitung und dann auch in der Grundausbildung thematisiert werden sollen.
2. Der Weiterbildung kommt betreffend Mobilität von Lehrpersonen nicht lediglich eine beratende, sondern auch eine ermöglichende Funktion zu. In Form von zertifizierten Weiterbildungen *qualifizieren* tertiäre Lehrerbildungsinstitutionen Lehrpersonen inhaltlich und formell für neue Aufgaben in Schulteams oder ermöglichen mit Anerken-

nungsverfahren den Weg in andere Qualifizierungsprogramme, die in Aufgabenfelder außerhalb der Volksschule führen. Dieser relativ junge Angebotsbereich befindet sich in einer dynamischen Aufbauphase, in der noch wenig von Steuerung und systematischem Qualitätscontrolling erkennbar ist. Bereits in dieser frühen Phase wird aber deutlich, dass solche Weiterbildungsangebote nur wirksam sein können, wenn sie eng mit strukturellen Anpassungen in den Schulen sowie mit systematischen Schul- und Personalentwicklungstätigkeiten der Schulleitungen in Verbindung gebracht werden.

3. Der Anspruch an Systematik, Verzahnung und Orientierung in der Angebotsgenerierung führt uns zu einer dritten Aufgabe der Weiterbildung, die sie zusammen mit ihren Partner/inne/n vorzunehmen hat: Vorstellungen eines Lehrerberufs mit Perspektiven zu *konzipieren* und zu *kommunizieren*. Mit diesem Auftrag hat sich die Pädagogische Hochschule Zentralschweiz aufgemacht, eine „Differenzierungslandkarte Lehrerberuf" auszuarbeiten und mit ihren Praxispartner/inne/n weiterzuentwickeln. In unmittelbarem Sinne einer Karte wollen diese Konzeptarbeiten, die Ende 2009 vorliegen, Lehrpersonen und (angehenden) Studierenden aufzeigen, welche Möglichkeiten der Veränderungen und damit Perspektiven ihnen der Lehrerberuf für ihre berufliche Laufbahn bietet. Sie soll weiter ein Instrument für Beratungspersonen, Schulleitungen und Schulbehörden sein, um Lehrpersonen auf ihrem beruflichen Weg zu begleiten. Und schließlich dient die Differenzierungslandkarte auch der Lehrerbildungsinstitution selbst als Orientierung, um die Bestrebungen nach Spezialisierung und Differenzierung in Aus- und Weiterbildung an einem gemeinsamen Raster auszurichten.

Mit diesen drei Aufgaben, so unsere Überzeugung, lässt sich ein bedeutsamer Beitrag zur Professionalisierung und zur Attraktivitätssteigerung des Lehrerberufs leisten. Die Professionalität und die Attraktivität ausschließlich auf Konzepte der beruflichen Mobilität abzustützen, wäre aber unseres Erachtens falsch. Studien zur Berufswahl und zum Verbleib im Lehrerberuf zeigen, dass sich die Anziehung der Lehrtätigkeit wesentlich aus der Arbeitstätigkeit (u.a. Umgang mit Kindern und Jugendlichen) und den beruflichen Rahmenbedingungen (u.a. Freiheit in der Gestaltung der eigenen Arbeit) ergibt (Herzog et al., 2007). Die Bedeutung *intrinsischer* Faktoren für die Berufszufriedenheit von Lehrpersonen ist groß. Bei allen Anstrengungen, den Lehrerberuf durch Diversifizierungsoptionen zu attraktivieren, muss deshalb das Gleichgewicht bewahrt werden. Dies gilt insbesondere für Lehrerinnen, da sich für sie die äußere Attraktivität ihres Berufs weniger in den Aufstiegsmöglichkeiten zeigt als in der Sicherheit, Erwerbs- und Familienarbeit kombinieren zu können.

6. Zum Schluss oder: Von Schafen und anderen Bildern

Der vorliegende Beitrag hat sich dem Ziel verschrieben, auf der Grundlage empirischer und theoretischer Erkenntnisse der Lehrerbiografieforschung ein Rahmenkonzept für eine biografisch orientierte Weiterbildung zu erstellen. Als Ergebnis sind drei zentrale Aufgabenbereiche identifiziert und konkretisiert worden.

Sie können zusammenfassend wie folgt beschrieben werden:

1. Biografische Weiterbildung generiert Angebote, welche den gesamten beruflichen Werdegang einer Lehrperson abzudecken und der Vielfalt von individuellen Lebensverläufen und Zeitplänen zu genügen vermögen.
2. Biografische Weiterbildung zeichnet sich dadurch aus, dass sie für verschiedene Übergänge im Lebenslauf eine Begleitung konzipiert, die individuelle, gruppenspezifische und offene Angebote beinhaltet und sich mit weiteren Unterstützungssystemen vor und nach dem Übergang vernetzt.
3. Biografische Weiterbildung eröffnet Lehrpersonen berufliche Perspektiven, indem sie Standortbestimmungen durchführt, inhaltliche und formale Qualifikationsmöglichkeiten anbietet und den Veränderungsmöglichkeiten einen konzeptionellen Orientierungsrahmen gibt.

In ihrer Differenzierung und Konkretisierung sehen sich die drei Aufgabenbereiche einer gemeinsamen Ausrichtung verpflichtet, die abschließend anhand von drei Bildern auf den Punkt gebracht werden soll.

„Lehrpersonen sind keine Schafe"

Die Erkenntnisse der Lehrerbiografieforschung zeigen deutlich, dass Lehrpersonen „keine Schafe sind", die als „Herde" einem allgemeinen, ihnen gemeinsamen Weg folgen. Um der *Vielfalt* der biografischen Geschichten, Motive, Interessen und Perspektiven gerecht zu werden, genügt ein rein äußerliches, sich an der allgemeinen Abfolge orientierendes Zeitverständnis nicht. Gefordert ist eine multiple Vorstellung von Zeit, wobei die modale Zeit besondere Gewichtung erhält. Um Handeln von Personen zu verstehen und es zu unterstützen, müssen wir sowohl ihre Lebensgeschichte als auch ihre Perspektiven kennen. Die *individuelle Standortbestimmung* wird damit zum zentralen Element einer biografisch orientierten Weiterbildung.

„Lehrpersonen sind keine Astronaut/inn/en"

Allen Aufgaben einer biografischen Weiterbildung ist gemein, dass sie die Lehrperson nicht im „luftleeren Raum", sondern im Kontext ihrer *Lebenswelten* betrachten. Weil Lebenskontexte als Möglichkeits- und Entwicklungsräume die biografische Entwicklung von Lehrpersonen prägen, braucht es für die Begleitung dieses Prozesses Kenntnisse von Veränderungen des Schulehaltens, von sich wandelnden Ansprüchen von Politik und Gesellschaft an Lehrpersonen, von entwickelten Kulturen und Strukturen in den Schulen und auch von aktuellen Erkenntnissen der Wissenschaft zu den Zusammenhängen dieser Einflussfaktoren. Schließlich muss die Weiterbildung auch sich verändernde Verhältnisse und Formen im *privaten* Umfeld der Lehrpersonen berücksichtigen. Dies ist besonders zu erwähnen, weil diese Forderung auf einer Besonderheit des Lehrerberufs beruht: der engen Verflechtung von beruflichen und privaten Aspekten der Biografie. Die Besonderheit rührt daher, dass der Lehrerberuf als Vermittlungsarbeit strukturell so angelegt ist, dass er im Überschneidungsfeld von Öffentlichkeit und Privatem liegt. Die reflektierte Integration privater Erfahrungen ist deshalb für die Erreichung pädagogischer Professionalität grundlegend (Herzog et al., 2007, S. 346 ff.) und von der Weiterbildung gezielt zu unterstützen.

„Lehrpersonen sind biografische Akteurinnen und Akteure"
In den vorliegenden Beschreibungen ist immer wieder ein spezifisches *Menschenbild* einer professionellen Lehrperson durchgedrungen. Es ist die Vorstellung einer aktiven Lehrkraft, die sich verantwortlich mit ihren Lebenswelten auseinandersetzt und Entscheidungen reflektiert fällt. Sie gestaltet ihren Lebenslauf, ohne darüber zu verfügen, manchmal verunsichert und suchend, manchmal selbstbewusst voranschreitend. „Begleiten" heißt in einem solchen Prozess nicht vorausgehen und auch nicht klammern. Die Begleitung, welche der Mündigkeit bereits der jungen Lehrkraft gerecht werden will, muss immer wieder loslassen können, in den Hintergrund treten und bereit sein für eine gezielte Unterstützung. Dabei wird der Weiterbildung keineswegs eine passive Rolle zugeschrieben. Vielmehr muss sie den Unterstützungsbedarf nicht nur *er*mitteln, sondern gezielt auch *ver*mitteln, den Lehrpersonen und ebenso den Schulleitungen. Die Weiterbildung ist aber auch in dieser Rolle nicht bevormundend, sondern immer nur einladend und damit eine unterstützende Begleiterin des Entwicklungsprozesses von Lehrerinnen und Lehrern.

Bilder prägen unser Denken und Handeln. Sie sind nie wertfrei. Je nach Bild, das wir von Lehrerbiografien haben, verändern sich die Prämissen auch für die Weiterbildung. In der *Umsetzung* einer biografisch orientierten Weiterbildung müssen diese Bilder diskutiert und bereinigt werden, damit unter anderem Fragen nach Effizienz und Effektivität der Weiterbildung in der Entwicklungsspanne von Vision und empirisch belegter Realität beantwortet werden können.

7. Literatur

Bronfenbrenner, U. (1978). Ansätze zu einer experimentellen Ökologie menschlicher Entwicklung. In R. Oerter (Hrsg.), Entwicklung als lebenslanger Prozess: Aspekte und Perspektiven (S. 33-65). Hamburg: Hoffmann und Campe.

Busshoff, L. (1998). Berufsberatung als Unterstützung von Übergängen in der beruflichen Entwicklung. In R. Zihlmann (Hrsg.), Berufswahl in Theorie und Praxis. Konzepte zur Berufswahlvorbereitung und Beratung unter veränderten wirtschaftlichen und gesellschaftlichen Bedingungen (S. 9-84). Zürich: sabe.

Cooperrider, D. & Whitney, D. (2005). Appreciative Inquiry: A positive Revolution in Change. Mcgraw-Hill Publ.Comp.

Dick, A. (1994). Vom unterrichtlichen Wissen zur Praxisreflexion. Das praktische Wissen von Expertenlehrern im Dienste zukünftiger Junglehrer. Bad Heilbrunn: Klinkhardt.

Dietrich, C., Wicki, W. & Wyss, M. (2009). Weiterbildungsangebot „Praxisgruppe" für berufseinsteigende Lehrpersonen an der Pädagogischen Hochschule Zentralschweiz in Luzern. Unveröffentlichter Evaluationsbericht: PHZ Luzern.

EDK, Schweizerische Konferenz der kantonalen Erziehungsdirektoren (Hrsg.). (1996). Berufseinführung von Lehrerinnen und Lehrern. Dossier 40A. Bern: EDK.

Fuller, F. F. & Bown, O. H. (1975). Becoming a Teacher. In K. Ryan (Ed.), Teacher Education. The Seventy-fourth Yearbook of the National Society for the Study of Education (Vol. Part II, pp. 25-52). Chicago: University of Chicago Press.

Häfeli, K. (2001). Auf dem Weg zu geschlechtergerechten Bildungsinstitutionen. Beiträge zur Lehrerbildung, 19(3), 391-400.

Hericks, U. (2006). Professionalisierung als Entwicklungsaufgabe: Rekonstruktionen zur Berufseingangsphase von Lehrerinnen und Lehrern. Wiesbaden: VS Verlag für Sozialwissenschaften.

Herzog, S. (2007). Beanspruchung und Bewältigung im Lehrerberuf. Eine salutogenetische und biografische Untersuchung im Kontext unterschiedlicher Karriereverläufe. Münster: Waxmann.

Herzog, S. (2008). Zur biografischen Orientierung der Weiterbildung. Beiträge zur Lehrerbildung, 1(26), 23-34.

Herzog, W. (1988). Das Verständnis der Zeit in psychologischen Theorien der Entwicklung. Schweizerische Zeitschrift für Psychologie, 47, 135-145.

Herzog, W., Herzog, S., Brunner, A. & Müller, H. P. (2007). Einmal Lehrer, immer Lehrer? Eine vergleichende Untersuchung der Berufskarrieren von (ehemaligen) Primarlehrpersonen. Bern: Haupt Verlag.

Herzog, W., Rüegg, S., Herzog, S. & Schönbächler, M.-T. (2001). Eine personorientierte Weiterbildung von Lehrerinnen und Lehrern. Evaluation der Intensivweiterbildung am Pestalozzianum Zürich. Zürich: Pestalozzianum.

Huberman, M. (1991). Der berufliche Lebenszyklus von Lehrern: Ergebnisse einer empirischen Untersuchung. In E. Terhart (Hrsg.), Unterrichten als Beruf: Neuere amerikanische und englische Arbeiten zur Berufskultur und Berufsbiographie von Lehrern und Lehrerinnen (S. 249-267). Köln: Böhlau.

Jehle, P. (1997). Vorzeitige Pensionierung von Lehrerinnen und Lehrern – Befunde und Desiderate der Forschung. In S. Buchen, U. Carle, P. Döbrich, H.-D. Hoyer & H.-G. Schönwälder (Hrsg.), Jahrbuch für Lehrerforschung (Bd. 1, S. 247-275). Weinheim: Juventa.

Landert, C. (1999). Lehrerweiterbildung in der Schweiz: Ergebnisse der Evaluation von ausgewählten Weiterbildungssystemen und Entwicklungslinien für eine wirksame Personalentwicklung in den Schulen. Chur: Rüegger.

Lipowsky, F. (2003). Wege von der Hochschule in den Beruf. Eine empirische Studie zum beruflichen Erfolg von Lehramtsabsolventen in der Berufseinstiegsphase. Bad Heilbrunn: Klinkhardt.

Mayring, P., König, J., Birk, N. & Hurst, A. (2000). Opfer der Einheit. Eine Studie zur Lehrerarbeitslosigkeit in den neuen Bundesländern. Opladen: Leske + Budrich.

Messner, H. & Reusser, K. (2000). Die berufliche Entwicklung von Lehrpersonen als lebenslanger Prozess. Beiträge zur Lehrerbildung, 18, 157-171.

Munz, A. (2009). Wiedereinstieg begleiten. Unveröffentlichtes Konzept: Pädagogische Hochschule Zentralschweiz Luzern.

Neuweg, H. G. (1999). Könnerschaft und implizites Wissen. Zur lerntheoretischen Bedeutung der Erkenntnis- und Wissenschaftstheorie Michael Polanyis. Münster: Waxmann.

Reh, S. & Schelle, C. (2000). Biographie und Professionalität. Die Reflexivität Biographischer Erzählungen. In J. Bastian, W. Helsper, S. Reh & C. Schelle (Hrsg.), Professionalisierung im Lehrerberuf. Von der Kritik der Lehrerrolle zur pädagogischen Professionalität (S. 107-124). Opladen: Leske + Budrich.

Rustemeyer, R. (1998). Lehrberuf und Aufstiegsorientierung. Eine empirische Untersuchung mit Schulleiter/innen, Lehrer/innen und Lehramtsstudierenden. Münster: Waxmann.

Sikes, P. J., Measor, L. & Woods, P. (1991). Berufslaufbahn und Identität im Lehrerberuf. In E. Terhart (Hrsg.), Unterrichten als Beruf: Neuere amerikanische und englische Arbeiten zur Berufskultur und Berufsbiographie von Lehrern und Lehrerinnen (S. 231-248). Köln: Böhlau.

Terhart, E. (1990). Sozialwissenschaftliche Theorie- und Forschungsansätze zum Beruf des Lehrers: 1970-1990. Zeitschrift für Sozialisationsforschung und Erziehungssoziologie, 10, 235-254.

Terhart, E. (1994). Lehrer/in werden – Lehrer/in bleiben: berufsbiographische Perspektiven. In J. Mayr (Hrsg.), Lehrer/in werden (S. 17-46). Innsbruck: Österreichischer Studienverlag.

Terhart, E. (2000). Lehrerbildung und Professionalität. Strukturen, Probleme und aktuelle Reformtendenzen. In J. Bastian, W. Helsper, S. Reh & C. Schelle (Hrsg.), Professionalisierung im Lehrerberuf. Von der Kritik der Lehrerrolle zur pädagogischen Professionalität (S. 73-85). Opladen: Leske + Budrich.

Veenman, S. (1984). Perceived problems of beginning teachers. Review of Educational Research, 54, 143-178.

Wyss, M. (2006). Berufseinführung Zentralschweiz. Unveröffentlichtes Konzept: Pädagogische Hochschule Zentralschweiz.

Heterogenitätskonstruktionen durch Lehrende

Zur Bedeutung des Habituskonzepts für die Lehrerfortbildung

Tanja Sturm

Abstract

Die Anerkennung einer heterogenen Schülerschaft als Ausgangssituation unterrichtlicher Lehr-Lern-Prozesse setzt sich zunehmend in der erziehungswissenschaftlichen und bildungstheoretischen Praxis ebenso wie in der Theoriebildung in Deutschland und Österreich durch. Nichtsdestotrotz gehen die Strukturen des Schulsystems weiterhin von homogenen Lerngruppen aus. Anknüpfend an Bourdieu wird in dem Beitrag davon ausgegangen, dass die Strukturen des Felds (Schulsystem) die Habitus der Akteurinnen und Akteure (hier: der Lehrpersonen) nachhaltig prägen: Die Einstellungen der Lehrer/innen entstehen somit in einem Spannungsfeld unterschiedlicher Erwartungen. Vor diesem Hintergrund wird gefragt, wie Lehrer/innen Heterogenität der Schüler/innen konstruieren. Anhand eines Fallbeispiels wird einer der denkbar möglichen Habitus auf eine heterogene Schülerschaft rekonstruiert. Die Ergebnisse werden zum Ausgangspunkt für Perspektiven der Lehrerfortbildung als auch der Schulentwicklung diskutiert.

Schlagworte (dt.)

Lehrerfortbildung, Heterogenität, Differenz, Schule, Unterricht, Bourdieu

Schlagworte (engl.)

teacher professional development, diversity, differences, school, instruction, Bourdieu

1. Problemaufriss

Zwei zentrale Aussagen sind aus den internationalen Leistungsvergleichsstudien, von denen PISA zu den bekannteren zählt, für Österreich zu ziehen: Es besteht ein enger Zusammenhang zwischen den Leistungen von Schüler/inne/n und ihrer sozialen Herkunft und die Leistungen sind im internationalen Vergleich gesehen nur durchschnittlich (vgl. Haider & Reiter, 2004). Momentan werden in Österreich Maßnahmen wie die Initiative „25plus"[1] (BMUKK, 2007) und IMST[2] (IMST, 2008) durchgeführt, unter anderem als Reaktion auf die PISA-Ergebnisse.[3] Neben politischen Maßnahmen werden gegenwär-

1 Die Initiative versucht „Individualisierung des Lernens und Lehrens" in den Mittelpunkt von Unterricht zu stellen. In diesem Kontext soll der Unterricht weiterentwickelt werden, durch gezielte Fortbildungen sollen Lehrer/innen unterstützt werden, sich diesem Ziel anzunähern.

2 IMST steht für „Innovations in Mathematics, Science and Technology Teaching". Das Projekt hat den Charakter einer Plattform, die einzelnen, interessierten Lehrer/inne/n und/oder Institutionen wie Schulen, Pädagogischen Hochschulen und Institutionen der Lehrerfortbildung die Möglichkeit bietet, Projekte und/oder Unterrichtsvorhaben unterschiedlicher Art mit Hilfe finanzieller Ressourcen und inhaltlich-thematischen Angeboten durchzuführen (siehe auch Benke, in diesem Band).

3 Ob und inwieweit die jeweiligen Maßnahmen angebracht sind, kann aus wissenschaftlicher Perspektive noch nicht hinreichend beantwortet werden (vgl. Hopmann, 2007).

tig auch durch zahlreiche Lehrer/innen unterrichtliche Veränderungen ergriffen, um sich dem Ziel eines differenzierten Umgangs mit heterogenen Lernvoraussetzungen anzunähern. Für das Ziel der Chancengerechtigkeit stellt der Umgang bzw. die Anerkennung einer heterogenen Schülerschaft durch Maßnahmen der inneren Differenzierung im Unterricht eine politische Initiative von Seiten des Bundesministeriums für Unterricht, Kunst und Kultur (BMUKK, 2007) dar. Ausgeblendet bleibt bei dieser erziehungs- und bildungswissenschaftlich zu begrüßenden Perspektive, dass das Schulsystem in seinen Strukturen weiterhin für Formen der äußeren Differenzierung steht. Die Homogenisierung von Lerngruppen, die entlang diverser organisatorischer Maßnahmen wie die Zusammensetzung von Klassen nach Alter, Leistung und Schultypen vorgenommen und durch die Medien, Zensuren und Prüfungen realisiert wird, steht dabei im Widerspruch zur erhofften Heterogenität anerkennenden Unterrichtsgestaltung, die didaktische Planungen an individuellen Lernbedürfnissen orientiert. Für den Bereich der Integrationspädagogik sind die Widersprüche von Hovorka (1998) für Österreich aufgezeigt worden. Sie lassen sich vor dem Hintergrund der Anerkennung einer heterogenen Schülerschaft als Ausgangslage institutionalisierter Lehr-Lern-Prozesse übertragen. Die Forderung nach Anerkennung und Wertschätzung von Heterogenität ist in Österreich in Bezug auf das gesamte Schulsystem eine neue Perspektive bzw. Forderung.

Folgt man den theoretischen Ausführungen Bourdieus zu Habitus und Feld (1987, 1993), so besteht ein enger, dialektischer Zusammenhang zwischen den Strukturen eines Felds (in diesem Fall der Schule) und dem Habitus seiner Akteurinnen und Akteure (hier: Lehrer/innen). Die Strukturen des Felds prägen den Habitus und der Habitus bringt das Feld seinerseits durch seine Handlungen hervor bzw. (re)produziert es. Diese theoretische Folie ermöglicht es, durch die Rekonstruktion des Habitus von Lehrenden zu fragen, welches Verständnis von Heterogenität und Homogenität, die hier in Anlehnung an Wenning (2007) als zwei Seiten einer Medaille (vgl. ebd., S. 23 f.) betrachtet werden, von ihnen konstruiert wird. Dabei wird entlang des Habitusansatzes von Bourdieu davon ausgegangen, dass das Verständnis der Lehrenden ihre unterrichtlichen Handlungen und Entscheidungsprozesse leitet. Das zentrale Erkenntnisinteresse steht insofern im Kontext der Lehrer(fort)bildung, als dass eine differenzierte Lernausgangslage bezüglich der Heterogenitätsvorstellungen von Lehrer/inne/n vorgenommen wird. Diese können dann als Ausgangspunkt für Fortbildungsplanung herangezogen werden.

Um sich diesem Erkenntnisinteresse anzunähern, werden in diesem Beitrag in einem ersten Schritt die Konzepte von Habitus und Feld von Bourdieu skizziert. Anschließend daran wird Heterogenität als eine in sozialen Interaktionsprozessen hergestellte Kategorie beschrieben. Gemeinsam stellen die theoretischen Ausführungen die Grundlage für die Analyse und Interpretation der im Anschluss dargestellten Textausschnitte dar, die in Form von Gruppendiskussionen mit Lehrerinnen einer berufsbildenden mittleren und höheren Schule (BMHS) generiert wurden. Abschließend sollen Perspektiven entlang der generierten Bedeutung für Wissenschaft und Praxis aufgeworfen werden.

2. Habitus und schulisches Feld

Mit Bourdieu (1992b, 1998) können Felder als soziale Räume, in denen Gegenstände und Themen verhandelt bzw. um deren Definitionsmacht gekämpft wird, verstanden werden. Die Gegenstände sind für die Mitglieder des Felds von Bedeutung, für Mitglieder anderer Felder haben sie nicht notwendigerweise eine bzw. eine andere. Der theoretische Rahmen des Feld-/Habituskonzepts ermöglicht es, Gemeinsamkeiten innerhalb einer Gruppe, eines Habitus bzw. eines Felds herauszuarbeiten. Der Habitus ist als System dauerhafter Dispositionen und Schemata sowie als eine allgemeine Grundhaltung des Menschen gegenüber der Welt zu verstehen. Diese wird bereits in frühkindlichen Sozialisationsprozessen mehrdimensional erlernt (vgl. Koller, 2009, S. 25). Der Habitus stellt eine Art Muster dar, mit dem die soziale Welt von den Akteur/inn/en wahrgenommen und bewertet wird. Gleichzeitig liegt er ihren Handlungen zugrunde (vgl. Bourdieu, 1987, S. 100 ff.). Die Sozialisation, die als Habituserwerb im Sinne einer kontinuierlichen Differenzierung und Entfaltung verstanden werden kann, findet im Kontext eines Milieus statt. Das Milieu ist seinerseits durch bestimmte Ressourcen – bei Bourdieu Kapitalien (1992a) – ökonomischer, kultureller, sozialer und symbolischer Art, die sich durch ein spezifisches Verhältnis zueinander auszeichnen – ausgestattet. Die zur Verfügung stehenden Kapitalien eröffnen und/oder begrenzen Handlungen und Erfahrungen innerhalb des sozialen Raums. Die Werte, Bewertungen, Unterschiede oder Differenzen und Gemeinsamkeiten, die auf habitueller Grundlage von den Akteur/inn/en wahr- und vorgenommen werden, unterscheiden sich je nach den Möglichkeiten und Grenzen, die innerhalb des sozialen Raums gegeben sind. Der Habitus ist auf das engste mit dem Feld verknüpft, in dem er entstand, und sucht sich seinerseits Felder, die seinen Gewohnheiten entsprechen. Dies führt zu einer Passung zwischen Habitus und Feld. Der Passungsprozess verläuft nicht bewusst oder durch rationale Entscheidungen der Beteiligten, sondern durch eine Art „Gespür", das im Habitus angelegt bzw. mit ihm erworben wurde. Das heißt, der Habitus ist an ein Ziel angepasst, dieses ist jedoch nicht notwendig subjektiv auf einen Zweck ausgerichtet. Vielmehr verhalten sich die Akteurinnen und Akteure nach Regeln, die ihnen nicht bewusst sind. Sie brauchen sich entsprechend nicht um deren Einhaltung zu bemühen (vgl. Koller, 2009, S. 23). Zentral für den Habitus sind neben der Klassenlage, also den Möglichkeiten, die sich durch den Besitz und die Zusammensetzung bestimmten ökonomischen, kulturellen und sozialen Kapitals, im sozialen Raum eröffnen, das Geschlecht und das soziale Feld (vgl. Krais & Gebauer, 2002, S. 35 ff.). Der Habitus kann analytisch als Zusammenspiel von Wahrnehmungs-, Denk- und Handlungsschemata verstanden werden. Die erstgenannten dienen dem Individuum dazu, die soziale Wirklichkeit wahrzunehmen, die zweiten unterstützen die Interpretation des Alltags, die Beurteilung der ethischen Normen und enthalten den ästhetischen Maßstab zur Bewertung kultureller Objekte und Praktiken. Die Handlungsschemata bringen die Praktiken der Akteurinnen und Akteure hervor. Die drei Schemata sind in der Praxis untrennbar miteinander verbunden (vgl. Schwingel, 1995, S. 56). Bourdieu hebt im Habituskonzept hervor, dass den menschlichen Handlungen ein praktischer Sinn zugrunde liegt, und wendet sich gegen Positionen, die vom Rationalchoice-Paradigma ausgehen (vgl. Fuchs-Heinritz & König, 2005, S. 113). Der Habitus ermöglicht die Teilnahme an der und in der sozialen Praxis, der sozialen Welt und bringt sie eben dadurch hervor. Er ist somit *modus operandi* und *opus operatum* zugleich (vgl. Bourdieu, 1987, S. 98).

In arbeitsteiligen Gesellschaften, wie der österreichischen, differenziert sich der Habitus auch in beruflicher oder professioneller Hinsicht. Der so genannte professionelle Habitus entwickelt und entfaltet sich auf der Grundlage des geteilten Erfahrungsraums, des Felds, in diesem Fall der Institution Schule. Auch finden in der (akademischen) Ausbildung der Lehrer/innen bereits Einsozialisationsprozesse in den beruflichen Habitus statt und prägen ihre Einstellungen, Handlungsweisen, Wahrnehmungen. Für die Lehrerfortbildung bedeutet dies, dass die Akteurinnen und Akteure mit Wahrnehmungs-, Denk- und Handlungsmustern, die institutionell, also durch das Feld Schule, geprägt sind und in gewisser Weise träge gegenüber Veränderung sind, einsteigen. Trotz seiner Trägheit kann der Habitus nicht als statisch begriffen werden, da die in ihm erzeugten Strukturen früherer Erfahrungen neue Erfahrungen strukturieren können (vgl. Koller, 2009, S. 25 f.).

3. Heterogenität als Konstrukt im schulischen Kontext

Heterogenität als „Phänomen" innerhalb von Bildungs- und Erziehungsprozessen stellt keinen neuen Gegenstand der Fachdisziplin als auch ihrer praktischen Handlungsfelder dar. Neu an dem aktuellen Diskurs ist jedoch, dass er breiter geführt und in der praktischen Umsetzung, also auf schulischer und unterrichtlicher Ebene, sowie über den Kontext von Integration und Koedukation hinaus betrachtet wird (vgl. z.B. Boller, Rosowski & Stroot, 2007; Groeben, 2008). Der aktuelle Diskurs über den Umgang mit Heterogenität in der Schule knüpft an Diskussionen und Forschungen aus der Interkulturellen, der Feministischen sowie der Integrationspädagogik (vgl. Prengel, 2006) bzw. der Inklusionspädagogik (vgl. z.B. Hinz, 2002; Katzenbach & Schröder, 2007) ebenso wie an den in der Allgemeinen Pädagogik geführten Diskurs um Anerkennung (vgl. Hafeneger, Henkenborg & Scherr, 2007) und Demokratie (vgl. Heinzel & Geiling, 2004) an. Insbesondere die Theorien zur Integration und Inklusion können zeigen, dass gemeinsames Lernen bei unterschiedlichen, also heterogenen, Lernvoraussetzungen didaktisch-methodisch möglich ist (vgl. z.B. Feuser, 2009; Seitz, 2006).

Mit Wenning (2007) kann Heterogenität als sozial konstruierte Kategorie betrachtet werden. Heterogenität und Homogenität – letztere versteht er als Kehrseite von ersterer – entstehen in Prozessen des Vergleichens, denen Maßstäbe zugrunde gelegt sind. Während mit Heterogenität Differenzen zwischen (mindestens) zwei gleichen Gegenständen, Personen oder Eigenschaften im Hinblick auf ein Kriterium beschrieben werden, beschreibt Homogenität die Gleichheit eines Aspekts im Vergleich. Beide Begriffe sind erst einmal nicht wertend, da sie zunächst nur einen Vergleich, der von Akteur/inn/en ausgeht, darstellen (vgl. ebd., S. 23). Die Vergleiche finden ihrerseits jedoch in einem kulturellen und historischen bzw. feldspezifischen Kontext statt, so dass Differenz oder Gleichheit zwischen Kriterien Bedeutung gewinnen, wobei Wertungen innerhalb des jeweiligen Bezugsrahmens in sozialen Aushandlungsprozessen konstruiert werden. Beispielsweise können Leistungsunterschiede zwischen Schüler/inne/n in unterschiedlichen Schulsystemen verschieden bewertet werden: durch Selektion in eine möglichst homogene Lerngruppe, die dann ein gleiches Angebot erhält, oder durch Zuweisung in eine heterogene Lerngruppe mit differenziertem Lehrangebot. In den jeweils vorgenommenen Vergleichen kommen die Habitus der Personen ebenso zum Tragen wie die von Institutionen, die in hohem Maße Erzeuger von Differenzen darstellen (vgl. Bourdieu, 1982). Die Wertungen und Bedeutungen im jeweiligen Feld stellen den entscheidenden Aspekt bezüglich des Umgangs mit als auch der Konstruktion von Heterogenität und Homogenität dar.

Im Feld des Schulsystems lassen sich epochaltypische Umgangsweisen und Attribuierungen mit Heterogenität und Homogenität beobachten. So führen beispielsweise Leistungsunterschiede zwischen Schüler/inne/n der Hauptschule in Österreich zur Zuordnung zu unterschiedlichen Leistungsgruppen (vgl. Seel, 2001, S. 31). Differenzen in der Leistung führen also zur Trennung der Leistungen erbringenden Personen. Damit verbunden, also im Kontext, ist die langfristig verbundene Zuweisung von Berufs- und Lebenschancen durch Bildungszertifikate. In einem anderen Schulsystem, also einem anderen Feld, muss eine vergleichbare Differenz nicht zu den gleichen Bewertungen und/oder Folgen führen. So hebt Prengel (2009) hervor, dass Heterogenität, die als Differenzen zwischen eigentlich Gleichem, d.h. vergleichbaren Aspekten, zu verstehen ist, in der Vergangenheit mehrheitlich herangezogen wurde, um Menschen von gesellschaftlichen Privilegien auszuschließen. In diesen Prozessen sind mehrheitlich ontologisierende Begründungen herangezogen worden, d.h. Personen wurden von (Entscheidungs-)Möglichkeiten ausgeschlossen. Als Legitimation des Ausschlusses wurden vermeintlich „natürliche" Unterschiede zwischen den Menschen herangezogen (vgl. ebd., 2009, S. 143).

Während auf formaler Ebene derartige Zuschreibungen als überwunden gelten, finden sie in vermittelter Form weiterhin statt. Es ist v.a. ein Verdienst der Geschlechterforschung, latente und habituell tief verwurzelte Formen der Herstellung von (Geschlechter-) Differenz in Schule und Gesellschaft aufgezeigt und auf die Bedeutungen/Folgen für die jeweiligen Träger/innen hingewiesen zu haben (vgl. z.B. Budde, Scholand & Faulstich-Wieland, 2008; Goffman, 2001; Willems, 2007).

Entlang der oben vorgestellten Theorie des Habitus ist an dieser Stelle hervorzuheben, dass den Akteur/inn/en die Historizität von Entscheidungen, zu denen Vergleiche innerhalb derer Differenzen hergestellt werden, nicht bewusst sein muss (vgl. Bourdieu, 2001, S. 165). Diese Geschichtsvergessenheit des Habitus hat neben fehlenden Begründungen für Handlungen auch Konsequenzen für die Folgen von Handlungen: Die Akteurinnen und Akteure handeln nach bestem Wissen und Gewissen, erreichen dabei aber möglicherweise Ergebnisse, die ihren eigenen Interessen entgegenstehen (vgl. Rihm, 2006, S. 97). Auch „[...] lässt [sie] die Akteure mehr als ihnen lieb ist, zu ‚Komplizen der Zwänge' werden [...]" (Rihm, 2006, S. 96).

4. Konstruktion von Heterogenität

Jene Gruppendiskussion, die nachfolgend herangezogen wird, um die Konstruktionen und Bewertungen von Heterogenität durch Lehrende zu rekonstruieren, ist einem Begleitforschungsprojekt entnommen, dessen Datenerhebungsphase im Sommer 2008 an einer Schule für berufliche höhere und mittlere Bildung eines ländlich geprägten Raums in Österreich stattfand. Ausgangspunkt des Projekts stellte die Einführung des Unterrichtsansatzes COOL dar, der für kooperative offene Lernformen (vgl. Neuhauser & Wittwer, o.A.) steht. Knapp 20 Lehrerinnen und ein Lehrer haben in ihrem Unterricht in ausgewählten Fächern und Klassen nach dem COOL-Ansatz gearbeitet. Zwei zentrale Ziele des Ansatzes sind die binnendifferenzierte Gestaltung von Unterricht und die Förderung und Forderung von selbstständigem Lernen der Schüler/innen. Beides soll wesentlich durch die Vergabe schriftlicher Arbeitsaufträge und Entscheidungsmöglichkeiten in Bezug auf die Sozialform umgesetzt und realisiert werden. Nach knapp drei Jahren Erfahrung mit dem Ansatz fragten sich die beteiligten Lehrer/innen, ob sie durch den veränderten Unterricht ihre Ziele ‚wirklich' realisieren. Aus diesem Erkenntnisinteresse heraus ist ein Forschungsprojekt in Kooperation mit der Alpen-Adria-Universität Klagenfurt entstanden. Neben der Befragung von Schüler/inne/n zum Unterricht sowie Entwicklungen in den Bereichen der Sozial- und Methodenkompetenz stellt die Auseinandersetzung mit den Vorstellungen und der Umgang mit Heterogenität die zweite Säule des Projekts dar. Der vorliegende Beitrag bezieht sich ausschließlich auf den letztgenannten Teil der Untersuchung.

Entlang der theoretischen Grundlage des Habitus, dem kollektiven Bedeutungsrahmen, der von seinen Träger/inne/n geteilt wird, ist das Datenerhebungs- und Auswertungsverfahren der Dokumentarischen Methode von Bohnsack (2003) und Przyborski (2004) gewählt worden. Mittels Gruppendiskussionen, in denen die Beteiligten auf geteilte Bedeutungsrahmen rekurrieren, sollen die Heterogenitätskonstruktionen der Lehrer/innen rekonstruiert werden und anschließend in ihrer Bedeutung für Lehrerfortbildung analysiert werden.

Die hier dargestellten Ausschnitte sind der Gruppendiskussion von drei Lehrerinnen, Frau Dahl[4], Frau Frese und Frau Nelsen, entnommen. Formal haben die Mitglieder dieser Gruppe, im Gegensatz zu den anderen Gruppen[5], die Gemeinsamkeit, seit etwa einem Jahr nach dem Ansatz COOL zu unterrichten. Damit verfügen sie über die wenigsten Erfahrungen im Vergleich zu den anderen betrachteten Fällen. Das Gespräch ist mit einem Aufnahmegerät mitgeschnitten und durch Transkriptionen nach Legewie und Paetzold (1996) in einen Text überführt und der weiteren Auswertung entlang der Dokumentarischen Methode (vgl. Bohnsack, 2003; Przyborski, 2004) in dieser Form zugrunde gelegt worden.

Die Gruppendiskussion begann mit der Bitte der Diskussionsleitung an die Teilnehmerinnen, sich kurz namentlich vorzustellen. Im Anschluss daran wurde schriftlich und an jede Teilnehmerin der folgende Diskussionsimpuls gegeben: „Die Schule muss sich in

4 Alle Namen sind anonymisiert.
5 Eine Gruppe wird als ein Fall betrachtet.

Zukunft den Schülerinnen und Schülern mehr anpassen oder die Schülerinnen und Schüler müssen sich der Schule anpassen." Dieser Impuls, in dem eine defizitäre Perspektive auf die Schule – sie bedarf der Entwicklung – enthalten ist, sollte auffordern, sich damit auseinanderzusetzen. Weiters sollte er eine Synthese zwischen Perspektiven und damit eine Aushandlungsaufforderung für die diskutierenden Lehrerinnen darstellen und gleichzeitig Anlass zur Diskussion geben, an was sich Schule anpassen soll.

Vor dem Hintergrund des hier leitenden Erkenntnisinteresses sind für die Rekonstruktion des geteilten Bedeutungsrahmens Textausschnitte gewählt worden, die sich durch diskursive Dichte auszeichnen. Gemeinsam ist ihnen, dass eine Loslösung sowohl vom Diskussionsimpuls als auch von theoretisierenden Stellungnahmen, die vor allem zu Beginn geäußert wurden, deutlich wird. Die Ausschnitte sind nachfolgend mit thematischen Überschriften versehen worden, um den Leser/inne/n eine Orientierung zu ermöglichen. Sie stellen einen Teil der formulierenden Interpretation des Datenmaterials dar. Die formulierende Interpretation grenzt sich von der – hier im Anschluss an die Textausschnitte[6] dargestellten – reflektierenden Interpretation durch eine eng an den Formulierungen der Gruppe gehaltenen thematischen Rekonstruktion des Gesprächs ab. In der reflektierenden Interpretation liegt der Fokus auf Rekonstruktion des geteilten Orientierungsrahmens der Gruppe (vgl. Bohnsack, 2003, S. 132 ff.).

4.1 „Der geringe Stellenwert der Bildung im Gegensatz zur Vermittlung von Regeln und Pflichten"

Formal ist der Aufbau der folgenden Passage durch eine Anschlussproposition von Frau Dahl an eine zuvor von Frau Nelsen getätigte Äußerung gekennzeichnet. Durch Formen der Zustimmung validiert Frau Nelsen die Proposition ihrer Kollegin mehrfach.

> „(18)[7] Frau Dahl: #Ja, das#, das Hauptproblem ist ja auch, dass wir also immer mehr vermehrt bekommen ist ja der Stellenwert der Bildung. Das heißt, welchen Stellenwert hat Bildung? Ahm und da fällt mir immer mehr auf, dass wir eigentlich keine Wissensvermittler mehr sind oder Bildung weitergeben, sondern wir erziehen. Das heißt, wir übernehmen eigentlich jetzt, z// zu einem sehr späten Zeitpunkt (N: Ja) die Erziehungsaufgaben der Eltern, und ich glaube, das ist das Hauptproblem, also wir können uns eigentlich nicht mit dem auseinandersetzen und dem widmen, was wir eigentlich sollten, sondern wir beginnen eigentlich mit der Erziehungsarbeit der Eltern und das braucht, also da muss ich ganz ehrlich sagen, wenn ich in der ersten[8] Klasse beginn, brauche ich erst Mal drei Monate bis ich die Schüler dort in etwa habe, wo ich sie haben will, um über-

6 Die dialektale Färbung der nachfolgend dargestellten Transkripte ist aus Gründen der besseren Lesbarkeit der Schriftsprache angepasst worden, da der Dialekt in den hier vorgenommenen Interpretationen nicht relevant ist. Im Wesentlich ist o durch a und a durch ei ersetzt worden.

7 Die in Klammern angegebenen Zahlen stellen die §-Zahlen des Transkripts dar. In diesem erhält jede neue Äußerung eine neue Zahl.

8 In Österreich beginnen auch die weiterführenden Schulen mit neuer Zählung der Klassen, die Lehrerin bezieht sich hier auf den 9. Jahrgang, berechnet nach Schulbesuchsjahren. Die 5. Klasse, also das 13. Schuljahr, stellt das letzte dar.

haupt einen unter Anführungszeichen so einen halbwegs einen Unterricht, einen effizienten Unterricht zu gestalten. (N: Ja, ja)

(19) Interviewerin: Was machen Sie da also in diesen drei Monaten was//

(20) Frau Dahl: Es geht einfach darum Regeln einzuhalten, jetzt (I: Mhm) also sie unterschreiben zwar am Anfang so also eine sogenannte Verhaltensvereinbarung die Schüler sowohl als auch die Eltern. Aber im Endeffekt glaube ich, lesen sie das nicht einmal durch und es dauert halt wirklich drei Monate zu sagen, du hast deine Pfli// du hast nicht nur Rechte, du hast auch Pflichten. Und deine Pflicht ist es, zu Hause Hausübung[9] zu machen, das Schulübungseft ah /-heft regelmäßig mitzubringen (I: Mhm), das Buch mitzubringen ah pünktlich in der Klasse zu sein und, und, und. Also all diese Regeln, die eigentlich unter Anführungszeichen selbstverständlich sind. (N: Ja) Und das dauert wirklich drei Monate, die Klasse ist immer sehr groß, also wir haben so in den ersten Klassen durchschnittlich 30 bis 35 Schüler drinnen, bis das so halbwegs funktioniert (N: Ja, stimmt). Und dann beginnst aber erst unter Anführungszeichen mit dem #eigentlichen Stoff.#" (Gruppendiskussion Neu; §§ 18–20)

Frau Dahl knüpft mit ihrer Äußerung an eine zuvor gemachte Aussage Frau Nelsens zur Einhaltung/Nichteinhaltung organisatorischer und disziplinärer Grundregeln im schulischen und unterrichtlichen Kontext an. Frau Dahl setzt in ihrer Ausführung Erziehung mit Erziehung zur Disziplin, im Sinne des Einhaltens von Regeln und dem Nachkommen von Pflichten gleich. Diesem Verständnis von Erziehung stellt sie Wissensvermittlung und Bildung gegenüber. Durch ihre Äußerung, dass es „eigentlich unter Anführungszeichen selbstverständlich" ist, hebt Frau Dahl hervor, dass sie die von ihr genannten Regeln als gemeinsamen Orientierungsrahmen der Schule voraussetzt. Durch den Begriff „selbstverständlich" macht sie eine Differenz zwischen dem eigenen Orientierungsrahmen, in dem die Regeln eingehalten werden, und dem der Schüler/innen, in dem die Regeln nicht selbstverständlich zu gelten scheinen, auf. Das Milieu der Schüler/innen, ohne die Regeln des Milieus der Lehrerinnen, wird als different und defizitär wahrgenommen. Es wird eine Differenz zwischen zwei Milieus, dem der Schüler/innen und dem der Lehrer/innen, beschrieben.

Frau Dahl sieht ein Problem im Stellenwert, welcher der Bildung gegenwärtig zukommt. Ihrer Ansicht nach verringert sich dieser momentan und sie sieht die „traditionellen" Aufgaben von Schule im Wandel. Sie ist der Meinung, dass eigentlich von den Eltern zu leistende Aufgaben an die Schule delegiert werden. Oder, anders ausgedrückt, die Schüler/innen kommen mit Voraussetzungen in die Schule, die nicht mit den vorausgesetzten schulischen Vorstellungen korrespondieren. Die Lehrerin berichtet – und wird von ihrer Kollegin Frau Nelsen bestätigt –, wie viel Zeit sie den Erziehungsaufgaben, für die sie sich nicht wirklich zuständig fühlt, zulasten von Bildungsaufgaben widmet.

9 Hausaufgaben.

4.2 „Entgleisung des Verhaltens durch unterschiedliche Niveaus schulischer Vorbildung"

Die hier angeführte Passage stellt eine Proposition Frau Nelsens in Interaktion mit Frau Dahl dar. Frau Nelsen möchte dann erneut die Disziplinprobleme ansprechen, die Diskussionsleiterin führt jedoch zu den angesprochenen Niveauunterschieden zurück. Daran anschließend führt Frau Dahl ihre Proposition fort, indem sie diese differenziert. Frau Frese stimmt ihr mehrfach validierend zu.

> „(21) Frau Nelsen: #Mit dem arbeiten, ja.# Naja und das Problem, was wir natürlich auch haben im ersten Jahrgang, dass du von vielen verschiedenen Schulen die Schüler kriegst.
>
> (22) Frau Dahl: Mhm, und #dann jetzt also unterschiedliches Niveau.# (RÄUSPERT SICH)
>
> (23) Frau Nelsen: #Jetzt auch unterschiedliches Niveau# und da sind dann welche unterfordert und manche sind überfordert. Und dieses unterschiedliche Niveau ist nicht immer gut (D: Mhm). Das ist etwas, was halt auch ein Nachteil ist in dem Sinn (D: Mhm), weil, also bei mir in Physik sagen manche: „Ma, das habe ich schon gehört" und andere haben überhaupt nie Physik gehabt (I: Mhm). Und ich setze aber eigentlich das voraus, von den Schulen davor und auch da ist halt das System so, dass in den Schulen davor der eine Kollege sehr intensiv und sehr genau macht, der andere weniger. So wie überall halt, nicht? Und, und dann habe ich da den, der schon fast ein Spezialist ist, und der, der nix weiß (I: Mhm). Und das führt natürlich dazu, dass das Verhalten dann auch entgleist. Und was, was in meinen Augen ganz, sie wissen ganz genau ihre Rechte. Die Rechte wissen sie besser als alles andere (F: Ja, Rechte haben sie, aber Pflichten nicht, ja). Und auf die pochen sie. Und die Pflichten und das Verhalten, das muss man ihnen halt dann beibringen.
>
> (24) Interviewerin: Können Sie das noch mal erklären oder auch ähm Sie haben gesagt, die// das Niveau ist unterschiedlich und dann kommt=s zu Verhaltensschwierigkeiten. #Das ist der#
>
> (25) Frau Nelsen: #Ja weil der Schüler#, der der auch, der das schon weiß (I: Mhm), der sagt: „Das kenne ich ja schon, da brauche ich nicht aufzupassen."
>
> (26) Interviewerin: Aha, okay.
>
> (27) Frau Dahl: Also, so richtig diesen gemeinsamen Nenner zu finden (I: Mhm), also es sin// es sin// es ist also dieses, das Leistungsniveau ist wirklich extrem unterschiedlich. Das heißt also, es sind Schüler drinnen, die wirklich eine tolle Vorbildung haben, also wir haben ei// es steht ja auch in der Aufnahme drinnen, also was eigentlich Schüler auch können sollten (I: Mhm). Also auch zum Beispiel jetzt in meinem Gegenstand[10]: Mathematik. Und dann sitzen sie drin-

10 Gegenstand = Unterrichtsfach.

> nen und dann kommst du drauf, ja, der Eine, der kann das ganz perfekt und der Andere überhaupt nicht. Das heißt, es ist jetzt irrsinnig schwierig sozusagen, einen gemeinsamen Nenner zu finden, die Einen sind unterfordert und die Anderen sind natürlich überfordert. Das heißt also und dadurch, dass die Klassen so groß sind, ist es irrsinnig schwer, also wirklich die, die schon was können, auch weiter zu forcieren und die Anderen, die nichts können, auch irgendwie auch da mitzunehmen (I: Mhm). Und da entsteht auch Frust. Und das ist ja auch der Grund nicht, warum wir uns eigentlich, zumindest ich jetzt auch gesagt habe, ich probier es einmal anders (F: Ja). Aber äh #es ist// wird die einzige Möglichkeit.#" (Gruppendiskussion Neu, §§ 21–27)

Frau Nelsen formuliert in ihrer Proposition ein zentrales Problem der Lehrerinnen bzw. der Schule: die unterschiedlichen Leistungsniveaus, mit denen die Schüler/innen in der ersten (also neunten) Klasse in die Schule kommen. Die Leistungsdifferenzen zwischen den Schüler/inne/n wertet die Lehrerin als negativ, da sie die Folge für den Unterricht, der an einem Niveau ausgerichtet ist, nach sich zieht, dass unterforderte Schüler/innen, die den Unterrichtsstoff bereits kennen, mit „Verhaltensentgleisungen" reagieren. In ihrer Aussage nennt Frau Nelsen Bedingungen von Heterogenität aufseiten der Schüler/innen, die sich ihrem Einflussbereich entziehen. Interessant ist an dieser Stelle, dass sie keine Einflussmöglichkeiten bei sich selbst sieht, Bedingungen zu verändern. So bleiben diejenigen Schüler/innen, die „leistungsschwach" in ihre Schule kommen, in dieser ebenfalls die „Leistungsschwachen". In ihrer Erzählung zu den Rechten und Pflichten wird deutlich, dass sich die Lehrerin als hilflos im Umgang mit den „entgleisten" Verhaltensweisen der Schüler/innen erlebt. Aufgrund der Rechte der Schüler/innen fehlen ihr als Lehrerin Handlungsmöglichkeiten.

Frau Dahl führt einen Orientierungspunkt unterrichtlichen Handelns ein, sie möchte „einen gemeinsamen Nenner" finden. Im Kontext der Äußerung kann diese Suche nach einem gemeinsamen Nenner als eine Suche nach einem gemeinsamen, also homogenen, Niveau interpretiert/verstanden werden. Sie führt die Differenz zwischen den Niveaus der Schüler/innen auch auf die großen Lerngruppen zurück, also auf eine Rahmenbedingung, an der sie ebenfalls nichts verändern kann.

In der Passage wird deutlich, dass die Lehrerinnen es als ungerecht bewerten, in der Position zu sein, sich den schwächeren Schüler/inne/n widmen zu müssen, wodurch die „Talentierten" – und sie selbst auch – frustriert sind. Der Unterrichtsverlauf wird in der Folge von den „frustrierten, talentierten" Schüler/inne/n gestört. Es wird eine Distanz der Lehrerinnen gegenüber den Schwachen deutlich. Diese Schüler/innen werden als Hindernisse im „Protokoll" eines unkomplizierten und leistungsstarken Unterrichts betrachtet. Die Differenz der Leistungsunterschiede, die aus der unterschiedlichen Vorbildung der Schüler/innen resultiert, führt zu „Verhaltensentgleisungen", die negativ bewertet werden. Differenz stellt mithin eine Belastung für die Lehrkräfte dar.

4.3 „Die Jugendlichen tragen die familiären Probleme wie einen Rucksack mit in die Schule"

Die nachfolgend dargestellte Textpassage ist in formaler Hinsicht interaktiv sehr dicht. Dies gilt insbesondere für die Äußerungen ab der zweiten Äußerung Frau Dahls (§ 38), die durch zahlreiche Wechsel der Sprecherinnen und Metaphorik gekennzeichnet sind.

> „(35) Frau Nelsen: (RÄUSPERT SICH) Naja, das ist für mich ahm also der Schüler, der sieht den Ort der Schule nicht nur rein jetzt um, um Wissen zu erwerben (I: Mhm), sondern der d// meistens ist es wirklich, dass sie mit einem Rucksack von zu Hause mitkommen, also den mitbringen den Rucksack und, und sie würden sich die Schule schon ein bisschen mehr ahm// weil sie zu Hause halt nicht stattfindet (D: Mhm), diese ganze Erziehung, also Betreuung auch. Es ist nicht nur, es ist, es geht auch um Aufmerksamkeit (I: Mhm), also für mich #geht es oft um viel um Aufmerksamkeit. Ja, mhm.#
>
> (36) Frau Dahl: #Wir haben ja, also wenn=wir. Entschuldigung, dass ich dich da unterbreche#, aber es ist Rucksack insofern, weil sie einfach diesen Rückhalt, dieses Feedback von zu Hause// Elternhaus in dem Sinne wie wir es früher gekannt haben, das gibt es nicht mehr. Also in unseren Klassen si// sind sicher 70/80 Prozent aus F// nicht aus Familien, sondern das sind Sing// also Singlehaushalte (I: Mhm), das heißt also, das sind Alleinerziehende. Also meistens M// alleinerziehende Mutter oder Vater (I: Mhm), aber keine Familie in dem Sinn, wie wir sie kennen. Das heißt also, sie haben auch nicht mehr die Ansprechpartner, die Jugendliche vor allem in diesem Alter, wo sie sie brauchen, zu Hause nicht mehr (N: Mhm) und das heißt, irgendwie werden wir Ersatz. Das he// also sie verlangen also von uns wesentlich unter Anführungszeichen mehr, als wir auch geben können (I: Mhm) und auch man merkt das von Jahr zu Jahr mehr (N: Ja, mhm). Und, und auch so Einzelschicksale, wo ich mir denke, um Gottes Willen, wie kann das Kind mit 15/16 damit umgehen, und dann verlangen wir noch zusätzlich Leistung (I: Mhm), also jetzt wirklich also Leistung in der Schule. Dann, dann frage ich mich wirklich oft auch (ATMET STARK AUS), wie ist das möglich (N: Mhm). Also das heißt, es ist auch so schwer eine Grenze zu setzen, sich abzugrenzen von den Problemen, die die Kinder mitbringen in diesem Rucksack. Das ist sehr schwer (N: Mhm), also mir fällt es von Mal zu Mal schwieriger (N: Mhm), jetzt bin ich doch schon das zwanzigste Jahr im Dienst und mir fällt das extrem in den letzten fünf Jahren jetzt auf (I: Mhm). Und ahm ich ziehe auch sehr schwer schon mittlerweile die Grenze, gell.
>
> (37) Frau Frese: #Du meinst jetzt die sozialen Probleme, die Schüler haben. Ja.#
>
> (38) Frau Dahl: #So was, was geht ihm an. Ja, ich meine da gibt es Probleme, die Schüler jetzt# auch in Form, sie hat das eh ganz schön ausgedrückt, also eines Rucksackes mitbringen (N: Ja), also das heißt, es sind ja auch Dinge, die am Anfang unter Anführungszeichen abgeklärt werden müssen, bevor überhaupt einmal//

(39) Frau Frese: Ja, aber die Information kommt relativ spät.

(40) Frau Dahl: Ja, ja. Wei// aber erst (F: Und manche El//) dann, wenn das Kind auf// verhaltensauffällig ist (F: Genau, ja) oder unter Anführungszeichen oder einfach merke, da stimmt was nicht (F: Ja, genau).

(41) Frau Nelsen: Und wenn die Leistung nachlässt (F: Ja, mhm), oder der nicht da ist gell, dann fällt es einem erst auf.

(42) Frau Frese: Naja, und dann ist es auch so, dass wenn du dann die Eltern auch reinholst, eigentlich mehr über ihre eigenen Probleme geredet wird, als die Probleme des Kindes.

(43) Frau Dahl: Ja, Eltern gibt es ja in dem Sinn nicht mehr. Das ist ja das nächste (F: Ja, ja), nicht? Das sind ja mei// meistens Einzelerziehende. Alleinerziehende. Ja.

(44) Frau Frese: Ja, aber auch die kommen dann herein, Alleinerziehende (D: Ja), und reden dann über die Probleme, die sie dann in der Partnerschaft haben oder in der Scheidungspartnerschaft (N: Mhm), und über das Kind oder eben Jugendlichen wird kaum geredet, wie der damit fertig wird.

(45) Frau Nelsen: Wenn sie kommen. #Dann ist das schon schön.#

(46) Frau Frese: #Wenn sie kommen, ja. WENN sie kommen, ja.#

(47) Frau Dahl: #Wenn sie kommen, ja.#

(48) Frau Nelsen: Der Großteil kommt nicht. Also das ist erschreckend (LACHT)." (Gruppendiskussion Neu, §§ 35–48)

Die Lehrerinnen sind sich einig darüber, dass die jugendlichen Schüler/innen die familiären Defizite bzw. die Defizite der familiären Erziehung in die Schule tragen. Frau Nelsen bedient sich zuerst der Metapher eines Rucksacks, den die Schüler/innen, „bepackt mit Problemen", in die Schule mitbringen. Aus der Interaktion der Lehrerinnen geht hervor, dass die Schüler/innen in ihren Familien zu wenig Betreuung, Erziehung und Aufmerksamkeit erfahren sowie dass es ihnen an Ansprechpartner/inne/n fehlt. Die Lehrerinnen gehen in ihrer Charakterisierung so weit, dass sie den Haushalten der Schüler/innen den Status Familie absprechen, so die Kinder/Jugendlichen bei alleinerziehenden Elternteilen aufwachsen. Auffällig ist, dass Frau Dahl die häusliche Situation bzw. Sozialisation der heutigen Jugendlichen mit ihrer eigenen, die mehr als 20 Jahre zurückliegt, vergleicht. Sie konstruiert Defizite durch einen Vergleich der Lebensbedingungen der Schüler/innen zu den Bedingungen ihres eigenen Aufwachsens. Des Weiteren wird eine Parallele zwischen den familiären Problemen und den niedrigen schulischen Leistungen der Schüler/innen gesehen.

Die Lehrerinnen teilen die Auffassung, dass sie in ihrer Tätigkeit mit Problemen zu kämpfen haben, die von außen zum Beispiel von den Familien der Schüler/innen kommen und in die Schule „importiert" werden. Sie unterstreichen bzw. erklären dies damit, dass die meisten Eltern auch nicht mehr in die Schule kommen und wenn sie doch kommen, dann thematisieren sie ihre eigenen Probleme anstatt die des eigenen Kindes. Die Probleme der Schule sehen sie nicht als in oder durch die Institution mit ihren Strukturen begründet, sondern von außen in die Institution hereingetragen. Die vorgenommenen Fremdzuschreibungsprozesse bezüglich der Ursachen werden durch Defizite in Bereichen außerhalb der Schule festgemacht.

4.4 Resümee oder kollektiver Orientierungsrahmen

Die Differenzen, die beschrieben werden, gehen von einer Norm oder einer Normalität und einer defizitären Beschreibung des anderen, des Nichtnormalen aus. Die Ursachen hierfür werden durch unterschiedliche Prozesse der Fremdattribuierungen aufgezeigt und damit außerhalb der eigenen Handlungsmöglichkeiten gesehen. Die Lehrerinnen sehen vor allem in Bezug auf den eingangs gesetzten Diskussionsstimulus keine Veränderungsmöglichkeiten oder Umgangsformen mit dieser Form einer binären Heterogenität in (ihrer) Schule, sondern in den anderen verantwortlichen Institutionen wie den Familien und den Volksschulen bzw. Mittelstufen. Sie erleben sich mithin als passiv der Situation ausgeliefert.

Die Heterogenität, deren Ursachen in Defiziten gesehen werden, wird von den Lehrerinnen als belastend erlebt. Die Belastung kann dabei als eine Kombination aus der defizitären Perspektive gegenüber den Unterschieden und der extern verorteten Verantwortung, für die die Lehrerinnen keine Zuständigkeit haben, gesehen werden. Infolgedessen mangelt es den Lehrerinnen an Handlungsmöglichkeiten zur direkten Veränderung und sie erleben sich als passiv, als nicht partizipierend. Der hier deutlich werdende Habitus der Lehrerinnen zeichnet sich durch einen starken Wunsch nach Homogenität aus. Eine Vorstellung, die ihnen nicht zuletzt durch die Strukturen des schulischen Felds nahegelegt wird. Als Institution zeichnet sich die Schule in Österreich durch das Prinzip der Selektivität in der Zusammenstellung von Lerngruppen aus. Dies bedeutet den Versuch, möglichst homogene Lerngruppen zusammenzustellen (vgl. Hovorka, 1998, S. 278 ff.). Dieser Grundsatz findet sich in den Vorstellungen der Lehrerinnen wieder.

Darüber hinaus wird deutlich, dass die Lehrerinnen ihre eigene Standortgebundenheit, ihre Perspektive im sozialen Raum bzw. in der Gesellschaft nicht reflektieren. Dass sie (möglicherweise) einem anderen Bildungsmilieu entstammen als ihre Schüler/innen, benennen sie nicht. Ihr eigener bildungsbürgerlich geprägter Zugang ist durch eine hohe Wertschätzung des kulturellen Kapitals, der Bildung als Selbstzweck, gekennzeichnet und unterscheidet sich von dem Milieu, dem ihre Schüler/innen entstammen. Unterschiedliche Milieus mit differenten Zugängen und Bedeutungszuschreibungen zu (schulischer) Bildung ziehen sie nicht als Erklärung der Heterogenität heran. Anzunehmen ist, dass sie keine Begriffe bzw. kein Wissen über unterschiedliche Milieus haben bzw. dieses nicht in seiner Bedeutung für schulische und unterrichtliche Zusammenhänge erkennen.

5. Ausblick

Vor dem Hintergrund des vorgestellten Falls eines Habitus soll an dieser Stelle deutlich hervorgehoben werden, dass hier kein Verständnis zugrunde gelegt wird, das den Umgang mit einer heterogenen Schülerschaft durch die Lehrenden „primär als eine Frage des *Wollens* und weniger als eine des *Könnens*“ (Wischer, 2007, S. 38, Hervorhebung im Original) versteht. Vielmehr liegt das Interesse im verstehenden Nachvollzug der Perspektiven von Lehrenden, die in enger Verknüpfung zur bestehenden Situation des Felds gesehen und nicht als individuelle Kategorie betrachtet werden. Ein derartiges Verständnis eröffnet Möglichkeiten für eine gezieltere Strukturierung oder eine adäquatere Passung von Angeboten der Lehrerfortbildung. Die Potenziale liegen vor allem darin, durch vergleichbare Rekonstruktionen die Lernausgangslage, das heißt die Perspektiven der Lernenden, also der Lehrkräfte, zu berücksichtigen bzw. als Ausgangspunkt in das Konzept des Lehrangebots einzubeziehen. Von diesem Verständnis ausgehend können Schulentwicklungs- und Lehrerfortbildungsangebote so strukturiert und organisiert werden, dass sie die jeweiligen Perspektiven und/oder Lernausgangslagen der Lehrer/innen berücksichtigen und aufgreifen können. Lehrenden kann so ermöglicht/eröffnet werden, was gemeinhin von ihnen im Umgang mit einer heterogenen Schülerschaft erwartet wird, nämlich Lernprozesse am individuellen Entwicklungsstand auszurichten und Angebote bereitzustellen, die diesen berücksichtigen (vgl. Wischer, 2007, S. 39). Auf diesem Wege soll sowohl der Habitus der Lehrenden als auch der der Schüler/innen in seiner Trägheit aufgegriffen und in Anlehnung an Koller (2009) als durch Bildung veränderbar begrifflich gefasst werden. Eine Lehrerfortbildung, die über die Vermittlung von Techniken und „Unterrichtsrezepten“ hinausgeht und die Bildung von Lehrer/inne/n ins Zentrum ihrer Bemühungen stellt, wird nicht umhin kommen, ihren Habitus, ihre Perspektivität auf Schule und Unterricht, im Kontext der Widersprüchlichkeit der Institution, aufzugreifen. Eine Dimension des Habitus stellt seine Verortung im sozialen Raum und der damit verbundenen Perspektivität, zum Beispiel auf Bildung, dar. Eine Reflexion des eigenen Habitus und aufbauend darauf eine Auseinandersetzung mit anderen Habitus und Positionen im Feld sollte, vor dem Hintergrund des hier aufgezeigten Habitus, einen Aspekt von Lehrerfortbildung darstellen. Den eigenen Habitus zu erkennen und in seiner Historizität zu verstehen und dann auch als veränderbar wahrzunehmen, kann als eine Konsequenz der hier dargestellten Ergebnisse aufgegriffen werden.

Für Forschung und Theoriebildung eröffnen sich die Perspektiven der Ausschärfung des hier exemplarisch vorgestellten Habitus durch komparative Analysen minimaler und maximaler Ausrichtung. Von dieser Grundlage ausgehend können Typenbildungen vorgenommen werden, die sowohl in der Lehrerfortbildung als auch in Schulentwicklungsprozessen herangezogen werden können. Es wird mithin die Notwendigkeit eines dezidierten und differenzierteren Überblicks über die (potenziell) vorhandenen Einstellungen, das heißt unterschiedliche habituelle Typen im Umgang mit einer heterogenen Schülerschaft deutlich. Diese könnten dann ihrerseits daraufhin untersucht werden, ob und inwieweit der jeweils konkrete schulische Kontext und/oder die Ausbildung der jeweiligen Lehrer/innen (z.B. hinsichtlich des Verhältnisses von Bildungstheorie/Erziehungswissenschaft und Fächern) bedeutsam für die Konstruktionen ihrer Habitus sind. So könnte in einer Längsschnittstudie untersucht werden, wie sich habituelle Einstellungen von Lehrer/inne/n, angefangen bei der universitären Lehrerbildung bis ins Alter entwickeln. Lehrerfortbildungen, verstanden als Intervention bzw. Habitus irritierende Momente, könnten dabei ebenso einen Untersuchungsfokus hinsichtlich des Lernens von Lehrerinnen und Lehrern darstellen wie Veränderungen des schulischen Felds, die ihrerseits auf den Habitus wirken.

Lehrerinnen und Lehrer lernen, verstanden als Arbeit am Habitus, ist in enger Verbindung mit Veränderungen des Felds Schule zu betrachten, in dem hier zugrunde gelegten theoretischen Konzept werden die Prozesse als dialektisch aufeinander bezogen betrachtet. So lange die schulischen Strukturen sich nicht verändern, wirken sie vermittels des Habitus von Lehrkräften in deren schulischen und unterrichtlichen Handlungen. Transformationen des Habitus oder Lernprozesse von Lehrenden können durch Prüfung und gegebenfalls Modifikationen struktureller Rahmenbedingungen hinsichtlich ihrer Perspektivität, zum Beispiel auf Heterogenität und Homogenität, unterstützt werden. Die feldspezifischen Strukturen ihrerseits werden durch den Habitus (re)produziert. Es besteht ein wechselseitiges Verhältnis zwischen dem Habitus von Lehrenden und den schulischen Strukturen und damit der Entwicklung von Schule. Veränderungen des Habitus stellen infolgedessen (langfristig) die Perspektive struktureller Veränderungen der Schule dar. Potenziale des gegenseitigen Bremsens zwischen Feld und Habitus bestehen mithin gleichermaßen wie wechselseitige Entwicklungspotenziale.

6. Literatur

BMUKK (2007). Initiative „25+“: Individualisierung des Lernens und Lehrens.

Bohnsack, R. (2003). Rekonstruktive Sozialforschung. Einführung in qualitative Methoden (5. Aufl.). Opladen: Leske + Budrich.

Boller, S., Rosowski, E. & Stroot, T. (Hrsg.). (2007). Heterogenität in Schule und Unterricht. Handlungsansätze zum pädagogischen Umgang mit Vielfalt (1. Aufl.). Weinheim: Beltz.

Bourdieu, P. (1982). Die feinen Unterschiede. Kritik der gesellschaftlichen Urteilskraft (1. Aufl.). Frankfurt am Main: Suhrkamp.

Bourdieu, P. (1987). Sozialer Sinn. Kritik der theoretischen Vernunft (1. Aufl.). Frankfurt am Main: Suhrkamp.

Bourdieu, P. (1992a). Die verborgenen Mechanismen der Macht. In M. Steinrücke (Hrsg.), Schriften zu Politik und Kultur (1. Bd.). Hamburg: VSA-Verlag.

Bourdieu, P. (1992b). Rede und Antwort. Frankfurt am Main: Suhrkamp.

Bourdieu, P. (1993). Soziologische Fragen (1. Aufl.). Frankfurt am Main: Suhrkamp.

Bourdieu, P. (1998). Praktische Vernunft. Zur Theorie des Handelns (1. Aufl.). Frankfurt am Main: Suhrkamp.

Bourdieu, P. (2001). Wie die Kultur zum Bauern kommt. Über Bildung, Schule und Politik. (1. Aufl.). Hamburg: VSA-Verlag.

Budde, J., Scholand, B. & Faulstich-Wieland, H. (2008). Geschlechtergerechtigkeit in der Schule. Eine Studie zu Chancen, Blockaden und Perspektiven einer gender-sensiblen Schulkultur (1. Aufl.). Weinheim: Juventa.

Feuser, G. (2009). Momente entwicklungslogischer Didaktik einer Allgemeinen (integrativen) Pädagogik. In H. Eberwein & S. Knauer (Hrsg.), Handbuch Integrationspädagogik. Kinder mit und ohne Beeinträchtigungen lernen gemeinsam (7. Aufl., S. 280-294). Weinheim: Beltz.

Fuchs-Heinritz, W. & König, A. (2005). Pierre Bourdieu (1. Aufl.). Konstanz: UVK Verlagsgesellschaft.

Goffman, E. (2001). Interaktion und Geschlecht (2. Aufl.). Frankfurt am Main: campus Studium.

Groeben, A. v. d. (2008). Verschiedenheit nutzen. Besser lernen in heterogenen Lerngruppen (1. Aufl.). Berlin: Cornelsen Scriptor.

Hafeneger, B., Henkenborg, P. & Scherr, A. (Hrsg.). (2007). Pädagogik der Anerkennung. Grundlagen, Konzepte, Praxisfelder (2. Aufl.). Schwalbach: Wochenschau.

Haider, G. & Reiter, C. (Hrsg.). (2004). PISA 2003. Internationaler Vergleich von Schülerleistungen. Nationaler Bericht (1. Aufl.). Graz: Leykam.

Heinzel, F. & Geiling, U. (Hrsg.). (2004). Demokratische Perspektiven in der Pädagogik (1. Aufl.). Wiesbaden: VS Verlag für Sozialwissenschaften.

Hinz, A. (2002). Von der Integration zur Inklusion – terminologisches Spiel oder konzeptionelle Weiterentwicklung? Zeitschrift für Heilpädagogik, 53(9), 354-361.

Hopmann, S. (2007). PISA zufolge PISA. Hält PISA, was es verspricht? Wien: LIT.

Hovorka, H. (1998). Plädoyer für eine umfeldbezogene Integrationspädagogik. Anmerkungen zur schulischen Integrationsentwicklung in Österreich. In A. Hildeschmidt & I. Schnell (Hrsg.), Integrationspädagogik. Auf dem Weg zu einer Schule für alle (1. Aufl., S. 277-291). Weinheim: Juventa.

IMST (2008). IMST- Innovationen machen Schulen top. Online unter http://imst.uni-klu.ac.at [06.06.2009].

Katzenbach, D. & Schröder, J. (2007). „Ohne Angst verschieden sein können". Über Inklusion und ihre Machbarkeit. Zeitschrift für Inklusion, 01/2007, 1-30. Online unter http://www.inklusion-online.net/index.php?menuid=25&reporeid=31 [06.06.2009].

Koller, H. C. (2009). Bildung als Habituswandel? Zur Bedeutung der Sozialisationstheorie Bourdieus für ein Konzept transformatorischer Bildungsprozesse. In J. Budde & K. Willems (Hrsg.), Bildung als sozialer Prozess. Heterogenitäten, Interaktionen, Ungleichheiten (S. 19-34). Weinheim: Juventa.

Krais, B. & Gebauer, G. (2002). Habitus (1. Aufl.). Bielefeld: transcript.

Legewie, H. & Paetzold-Teske, E. (1996). Transkriptionsempfehlungen und Formatierungsangaben [abgerufen am 28.04.2005].

Neuhauser, G. & Wittwer, H. (o.A.). COOL Cooperative Open Learning. Grundzüge des selbstgesteuerten offenen Lernens auf reformpädagogischer Basis (Daltonplan) an der BHAK/BHAS Steyr. Online unter http://www.hak-steyr.at/typo3/fileadmin/impulszentrum/pdf/COOL-Handout_02.pdf [11.06.2008].

Prengel, A. (2006). Pädagogik der Vielfalt. Verschiedenheit und Gleichberechtigung in Interkultureller, Feministischer und Integrativer Pädagogik (3. Aufl.). Wiesbaden: VS Verlag für Sozialwissenschaften.

Prengel, A. (2009). Zur Dialektik von Gleichheit und Differenz in der Bildung. Impulse der Integrationspädagogik. In H. Eberwein & S. Knauer (Hrsg.), Handbuch Integrationspädagogik. Kinder mit und ohne Beeinträchtigung lernen gemeinsam (7. Aufl., S. 140-147). Weinheim: Beltz.

Przyborski, A. (2004). Gesprächsanalyse und dokumentarische Methode: Qualitative Auswertung von Gesprächen, Gruppendiskussionen und anderen Diskursen (1. Aufl.). Wiesbaden: VS Verlag für Sozialwissenschaften.

Rihm, T. (2006). Über die Sternstunden hinaus. Lehren mitten im Widerspruch. In U. Osterkamp (Hrsg.), Forum Kritische Psychologie: Erfahrung – Interesse – Utopie. Subjektivität: natürliche Grundlagen – gesellschaftliche Strukturen – soziale Beziehungen. Kritische Psychologie in Entwicklung und Vernetzung (Bd. 1, S. 95-109). Hamburg: Argument.

Schwingel, M. (1995). Bourdieu zur Einführung (1. Aufl.). Hamburg: Junius.

Seel, H. (2001). Die Entwicklung der Sekundarstufe I des österreichischen Schulsystems in der Zweiten Republik. In F. Eder, G. Grogger & J. Mayr (Hrsg.), Sekundarstufe I. Probleme – Praxis – Perspektiven (S. 15-37). Innsbruck: Studienverlag.

Seitz, S. (2006). Inklusive Didaktik: Die Frage nach dem ‚Kern der Sache'. Zeitschrift für Inklusion, 01/2006, 1-24. Online unter http://www.inklusion-online.net/index.php?menuid=3&reporeid=16 [06.06.2009].

Wenning, N. (2007). Heterogenität als Dilemma für Bildungseinrichtungen. In S. Boller, E. Rosowski & T. Stroot (Hrsg.), Heterogenität in Schule und Unterricht. Handlungsansätze zum pädagogischen Umgang mit Vielfalt (1. Aufl., S. 21-31). Weinheim: Beltz.

Willems, K. (2007). Schulische Fachkulturen und Geschlecht. Physik und Deutsch – natürliche Gegenpole? (1. Aufl.). Bielefeld: transcript.

Wischer, B. (2007). Heterogenität als komplexe Anforderung an das Lehrerhandeln. Eine kritische Betrachtung schulpädagogischer Erwartungen. In S. Boller, E. Rosowski & T. Stroot (Hrsg.), Heterogenität in Schule und Unterricht. Handlungsansätze zum pädagogischen Umgang mit Vielfalt (S. 32-41). Weinheim: Beltz.

Expertiseerwerb: Jagt die Lehrerinnen- und Lehrerfortbildung einem Phantom hinterher?

Elena Stamouli, Christoph Schmid & Hans Gruber

Abstract

Es wird argumentiert, dass der Versuch, die Qualität der Lehrerinnen- und Lehrerfortbildung zu erhöhen, eine Phantomjagd bleibt, solange nicht „harte“ (messbare) Kriterien für gutes Lehren zugrunde gelegt werden. Damit wird nicht in Abrede gestellt, dass die Diskussion über die Bedeutsamkeit solcher Kriterien kontrovers sein kann. Das oft gehörte Argument, dass „man nicht messen könne, was eine gute Lehrkraft ausmacht“, wird aber in Zweifel gezogen, zumal viele Akteurinnen und Akteure im Feld der Lehrerinnen- und Lehrerfortbildung offenbar problemlos implizit solche Kriterien verwenden. In Anlehnung an die Expertiseforschung wird aufgezeigt, dass der Mut, harte Kriterien für gutes Lehren festzulegen – sei es auch vorläufig –, neue Wege eröffnet, Lehrerinnen- und Lehrerfortbildung als Expertiseerwerb zu modellieren, effektive Übungsformen zu identifizieren, die Rolle von Mentor/inn/en bzw. Ausbildnerinnen und Ausbildern neu zu identifizieren und das Hineinwachsen in professionelle Netzwerke zu unterstützen.

Schlagworte (dt.)

Lehrerfortbildung, Deliberate practice, Expertise, Operationalisierung, Persons in the shadow, professionelles Netzwerk, repräsentative Aufgabe, Standard

Schlagworte (engl.)

teacher professional development, deliberate practice, expertise, operationalisation, persons in the shadow, professional network, representative task, standard

1. Provokation: Kriterien für Lehrexpertise – zwischen den Zeilen gelesen

Am 17. März 2009 legte der Wissenschaftlich-Technische Beirat (WTB) der Bayerischen Staatsregierung einen Bericht über den Status quo der Lehrerinnen- und Lehrerbildung in Bayern vor, der für „helle Empörung bei den Lehrerverbänden“ (Bachmeier, 2009, S. 5) sorgte. In dem Bericht wird beschrieben, dass das derzeitige System Personen bevorzuge und auswähle, die sich nur aus Verlegenheit um das Lehramt bemühten oder lediglich aus dem Interesse heraus, rasch ein lebenslanges Beamtenverhältnis zu erreichen. In der Präsentation des Berichts wurde gemutmaßt, dass die Lehrkräfte ein besseres Image hätten, wenn bei der Auswahl der Studierenden so strenge Kriterien angelegt würden wie bei der Pilotenauswahl der Fluglinien. Es wurde gefordert, künftige Lehrkräfte besser für ihre zentralen Aufgaben vorzubereiten, nämlich als temporärer Familien- und Elternersatz sowie als Bildungs- und Erziehungsmanager/innen.

Ziel sei es, damit letztendlich glückliche Lehrkräfte auszubilden, anstatt solcher, die später feststellen, dass es nichts für sie ist, vor 30 Pubertierenden zu stehen.

Unabhängig davon, dass das Plädoyer des WTB bedenkenswerte Punkte – etwa die Durchführung eines anspruchsvollen Assessment-Verfahrens zur Auswahl geeigneter Bewerberinnen und Bewerber für den Lehrberuf – direkt anspricht, ist es im Kontext dieses Kapitels aus wenigstens drei Gründen interessanter, zwischen den Zeilen zu lesen. (1) Die Bezugnahme auf die Expertiseforschung – die sich mit der Beschreibung und Erklärung hervorragender beruflicher Leistung beschäftigt – wird als aussichtsreich apostrophiert, um die Bildung, Ausbildung und Fortbildung von Lehrkräften zu verbessern. (2) Es wird argumentiert, dass Befunde, Modelle, Auswahl- und Evaluationsverfahren aus anderen Domänen (hier: Pilot/inn/en) auf die Lehrdomäne übertragen werden können und sollen. (3) Es werden Kriterien dafür identifiziert, was eine gute Lehrkraft sei: guter Elternersatz sowie erfolgreiche/r Bildungs- und Erziehungsmanager/in mit unendlicher Toleranz gegenüber pubertätsspezifischen Verhaltens-, Sozial- und Interessensentwicklungen. So weit, so gut.

Doch halt! Es gibt andere Akteurinnen und Akteure im (schulischen) Bildungssystem, die unter Punkt (3) ganz andere Dinge benennen und sich ihrer Sache ebenso sicher wähnen wie der WTB:

- Die gegen den WTB-Bericht protestierenden Verbände (im exemplarischen Fall etwa der Bayerische Lehrerinnen- und Lehrer-Verband (BLLV)) identifizieren die (möglichst lange?) Erfahrung im Klassenzimmer als wichtigste Komponente der Lehrexpertise. In der Weiterführung dieses Arguments wird die Bedeutung dieses Kriteriums – zumindest in Bayern im Bereich der Lehrerinnen- und Lehrerbildung – noch pointiert: Wer Klassenzimmer nicht mehrere Jahre von innen gesehen hat, sollte auch keine Professur für Schulpädagogik einnehmen dürfen – und damit anderen Personen dazu verhelfen, Lehrexpertise zu gewinnen.
- Viele Eltern scheinen unbeirrbar sicher zu sein – insbesondere dann, wenn Übergänge oder Abschlüsse in der schulischen Laufbahn ihrer Kinder anstehen –, dass die Expertise von Lehrkräften darin bestehe (und bestehen müsse), dass sie guten Lernerfolg bei den Kindern bewirken, der sich im gewünschten Schulwechsel, im erfolgreichen Abitur usw. niederschlägt.
- Schülerinnen und Schüler identifizieren mit großer Sicherheit die guten Lehrkräfte, denn das sind diejenigen, die …

Wir brechen die Arbeit an dieser Spiegelstrichliste ab, bevor wir uns noch unbeliebter machen als bereits mit den ersten Punkten. Es kommt uns nicht darauf an, die Kriterien der einen oder der anderen Personengruppe hervorzuheben oder abzuwerten, sondern vielmehr darauf, zu zeigen, dass Lehrkräfte unter vielfältiger Beobachtung stehen, dass ihre (vorhandene oder defizitäre) Expertise viele Menschen interessiert und dass offenbar die wenigsten Menschen Schwierigkeiten haben, stabile Kriterien zu benennen, anhand derer Lehrexpertise messbar gemacht werden kann und auch oft gemessen wird. Das Problem, das wir sehen, und mit dem wir uns in diesem Kapitel auseinandersetzen, besteht aus folgenden drei Teilen:

- Die Kriterien werden zumeist zwischen den Zeilen genannt, so dass es um die Qualität von Instrumenten zu ihrer Operationalisierung selten gut bestellt ist.
- Die Kriterien sind (beschönigend ausgedrückt) nicht deckungsgleich bzw. gar widersprüchlich; sie können einander kompensieren oder ergänzen, aber auch ausschließen.
- Die Bedingungen, unter denen Lehrkräfte die Kriterien erfüllen können oder sollen, bleiben ungenannt.

So lange diese Schwierigkeiten nicht behoben sind bzw. nicht einmal diskutiert werden, scheint es widersprüchlich zu sein, sich Gedanken über den Expertiseerwerb von Lehrkräften zu machen oder gar darüber, wie der Expertiseerwerb pädagogisch begleitet und instruktional unterstützt werden kann, welche Kenntnisse und Fertigkeiten sich also angehende Lehrkräfte aneignen sollten und wie hierfür gezielte Übung aussehen kann. Die Lehrerinnen- und Lehrerfortbildung scheint also wirklich einem Phantom hinterherzujagen, wenn von Expertiseerwerb die Rede ist.

In anderen beruflichen Bereichen (Domänen) sind derlei Fragen bereits gut beantwortet, etwa in der oben angesprochenen Pilotendomäne, in der Medizin, Musik oder beim Sport. Manchmal wird argumentiert, in solchen Domänen seien Fragen des Expertiseerwerbs leichter zu beantworten als in Domänen wie der Lehre, der Politik oder der Unternehmensberatung. Letztgenannte Domänen seien schlecht definiert, in ihnen seien also Ziele kontrovers, Handlungsoptionen vielfältig, Qualitätskriterien unscharf usw., wohingegen erstgenannte Domänen wohl definiert seien, mit eng begrenzten Operationen, scharfen Qualitätskriterien usw. Diese Unterscheidung zwischen schlecht und wohl definierten Domänen ist jedoch oberflächlich und trägt bei genauerem Hinsehen nicht weit. Nur auf einer zu grob gewählten Beschreibungsebene sind die Anforderungen an Pilot/inn/en wohl definiert („unfallfreie Landung", „störungsfreier Start"); die professionelle Leistung an sich ist komplex und vielfältig und muss unter sich permanent wechselnden Bedingungen (unterschiedliches Wetter, verschiedene Jahres- und Tageszeit, unterschiedliche Flughäfen) zuverlässig erbracht werden. Ähnliches gilt für andere Domänen. Obwohl in unserem Bereich vieles nicht prozessual kontrolliert und ergebnissicher erreicht werden kann (s.u.), entziehen sich verschiedene Tätigkeiten der Lehrkräfte nicht der Routinisierung und Expertisierung.

Wir resümieren vorläufig: Es ist reizvoll und naheliegend, die Verwertbarkeit der Expertiseforschung für die Lehrerinnen- und Lehrerfortbildung zu prüfen, aber es gilt, einige Schwierigkeiten zu überwinden, die diese Domäne auszuzeichnen scheinen. Insbesondere ist das Problem der Definition von Leistungskriterien zu nennen, das weniger im vermeintlichen Fehlen objektivierbarer Ziele liegt, sondern in der Existenz recht willkürlicher „hidden criteria", die auf einer zumeist unbrauchbaren Beschreibungsebene verbleiben und bildungspolitisch und interessengruppengeleitet gegeneinander ausgespielt werden. Solche Kriterien sind bei der Nutzung der Expertiseforschung für die Lehrerinnen- und Lehrerfortbildung hinderlicher als jene, die explizit genannt und in Forschung und Lehre verfolgt werden, selbst wenn sie strittig sind. Sobald operationalisierbare Qualitätskriterien im Spiel sind, jagt die Lehrerinnen- und Lehrerfortbildung auf dem Weg zum Expertiseerwerb keinem Phantom mehr hinterher.

2. Grundannahmen der Expertiseforschung

Expertinnen und Experten erbringen in einem beruflichen Bereich, einer Domäne, dauerhaft herausragende Leistungen; die Expertiseforschung bemüht sich um die Beschreibung, Erklärung und Förderung von Expertise. Hierzu gibt es mittlerweile Untersuchungen aus vielen unterschiedlichen Domänen (Ericsson, Charness, Feltovich & Hoffman, 2006). Während frühere Arbeiten das heute noch im Alltag oft tradierte Bild zugrunde legten, dass es sich bei solchen Personen um Genies oder Hochbegabte handeln müsse, liefert die Expertiseforschung viele Argumente dafür, dass prinzipiell jeder Mensch Experte in einer beliebigen Domäne werden kann, wenn er eine jahrelange, mühevolle, intensive und zielgerichtete Beschäftigung mit dem Gegenstandsbereich wagt. Aus pädagogischer Sicht ist diese Perspektive weitaus tragfähiger als der Begabungsansatz, der als Spiegelbild die Annahme der fehlenden Begabung, der unbegabten Person, in sich trägt. Gruber und Mandl (1992) postulierten deshalb: „Der Experte hat den Begabten abgelöst."

Als erklärungsmächtigster Faktor von Expertise stellte sich in vielen Untersuchungen eine gut organisierte Wissensbasis heraus, die die Wahrnehmung, die Informationsaufnahme, die Informationsverarbeitung sowie das Problemlöseverhalten von Expert/inn/en in einzigartiger Weise prägt. Nach Rothe und Schindler (1996) ist Expertise im Wesentlichen von der Art und dem Umfang des im Gedächtnis gespeicherten Wissens sowie von dessen Nutzung beim Lösen von Aufgaben und Problemen geprägt. Zwischen Anfängerinnen und Anfängern („Noviz/inn/en") und Expertinnen und Experten gibt es nicht nur quantitative, sondern vor allem auch qualitative Wissensunterschiede. Bei Problemlöseaufgaben setzen sich Expert/inn/en mit der Tiefenstruktur der Probleme auseinander, während sich Noviz/inn/en an der Oberflächenstruktur orientieren. Typisch ist häufig eine Vorwärtsstrategie von Expert/inn/en bei fachspezifischen Aufgaben, während Noviz/inn/en mehr auf Rückwärtsstrategien zurückgreifen. Expert/inn/en sind Noviz/inn/en in der Fähigkeit überlegen, Chunks, also Gedächtniseinheiten, zu bilden und zu nutzen. Die Chunking-Theorie (Chase & Simon, 1973) postuliert, dass Expertinnen und Experten durch jahrelange Erfahrung und intensives Üben große Chunk-„Datenbanken" im Langzeitgedächtnis anlegen, die durch Schlüsselreize schnell abgerufen werden können. Expert/inn/en können unter Nutzung solcher Chunks neue Gegebenheiten beim Bearbeiten domänenspezifischer Anforderungen schneller erkennen, speichern, mit Gedächtnisinhalten in Verbindung bringen und diese rasch in Handlungsvorschläge umsetzen. Expertinnen und Experten haben differenziertere und stärker automatisierte Schemata, die sie in ihrer Wahrnehmung, Informationsverarbeitung und beim Handeln in domänenrelevanten Situationen unterstützen.

Zusammengefasst: Expert/inn/en verfügen über ein extensiveres deklaratives und prozedurales Wissen als Noviz/inn/en, ihr Wissen ist besser organisiert, und sie verfügen über automatisierte Verbindungen zwischen der Problemwahrnehmung und dem Handeln. Diese Merkmale entstehen durch fortwährendes gezieltes Üben und Trainieren. Fort- und Weiterbildung sind somit sozusagen alltäglich und selbstverständlich, Expertinnen und Experten messen sich permanent an den – stets aktualisierten und wissenschaftlich fundierten – Qualitätskriterien der Domäne.

Ericsson, Krampe und Tesch-Römer (1993) entwickelten die Konzeption einer solchen „deliberate practice". Wichtig ist, dass die Lernprozesse in der Aus- und Fortbildung von Personen gesteuert werden, die sich auf dem Gebiet gut auskennen, zum Beispiel Trainer/innen von Sportmannschaften, Musiklehrer/innen oder andere Fachleute, die das Lernen systematisieren. Da diese Personen oft im Hintergrund agieren, ersannen Gruber, Lehtinen, Palonen und Degner (2008) für sie die Bezeichnung „persons in the shadow".

Es ist kein Zufall, dass viele berühmte Sportler oder Musiker einen hochqualifizierten Trainer oder Lehrer haben. Der Grund hierfür ist, dass sie trotz ihres bereits erreichten Status noch einer Anleitung bedürfen: Oft sind ihre „Mängel" so klein, dass sie diese selbst nicht entdecken und sie nur mit Hilfe kontinuierlicher Reflexion beheben können. Hier wird deutlich, dass Üben nicht gleich Üben ist. Wenn beispielsweise ein gewöhnlicher Musiker Klavier spielt, versucht er in der Regel, den einmal erreichten Standard zu halten. Ein herausragender Musiker wird hingegen darauf abzielen, jeden noch so kleinen Fehler zu beheben, immer noch ein wenig besser zu werden oder ganz neue Leistungsbereiche zu erobern. Die Fehler, die Expert/inn/en begehen, sind oft komplex, kompliziert zu verstehen und in der im Allgemeinen herausragenden Leistung gut verborgen: Ihre fortwährende Analyse und die Konzeption von Gegenmaßnahmen ist anspruchsvoll, aber für „echte" Expert/inn/en eine Selbstverständlichkeit im täglichen Handeln. Dass dabei „persons in the shadow" beteiligt sind, ist ebenso selbstverständlich.

Expert/inn/en unterziehen sich also einer besonderen Form des Lernens durch zielgerichtetes, intensives, bewusstes Üben. „Deliberate practice" ist eine hoch organisierte, hoch konzentriert durchgeführte Lernaktivität, die ausschließlich auf die Verbesserung der eigenen Leistung abzielt. Selbst Expert/inn/en sind dabei auf Lehrer/innen, Mentor/-inn/en oder Trainer/innen angewiesen, die „deliberate practice" initiieren, anleiten, motivieren und überprüfen. Ziegler (2008, S. 42) fasst zusammen:

- „Die Lernaktivität muss explizit auf Lernzuwächse hin konzipiert sein.
- Der Schwierigkeitsgrad der Lernaktivität muss dem individuellen Leistungsstand angepasst sein, das heißt, genau einen Lernschritt darüber liegen.
- Der Lernende erhält ein aussagekräftiges Feedback, das ihm den Erfolg beziehungsweise Misserfolg seines Lernens klar anzeigt.
- Es bestehen ausreichende Übungsgelegenheiten, insbesondere für die Fehlerkorrektur."

Generell beruhen alle diese Aussagen auf dem Verständnis eines psychologischen Ansatzes von Expertise. Expertenwissen wird als kognitives und individuelles Wissen gesehen. Ein/e Expert/in ist dadurch charakterisiert, dass eine besondere Fähigkeit zum Problemlösen vorhanden ist, indem beständig eine hervorragende kognitive Leistung erbracht wird, wobei der Erfolg durch spezifische Denkprozesse bestimmt ist. Expert/inn/en agieren aber selbstverständlich nicht isoliert von ihrer Umwelt, sondern sind – oft zentraler – Teil vielfältiger professioneller Netzwerke und genießen Anerkennung in diesen. Zur Expertise gehört also auch, dass Expert/inn/en andere Personen von der Existenz und Qualität ihres Wissens und ihrer Fähigkeiten und Fertigkeiten überzeugen können und dass sie dadurch entsprechende Netzwerke und soziale Positionen aufbauen (Hakkarainen, Palonen, Paavola & Lehtinen, 2004). Die Forschung zu solchen Formen distribuierter („verteilter") Expertise, die nicht dem einzelnen Individuum zuzuschreiben sind, sondern sich im Austausch, in den Wechselwirkungen ganzer Aktivitätssysteme konstituieren (Cole & Engeström, 1997; Roth & Lee, 2007), etwa in Form einer Expertise-Netzwerk-Forschung (Rehrl & Gruber, 2007), ist aber derzeit noch weiter von einer unmittelbaren Verwertbarkeit in Bezug auf Lehrexpertise entfernt als Modelle individueller Expertisemerkmale. Wir begnügen uns in diesem Beitrag mit der Erwähnung der eminenten Rolle der „persons in the shadow" für den Expertiseerwerb.

3. Ist das Lehren überhaupt eine Expertisedomäne?

In der Geschichte der Erziehungswissenschaften hat es nie an theoretisch fundierten Beschreibungen gefehlt, was gute Lehrerinnen und Lehrer auszeichnet oder was das Berufsbild von Lehrkräften ausmacht. Diese Modelle sind den „hidden criteria" in Alltag und Bildungspolitik zwar überlegen, erweisen sich aber dennoch oft als wenig funktional, da sie auf einer schwer operationalisierbaren Beschreibungsebene ansetzen. Es besteht eine zu große Unschärfe in der Definition, was eine Lehrperson zur Expertin/zum Experten macht, und es stellt sich die Frage, ob Lehrerprofessionalität Lehrpersonexpertise voraussetzt oder ob sie identisch mit ihr ist. Das Problem vieler Professionalitätsmodelle besteht darin, dass sie so allgemein bleiben, dass sie entweder für niemanden real erreichbar sind oder zulassen, dass nahezu jedes beliebige Handeln mit den Modellen (irgendwie) in Einklang gebracht werden kann. Die Kennzeichnung von Experten-Novizen-Unterschieden bleibt dabei ebenso auf der Strecke wie die Messbarkeit von Expertise bzw. gar deren Förderung. Ähnliches gilt für eine Flut von Kompetenzmodellen (etwa die grobe Einteilung in Fach-, Methoden-, Sozial- und Selbstkompetenz), aber auch für viele der aktuell florierenden „Standards", sofern damit keine besonderen Anstrengungen bezüglich der Operationalisierung unternommen werden.

Lehrer/innen sind, so die Bundesvereinigung der Deutschen Arbeitgeberverbände (2001), „professionelle Manager für Lern- und Entwicklungsprozesse ihrer Schüler und wollen dabei optimale Ergebnisse erzielen; sie sind Experten für ihre Fächer, vermitteln ihre Inhalte und Methoden ebenso wie fächerübergreifende Kompetenzen an die Schüler. Als pädagogische Führungskräfte fördern sie ihre Schüler und bewerten und beurteilen deren Leistungen. Lehrer ‚führen', indem sie junge Menschen auf ihrem Weg aktiv begleiten, den diese eigenverantwortlich weiter gehen. Lehrer haben deshalb pädagogische Führungsqualitäten." (S. 8 f.)

Lehrkräfte bezeichnen sich zwar als professionell, sind sie aber auch Expert/inn/en? Was heißt Expertise in diesem Beruf? Zweifellos gibt es in diesem Beruf viel zu lernen, um die vielfältigen und komplexen Aufgaben zu meistern. Wem ist aber aufgrund welcher Kriterien Expertise (Status als Experte/Expertin) zuzuschreiben? Sind es Lehrkräfte, die dauerhaft herausragende Lernleistungen in ihren Klassen erzeugen? Gibt es Vorstellungen von „deliberate practice" und von fortgesetzter gezielter Verfeinerung und Modernisierung der Kenntnisse und Fertigkeiten? Der Versuch, den wir in diesem Kapitel unternehmen, Grundlagen und Kriterien der Expertiseforschung auf den Lehrberuf zu transferieren, ist nicht als lineare Übertragung von objektiv messbaren Leistungskriterien gedacht, die nachweisen, was eine Person zur Expertin/zum Experten macht, sondern vielmehr dazu, auf Defizite im Umgang mit solchen Kriterien und in der Definition äquivalenter Kriterien für Lehrexpertise hinzuweisen.

Auch wenn die zentralen Befunde der Expertiseforschung ohne Weiteres auf die Domäne des Lehrens übertragen werden können (Bromme, 1992; Ropo, 2004), stellen sich doch einige spezifische Forschungsprobleme. So findet die Expertentätigkeit des Unterrichtens in der Regel unter wenig standardisierten Bedingungen statt. Ein weiteres wichtiges Forschungsproblem hängt mit der zuverlässigen Identifikation von Expert/inn/en in der Domäne zusammen (Berliner, 2001). Als Kontrast zu Expert/inn/en werden diesen in der Forschung oftmals Noviz/inn/en, also Neulinge in einem Gebiet, gegenübergestellt. Doch wer gilt als Novizin oder Novize? Sind dies all diejenigen, die keine Lehramtsausbildung haben? Sind also Schüler/innen, Eltern oder bildungspolitische Beauftragte Lai/inn/en? Will die Expertiseforschung die Lehrtätigkeit zum Forschungsgegenstand machen, muss sie auf bestehende messbare Kriterien zurückgreifen und domänenspezifische Kriterien berücksichtigen, die der Komplexität und Vielfalt der Aufgaben der Lehrkräfte gerecht werden. Man kann zwar mit Hilfe relativ allgemeiner Kriterien klassifizieren, was Lehrkräfte im Klassenzimmer tun, doch die Bedingungen und Voraussetzungen erfolgreichen Unterrichts können sich je nach Fach, je nach didaktischer Konzeption, je nach Klasse, je nach Stunde enorm unterscheiden. Damit soll hervorgehoben werden, dass Lehrkräfte nicht nur über ihre Fächer und ihr didaktisches Handeln, sondern auch über die Dynamik der Prozesse im Klassenzimmer und die Heterogenität der Schülerschaft reflektieren müssen (Gläser-Zikuda & Seifried, 2008).

Die Lehrtätigkeit als Gegenstand der Expertiseforschung steckt noch in den Kinderschuhen und man hat erst zaghaft begonnen, diese Fragen aufzuklären. Fortschritte sind in kurzer Zeit aus mehreren Gründen nicht zu erwarten:

- Für die beim Lernen in der Klasse Erfolg versprechenden Lerntätigkeiten der Schüler/innen können nicht allein die Lehrkräfte verantwortlich gemacht werden. Rahmenbedingungen, andere Akteurinnen und Akteure im Schulfeld, Eltern, Lebensmilieus und Bezugspersonen der Lernenden sowie die Lernenden selbst sind mitentscheidend.
- Die langfristig wirksamen Lernleistungen der Schülerinnen und Schüler können nicht auf das Handeln einzelner Lehrkräfte zurückgeführt werden.
- Lehrkräfte sehen sich mit einer infiniten Anzahl von Aufgaben konfrontiert.
- Derzeit liegt kein Konsens über operationalisierte Kompetenzen der Expertenlehrkräfte vor. Spitzenleistungen sind nicht offensichtlich. Standards für hochkomplexe Lehrleistungen existieren mehr implizit als explizit.
- Lehrexpertise ist eine situations-, kontext- und kulturspezifische, historische Größe. Im anbrechenden Zeitalter des Cyberlearnings ist mit rasch wechselnden Berufsbedingungen zu rechnen.
- Generell erfolgreiche Lehrkräfte gibt es nicht. Lehrexpertise lässt sich nur im Hinblick auf bestimmte Bereiche bzw. Aktivitätsfelder definieren.

- Im Lehrbereich ist eine gleichermaßen adaptive und distribuierte Expertise zu berücksichtigen, die Solo-Expert/inn/en obsolet macht.
- Vieles, was Lehrkräfte tun, beruht auf implizitem Wissen und kann nur ansatzweise verbalisiert werden.
- Das Können der Lehrkräfte wird erheblich durch informelle und implizite Lernprozesse erworben und die Ausbildung erzielt nur schwache Transfereffekte. Die Fortbildung fristet ein Mauerblümchendasein.
- Expertisegrade bzw. -stufen von Lehrkräften sind bislang nicht konzipiert. Die Dauer der Berufsausübung ist nicht zwangsläufig mit einem Qualifizierungsgewinn verbunden. Die berufliche Entwicklung bzw. die Qualität des Lehrkräftehandelns über längere Zeitabschnitte folgt wegen der Organisation des Berufs wahrscheinlich selten einem linearen Progressionsmodell; Altrichter und Eder (2004) sprechen gar vom „Autonomie-Paritäts-Muster als Innovationsbarriere".

Viele dieser Merkmale führten dazu, dass in der Lehrerinnen- und Lehrerbildung das holistische Konstrukt „Lehrerpersönlichkeit" Tradition hat und multidimensionale Kompetenzen (analog der oben erwähnten Unterscheidung in Fach-, Methoden-, Sozial- und Sachkompetenzen; oder die Betonung von Reflexivität und der moralischen Dimensionen Einstellungen/Haltungen) Konjunktur haben. Kompetenzentwicklung bei Lehrkräften wird nach wie vor gerne mit persönlichem Wachstum verbunden, das sich der Empirie entzieht. Dieser holistische Kompetenzbegriff wird genährt durch Ideen, die ihre Wurzeln in altem formalbildungstheoretischen und vermögenspsychologischen Vorstellungsgut haben und weit überspannte Transfererwartungen implizieren. Dem Expertiseerwerb hinterherzujagen, scheint wirklich eine Phantomjagd zu sein!

Die Expertiseforschung kann aber helfen, die Aufgaben der Lehrkräfte besser empirisch fassbar zu machen, und die Messbarkeit des Expertisegrads bei den einzelnen Lehraufgaben ermöglicht gezieltes Verbessern und Üben im Beruf. Darüber hinaus kann die Expertiseforschung dazu beitragen, das Konstrukt „Lehrerpersönlichkeit" zu entmystifizieren sowie die Ausbildung berufsfeldbezogener auszurichten, ohne die Bedeutung des Fachwissens abzuwerten.

Theoretisch und empirisch fundierte Ansätze, Unterrichtsqualität („good teaching", „effective teaching" und „powerful learning environments") sowie „professionelle Kompetenz" und „Standards" zu definieren bzw. operationalisieren, sind seit längerem vorhanden (Baumert & Kunter, 2006; Helmke, 2004; Klieme et al., 2003; Oser & Baeriswyl, 2001; Seidel & Shavelson, 2007). Oser (2002) spricht von professionellen Standards des Lehrerberufs, „wenn Lehrpersonen in komplexen Situationen des Unterrichts ein abgrenzbares, zieladäquates, effektives und ethisch gerechtfertigtes Einflusshandeln zeigen, das Lernen von Schülern und Schülerinnen differenziell fördert" (S. 8). Solche Personenstandards beschreiben demnach professionelle Kompetenzen einer Lehrkraft, die diese benötigt, um den beruflichen Anforderungen in der Schule gewachsen zu sein. Richtet man den Blick auf angehende Lehrkräfte, definieren Standards die Ziele und angestrebten Kompetenzen des Lehramtsstudiums. Standards liegen mehrdimensionale Kompetenzmodelle zugrunde (Klieme et al., 2003). Den Dimensionen zugeordnete Niveaus lassen erkennen, zu welchem Grade entsprechende Kompetenzen vorhanden sind. Gemäß dem Expertenparadigma zeichnen die verschiedenen Niveaus die Entwicklung der Professionalität der Lehrenden nach. Standards für Lehrkräfte (Kompetenzen) werden ergänzt durch Standards für Programme bzw. Studiengänge und für Institutionen der Lehrerausbildung.

Obgleich die Einführung von Standards von vielen Seiten als Chance für das Bildungswesen begriffen wird, existieren ebenso Stimmen, die auf Gefahren und Defizite einer Standardisierung der Lehrerinnen- und Lehrerbildung, auf Unklarheiten des Standardkonzepts, auf Empiriedefizite sowie auf Probleme in der Generierung hinweisen. Trotz aller Kritik heben die Fürsprecher/innen von Standards die Möglichkeit der empirischen Erfassung und Evaluationsmöglichkeit als großes Plus hervor. Wenn die Kompetenzen einer professionellen Lehrkraft durch das Standardkonzept klar umrissen werden, ist es möglich, deren Erreichen bzw. Ausprägung eindeutig festzustellen. Dadurch werden unter anderem Lehrleistungen verschiedener Lehrpersonen und Ausbildungserfolge verschiedener Institutionen vergleichbar. Zudem können Probleme und Defizite der Lehrerausbildung frühzeitig erkannt werden und bilden so einen Ansatzpunkt zu ihrer stetigen Weiterentwicklung und Verbesserung sowie für Maßnahmen der Fortbildung. Durch die explizite Ausformulierung der Anforderungen wird außerdem transparent, was in Studium und Fortbildung Lehrender erwartet wird, welche Kompetenzen in welchem Studienabschnitt, welchem Modul und welcher Fortbildungsaktivität erworben werden sollten und welche Kompetenzen eine „professionelle" Lehrkraft auszeichnen.

4. Provokation: Wir reden klug über Lehrexpertise und verstecken uns, wenn wir sie messen sollten

Ericsson, Roring und Nandagopal (2007) vertreten die Auffassung, dass die meisten Probleme der Expertiseforschung daher rühren, dass zu wenig Wert auf replizierbare, zuverlässige Maße für Expertenleistungen gelegt wird. Ihrer Meinung nach erfordert der Expertenbegriff die Definition solcher Maße, die die Überlegenheit von Expert/inn/en in realen Berufssituationen und -aktivitäten widerspiegelt. Hierzu müssen repräsentative Aufgaben gefunden werden, die mit der Gesamtheit der Expertenleistung überprüfbar korrelieren. Der Klassiker einer solchen Aufgabe ist die Zugwahlaufgabe („Finde den nächsten Zug!"), die De Groot (1946) ersann, um die Natur der Expertise von Schachspielerinnen und Schachspielern zu analysieren.

Das Problem vieler Ansätze zur Lehrexpertise besteht darin, dass sie – meist in holzschnittartiger Darstellung – die Berufstätigkeit als solche beschreiben, ohne auf Kriterien zu verweisen, die in standardisierten Situationen wiederholt gemessen werden können und die als repräsentative Aufgabe gelten können. Es stellt sich die Frage, ob dies eher daran liegt, dass keine solchen „repräsentativen Aufgaben" gefunden werden können, oder gar daran, dass unklar ist, was durch die repräsentativen Aufgaben denn überhaupt repräsentiert wird. Wer über Lehrexpertise reden möchte, sollte sich der Kritik stellen und – zunächst für die eigenen Untersuchungen – explizit festlegen, worin die Leistungsstärke der Expert/inn/en besteht!

Manche Forscher/innen haben dies durchaus getan und sich z.B. für die Schülerleistungen oder für das Niveau des „classroom management" oder die Lernfreude der Schülerinnen und Schüler entschieden. Natürlich wurden sie hierfür kritisiert, doch die bloße rhetorische Zurückweisung eines explizit geäußerten Kriteriums als unbrauchbar oder unvollständig hilft nicht weiter, solange kein – überprüfbares! – erklärungsmächtigeres Modell entgegengestellt wird.

Die Auswahl an entsprechenden Optionen ist groß. Die folgende Liste könnte mühelos erweitert werden, aber die Überprüfung der Validität der meisten Aussagen steht noch aus. Man munkelt, Lehrpersonen würden (1) Lern- und Selbstmotivationsstrategien kennen, die sich positiv auf den Lernerfolg und Arbeitsergebnisse auswirken, (2) Lernende beim Planen des Unterrichts mit einbeziehen, (3) Risiken und Gefährdungen des Kindes- oder Jugendalters sowie Präventions- und Interventionsmöglichkeiten kennen, (4) Lernhindernisse erkennen, (5) beim Beurteilen kriterienorientierte Verfahren anwenden, (6) ihren Unterricht regelmäßig evaluieren und die eigenen beruflichen Erfahrungen reflektieren, (7) binnendifferenzierenden Unterricht mit Hilfe moderner Informations- und Kommunikationstechnologien gestalten, (8) entwicklungs- und lernpsychologische Voraussetzungen für den Wissens- und Kompetenzerwerb der Schülerinnen und Schüler benennen und auf das Lehren und Lernen in der Schule beziehen können, (9) wissen, wie man Gelerntes längere Zeit behalten und nutzen kann, (10) sich präzise und gewandt ausdrücken, (11) die Zeit optimal für Lernaktivitäten nutzen usw.

Nur wenige Versuche existieren, repräsentative Aufgaben als Gegenstück zu dieser Liste expertenhaften Handelns zu konstruieren. Bromme (1992) zeigte expertisegradabhängige Unterschiede in der Wahrnehmung vereinheitlichter Videoaufzeichnungen von Unterricht. Andere Beispiele sind in der Strukturiertheit des eigenen unterrichtlichen Handelns (etwa in der „direct instruction") zu finden. Moderne Messverfahren zur Erfassung expertisegradabhängiger Unterschiede, wie etwa die Analyse von Augenbewegungen bei der Betrachtung unterrichtlichen Geschehens, wurden bisher nicht systematisch eingesetzt.

5. Messbare Kriterien der Lehrpersonexpertise

Man erwartet von jeder Lehrkraft, dass sie eine Expertin in ihrem Aufgabenbereich ist. Ist es aber die Schulleistung, die Expertise bei Lehrkräften auszeichnet? Oder wird eine Lehrkraft als Expertin bezeichnet, wenn sie im Vergleich zu Noviz/inn/en über einen längeren Zeitraum hinweg eine exzellente Leistung in ihrer Domäne erbringt, wenn sie eine große Wissensbasis aufweisen kann, reichhaltige Erfahrung im Umgang mit domänenspezifischen Anforderungen und überdurchschnittlichen Erfolg beim Erkennen und Bearbeiten von Problemen hat? Das sind wichtige Merkmale. Des Weiteren muss sie fähig sein, ihre Handlungen effizient, fehlerfrei und mit großer Genauigkeit durchzuführen und zu reflektieren. Fast selbstverständlich wird von Expert/inn/en erwartet, unter Zeitdruck zu arbeiten, was nicht nur eine kognitive Belastung darstellt, sondern auch eine emotionale, und die Fähigkeit der Selbstregulation voraussetzt, vor allem Strategien der Aufmerksamkeitsregulation, der Aufrechterhaltung von Motivation sowie Selbst- und Prozessreflexion. Nicht zuletzt besitzen sie eine hohe Flexibilität gegenüber neuen Problemsituationen. Hinzu kommt eine besondere Art der Informationsverarbeitung, die spezifische Wissensorganisation und die Möglichkeit, vorhandenes Wissen schnell und präzise abrufen und gegebenenfalls modifizieren zu können. Bromme (2008) postuliert, dass das professionelle Wissen von Lehrkräften nach dem Expertiseparadigma nicht einfach eine Addition unterschiedlicher Wissensinhalte sei, sondern vielmehr eine von Lehrkräften selbst entwickelte Mischung und Integration der verschiedenen Wissensinhalte mit den eigenen Unterrichtserfahrungen. Solche Kriterien stehen in großer Distanz zu didaktischen und bildungspolitischen Richtlinien.

Expertiseforschung setzt eine reliable Identifikation von Expert/inn/en voraus. Wenn die Expertisedefinition verwendet wird, nach der Lehrkräfte mit dauerhaft herausragenden Leistungen ins Auge zu fassen sind, bleibt allerdings unklar, wie groß die Gruppe der Expertenlehrkräfte zu veranschlagen ist. Berliner (1992) geht von einer „small number" (S. 246) aus. Aufgrund der bisherigen Forschung lassen sich Charakteristika der Lehrerexpertise festhalten (Berliner, 1992, 2001, 2004; Bromme, 1992, 2008; Gläser-Zikuda & Seifried, 2008; Livingston & Borko, 1989; Ropo, 2004; Smith & Strahan, 2004). Grundgedanke der Lehrerexpertise ist, dass die erfolgreiche Tätigkeit von Lehrkräften auf Wissen und Können beruht, das in der Ausbildung in theoretischen und praktischen Phasen implementiert und später durch die Berufserfahrung weiterentwickelt wird (Ethell & McMeniman, 2000; Sternberg & Horvath, 1995). Großer Erfahrungsschatz, viel nutzbares Wissen für die Kerntätigkeiten des Lehrens und vertiefte domänenspezifische Einsichten sowie effizientes Problemlösen gehören zu einer Signatur der Expertenlehrkraft. Im Gegensatz zu Noviz/inn/en, die Unterrichtssituationen detailverloren wahrnehmen, interpretieren Expertenlehrkräfte dieselben Situationen abstrakter mit Hilfe instruktionaler Konzepte wie „Stillarbeit" oder „Gruppenpuzzle". Sie erkennen schneller und genauer sinnvolle Muster und wichtige Aspekte in wiederkehrenden schulischen Situationen. Mittels flexiblerem und opportunistischem Methodeneinsatz gelingt es Expertenlehrkräften besser als Noviz/inn/en, Ziele stringent zu verfolgen und effektive Lerngelegenheiten für Schüler/innen zu organisieren. Expertenlehrkräfte verfügen über Automatismen und Routine, um in häufig auftretenden Unterrichtssituationen angemessen zu handeln, und sind zugleich beim Lösen pädagogischer Probleme sensibler gegenüber Aufgabenanforderungen und sozialen Situationen. Sie können ihr Wissen besser anwenden, anspruchsvollere Ziele verfolgen, diese den einzelnen Lernenden stärker anpassen und ein besseres Klassenklima herstellen; sie verfügen über bessere Problemlösestrategien und fällen bessere Entscheidungen.

Die Identifikation von Expert/inn/en in den Arbeiten von Berliner (2001) beruht darauf, dass Lehrkräfte berücksichtigt werden, die im Vergleich zu Kolleg/inn/en mit ähnlichen Schulklassen überdurchschnittlichen Lernzuwachs bei den Schülerinnen und Schülern erreichen, oder Lehrkräfte, die vor allem die leistungsschwächeren Schüler/innen fördern können. Darüber hinaus schlägt Berliner (2001) noch weitere Erfolgskriterien wie die Teilnahme an Fortbildungen, Vorgesetztenbeurteilungen oder interne Schulevaluationen vor. Was trotz dieser Kriterien die Identifikation und vor allem die Reliabilität der Befunde zur Lehrexpertise erschwert, ist nach Bromme (2008), dass die jeweils kritischen

Qualitätsmerkmale des Handelns an bestimmte Rahmenbedingungen (z.B. Schulklima, Zusammensetzung der Schülerschaft, Unterrichtsthemen) gebunden sind und deshalb instabil sein können.

In Bezug auf Lehrkräfte ist allerorten ein Lamento vernehmbar, das mit „uncomfortable realities about our fields“ (Grossman & McDonald, 2008, S. 189) umschrieben wurde. Es ist unklar, ob dieses Lamento mehr dazu dient, Klage über die Komplexität der beruflichen Anforderungen zu führen, sich vor wissenschaftlicher Analyse zu schützen oder auf die Vielfalt der Tätigkeiten aufmerksam zu machen. Die Konzeption von Unterricht als etwas ausgesprochen Komplexes, Kompliziertes, Offenes und Ereignishaftes erschwert den analytischen Zugang. Gewiss sind ständig Überraschungen im verwickelten System sozialer Interaktionen möglich, denn Lehrkräfte sind nicht Alleinerzeugende, sondern Mitspielende, von denen Takt, Geschicklichkeit, Gewandtheit, Kreativität, Intuition, Improvisation und eine gewisse Kunstfertigkeit erwartet werden. Allerdings gilt dies für die Akteurinnen und Akteure anderer Domänen auch. Die Definition der Expertise von Medizinerinnen und Medizinern, Pilotinnen und Piloten, Sportlerinnen und Sportlern oder Musikerinnen und Musikern, die nachgerade im verschärften Blick der Öffentlichkeit stehen, gelingt ohne Weiteres, ihre exzellenten Leistungen lassen sich von guten, mittelmäßigen oder schlechten unterscheiden und diese Differenzierungsfähigkeit wird in Aus- und Fortbildungskonzeptionen von „persons in the shadow“ genutzt.

6. Provokation: Wie soll man denn fördern, was man gar nicht kennt?

Förderung setzt (ebenso wie Unterricht) voraus, dass eine bestimmte Richtung für das pädagogische Handeln identifizierbar ist und von den fördernden Personen – im Allgemeinen als Pädagoginnen und Pädagogen bezeichnet, in diesem Kapitel sprechen wir aber lieber von „persons in the shadow“ – erkannt wurde und umgesetzt wird. Sie müssen imstande sein, gute, mittelmäßige und schlechte Leistungen zuverlässig und nachweislich zu unterscheiden. Kein Marathontrainer kann ein Training konzipieren, wenn er nicht eine außerordentlich klare Vorstellung davon hat, welche Komponenten zu einer guten Leistung seiner Athleten beitragen. Dies heißt, der Trainer braucht doppelte Klarheit: Er muss sich im Klaren darüber sein, was den guten Marathonläufer auszeichnet – dabei muss er auch noch berücksichtigen, dass kein Athlet wie der andere ist, dass jedes Rennen unter anderen äußeren Bedingungen gestartet wird, dass Konkurrenten Einfluss auf die Leistung seines Athleten nehmen usw. –, aber ebenso darüber, was den guten Marathontrainer auszeichnet! Um die explizite Formulierung dieser Kriterien kommt er nicht herum – auch wenn ihm diese Explizitheit zum Vorwurf gemacht werden kann („Ich würde ganz andere Elemente des Trainings in den Vordergrund rücken“; „Er hat kein Verständnis für seinen Athleten“; „Er weiß überhaupt nicht, was ich jetzt gerade brauche“). Kriterien hohen Expertisegrads sind nicht zeitlos gültig, sondern verändern sich mit historischen Kontexten, in die sie eingebettet sind. „Persons in the shadow“ können sich also irren in der Wahl der Kriterien und im Design der Lehr-Lern-Methoden, wie ihre Schützlinge gemäß den Kriterien zum Erfolg gelangen. Dies ist unangenehm, aber allemal besser, als keine Kriterien festzulegen.

7. Das „Unmögliche" versuchen: Förderung von Lehrexpertise

Bislang lässt sich das Wissen und Können der Lehrkräfte, das bei Schülerinnen und Schülern zu guten Lernleistungen führt, also nicht klar benennen. Ebenso wenig ist über den Expertiseerwerb in Aus- und Weiterbildung bekannt, obwohl aus pädagogischer Sicht bedeutsam ist, wie man Expertise erlangen, aufrechterhalten oder fortentwickeln kann. In der Konzeption entsprechender Lehrerfortbildungskonzepte können einige Erkenntnisse aus der Expertiseforschung nutzbar gemacht werden. Insbesondere ist es notwendig, nach Definition der zu verfolgenden Expertisekriterien, konkrete Formen der „deliberate practice" zu erfinden und auf deren Umsetzung zu drängen. Die zielorientierte Übung zur Verbesserung des eigenen Expertisegrads ist eine notwendige Anforderung an Lehrkräfte, die nur über die Integration aktueller wissenschaftlicher (z.B. erziehungswissenschaftlicher, fachdidaktischer oder psychologischer) Erkenntnisse gehen kann, ohne die Praxistätigkeit aus dem Blick zu verlieren. Das Beispiel der Fortbildung im Spitzensport zeigt dies prägnant: Die Sporthandlung steht jederzeit im Zentrum der Aufmerksamkeit und moderne Trainingsgestaltung ist nur im Rückgriff auf aktuelle und aktuellste wissenschaftliche Entwicklungen (hier: der Trainingswissenschaft, Physiologie, Psychologie, Pädagogik und leider auch der Pharmakologie) möglich. Die gerade in der Lehrerinnen- und Lehrerbildung oft hitzig geführte Debatte, ob es auf Akademisierung oder Praxisbezug ankomme, ist daher unsinnig, aber offenbar nicht leicht zu eliminieren: „Die Verhandlungen der deutschen Reichsschulkonferenz zeigten, wie unsicher sogar Fachleute darüber sind, ob die Lehrerbildung der Zukunft ein noch vermehrtes Hinneigen zur Wissenschaft oder aber ein solches zum naivern, künstlerischen, lebensnahen Gestalten fordern werde." (Leuthold, 1923, S. 154 f.) Das Spannungsfeld der beiden unerreichbaren Ideale „Wissenschaftlichkeit" und „Persönlichkeitsbildung" (Schmid, 2008) ist artifiziell und fruchtlos.

Obwohl die Lehrerbildung in Deutschland „die wohl anspruchsvollste, aufwendigste und längste der Welt" (Terhart, 2004, S. 562) ist, kommt niemandem in den Sinn, danach zu fragen, ob unsere Lehrkräfte je olympisches Gold nach Hause getragen hätten, weil a) Olympiaden in diesem Bereich nicht stattfinden (ein Äquivalent ist noch am ehesten im PISA-Länderwettstreit vorhanden, bei dem allerdings Schülerleistungen rangiert werden) und b) im Berufsfeld keine transnationalen objektiven Messgrößen für Lehrerleistungen existieren. „Die historische Konstruktion ‚Lehrerbildung' zielt auf Wirksamkeit, ohne dass je kontrolliert worden wäre, *was genau* sie ausmacht und so auch, was sie *nicht* ausmacht." (Oelkers, 2001, S. 61) Fehlt es etwa generell an Höchstleistungen in diesem Beruf? Müssen und können auch keine solchen entwickelt werden? Wozu die lange Ausbildung? Es ist müßig, wenn sich Proponent/inn/en für Wissenschaftsbezug und für Praxisbezug gegenseitig den schwarzen Peter zuschieben, denn die Schuldfrage ist nicht zu klären: „Fasst man die Ergebnisse zur Bedeutung der Ausbildung zusammen, muss man konstatieren, dass offen bleibt, ob im Studium überhaupt anwendbares Wissen gelernt und dann auch umgesetzt wird, oder ob womöglich unter den spezifischen Praxisbedingungen wie Zeit- und Handlungsdruck Gelerntes nicht genutzt und stattdessen auf Alltagskonzepte zurückgegriffen wird, da diese leichter verfügbar sind." (Gruber & Rehrl, 2005, S. 12) Die Lehrerinnen- und Lehrerfortbildung wird einem Phantom hinterherjagen, solange nicht beide Konzepte während der ganzen Berufsbiographie gut koordiniert sind.

Noch sind wir davon weit entfernt: Nach kurzer Initialphase im Beruf wird volle Berufstüchtigkeit erwartet, das qualifizierte Training ist beendet, bevor es richtig begonnen hat. Professionelle Entwicklung ist bislang praktisch zu 100% freiwillig und Privatsache, nicht nur in Deutschland: "The majority of professional development opportunities are attended on a volunteer basis." (Lawless & Pellegrino, 2007, S. 580) Bei Lehrkräften ist es daher nicht üblich, von einer Karriere zu sprechen. Nebst der fehlenden institutionell gestützten Weiterqualifizierung und Kultur des systematischen weiterführenden Trainings erschwert bzw. verunmöglicht die oft kurze Verweildauer im Beruf, Expertise zu entwickeln. Die mit „deliberate practice" verbundene Anstrengung, um Leistungsexzellenz zu erreichen, wird den meisten Lehrkräften nicht einmal auf freiwilliger Basis ermöglicht, weil sie nirgendwo eine „person in the shadow" finden können. Ohne jahrelange harte Arbeit, „deliberate practice" und Führung durch Expert/inn/en ist Lehrexpertise jedoch nicht zu haben. Noch sind Modelle der „job performance over time" (Zyphur, Chaturvedi & Arvey, 2008), die vertikale Transfereffekte berücksichtigen und interindividuelle Unterschiede in der Performanzentwicklung veranschlagen, eine Rarität. Zudem müssten diese Modelle einen Bezug zu Langzeiteffekten von Schulen und Lehrkräften auf Schülerinnen- und Schülerleistungen schaffen. Längsschnittstudien, die etwas über die Stabilität oder Instabilität solcher Effekte einzelner Lehrkräfte oder Schulen aussagen können, sind praktisch nicht vorhanden (Kyriakides & Creemers, 2008).

Genug zu tun, um das Phantom zu demaskieren!

8. Literatur

Altrichter, H. & Eder, F. (2004). Das Autonomie-Paritäts-Muster als Innovationsbarriere? In H. G. Holtappels (Hrsg.), Schulprogramme – Instrumente der Schulentwicklung (S. 195-221). Weinheim: Juventa.

Bachmeier, U. (2009). Beirat der Staatsregierung watscht Lehrer ab. Augsburger Allgemeine, 65(64), 5.

Baumert, J. & Kunter (2006). Stichwort: Professionelle Kompetenz von Lehrkräften. Zeitschrift für Erziehungswissenschaft, 9, 469-520.

Berliner, D. C. (1992). The nature of expertise in teaching. In F. K. Oser, A. Dick & J.-L. Patry (Eds.), Effective and responsible teaching – The new synthesis (pp. 227-248). San Francisco: Jossey-Bass.

Berliner, D. C. (2001). Learning about and learning from expert teachers. International Journal of Educational Research, 35, 463-482.

Berliner, D. C. (2004). Describing the behavior and documenting the accomplishments of expert teachers. Bulletin of Science, Technology & Society, 24, 200-212.

Bromme, R. (1992). Der Lehrer als Experte. Zur Psychologie des professionellen Wissens. Bern: Huber.

Bromme, R. (2008). Lehrerexpertise. In W. Schneider & M. Hasselhorn (Hrsg.), Handbuch der pädagogischen Psychologie (S. 159-167). Göttingen: Hogrefe.

Bundesvereinigung der Deutschen Arbeitgeberverbände (2001). „Führungskraft Lehrer". Empfehlungen der Wirtschaft für ein Lehrerleitbild. Berlin: BDA.

Chase, W. G. & Simon, H. A. (1973). The mind's eye in chess. In W. G. Chase (Ed.), Visual information processing (pp. 215-281). New York: Academic Press.

Cole, M. & Engeström, Y. (1997). A cultural-historical approach to distributed cognition. In G. Salomon (Ed.), Distributed cognitions. Psychological and educational considerations (pp. 1-46). New York: Cambridge University Press.

De Groot, A. D. (1946). Het denken van den schaker. Amsterdam: Noord Hollandsche.

Ericsson, K. A., Charness, N., Feltovich, P. J. & Hoffman, R. R. (Eds.). (2006). The Cambridge handbook of expertise and expert performance. Cambridge: Cambridge University Press.

Ericsson, K. A., Krampe, R. T. & Tesch-Römer, C. (1993). The role of deliberate practice in the acquisition of expert performance. Psychological Review, 100, 363-406.

Ericsson, K. A., Roring, R. W. & Nandagopal, K. (2007). Giftedness and evidence for reproducibly superior performance: An account based on the expert performance framework. High Ability Studies, 18, 3-56.

Ethell, R. G. & McMeniman, M. M. (2000). Unlocking the knowledge in action of an expert practitioner. Journal of Teacher Education, 51, 87-101.

Gläser-Zikuda, M. & Seifried, J. (Hrsg.). (2008). Lehrerexpertise – Analyse und Bedeutung unterrichtlichen Handelns. Münster: Waxmann.

Grossman, P. & McDonald, M. (2008). Back to the future: Directions for research in teaching and teacher education. American Educational Research Journal, 45, 184-205.

Gruber, H., Lehtinen, E., Palonen, T. & Degner, S. (2008). Persons in the shadow: Assessing the social context of high abilities. Psychology Science Quarterly, 50, 237-258.

Gruber, H. & Mandl, H. (1992). Begabung und Expertise. In E. A. Hany & H. Nickel (Hrsg.), Begabung und Hochbegabung: Theoretische Konzepte – empirische Befunde – praktische Konsequenzen (S. 59-73). Bern: Huber.

Gruber, H. & Rehrl, M. (2005). Praktikum statt Theorie? Eine Analyse relevanten Wissens zum Aufbau pädagogischer Handlungskompetenz. Journal für Lehrerinnen- und Lehrerbildung, 5, 8-16.

Hakkarainen, K., Palonen, T., Paavola, S. & Lehtinen, E. (2004). Communities of networked expertise: Educational and professional perspectives. Amsterdam: Elsevier.

Helmke, A. (2004). Unterrichtsqualität erfassen, bewerten, verbessern (3. Aufl.). Seelze: Kallmeyer.

Klieme, E., Avenarius, H., Blum, W., Döbrich, P., Gruber, H., Prenzel, M., Reiss, K., Riquarts, K., Rost, J., Tenorth, H.-E. & Vollmer, H. J. (2003). Zur Entwicklung nationaler Bildungsstandards. Eine Expertise. Berlin: Bundesministerium für Bildung und Forschung (BMBF).

Kyriakides, L. & Creemers, B. P. M. (2008). A longitudinal study on the stability over time of school and teacher effects on student outcomes. Oxford Review of Education, 34, 521-545.

Lawless, K. A. & Pellegrino, J. W. (2007). Professional development in integrating technology into teaching and learning: Knowns, unknowns, and ways to pursue better questions and answers. Review of Educational Research, 77, 575-614.

Leuthold, R. (1923). Zur Reform der zürcherischen Lehrerbildung. Referat gehalten an der 87. Ordentlichen Versammlung der zürcherischen Schulsynode am 18. September in Zürich (V.2, Beilage). In Bericht über die Verhandlungen der Zürcherischen Schulsynode von 1922 (S. 140-161). Pfäffikon: Peter.

Livingston, C. & Borko, H. (1989). Expert-novice differences in teaching: A cognitive analysis and implications for teacher education. Journal of Teacher Education, 40, 36-42.

Oelkers, J. (2001). Die historische Konstruktion „Lehrerbildung". In F. Oser & J. Oelkers (Hrsg.), Die Wirksamkeit der Lehrerbildungssysteme. Von der Allrounderbildung zur Ausbildung professioneller Standards (S. 37-65). Chur: Rüegger.

Oser, F. (2002). Standards in der Lehrerbildung. Entwurf einer Theorie kompetenzbezogener Professionalisierung. Journal für Lehrerinnen- und Lehrerbildung, 2, 8-19.

Oser, F. & Baeriswyl, F. J. (2001). Choreographies of teaching: Bridging instruction to learning. In V. Richardson (Ed.), Handbook of research on teaching (4th ed., pp. 1031-1065). Washington, D.C.: American Educational Research Association.

Rehrl, M. & Gruber, H. (2007). Netzwerkanalysen in der Pädagogik – Ein Überblick über Methode und Anwendung. Zeitschrift für Pädagogik, 53, 243-264.

Ropo, E. (2004). Teaching expertise. Empirical findings on expert teachers and teacher development. In H. P. A. Boshuizen, R. Bromme & H. Gruber (Eds.), Professional learning: Gaps and transitions on the way from novice to expert (pp. 159-179). Dordrecht: Kluwer.

Roth, W.-M. & Lee, Y.-J. (2007). „Vygotsky's neglected legacy“: Cultural-historical activity theory. Review of Educational Research, 77, 186-232.

Rothe, H. J. & Schindler, M. (1996). Expertise und Wissen. In H. Gruber & A. Ziegler (Hrsg.), Expertiseforschung: Theoretische und methodische Grundlagen (S. 35-57). Opladen: Westdeutscher Verlag.

Schmid, C. (2008). Ausbildung für Primarlehrkräfte. Über den seminaristischen Weg zum Hochschulstudium. In D. Tröhler & U. Hardegger (Hrsg.), Zukunft bilden. Die Geschichte der modernen Volksschule (S. 122-141). Zürich: Verlag Neue Zürcher Zeitung.

Seidel, T. & Shavelson, R. J. (2007). Teaching effectiveness research in the past decade: The role of theory and research design in disentangling meta-analysis results. Review of Educational Research, 77, 454-499.

Smith, T. W. & Strahan, D. (2004). Toward a prototype of expertise in teaching. A descriptive case study. Journal of Teacher Education, 55, 357-371.

Sternberg, R. J. & Horvath, J. A. (1995). A prototype view of expert teaching. Educational Researcher, 24(6), 9-17.

Terhart, E. (2004). Lehrer. In D. Benner & J. Oelkers (Hrsg.), Historisches Wörterbuch der Pädagogik (S. 548-564). Weinheim: Beltz.

Ziegler, A. (2008). Hochbegabung. München: Reinhardt.

Zyphur, M. J., Chaturvedi, S. & Arvey, R. D. (2008). Job performance over time is a function of latent trajectories and previous performance. Journal of Applied Psychology, 93, 217-224.

Kapitel III

Breit angelegte Interventionen

„Verstehen zweiter Ordnung" als Professionalisierungsansatz

Das Entwicklungsprogramm für Unterricht und Lernqualität – ein Arbeitsbericht[1]

Peter Fauser, Friederike Heller, Jens Rißmann, Stephan Schnurre, Myriam Schwarzer, Otto Thiele, Ute Waldenburger & Axel Weyrauch

Abstract

Das Entwicklungsprogramm für Unterricht und Lernqualität (E.U.LE.) ist als berufsbegleitendes dreijähriges Fortbildungsprogramm für Lehrerinnen und Lehrer im Jahr 2004 eingerichtet worden. Das Programm soll Qualifikationsprozesse schulnah anregen und Lehrpersonen dabei unterstützen, ihre beruflichen Interaktionsroutinen und ihren Unterricht immer besser auf das Verstehen der Schülerinnen und Schüler und deren Förderung auszurichten. Wesentlich dafür ist die Fähigkeit zu einem professionell kontrollierten Perspektivwechsel, einem „Verstehen zweiter Ordnung". Das Fortbildungscurriculum ist so angelegt, dass die Lehrpersonen individuelle Entwicklungswege beschreiten können und die Methoden an die jeweilige Situation angepasst werden. Die Ergebnisse der formativen und summativen Evaluation zeigen, dass die diagnostische Kompetenz der Lehrpersonen steigt, dass die Schülerbeteiligung im Unterricht zunimmt, der Unterrichtsdruck sinkt, dass die Lehrpersonen eine zunehmend höhere Selbstwirksamkeitsüberzeugung empfinden und ihr Belastungsgefühl nachlässt. Bisher wurden 110 Lehrpersonen qualifiziert. Landesweit sollen professionelle Lerngemeinschaften als Bindeglied zwischen individueller und kollegiumsweiter Entwicklung gebildet werden.

Schlagworte (dt.)

Lehrerfortbildung, Unterrichtsentwicklung, Verständnisintensives Lernen, Fortbildungsdidaktik, Wirkungsforschung

Schlagworte (engl.)

teacher professional development

1. Ansatz

Für die Entwicklung der Unterrichts- und Schulqualität genügt es nicht, wenn einzelne Lehrpersonen ihr berufliches Können verbessern. Die Verbesserungen müssen vielmehr

---

1 An E.U.LE. sind mehrere Partner/innen beteiligt: eine Konzeptgruppe am Lehrstuhl für Schulpädagogik und Schulentwicklung der Friedrich-Schiller-Universität Jena, das Thüringer Kultusministerium, die IMAGINATA Jena, das Thüringer Institut für Lehrerfortbildung, Lehrplanentwicklung und Medien und ganz besonders die Robert Bosch Stiftung GmbH, Stuttgart, durch ihr Programm „Verstehen lehren – Unterrichtsentwicklung durch Verständnisintensives Lernen". Dieser Bericht beruht auf der Arbeit der Konzeptgruppe des Programms. Ihr gehörten Anfang 2009 neben den Verfasserinnen und Verfassern an: Martin Boock, Ulrike Uta Feine, Kerstin Immerthal, Katrin Lange, Veronika Meinunger, Martina Roland, Cornelia Sperling, Marina Wiesner.

im institutionellen und kollegialen Kontext der Schule wirksam werden. Dieser Kontext ist bekanntlich veränderungsresistent, was aus der Eigenart schulischer wie auch professioneller Kulturen resultiert. Sie bilden einen Praxis- und Handlungszusammenhang, der durch ein interdependentes Geflecht von organisatorischen Strukturen, Wertvorstellungen und Handlungsroutinen bestimmt wird. Die Verschränkung von individuellen und kollektiven Lernprozessen ist daher ein wesentliches Merkmal von Schule und Lehrerberuf. Erst aus dieser Verschränkung ergeben sich leistungsfähige Routinen, in denen Ziele, Wertvorstellungen und praktische Muster ein kollektives Repertoire bilden. Dabei stößt man auf ein Grundproblem, das die Veränderung von Institutionen wie auch professioneller Routinen kennzeichnet – also eines Handelns, das als Ergebnis anspruchsvoller Lernprozesse und permanenter Ausübung, oft in Situationen „unter Druck", ausgebildet worden ist. Es besteht darin, dass Lehrpersonen gerade durch ihre (berufsnotwendigen) Handlungsroutinen und Vorstellungen vom Lernen, die sie brauchen, um beruflich handeln zu können, daran gehindert werden, pädagogisch wesentliche Veränderungen im Lernen und Aufwachsen der Kinder und Jugendlichen wahrzunehmen oder angemessen darauf zu reagieren.

Benötigt wird daher ein Fortbildungsansatz, der sowohl durch seine theoretische als auch durch seine methodische Ausrichtung Routinen öffnen und ihre adaptive Dynamik steigern kann und dabei so flexibel ist, dass er individuellen Ausgangslagen und Lernwegen der Lehrpersonen gerecht werden kann. Bei E.U.LE. wird dies durch die konstruktivistische Orientierung der dem Programm zu Grunde liegenden Arbeitstheorie – dem „Verständnisintensiven Lernen" – und einer entsprechenden Fortbildungsdidaktik zu gewährleisten versucht. Dabei konzentriert sich das Programm zwar auf die Veränderung individueller Handlungsroutinen, verbindet aber die individuelle Fortbildung mit verschiedenen Formen kollegialer Zusammenarbeit sowie mit institutionellen und administrativen Formen der (Selbst-)Organisation und Unterstützung, die Zug um Zug landesweit eingerichtet werden.[2]

2. Verständnisintensives Lernen, Fortbildungsdidaktik und Curriculum

2.1 Verständnisintensives Lernen

„Verständnisintensives Lernen" ist ein Dach- oder Sammelbegriff, der den Ertrag mehrerer pädagogischer Reformansätze und -initiativen bündelt (Praktisches Lernen, Demokratisch Handeln, IMAGINATA Jena; vgl. Beutel & Fauser, 2007; Fauser, 1992, 1994; Projektgruppe Praktisches Lernen, 1998; Fauser & Madelung, 1996; Rentschler, Madelung & Fauser, 2003; Rißmann, 2004) und in die gegenwärtige Lern- und Bildungsforschung einbettet. Seinen Kern bildet ein heuristisches Lernmodell, eine Art Arbeitstheorie, die bei der Analyse, Planung und Evaluation von Unterricht und Lernen im Rahmen von E.U.LE. angewandt wird. Das Konzept korrespondiert mit einem kompetenztheoretischen Bildungsdenken und konstruktivistischen Ansätzen der Lern- und Unterrichtsforschung, wie sie beispielsweise dem Begriff des „verständnisvollen Lernens" bei Baumert und Köller (2000) zu Grunde liegen.

2 Weitere Informationen auf unserer Homepage: http://www.eule-thueringen.de.

„Lernen" wird heute allgemein als erfahrungsabhängiger, aktiv-konstruktiver, individueller Aufbau von Kompetenzen aufgefasst, also von Wissen, Können und Überzeugungen. „Verständnisintensives Lernen" ist spezieller ausgerichtet. Es hebt die Bedeutung des Verstehens hervor und beschreibt es als einen Modellierungsprozess, der durch das Zusammenspiel von Erfahrung (eigenes Erleben und Handeln), Vorstellung (sinnesnahe erfahrungsanaloge Formen des Denkens), Begreifen (Denken in Kategorien und Zusammenhängen) und Metakognition (selbstreflexive Begleitung und Optimierung des Lernens) strukturiert und in seiner Dynamik aufrechterhalten wird (vgl. Fauser, 1994; Rentschler et al., 2003; Hasselhorn, 1998; Guldimann, 1996; Wahl, 2002; Reusser & Reusser-Weyeneth, 1994). Erfahrung, Vorstellung, Begreifen und Metakognition bezeichnen dabei analytisch unterscheidbare Dimensionen des Lernens (Fauser, 2003; Fauser, Prenzel & Schratz, 2007, 2008, 2009; bes. Fauser, Rißmann & Weyrauch, im Druck).

2.2 Fortbildungsdidaktik

Im Zentrum der Fortbildungsdidaktik steht die Fähigkeit zum professionell kontrollierten Perspektivwechsel, zum „Verstehen zweiter Ordnung", das neben dem – ganz individuellen – eigenen Verstehen der Lehrpersonen das – ganz individuelle – Verstehen der Lernenden und die Wahrnehmung der Unterschiede zwischen beiden einschließt. Wesentlich ist, dass die Perspektivwechsel, die für ein solches „Verstehen zweiter Ordnung" grundlegend sind, zu einem dynamischen Kernbestandteil der beruflichen Handlungsroutinen werden, also professionell kompetenzprägend. Wir sprechen, um eine solche besondere Kompetenz zu charakterisieren, die Routine und Flexibilität kontrolliert verbindet, von adaptiver Routine.

Um dies erreichen zu können, genügt allerdings nicht die Aneignung einer Lern- und Verstehenstheorie im Sinne deklarativen Wissens (als Theorie „großer Reichweite"; Wahl, 1991), sondern es bedarf eines Umbaus der handlungsleitenden Kognitionen und der damit verbundenen Handlungsroutinen – der Interaktion mit den Lernenden, aber auch der methodisch-didaktischen Aktivitäten und Entscheidungen (der „Theorien kurzer Reichweite"). Es handelt sich also um einen Ansatz, der didaktische und unterrichtsmethodische Entscheidungen einschließt, aber nicht darauf begrenzt ist.

2.3 Curriculum

Was bedeutet das für das E.U.LE.-Curriculum? Erstens ist es so angelegt, dass es die Vermittlung von Theorie(n) über Lernen und professionelles pädagogisches Handeln mit Handlungstraining in vielfältigen Formen und Situationen verbindet. Zweitens versucht das Curriculum der Tatsache Rechnung zu tragen, dass Veränderungen auf den Ebenen:

- des individuellen beruflichen Handelns,
- des Unterrichts,
- der Fachkulturen und
- einzelner Schulen mit ihren Kollegien

wechselseitig voneinander abhängig sind.

Das curriculare Kernangebot ist folgendermaßen angelegt:

Im ersten Fortbildungsjahr steht das Thema des „Verstehens zweiter Ordnung" mit dem Blick auf die „eigene Person" und den eigenen Unterricht im Mittelpunkt. Hierfür analysieren und planen die Lehrpersonen Unterricht auf der Grundlage des Verständnis-intensiven Lernens und reflektieren in der Fortbildung biografische Lernerfahrungen in Bezug auf ihr aktuelles Lehrerhandeln. Dabei setzen wir speziell für diese Fortbildung adaptierte Techniken der Unterrichtsanalyse und -planung ein (Rollenspiele mit nachträglichem lauten Denken, Videoanalysen von eigenem und fremdem Unterricht, Aufstellungsarbeit in Anlehnung an die systemische Familienaufstellung). Hinzu kommen erste kollegiale Unterrichtsbesuche in kleinen Lehrergruppen mit Trainerbegleitung und der Einsatz und die Entwicklung von Evaluationsinstrumenten für den eigenen Unterricht (Rißmann, 2008). Fortbildungsdidaktisch wichtig ist dabei Folgendes: Wenn im ersten Fortbildungsjahr die „eigene Person" im Mittelpunkt steht, heißt das nicht, dass persönliche Themen und Erfahrungen direkt zum gleichsam öffentlichen und expliziten Gegenstand kollegialer Kommunikation gemacht werden. Vielmehr sollen persönliche Perspektiven und Routinen in handlungsentlasteten und geschützten Situationen bei der Auseinandersetzung mit Unterrichtsbeispielen, Themen, bei der Beobachtung und Begleitung von Lernenden, bei Interviews mit Berufskolleg/inn/en, bei der Erarbeitung neuer Theorien, indirekt mobilisiert werden. Die „eigene Person" tritt hier als „Konstrukteurin" auf, nicht als Gegenstand der Analyse. Themen, die emotional besetzt und persönlich bedeutsam sind – wie Lieblings- oder Leidensthemen im Unterricht, Schwierigkeiten mit Lernenden, Konflikte und Krisen im Schulalltag –, werden (erst) aufgegriffen, wenn sie, beispielsweise bei Portfoliogesprächen, von den Teilnehmerinnen und Teilnehmern selbst zum Thema gemacht werden.

Im zweiten und dritten Fortbildungsjahr verschiebt sich der Schwerpunkt der Fortbildung auf das Training neuer Handlungsroutinen in der Praxis und auf kollegiales Lernen, also vom eigenen Lernen und Unterrichtshandeln auf die Arbeit mit Kolleginnen und Kollegen. Die gemeinsame Arbeit in Lehrergruppen bildet das Bindeglied zwischen Unterrichts- und Schulentwicklung, zwischen individueller und kollegialer Professionalisierung und damit ein wichtiges Gelenkstück für die landesweite Verbreitung des Programms. Die Bedeutung kollegialer Lerngruppen liegt aber nicht in der Verbreitung des Programms. Die Zusammenarbeit von Lehrpersonen bietet vielmehr für das „Verstehen zweiter Ordnung" günstige Trainingsmöglichkeiten: Lehrpersonen können gegenseitig als Modelle für Lernende fungieren – jede Lehrperson bringt ja neben Handlungserfahrungen als Lehrperson die eigene Erfahrung der Schülerperspektive mit. Die im Programm gewollte Heterogenität von kollegial lernenden Gruppen erleichtert dabei gerade unter fachfremden Kolleg/inn/en den Zugang zur Schülerperspektive, weil hier spezielle fachliche und fachdidaktische Aspekte zunächst in den Hintergrund treten und oft sehr elementare Fragen gestellt werden, die Anlass bieten, das eigene „Fach" und eingespielte Sichtweisen neu zu betrachten und fundamentale Aspekte des Verstehens und der Bedeutung des eigenen Fachs darzulegen. Eine solche Elementarisierung im Austausch mit pädagogischen Expert/inn/en fördert den reflektierten Aufbau der Fähigkeit des „Verstehens zweiter Ordnung".

3. Evaluation: Ansatz und Ergebnisse

Die Evaluation wurde mehrperspektivisch angelegt und kombiniert formative und summative Instrumente. Sie soll die Wirksamkeit der Interventionsmaßnahmen prüfen und die Korrektur des Programms unterstützen. Eine methodische Herausforderung ergab sich daraus, dass die Stichprobe der Teilnehmer/innen sehr heterogen war – hinsichtlich der Fächer, Schularten und des Alters (vgl. hierzu 3.2).

3.1 Formative Evaluation

Im Rahmen der formativen Evaluation wurden drei Formen der Befragung und Reflexion durchgeführt.

Postkartenbefragung

Am Ende jeder Ausbildungsveranstaltung baten wir die Lehrerinnen und Lehrer, (anonym) eine Postkarte über diese Veranstaltung (bspw. „wie an einen Freund“) zu schreiben. Diese Postkarten wurden abgeschrieben und – wenn keine Einwände bestanden – allgemein zugänglich gemacht. Sie dienten den Trainerinnen und Trainern als direktes Feedback und regten durch ihre Subjektivität und Verschiedenheit den Austausch unter den Lehrerinnen und Lehrern an. Außerdem bildeten sie einen Fundus für die Wahrnehmung der individuellen und kollegialen Lernprozesse sowie für neue Themen und Arbeitsformen.

Ein Beispiel hierzu:
„Mir ist heute klar geworden, dass viele Verhaltenseigenschaften von mir als Lehrer mit meinen eigenen Lehrern, die ich sehr mochte, zusammenhängen […].“ (Lehrerin 5/SP4/4)

Die Postkarten von drei Jahren wurden mittels einer qualitativen Inhaltsanalyse (Mayring, 1992) ausgewertet. Dabei ergaben sich drei relevante Fortbildungsaspekte, die in unterschiedlicher Ausprägung über die gesamte Fortbildung vorkommen und für die Lehrerinnen und Lehrer von Bedeutung sind:

- die Intensität der Reflexion,
- die Unterstützung durch die Trainer/innen während der Ausbildung und
- die Eingebundenheit in die Ausbildungsgruppe.

Begleitfragebogen

Aus den Ergebnissen der Inhaltsanalyse zur Postkartenbefragung haben wir einen Begleitfragebogen zu den Veranstaltungen entwickelt. Er enthielt die extrahierten Items „Selbstreflexion, Trainerunterstützung und Gruppe“ als „Fix-Items“, die zu jedem Ausbildungstag abgefragt wurden. Der Fragebogen wurde durch flexible, auf die jeweiligen Ausbildungsinhalte des Trainingstags bezogene Items ergänzt.

Die Begleitfragebögen wurden zusammen mit den Postkarten als direktes Feedback zu den Ausbildungsschwerpunkten und mittels der Fix-Items zur fortlaufenden Analyse der Fortbildung verwendet. Zusätzlich wurden die Daten faktorenanalytisch interpretiert und für die Analyse und Entwicklung von Trainingsbausteinen genutzt. Besonders fällt auf, dass der Aspekt der Eingebundenheit in die Gruppe einen konstant hohen Wert über die gesamte Ausbildung aufweist und signifikant positiv mit dem Aspekt der Trainerunterstützung korreliert ($r = 0{,}45^{**}$). Das unterstreicht die Bedeutung einer vertrauensvollen Interaktion zwischen Trainerinnen und Trainern und Teilnehmerinnen und Teilnehmern für die Entwicklungs- und Lernprozesse in Fortbildungen.

„Portfoliogespräche"

„Portfoliogespräche" bezeichnen im E.U.LE.-Programm ein eigenes sehr offenes Format halbjährlicher Gespräche zur individuellen Entwicklung. Diese fanden in Kleingruppen statt und wurden im Anschluss von den Teilnehmerinnen und Teilnehmern reflektiert und zum Teil schriftlich dokumentiert. Die Äußerungen zeigen, wie wichtig professionelle Instrumente der Begleitung und Reflexion des eigenen Handelns für Lehrpersonen sind.

Hierzu ein Beispiel:
„Mir ist wichtig geworden, den Blick, der sehr auf das inszenierte Lehrerhandeln gerichtet war, mehr auf die Schüler zu richten, auf das, was bei ihnen ankommt. Bezüglich meiner Sicht auf den Verstehensprozess hat sich verändert, dass es mir wesentlich wichtiger als vorher erscheint, den Fokus auf ablaufende oder ausbleibende Verstehensprozesse zu richten." (Lehrerin 9/SP2/1)

Im Hinblick auf die Wirkungen der Fortbildung stimmen die Aussagen der Portfoliogespräche mit den Äußerungen aus den Begleitfragebögen und den Postkarten überein. Sie unterstreichen die Bedeutung der Eingebundenheit (in eine kollegial lernende Lehrergruppe) und einer zunehmend intensiveren Reflexion eigener Routinen.

3.2 Summative Evaluation

Fragestellung und Skalen

Die im Folgenden dargestellte Vergleichsuntersuchung haben wir in Zusammenarbeit mit dem Deutschen Institut für Internationale Pädagogische Forschung in Frankfurt am Main durchgeführt. Sie fragt aus Lehrer- und aus Schülersicht, ob und wie sich Lehrerhandeln und Unterricht im Sinne eines „Verstehens zweiter Ordnung", als professionell kontrollierter Perspektivwechsel, im Laufe der Fortbildung verändert haben.

Bislang fehlen geeignete Instrumente zur direkten Erfassung eines „Verstehens zweiter Ordnung". Wir haben deshalb im Evaluationsdesign auf Skalen zurückgegriffen, welche Veränderungen von Unterricht und Lehrerhandeln erfassen und Hinweise im Sinne eines „Verstehens zweiter Ordnung" erwarten ließen. Bei der Auswahl wurden auch die bisherigen Fortbildungserfahrungen und Ergebnisse der formativen Evaluation berücksichtigt. Wir befragten Lehrpersonen und deren Schüler/innen in jeweils zwei Klassen im Rahmen eines quasi-experimentellen längsschnittlichen Vergleichsgruppendesigns mit vier Messzeitpunkten. Daran schloss sich eine vertiefende Fallstudie mit fünf ausgewählten Lehrerinnen und Lehrern und ihren Klassen an (vgl. Abb. 1).

Tab. 1: Skalen der Vergleichsuntersuchung

	Skalen	*Ursprung*	*Beispielitems*	*Items*	*Reliabilität Schüler Cronbachs a*	*Reliabilität Lehrer Cronbachs a*
1.	Diagnostische Kompetenz	Rakoczy et al., 2005	(S) Unser Lehrer weiß sofort, was jemand nicht verstanden hat.	5	0.84	0.81
2.	Konstruktivistische Unterrichtsgestaltung	Rakoczy et al., 2005	(S) Unser Lehrer interessiert sich dafür, wie wir Aufgaben lösen.	8	0.83	0.78
3.	Schülerbeteiligung	Eder, 1998	(S) Im Unterricht gibt es immer wieder Gelegenheiten, eigene Einfälle zu verwirklichen.	5	0.73	0.72
4.	Unterrichtsdruck	Eder, 1998	(S) Der Lehrer geht im Stoff einfach weiter, obwohl er genau weiß, dass noch nicht alle mitgekommen sind.	6	0.83	-
5.	Selbstwirksamkeit	Rakoczy et al., 2005	(L) Ich kann auch mit den problematischen Schülern in guten Kontakt kommen, wenn ich mich darum bemühe.	6	-	0.67
6.	Offenheit für Erfahrung	Borkenau & Ostendorf, 1993	(L) Ich finde philosophische Diskussionen langweilig. (-)	9	-	0.79
7.	Belastung/ Beanspruchung	Böhm-Kasper, 2004	(L) Ich bin mit meinem Beruf sehr zufrieden. (-)	13	-	0.86
8.	Zielklarheit	Rakoczy et al., 2005	(L) Bevor ich mit der Stunde beginne, mache ich den Schülern die Ziele klar.	4	0.85	0.86
9.	Genetisch-sokratisches Vorgehen	Rakoczy et al., 2005	(S) Der Lehrer nimmt im Unterricht auch einmal eine falsche Antwort entgegen, bis wir selbst sehen, dass etwas nicht stimmt.	4	0.83	0.85
10.	Pädagogisches Engagement	Eder, 1998	(S) Wenn ein Schüler in Schwierigkeit ist, bemüht sich der Lehrer, ihm zu helfen.	6	0.80	0.65
11.	Vermittlungsqualität	Eder, 1998	(L) Ich gebe mir Mühe, meinen Unterricht anschaulich und praxisnah zu gestalten.	5	0.78	0.75
12.	Störneigung	Eder, 1998	(S) Für den Lehrer ist es bei uns oft nicht einfach, im Unterricht die Ruhe aufrecht zu erhalten.	6	0.85	0.87
13.	Rivalität	Eder, 1998	(S) Bei uns arbeiten die einzelnen Schüler eher gegen- als miteinander.	6	0.82	0.85
14.	Kompetenzerleben	Rakoczy & Tkalenko, 2008	(S) Ich bin in der Lage den Unterrichtsstoff zu verstehen.	4	0.83	-
15.	Spontane Unterrichtsgestaltung	Rakoczy et al., 2005	(L) Ich plane den Ablauf meiner Unterrichtsstunde nur recht grob, um frei auf die Schüler eingehen zu können.	5	-	0.75
16.	Rezeptives Verständnis	Rakoczy et al., 2005	(L) Effektive Lehrer führen die richtige Art und Weise vor, in der ein Problem zu lösen ist.	5	-	0.78
17.	Programmatische Kooperation	Steinert et al., 2003	(L) Wir gestalten unsere Schule nach gemeinsamen pädagogischen Zielen.	7	-	0.91
18.	Unterrichtsbezogener Erfahrungsaustausch	Steinert et al., 2003	(L) Wie häufig bearbeiten Sie regelmäßig gemeinsam mit anderen Lehrkräften ihrer Schule folgende Themen und Probleme?: - Reaktionen der Schüler auf eine spezifische Unterrichtseinheit	9	-	0.90

(S) Schülerversion in der Formulierung; (L) Lehrerversion in der Formulierung ; (-) negativ codiert

Für die Erstellung des Fragebogens für Schüler/innen bzw. für die Lehrpersonen wandelten wir die entsprechenden Items der Skalen in fächerunspezifische Formate um. Zusätzlich fügten wir dem Lehrerfragebogen persönlichkeits-, didaktik- und kooperationsbezogene Skalen hinzu. In Tabelle 1 sind die eingesetzten Skalen und deren Reliabilitäten dargestellt.

Stichprobe und Messzeitpunkte

An der Untersuchung nahmen insgesamt 42 Lehrerinnen, 6 Lehrer, 1.315 Schülerinnen und 1.170 Schüler teil. Die Lehrpersonen der Fortbildungsgruppe (Interventionsgruppe) wurden durch eine offene Ausschreibung gewonnen (N=24). Um bei der Vergleichsgruppe möglichst gleiche Ausgangsbedingungen zu sichern, haben wir die Vergleichsgruppe (N=24) ebenfalls per Ausschreibung[3] generiert (Tab. 2, 3 und 4). Das durchschnittliche Berufsalter der Interventionsgruppe betrug 21,7 Jahre, das der Vergleichsgruppe 19,5 Jahre. Die Vergleiche zwischen Interventions- und Vergleichsgruppe zum ersten Messzeitpunkt belegen in allen Schülerskalen und in 14 von 16 Lehrerskalen keine signifikanten Unterschiede zwischen Interventions- und Vergleichsgruppe[4]. Insgesamt kann daher die Ausgangslage für die Parallelisierung der Stichproben trotz ausgesprochen großer Heterogenität als gut eingeschätzt werden.

Tab. 2: Verteilung der Stichproben über die Schularten zum Messzeitpunkt t_1

	Interventionsgruppe		*Vergleichsgruppe*	
N	Lehrer/innen	Schüler/innen	Lehrer/innen	Schüler/innen
Schularten:				
Regelschule	12	578	11	545
Gymnasium	9	524	12	675
Förderschule	1	15	1	40
Berufsschule	1	66	0	0
Gesamtschule	1	42	0	0
$\sum$	*24*	*1.225*	*24*	*1.260*

Die vier Erhebungszeitpunkte wurden so über die zwei Jahre verteilt, dass mögliche schuljahresbedingte Effekte bei der Auswertung berücksichtigt werden konnten (vgl. Abb. 1). Die Schwankungen bei der Anzahl der teilnehmenden Klassen (Tab. 3 und 4) rührten daher, dass aus schulorganisatorischen Gründen nicht alle Klassen zu jedem Messzeitpunkt an der Untersuchung teilnahmen oder dass Lehrpersonen wider Erwarten im zweiten Erhebungsjahr eine Klasse abgeben mussten. Unabhängig davon wurden generell alle Daten in die Auswertung einbezogen. Sowohl die Lehrer- als auch die Schülerfragebögen wurden personenbezogen codiert.

3 In der Ausschreibung für die Vergleichsgruppe suchten wir „Lehrerpersonen aller Schularten, die an Unterrichtsentwicklung interessiert sind und unentgeltlich an der Vergleichsuntersuchung teilnehmen".

4 In der Skala „spontane Unterrichtsgestaltung" zeigt die Vergleichsgruppe zu Beginn der Untersuchung signifikant höhere Werte und in der Skala „Störneigung" signifikant geringere Werte.

Tab. 3: Anzahl der Klassen zu den Messzeitpunkten

	Messzeitpunkte			
Klassenstufe	t_1	t_2	t_3	t_4
5	12	10	0	0
6	4	4	11	11
7	18	19	4	4
8	23	20	14	14
9	14	10	17	16
10	8	8	9	9
11	9	9	5	5
12	5	5	8	8
13	0	0	1	1
Berufsschulklasse	2	0	2	0

Tab. 4: Verteilung der Klassen auf die Fächer zu den Messzeitpunkten

Fach	t_1	t_2	t_3	t_4
Mathematik	17	16	15	15
Deutsch	12	12	12	11
Englisch	11	9	10	10
Französisch	13	13	10	9
Biologie	5	5	4	3
Physik	5	5	4	4
Geographie	4	4	5	5
Ethik	3	4	3	4
Sonstige	25	17	8	7

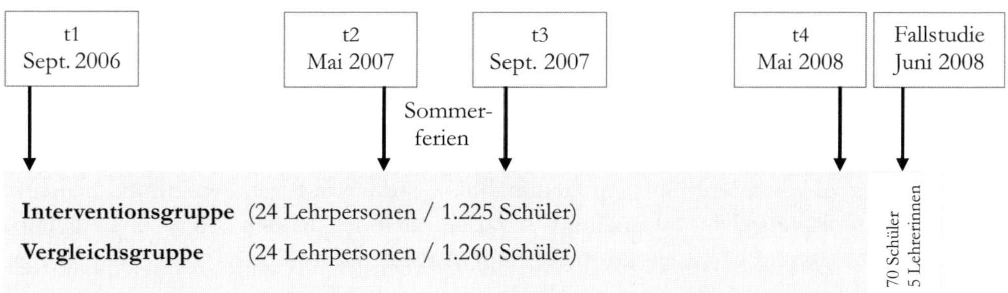

Abb. 1: Evaluationsdesign

Fallstudie

Ziel der Fallstudie war es, die Entwicklungen einzelner Lehrpersonen und ihrer Klassen während der Fortbildung genauer zu erfassen und zu verstehen. Für die Fallstudie wählten wir aus der Interventionsgruppe Lehrer/innen und Klassen aus, die bei der Skala „diagnostische Kompetenz" deutliche Veränderungen zeigten. Diagnostische Kompetenz wählten wir als Kriterium, weil es dem besonders nahekommt, was wir mit dem „Verstehen zweiter Ordnung" meinen, nämlich Lernprozesse individuell genauer wahrzunehmen. In einem schriftlichen offenen Antwortformat wurden fünf Lehrerinnen und ihre Schülerinnen und Schüler (N_{sch}=70) zu ihrer Sicht auf diese Veränderungen befragt.

Tab. 5: Verteilungen in der Fallstudie

	Anzahl Schüler	*Klassenstufe*	*Fach*	*Schulart*
Lehrerin 1	8	6	Ethik	Regelschule
Lehrerin 2	15	11	Russisch	Gymnasium
Lehrerin 3	11	7	Geschichte	Regelschule
Lehrerin 4	15	9	Mathematik	Regelschule
Lehrerin 5	21	6	Mathematik	Regelschule

Ergebnisse – Schülerbefragung

Die Berechnungen des Schülerdatensatzes zeigen sowohl Übereinstimmungen zwischen Interventions- und Vergleichsgruppe als auch aufschlussreiche Unterschiede. Parallele Entwicklungen beider Gruppen im Zeitraum zwischen t_1 und t_4 zeigen sich in den Schülerskalen: Vermittlungsqualität, spontane Unterrichtsgestaltung, genetisch-sokratisches Vorgehen, Motivation, Zufriedenheit, Zielklarheit (nur t_1 bis t_3). Ergebnisse der Mehrebenenanalyse, in denen sich teilweise signifikante Veränderungen zeigen oder deren Skalen für unseren Ansatz besondere Relevanz besitzen, sind in Tabelle 6 dargestellt.

Deutliche Veränderungen zeigen sich in der Skala Schülerbeteiligung. Sie nahm in der Interventionsgruppe zum Schuljahresende jeweils zu, während in der Vergleichsgruppe die Werte gleich blieben oder sogar sanken (Tab. 6). Bedeutsam sind auch die Ergebnisse, die sich bei der Betrachtung von Untergruppen zeigen. Unterrichteten Lehrpersonen mehr als vier Stunden pro Woche in einer Klasse (vor allem in den Fächern Deutsch, Mathematik, Englisch, Französisch), zeigten sich signifikante Unterschiede zwischen den Schülerinnen und Schülern der Interventions- und Vergleichsgruppe. Vermutlich stand in solchen Klassen mehr Zeit zur Verfügung, die Interaktionsroutinen für die Schüler/innen wahrnehmbar zu verändern. So stieg fachunabhängig die von Schülerinnen und Schülern eingeschätzte diagnostische Kompetenz der Lehrpersonen in der Interventionsgruppe über die vier Messzeitpunkte signifikant an (vgl. Abb. 2 und Tab. 7).

Tab. 6: Gruppenunterschiede der Skalen im Schülerfragebogen (gesamt); der Signifikanztest wurde mit HLM 6.02 durchgeführt (Daten aus Rakoczy & Tkalenko, 2008)

	Messzeitpunkt 1			*Messzeitpunkt 2*			*Messzeitpunkt 3*			*Messzeitpunkt 4*		
Skala	Interventionsgr. Mean (SD)	Vergleichsgr. Mean (SD)	p-Wert	Interventionsgr. Mean (SD)	Vergleichsgr. Mean (SD)	p-Wert	Interventionsgr. Mean (SD)	Vergleichsgr. Mean (SD)	p-Wert	Interventionsgr. Mean (SD)	Vergleichsgr. Mean (SD)	p-Wert
Konstruktivitische Unterrichts-gestaltung	3,27 (0,46)	3,10 (0,53)	0,75	3,22 (0,50)	3,22 (0,50)	0,91	3,30 (0,49)	3,23 (0,53)	0,22	3,24 (0,56)	3,17 (0,55)	0,35
Diagnostische Kompetenz	2,83 (0,56)	2,84 (0,60)	0,92	2,85 (0,58)	2,85 (0,59)	0,97	2,94 (0,56)	2,86 (0,61)	0,36	2,89 (0,62)	2,84 (0,62)	0,58
Schülerbeteiligung	2,85 (0,55)	2,82 (0,51)	0,89	2,94 (0,51)	2,81 (0,56)	0,08*	2,89 (0,53)	2,79 (0,57)	$0,12^{T}$	2,91 (0,56)	2,74 (0,61)	0,04*
Unterrichtsdruck	1,83 (0,56)	1,89 (0,60)	0,37	1,91 (0,67)	1,89 (0,64)	0,80	1,75 (0,58)	1,92 (0,59)	0,02*	1,85 (0,63)	1,95 (0,65)	0,24

$^{*}p < 0{,}05$; $^{T}p \leq 0{,}12$ tendenziell

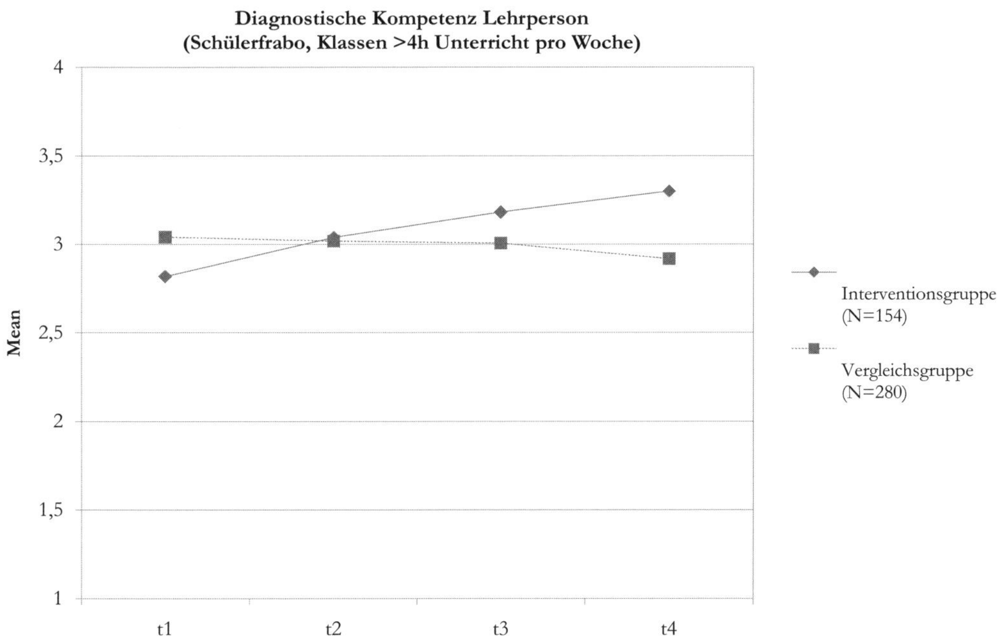

Abb. 2: Diagnostische Kompetenz Lehrperson

Bedeutsam erscheint uns, dass in diesen Klassen, in denen sich die diagnostische Kompetenz verbesserte, außerdem die Schülerbeteiligung signifikant stieg und der Unterrichtsdruck signifikant sank (Tab. 7). Hier drängt sich die Frage auf, ob eine Veränderung des „Verstehens zweiter Ordnung" mit einer Veränderung der Unterrichtskultur insgesamt einhergeht.

Tab. 7: Ergebnisse Teilstichprobe der Schülerbefragung: mehr als vier Stunden Unterricht pro Woche bei dieser Lehrperson

	Messzeitpunkt		t_1		t_2		t_3		t_4	
Skalen		N	Mean	SD	Mean	SD	Mean	SD	Mean	SD
Diagnostische Kompetenz (> 4 h Unterricht)	Interventions-gruppe	154	2,82	0,57	3,04	0,50	3,18	0,44	3,30	0,47
	Vergleichs-gruppe	280	3,04	0,56	3,02	0,53	3,00	0,61	2,91	0,60
	Signifikanz p		0,000		0,686		0,004		0,000	
Schülerbeteiligung (> 4 h Unterricht)	Interventions-gruppe	154	3,00	0,48	3,14	0,49	3,13	0,46	3,29	0,43
	Vergleichs-gruppe	280	2,97	0,49	2,99	0,53	3,00	0,54	2,84	0,65
	Signifikanz p		0,539		0,004		0,02		0,000	
Unterrichtsdruck (> 4 h Unterricht)	Interventions-gruppe	154	1,76	0,56	1,62	0,50	1,54	0,44	1,40	0,36
	Vergleichs-gruppe	280	1,78	0,60	1,77	0,62	1,84	0,63	1,95	0,69
	Signifikanz p		0,722		0,010		0,000		0,000	
Konstruktivistische Unterrichtsgestaltung – Deutsch	Interventions-gruppe	55	3,36	0,42	3,28	0,47	3,61	0,35	3,52	0,41
	Vergleichs-gruppe	154	3,21	0,41	3,17	0,35	3,11	0,46	3,09	0,43
	Signifikanz p		0,202		0,000		0,010		0,000	

Skalierung mit 4-stufiger Likert-Skala; p = Signifikanztest mit T-Test

Betrachten wir unter dieser Perspektive die Vergleichsgruppe, so zeigen sich hier gegenüber der Interventionsgruppe gegenläufige Perspektiven: Die Schülerbeteiligung nahm im zweiten Erhebungsjahr in der Vergleichsgruppe deutlich ab und der Unterrichtsdruck stieg (Abb. 3).

Die Ergebnisse im Bereich diagnostische Kompetenz, Schülerbeteiligung und Unterrichtsdruck unterliegen aufgrund der geringen Stichprobengröße einer gewissen Einschränkung. Umso wichtiger sind die Ergebnisse der Fallstudie, die hier deutlich für eine tatsächliche Veränderung in der Interventionsgruppe sprechen.

Eine Schüleräußerung (S6/2) sei beispielhaft zitiert:
„Ein Mitschüler hat eine Sache nicht richtig verstanden, Frau [*Lehrerin*] hat es sofort bemerkt. Sie hat gefragt, was er nicht verstanden hat. Aber nicht nur, dass er es konkret sagen soll, sondern ihm Fragen gestellt, so dass er es leichter hat. Am Anfang musste er selbst herausfinden, was er nicht kann, jetzt fragt sie nach."
Zwölf weitere Schüler/innen dieser Klasse (N=15) trafen ähnliche Aussagen.

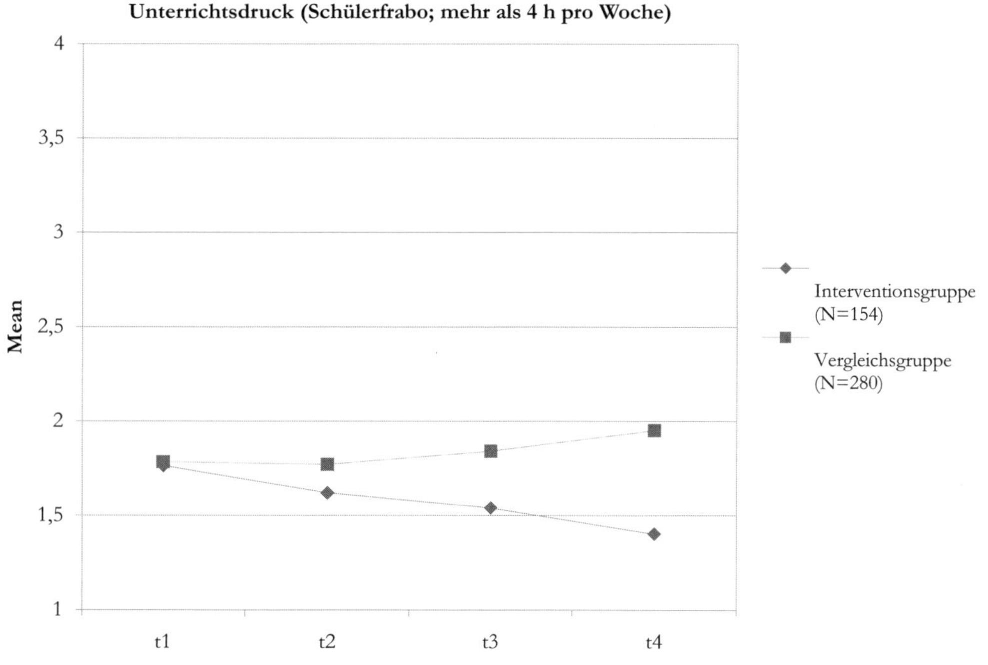

Abb. 3: Unterrichtsdruck

Einen weiteren bedeutsamen Unterschied bei jedoch ebenfalls kleiner Stichprobengröße beobachten wir bei der Wahrnehmung der konstruktivistischen Unterrichtsgestaltung (Abb. 4).

Im Unterrichtsfach Deutsch zeigten sich signifikante Unterschiede zwischen den Untersuchungsgruppen zum Messzeitpunkt t_2, t_3 und t_4. Für das Fach Mathematik zeigte sich ein ähnlicher Effekt, der jedoch aufgrund sehr ungleicher Stichprobenverteilung statistisch nicht belastbar war.

Ergebnisse – Lehrpersonen

Schwerpunkte der Befragung der Lehrpersonen waren personenbezogene Entwicklungen, d.h. die Veränderungen des Belastungsgefühls, der Selbstwirksamkeitsüberzeugung, aktive Unterrichtsgestaltung und die Frage, inwieweit sich die kollegialen Kooperationsbeziehungen der Lehrpersonen mit ihren Kolleginnen und Kollegen an der Schule vor Ort verändert haben.

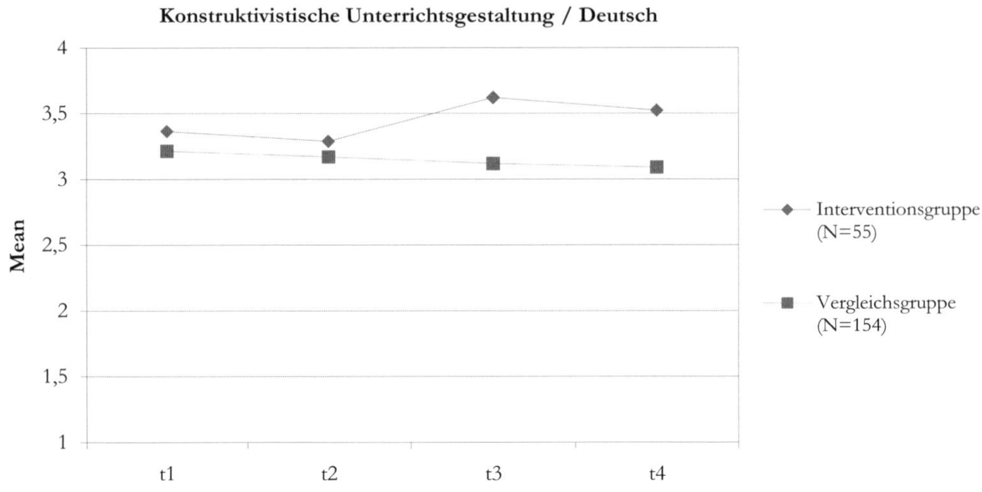

Abb. 4: Konstruktivistische Unterrichtsgestaltung

Selbstwirksamkeitsüberzeugung

Die Ergebnisse der Befragung zur Selbstwirksamkeitsüberzeugung der Lehrpersonen zeigen eine signifikante Zunahme bei Interventions- und Vergleichsgruppe. Beide Gruppen unterschieden sich zum Messzeitpunkt t_4 tendenziell voneinander (Tab. 8).

Die Befunde zur erhöhten Selbstwirksamkeitsüberzeugung stimmen mit den Äußerungen aus den Portfoliogesprächen überein, in denen Lehrerinnen und Lehrer berichten, dass sie ihre Handlungsroutinen genauer wahrnehmen und im Sinne eines „Verstehens zweiter Ordnung" gezielt verändern, sowohl im schulischen als auch im privaten Kontext. Aussagen der Fallstudie unterstützen diesen Befund.

Lehrerin (L5/SP2):
„Ich bin […] wieder kreativer und experimentierfreudiger geworden. Ich denke, das liegt auch daran, dass wir […] selbst spüren können, zu welchen Veränderungen es führt bzw. zu welchen Wirkungen, wenn man die Rollen [von der Lehrer- zur Schülerperspektive] einmal tauscht."

Tab. 8: Veränderung der Selbstwirksamkeitsüberzeugung der Lehrpersonen

Selbstwirksamkeit (4-stufige Skala)	*Interventionsgruppe Mittelwerte (SD) N=19*	*Vergleichsgruppe Mittelwerte (SD) N=20*	*Signifikanz p-Wert*
Messzeitpunkt t_1	2,89 (0,29)	2,91 (0,33)	0,87
Messzeitpunkt t_4	3,21 (0,34)	3,00 (0,35)	$0{,}07^{T}$
Signifikanz p	0,00**	0,21	

$^{**}p < 0{,}01$; $^{T}p \leq 0{,}12$ tendenziell

Berufszufriedenheit (Belastung/Beanspruchung)

Die Ergebnisse der Befragung zum Belastungs- und Beanspruchungsgefühl der Lehrpersonen korrespondieren mit den Ergebnissen zur Selbstwirksamkeitsüberzeugung. Sie korrelieren signifikant negativ miteinander (r = - 0,64**). Vergleicht man die Lehrpersonen der Interventionsgruppe und Vergleichsgruppe insgesamt, so zeigen sich tendenzielle Unterschiede darin, dass die Lehrpersonen der Interventionsgruppe nach zweijähriger Fortbildung schul- und unterrichtsbezogene Anforderungen als weniger belastend und beanspruchend empfinden. Betrachtet man nur die Gruppe von Lehrpersonen, die länger als neun Jahre unterrichten, so wird dieser Unterschied signifikant (Tab. 9).

Tab. 9: Lehrerskala „Belastung/Beanspruchung"; Auswahl der Lehrer/innen mit einem Berufsalter > 9 Jahre (4er Likert-Skala)

Belastung/Beanspruchung Berufsalter > 9 Jahre	*Interventionsgruppe N=19 Mittelwerte (SD)*	*Vergleichsgruppe N=18 Mittelwerte (SD)*	*p*
Messzeitpunkt t_1	2,25 (0,17)	2,26 (0,16)	0,93
Messzeitpunkt t_4	1,56 (0,37)	1,81 (0,37)	0,04*
p	0,00**	0,00**	

$^*p<0,05$; $^{**}p<0,01$

Offenheit für Erfahrung

Die Ergebnisse zur Veränderung des Items „Offenheit für Erfahrung" zeigen über beide Messzeitpunkte hohe Stabilität. Auffallend ist, dass sowohl in der Interventions- als auch in der Vergleichsgruppe die Mittelwerte für die Lehrpersonen deutlich über der im NEO-FFI angegebenen Referenzstichprobe liegen (Tab. 10).

Tab. 10: Lehrerskala „Offenheit für Erfahrung"

Stichprobe	*Referenzstichprobe (Borkenau/Ostendorf)*	*Interventionsgruppe*		*Vergleichsgruppe*	
Messzeitpunkt		t_1	t_4	t_1	t_4
Mittelwert (4er Likert-Skala)	2,75	3,04	3,07	3,14	3,09
SD	0,51	0,42	0,46	0,46	0,41

Das deutet darauf hin, dass es sich bei den Ergebnissen der Skala „Offenheit für Erfahrung" möglicherweise um einen Deckeneffekt in der Stichprobe handelt, da an der Vergleichsuntersuchung nur sehr engagierte Lehrerinnen und Lehrer teilnahmen. Bei „Offenheit für Erfahrung" könnte es sich um eine Katalysatorvariable handeln, die unterstützend auf Veränderungsprozesse in Kombination mit geeigneten Fortbildungselementen wirkt. Diese Annahme bekräftigen die Lehrpersonen in den Portfoliogesprächen und unsere Beobachtungen während des Trainings.

4. Diskussion

Die für unseren Programmansatz zentrale Frage lautet: Haben sich durch die Fortbildung das „Verstehen zweiter Ordnung" und die Handlungsroutinen der Lehrpersonen geändert? Da bisher (fach-)spezifische Instrumente zur Erfassung des „Verstehens zweiter Ordnung" fehlen, mussten wir bei der Vergleichsuntersuchung zur Befragung der Lehrpersonen und Schüler/innen auf fachunabhängige Skalen zurückgreifen. Durch das Befragungsdesign mit vier Messzeitpunkten – jeweils zum Schuljahresbeginn und zum Schuljahresende – haben wir versucht, Schwankungen zu relativieren, die typischerweise mit dem Schuljahresverlauf gekoppelt sind. Qualitätsschwankungen des Unterrichts sind freilich vielfältigen Einflüssen unterworfen, die auch fach- und themenspezifische Ursachen haben können (vgl. Gruehn, 2000). Diese konnten mit dem hier verwendeten Design nicht zureichend erfasst werden. Aufgrund der – gewollten – Heterogenität der Fortbildungsgruppe war es auch nur vereinzelt möglich, fach-, schulart- oder klassenstufenhomogene Gruppen in statistisch ausreichender Größe zu untersuchen. Erschwerend kamen schulorganisatorische Einflüsse hinzu, die zu Schwankungen bei der Teilnahme an den Erhebungswellen führten.

Die wichtigsten Ergebnisse für ein „Verstehen zweiter Ordnung" aus der Schülerbefragung sehen wir in der Veränderung der diagnostischen Kompetenz, der Schülerbeteiligung, des Unterrichtsdrucks und der konstruktivistischen Unterrichtsgestaltung.

- Bei Lehrpersonen der Interventionsgruppe, die mehr als vier Stunden pro Woche in einer Klasse und in dem jeweiligen Fach unterrichteten – das sind zugleich die Fächer mit entsprechendem Stundenumfang –, verbesserte sich die diagnostische Kompetenz und der Unterrichtsdruck sank. Da diagnostische Kompetenz die Fähigkeit betrifft, das Lernen der Schülerinnen und Schüler genau wahrzunehmen, erscheint sie uns als wichtiger Indikator für „Verstehen zweiter Ordnung". Helmke (2009, S. 132) spricht hier von einer Katalysatorvariable, die nicht direkt zu anderem Lehrerhandeln führt, sondern nur im Kontext bestimmter Bedingungen – etwa, wenn ausreichend Unterrichtszeit zur Verfügung steht. Dass in einem Unterricht, bei dem sich die Lernenden genauer wahrgenommen fühlen, auch der Unterrichtsdruck sinkt, erscheint als plausibel: Wenn Lehrpersonen dank erhöhter diagnostischer Kompetenz die Lernenden effektiver individuell unterstützen können, steigt die Konzentration auf das Lernen und sinkt die Notwendigkeit, durch Disziplindruck „für Ruhe zu sorgen". Auch angesichts des Verlaufs zum Schuljahresende hin wird die Einschätzung unterstützt, dass sich bei der Interventionsgruppe etwas verbessert hat. Dass zum Schuljahresende der Unterrichtsdruck sinkt, wenn „normalerweise" der Zeit- und der Notendruck steigen, entspricht nicht dem „normalen" Schuljahresrhythmus. Bei der Interventionsgruppe ist dies aber der Fall – im Gegensatz zur Vergleichsgruppe.
- Diese Befunde, die auf eine Veränderung der Interaktionsroutinen hinweisen, bei denen das Lernen der Schüler/innen immer mehr ins Zentrum rückt, werden durch die Ergebnisse zur Schülerbeteiligung verstärkt. Die mehrebenenanalytischen Berechnungen der Schülerdaten zeigen, dass sich die Schülerbeteiligung in der Interventionsgruppe im Unterschied zur Vergleichsgruppe signifikant erhöhte.

- In die gleiche Richtung weisen Ergebnisse zur konstruktivistischen Unterrichtsgestaltung. Auffällig ist hier besonders der „Qualitätssprung" bei der Interventionsgruppe zu Beginn des zweiten Erhebungsjahrs. Hier deutet sich eine interessante, möglicherweise nachhaltige Veränderung an, die noch genauer untersucht werden sollte: Immerhin könnte erwartet werden, dass in den Ferien neu erworbene Handlungsroutinen vergessen werden. Hier scheint es dagegen so zu sein, dass die Lehrpersonen am Beginn des neuen Schuljahrs Verbesserungen umsetzten, die sie im Schuljahr zuvor beabsichtigt, im laufenden Alltagsbetrieb aber noch nicht hatten realisieren können.

Bei der formativen Evaluation haben wir gesehen, dass Lehrpersonen über Erfahrungen berichten, die sich im Sinne der von der Selbstbestimmungstheorie postulierten „grundlegenden Bedürfnisse" – Autonomieerleben, Kompetenzgefühl und Eingebundenheit – verstehen lassen (Deci & Ryan, 1993; Krapp, 2005). Diese Ergebnisse stimmen mit den von Baumert und Kunter (2006, S. 502) berichteten Befunden überein, dass die Verbesserung der Selbstwirksamkeitsüberzeugung einhergeht mit einem stärker konstruktiven Unterstützungsverhalten im Unterricht, mit einer höheren Verbleibswahrscheinlichkeit im Beruf und einer besseren Bewältigung von Berufsstress. Zwar fällt zunächst auf, dass die Werte sowohl in der Interventions- als auch in der Vergleichsgruppe ansteigen. Da die Skala zur Selbstwirksamkeit nur zu t_1 und t_4 erhoben wurden, könnte es sich im parallelen Anstieg also um einen schuljahresbedingten Effekt handeln. In Verbindung mit weiteren Ergebnissen der formativen und summativen Evaluation, wie z.B. der nachgewiesenen Verbesserung der Schülerbeteiligung in Klassen der Interventionsgruppe, wird der statistisch nur tendenzielle Unterschied zwischen beiden Gruppen zum Ende der Fortbildung (t_4) jedoch bedeutsam und stützt den Befund, dass sich mit steigender Selbstwirksamkeitsüberzeugung auch der Unterricht verbessert und das Belastungsgefühl sinkt.

Betrachten wir die Kooperationsbeziehungen der Lehrpersonen an ihren Schulen, so zeigen die Ergebnisse der Skalen „unterrichtsbezogener Erfahrungsaustausch" und „programmatische Kooperation" keine signifikanten Unterschiede zwischen den beiden Untersuchungsgruppen. Dieses Ergebnis ist nachvollziehbar, bedenkt man, dass jeweils nur eine oder zwei Lehrpersonen einer Schule gemeinsam an der Fortbildung teilnahmen und der Systemwiderstand gegen Innovationen innerhalb der Schule und Lehrerschaft in der Regel groß ist. Dies wurde auch in den Portfoliogesprächen immer wieder berichtet. Gerade vor diesem Hintergrund ist es wichtig, dass die Lehrpersonen innerhalb der Fortbildung die Erfahrung kollegialen Lernens machen und dass sie dabei unterstützt werden, über die Fortbildung hinaus kollegiale Lehrergruppen aufzubauen. Solchen Gruppen kommt bei der Verbindung von Unterrichtsentwicklung und Schulentwicklung eine Schlüsselbedeutung zu, weil sie Entwicklungen auf individueller Ebene stabilisieren und die Ausbildung neuer professioneller, also kollegial geteilter Standards, fördern. Ohne einen solchen Schritt in Richtung kollektiv geteilter Standards und Routinen können nämlich Veränderungen auf schulischer Ebene nicht erreicht werden. Schließlich zeigen die Ergebnisse der Vergleichsuntersuchung zur „Offenheit für Erfahrung" für beide Gruppen sehr hohe Werte. Offenheit könnte ein Merkmal sein, das engagierte Lehrpersonen generell auszeichnet. Das wirft die Frage auf, wie wirksam die E.U.LE.-Fortbildung mit weniger offenen Lehrerinnen und Lehrern wäre.

Bei der künftigen Programmentwicklung steht die landesweite organisatorische und professionelle Konsolidierung im Mittelpunkt; dazu gehört die Nutzung für die Lehrerbildung insgesamt. Der Arbeit in Fachdomänen und dem weiteren Aufbau kollegial lernender Lehrergruppen gilt hier eine besondere Aufmerksamkeit. Bei der weiteren Forschung im Programm werden wir uns einer genaueren Analyse des „Verstehens zweiter Ordnung" zuwenden, also der mikropolitischen Dynamik von verstehensorientierten Interaktionen im Unterricht und besonders der Bedeutung von Emotionen und (berufs-)biografischen Hintergründen in diesem Zusammenhang.

5. Literatur

Baumert, J. & Köller, O. (2000). Unterrichtsgestaltung, verständnisvolles Lernen und multiple Zielerreichung im Mathematik- und Physikunterricht der gymnasialen Oberstufe. In J. Baumert, W. Bos & R. Lehmann (Hrsg.), TIMMS 3. Mathematische und physikalische Kompetenzen am Ende der gymnasialen Oberstufe (Bd. 2, S. 271-315). Opladen: Leske + Budrich.

Baumert, J. & Kunter, M. (2006). Stichwort: Professionelle Kompetenz von Lehrkräften. Zeitschrift für Erziehungswissenschaften, 4/2006, 469-520.

Beutel, W. & Fauser, P. (Hrsg.). (2007). Demokratiepädagogik. Lernen für die Zivilgesellschaft. Schwalbach/Ts.: Wochenschau.

Deci, E. L. & Ryan, R. M. (1993). Die Selbstbestimmungstheorie der Motivation und ihre Bedeutung für die Pädagogik. Zeitschrift für Pädagogik, 39(2), 223-238.

Fauser, P. (1992). Erfahrene Aufklärung. Zur Rationalität und Anthropologie der Schule als Institution. Unveröffentlichte Habilitation, Tübingen.

Fauser, P. (1994). Was ist Praktisches Lernen? Lehren und Lernen, 20(2), 5-15.

Fauser, P. (2003). Lernen als innere Wirklichkeit. Über Imagination, Lernen und Verstehen. In I. Rentschler, E. Madelung & P. Fauser (Hrsg.), Bilder im Kopf. Texte zum imaginativen Lernen (S. 242-287). Seelze: Kallmeyer.

Fauser, P. & Madelung, E. (Hrsg., unter Mitarbeit von G. Irmert-Müller). (1996). Vorstellungen bilden. Beiträge zum imaginativen Lernen. Seelze: Friedrich.

Fauser, P., Prenzel, M. & Schratz, M. (Hrsg.). (2007). Was für Schulen! Gute Schule in Deutschland. Seelze: Kallmeyer.

Fauser, P., Prenzel, M. & Schratz, M. (Hrsg.). (2008). Was für Schulen! Profile, Konzepte und Dynamik guter Schulen in Deutschland. Seelze: Kallmeyer.

Fauser, P., Prenzel, M. & Schratz, M. (Hrsg.). (2009). Was für Schulen! Wie gute Schule gemacht wird – Werkzeuge exzellenter Praxis. Seelze: Kallmeyer.

Fauser, P., Rißmann, J. & Weyrauch, A. (im Druck). Das Entwicklungsprogramm für Unterricht und Lernqualität – Theoriegeleitete Intervention als Professionalisierungsansatz. In C. Kraler, H. Schnabel-Schüle, M. Schratz & B. Weyand (Hrsg.), Kulturen der Lehrerbildung. Münster: Waxmann.

Gruehn, S. (2000). Unterricht und schulisches Lernen. Münster: Waxmann.

Guldimann, T. (1996). Eigenständiger Lernen. Durch metakognitive Bewusstheit und Erweiterung des kognitiven und metakognitiven Strategierepertoires. Bern: Haupt.

Hasselhorn, M. (1998). Metakognition. In D. H. Rost (Hrsg.), Handwörterbuch Psychologie (S. 348-351). Weinheim: Beltz.

Helmke, A. (2009). Unterrichtsforschung und Lehrerprofessionalität. Diagnose, Evaluation und Verbesserung des Unterrichts. Seelze: Kallmeyer.

Krapp, A. (2005). Das Konzept der grundlegenden psychologischen Bedürfnisse: Ein Erklärungsansatz für die positiven Effekte von Wohlbefinden und intrinsischer Motivation im Lehr-Lerngeschehen. Zeitschrift für Pädagogik, 51(5), 626-641.

Mayring, P. (1992). Analytische Schritte bei der Textinterpretation. In G. L. Huber (Hrsg.), Qualitative Analyse. Computereinsatz in der Sozialforschung (S. 11-41). München: Oldenbourg.

Projektgruppe Praktisches Lernen (Hrsg.). (1998). Bewegte Praxis. Praktisches Lernen und Schulreform. Weinheim: Beltz.

Rakoczy, K. & Tkalenko, O. (2008). Evaluation der Schulpartnerausbildung von „E.U.LE. – Entwicklungsprogramm für Unterricht und Lernqualität“. Unveröffentlichter Abschlussbericht über die vier Erhebungswellen für das Thüringer Kultusministerium.

Rentschler, I., Madelung, E. & Fauser, P. (Hrsg.). (2003). Bilder im Kopf. Beiträge zum imaginativen Lernen. Seelze: Kallmeyer.

Reusser, K. & Reusser-Weyeneth, M. (Hrsg.). (1994). Verstehen. Psychologischer Prozess und didaktische Aufgabe. Bern: Huber.

Rißmann, J. (2004). Lehrerhandeln und Verstehen. Ein konstruktivistisches Lehrertraining zum verständnisintensiven Lernen. Jena: IKS Garamond.

Rißmann, J. (2008). Klassen im Gespräch über Unterricht. Ein adaptiver Fragebogen für Schüler und Lehrer. Jena: unveröffentlicht.

Wahl, D. (1991). Handeln unter Druck. Der weite Weg vom Wissen zum Handeln bei Lehrern, Hochschullehrern und Erwachsenenbildnern. Weinheim: Deutscher Studien Verlag.

Wahl, D. (2002). Mit Training vom trägen Wissen zum kompetenten Handeln? Zeitschrift für Pädagogik, 2, 227-241.

Reflexion und Vernetzung als Gestaltungselemente der Lehrerfortbildung

Das Projekt IMST[1]

Gertraud Benke

Abstract

Seit 2000 gibt es in Österreich das Projekt „Innovations in Mathematics, Science and Technology Teaching" (IMST) als Unterstützungssystem für Lehrpersonen und Schulen. Das Ziel des Projekts ist es, Innovationen im mathematischen, naturwissenschaftlichen Unterricht sowie im Informatikunterricht anzuregen und diese in den jeweiligen Regionen bekannt zu machen. Damit sollte auch ein Entwicklungsimpuls für den Unterricht in den entsprechenden Fächern gegeben werden, indem Praxiserfahrungen von konkreten didaktischen Unterrichtsinnovationen dokumentiert und ausgetauscht werden. Zwei Konzepte, nämlich Reflexion und Vernetzung, sind in IMST für die Arbeit mit Lehrenden besonders bedeutsam. In diesem Beitrag werden die Konzepte kurz theoretisch erläutert und ihre Umsetzung im IMST-Projekt vorgestellt. Im Rahmen dessen wird argumentiert, dass sich Lehrerfortbildung systematischer mit den Möglichkeiten ihrer Nachhaltigkeit auseinandersetzen muss und Unterstützungssysteme für die Gewährleistung langfristiger Lernprozesse aufbauen sollte.

Schlagworte (dt.)

Lehrerfortbildung, IMST-Projekt, Reflexion, Unterstützungssysteme, Aktionsforschung

Schlagworte (engl.)

teacher professional development, IMST-project, reflection, support systems, action research

1. Einleitung: Das Projekt IMST

In Österreich wurde – wie in anderen Ländern auch (z.B. SINUS in Deutschland) – die Bildungspolitik durch die Ergebnisse der TIMSS-Studie 1995 aufgerüttelt und sah sich veranlasst, Veränderungen einzuleiten. Die Leistung der Schüler/innen in Mathematik und den Naturwissenschaften war deutlich hinter den öffentlichen Erwartungen zurückgeblieben. Aus diesem Grund wurden Kernpunkte für eine Verbesserung des Schulsystems mit Blick auf Mathematik und die Naturwissenschaften herausgearbeitet, welche nachfolgend mit der Einrichtung des Projekts IMST bearbeitet wurden (vgl. Krainer, 2002, S. 22 ff.).

1 Ich danke meinen Kolleg/inn/en Franz Rauch, Tanja Sturm und Isolde Kreis für die Informationen zu den Regionalen Netzwerken, MR Dr. Dorninger vom österreichischen Bundesministerium für Unterricht, Kunst und Kultur (bm:ukk) für wertvolle Informationen hinsichtlich des Unterrichtsfachs Informatik sowie Konrad Krainer für die kritische Durchsicht des Manuskripts.

Zentrale Eckpunkte der Analysen, aus denen sich Zielstellungen für das Projekt IMST ergaben, sind:[2]

a. Es gibt hervorragende Projekte und Initiativen an österreichischen Schulen; viele Lehrende bemühen sich um einen innovativen Unterricht. Die Initiativen und Projekte stehen jedoch oft unverbunden nebeneinander, das „Gute" wird nicht systemisch wirksam.
b. Im Allgemeinen wird im Unterricht zu wenig Wert auf komplexes, problemlösendes Denken und eigenständiges Argumentieren der Schüler/innen gelegt.
c. Es fehlen adäquate Unterstützungsstrukturen für die Praxis, insbesondere weil im Bereich der Fachdidaktik wissenschaftliche Kapazitäten fehlen und somit die Lehreraus- und -fortbildung defizitär ist.
d. Die Bedeutung der Mathematik, Informatik, Naturwissenschaften und Technik für das gesellschaftliche, kulturelle und wirtschaftliche Leben wird in der Gesellschaft großteils unterschätzt.

Aufbauend auf diesen Befunden wurden für ein Unterstützungssystem IMST zwei zentrale Aufgaben formuliert (vgl. Krainer, 2002, S. 16; Krainer, 2008):

1. Initiieren, Fördern und Sichtbarmachen von Innovationen sowie deren wissenschaftsgeleitete Analyse und Verbreitung; dabei soll der Erarbeitung von Konzepten „guter Praxis" und der Professionalitätsentwicklung von Lehrer/inne/n besonderes Augenmerk geschenkt werden.
2. Mitwirkung beim Aufbau eines Unterstützungssystems für die Weiterentwicklung der Schulpraxis im Bereich der Mathematik und Naturwissenschaften, wobei hier Erfahrungen aus der Praxisentwicklung kontinuierlich einfließen sollen.

Die Umsetzung dieser Aufgaben wurde durch langjährige Erfahrungen in der Unterstützung und Begleitung von Aktionsforschungsprojekten[3] (Altrichter & Posch, 1998) im Rahmen von Universitätslehrgängen für Lehrende ermöglicht, die in Zusammenarbeit von österreichischen Fachdidaktiker/inne/n verschiedener Universitäten und versierten Lehrerinnen und Lehrern an der Alpen-Adria-Universität Klagenfurt seit rund 20 Jahren angeboten werden (Krainz-Dürr et al., 2002).

In diesem Beitrag soll zunächst die Konzeption von IMST vorgestellt werden, wobei sich dabei der Fokus auf das Lernen der beteiligten Lehrpersonen richtet. Die Konzepte Reflexion und Vernetzung spielen in diesem Zusammenhang eine wesentliche Rolle. Sie werden zunächst theoretisch mit ihrer Funktion für die Lehrerfortbildung eingeführt, um dann die besondere Ausgestaltung im Rahmen von IMST in den Blick zu nehmen. Anschließend werden einige empirische Befunde aus der Begleitforschung und den Evaluationsuntersuchungen von IMST vorgestellt und diskutiert.

---

2 Viele der Punkte sind 2009 noch immer gültig (siehe z.B. Krainer & Benke, 2009; Pivec & Pivec, 2008).

3 Aktionsforschungsprojekte zeichnen sich unter anderem dadurch aus, dass sie (a) zumindest teilweise durch die Lehrenden selbst durchgeführt werden und (b) einem zirkulären Vorgehen von Situationsdefinition, Aktion (Umsetzung eines Plans zur Änderung der bestehenden Situation) und Evaluation (Reflexion) sowie neuer Situationsdefinition folgen (siehe Altrichter & Posch, 1998; Benke, Tichá & Hospesova, 2008).

2. Die Arbeit mit Lehrenden in IMST aus theoretischer Sicht und deren Umsetzung in IMST

Im Folgenden wird zunächst der Reflexionsbegriff allgemein erörtert und anschließend das Verständnis von Reflexion in IMST dargestellt, gefolgt von einer Beschreibung der Netzwerkidee und deren Umsetzung in IMST.

2.1 Der Begriff Reflexion

Der Begriff der Reflexion kann einerseits als zentral in der Debatte um das Verhältnis zwischen praktischem Handeln und Theorie erachtet werden (siehe dazu bereits Dewey, 1933), andererseits spielt Reflexion auch eine wichtige Rolle in der Entwicklung von Expertise, da gerade dort die Spannung zwischen praktischem Handeln und theoretischer Einsicht produktiv bewältigt wird. In jedem Fall kann Reflexion als kognitiver Prozess betrachtet werden, der durch wahrgenommene Probleme ausgelöst wird und diese eventuell zu lösen, sicher aber zu verstehen sucht.

So unterscheidet Van Manen (1977) aufbauend auf Habermas (1973) zwischen technischer Reflexion, die um die Effektivität und Effizienz des Tuns bemüht ist, ohne die angestrebten Ziele in Frage zu stellen, und praktischer Reflexion, die eine Situation zu verstehen sucht und im Zuge dessen auch die Ziele hinterfragt, sowie kritischer Reflexion, die ethische Gesichtspunkte („Ist diese Handlung fair bzw. gerecht?") einbezieht.

Schön (1983) hat die Aufmerksamkeit unter anderem auch auf die zeitliche Dimension gelenkt: Passiert Reflexion während einer Handlung („reflection in action") oder wird in der Handlung einer Reflexion nachgegangen („reflection on action")? Ersteres zeichnet unter anderem Expertise aus, bedarf es doch bereits eingespielter Routinen und Erfahrungen, um über genug kognitive Ressourcen zu verfügen und unter Handlungsdruck noch nachdenken zu können. Die „Reflexion on action" kann zudem dahingehend unterschieden werden, welche Zeiträume hier betrachtet werden – denkt man direkt nach einer Unterrichtsstunde über die Stunde nach oder nimmt man ein ganzes Projekt von Tagen und Wochen in den Fokus?

All diesen Reflexionsbegriffen wird die Annahme zugrunde gelegt, dass eine reflektierende Lehrkraft eine bessere Lehrerin oder ein besserer Lehrer wäre. Mit Russell (1993) können wir fragen: Ist diese Annahme gerechtfertigt? Die Antwort hierzu lässt sich auf zwei Ebenen formulieren: theoretisch-argumentativ sowie empirisch. Auf theoretischer Ebene hängt die Antwort von der jeweiligen Definition von Reflexion ab. Wenn Reflexion bewusstes Erfahrungslernen als zentrales Moment beinhaltet – wie es üblicherweise der Fall ist –, dann ist gute Praxis, die flexibel auf wechselnde Erfordernisse von Situationen zu reagieren vermag, die nicht ausschließlich mit festen Routinen befriedigend bewältigt werden können, eng mit Reflexivität gekoppelt. Russell weist allerdings darauf hin, dass (auch rein hypothetisch) die Handlungsentscheidungen, die aufgrund der gewonnenen Einsichten in Handlungszusammenhänge getroffen werden können, auch negativ (also im Sinne schlechterer Praxis) ausfallen können.

Auf empirischer Ebene taucht Reflexion in verschiedenen Zusammenhängen auf. Reflexion wird schon seit den 70er Jahren im Bereich der Lernstilforschung behandelt und hier (Campell & Douglas, 1972) mit Impulsivität kontrastiert. In Untersuchungen von Lernstilen ist Reflexivität generell mit den eher positiv besetzten weiteren Lernstildimensionen und Persönlichkeitsdimensionen positiv korreliert (Zhang & Sternberg, 2006), wobei Sternberg die Lernbarkeit von Stilen nachdrücklich betont. Zudem zeigen Lehrende mit reflexivem Stil mehr Unterrichtsmerkmale entsprechend einem konstruktivistischen Unterricht als Lehrende mit impulsivem Stil (Pavlovick, 1971; zitiert in Zhang & Sternberg, 2006).

Reflexion ist auch eine wesentliche Komponente in Aktionsforschungsprogrammen für Lehrende (z.B. Altrichter & Posch, 1998), so kann Aktionsforschung als ein spezieller Zugang zur Reflexion der eigenen Praxis betrachtet werden (siehe Fußnote 3). Daher können Untersuchungen zur Effektivität von Aktionsforschung auch als Aussagen über die Effektivität von Reflexion dienen. In ihrer Metaanalyse zu Studien zur Weiterbildung in Lehrergruppen („collaborative continuing professional development") kommen Cordingley, Bell, Rundell und Evans (2003) zu dem Schluss, dass diese Form der Weiterbildung – 26% der Studien verwendeten Aktionsforschung als Mittel der Lehrerfortbildung – in vielen Fällen zu substanziellen Verbesserungen im Lehren und Lernen führt.

2.2 Reflexion in IMST

In IMST[4] werden seit 2004 im Rahmen des sogenannten IMST-Fonds Lehrende dazu aufgefordert, sich eines Anliegens ihrer Wahl aus ihrem Unterricht anzunehmen, hierzu ein zeitlich zunächst auf maximal ein Jahr begrenztes Aktionsforschungsprojekt in Angriff zu nehmen. Dies kann ein Projekt (z.B. eine Wetterstation aufbauen) oder ein Unterrichtselement (z.B. Angst der Schüler/innen beim Rechnen an der Tafel im Mathematikunterricht) sein. Diese Projekte werden in einem von sechs Schwerpunktprogrammen (z.B. Grundbildung, Lehr- und Lernprozesse, E-Learning) durchgeführt, wobei Lehrende Präferenzen in der Zuordnung zu den Schwerpunktprogrammen angeben können. Die Lehrenden werden dabei unterstützt, Unterrichtsprojekte zu entwickeln, diese zu evaluieren und – auch schriftlich – zu reflektieren. Der Unterstützungsprozess wird teilweise in Workshops gemeinsam mit anderen Lehrenden durchgeführt, um die gemeinsame Kommunikation und Reflexion über die Projekte und den Unterricht zu stärken, aber auch um das Wissen um Entwicklungen an anderen Schulen zu erhöhen. Ausgangspunkt für die Professionalitätsentwicklung bei IMST sind die teilnehmenden Lehrenden und Schulen mit ihren kontextabhängigen Problemen und Herausforderungen.

Die Freiheit der Themenwahl bedeutet, dass der Schwerpunkt der Reflexion entsprechend der von den Lehrenden verfolgten Ziele im Bereich technischer Reflexion (Effizienzsteigerung) bis hin zur kritischen Reflexion (prinzipielles Hinterfragen der durch den Unterricht vermittelten Werte) liegen kann. In Workshops, über zahlreiche Gespräche mit Betreuenden sowie durch einen abschließenden Projektbericht werden die Lehrenden aufgefordert, über ihre Projekte nachzudenken, die Projek-

4 Das Projekt IMST beinhaltet 2009 vier verschiedene, miteinander verschränkte Maßnahmen: den IMST-Fonds, die Regionalen Netzwerke, das Gender-Netzwerk und die Maßnahme Prüfungskultur. Im Rahmen dieses Artikels wird nur näher auf den IMST-Fonds und die Regionalen Netzwerke eingegangen, da anhand dieser beiden Maßnahmen am unmittelbarsten die Umsetzung von Reflexion und Vernetzung erörtert werden kann.

te einander zu präsentieren und die Vorgangsweise sowie die Interpretationen zu begründen. Es werden in unterschiedlichen Settings Reflexionsprozesse über Handlungen („reflection on action") angeregt. Welche Zeiträume jeweils reflektiert werden (eine Unterrichtssituation oder etwa ein ganzes Schuljahr), ist abhängig vom Projekt.

Insgesamt befasst sich die Reflexion in IMST daher mit dem konkreten Handeln beziehungsweise den Ergebnissen der Handlungen (z.B. Einstellungen der Schüler/innen). Dabei werden die Lehrenden unterstützt, sich entsprechend der jeweiligen Fragestellung geeignete Feedbackinstrumente (Fragebögen, Wandzeitung, ...) auszusuchen beziehungsweise zu erarbeiten und die Ergebnisse zu interpretieren. Die Entwicklung oder konsequente Anwendung einer reflexiven Wahrnehmungspraxis ist dabei prioritär gegenüber der kritischen Auseinandersetzung mit den Bildungszielen (d.h. der kritischen Reflexion im Sinne von Van Manen), da letztlich die Umsetzung der kritischen Reflexion in entsprechende Handlungen nur gelingen kann, wenn Lehrende befähigt sind, ihre Praxis entsprechend der jeweiligen Situation in der Klasse weiterzuentwickeln. Zudem gilt, was bereits Calderhead und Gates (1993) problematisierten: Eine kritisch-reflexive Auseinandersetzung mit den Werten und Zielen des Bildungssystems, die eben nicht nur aufgrund persönlicher Präferenzen erfolgt, bedarf besonderer Kenntnisse der Geschichte und des akademischen Diskurses und damit bereits wieder einer eigenen Expertise jenseits der bereits hohen Anforderungen, die an Lehrende gestellt werden.

Kritische Reflexion wurde aber dennoch innerhalb von IMST nicht ganz ausgespart. Vielmehr wurde etwa 2000–2004 in Zusammenarbeit zwischen universitären Fachdidaktiker/inne/n und erfahrenen Lehrpersonen, die zudem in der Lehrerfortbildung tätig waren, ein Grundbildungskonzept (siehe unten) für Mathematik und die Naturwissenschaften gemeinsam erarbeitet (Krainer et al., 2002) und in Workshops immer wieder mit Lehrenden diskutiert, um die Brauchbarkeit und Sinnhaftigkeit des Grundbildungskonzepts für die Praxis zu gewährleisten. Das Grundbildungskonzept ist ein Rahmenkonzept: Es gibt Leitlinien zur Begründung von Inhalten und Methoden vor, zeigt wesentliche Dimensionen auf, die z.B. für naturwissenschaftliche Bildung zu beachten und zu bearbeiten sind, es macht aber keine Vorgaben, welche Methode und welcher Inhalt konkret jeweils zu realisieren ist. Dieser Rahmen ist von den jeweiligen Lehrenden entsprechend ihrer lokalen Situation zu „füllen", lokal sinnvolle Entscheidungen (Weick, 1995) sind zu treffen. Seit 2004 wird das Konzept Lehrenden im Schwerpunkt „Grundbildung" vorgestellt und die Ausgestaltung diskutiert. Die gemeinsame Diskussion in Workshops stellt damit einen Ort der kritischen – und kollegialen – Reflexion dar. Diese Reflexion ist aber klar zu trennen von der eher instrumentellen Reflexion der Lehrenden in der Umsetzung ihrer dokumentierten Unterrichtsprojekte.

2.3 Vernetzung und nachhaltige Lehrerfortbildung

In der Diskussion um Reflexion spiegelt sich das zweite zentrale Element von IMST: „Vernetzung" beziehungsweise die Frage des Verhältnisses der Rolle von Einzelreflexion zur kollektiven Reflexion in der Lehrerbildung. Diese Frage lässt sich noch weiter fassen, indem nicht nur die Reflexion, sondern die einzelne Lehrperson sowie das Kollektiv der

Lehrenden insgesamt im Verhältnis zur gesamten Lehrer(fort)bildung in den Blick genommen wird.

Um diese Frage zu erörtern, empfiehlt es sich, sich zunächst einer anderen Frage zuzuwenden: Was ist der „Erfolg“ von Lehrerfortbildung, die sich einzelnen Lehrerinnen und Lehrern annimmt? Wie nachhaltig sind Fortbildungen in Seminaren, in denen Lehrende aus verschiedenen Schulen zusammenkommen, um etwas über Schule und Unterricht zu lernen? Verschiedene Studien zeigen hinsichtlich der Nachhaltigkeit solcher Angebote recht ernüchternd, dass

- die Rahmenbedingungen des jeweiligen Schulkontexts Änderungen, wie sie in der Lehrerfortbildung propagiert wurden, erschweren oder gar verhindern,
- Lehrende, die in ihren Klassenzimmern Innovationen umsetzen, Außenseiter/innen in ihrem Kollegium sind,
- Änderungen, die „von außen“ an Schulen und Lehrende herangetragen werden, also nicht durch eine Problemlage oder ein Anliegen vor Ort motiviert sind, bald wieder verschwinden (Krainz-Dürr, 1999).

Demzufolge ist Lehrerfortbildung, die sich einseitig an einzelne Individuen richtet, oft nicht nachhaltig. Zudem ist es eher die Ausnahme, dass diese Form der Weiterbildung Multiplikationseffekte nach sich zieht (z.B. Leu, 2004). Aus diesem Grund spricht die Lehrerfortbildung im letzten Jahrzehnt bewusst vermehrt Schulteams, also ganze Gruppen von Lehrenden an. Teams haben hier den Vorteil, dass

- wechselseitige Motivierung der Teilnehmer/innen erfolgt sowie Projekte und Initiativen über mehr Teilnehmende mehr Aufmerksamkeit und damit mögliche Anerkennung erfahren,
- Projekte über Arbeitsaufteilung eher zu bewältigen sind,
- Informationsweitergabe aus Workshops und Ähnlichem auch an weitere Personen (in der Gruppe) erfolgt.

Zudem wird z.B. in Aktionsforschungsprojekten oft bewusst auf Problemlagen vor Ort aufgebaut, was zu einer unmittelbaren Motivation der Teilnehmenden führt – sie arbeiten nicht an „fremden Konzepten“, sondern an Problemen und Anliegen, die sie (schon vordem) bearbeiten wollten. Damit ist die Chance gering, dass systeminkompatible Fragen und Ansätze bearbeitet werden, die anschließend im eigenen Schulkontext langfristig verworfen werden. Hammerness (2006) zeigt in ihren Fallstudien darüber hinaus auf, wie bedeutsam es ist, dass Lehrer/innen ihre ganz persönliche Vision von Unterricht entwickeln können. In ihren Untersuchungen waren Schulwechsel von Lehrenden insbesondere bedingt durch die fehlende Passung der Visionen an den Schulkontext und die Unmöglichkeit, im jeweiligen Kontext den eigenen Visionen als Lehrer/in nachzustreben.

Auch der Blickwinkel der Systemtheorie (Willke, 1999) unterstreicht die Bedeutung von Vernetzung für erfolgreiche Lehrerfortbildung. In der Systemtheorie wird davon ausgegangen, dass nur jenes Wissen und jene Handlungspraxen, die im jeweiligen Kontext anschlussfähig sind (also auch genug Unterstützer/innen finden, um den Status quo zu verändern), langfristig wirksam sein können. Systeme wie die Schule sind „nested structures" (Fend, 2008), also Strukturen, in die wieder kleinere Systeme eingebettet sind (wie z.B. Klassen) und die ihrerseits Bestandteile größerer Strukturen sind (wie die konkurrierenden Schulen einer Region). Lehrerfortbildung kann bei Lehrenden daher aus systemischer Perspektive nur wirksam werden, wenn diese ihre (neuen oder gefestigten) Handlungsabsichten in ihrer Klasse am jeweiligen Schulstandort umsetzen können. Schulstandorte können Praxen nur dann im größeren Maßstab „erlauben", wenn diese entweder im Rahmen der Schulautonomie sowieso möglich sind oder besondere Unterstützung durch die jeweilig zuständige Bildungsaufsicht erfahren. Die Bildungsaufsicht ist ihrerseits wieder an Gesetze und Verordnungen gebunden. Zwischen und innerhalb dieser Ebenen bedarf es entsprechender Informationsflüsse, damit erwünschte Unterrichtspraxen bekannt werden und institutionelle Unterstützung erhalten können.

Somit ist Lehrerfortbildung an eine Struktur von ineinander verschachtelten, voneinander abhängigen Systemen gekoppelt und kann nur dann nachhaltig wirksam werden, wenn die intendierten Änderungen auf allen davon betroffenen Ebenen (mit den für die jeweilige Ebene relevanten Aspekten) „ankommen". Lehrerfortbildung, die sich selbst ernst nimmt, d.h. nachhaltig wirksam sein will, muss daher die Kontextbedingungen und die Umsetzung (und deren Möglichkeiten) von Änderungen vor Ort mitbedenken und – so die These – wo notwendig allenfalls Stützsysteme zur langfristigen Aufrechterhaltung von intendierten Änderungen entweder anbieten oder deren Einrichtung an den entsprechenden Stellen (z.B. Bildungspolitik, Bildungsverwaltung) einfordern.

2.4 Netzwerke in IMST

Als das Projekt IMST 2000 ins Leben gerufen wurde, sah in Österreich die Unterstützung von Lehrenden im Bereich Mathematik, der Naturwissenschaften und Informatik schlecht aus. So gab es in Österreich bis zum Jahre 2008 noch kaum universitäre Fachdidaktikerinnen und Fachdidaktiker in den Naturwissenschaften, die rein personell eine breite Erneuerung des MNI-Unterrichts in Österreich bewerkstelligen hätten können. Da die Universität in der Lehrerausbildung nur für die höheren Schulen zuständig ist, gab es auch wenig Kompetenz in der Arbeit mit Lehrenden anderer Schulformen, auf denen Entwicklungen aufbauen konnten.

Damit „gute Praxis" verbreitet werden konnte, andere Lehrende davon profitieren sowie neue Initiativen langfristig weitergeführt werden konnten, bedurfte es daher erst des Aufbaus von Stützsystemen. Ziel von IMST war es daher, (a) nicht mit Individuen, sondern mit Teams an Schulen zu arbeiten und (b) Anlaufstellen und Stützsysteme für diese Teams aufzubauen, um ihre Bemühungen langfristig zu sichern und auch in die Breite zu tragen.

In dieser Darstellung erscheinen die Stützsysteme als notwendiger Zusatz, der die Nachhaltigkeit der eigentlichen Leistung der Arbeit mit den Teams bzw. der Lehrerfortbildung ermöglicht. Ob die Stützsysteme nur ein Zusatz oder aber selbst wichtiger substanzieller Bestandteil der Lehrerfortbildung sind, hängt von ihrer konkreten Gestaltung und ihren Zielen sowie der Formulierung der Ziele der Lehrerfortbildung und letztendlich von der Definition von Professionalität von Lehrenden ab. IMST sieht beide Aufgaben als Aufgaben, die von einer professionellen Lehrerschaft getragen werden müssen, um als Partner mit speziellem Wissen um die Situationen vor Ort in einen Verhandlungsprozess mit der Bildungsaufsicht und Wissenschaft treten zu können.

In IMST wurden daher beginnend mit 2004 Regionale Netzwerke eingerichtet. Die Regionalen Netzwerke dienen dazu, in den Regionen Orte des kollegialen Austauschs zu organisieren, Bedürfnisse vor Ort festzumachen und dazu passende Fortbildung anzubieten (vgl. Rauch & Kreis, 2007). Zu diesem Zweck wurden jeweils Steuergruppen eingerichtet, welche schultypübergreifend durch Vertreter/innen der naturwissenschaftlichen Fächer, Mathematik, Informatik und verwandter Fächer sowie durch Vertreter/innen der Schulaufsicht bestückt sind. Gemeinsam entscheiden diese Steuergruppen, für welche Maßnahmen und Initiativen das Budget aufgewendet wird.

Die Netzwerke sind damit „Orte“ der Lehrerfortbildung – sie organisieren Weiterbildung und Austausch entsprechend der regional gewünschten Themen und Anliegen. Gleichzeitig werden die Netzwerke von IMST unterstützt und beraten. IMST organisiert beispielsweise nationale Netzwerktreffen aller Regionalen Netzwerke, um ein Voneinander-Lernen zu unterstützen. Zudem hat IMST einen Lehrgang „fachbezogenes Bildungsmanagement“ angeboten, in welchem Themen wie „Schnittstellenmanagement“ behandelt worden sind (Krainer & Müller, 2007), um Lehrende speziell für die Übernahme von Vernetzungsaufgaben in ihrem Bundesland zu qualifizieren.

Aus der Sicht von IMST sind aber auch die Netzwerke alleine noch nicht ausreichend, um langfristig das notwendige Unterstützungssystem für die Lehrerfortbildung in Mathematik, den Naturwissenschaften und Informatik zu gewährleisten beziehungsweise die Systeminterventionen zu tragen (vgl. McDonald & Klein, 2003). Zusätzlich wurden in Österreich weitere Institutionen mit wissenschaftlicher fachdidaktischer Expertise eingerichtet, die den Netzwerken laufend inhaltliche Impulse geben. Neu gegründete Regionale Fachdidaktikzentren (seit dem Jahr 2007) und Nationale Fachdidaktikzentren (Austrian Educational Competence Centres) stellen regional und überregional Orte fachdidaktischer Fortbildung, Entwicklung und Forschung dar. Da sie als Kooperationsstrukturen zwischen Universitäten (Ausbildung der Lehrer/innen für Gymnasien und Oberstufenschulen: Wissenschaftstradition) und Pädagogischen Hochschulen (Ausbildung für Pflichtschullehrer/innen und Fortbildung aller Lehrer/innen: Praxistradition) geplant wurden, können von ihnen Impulse für die Gestaltung von Aus- und Fortbildungsprogrammen ausgehen.

3. Wirkungen von Lehrerfortbildung in IMST

Entsprechend der obigen Ausführungen kann IMST ein sehr breites Verständnis von Lehrerfortbildung zugrunde gelegt werden. Aber „wirkt“ IMST? Geschieht nachhaltige Entwicklung in IMST und wird das im System vorhandene Wissen verbreitet? Bezüglich der Wirkungen von IMST stellen sich vier zentrale Fragestellungen:

a. Was lernen Lehrer/innen bei kollaborativer Durchführung von Aktionsforschungsprojekten?
b. Lassen sich Wirkungen auf der Ebene von Schülereinschätzungen bzgl. selbstbezogener und unterrichtsbezogener Merkmale feststellen?
c. Wie gut funktioniert die Vernetzung von Lehrpersonen und Akteur/inn/en durch die Regionalen Netzwerke? Was waren hier Stolpersteine? Wie hat die Unterstützung der koordinierenden und organisierenden Lehrenden funktioniert?
d. In den Regionalen Netzwerken werden Angebote vor Ort für Lehrende gesetzt. Wie werden diese in der Region aufgenommen?

In IMST wurde in jeder Projektphase ein Gesamtevaluationskonzept entwickelt, in dem diesen und weiteren Fragen möglichst systematisch nachgegangen wurde (Wirkungen auf verschiedenen Ebenen – Schüler/innen, Lehrer/innen, Schule, Region sowie quantitative repräsentative Erhebungen und qualitative Fallstudien; siehe Benke & Krainz-Dürr, 2005). Im Folgenden wird zur Beantwortung der oben stehenden Fragen auf Studien zurückgegriffen, die in diesem Kontext entstanden sind.

Untersuchungen zu den Aktionsforschungsprojekten
Im IMST-Fonds wurden seit 2004 jeweils bei Projektende Fragebogenerhebungen bei allen Lehrenden, die ein Unterrichtsprojekt im entsprechenden Schuljahr bearbeitet haben, durchgeführt. Die Erhebungen hatten unter anderem die Zufriedenheit mit der Projektbetreuung, die Motivation der Lehrer/innen oder ihr Erleben von Unterstützung an der Schule zum Inhalt. Betrachtet man die Rückmeldungen der Lehrenden, so zeigt sich insgesamt eine hohe Zufriedenheit der Lehrer/innen mit der Betreuung als auch mit der Durchführung ihrer Projekte. Dies äußert sich auch konkret in Handlungen – rund die Hälfte der Lehrer/innen(teams) beantragt jedes Jahr ein weiteres Projekt, obschon dieses ein hohes Engagement in zeitlicher und koordinatorischer Hinsicht verlangt. Betrachtet man die Befunde im Längsschnitt über ein Schuljahr hinweg, dann lässt sich konstatieren, dass die Motivation der Teilnehmer/innen an dieser Form der Lehrerfortbildung hoch bleibt.

Eine qualitative Untersuchung, in der zwei bis drei Jahre nach dem Ende des IMST-Fonds-Projekts Lehrer/innen und ihre Schulleiter/innen an zwölf österreichischen Schulen zu IMST und zur Nachhaltigkeit der Unterrichtsprojekte interviewt wurden, zeigte bei Projekten, die durch Teams durchgeführt wurden, Wirkungen für die Schulen (z.B. Verankerung einzelner Maßnahmen aus dem Projekt im Schulprogramm). Ferner berichteten die teilnehmenden Lehrer/innen insgesamt von einer Erhöhung der Selbstsicherheit und der Reduzierung von Selbstzweifel am eigenen Unterricht. Die Teilnahme bei IMST ging auch mit gestiegener Anerkennung an der Schule (z.B. Leitung von Arbeitsgruppen) durch die Unterstützung der Direktion oder etwa durch die erhöhte Selbstgewissheit der Richtigkeit ihrer Maßnahmen und Ansichten einher (siehe Benke, Erlacher & Zehetmeier, 2006; Zehetmeier, in diesem Band).

In einer Fragebogenuntersuchung von 115 Lehrer/inne/n zum Thema „Reflexion durch Schreiben in IMST" zeigte sich, dass die Bedeutung des Schreibens als Reflexionsprozess den Beteiligten teilweise erst im Rückblick bewusst wird, sie Widerstände überwinden müssen, dann jedoch die Auseinandersetzung einen reflexiven Umgang mit Unterricht befördern kann (Schuster, 2008).

In ihren inhaltsanalytischen Untersuchungen von IMST-Projektberichten fand Benke (2004, 2005), dass Reflexion meist in Zusammenhang mit der von Lehrkräften durchgeführten Selbstevaluationen auftrat. Die Selbstevaluationen nahmen dabei notwendigerweise stets nur einen Teilaspekt der Projekte (z.B.: Was war für Schüler/innen an Experimenten schwierig, wie hat ihnen ein naturwissenschaftlicher Projekttag gefallen?) in den Blick. Ein Rückbezug auf den größeren Rahmen – das Ziel des Unterrichtsprojekts – fand dabei meist nicht mehr statt.

In den Untersuchungen finden sich unterschiedliche „Orte der Reflexion“: Schreiben, Rückmeldungen von Betreuer/inne/n, Diskussion in Workshops und mit Kolleg/inn/en usw. Die Auseinandersetzung mit dem Unterricht im Setting des kollegialen Austauschs und der gemeinsamen und unterstützten Reflexion im Rahmen des IMST-Fonds wird überwiegend positiv bewertet. Die Qualität der jeweils dokumentierten Reflexion, die Qualität der Argumentation und das Ausmaß der Interpretation ist jedoch sehr unterschiedlich. Hier bedarf es noch einer Weiterentwicklung in Aus- und Fortbildung, da Lehrende häufig ohne Vorerfahrungen der (schriftlichen) Reflexion zu IMST kommen. Der Aufbau von Reflexionskompetenz braucht Zeit (siehe auch Calderhead & Gates, 1993) und Unterstützung, aber ebenso entsprechende Erfahrung bei den Beratenden, um nicht zu hohe Anforderungen an Evaluation und Dokumentation zu stellen.

Wirkungen bei den Schülerinnen und Schülern

Seit dem Schuljahr 2004/05 wurde alljährlich eine Schülererhebung mittels Fragebögen (N=jährlich über 12000, z.B. N_{2005}=1518; N_{2006}=1274) in den Projektklassen durchgeführt, in der selbstbezogene Daten wie fachliches Interesse sowie Einschätzungen zum Unterrichtserleben erhoben wurden. Dabei kamen auch Skalen aus der PISA-Erhebung (Haider & Schreiner, 2006) zum Einsatz. Dies erlaubt für einen Teil der Stichproben (z.B. für das Fach Mathematik im Gymnasium) einen Vergleich zum Durchschnitt der österreichischen Schüler/innen des entsprechenden Schultyps. Es zeigt sich unter anderem, dass jene Schüler/innen, deren Lehrer/innen ein IMST-Projekt durchführen, im Vergleich zur österreichischen Gesamtstichprobe ein etwas höheres Fachinteresse, weniger fachbezogene Sorge sowie geringere fachliche Angst beim Lösen mathematischer Aufgaben berichten (Andreitz, Hanfstingl & Müller, 2007).

Die Schüler/innen selbst sehen sich ebenso eher intrinsisch motiviert als extrinsisch, wobei über das Schuljahr keine substanzielle Veränderung in der extrinsischen als auch in der intrinsischen Motivationsausprägung zu beobachten ist (Müller, Andreitz, Hanfstingl & Krainer, 2007). Das Ergebnis ist insofern von Relevanz, als dass in der Literatur generell ein Absinken der Motivation über das Schuljahr hinweg sowohl bei Lehrerinnen und Lehrern als auch bei Schülerinnen und Schülern berichtet wird (vgl. z.B. Gräsel, Fussangel & Schellenbach-Zell, 2007). Wenn auch die Ergebnisse der Schülerbefragung im Schnitt gleich gut oder besser als bei der Vergleichsgruppe ausfallen, gibt es doch auch etliche Klassen, in denen die Schüler/innen schlechter als die Vergleichsgruppe urteilen und bei denen das Interesse sinkt.

Wirkungen der Vernetzungen
Was bewirken die Regionalen Netzwerke? Was wollen sie bewirken? Um diesen Fragen nachzugehen, wurden Steuergruppenmitglieder von zwei ausgewählten Netzwerken (Sturm, 2008) hinsichtlich der Ziele befragt, die sie sich als Netzwerkorganisator/inn/en setzen. Demnach stehen vor allem die Verbesserung der Qualität des naturwissenschaftlichen Unterrichts und ein verbessertes Ansehen der Naturwissenschaften in der Gesellschaft im Zentrum der Bestrebungen. Das inhaltliche Angebot der Netzwerke orientierte sich bisher vor diesem Hintergrund an den Interessenfeldern von Lehrerinnen und Lehrern und Schulbehörden sowie an aktuellen Themen im Schulwesen.

Die Evaluationsdaten geben ferner Hinweise darauf, dass gemeinsame Netzwerkarbeit ein kollegiales Miteinander fördert, vielfältige Kontakte ermöglicht und interdisziplinäre Kooperationen stärkt. Auf persönlicher Ebene wird die Mitarbeit im Netzwerk als „Beitrag zur Weiterentwicklung der Lehrerpersönlichkeit" gesehen und kann zu gesteigertem „Selbstbewusstsein" und zur Entwicklung der „Professionalität der Lehrer/innen" führen (Erlacher, 2006, S. 49).

Sturm (2009) zeigt in einer qualitativen Intensivstudie unterschiedliche Verständnisse der Netzwerke in unterschiedlichen Bundesländern auf. Alle Netzwerke verfolgen ähnliche Ziele, benutzen aber unterschiedliche Strategien der Einbindung in die Netzwerke. Insbesondere unterscheiden sich die Netzwerke darin, wie exklusiv die Leitung ist, ob es – der Darstellung in den Interviews zufolge – einfach oder schwer ist, in Verantwortungspositionen zu kommen.

Eine Interviewstudie (Heffeter, 2006) ging der Frage nach, wie weit die Regionalen Netzwerke die ihnen zugedachte Aufgabe als Kommunikationsdrehscheibe und Informationsangebot im Bereich der mathematisch-naturwissenschaftlichen Fächer erfüllen. Die Befragung zeigte eine hohe Bekanntheit der Netzwerke und ihrer Funktionen – eine wesentliche Voraussetzung für ihr Gelingen. Die im Rahmen der Studie befragten Landesschulinspektor/inn/en (LSI) aus ganz Österreich wussten zu 73 % über die Aktivitäten von IMST im Bereich der Naturwissenschaften Bescheid. Die Schwerpunkte der Aktivitäten der Netzwerke liegen nach den Aussagen der Befragten besonders in den Bereichen Erfahrungsaustausch und Zusammenarbeit zwischen den Lehrpersonen, Förderung der Professionalitätsentwicklung von Lehrkräften und im Stärken und Entwickeln der Fachdidaktiken.

Insgesamt zeichnen auch diese Studien ein eher positives Bild. Die Regionalen Netzwerke werden als Bereicherung erlebt, insbesondere bringen sie unterschiedliche Akteurinnen und Akteure der Bildungslandschaft in einem Bundesland zusammen. Die hohe Bekanntheit und Wahrnehmung der zentralen Anliegen erhöht auch die Wahrscheinlichkeit, dass die Informationen, die über die Netzwerke ausgesandt werden, auch bei den Adressat/inn/en ankommen. Eine Entwicklungsherausforderung bleibt aber die konkrete Gestaltung – zwischen Exklusivität, Stabilität und Fluktuation – der Netzwerke hinsichtlich der Aufnahme und Integration neuer Mitglieder.

4. Ausblick

Was bedeuten die theoretischen Überlegungen von IMST, die konkrete Umsetzung sowie die Befunde dazu für die Lehrerfortbildung? Welche Schlüsse und Anregungen lassen sich daraus ableiten? Und welche Fragen bleiben bei IMST noch offen?

IMST setzt konsequent auf Unterstützung und Vernetzung und befindet sich damit im internationalen Trend von großen nationalen Initiativen zur Förderung von mathematisch-naturwissenschaftlichem Unterricht (vgl. z.B. SINUS in Deutschland; Krainer, 2007; das abgeschlossene LUMA-Projekt in Finnland; Luma Support Group, 2002). Cordingley und Kollegen (2003; siehe auch Cordingley et al., 2005) haben in ihrer Metaanalyse die Wirksamkeit dieses Zugangs dokumentiert. In den qualitativen Analysen zeigt sich immer wieder die Bedeutung der gemeinsamen Kommunikation und Reflexion aus Sicht der Betroffenen. IMST zeigt einen Weg auf, wie parallel Strukturen zur Lehrerfortbildung und Vernetzung aufgebaut werden können.

Die Befunde der Evaluationen und Begleitforschungen zu IMST zeigen tendenziell die Wirksamkeit von IMST auf; dennoch gibt es auch negative Rückmeldungen einzelner Projektklassen. Es stellt sich die Frage, ob die gemeinsame Reflexion in Workshops und Schulteams nur bestimmte Gruppen von Lehrenden in ihrer Weiterentwicklung unterstützt und wie das Angebot geändert oder erweitert werden muss, um auch Lehrende mit anderen Lernstilen anzusprechen. Hier ist die Lehrerbildung gefordert, genauer hinzusehen. Sind die negativen Befunde zur Wirksamkeit von (anderen Formen der) Lehrerfortbildung allgemein oder gibt es hier auch eine kleine Gruppe von Lehrenden, bei denen positive Wirkungen festgemacht werden können? Lassen sich unterschiedliche Modelle wirksamer Lehrerbildung für unterschiedliche Lehrpersonen mit unterschiedlichen Lernstrategien und Präferenzen ausmachen?

5. Literatur

Altrichter, H. & Posch, P. (1998). Lehrer erforschen ihren Unterricht. Eine Einführung in die Methoden der Aktionsforschung. Bad Heilbrunn: Klinkhardt.

Andreitz, I., Hanfstingl, B. & Müller, F. H. (2007). Projektbericht der Begleitforschung des IMST-Fonds der Schuljahre 2004/05 und 2005/06. Wissenschaftliche Beiträge aus dem Institut für Unterrichts- und Schulentwicklung (Nr. 2). Klagenfurt: Institut für Unterrichts- und Schulentwicklung.

Benke, G. (2004). Dokumentenanalyse der Innovationen der Schwerpunktprogramme S1-S4 im Projektjahr 2001/02. In Ergebnisbericht zum Projekt IMST 2002/03 (S. 371-398). Nicht veröffentlichter Arbeitsbericht. Klagenfurt: Institut für Unterrichts- und Schulentwicklung.

Benke, G. (2005). Dokumentationsanalyse der Innovationen der Schwerpunktprogramme S1–S4 und des Programms Gender Sensitivity im Projektjahr 2002/03. In K. Krainer (Hrsg.), Ergebnisbericht zum Projekt IMST 2000–2004 (S. 269-281). Nicht veröffentlichter Arbeitsbericht. Klagenfurt: Institut für Unterrichts- und Schulentwicklung.

Benke, G., Erlacher, W. & Zehetmeier, S. (2006). Anhang zum Projekt IMST3 2004/05. Miniaturen zu IMST². Klagenfurt: Institut für Unterrichts- und Schulentwicklung.

Benke, G. & Krainz-Dürr, M. (2005). Evaluation IMST3: Konzept und Spannungsfelder. In M. Heinrich & U. Greiner (Hrsg.), Schauen, was 'rauskommt. Kompetenzförderung, Evaluation und Systemsteuerung im Bildungswesen (S. 125-136). Wien: LIT.

Benke, G., Tichá, M. & Hospesova, A. (2008). The use of action research in teacher education. In K. Krainer (Ed.), International Handbook of Mathematics Teacher Education (Vol. 3, pp. 283-307). Rotterdam: Sense Publishers.

Calderhead, J. & Gates, P. (1993). Introduction. In J. Calderhead & P. Gates (Eds.), Conceptualizing Reflection in Teacher Development (pp. 1-10). London: The Falmer Press.

Campbell, S. B. & Douglas, V. I. (1972). Cognitive styles and responses to the threat of frustration. Canadian Journal of Behavioral Science, 4(1), 30-42.

Cordingley, P., Bell, M., Evans, D. & Firth, A. (2005). The impact of collaborative CPD on classroom teaching and learning. Review: What do teacher impact data tell us about collaborative CPD? In Research Evidence in Education Library. London: University of London.

Cordingley, P., Bell, M., Rundell, B. & Evans, D. (2003). The impact of collaborative CPD on classroom teaching and learning. In Research Evidence in Education Library (Version 1.1). London: University of London.

Dewey, J. (2002, 1933). Wie wir denken. Zürich: Pestalozzianum.

Erlacher, W. (2006). IMST3 – Maßnahme 4 „Regionale Netzwerke". Endbericht zur Evaluation. Nicht veröffentlichter Arbeitsbericht. Klagenfurt: Institut für Unterrichts- und Schulentwicklung.

Fend, H. (2008). Schule gestalten. Wiesbaden: VS Verlag für Sozialwissenschaften.

Gräsel, C., Fussangel, K. & Schellenbach-Zell, J. (2007). Evaluating implementation: What works in symbiotic implementation and what does not? Paper presented at the European Association for Research on Learning and Instruction (EARLI): 12th Biennal Meeting Conference, Budapest, Hungary, August 28 – September 1, 2007.

Habermas, J. (1973). Erkenntnis und Interesse. Frankfurt am Main: Suhrkamp.

Haider, G. & Schreiner, C. (2006). Die PISA-Studie. Österreichs Schulsystem im internationalen Wettbewerb. Wien: Böhlau.

Hammerness, K. (2006). Seeing Through Teachers' Eyes: Professional Ideals and Classroom Practices. New York: Teachers College Press.

Heffeter, B. (2006). Regionale Netzwerke. Eine zentrale Maßnahme zu IMST3. Ergebnisbericht zur externen fokussierten Evaluation. Online unter http://imst.uni-klu.ac.at/programme_prinzipien/rn_tn/allgemeine_informationen/evaluation/ [19.10.2009].

Krainer, K. (2002). Ausgangspunkt und Grundidee von IMST². Reflexion und Vernetzung als Impulse zur Förderung von Innovationen. In K. Krainer, W. Dörfler, H. Jungwirth, H. Kühnelt, F. Rauch & T. Stern (Hrsg.), Lernen im Aufbruch: Mathematik und Naturwissenschaften. Pilotprojekt IMST² (S. 21-57). Innsbruck: Studienverlag.

Krainer, K. (2007). Die Programme IMST und SINUS: Reflexionen über Ansatz, Wirkungen und Weiterentwicklungen. In D. Höttecke (Hrsg.), Naturwissenschaftliche Bildung im internationalen Vergleich. Gesellschaft für Didaktik der Chemie und Physik. Tagungsband der Jahrestagung 2006 in Bern (S. 20-48). Münster: LIT.

Krainer, K. (2008). Genese, Ansatz und Wirkungen des Projekts IMST. In F. Hofmann, C. Schreiner & J. Thonhauser (Hrsg.), Qualitative und quantitative Aspekte. Zu ihrer Komplementarität in der erziehungswissenschaftlichen Forschung (S. 343-358). Münster: Waxmann.

Krainer, K. & Benke, G. (2009). Mathematik – Naturwissenschaften – Informationstechnologie: Neue Wege in Unterricht und Schule? In W. Specht (Hrsg.), Nationaler Bildungsbericht Österreich 2009 (Bd. 2, S. 223-246). Graz: Leykam.

Krainer, K., Dörfler, W., Jungwirth, H., Kühnelt, H., Rauch, F. & Stern, T. (2002). Lernen im Aufbruch: Mathematik und Naturwissenschaften. Pilotprojekt IMST². Innsbruck: Studienverlag.
Krainer, K. &. Müller, F. H. (2007). Fachbezogenes Bildungsmanagement – Konzeption eines Lehrgangs und erste Befunde der Begleitforschung. In A. Bikner-Ahsbahs & A. Peter-Koop (Hrsg.), Mathematische Bildung – Mathematische Leistung (S. 79-95). Hildesheim: Franzbecker.
Krainz-Dürr, M. (1999). Wie kommt Lernen in die Schule? Zur Lernfähigkeit der Schule als Organisation. Innsbruck: Studienverlag.
Krainz-Dürr, M., Kröpfl, B., Piber, C., Stern, T., Krainer, K. & Rauch, F. (2002). Universitätslehrgänge „Pädagogik und Fachdidaktik für Lehrer/-innen" (PFL). In G. Knapp (Hrsg.), Wissenschaftliche Weiterbildung im Aufbruch? Entwicklungen und Perspektiven (S. 332-359). Klagenfurt: Hermagoras.
Leu, E. (2004). The Patterns and Purposes of School-Based and Cluster Teacher Professional Development Programs. Washington, D.C.: USAID, EQUIP1.
Luma Support Group (2002). Finnish Knowledge in Mathematics and Sciences in 2002. Final report of LUMA Programme [Electronic Version]. Online unter http://www.oph.fi/attachment.asp?path=1;443;6717;18762;65078 [2008-01-31].
McDonald, J. & Klein E. (2003). Networking for Teacher Learning: Toward a Theory of Effective Design. Teacher College Record, 105(8), 1606-1621.
Müller, F. H., Andreitz, I., Hanfstingl, B. & Krainer, K. (2007). Effects of the Austrian IMST Fund of instructional and school development. Some results from the school year 2006/2007 focusing on teacher and student motivation. European Association for Research on Learning and Instruction (EARLI): 12th Biennal Meeting Conference, Budapest, Hungary, August 28 – September 1, 2007.
Pivec, M. & Pivec, P. (2008). Games in Schools. Online unter http://www.isfe-eu.org/tzr/scripts/downloader2.php?filename=T003/F0013/b5/9b/w7ol0v3qaghqd4cdp5wgjafui&mime=application/pdf&originalname=final_literature_review__gis_.pdf [2009-10-19].
Rauch, F. & Kreis, I. (Hrsg.). (2007). Lernen durch fachbezogene Schulentwicklung. Schulen gestalten Schwerpunkte in den Naturwissenschaften, Mathematik und Informatik. Innsbruck: Studienverlag.
Russell, T. (1993). Critical Attributes of a Reflective Teacher: Is Agreement Possible? In J. Calderhead & P. Gates (Eds.), Conceptualizing Reflection in Teacher Development (pp. 144-153). London: The Falmer Press.
Schön, D. A. (1983). The Reflective Practitioner. How Professionals Think in Action: Basic Books.
Schuster, A. (2008). Ich schreibe, also lerne ich. Welche Anreize bewegen Lehrkräfte zum Schreiben über ihre Praxis? Dissertation an der Alpen-Adria-Universität Klagenfurt. Regensburg: Roderer.
Sturm, T. (2008). Erste Ergebnisse der Evaluation der Steuergruppen der Regionalen Netzwerke 2007/2008. Vortrag auf dem IMST-Vernetzungstreffen der Regionalen Netzwerke, 13. November 2008, St. Gilgen.
Sturm, T. (2009). Regional Networks as Instruments for Professional Development. Perspectives on access to professional development networks. In J. V. C. N. Callaos, A. Oropeza, A. Tremante & F. Welsch (Eds.), Proceedings (Vol. II, pp. 229-234). Winter Garden: International Institute of Informatics and Systematic.
Van Manen, M. (1977). Linking Ways of Knowing with Ways of Being Practical. Curriculum Inquiry, 6, 205-228.
Weick, K. E. (1995). Sensemaking in organizations. Thousand Oaks, CA: Sage.

Willke, H. (1999). Systemtheorie II: Interventionstheorie. Einführung in die Theorie der Intervention in komplexe Sozialsysteme (3. Aufl.). Stuttgart: UTB.

Zhang, L.-F. & Sternberg, R. J. (2006). The nature of intellectual styles. Mahwah, NJ: Lawrence Erlbaum Associates.

Wie Lehrkräfte bei der Reflexion über ihren Unterricht unterstützt werden können

Das Fachgruppenportfolio im Programm SINUS-Transfer

Uta Meentzen & Matthias Stadler

Abstract

Das Programm zur „Steigerung der Effizienz des mathematisch-naturwissenschaftlichen Unterrichts“ (SINUS-Transfer) verfolgt das Ziel, den Unterricht in Mathematik und den Naturwissenschaften in Deutschland zu verbessern. Kern des Programms ist die kooperative, problemorientierte Weiterentwicklung des Unterrichts durch die Lehrkräfte einer Schule. Um Schritte der Entwicklung sichtbar zu machen und die Lehrkräfte beim Lernen zu unterstützen, wurde das Instrument des Fachgruppenportfolios implementiert. Die Lehrkräfte wurden mit der Methode dazu angeregt, gemeinsam innerhalb ihrer Fachgruppe bedeutsame Stationen ihrer Arbeit im Rahmen des Programms zu dokumentieren und zu reflektieren.

In diesem Beitrag wird zunächst das Programm vorgestellt. Im Anschluss wird die Bedeutung der Portfoliomethode in der Lehrerbildung und für die Unterrichtsentwicklung herausgearbeitet, bevor das Konzept des Fachgruppenportfolios konkretisiert wird. An einem Beispiel wird veranschaulicht, wie eine Gruppe von Lehrkräften ihren Prozess gestaltet und in ihrem Fachgruppenportfolio dokumentiert hat.

Schlagworte (dt.)

Portfolio, Unterrichtsentwicklung, Reflexion, Fachgruppe, Lehrerkooperation

Schlagworte (engl.)

portfolio, development of instruction, reflection, teacher cooperation

1. Einleitung

Studien haben gezeigt, dass Unterricht nach bestimmten Mustern, so genannten Skripts, abläuft (Reusser et al., 1998; Seidel, 2003; Seidel et al., 2002; Seidel, Rimmele & Prenzel, 2003; Stigler & Hiebert, 1997). Im Mathematik-, aber auch im Naturwissenschaftsunterricht dominiert in Deutschland das fragend-entwickelnde Unterrichtsgespräch. Häufig werden durch das eng geführte Gespräch Lerngelegenheiten nicht wahrgenommen und Chancen ausgelassen. Eine Verbesserung des Unterrichts erfordert, die ihm zugrunde liegenden Skripts, die oft unbewusst ablaufenden Routinen, bewusst zu machen und gezielt Änderungen an ihnen vorzunehmen. Über neue Unterrichtsabläufe müssen die Lehrkräfte reflektieren, damit eine gerichtete, langfristig wirksame Änderung der Qualität einsetzen kann.

Dieser Ansatz wurde in einem großen Unterrichtsentwicklungsprogramm verfolgt, das unter dem Namen SINUS bekannt geworden ist. In diesem Beitrag wird ein Instrument vorgestellt, das konzipiert wurde, um die Reflexion bei Lehrkräften über ihren eigenen Unterricht anzuregen und zu unterstützen: das Fachgruppenportfolio.

Zunächst wird das Programm vorgestellt, indem Lehrkräfte mit dem Instrument arbeiten. Im Anschluss wird die Konzeption des Fachgruppenportfolios dargelegt und anhand eines Beispiels veranschaulicht.

2. Das Programm SINUS-Transfer

Mit dem Programm zur Steigerung der Effizienz des mathematisch-naturwissenschaftlichen Unterrichts reagierten die Länder in Deutschland gemeinsam auf die in der TIMSS-Studie festgestellten Schwächen der mathematisch-naturwissenschaftlichen Bildung. Unter dem Namen SINUS startete das Programm im Jahr 1998 bundesweit an 180 Schulen und wurde im anschließenden SINUS-Transfer-Programm von 2003 bis 2007 an über 1700 Schulen aller Schulformen (Sekundarstufe) eingeführt. Das übergeordnete Ziel des Programms umfasst die Veränderung der Kultur des mathematischen und naturwissenschaftlichen Unterrichts in Deutschland. Um das Programmziel zu erreichen, wurden Entwicklungen und Verbesserungen auf drei Ebenen angestrebt: Auf einer Ebene standen die Schülerinnen und Schüler bzw. deren Lernprozesse und Lernergebnisse, auf einer zweiten Ebene ging es um die Gestaltung des Unterrichts und auf einer dritten Ebene wurde die Professionalisierung der Lehrkräfte verfolgt (Prenzel, 2000; Prenzel & Ostermeier, 2003). Für diesen Beitrag ist vor allem die Unterstützung der professionellen Entwicklung von Lehrkräften als Ansatzpunkt für die Veränderung von Unterricht von Interesse. Lehrkräfte werden im Programm angeregt, gemeinsam über ihren Unterricht nachzudenken, unterrichtsspezifische Probleme aus mehreren Perspektiven zu betrachten und Problemlöseprozesse einzuleiten. Sie werden dabei unterstützt durch einen inhaltlichen und organisatorischen Rahmen, der sich durch drei Prinzipien auszeichnet: a) Bearbeitung von Problembereichen durch Module, b) Kooperation und Netzwerke und c) Qualitätsentwicklung und Qualitätssicherung.

a) Bearbeitung von Problembereichen durch Module

Den inhaltlichen Kern von SINUS bilden die folgenden elf Module:

1. Weiterentwicklung der Aufgabenkultur
2. Naturwissenschaftliches Arbeiten
3. Aus Fehlern lernen
4. Sicherung von Basiswissen – Verständnisvolles Lernen auf unterschiedlichen Niveaus
5. Zuwachs von Kompetenz erfahrbar machen – Kumulatives Lernen
6. Fächergrenzen erfahrbar machen – Fachübergreifendes und fächerverbindendes Arbeiten
7. Förderung von Mädchen und Jungen
8. Entwicklung von Aufgaben für die Kooperation von Schülerinnen und Schülern

9. Verantwortung für das eigene Lernen stärken
10. Prüfen – Erfassen und Rückmelden von Kompetenzzuwachs
11. Qualitätssicherung innerhalb der Schule und Entwicklung schulübergreifender Standards

Sie nehmen zentrale Problembereiche des mathematisch-naturwissenschaftlichen Unterrichts auf und nutzen wichtige Erkenntnisse der allgemeinen und fachdidaktischen Lehr-Lernforschung, um erfolgversprechende Entwicklungen aufzuzeigen.

Die Module geben Impulse für die Weiterentwicklung des Unterrichts und können auf die Situation vor Ort angepasst werden. Beispielsweise wird bei Modul 1 „Weiterentwicklung der Aufgabenkultur" der Blick auf die vorherrschende Monokultur bei Aufgaben im deutschen Unterricht gelenkt. Meist erfordern sie zur Lösung nur einfache Routinefähigkeiten, engen das Lernen ein und lassen keinen Raum für kreative Lernstrategien. Mit der Arbeit am Modul „Aufgabenkultur" erschließen sich Lehrkräfte die Vielfalt von Aufgaben und Aufgabentypen für die verschiedenen Abschnitte des Lernens. Sie lernen, Aufgaben mit unterschiedlichen Merkmalen bewusst auszuwählen, solche Aufgaben selbst zu entwickeln und gezielt im Unterricht einzusetzen.

b) Kooperation und Netzwerke

Die Veränderung gewohnter Unterrichtsstrukturen stellt eine herausfordernde Aufgabe für Lehrkräfte dar, die sie am besten gemeinsam im Kollegium angehen. Durch den Austausch mit Kolleginnen und Kollegen konkretisieren sich Problembereiche und Veränderungen können leichter geplant und erprobt werden (Huber, 1998). Werden neue Unterrichtsansätze und Methoden von einer Gruppe von Lehrerinnen und Lehrern getragen und umgesetzt, stellen sich Erfolge eher ein als bei einzelnen Lehrkräften (Garet et al., 2001). Im SINUS-Transfer-Programm bildet die Kooperation zwischen den beteiligten Lehrerinnen und Lehrern deshalb ein Leitprinzip für die Weiterentwicklung von Unterrichtsqualität. Kooperiert wird innerhalb der eigenen Schule mit den Fachkolleginnen und -kollegen sowie in Netzwerken mit anderen Schulen. Darüber hinaus wird auch ein besonderes Augenmerk auf den Dialog zwischen Praxis und Wissenschaft gelegt. Es geht darum, gemeinsam auf den Unterricht zu blicken, sich auszutauschen und Bewährtes weiterzuentwickeln oder alternative Maßnahmen zu planen. Die Qualität des eigenen Unterrichts ist damit nicht mehr allein Angelegenheit einer Lehrkraft. Vielmehr geht es in dem Programm darum, gemeinsam die Verantwortung für die Qualität des Unterrichts zu tragen.

c) Qualitätsentwicklung und Qualitätssicherung

Die Qualität des eigenen Unterrichts problemorientiert weiterzuentwickeln, gehört zu den professionellen Kompetenzen von Lehrkräften. Insbesondere durch die zunehmende Autonomie der Einzelschule und der damit verbundenen Abkehr von einer zentralen Steuerung durch die Schuladministration hat sich für diese wichtige Aufgabe der Gestaltungsspielraum vergrößert. Zugleich sind Lehrerinnen und Lehrer damit aufgefordert, in schulinterne Selbstevaluationsprozesse einzusteigen. Sie müssen ihre Tätigkeit im Hinblick auf ihre Ziele, Bedingungen, Verläufe und Wirkungen reflektieren, um sich zu vergewissern, dass sie ihre Freiräume in qualitätvoller Weise nutzen (Altrichter & Posch, 1999).

In SINUS-Transfer wurde als ein Instrument der Qualitätsentwicklung das Portfolio eingesetzt, um die Lehrkräfte auf ihrem Weg zu begleiten und zu unterstützen. Ziel war es, dass sich die Lehrkräfte mit Hilfe der Methode über die Stärken und Schwächen ihrer Unterrichtsentwicklungsarbeit bewusst werden. Auf diesem Weg sollten Veränderungsprozesse in den Schulen von den Lehrkräften unter Wahrung ihrer Autonomie gesteuert und kontrolliert werden. Gleichzeitig war mit dem Instrument die Möglichkeit gegeben, Informationen für die externe Erfolgskontrolle des Programms zu gewinnen. Somit stand dem Programm ein Instrument zur Verfügung, über das die kooperative Unterrichtsentwicklung mit Methoden der Qualitätsentwicklung verknüpft werden konnte. Für die Lehrkräfte ergaben sich darüber vielfältige Gelegenheiten, ihre professionelle Entwicklung voranzutreiben.

3. Portfolios in der Lehrerbildung

Wie Lehrkräfte in ihrem Schulalltag bei der Reflexion über ihren Unterricht mittels Portfolios unterstützt werden können, ist Thema des vorliegenden Beitrags. Zunächst ist jedoch zu klären, was unter einem Portfolio zu verstehen ist und welche Funktionen dieser Methode für die Weiterentwicklung von Unterricht zugesprochen werden.

Portfolios sind Mappen, in denen bedeutsame Stationen eines Lernprozesses anhand ausgewählter Materialien dokumentiert und reflektiert werden. Ein Portfolio zu führen heißt, sich selbstständig mit authentischen, offenen Problemstellungen zielgerichtet und systematisch auseinanderzusetzen. Bekannt geworden ist die Methode in den angloamerikanischen Ländern, wo Portfolios bereits seit den 80er Jahren zur alternativen Leistungsbeurteilung und als Instrument zur Begleitung von Lern- und Entwicklungsprozessen im Bildungsbereich eingesetzt werden. Im deutschsprachigen Raum ist in den letzten Jahren ein zunehmendes Interesse an der Methode zu beobachten. In Deutschland, Österreich und der Schweiz wird bereits über erste Erfahrungen mit dem Einsatz von Portfolios bei Schülerinnen und Schülern und bei angehenden Lehrerinnen und Lehrern der ersten und zweiten Ausbildungsphase berichtet (Brunner, 2002; Brunner, Häcker & Winter, 2006; Häcker, Dumke & Schallies, 2002; Kunz Heim, 2001; Niggli, 2001; Schallies, Wellensiek & Lembens, 2000; Schratz & Tschegg, 2001; Winter, 2004). Erst selten ist bisher die Arbeit mit Portfolios bei praktizierenden Lehrkräften beschrieben worden. Der vorliegende Beitrag nimmt sich dieser Zielgruppe an und stellt den Einsatz des Instruments für die Dokumentation und Reflexion von Unterrichtsentwicklungsprozessen vor.

4. Unterrichtsdokumentation und Unterrichtsentwicklung mittels Portfolios

Didaktische Problembereiche des eigenen Unterrichts zu identifizieren, geeignete Maßnahmen zu entwickeln und auszuprobieren, reicht nicht aus, wenn es um nachhaltige Veränderungen des Unterrichts geht. Um die Qualität des Unterrichts zu entwickeln, muss überprüft werden, ob die neuen Vorgehensweisen erfolgreich waren oder nicht (Bastian, 2007).

Eine Neuerung für die Dokumentation und Reflexion von Unterrichtsentwicklungsprozessen stellt die Portfoliomethode dar. Bisher sind Portfolios in der Lehrerfortbildung kaum verwendet worden; ein Portfolio zu führen ist für die meisten Lehrkräfte ungewohnt. Selten müssen sie ihren Unterricht dokumentieren oder gar über ihn reflektieren. Erschwerend kommt hinzu, dass den Schreib- und Reflexionskompetenzen von Lehrkräften bisher wenig Zeit und Gelegenheit gewidmet wurden, so dass wichtige Anforderungen im Umgang mit der Methode möglicherweise unzureichend ausgebildet sind. Verschiedene Studien weisen darauf hin, dass über die Arbeit mit Portfolios die Reflexionsfähigkeit über die eigene Praxis angeregt werden kann (Ellsworth, 2002; Orland-Barak, 2005; Tigelaar et al., 2006). In der Auseinandersetzung mit dem Instrument eröffnet sich ein Potential, um Stärken und Schwächen des eigenen Unterrichts zu entdecken und festzuhalten. Werden diese bedeutsamen Stationen in einem Portfolio schriftlich fixiert, können sie dabei helfen, Bewährtes zu sichern und/oder situationsspezifisch weiterzuentwickeln. Bisherige Befunde zeigen, dass Portfolios als strukturierende Grundlage dienen können, mittels derer Prozesse über einen längeren Zeitraum gesteuert und dokumentiert werden können (Behrens, 1997; Danielson & McGreal, 2000; Wolf, Whinery & Hagerty, 1995). Darüber hinaus stellen Portfolios Gesprächsanlässe bereit, um sich mit Kolleginnen und Kollegen über ausgewählte Materialien oder ergriffene Maßnahmen auszutauschen (Craig, 2003; Laverie, 2002; Tucker, Stronge & Gareis, 2002; Wolf, Whinery & Hagerty, 1995; Xu, 2003).

5. Portfolios bzw. Fachgruppenportfolios im SINUS-Transfer-Programm

Im SINUS-Transfer-Programm wurde in der Portfoliomethode ein breites Potential gesehen, um die am Programm beteiligten Lehrkräfte in ihrer Arbeit voranzubringen und nachhaltig zu unterstützen. Die theoretische Grundlage lieferten verschiedene konzeptionelle Ideen (Barton & Collins, 1997; Paulson, Paulson & Meyer, 1991; Wolf, 1991). Konzipiert wurde schließlich ein Fachgruppenportfolio (Meentzen, Ostermeier & Prenzel, 2005). Die Besonderheit eines solchen Portfolios liegt darin, dass Lehrerinnen und Lehrer einer Fachgruppe bedeutsame Stationen ihrer Programmarbeit in einem gemeinsamen Portfolio dokumentieren und reflektieren. Dieses Portfolio fordert das Fachkollegium auf, sich anhand von gezielt ausgewählten Arbeitsbeispielen über Erfahrungen und Erkenntnisse auszutauschen und auf dieser Grundlage über weitere Vorgehensweisen gemeinsam zu entscheiden. Der kooperative Qualitätsentwicklungsansatz des Programms wurde somit auch für die Konzeption eines Fachgruppenportfolios aufgegriffen.

5.1 Aufbau eines Fachgruppenportfolios

Für das Grundgerüst eines Fachgruppenportfolios wurde vorgesehen, dass die Lehrkräfte vier Stationen ihres Arbeitsprozesses abbilden. Neben einer gemeinsamen Zielvereinbarung sollten mindestens drei Entwicklungsschritte mittels Material festgehalten werden. Tabelle 1 zeigt die von Seiten des Programmträgers aufgestellten Vorgaben für den Aufbau eines Fachgruppenportfolios.

Tab. 1: Aufbau eines Fachgruppenportfolios

Stationen der Portfolioarbeit	*Portfolio-Inhalte*
Zielvereinbarung	Darstellung gemeinsamer Ziele
Ausgangspunkt	Material + Kommentar
Entwicklungspunkt 1	Material + Kommentar
Entwicklungspunkt 2	Material + Kommentar

Die Zielvereinbarung steht an erster Stelle in einem Portfolio. Sie dient als gemeinsamer Orientierungsrahmen für die Arbeit im Programm.

Im Anschluss folgen (mindestens) drei Stationen der Arbeit, die mit Materialien und einem dazugehörigen Kommentar in einen Zusammenhang gestellt und besprochen werden. Die Fachgruppe entscheidet darüber, welches Ereignis als Ausgangspunkt der Arbeit angesehen wird und wann ein Zwischenergebnis (Entwicklungspunkt 1 und 2) erreicht ist. Über diese Minimalanforderungen hinaus blieb es den Lehrkräften überlassen, wie sie ihr Portfolio gestalten. Entscheidend ist die bewusste und zielbezogene Auswahl von Material. Es kann sich nicht um eine Gesamtdokumentation der Arbeit handeln. Vielmehr sollten exemplarisch Stationen des gemeinsamen Entwicklungsprozesses sichtbar werden. Im Folgenden werden einige Beispiele für mögliche Nachweise für ein Portfolio aufgezeigt.

Beispiele für Materialien und Dokumente eines Portfolios:

- Aufgabenblätter oder Arbeitsanweisungen
- Darstellung von Schülerexperimenten
- Liste von typischen Fehlern der Schülerinnen und Schüler
- Übungsaufgaben zur Sicherung des Basiswissens
- Prüfungsinstrumente wie z.B. Klassenarbeitsaufgaben, Testaufgaben etc.
- Aufzeichnungen von Lösungswegen von Schülerinnen und Schülern
- Ergebnisse aus Schülerbefragungen
- Ausschnitte aus Unterrichtslogbüchern
- Unterrichtsvideos
- Hospitationsprotokolle
- Kooperationsverträge
- Protokolle von Arbeitsgruppentreffen
- Fotos von Flip-Chart- oder Metaplanaufzeichnungen etc.

Für die Dokumentations- und Reflexionsarbeit standen den Lehrkräften verschiedene Formulare und ein Portfolioleitfaden zur Verfügung.
Der Leitfaden zur Portfolioarbeit informiert alle am Programm Beteiligten über die grundlegenden Prinzipien der Arbeit mit diesem Instrument. Auf dem „Zielpapier" regen Fragen zum kritischen Betrachten des Unterrichts an. Darauf aufbauend soll das Formular dabei unterstützen, Ziele zu formulieren und entsprechende Maßnahmen zu entwerfen, die zum Erreichen der Ziele durchgeführt werden sollen. Ein „Kommentarzettel" wurde als Reflexionshilfe für die einzelnen Stationen der Arbeit konzipiert. Vor allem dem Schreiben wird im Portfolioprozess eine zentrale Rolle zugewiesen, da eine Distanz zum Geschehen gewonnen werden kann (Behrens, 2001; Bräuer, 1998). Die Lehrkräfte werden angeregt, ihre Erfahrungen aus ihrer Unterrichtsstunde aufzuschreiben, zu durchdenken und neue oder veränderte Ansätze zu entwerfen.

6. Fragestellungen und Methode der Auswertung im Programm

Für die externe Evaluation des SINUS-Transfer-Programms wurden über Zufallsstichproben insgesamt 1209 Fachgruppenportfolios eingeschickt und ausgewertet. Ziel war es, zu erfahren, inwieweit Schritte der kooperativen Qualitätsentwicklung in den Portfolios sichtbar werden. Darüber hinaus wurde durch die Vielfalt und Heterogenität der eingesandten Portfolios eine Überprüfung von deren Qualität und Aussagekraft notwendig (Meentzen, im Druck). Für die Auswertung wurden hierfür Verfahren der qualitativen Inhaltsanalyse angewandt (Bos & Tarnai, 1999; Mayring, 2000). Niedrig und hoch inferente Kategoriensysteme wurden theoriegeleitet entwickelt und anhand einer Zufallsstichprobe ausgeschärft und überprüft. Die Gütekriterien für die Kodierverfahren liegen bei Cohens-Kappa-Werten zwischen 0.70 und 1.00. Die prozentualen Übereinstimmungen sind zwischen 83 % und 100 % als gut bis sehr gut einzustufen (Meentzen, im Druck). Über die Ergebnisse der vertiefenden Analysen wird an anderer Stelle berichtet (Meentzen, Ostermeier & Prenzel, 2005; Meentzen, Stadler & Ostermeier, 2008; Meentzen, im Druck). In dem vorliegenden Beitrag wird beispielhaft ein Fachgruppenportfolio der Gesamtstichprobe vorgestellt. In dem ausgewählten Portfolio ist es den verantwortlichen Lehrerinnen und Lehrern gelungen, ihre Unterrichtsentwicklungsarbeit zielgerichtet und systematisch zu dokumentieren und zu reflektieren.

7. Ein Beispiel zum Umgang mit dem Instrument

Im Folgenden werden Auszüge aus einem Portfolio des Programms vorgelegt.
Das Portfolio ist von fünf Lehrkräften einer integrierten Gesamtschule für die Fächer Physik und Biologie im Rahmen des SINUS-Transfer-Programms geführt worden. Ausgewählt und dokumentiert wurde eine Unterrichtseinheit über „Akustik, menschliche Stimme und Hören" für die 7. Jahrgangsstufe. In den Mittelpunkt ihres Portfolios stellen die Lehrkräfte die Veränderung von Arbeitsbögen für die besagte Unterrichtseinheit.

Das Portfolio ist gefüllt mit verschiedenen Nachweisen. Dabei handelt es sich um früher genutzte und neu erstellte Aufgabenzettel, Fotos aus der Unterrichtsarbeit, Ergebnisse aus Schülerbefragungen nach dem Einsatz der neuen Arbeitsaufträge etc. Passend zu den Nachweisen organisieren die Lehrkräfte ihr Portfolio mit einem Inhaltsverzeichnis, einem Zielpapier und entsprechenden Kommentarzetteln. Wie sie ihre einzelnen Entwicklungsschritte darstellen, zeigen folgende Auszüge aus dem Portfolio.

Zu Beginn beschreibt die Gruppe der Lehrkräfte ihre Ausgangssituation und markiert damit den Einstieg in ihr Portfolio. Sie greifen eine Unterrichtseinheit heraus und bestimmen den Problembereich, dem sie sich im Rahmen ihrer Programmarbeit widmen wollen:

„Die Unterrichtseinheit ‚Akustik, menschliche Stimme und Hören', in der sowohl physikalische als auch biologische Aspekte behandelt werden, wird an unserer Schule integrativ unterrichtet. […] Die Vermittlung geschieht jedoch immer noch weitestgehend traditionell, d.h. mit vielen Lehrerversuchen, und damit steht der lehrerzentrierte Unterricht im Vordergrund."

Ausgehend von ihrer Problembestimmung vereinbaren die Lehrkräfte das Ziel für ihre bevorstehenden Bemühungen:

„Ziel unseres Unterrichtsvorhabens ist, den integrativen Ansatz durch die Zusammenarbeit von Biologie- und Physikkollegen noch zu verstärken und Formen der Vermittlung zu erarbeiten, die es den Schülerinnen und Schülern erlauben, sich möglichst viele Themen in Eigenarbeit zu erschließen. Dabei sollen Alltagssituationen im Mittelpunkt stehen. Das bedingt eine Auswahl und Zusammenstellung von Versuchen, aber auch eine Neuerstellung von Arbeitsanweisungen, die diesem Anspruch gerecht werden."

Die Lehrkräfte haben ein konkretes und transparentes Ziel für ihre Arbeit formuliert, an dem sie sich in ihrem weiteren Vorgehen orientieren können. In ihren Ausführungen konzentrieren sie sich auf das Umarbeiten bereits bestehender Arbeitsaufträge entsprechend ihrer Zielsetzung. Dabei soll dem selbstständigen Lernen der Schülerinnen und Schüler stärker Rechnung getragen werden. In einem Aufgabenblatt (siehe Abb. 1) erkennen sie die „enggeführte" Aufgabenstellung. Der Arbeitsauftrag gibt konkret vor, was zu tun ist, und auch die Abbildung auf dem Arbeitszettel enthält viele Hinweise auf das, was von den Schülerinnen und Schülern im Versuch herausgefunden werden soll. Damit sind selbstständige entdeckende Tätigkeiten der Schülerinnen und Schüler stark eingeschränkt.

Die Lehrkräfte stellen die Defizite der Aufgabe für den Bereich des selbstständigen Lernens fest und verändern den Arbeitsbogen (siehe Abb. 2). Sie formulieren eine offene Aufgabe und reduzieren die Abbildung so weit, dass es keine expliziten Hinweise auf ein zielführendes Vorgehen gibt. Den Schülerinnen und Schülern wird eine eigenständige Bearbeitung der Aufgabe zugetraut.

Schallentstehung:
Schwingende Saiten am Monochord

Problemstellung: Finde mit Hilfe des Monochords (Holzkasten) heraus, wovon die Tonhöhe bei Saiteninstrumenten abhängt!

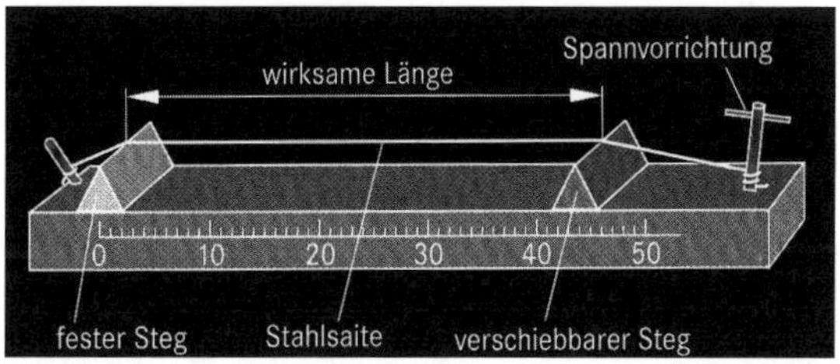

Aufgabe 1: Zupfe eine Saite an und verändere die Spannung durch Drehen der Spannvorrichtung!
Auswertung:______________________________________
____

Aufgabe 2: Zupfe eine Saite an und verändere die Länge durch Verschieben des Dreikants!
Auswertung:______________________________________
____

Abb. 1: Bisher im Unterricht verwendete Aufgabe in der Unterrichtseinheit „Akustik, menschliche Stimme und Hören" für die 7. Klasse (Integrierte Gesamtschule Hannover-Mühlenberg)

In diesem Sinne bearbeitet die Gruppe der Lehrkräfte verschiedene Arbeitsblätter, die im Anschluss für die Unterrichtseinheit zusammengestellt werden. Nach dem Einsatz der neuen Arbeitsbögen im Unterricht tragen die Lehrkräfte ihre Erfahrungen im Portfolio zusammen. Sie beobachten, dass das Arbeiten den Schülerinnen und Schülern mehr Spaß bringt. Jedoch hat sich durch das eigenständige Arbeiten, durch das Ausprobieren und Experimentieren auch der Lärmpegel in den Unterrichtsstunden erhöht. Darüber hinaus stellen die Lehrkräfte fest, dass der Stoff gut verstanden wird und die neue Arbeitsweise zu ähnlichen Lernergebnissen führt wie der konventionelle Unterricht. Auch bestätigen die Schülerinnen und Schüler, dass sie zukünftig wieder so arbeiten wollen. Im Anschluss an ihre gesammelten Erfahrungen plant die Gruppe von Lehrkräften nächste Schritte, um ihre Unterrichtseinheit noch weiter zu optimieren.

Akustik LAB

Schallentstehung 4
Saiteninstrumente

Experiment
A 1.04
Station
4

Vorsicht mit dem Monochord !!!
Achte darauf, dass der Zeiger der Spannvorrichtung nicht den roten Bereich erreicht.

Fragestellung: Wie können auf Saiteninstrumenten verschieden hohe Töne erzeugt werden?

Aufgabe 1) *Höre dir die CD-Aufnahme an.*

Aufgabe 2)
Finde mit Hilfe des Monochords zwei Möglichkeiten heraus, verschieden hohe Töne zu erzeugen.

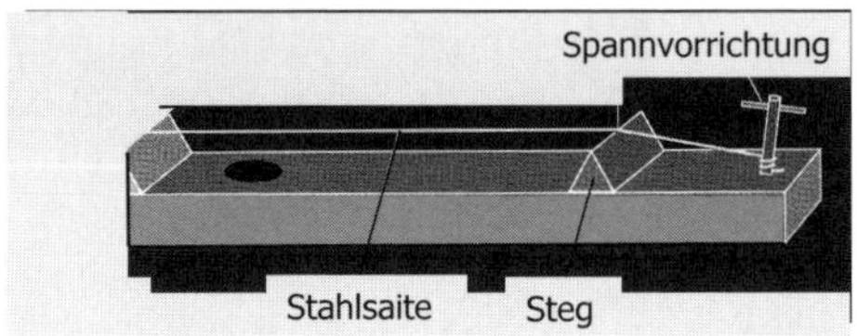

Möglichkeit 1 ______________________

____

Möglichkeit 2 ______________________

____

Abb. 2: Veränderte Aufgabenstellung zum Lernen an Stationen in der Unterrichtseinheit „Akustik, menschliche Stimme und Hören" für die 7. Klasse (Integrierte Gesamtschule Hannover-Mühlenberg)

8. Nutzen von Portfolios

An dem soeben dargestellten Auszug aus einem Fachgruppenportfolio konnte gezeigt werden, wie sich Lehrkräfte das Instrument für die Weiterentwicklung ihrer Unterrichtsarbeit zu Nutze gemacht haben. Mit Hilfe ihres Portfolios reflektieren die Lehrkräfte über ihre Arbeit und setzen somit Anknüpfungspunkte für zukünftige Veränderungen. Bewährtes soll beibehalten und weiterentwickelt werden. Dort, wo sie noch Hindernisse und Probleme feststellen, müssen veränderte Ansätze entworfen werden. Das Portfolio kann ihnen dabei helfen, die Erfahrungen aller Kolleginnen und Kollegen zusammenzutragen, zu durchdenken und gemeinsam die Weiterentwicklung ihres Vorhabens voranzutreiben.

Über das beispielhaft ausgewählte Portfolio lassen sich bestimmte Aspekte hervorheben, die von besonderer Bedeutung sind, damit die Arbeit mit dem Instrument für den Prozess der Unterrichtsentwicklung sinnvoll wird. Entscheidend ist dabei, dass von Beginn an klar und transparent ist, zu welchem Zweck mit Portfolios gearbeitet wird. Im praktischen Umgang ist ein inhaltliches Ziel zu vereinbaren, über das, was erreicht werden soll und an dem das weitere Vorgehen überprüft werden kann. Wichtig ist, verschiedene Nachweise auszuwählen, die den Entwicklungsprozess veranschaulichen können. Eine entscheidende Funktion übernehmen in diesem Zusammenhang die Kommentarteile eines Portfolios: Eine kontinuierliche und kohärente Dokumentation der ausgewählten Arbeitsbeispiele ist für eine zielorientierte und systematische Unterrichtsentwicklung essentiell.

Unsere Analysen zur Qualität und Aussagekraft der Fachgruppenportfolios im SINUS-Transfer-Programm haben ergeben, dass ein großer Teil der Portfolios sich eher noch durch die Darstellung einzelner Stationen der Programmarbeit auszeichnet, die unverbunden im Portfolio nebeneinander stehen. Aber es finden sich auch Portfolios – wie u.a. das hier vorgestellte Beispiel –, die eine kontinuierliche Auseinandersetzung mit einer Problemstellung des Unterrichts beinhalten (Meentzen, im Druck). In dieser Form scheinen Portfolios eine Methode darzustellen, die sich insbesondere für die Durchführung von längerfristigen Maßnahmen in der Lehrerfortbildung als nutzbringend erweisen können. Es geht darum, dass Lehrkräfte ihre Fortbildung problemorientiert erleben und ihre Erkenntnisse und Arbeitsstände gezielt und systematisch festhalten und reflektieren. Auf diesem Weg können Portfolios dabei helfen, Fortbildungsinhalte nachhaltig werden zu lassen.

9. Literatur

Altrichter, H. & Posch, P. (1999). Der Aufbau von Qualitätsentwicklung im Schulwesen. Zur Einführung in den vorliegenden Band. In H. Altrichter & P. Posch (Hrsg.), Wege zur Schulqualität. Studien über den Aufbau von qualitätssichernden und qualitätsentwickelnden Systemen in berufsbildenden Schulen (S. 15-21). Innsbruck: Studienverlag.

Barton, J. & Collins, A. (1997). Portfolio assessment – A Handbook for Educators. Parsippany, NJ: Dale Seymour Publications.

Bastian, J. (2007). Unterricht evaluieren und entwickeln. Pädagogik, (2/07), 6-9.

Behrens, M. (1997). Das Portfolio zwischen formativer und summativer Bewertung. Beiträge zur Lehrerbildung, 15(2), 176-184.

Behrens, M. (2001). Denkfiguren zum Portfoliosyndrom. Journal für Lehrerinnen- und Lehrerbildung, (4), 8-16.

Bos, W. & Tarnai, C. (1999). Content analysis in empirical social research. International Journal of Educational Research, (31), 659-671.

Bräuer, G. (1998). Portfolios: Lernen durch Reflektieren. Informationen zur Deutschdidaktik, 22(4), 80-91.

Brunner, I. (2002). Zielorientiertes Lernen und persönliche Bestleistung. Informationen zur Deutschdidaktik, 26(1), 56-64.

Brunner, I., Häcker, T. & Winter, F. H. (2006). Das Handbuch der Portfolioarbeit. Konzepte – Anregungen – Erfahrungen aus Schule und Lehrerbildung. Seelze: Friedrich.

Craig, C. J. (2003). School portfolio development. Journal of Teacher Education, 54(2), 122-134.

Danielson, C. & McGreal, T. L. (2000). Teacher evaluation: To enhance professional practice. Princeton, NJ: Educational Testing Service.

Ellsworth, J. Z. (2002). Using student portfolios to increase reflective practice among elementary teachers. Journal of Teacher Education, 53(4), 342-355.

Garet, M. S., Porter, A. C., Desimone, L., Birman, B. F. & Yoon, K. S. (2001). What makes professional development effective? Results from a national sample of teachers. American Educational Research Journal, 38(4), 915-945.

Häcker, T., Dumke, J. & Schallies, M. (2002). Weiterentwicklung der Lernkultur: Portfolio als Entwicklungsinstrument für selbstbestimmtes Lernen. Neue Lernkulturen: Portfolio Klasse 2000. Aktuelle Schulsysteme IV: Libanon, 63, 8-18.

Huber, G. L. (1998). Kooperation von Lehrkräften: Kooperatives Lernen kooperativ lernen. Unveröffentlichtes Manuskript. Universität Tübingen.

Kunz Heim, D. (2001). Auf dem Weg zu theoriebezogenen Metakognitionen über die eigenen Unterrichtserfahrungen. Journal für Lehrerinnen- und Lehrerbildung, (4), 44-52.

Laverie, D. A. (2002). Improving teaching through improving evaluation: a guide to course portfolios. Journal of Marketing Education, 24(2), 104-113.

Mayring, P. (2000). Qualitative Inhaltsanalyse. Grundlagen und Techniken. Weinheim: Beltz.

Meentzen, U. (im Druck). Mit Portfolios evaluieren. Analysen zur Qualität und Aussagekraft von Fachgruppenportfolios für die Evaluation des Programms zur „Steigerung der Effizienz des mathematisch-naturwissenschaftlichen Unterrichts" (SINUS-Transfer). Dissertation.

Meentzen, U., Ostermeier, C. & Prenzel, M. (2005). Fachgruppenportfolios im BLK-Programm SINUS-Transfer: Erste Ergebnisse der Erhebung 2004. Kiel: IPN.

Meentzen, U., Stadler, M. & Ostermeier, C. (2008). Das Fachgruppenportfolio als Begleitinstrument für die Weiterentwicklung von Unterricht – Erfahrungen aus dem Programm SINUS-Transfer. In T. Klinger, K. Schwippert & B. Leiblein (Hrsg.), Evaluation im Modellprogramm FÖRMIG – Planung und Realisierung eines Evaluationskonzepts (FÖRMIG Edition, Bd. 4, S. 158-168). Münster: Waxmann.

Niggli, A. (2001). Portfolios und der Theorie-Praxis-Bezug im Umgang mit Ausbildungsstandards. Journal für Lehrerinnen- und Lehrerbildung, (4), 26-33.

Orland-Barak, L. (2005). Portfolios as evidence of reflective practice: what remains „untold". Educational Research, 47(1), 25-44.

Paulson, F. L., Paulson, P. R. & Meyer, C. A. (1991). What makes a Portfolio a Portfolio? Educational leadership: Journal of the Association for Supervision and Curriculum Development, 48(5), 60-63.

Prenzel, M. (2000). Steigerung der Effizienz des mathematisch-naturwissenschaftlichen Unterrichts: Ein Modellversuchsprogramm von Bund und Ländern. Unterrichtswissenschaft, 28(2), 103-127.

Prenzel, M. & Ostermeier, C. (2003). Steigerung der Effizienz des mathematisch-naturwissenschaftlichen Unterrichts – Ein unterrichtsbezogenes Qualitätsentwicklungsprogramm. Beiträge zur Lehrerbildung, 21(2), 265-276.

Reusser, K., Pauli, C. & Zollinger, A. (1998). Mathematiklernen in verschiedenen Unterrichtskulturen – eine Videostudie im Anschluss an TIMSS. Beiträge zur Lehrerbildung, 16(3), 427-438.

Schallies, M., Wellensiek, A. & Lembens, A. (2000). Portfolio als Lehr- und Lerninstrument im problemorientierten Unterricht. Ethik & Unterricht, (3), 30-34.

Schratz, M. & Tschegg, K. (2001). Das Portfolio im Kontinuum unterschiedlicher Phasen der Lehrerbildung. Journal für Lehrerinnen- und Lehrerbildung, (4), 17-25.

Seidel, T. (2003). Lehr-Lernskripts im Unterricht. Münster: Waxmann.

Seidel, T., Prenzel, M., Duit, R., Euler, M., Geiser, H., Hoffmann, L., Lehrke, M., Müller, C. T. & Rimmele, R. (2002). „Jetzt bitte alle nach vorne schauen!“ – Lehr-Lernskripts im Physikunterricht und damit verbundene Bedingungen für individuelle Lernprozesse. Unterrichtswissenschaft, 30(1), 52-77.

Seidel, T., Rimmele, R. & Prenzel, M. (2003). Gelegenheitsstrukturen beim Klassengespräch und ihre Bedeutung für die Lernmotivation. Unterrichtswissenschaft, 31(2), 142-165.

Stigler, J. W. & Hiebert, J. (1997). Understanding and Improving Classroom Mathematics Instruction. An Overview of the TIMSS Video Study. Phi Delta Kappa, (12), 14-21.

Tigelaar, D. E. H., Dolmans, D. H. J. M., de Grave, W. S., Wolfhagen, I. H. A. P. & van der Vleuten, C. P. M. (2006). Portfolio as a tool to stimulate teachers' reflections. Medical Teacher, 28(3), 277-282.

Tucker, P. D., Stronge, J. H. & Gareis, C. R. (2002). Handbook on Teacher Portfolios for Evaluation and Professional Development. Larchmont, NY: Eye on Education.

Winter, F. (2004). Leistungsbewertung: Eine neue Lernkultur braucht einen anderen Umgang mit den Schülerleistungen. Baltmannsweiler: Schneider.

Wolf, K. (1991). The schoolteacher's portfolio: issues in design, implementation and evaluation. Phi Delta Kappa, 73(2), 129-136.

Wolf, K., Whinery, B. & Hagerty, P. (1995). Teaching portfolios and portfolio conversations for teacher educators and teachers. Action in teacher education, 27(1), 30-39.

Xu, J. (2003). Promoting school-centered professional development through teaching portfolios – a case study. Journal of Teacher Education, 54(4), 347-361.

Kapitel IV

Spezifische Interventionen

PFL – Pädagogik und Fachdidaktik für Lehrerinnen und Lehrer

Eine Studie zu Wirkungen forschenden Lernens

Florian H. Müller, Irina Andreitz & Johannes Mayr

Abstract

Der Beitrag untersucht, wie und unter welchen Bedingungen eine Lehrerfortbildung wirkt, die einen forschend-lernenden Ansatz in Anlehnung an die „Aktionsforschung" (Altrichter & Posch, 2007) verfolgt. Mithilfe eines integrierten methodischen Forschungszugangs wird analysiert, inwiefern die viersemestrigen Universitätslehrgänge „Pädagogik und Fachdidaktik für Lehrer/innen" (PFL) Veränderungen bei den Teilnehmerinnen und Teilnehmern bewirken. Theoretischer Hintergrund der Studie ist ein Angebots-Nutzungsmodell (Helmke & Weinert, 1997). Die Forschung folgt einem Längsschnittdesign, das Inputfaktoren, ablaufende Prozesse und den Output in den Blick nimmt. Es werden dabei Personenvariablen, Merkmale der Lernumwelt, das Lernen der Teilnehmenden und berufsrelevante Kompetenzen zueinander in Beziehung gesetzt. Kernstück ist dabei eine vor und nach dem Lehrgang stattfindende Testung der unterrichtsbezogenen Analysekompetenz mittels einer Videoaufgabe (Hugener, Rakoczy, Pauli & Reusser, 2006).

Schlagworte (dt.)

Lehrerfortbildung, Forschendes Lernen, Videoanalyse, unterrichtsbezogene Analysekompetenzen, Lehrerinteresse, Lernstrategien, Lernumwelt

Schlagworte (engl.)

teacher professional development, action research, video analysis, competence in analyzing teaching and learning situations, teacher interest, learning strategies, learning environment

1. Einleitung

Traditionelle Fortbildungsveranstaltungen für Lehrerinnen und Lehrer, die von kurzer Dauer sind und abstraktes Wissen vermitteln, werden nicht nur von den Teilnehmenden vermehrt kritisiert, sondern sie zeigen auch wenig Wirkung (vgl. Altrichter bzw. Lipowsky, in diesem Band).

Sich forschend-lernend mit dem eigenen Beruf oder dem eigenen Unterricht selbstgesteuert und im Austausch mit Kolleg/inn/en auseinanderzusetzen, scheint ein Schlüssel zur Professionalitätsentwicklung zu sein und schlägt sich auch seit geraumer Zeit in theoretischen und konzeptionellen Überlegungen sowie in praktischen Anwendungen in Aus- und Weiterbildung nieder (z.B. Altrichter, 2002; Dirks & Hansmann, 2002; Hollenbach & Tillmann, 2009; Roters et al., 2009).

Allerdings steht der Aufmerksamkeit, die solchen Ansätzen forschenden Lernens geschenkt wird, ein dezidierter Mangel an empirischer Forschung gegenüber. Bisher existieren kaum systematische Befunde zu Bedingungen, Prozessen und Wirkungen forschend-lernender Lehrerbildung.

Es gibt einige Hinweise auf Wirkungen von aktionsforschungsähnlichen Ansätzen. So konnten Cordingley, Bell, Thomason und Evans (2003) in einer breit angelegten Metaanalyse zeigen, dass sich „collaborative Continuing Professional Development[1]" positiv auf das Selbstvertrauen, auf die Selbstwirksamkeitsüberzeugung, auf die Motivation, im Team zu arbeiten, und auf die Bereitschaft, das eigene Handeln im Unterricht zu ändern, auswirkt (siehe auch Cordingley, Bell, Thomason & Firth, 2005). Auf Seiten der Schülerinnen und Schüler konnten in dem Forschungsüberblick Hinweise auf Unterschiede zwischen kollaborativer und nichtkollaborativer Fortbildung gefunden werden. Diese Unterschiede beziehen sich z.B. auf die Lernmotivation, die Leistungen und Einstellungen zu den Fächern und die aktive Partizipation im Unterricht. Es ist anzumerken, dass sich das Review von Cordingley und Kollegen nicht ausschließlich auf Aktionsforschung als Fortbildungsmethode bezieht, sondern auf Fortbildungen und Entwicklungsmaßnahmen, die Aspekte von Aktionsforschung berücksichtigen. Auch andere Überblicksstudien bzw. Einzelstudien kommen zu ähnlichen Befunden, die allerdings je nach Studie und Fortbildung erheblich variieren. Es zeichnet sich jedoch der Trend ab, dass Lehrerfortbildungen mit kollaborativen und reflexiven Anteilen zumindest in einzelnen Bereichen Wirkungen auf Lehrerkognitionen und z.T. auch auf Schülermerkmale haben (z.B. Gärtner, 2007; Gough et al., 2003; Gow, Kember & McKay, 1996; Krammer et al., in diesem Band; siehe zusammenfassend z.B. Benke, Hospesová & Tichá, 2008 oder z.T. auch Lipowsky, in diesem Band). Insgesamt ist die Forschungslage allerdings noch zu lückenhaft, um valide Aussagen machen zu können.

In diesem Beitrag werden Befunde aus der Begleitforschung der universitären Lehrgänge „Pädagogik und Fachdidaktik für Lehrer/innen" (PFL) an der Alpen-Adria-Universität Klagenfurt vorgestellt, die vorwiegend einem forschend-lernenden Ansatz (Aktionsforschung) folgen. Zunächst werden der theoretische Hintergrund sowie das Konzept der PFL-Lehrgänge beschrieben, danach werden das Forschungsdesign und die Erhebungsinstrumente vorgestellt und ausgewählte Ergebnisse berichtet und diskutiert.

2. Forschendes Lernen in der Lehrerbildung

Ausgangspunkt forschend-lernender Ansätze – nicht nur in der Lehreraus- und -fortbildung – ist die wissenschaftliche Erkenntnis und die praktische Erfahrung, dass professionelles Lernen nicht nur ein intellektueller und akademischer Vorgang ist, sondern auch ein aktiv-praktischer, emotionaler und damit sozialer Prozess (Altrichter, 2002). Zentral ist dabei die Erkenntnis, dass die Übertragung von wissenschaftlichen Konzepten und Innovationen – im Sinne eines einfachen Transfers – schwer bis gar nicht funktioniert. Die Gründe dafür sind mannigfaltig und können zum Beispiel darin gesehen werden, dass

1 Teamorientierte Lehrerfortbildung.

theoretische Wissensbestände in alltagsfernen, kaum authentischen sowie wenig komplexen Lernsituationen erworben wurden und damit träge sind (Renkl, 1994; Gerstenmaier & Mandl, 1994).

Forschendes Lernen zielt darauf ab, die Kluft zwischen Wissen und Handeln zu verringern, indem die eigene Praxis in den Fokus rückt.

Einer der prominentesten Ansätze forschenden Lernens in der Lehrerbildung ist die sog. „Lehrerforschung“ oder Aktionsforschung (vgl. Elliott, 1991; Altrichter & Posch, 2007; Wittwer, Salzgeber, Neuhauser & Altrichter, 2004), die sich theoretisch u.a. auf die Handlungstheorien von Schön (1987) und Stenhouse (1975) stützt. Demnach ist professionelle Entwicklung in einem wiederholten Kreislauf von Aktion und Reflexion zu konzipieren. Gemeint ist, dass Lehrer/innen ihren eigenen Unterricht systematisch erkunden, die so gewonnenen Ergebnisse interpretieren und daraus neue Handlungsideen kreieren (Reflexion), diese umsetzen (Aktion), wiederum evaluieren usw. Schön (1983) spricht in diesem Zusammenhang von der „reflexiven Übernahme praktischer Problemlösungen“, die eine experimentelle Einstellung zur Praxis zur Voraussetzung hat. Reflexionsfähigkeit wird nicht nur in der Aktionsforschung als eine der wesentlichen Kompetenzen für den Lehrberuf angesehen (vgl. z.B. Bromme, 1994). Dies hat insbesondere Konsequenzen für die Durchführung und die Zielsetzung von Lehrerfortbildungen.[2]

Ein weiteres Kernkonzept der Aktionsforschung im Sinne Elliotts ist das der ‚professional community‘[3], d.h., die individuelle Erforschung und Weiterentwicklung des eigenen Unterrichts oder der Schule wird in eine professionelle Gemeinschaft eingebettet. Um der Gefahr einer zu starken Selbstreferenzialität von Lehrergruppen zu entgegnen (denn kollegiales Miteinander kann auch Lernen verhindern; vgl. z.B. Corcoran, Fuhrman & Belcher, 2001), werden in Aktionsforschungsprojekten Unterstützung und Interventionen von externen Kolleg/inn/en oder Expert/inn/en integriert. Diese können als Korrektiv bzw. „kritische Freunde“ dienen.

Das Konzept der PFL-Lehrgänge

An der Alpen-Adria-Universität Klagenfurt werden seit den 1980er Jahren die universitären Lehrgänge „Pädagogik und Fachdidaktik für Lehrer/innen“ (PFL) angeboten, die im Wesentlichen auf dem Konzept der Aktionsforschung beruhen (Krainer & Posch, 1996; Posch, Rauch & Mayr, 2009). Eine Maxime dieser Lehrgänge ist es, pädagogische mit fachdidaktischen Inhalten eng zu verzahnen und das eigene Handeln der Lehrer/innen zum Ausgangspunkt von Lehrerfortbildung zu machen. Akademische Fragestellungen sind dabei zunächst sekundär.

Die PFL-Lehrgänge sind auf zwei Jahre angelegt und initiieren persönliche unterrichtsbezogene Entwicklungsprojekte, welche die Teilnehmer/innen (TN) weitgehend selbstge-

---

2 Es muss davon ausgegangen werden, dass eine experimentelle und reflexive Einstellung zur eigenen Praxis nicht per se und bei allen Lehrkräften gegeben ist (vgl. z.B. Copeland, Birmingham, De la Cruz & Lewin, 1993; Ferry & Ross-Gordon, 1998) und immer auch als Ziel von Lehrerfortbildung zu betrachten ist.

3 Zur Bedeutung von ‚professional communities‘ in der Aktionsforschung siehe die Ausführungen von Altrichter (2002), der einen systematischen Zusammenhang zwischen dem Konzept des ‚situierten Lernens‘ von Lave und Wenger (1991) und der Lehrerbildung herstellt.

steuert durchführen. Die Projekte werden von Expertinnen und Experten aus Forschung und Praxis betreut, zudem ist ein intensiver Austausch zwischen den Lehrkräften im Sinne einer kollegialen Beratung konstituierend für den Lehrgang PFL. Im Laufe des Lehrgangs fertigen die TN drei so genannte ‚reflective papers' an, die den Entwicklungsprozess der Unterrichtsprojekte dokumentieren und die Auseinandersetzung mit dem eigenen unterrichtlichen Handeln zum Ziel haben (siehe z.B. Schuster, 2009). Die Lehrgänge binden auch den Lernort Schule ein, indem nicht nur der eigene Unterricht erforscht, sondern auch Unterricht von Kolleg/inn/en beobachtet wird oder Schulrecherchen durchgeführt werden. Neben den Projektphasen erhalten die TN im Laufe des Lehrgangs in drei einwöchigen Modulveranstaltungen Informationen z.B. über Evaluationsmethoden oder neue fachdidaktische und pädagogische Trends, die sie in ihr Unterrichtsvorhaben einfließen lassen können. Zusätzliche Regionalgruppentreffen bieten Gelegenheit zu kollegialem Austausch.

Zurzeit werden Lehrgänge in Mathematik, Naturwissenschaften, Englisch, ein „fächerübergreifender" Lehrgang für Kunst, Geschichte und Deutsch sowie ein Lehrgang speziell für die Primarstufe angeboten.

Im Folgenden wird zunächst das Konzept der Begleitforschung zu den PFL-Lehrgängen skizziert und anschließend werden die Ergebnisse dieser Forschungen für die in den Jahren 2006 bis 2008 durchgeführten Lehrgänge vorgestellt und diskutiert.

3. Untersuchungsdesign

3.1 Theoretischer Hintergrund

Die Begleitforschung folgt einem Längsschnittdesign, das den Lehrgang bezüglich des Inputs, der ablaufenden Prozesse und des Outputs in den Blick nimmt. Theoretischer Hintergrund ist ein *Angebots-Nutzungsmodell* (vgl. Helmke & Weinert, 1997), das sich vereinfacht folgendermaßen darstellen lässt:

Die Teilnehmerinnen und Teilnehmer kommen mit bestimmten *Eingangsvoraussetzungen* (Erwartungen, Interessen, Kompetenzen …) in den Lehrgang, in dem sie bestimmte *Lerngelegenheiten* (in Form von Personen, Informationen …) vorfinden. Diese *nutzen* sie in Abhängigkeit einerseits von ihren Eingangsvoraussetzungen und andererseits von der Qualität der Lernumwelten (z.B. indem sie bestimmte Lernstrategien anwenden). Der individuell aus dem jeweiligen Lehrgang gezogene Lerngewinn (im Sinne der Erweiterung von Wissensbeständen, Veränderung von Überzeugungen …) wird als abhängig von den genannten Eingangsvoraussetzungen, Lerngelegenheiten und Nutzungsstrategien gesehen. Die im Lehrgang entwickelten Kompetenzen (im weitesten Sinn; vgl. Allemann-Ghionda & Terhart, 2006) sollten sich im beruflichen Handeln niederschlagen und der Lehrgang damit einen Beitrag zur Weiterentwicklung des professionellen Handelns leisten.

3.2 Untersuchungsplan und Forschungsfragen

Das Forschungsdesign (siehe Abb. 1) sieht vier Erhebungszeitpunkte vor. (1) Vor dem Universitätslehrgang (ULG) wurden die beruflichen Vorerfahrungen der Teilnehmenden, die berufsbezogenen Interessen, die selbst eingeschätzten berufsbezogenen Kompetenzen und Wissensbestände sowie die Teilnahmemotive mit Hilfe eines Online-Fragebogens erhoben. (2) Beim ersten Seminartermin wurde eine Videotestung durchgeführt, die die Analysekompetenz von Unterrichtseinheiten zum Inhalt hat. (3) Nach dem ersten Jahr wurde ein Fragebogen zur Einschätzung der Lernumwelten und zu deren Nutzung (Lernstrategien) vorgelegt. (4) Alle Messungen wurden am Ende des Lehrgangs wiederholt und um einige Zusatzfragen zur Zufriedenheit mit dem Lehrgang und um Skalen zur Motivation der TN ergänzt. Im vorliegenden Beitrag werden die Befunde der Eingangsbefragung, der beiden Videotestungen und der Abschlussbefragung berichtet.

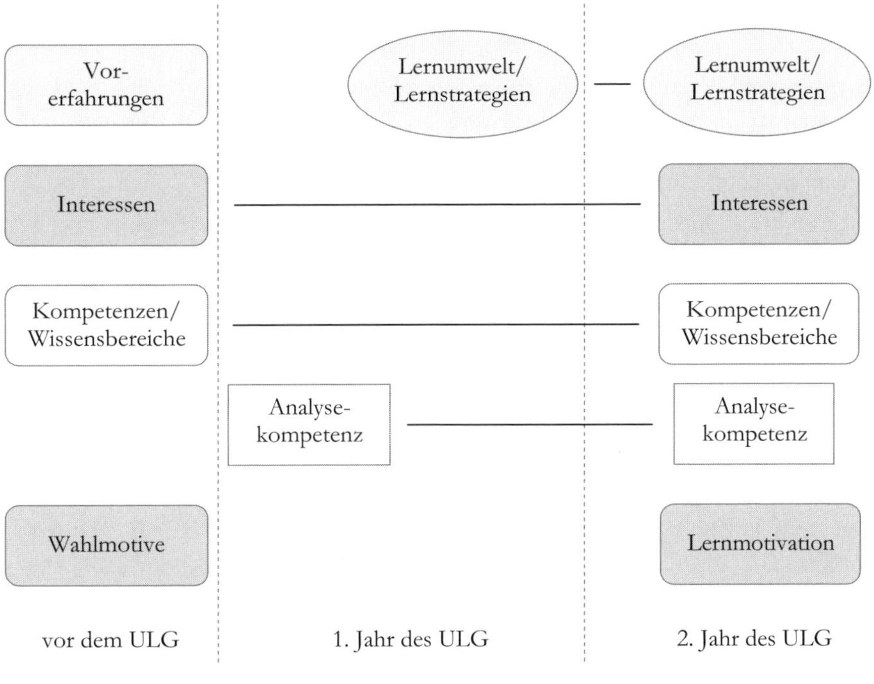

Abb. 1: Untersuchungsplan

Die folgenden Fragen sind forschungsleitend:

- Welche Vorerfahrungen weisen die TN auf und aus welchen Motiven nehmen sie an der Fortbildung teil?
- Wie schätzen die TN die Qualität der Lernumwelt im Lehrgang ein?
- Welche Lernstrategien wenden die TN im Lehrgang an?

- Verändern sich das Interesse an den beruflichen Tätigkeiten von Lehrpersonen und die Selbsteinschätzung der Kompetenzen und Wissensbestände im Laufe des Lehrgangs?
- Verändert sich die Kompetenz, Unterricht hinsichtlich der Lernaktivität von Schülerinnen und Schülern zu analysieren?

3.3 Instrumente

Im Folgenden werden die Instrumente der Fragebogenerhebung und der Videoaufgabe vorgestellt. Zunächst werden die Fragebögen mit entsprechenden Beispielitems und der theoretische Hintergrund der Skalen beschrieben. Die statistischen Kennwerte zu den Skalen sind den Tabellen 1 bis 4 zu entnehmen.

Fragebögen

Motive für die Teilnahme am Lehrgang (6 Skalen)
Bei der Erstellung der ersten beiden Skalen zu den Wahlmotiven (vgl. Abb. 1) wurde die Selbstbestimmungstheorie von Ryan & Deci (2002) grundgelegt und die Aspekte „selbstbestimmte Motive“ (Itembeispiel: Ich nehme am Lehrgang teil, weil ich Freude daran habe, Neues zu lernen) und „kontrollierte Motive“ (... wegen des hohen Prestiges universitärer Fortbildungskurse) unterschieden. Ferner wurden Skalen konstruiert, die das Interesse an der „schulischen Systementwicklung“ (... da ich zur Entwicklung des Schulsystems beitragen möchte) und der „Unterrichtsentwicklung“ (... um meinen eigenen Unterricht weiterzuentwickeln) als Teilnahmemotive erfassen. Zusätzlich wurden Skalen zu den Teilnahmemotiven „Aufrechterhaltung und Förderung der Berufsmotivation“ (... weil ich mir einen Motivationsschub für meine Arbeit erwarte) und „Knüpfen sozialer Kontakte“ (... um Kolleginnen und Kollegen kennen zu lernen) erstellt.

Berufsbezogene Interessen und Kompetenzen (jeweils 8 Skalen)
Zu Einschätzung der Interessen und der Kompetenzen für den Lehrberuf wurden die sechs Dimensionen der Lehrer-Interessen-Skalen (LIS; Mayr, 1998) in leicht adaptierter Form vor dem Lehrgang und am Ende des Lehrgangs eingesetzt, z.B. „Unterrichten“ (... komplexe Themen für Schüler/innen verständlich aufbereiten) oder „Auf spezifische Bedürfnisse eingehen“ (... begabten Schülerinnen und Schülern besondere Anregungen bieten). Zusätzlich wurden zwei Bereiche ergänzt, die spezifisch die Inhalte der PFL-Lehrgänge betreffen: „Eigenes Handeln reflektieren“ (... die eigene Praxis erforschen) und „Schule entwickeln“ (... ein Schul- und Unterrichtsprojekt durchführen).
Die Items bezogen sich jeweils auf das Interesse an der betreffenden Tätigkeit und auf die Kompetenz in der Ausübung dieser Tätigkeit.

PFL-spezifische Wissensbereiche (4 Skalen)
Die Lehrer/innen wurden gebeten, ihren Wissensstand vor und nach der Fortbildung hinsichtlich der Aspekte einzuschätzen, die als wesentliche Inhalte der PFL-Lehrgänge zu sehen sind:

1. Methoden der Lernförderung (… Maßnahmen innerer Differenzierung und Individualisierung im Unterricht)
2. Fachdidaktisches und pädagogisches Theoriewissen (… neueste fachdidaktische Konzepte)
3. Wissen über Leistungsstandards (… Bildungsstandards)
4. Management und Evaluierung (… Evaluationsmethoden)

Lernstrategien (5 Skalen)
Es wurden aus dem Fragenbogen zu Lernstrategien (LIST; Wild, 2000) jeweils die drei Items mit den höchsten Faktorenladungen für die Skalen „Zusammenhänge herstellen“, „kritisches Prüfen“, „Wiederholen“ und für die Skala „Anstrengung“ verwendet. Zusätzlich wurde eine Skala „Reflektieren“ gebildet (Itembeispiel: Ich überlegte, was ich in meinem praktischen Handeln besser machen kann), da vermutet wurde, dass diese Strategie des Lernens durch die Konzeption der PFL-Lehrgänge besonders angeregt wird.

Einschätzung der Lernumwelt (8 Skalen)
Die Skalen zur Einschätzung der Lernumwelt gehen auf Konzipierungen für den schulischen Bereich (Prenzel, 1996) und das Studium zurück (Müller, 2001; Müller & Palekčić, 2005). Die meisten von ihnen wurden ursprünglich für die Lernmotivationsforschung erstellt. Die ersten drei Skalen beziehen sich auch auf drei psychologische Grundbedürfnisse, deren Befriedigung die Entwicklung selbstbestimmter Motivation (siehe unten) fördert.
1. Autonomieförderung (Die Lehrenden ermutigten dazu, eigene Ideen einzubringen)
2. Kompetenzförderung (Ich wurde von den Lehrenden kompetent beraten)
3. Soziale Einbindung (Die Lehrenden verhielten sich mir gegenüber partnerschaftlich)
4. Interesse der Lehrenden (Die Lehrenden zeigten selbst Interesse am Thema)
5. Relevanz der Inhalte (Der Lehrgang war für die berufliche Praxis relevant)
6. Instruktionsqualität (Es gab klare Anweisungen und Arbeitsaufträge)
7. Geistige Herausforderung (Der Lehrgang forderte mich geistig heraus)
8. Expertenorientierung (Die Lehrenden zeigten, wie sie selbst praktische Aufgaben und Probleme lösen)

Zusätzlich wurden Fragen zur Zufriedenheit mit den einzelnen Elementen des Lehrgangs aufgenommen.

Lernmotivation (2 Haupt- und 4 Subskalen)
Entsprechend den oben dargestellten Skalen zur Beschreibung motivationsrelevanter Merkmale der Lernumwelt wurden auch für die Lernmotivation im Lehrgang (angelehnt an Vallerand et al., 1992) zwei Skalen entwickelt, die auf der Selbstbestimmungstheorie von Deci und Ryan (2002) basieren.
1. Selbstbestimmte Lernmotivation, mit den Subskalen intrinsische und identifizierte Regulation (Ich fand das Lernen und Arbeiten im Lehrgang richtig spannend)
2. Kontrollierte Lernmotivation, mit den Subskalen extrinsische und introjizierte Regulation (Ich setzte mich selbst unter Druck, um die Arbeit im Lehrgang zu erledigen) (siehe auch Müller, Palekčić, Beck & Wanninger, 2006)

Videoaufgabe

Zu Beginn und am Ende des Lehrgangs wurden die TN gebeten, videografierte Ausschnitte aus einem problem- und handlungsorientiert gestalteten Mathematikunterricht zum Thema „Satz des Pythagoras" (aus der DVD „Einführungssequenzen" von Reusser, Pauli & Krammer, 2004) zu analysieren. Sie sollten Lerngelegenheiten identifizieren, durch die Schüler/innen kognitiv aktiviert werden, und ihre Angaben begründen (siehe Kasten 1).

Fragen zum Video

1. Lerngelegenheiten/kognitive Aktivierung im Unterricht
Identifizieren Sie Ereignisse oder Momente in diesem Unterricht, in denen die Denk- und Lernprozesse der Schülerinnen und Schüler angeregt werden. Bitte beschreiben Sie diese kurz und begründen Sie, warum Sie dort Lerngelegenheiten für die Schülerinnen und Schüler erkennen.

2. Optimierungsmöglichkeiten
Nennen Sie bitte Möglichkeiten, wie die Lehrperson Ihrer Meinung nach die Lernchancen für die Schülerinnen und Schüler in diesem Unterricht zusätzlich erhöhen könnte.

Kasten 1: Aufgaben zur Videosequenz

Das Untersuchungsdesign wurde von der Arbeitsgruppe „Binationale videogestützte Fortbildung für Lehrpersonen aus Deutschland und der Schweiz" übernommen (Krammer et al., 2006, 2009 und in diesem Band). Allerdings wurde in der hier vorgestellten Studie das Unterrichtsvideo ausschließlich als diagnostisches Instrumentarium zur Messung der Analysekompetenz der TN eingesetzt. Ziel der Videoaufgabe war es, zusätzlich zu den Selbsteinschätzungen von Wissen und Kompetenzen zu überprüfen, ob die TN die im Lehrgang behandelten fachdidaktischen und pädagogischen Themen im Sinne eines Transfers bei der Analyse von Unterricht einsetzen.

Die offenen Antworten der TN wurden einer inhaltsanalytischen Auswertung unterzogen, wobei das Kategoriensystem von Krammer und Kolleg/inn/en (2009) übernommen wurde.[4] Dieses Kategoriensystem enthält insgesamt sieben Hauptkategorien: (A) Merkmale der Unterrichtsgestaltung in Bezug auf Inhalte, (B) Merkmale des Unterrichts in Bezug auf Interaktions- und Sozialformen, (C) Merkmale des Unterrichts mit dem Ziel der aktiven Auseinandersetzung der Lernenden mit den Inhalten, (D) Verstehensorientierung, (E) Verhaltensmerkmale/Eigenschaften Lehrperson, (F) Beobachtung des Schülerverhaltens und (G) Lernatmosphäre, Klassenorganisation. Zusätzlich wurden die Kategorien Direkte Instruktion durch die Lehrkraft (als Hauptkategorie I) und Reciprocal Teaching (als Unterkategorie A1) gebildet, da zu diesen Aspekten, insbesondere zu t_2, relativ häufig Angaben gemacht wurden, jedoch entsprechende Kategorien in der deutsch-schweizerischen Forschungsgruppe nicht vorgesehen waren.

4 Die Autor/inn/en bedanken sich für die Überlassung der dafür benötigten Arbeitsunterlagen.

3.4 Untersuchungsgruppe

Die Teilnehmerinnen und Teilnehmer von vier PFL-Lehrgängen wurden in den Jahren 2006 bis 2008 befragt (Fragebogen: N_{t1}=104; N_{t1} *und* N_{t2}=70; Videoaufgabe: N_{t1} *und* N_{t2}=43[5]). Die Lehrer/innen sind im Durchschnitt 46 Jahre alt (SD=8.6) und unterrichten an Gymnasien (30 %), an berufsbildenden mittleren und höheren Schulen (28 %), an Hauptschulen (27 %) und zu 15 % an anderen Schultypen.

Die nachfolgende Tabelle 1 gibt einen Überblick über die Teilnahmemotive und zeigt, dass die selbstbestimme Motivation, am Lehrgang teilzunehmen, deutlich höher ausgeprägt ist als die kontrollierte Motivation. Demnach wird der Lehrgang aus intrinsischer Motivation, thematischem Interesse, Neugierde und dem Wunsch, die eigene Kompetenz zu entwickeln, besucht. Extrinsische Motivlagen wie der Zertifikatserwerb, das Prestige des Lehrgangs oder „ein schlechtes Gewissen", wenn man sich nicht fortbilden würde, spielen untergeordnete Rollen. Das inhaltliche Hauptmotiv für die Lehrgangswahl ist die Entwicklung des eigenen Unterrichts, gefolgt von dem Motiv, die eigene Arbeitsmotivation als Lehrperson aufrechtzuerhalten bzw. zu fördern. Etwas weniger wichtig und etwas heterogener bewertet werden die Motivation, das Schulsystem zu verändern, und die Möglichkeit, soziale Kontakte bei der Fortbildung zu knüpfen.

Tab. 1: Wahlmotive der Teilnehmer/innen

Skalen	*Anzahl der Items*	*Cronbachs Alpha*	*Mittelwert t_1 (SD)*
Wahlmotive (Selbstbestimmungstheorie)			
Selbstbestimmt	7	.80	4.1 (0.6)
Kontrolliert	7	.68	2.3 (0.6)
Wahlmotive (spezifisch)			
Systementwicklung	2	.72	3.4 (1.2)
Unterrichtsentwicklung	2	.75	4.7 (0.5)
Eigene Motivationsförderung	2	.65	3.7 (0.9)
Soziale Kontakte	1	-	3.1 (1.1)

N=104; Skala: 1=trifft gar nicht zu, 5=trifft voll zu (Frage: „Aus welchen Gründen besuchen Sie diesen Lehrgang?")

Die hohe selbstbestimmte Motivation sowie die inhaltliche Fokussierung auf die Unterrichtsentwicklung sind gute motivationale Voraussetzungen für nachhaltige Lernprozesse im Lehrgang (vgl. auch Smith & Gillespie, 2007) und treffen auch die inhaltliche Ausrichtung der PFL-Lehrgänge (siehe oben).

---

5 Zur Zeit der Erstellung des Beitrags lagen noch nicht alle Daten zu t_2 vor, da ein Lehrgang erst später startete.

4. Ergebnisse

4.1 Fragebogenuntersuchungen

Die abschließenden Einschätzungen des Lernsettings „Lehrgang“ ergeben weitgehend sehr positive Bewertungen (siehe Tab. 2). Sowohl die Autonomie- und Kompetenzförderung als auch die soziale Einbindung hinsichtlich des Verhältnisses Lehrende/Teilnehmende sowie der Teilnehmer/innen untereinander erreichen hohe Werte auf der fünfstufigen Skala. Ferner fallen in der Wahrnehmung der Lehrgangsteilnehmer/innen das wahrgenommene Interesse der Lehrenden, die Relevanz der Inhalte sowie die Qualität der Instruktion genauso hoch aus wie die Einschätzung, ob der Lehrgang intellektuell herausfordernd war. Nur die Skala „Expertenorientierung“, die u.a. danach fragt, inwiefern die Lehrenden selbst zeigen, wie sie praktische Aufgaben und Probleme des Berufs lösen bzw. theoretische Fragestellungen bearbeiten, wird etwas geringer bewertet.

Auch am Ende des Lehrgangs ist die selbstbestimmte Lernmotivation hoch und die kontrollierte Motivation im Durchschnitt niedrig. Hinsichtlich der kontrollierten Motivation (extrinsische Motivation) finden sich allerdings zehn TN, die deutlich höhere Ausprägungen aufweisen (Mittelwerte über 3.5) und die Bedeutung von Prüfungen, Zertifikaten und damit verbundenen Karrierechancen schon zu Beginn des Lehrgangs nennen. Posch, Rauch und Mayr (2009, S. 212) weisen in diesem Zusammenhang darauf hin, dass die Lehrgänge auch der „Einstieg in den Ausstieg aus dem Lehrberuf“ sein können und neue Karrierewünsche stimulieren sowie Karriereoptionen eröffnen (vgl. auch Benke, Hospesová & Tichá, 2008, S. 289).

Hinsichtlich der Zusammenhänge von Motivationsvariablen mit Umweltvariablen sind vor allem drei Korrelationen zu nennen: Besonders die Relevanz der Inhalte (r=.46, p=.00), die Wahrnehmung intellektueller Herausforderung (r=.39, p=.02) sowie die soziale Einbindung (r=.25, p=.04) hängen mit der selbstbestimmten Motivation zusammen (vgl. ähnliche Befunde von Müller & Palekčić, 2005 zum Zusammenhang von Lernumwelt und selbstbestimmter vs. kontrollierter Lernmotivation).

Die Einschätzung der Motivation korrespondiert mit der Zufriedenheit der Teilnehmenden mit dem Lehrgang. Insgesamt sind die TN mit dem Lehrgang und den einzelnen Modulen sehr zufrieden. Insbesondere die Regionalgruppentreffen, bei denen kollegiale Beratung ein wesentlicher Bestandteil ist und die Lehrenden sehr individuell auf die Unterrichtsprojekte der Teilnehmenden eingehen, werden überaus positiv bewertet.

Die Zufriedenheit mit dem Lehrgang insgesamt korrespondiert besonders mit den Skalen Autonomieunterstützung (r=.46; p=.01), Kompetenzunterstützung (r=.55; p=.00) und sozialer Einbindung (r=.55; p=.00) sowie mit dem Interesse der Lehrenden (r=.57; p=.00), der wahrgenommenen Relevanz der Inhalte (r=.46; p=.00) und der Instruktionsqualität (r=.39; p=.02). Die Befunde decken sich weitgehend mit anderen Forschungsergebnissen zur Zufriedenheit von Lehrerfortbildungen (z.B. Bodensohn & Jäger, 2007, oder zusammenfassend Lipowsky, in diesem Band).

Tab. 2: Einschätzung der Lernumwelt, Lernmotivation und Zufriedenheit

Skalen	*Anzahl der Items*	*Cronbachs Alpha*	*Mittelwert t_2 (SD)*
Einschätzung der Lernumwelt			
Autonomieförderung	3	.84	4.4 (0.7)
Kompetenzförderung	3	.84	4.3 (0.8)
Soziale Einbindung (Teilnehmende – Lehrende)	2	.82	4.6 (0.7)
Soziale Einbindung (Teilnehmende untereinander)	1	-	4.6 (0.7)
Interesse der Lehrenden	3	.84	4.4 (0.7)
Relevanz der Inhalte	3	.76	4.3 (0.6)
Instruktionsqualität	3	.65	4.1 (0.7)
Geistige Herausforderung	5	.83	4.3 (0.6)
Expertenorientierung	2	.68	3.7 (0.9)
Lernmotivation			
Selbstbestimmt	6	.84	4.1 (0.7)
Kontrolliert	6	.69	2.4 (0.7)
Zufriedenheit			
Mit den Modulen	1	-	4.1 (0.8)
Mit den Regionalgruppen	1	-	4.5 (0.8)
Insgesamt mit dem Lehrgang	1	-	4.3 (0.8)

N=70; Skala: 1=trifft gar nicht zu, 5=trifft voll zu

Tab. 3: Lernstrategien

Skalen	*Anzahl der Items*	*Cronbachs Alpha*	*Mittelwert t_2 (SD)*
Skalen aus dem LIST			
Zusammenhänge herstellen	3	.70	4.3 (0.6)
Kritisches Prüfen	3	.78	3.9 (0.7)
Anstrengung	3	.70	3.5 (0.7)
Wiederholen	3	.68	3.6 (0.7)
Zusätzlich konstruierte Skala			
Reflektieren	3	.74	4.5 (0.5)

N=69; Skala: 1=trifft gar nicht zu, 5=trifft voll zu

Betrachtet man nun die im Lehrgang angewandten Lernstrategien der Lehrer/innen, so zeigt sich, dass verschiedene Lernstrategien in unterschiedlichem Ausmaß angewendet werden (siehe Tab. 3). Es werden vor allem die tiefenverarbeitenden Lernstrategien Reflektieren, Zusammenhänge herstellen und kritisches Prüfen angewandt, was aufgrund der forschend-lernenden Konzeption der Fortbildung erwartungskonform ist. Weniger häufig werden in den Lehrgängen Wiederholungsstrategien gefunden. Auch die Skala Anstrengung weist einen deutlich niedrigeren Mittelwert auf.

Das Interesse an unterschiedlichen berufsspezifischen Tätigkeiten sowie die von den Lehrkräften selbst eingeschätzten Kompetenzen und ihr Wissen wurden im Längsschnitt untersucht (siehe Tab. 4). Dass sich die Interessen innerhalb von zwei Jahren kaum ändern, ist zu erwarten gewesen, obgleich sich bei eigens für die PFL-Lehrgänge entwickelten Skalen, dem Interesse, das „eigene Handeln zu reflektieren“, und der „Entwicklung von Schulen“ signifikante Steigerungen ergeben. Diese beiden Aspekte sind wesentliche Inhalte der PFL-Lehrgänge.

Tab. 4: Veränderung von Interessen, Kompetenzen und Wissen

Skalen	*Anzahl der Items*	*Cronbachs Alpha*	M_{t1} (SD_{t1})	M_{t2} (SD_{t2})	*p*	*d*
Interessen						
Unterrichten	6	.68	4.0 (0.6)	4.1 (0.6)	0.50	0.1
Auf spezifische Bedürfnisse eingehen	5	.74	3.6 (0.7)	3.7 (0.6)	0.25	0.1
Eigenes Handeln reflektieren	4	.80	3.8 (0.7)	4.0 (0.7)	0.07	0.3
Schule entwickeln	4	.79	3.2 (0.9)	3.5 (0.9)	0.02	0.4
Kompetenzen						
Unterrichten	6	.78	3.8 (0.6)	4.0 (0.6)	0.01	0.5
Auf spezifische Bedürfnisse eingehen	5	.76	3.1 (0.8)	3.2 (0.6)	0.47	0.1
Eigenes Handeln reflektieren	4	.74	3.4 (0.6)	3.6 (0.6)	0.05	0.5
Schule entwickeln	4	.79	3.1 (1.0)	3.4 (1.0)	0.03	0.4
Wissen						
Methoden der Lernförderung	4	.79	3.1 (0.8)	3.6 (0.7)	0.00	0.6
Fachdidaktisches und pädagogisches Theoriewissen	2	.77	2.6 (0.8)	3.3 (0.9)	0.00	0.7
Leistungsstandards	3	.66	3.0 (0.8)	3.4 (0.8)	0.00	0.5
Management und Evaluierung	3	.73	2.6 (0.9)	3.4 (0.8)	0.00	1.0

N=70; t_1: 2006 (vor Lehrgangsbeginn); t_2: 2008 (am Ende des Lehrgangs); p<0.01 (t-Test, zweiseitig); d=Effektstärke

Frage nach dem Interesse: „Wie gerne führen Sie die folgenden Tätigkeiten aus?“, 1=sehr ungern; 5=sehr gern; Frage nach der Kompetenz: „Wie gut beherrschen Sie die folgenden Tätigkeiten?“, 1=gar nicht; 5=sehr gut; Frage nach dem Wissen: „Wie hoch schätzen Sie ihr Wissen ein?“, 1=sehr niedrig; 5=sehr hoch

Bei den wahrgenommenen Kompetenzen vor und nach dem Lehrgang finden sich für drei Skalen signifikante Unterschiede. So schätzen die TN ihre Kompetenzen zu unterrichten nach zwei Jahren etwas höher ein genauso wie die Reflexion eigenen Handelns und die Kompetenz, Schulen zu entwickeln.

Alle Selbsteinschätzungen zu den vorgegebenen Wissensbereichen sind hoch signifikant angestiegen. Insbesondere für die Skalen „Fachdidaktisches und pädagogisches Theoriewissen" und „Management und Evaluierung" findet man am Ende der Fortbildung höhere Selbstbewertungen als zu Beginn. In diesen Wissensbereichen waren auch zu Beginn des Lehrgangs die geringsten Ausprägungen zu finden, was auf ein größeres Entwicklungspotential schließen lässt. Aber auch das Wissen um Methoden der Lernförderung und Leistungsstandards stieg nach den Angaben der TN um 0.5 bzw. 0.4 Skaleneinheiten, was einer Veränderung von zirka einer halben Standardabweichung entspricht.

4.2 Videoaufgabe

Die verbalen Antworten zur Videoaufgabe wurden nach dem Kategoriensystem der Forschungsgruppe „Binationale videogestützte Fortbildung für Lehrpersonen aus Deutschland und der Schweiz" (siehe Abschnitt 3.3) zunächst von drei Personen unabhängig voneinander kategorisiert. Anschließend wurden die Kategorienzuordnungen in der Forschungsgruppe diskursiv validiert. In diesem Beitrag werden die Ergebnisse der Teilaufgabe „Identifikation von Lerngelegenheiten/kognitive Aktivierung im Unterricht" berichtet.

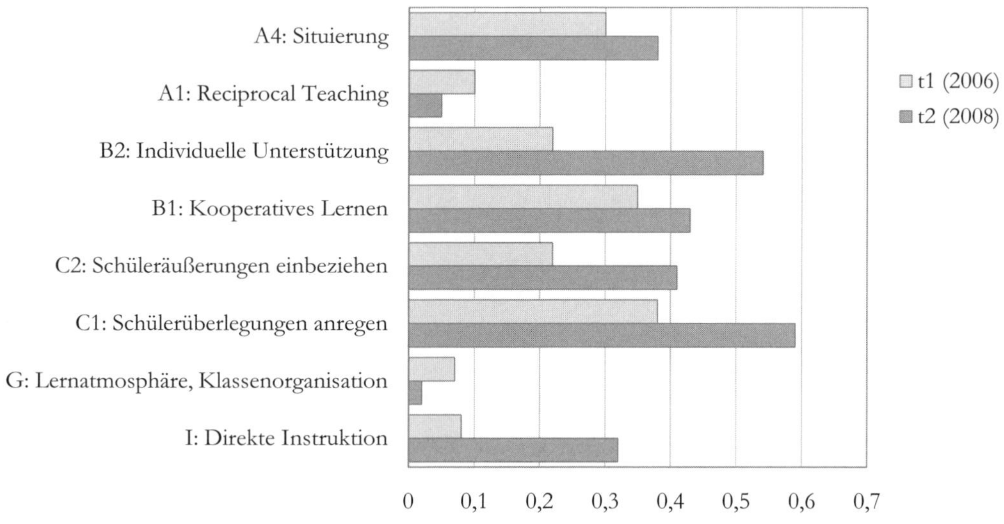

Abb. 2: Veränderung der Analysekompetenz: Häufigkeit ausgewählter Kategorien N=43; durchschnittliche Anzahl der Nennungen (t1/t2)

In Abbildung 2 ist exemplarisch die durchschnittliche Anzahl der Nennungen zu einigen Kategorien angeführt. Aufgrund der Vielzahl der Kategorien fällt die durchschnittliche Nennung von Beobachtungseinheiten für die einzelnen Kategorien niedrig aus.

Die Summe aller Nennungen zum Thema kognitive Aktivierung zeigt im Längsschnitt keinen signifikanten Zuwachs (M_{t1}=5.30; M_{t2}=6.03; t-Test: t=1.3 (df=42), p=.10). Die Veränderungen beziehen sich demnach auf Einzelaspekte: Signifikante Zunahmen (t-Test, zweiseitig; N=43) zeigen sich für die Aspekte „Individuelle Unterstützung" (M_{t1}=0.22, SD=0.77; M_{t2}=0.54, SD=0.63; p=.05), „Anregung von Schülerüberlegungen" (M_{t1}=0.38, SD=0.99; M_{t2}=0.60, SD=0.95; p=.04) und „Direkte Instruktion der Lehrkraft" (M_{t1}=0.08, SD=0.40; M_{t2}=0.32, SD=0.51; p=.02). Für die meisten anderen Kategorien zeigen sich keine signifikanten Unterschiede wie z.B. für die „Situierung" (M_{t1}=0.30, SD=0.45; M_{t2}=0.40, SD=0.49), „Reciprocal Teaching" (M_{t1}=0.10, SD=0.3; M_{t2}=0.05, SD=0.22), für „Kooperatives Lernen" (M_{t1}=0.35, SD=0.60; M_{t2}=0.43, SD=0.54), die „Einbeziehung von Schüleräußerungen" (M_{t1}=0.22, SD=0.45; M_{t2}=0.41, SD=0.49) oder die „Lernatmosphäre, Klassenorganisation" (M_{t1}=0.07, SD=0.34; M_{t2}=0.07, SD=0.25).

Neben der Anzahl der einzelnen Nennungen wurde auch die „Qualität" der Analysen bestimmt. Qualität ist hier als Anzahl der Begründungen (inklusive dem Aufzeigen von Querverbindungen zu anderen Passagen der Unterrichtssequenz) definiert worden. Abbildung 3 veranschaulicht, dass die Anzahl der Begründungen signifikant anstieg (t-Test, zweiseitig, p=.02; d=0.33). Die Korrelation der Qualität der Analyse zwischen t_1 und t_2 beträgt r=.60 (p<.01). Insgesamt wurden jedoch von den Lehrkräften zu beiden Zeitpunkten nur wenige Begründungen formuliert.

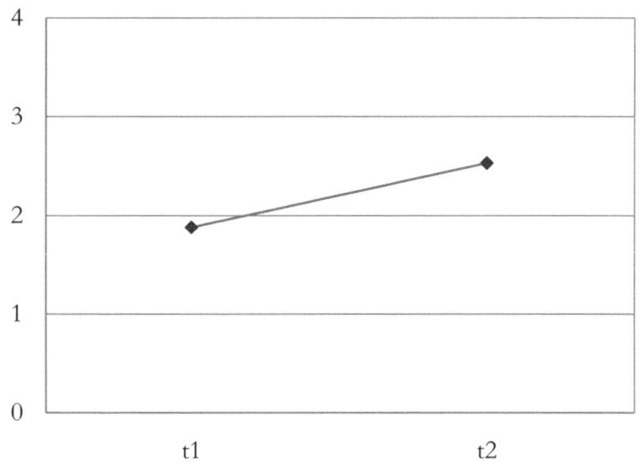

Abb. 3: Veränderung der Analysekompetenz: Qualität der Analysen
N=43

Ein differenzierter Blick auf die Veränderung der Qualität der Analysen der Unterrichtssequenz zeigt, dass die Anzahl der Begründungen und Zusammenhänge nur dann zwischen t_1 und t_2 relevant ansteigt, wenn die TN während der zweijährigen Dauer des Lehrgangs auch eigene bzw. fremde Unterrichtsvideos analysierten und bewerteten (siehe Abb. 4). Nur sieben der 43 TN der Videostudie taten dies innerhalb oder außerhalb des Lehrgangs. Die Korrelation zwischen der Qualität der Analyse und der Erfahrung mit Videoanalysen beträgt r=.46 (p<.01).

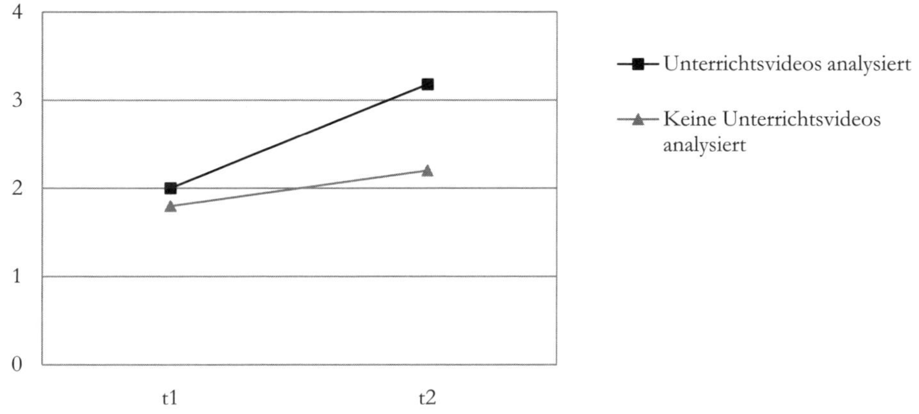

Abb. 4: Veränderung der Analysekompetenz: Qualität der Analysen in Teilgruppen N=43

Zur Prognostizierbarkeit der Veränderung der Analysekompetenz

Neben den Erfahrungen, die die TN mit der Analyse von Unterrichtssequenzen während des Lehrgangs machten, können zwei weitere Aspekte zur Aufklärung der Zunahme von Begründungen gefunden werden. Zum einen entwickelt sich die Analysekompetenz stärker, wenn die TN von den Lehrenden im Lehrgang explizit gezeigt bekommen, wie diese unterrichtliche Problemstellungen analysieren. Die Korrelation zwischen dieser Einschätzung und der Qualität der Videoanalyse beträgt r=.38 (p<.01). Zum anderen ist ein ausgeprägtes inhaltliches Interesse als Lehrgangs-Wahlmotiv eine gute Voraussetzung, die unterrichtliche Analysekompetenz zu erweitern (r=.35, p<.01). Weitere Hinweise für die Prognose von Unterschieden in der Analysekompetenz konnten nicht gefunden werden.

5. Zusammenfassung und Diskussion der Befunde

Lehrerfortbildungen wie der Lehrgang PFL, die einen forschend-lernenden Zugang und damit eine enge Verzahnung zwischen Theorie und eigenem Unterricht in den Vordergrund rücken sowie Lernprozesse von Lehrpersonen über einen langen Zeitraum unterstützen, kommen bei Lehrpersonen sehr gut an. Dies ist insbesondere bei der Arbeit in Kleingruppen (Regionalgruppentreffen) der Fall, die eine vertiefte Auseinandersetzung mit der Entwicklung des eigenen Unterrichts im kollegialen Austausch und mit intensiver Unterstützung durch Expert/inn/en ermöglicht.

Sicherlich ist für die hohe Zufriedenheit und Akzeptanz der Lehrgänge auch die hohe Motivation, das ausgeprägte Interesse an pädagogischen und fachdidaktischen Themen und an der persönlichen Kompetenzentwicklung schon zu Beginn des Lehrgangs mit verantwortlich. Entsprechend nehmen sich die TN auch während des Lehrgangs als selbstbestimmt motiviert in ihrem Lernprozess wahr. Ferner wenden sie vorwiegend elaborative Lernstrategien an, wie z.B. die Strategien „kritisches Prüfen“ und „Reflektieren“. Nicht nur die verwendeten Lernstrategien entsprechen der Leitidee des „reflektierten Praktikers“ in den PFL-Lehrgängen, sondern auch die Längsschnittuntersuchung zeigt, dass sowohl das Interesse an als auch die eingeschätzte Kompetenz in der Reflexion der eigenen Praxis angestiegen sind. Aber auch die Kompetenz, zu unterrichten und sich an Schulentwicklungsprozessen zu beteiligen, fiel am Ende des Lehrgangs höher aus. Gleiches trifft für lehrgangsspezifische Wissensbereiche wie fachdidaktisches und pädagogisches Theoriewissen, Management und Evaluation, Methoden der Lernförderung und für das Wissen über Leistungsstandards zu.

Die Veränderungen von Interessen und Kompetenzen können – vorsichtig interpretiert – als Belege für die Wirksamkeit der Lehrgänge angesehen werden. Ob diese subjektiven Einschätzungen auch mit Verhaltensänderungen im Unterricht korrespondieren, bleibt zunächst offen.

Die Bearbeitung von Videoaufgaben diente als diagnostisches Instrument, um zumindest die unterrichtsbezogenen Analysekompetenzen der TN zu messen und dadurch die subjektiven Einschätzungen durch Kompetenztestungen zu validieren. Die Kategorisierung und Auszählung der Nennungen zeigte, dass die Lehrkräfte am Ende des Lehrgangs beispielsweise sensibler bzgl. der Aspekte „Individuelle Unterstützung im Unterricht“ und „Anregen von Schülerüberlegungen“ sowie „Instruktion“ geworden sind. Insgesamt betrachtet ist der Vergleich der Anzahl der Nennungen zur kognitiven Aktivierung zwischen Anfang und Ende des Lehrgangs nicht signifikant. Betrachtet man die Qualität der Antworten der Videoaufgabe, indem man die Begründungen und hergestellten Zusammenhänge in den Antworten analysiert, finden sich Steigerungen von t_1 zu t_2 nur bei Lehrkräften, die im Rahmen des Lehrgangs Unterrichtsvideos analysierten, und für die TN, die angaben, dass ihnen im Lehrgang explizit gezeigt wurde, wie die Lehrenden selbst unterrichtliche Problemstellungen analysieren. Der Befund, dass die Auseinandersetzung mit Unterrichtsvideos die Kompetenz in der videobasierten Unterrichtsanalyse steigert, ist nahezu trivial, zeigt aber nochmals, dass dem aktiven Tun, dem Anwenden und Üben eine hohe Bedeutung in der Lehrerfortbildung zukommt (vgl. auch Neuweg, in diesem Band). Hervorzuheben ist auch die aktive Rolle von Expert/inn/en, die ihre Expertenstrategien explizieren und somit als Rollenvorbilder dienen können. Die Analyse der Qualität der Antworten zur Videoaufgabe zeigt somit, dass ein spontaner Transfer der Inhalte oder Wissensbestände der Fortbildung auf eine Anwendungsaufgabe (Video) kaum gelingt.

6. Ausblick

Bisher beschränkte sich die Begleitforschung zu den Universitätslehrgängen PFL auf die Einschätzung der Lehrgangssteilnehmenden bezüglich Interessen, Kompetenzen, Motivation oder Lernstrategien sowie auf die Analyse der unterrichtsbezogenen Kognitionen wie z.B. die Analysekompetenz von Unterrichtsvideos. Auswirkungen auf das Handeln der Lehrpersonen, d.h. auf die praktische Unterrichtsgestaltung sowie auf das Lernen, die Einstellungen und Leistungen der Schüler/innen, die letztendlich die Zielgruppe aller Bemühungen sind (vgl. Allemann-Ghionda & Terhart, 2006; Lipowsky, in diesem Band), wurden bisher ausgeklammert. Ebenso wurden die Effekte von Lehrgängen auf die einzelnen Schulen und das Kollegium noch nicht systematisch untersucht.

Es bleibt also offen, welche Praxisrelevanz die in der vorliegenden Studie aufgezeigten Wirkungen der Lehrgänge letztlich haben. Unabhängig von dieser Unsicherheit legen die Befunde nahe, in forschend-lernende Ansätze der Lehrerfortbildung künftig vermehrt auch Übungssequenzen einzubauen.

7. Literatur

Allemann-Ghionda, C. & Terhart, E. (Hrsg.). (2006). Kompetenzen und Kompetenzentwicklung von Lehrerinnen und Lehrern: Ausbildung und Beruf. Zeitschrift für Pädagogik, 51. Beiheft.

Altrichter, H. (2002). Die Rolle der ‚professional community' in der Lehrerforschung. In U. Dirks & W. Hansmann (Hrsg.), Forschendes Lernen in der Lehrerbildung. Auf dem Weg zu einer professionellen Unterrichts- und Schulentwicklung (S. 17-36). Bad Heilbrunn: Klinkhardt.

Altrichter, H. & Posch, P. (2007). Lehrerinnen und Lehrer erforschen ihren Unterricht. Unterrichtsentwicklung und Unterrichtsevaluation durch Aktionsforschung (4. überarb. und erw. Aufl.). Bad Heilbrunn: Klinkhardt.

Benke, G., Hospesová, A. & Tichá, M. (2008). The use of action research in teacher education. In K. Krainer & T. Wood (Eds.), International handbook of mathematics teacher education (Vol. 3, pp. 283-307). Rotterdam, The Netherlands: Sense Publishers.

Bodensohn, R. & Jäger, R. S. (2007). Einstellungen zu und Erfahrungen an Lehrerfortbildungen. Eine empirische Untersuchung bei Mathematiklehrkräften. Empirische Pädagogik, 21(1), 20-37.

Bromme, R. (1994). Beyond subject matter: A psychological topology of Teacher's professional knowledge. In R. Biehler, R. W. Scholz, R. Stässer & B. Winkelmann (Eds.), Didactics of mathematics as a scientific discipline (pp. 73-88). Dordrecht: Kluwer.

Copeland, W. D., Birmingham, C., De la Cruz, E. & Lewin, B. (1993). The reflective practitioner in teaching: Toward a research agenda. Teaching and Teacher Education, 9, 347-359.

Cordingley, P., Bell, M., Thomason, S. & Evans, D. (2003). The impact of collaborative continuing professional development (CPD) on classroom teaching and learning (Vol. 1). In Research Evidence in Education Library. London: EPPI-Centre, Social Sciences Research Unit, Institute of Education, University of London.

Cordingley, P., Bell, M., Thomason, S., Rundell, B. & Firth, A. (2005). The impact of collaborative continuing professional development (CPD) on classroom teaching and learning. Review: How do collaborative and sustained CPD and sustained but not collaborative CPD affect teaching and learning? In Research Evidence in Education Library. London: EPPI-Centre, Social Sciences Research Unit, Institute of Education, University of London.

Corcoran, T. B., Fuhrman, S. H. & Belcher, C. L. (2001). The district role in instructional improvement. Phi Delta Kappan, 83(1), 78-84.

Deci, E. L. & Ryan, R. M. (Eds.). (2002). Handbook of self-determination research. Rochester: University of Rochester Press.

Dirks, U. & Hansmann, W. (Hrsg.). (2002). Forschendes Lernen in der Lehrerbildung. Auf dem Weg zu einer professionellen Unterrichts- und Schulentwicklung. Bad Heilbrunn: Klinkhardt.

Elliott, J. (1991). Action Research for Educational Change. Milton Keynes: Open University Press.

Ferry, N. M. & Ross-Gordon, J. M. (1998). An inquiry into Schön's epistemology of practice: Exploring links between experience and reflective practice. Adult Education Quarterly, 48(2), 98-112.

Gärtner, H. (2007). Unterrichtsmonitoring. Münster: Waxmann.

Gerstenmaier, J. & Mandl, H. (1994). Wissenserwerb unter konstruktivistischer Perspektive. Forschungsbericht Nr. 33. München: Ludwig-Maximilians-Universität, Lehrstuhl für empirische Pädagogik und pädagogische Psychologie.

Gough, D., Kiwan, D., Sutcliffe, K., Simpson, D. & Houghton, N. (2003). A systematic map and synthesis review of effectiveness of personal development planning in improving student learning. London: EPPI-Centre, Social Sciences Research Unit, Institute of Education, University of London.

Gow, L., Kember, D. & McKay, J. (1996). Improving student learning through action research into teaching. In D. Watkins & J. B. Biggs (Eds.), The Chinese learner: Cultural, psychological and contextual influences (pp. 243-265). Hong Kong: CERC and ACER.

Helmke, A. & Weinert, F. E. (1997). Bedingungsfaktoren schulischer Leistungen. In F. E. Weinert (Hrsg.), Enzyklopädie der Psychologie (Bd. 3, S. 71-176). Göttingen: Hogrefe.

Hollenbach, N. & Tillmann, K.-J. (Hrsg.). (2009). Die Schule forschend verändern – Praxisforschung aus nationaler und internationaler Perspektive. Bad Heilbrunn: Klinkhardt.

Hugener, I., Rakoczy, K., Pauli, C. & Reusser, K. (2006). Videobasierte Unterrichtsforschung: Integration verschiedener Methoden der Videoanalyse für eine differenzierte Sicht auf Lehr-Lernprozesse. In S. Rahm, I. Mammes & M. Schratz (Hrsg.), Schulpädagogische Forschung (Bd. 1, S. 41-53). Innsbruck: Studienverlag.

Krainer, K. & Posch, P. (1996). Auf den Spuren mathematischer Denkprozesse. In K. Krainer & P. Posch (Hrsg.), Lehrerfortbildung zwischen Prozessen und Produkten. Hochschullehrgänge „Pädagogik und Fachdidaktik für LehrerInnen" (PFL): Konzepte, Erfahrungen und Reflexionen (S. 301-310). Bad Heilbrunn: Klinkhardt.

Krammer, K., Ratzka, N., Klieme, E., Lipowsky, F., Pauli, C. & Reusser, K. (2006). Learning with classroom videos: Conception and first results of an online teacher-training program. Zentralblatt für Didaktik der Mathematik, 38, 422-432.

Krammer, K., Schnetzler, C. L., Pauli, C., Ratzka, N. & Lipowsky, F. (2009). Kooperatives netzgestütztes Lernen mit Unterrichtsvideos. Wie Mathematiklehrpersonen aus Deutschland und der Schweiz gemeinsam ihren Unterricht analysieren und entwickeln. In K. Maag Merki & B. Steinert (Hrsg.), Kooperation und Netzwerkbildung. Strategien zur Qualitätsentwicklung in Einzelschulen. Seelze: Friedrich.

Lave, J. & E. Wenger (1991). Situated learning. Legitimate peripheral participation. Cambridge, UK: Cambridge University Press.

Mayr, J. (1998). Die „Lehrer-Interessen-Skalen" (LIS). Ein Instrument für Forschung und Laufbahnberatung. In J. Abel & Ch. Tarnai (Hrsg.), Pädagogisch-psychologische Interessenforschung in Studium und Beruf (S. 111-125). Münster: Waxmann.

Müller, F. H. (2001). Studium und Interesse. Eine empirische Untersuchung bei Studierenden. Münster: Waxmann.

Müller, F. H. & Palekčić, M. (2005). Bedingungen und Auswirkungen selbstbestimmt motivierten Lernens bei kroatischen Hochschulstudenten. Empirische Pädagogik, 1(2), 134-165.

Müller, F. H., Palekčić, M., Beck, M. & Wanninger, S. (2006). Personality, motives and learning environment as predictors of self-determined learning motivation. Review of Psychology, 13(2), 75-86.

Prenzel, M. (1996). Bedingungen für selbstbestimmt motiviertes und interessiertes Lernen im Studium. In J. Lompscher & H. Mandl (Hrsg.), Lehr- und Lernprobleme im Studium (S. 11-22). Bern: Huber.

Posch, P., Rauch, F. & Mayr, J. (2009). Forschendes Lernen in der Lehrerfortbildung. In B. Roters, R. Schneider, B. Koch-Priewe, J. Thiele & J. Wildt (Hrsg.), Forschendes Lernen im Lehramtsstudium: Hochschuldidaktik – Professionalisierung – Kompetenzentwicklung (S. 196-220). Bad Heilbrunn: Klinkhardt.

Renkl, A. (1994). Träges Wissen. Forschungsbericht Nr. 41. München: Ludwig-Maximilians-Universität, Lehrstuhl für empirische Pädagogik und pädagogische Psychologie.

Reusser, K., Pauli, C. & Krammer, K. (Hrsg.). (2004). Unterrichtsvideos mit Begleitmaterialien für die Aus- und Weiterbildung von Lehrpersonen – DVD 1. Zürich: Pädagogisches Institut der Universität Zürich.

Roters, B., Schneider, R., Koch-Priewe, B., Thiele, J. & J. Wildt (Hrsg.). (2009). Forschendes Lernen im Lehramtsstudium. Hochschuldidaktik – Professionalisierung – Kompetenzentwicklung. Bad Heilbrunn: Klinkhardt.

Ryan, R. M. & Deci, E. L. (2002). Overview of self-determination theory: An organismic dialectical perspective. In E. L. Deci & R. M. Ryan (Eds.), Handbook of self-determination research (pp. 3-33). Rochester: University of Rochester Press.

Schön, A. D. (1987). Educating the reflective practitioner. California.

Schuster, A. (2009). Ich schreibe, also lerne ich. Welche Anreize bewegen Lehrkräfte zum Schreiben über ihre Praxis? Regensburg: Roderer.

Smith, C. S. & Gillespie, M. (2007). Research on professional development and teacher change: Implications for adult basic education. In J. Comings, B. Gardner & C. S. Smith (Eds.), Review of adult learning and literacy (Vol. 7, pp. 205-244).

Stenhouse, L. A. (1975). An Introduction to Curriculum Research and Development. Heinemann Educational Books.

Vallerand, R. J., Pelletier, L. G., Blais, M. R., Briere, N. M., Senecal, C. & Vallieres, E. F. (1992). The Academic Motivation Scale. A measurement of intrinsic, extrinsic, and amotivation in education. Educational and Psychological Measurement, 52(4), 1003-1017.

Wild, K.-P. (2000). Lernstrategien im Studium. Strukturen und Bedingungen. Münster: Waxmann.

Wittwer, H., Salzgeber, G., Neuhauser, G. & Altrichter, H. (2004). Forschendes Lernen in einem Lehrgang zum kooperativen offenen Lernen. In S. Rahm & M. Schratz (Hrsg.), LehrerInnenforschung (S. 105-118). Innsbruck: Studienverlag.

Aktionsforschung in der Lehrerfortbildung: Was bleibt?

Stefan Zehetmeier

Abstract

In diesem Beitrag werden die Fragen diskutiert, welche nachhaltigen Wirkungen drei Jahre nach dem Ende einer Fortbildungsmaßnahme auf Basis von Aktionsforschung festgestellt werden können und welche Faktoren deren Auftreten fördern oder hemmen. Diese Fragen wurden im Rahmen einer Fallstudie bearbeitet. Die Ergebnisse zeigen Wirkungen auf der Ebene des Wissens, der Einstellungen und der Praxis der an der Fortbildung teilnehmenden Lehrkräfte.

Schlagworte (dt.)

Aktionsforschung, Lehrerfortbildung, Wirkung, Fallstudie

Schlagworte (engl.)

action research, teacher professional development, impact, case study

1. Einleitung

Im Rahmen der Diskussion über Qualität von Unterricht und Schule spielen die Lehrkräfte eine wichtige Rolle. Lehrerfortbildung wird dabei als eine zentrale Maßnahme zur Verbesserung und Sicherung dieser Qualität angesehen. Daher ist es wichtig, nach jenen Faktoren zu suchen, welche für die Effektivität und Wirksamkeit von Fortbildungsveranstaltungen förderlich sind (Ingvarson, Meiers & Beavis, 2005). Derartige Analysen finden meist während oder am Ende von Lehrerfortbildungen statt und liefern dabei ausschließlich Ergebnisse über unmittelbare Wirkungen.

Während in anderen Disziplinen – wie etwa den Gesundheitswissenschaften, der Sozialmedizin oder in der Managementforschung – Studien zu Langzeitwirkungen durchaus üblich sind (Lawrence, Winn & Jennings, 2001; Pluye, Potvin & Denis, 2004; Scheirer, 2005), finden solche Untersuchungen im Lehrerbildungsbereich aufgrund mangelnder personeller und finanzieller Ressourcen meist nicht statt. Hargreaves (2002) stellt dazu fest: "sustainability has [...] become one of the key priorities in the field" (S. 120).

In diesem Beitrag werden die Ergebnisse einer Fallstudie präsentiert, welche diese „key priority“ bearbeitet. Den vorliegenden Fall bilden vier Lehrkräfte, welche über einen Zeitraum von drei Jahren (2001 bis 2004) an einer Lehrerfortbildungsmaßnahme (LFB) teilgenommen hatten.

Im Rahmen dieser Fallstudie wurden folgende Forschungsfragen bearbeitet:

- Welche unmittelbaren Wirkungen sind aufgrund der Teilnahme der Lehrkräfte an der LFB feststellbar?

- Welche nachhaltigen Wirkungen sind aufgrund der Teilnahme der Lehrkräfte an der LFB feststellbar?
- Welche Faktoren fördern oder hemmen das Auftreten dieser Wirkungen?

Der folgende Beitrag fasst zunächst den theoretischen Rahmen und die Methode der Fallstudie zusammen. Danach werden der Hintergrund des Falls sowie die Aktivitäten der Lehrkräfte beschrieben. Nach der Darstellung der Ergebnisse der Fallstudie werden abschließend weiterführende Fragen und zukünftige Forschungsfelder diskutiert.

2. Theoretischer Rahmen

Im Folgenden wird der theoretische Rahmen der Fallstudie skizziert. Insbesondere wird dabei ein Modell zur Wirkungsanalyse vorgestellt und eine Typisierung möglicher Wirkungen eingeführt.

2.1 Wirkungsmodell

Einen theoretischen Rahmen für die hier beschriebene Fallstudie bietet das *IPROD Model* (Impact of Professional Development Model; siehe Zehetmeier, 2008). Darin werden verschiedene Wirkungsebenen von Lehrerfortbildung unterschieden: Die Kategorien Wissen, Einstellungen und Praxis sind geeignet, um die Wirkungen auf Ebene der an der Fortbildung teilnehmenden Lehrkräfte zu erfassen (siehe Lipowsky, 2004, in diesem Band). Darüber hinaus sind diese Kategorien auch geeignet, um mögliche (auch ursprünglich nicht intendierte) Wirkungen auf den Ebenen der Schülerinnen und Schüler, der weiteren Lehrkräfte oder der Direktion an der Schule zu untersuchen. Neben diesen schulinternen Ebenen sind auch außerschulische Ebenen (wie etwa andere Schulen, Medien, Politik oder Wissenschaft) bei der Wirkungsanalyse zu berücksichtigen (Zehetmeier, 2009).

Das *IPROD Model* beinhaltet neben diesen Wirkungsebenen auch eine Kategorisierung der charakteristischen Elemente von Fortbildungsmaßnahmen und jener Faktoren, welche das Auftreten von Wirkungen fördern oder hemmen (Zehetmeier, 2008, 2009).

Abb. 1: Vereinfachtes „IPROD Model“

Im Folgenden wird eine Auswahl jener förderlichen Faktoren, welche dieses Modell beinhaltet, vorgestellt:

Passung bedeutet, dass die Fortbildungsmaßnahme die Bedürfnisse der Lehrkräfte trifft und diesbezüglich Auswahlmöglichkeiten bereitstellt (Peter, 1996), die lokalen Rahmenbedingungen berücksichtigt (Anderson & Stiegelbauer, 1994), die Arbeitskontexte und Lehrpläne der Lehrkräfte beachtet (Mundry, 2005) sowie mit anderen Lerngelegenheiten der Lehrkräfte abgestimmt ist (Garet, Porter, Desimone, Birman & Yoon, 2001).

Ownership weist darauf hin, die Lehrkräfte bei Planung und Durchführung der Fortbildungsmaßnahme mit einzubeziehen (Peter, 1996), sie in ihrer Rolle als Multiplikatorinnen und Multiplikatoren zu unterstützen (Loucks-Horsley, Stiles & Hewson, 1996) und die „innovation champions" zu fördern (Owston, 2007). Ebenso stellt Hayes (1995) fest, dass die Beteiligung von Lehrkräften an innovativen Prozessen deren Bereitschaft fördert, diese Innovation auch langfristig umzusetzen. Harvey und Green (2000) benutzen dafür den Begriff „empowerment", welcher auf die Möglichkeit hinweist, dass die teilnehmenden Lehrkräfte ihre Entwicklung selbst beeinflussen können.

Vernetzung bedeutet, dass die Fortbildungsmaßnahme sowohl die Kooperation der beteiligten Lehrkräfte einer Schule unterstützt als auch den Austausch und die Zusammenarbeit mit Lehrkräften anderer Schulen fördert (Ingvarson et al., 2005; Maldonado, 2002; McLaughlin & Mitra, 2001; Mundry, 2005; Peter, 1996). Darüber hinaus ist die Beteiligung von Fachgruppen statt Einzelpersonen einer Schule besonders förderlich (Anderson & Stiegelbauer, 1994; Garet et al., 2001; Peter, 1996). Damit wird eine Gruppenbildung gefördert, welche als *learning community* (Loucks-Horsley et al., 1996; Maldonado, 2002) oder *community of practice* (McLaughlin & Mitra, 2001) oder *professional community* (Ingvarson et al., 2005) bezeichnet wird.

Reflexion umfasst Diskussionen und Reflexionen unter den teilnehmenden Lehrkräften (Farmer, Gerretson & Lassak, 2003; Maldonado, 2002; Peter, 1996) sowie die Auswertung von Artefakten wie etwa Unterrichtsvideos oder Arbeiten der Schülerinnen und Schüler (Ingvarson et al., 2005). Der Begriff „inquiry as stance" wird bereits 1999 von Cochran-Smith und Lytle verwendet und beschreibt die reflexive Haltung von Lehrkräften gegenüber dem Verhältnis von Wissen und Praxis. Auch Farmer und Kolleg/inn/en (2003) bezeichnen die Haltung von Lehrkräften, welche den eigenen Unterricht als Quelle für Reflexion und Lernen sehen, als „inquiry stance" (S. 343).

Praxisbezug bedeutet, dass das Fortbildungsprogramm praktische Erprobungsphasen enthält (Peter, 1996) und Gelegenheiten für aktives (Garet et al., 2001; Ingvarson et al., 2005) sowie modellhaftes (Loucks-Horsley et al., 1996) Lernen ermöglicht.

Evaluation umfasst kontinuierliche Evaluations- und Feedbackmaßnahmen des Fortbildungsprogramms (Ingvarson et al., 2005; Loucks-Horsley et al., 1996; Maldonado, 2002).

Freiwilligkeit bezieht sich auf die Freiwilligkeit der Teilnahme (Peter, 1996). Postlethwaite und Haggarty (1998) weisen in diesem Zusammenhang darauf hin, dass es nur wenig Literatur bezüglich der Wirkungen von unfreiwilliger Lehrerfortbildung gibt.

Interne Unterstützung beinhaltet, dass die teilnehmenden Lehrkräfte von ihren jeweiligen Schulleitungen Unterstützung erhalten. Die Ergebnisse zahlreicher Studien legen nahe, dass der Einfluss der Schulleitung auf die (nachhaltige) Wirkung von Schulinnovationen und Fortbildungsinitiativen zentral ist (Anderson & Stiegelbauer, 1994; Fullan, 2006; Ingvarson et al., 2005; McLaughlin & Mitra, 2001; Owston, 2007).

Zeitliche Ressourcen unterstreicht, dass Zeit für Reflexion und Feedback (Peter, 1996) und für den Austausch und die Vernetzung mit Kolleginnen und Kollegen (Mundry, 2005) wichtig für die Wirksamkeit von Fortbildungsmaßnahmen ist.

Weitere förderliche und hemmende Faktoren sowie eine detaillierte Beschreibung des *IPROD Models* finden sich in Zehetmeier (2008, 2009).

2.2 Wirkungstypen

Im Rahmen einer Wirkungsanalyse sind zwei Arten von Wirkungen von besonderem Interesse: unmittelbare Wirkungen, welche während oder am Ende der Fortbildungsmaßnahme auftreten, und langfristige Wirkungen, welche (eine zu definierende Zeit) nach Abschluss der Fortbildung auftreten. Dabei können Wirkungen ausschließlich unmittelbar, ausschließlich langfristig oder beides zugleich sein.

In der vorliegenden Fallstudie wird der folgende Nachhaltigkeitsbegriff zu Grunde gelegt: Nachhaltigkeit bezeichnet „eine dauerhafte Fortsetzung der erzielten Nutzen und Wirkungen eines Programms/Projekts auch nach dessen Beendigung“ (DEZA, 2002, S. 4). Im Sinne der oben beschriebenen Wirkungstypen werden also diejenigen Wirkungen, welche sowohl unmittelbar als auch langfristig sind, als nachhaltig definiert. Als Zeitraum für die Untersuchung von Nachhaltigkeit werden im Rahmen dieser Fallstudie drei Jahre angesetzt.

3. Methode

Das hier vorgestellte Forschungsprojekt war als Fallstudie konzipiert (Stake, 1995; Yin, 2003). Mayring (2002) betont, dass Fallstudien besonders geeignet sind, um relevante Einflussfaktoren zu untersuchen und Zusammenhänge zu interpretieren. Insbesondere wenn es darum geht, die Auswirkungen von Innovationen zu untersuchen, stellen Fallstudien die Methode erster Wahl dar (Rogers, 2003).

Den vorliegenden Fall bilden vier Lehrkräfte, welche drei Jahre lang (2001 bis 2004) an einer LFB im Rahmen des Projekts IMST (vgl. Krainer, 2008; Benke, in diesem Band) teilgenommen hatten. Der Interventionscharakter des Projekts IMST folgte dem Ansatz der Aktionsforschung (Altrichter, Feldman, Posch & Somekh, 2007): Während ihrer Teilnahme am Projekt führten die Lehrkräfte verschiedene Aktionsforschungsprojekte durch und wurden im Rahmen des Projekts angeregt und dabei unterstützt, ihren Unterricht zu dokumentieren, zu analysieren und zu evaluieren; insbesondere stand dabei die gemeinsame Analyse von videographiertem Unterricht im Mittelpunkt.

Die Fallstudie war quasi längsschnittlich angelegt und untersuchte, welche unmittelbaren Wirkungen während und am Ende der Teilnahme der Lehrkräfte an der LFB auftraten und welche nachhaltigen Wirkungen drei Jahre nach dem Ende der LFB festzustellen waren. Dabei wurden unterschiedliche Datenquellen verwendet, um die Validität der Ergebnisse zu erhöhen (*convergence of evidence*; Yin, 2003, S. 100). Die Daten für die Fallstudie wurden zwischen 2001 und 2008 erhoben und umfassten unter anderem schriftliche Dokumente (Projektberichte der Lehrkräfte aus den Jahren 2001 bis 2004, Protokolle und Artefakte) und Interviews (mit den Lehrkräften und der Direktion der Schule aus den Jahren 2005 bis 2008).

Die Analyse aller vorliegenden Daten erfolgte in mehreren Schritten und umfasste sowohl induktive als auch deduktive Kategorisierung (Altrichter & Posch, 1998). In einem ersten Schritt wurden alle Daten, welche vor 2007 erhoben worden waren, untersucht. Diese Daten wurden hinsichtlich der Forschungsfragen (siehe oben) induktiv kodiert. Dabei konnten nach wiederholten Analysen aller vorhandenen Daten die unmittelbaren Wirkungen der Teilnahme kategorisiert werden. Aufbauend auf diesen Ergebnissen wurden weitere Einzelinterviews konzipiert, durchgeführt und analysiert. In diesem zweiten Schritt wurden alle Einzelinterviews deduktiv kodiert: Dabei stand insbesondere die Frage im Mittelpunkt, ob und welche langfristigen Wirkungen aufgetreten waren. In einem dritten Schritt wurden die Ergebnisse der ersten beiden Schritte zusammengefasst, anschließend gemeinsam mit den Lehrkräften im Rahmen eines Gruppeninterviews diskutiert und kommunikativ validiert (*member checking*; siehe Creswell, 2007).

Allen diesen Schritten gemeinsam ist das Bestreben, multiple Perspektiven auf den Fall und die untersuchten Wirkungen zu eröffnen. Damit wird eine dichte Beschreibung des Falls ermöglicht (Moser, 2003). Darüber hinaus wird durch die Gelegenheit des kontrastierenden Vergleichs die Validität der Ergebnisse erhöht (Altrichter & Posch, 1998).

4. Der Fall: Hintergrund

Eine Fallstudie stellt eine empirische Untersuchung eines Phänomens innerhalb seines natürlichen Kontexts dar (Hancock & Algozzine, 2006) und befasst sich mit der intensiven Beschreibung und Analyse von Fällen oder Systemen (Creswell, 2007). In diesem Abschnitt wird deshalb der Hintergrund des vorgestellten Falls beschrieben: die vier beteiligten Lehrkräfte, das Unterrichtsfach sowie die Unterrichtsform Teamteaching, in welchem der Unterricht stattfand.

4.1 Anna

Anna[1] wurde 1960 geboren und studierte Lehramt für Physik und Chemie als Hauptfächer und Mathematik als Nebenfach. Sie unterrichtet seit 1987 die Fächer Chemie, Physik und Mathematik in der Humboldt-Schule. Anna nahm seit September 2001 drei Jahre lang, mit jeweils wechselnden Kollegen, an IMST teil.

1 Alle verwendeten Namen von Personen und Schulen sind Pseudonyme.

4.2 Peter

Peter ist Jahrgang 1967 und war von 1994 bis 2002 Lehrer für Mathematik und Physik an der Humboldt-Schule. Peter nahm von September 2001 bis Dezember 2002 gemeinsam mit Anna an IMST teil.

4.3 Martin

Martin wurde 1979 geboren und studierte ab 1998 Lehramt für Mathematik und Physik. Während der Zeit der Fertigstellung seiner Diplomarbeit nahm er das Angebot an, ab Januar 2003 die Vertretung für Peter zu übernehmen und als Student gemeinsam mit Anna das Fach NAWI (siehe unten) zu unterrichten. Er schloss sein Studium 2004 ab und absolvierte im Schuljahr 2004/05 sein Unterrichtspraktikum[2] an der Humboldt-Schule – mit Anna als Betreuungslehrerin. Seither unterrichtet er dort Mathematik und Physik mit voller Lehrverpflichtung. Martin nahm gemeinsam mit Anna von Januar 2003 bis zum Ende des Schuljahrs 2002/03 an IMST teil.

4.4 Klaus

Klaus ist Jahrgang 1975 und studierte seit 1995 Lehramt für Chemie und Mathematik. Nach Ende seines Studiums absolvierte er im Schuljahr 2003/04 sein Unterrichtspraktikum an der Humboldt-Schule. Seit 2003 unterrichtete er zusätzlich an einer anderen Schule, in welcher er ab dem Schuljahr 2005/06 regulär in den Lehrkörper aufgenommen wurde. Seither unterrichtet er dort mit voller Lehrverpflichtung. Klaus nahm im Schuljahr 2003/04 als Unterrichtspraktikant gemeinsam mit Anna an IMST teil.

4.5 Unterrichtsfach NAWI

NAWI ist ein schulautonomer Gegenstand für die 4. Klassen (12. Schulstufe), welcher seit dem Schuljahr 1998/99 an der Humboldt-Schule von Anna in geblockter Form unterrichtet wird. Darin werden fächerübergreifende Aspekte der Fächer Physik, Chemie und Biologie in den Mittelpunkt gestellt. NAWI wird zusätzlich zu den ohnehin vorgesehenen Wochenstunden der naturwissenschaftlichen Fächer der Schule angeboten. Das Fach läuft jeweils für ein Schuljahr und muss dann, wenn es im nächsten Jahr wieder angeboten werden soll, vom Schulgemeinschaftsausschuss jährlich neu beschlossen werden.

4.6 Teamteaching

Der Unterrichtsgegenstand NAWI wurde in Form von Teamteaching unterrichtet. Während des gesamten NAWI-Blocks wurde die Klasse von zwei Lehrkräften betreut, welche gemeinsam ein möglichst breites Spektrum naturwissenschaftlicher Fächer abdeckten. Im

---

2 Entspricht in etwa dem deutschen Referendariat.

Gegensatz zu anderen Fächern wurde Teamteaching im Rahmen von NAWI von den Schülerinnen und Schülern der Schule positiv bewertet. Die offene Frage, warum Teamteaching in NAWI deutlich besser als in anderen Fachkombinationen beurteilt wurde, bewog die Lehrkräfte zur Durchführung von Aktionsforschungsprojekten im Rahmen des Projekts IMST: „Wir wollten ganz einfach für die Schule hier diese Methode weiterentwickeln und Grundsätzliches herausfiltern, um den Kollegen diese Arbeitsform zu erleichtern.“ *(Anna, 2005a)*

5. Der Fall: Aktivitäten der Lehrkräfte

Im Folgenden werden die Aktivitäten der Lehrkräfte skizziert, um ein möglichst dichtes Bild des vorliegenden Falls zu erhalten (Hancock & Algozzine, 2006).

5.1 Schuljahr 2001/02

Die beiden Lehrkräfte Anna und Peter untersuchten in diesem Schuljahr im Rahmen ihres Aktionsforschungsprojekts, welche Faktoren zur positiven Beurteilung ihres Teamteachings durch die Schülerinnen und Schüler beitrugen. Die Motivation für diese Arbeit lag in dem Bemühen, den Unterricht kontinuierlich zu verbessern und zu verändern, anderen Kolleginnen und Kollegen der Schule von den Ergebnissen zu berichten und so zu einer breitenwirksamen Qualitätsverbesserung der Teamteachingpraxis an der Schule beizutragen. Unzufriedenheit oder Probleme mit Unterrichtsprozessen waren dezidiert keine Gründe für die Teilnahme an der LFB. Vielmehr ging es um die Untersuchung einer gut funktionierenden und positiv bewerteten Unterrichtspraxis und um die Analyse derjenigen Rahmenbedingungen und Faktoren, welche das Gelingen von Teamteaching förderten *(Anna, 2005b)*.

5.2 Schuljahr 2002/03

In diesem Schuljahr wollten Peter und Anna die Erkenntnisse aus dem Vorjahresprojekt nutzen, um auch mit anderen Kolleginnen und Kollegen in ihrer Schule Teamteaching zu praktizieren. Im Dezember 2002 verließ Peter die Schule, sodass die für dieses Schuljahr geplanten Aktivitäten nicht mehr in der vorgesehenen Form stattfinden konnten. Stattdessen übernahm im Januar 2003 der junge Kollege Martin die Nachfolge von Peter und nahm Annas Vorschlag an, mit ihr gemeinsam Teamteaching zu praktizieren und an IMST teilzunehmen. Anna und Martin beschreiben diese neue Situation so: „Ein Student im Abschlussjahr mit praktisch keiner Unterrichtserfahrung soll ohne nennenswerte gemeinsame Vorbereitung mit einer Kollegin mit 15-jähriger Unterrichtserfahrung, die sich sehr intensiv mit diesem Arbeitsfeld auseinandergesetzt hat, im Teamteaching unterrichten.“ *(Anna & Martin, 2003)*

Diese veränderten Rahmenbedingungen führten zu neuen Zielsetzungen des Aktionsforschungsprojekts in diesem Schuljahr: Im Mittelpunkt stand die Frage, ob in dieser veränderten Situation dieselben Kriterien für erfolgreiches Teamteaching zum Tragen kommen würden oder ob neue förderliche und hemmende Faktoren das Gelingen von Teamteaching beeinflussen würden.

5.3 Schuljahr 2003/04

Im Schuljahr 2003/04 absolvierte Klaus sein Unterrichtspraktikum an der Humboldt-Schule. Seine Betreuerin Anna schlug ihm vor, bei IMST teilzunehmen und im Rahmen dieses Projekts nicht den üblichen Weg gegenseitiger Hospitation mit Vor- und Nachbesprechung der jeweiligen Unterrichtseinheiten zu wählen, sondern Teamteaching als alternative Form der Einführung in den Lehrberuf zu praktizieren. Darüber hinaus sollten davon Videoaufnahmen angefertigt und analysiert werden. Klaus nahm den Vorschlag an und unterrichtete gemeinsam mit Anna in Form von Teamteaching.

Die Lehrkräfte versuchten im Rahmen ihres Aktionsforschungsprojekts herauszufinden, inwieweit diese Unterrichtsform den Unterrichtspraktikanten unterstützt und ob beide beteiligten Personen (Praktikant und Betreuungslehrerin) voneinander profitieren und lernen können *(Anna, 2004)*. Ziel der Arbeit war es, „Vor- und Nachteile des Einsatzes von Teamteaching im Unterrichtspraktikum zu diskutieren“ *(Anna & Klaus, 2004)*.

6. Ergebnisse der Fallstudie

Die vorgestellte Fallstudie untersuchte die Fragen, welche unmittelbaren und nachhaltigen Wirkungen der Teilnahme an der LFB festgestellt werden können und welche Faktoren deren Auftreten fördern oder hemmen. Im Folgenden werden dazu jene Wirkungen vorgestellt, welche während und nach den Aktionsforschungsprojekten der Lehrkräfte auftraten. Diese Wirkungen waren vor der Teilnahme an der LFB nicht vorhanden und wären ohne die Teilnahme der Lehrkräfte nicht oder in anderer Form aufgetreten *(Anna, 2005a, 2007)*.

Folgende Wirkungen werden vorgestellt:

- Neues Praxiswissen
- Situative Reflexion
- Gesteigertes Selbstbewusstsein
- Gegenseitiges Feedback
- Verbessertes Image der Naturwissenschaften
- Neu organisiertes Unterrichtspraktikum
- Außerschulische Öffentlichkeitswirksamkeit

Dazu werden zunächst die einzelnen Wirkungen beschrieben. Dann werden alle Wirkungen kategorisiert und typisiert. Darüber hinaus werden jeweils jene Faktoren angeführt, welche für das Auftreten und die Nachhaltigkeit der einzelnen Wirkungen förderlich waren.

6.1 Neues Praxiswissen

Die Lehrkräfte konnten jene Bedingungsfaktoren herausarbeiten, welche für das Gelingen von Teamteaching notwendig waren: „Anhand der Videoanalyse war es möglich, sowohl Faktoren, die sich positiv auf das Gelingen von Teamteaching auswirken, als auch die negativen Aspekte konkret herauszuarbeiten – sich bewusst zu machen, zu sehen, welche Verhaltensweisen positive Auswirkungen haben und was stört." *(Anna & Peter, 2002)* Zu diesen Bedingungsfaktoren gehört insbesondere die „Position der Unterrichtenden im Raum", welche ein zentrales Kriterium für erfolgreiches Teamteaching darstellt und von den Lehrkräften aufgrund der Videoanalysen nun bewusst eingesetzt wird. Die Wirkung trat während der Teilnahme bei allen Lehrkräften auf – sie ist also bei allen unmittelbar. Auch nach der Teilnahme an IMST war diese Wirkung bei allen Lehrkräften vorhanden – sie ist also auch langfristig. Damit ist diese Wirkung bei allen Lehrkräften nachhaltig.

Folgende Faktoren förderten die Nachhaltigkeit dieser Wirkung: *Passung*: Die Videoanalyse hatte gerade diejenigen Fragen im Fokus, an welchen die Lehrkräfte großes Interesse hatten, welche sich auf ihren Arbeitskontext bezogen und welche auf die Lerngelegenheiten der Lehrkräfte abgestimmt waren. *Ownership*: Die Lehrkräfte waren in die Planung und Durchführung der Videoanalyse miteingebunden. Sie bestimmten die Fragen, anhand derer die Videos analysiert wurden und konnten den Verlauf der Analysen mit beeinflussen. *Vernetzung*: Die Videoanalyse ermöglichte den Lehrkräften, zusammen ihre gemeinsame Arbeit zu untersuchen und so eine Learning Community zu bilden. *Reflexion*: Durch die Reflexion der eigenen Teamteachingpraxis anhand der Videos konnten die Lehrkräfte dieses neue Wissen generieren. Martin hält dazu fest, dass insbesondere die Reflexion der eigenen Praxis anhand der Videoaufnahmen dazu beigetragen hat: „Wenn ich das wirklich irgendwo lokalisieren kann, dann bei den Videoaufnahmen. Wenn wir das angeschaut haben: ‚Wie steht man da, wie wirkt man, wie bewegt man sich?' Da ganz sicher." *(Martin, 2007)*

6.2 Situative Reflexion

Die Videoanalyse ermöglichte den Lehrkräften, ihre eigene Praxis aus zeitlicher und räumlicher Distanz zu betrachten und unter verschiedenen Perspektiven zu untersuchen. Das führte einerseits dazu, dass die Lehrkräfte sowohl einzeln als auch gemeinsam mit Kolleginnen und Kollegen ihren Unterricht aus einer Ex-post-Perspektive reflektierten. Andererseits ermöglichte es den beiden erfahrenen Lehrkräften Anna und Peter, sich auch unmittelbar während des Unterrichts zu distanzieren und die jeweilige Situation aus einer Metaperspektive zu beurteilen: „Ich kann mich in einer konkreten Unterrichtssituation besser herausnehmen, wenn es die Situation erfordert, weil man sich doch nach so einer Videoanalyse mancher Dinge viel bewusster wird; man weiß besser Bescheid um die Wirkung gewisser Dinge, gewisser Handlungen, die man setzt, wenn man das einmal wirklich gesehen hat." *(Anna, 2005b)* Insbesondere berichtete Anna *(2005a)*, dass sie sich während des Unterrichtsgeschehens „wie eine Außenstehende beobachten" und „praktisch in der Unterrichtsphase selbst eine Art Reflexion durchführen konnte". „Ganz einfach, indem ich mich von der Situation selbst distanziere." *(Anna, 2005a)*

Die Wirkung trat bei den Junglehrern erst nach dem Ende der Teilnahme an IMST auf und ist in diesen Fällen also nur langfristig. Bei den beiden erfahrenen Lehrkräften zeigte sich die Wirkung während und nach der Teilnahme – sie ist bei ihnen also nachhaltig.

Ein förderlicher Faktor dieser Wirkung liegt im Bereich der *Reflexion*: Die Videoanalyse als methodische Grundlage für die Reflexion der Aktivitäten der Lehrkräfte eröffnete den beteiligten Personen neue Einsichten und Handlungsalternativen. In diesem Zusammenhang ist auch die *Verschriftlichung*, also das Verfassen von Projektberichten durch die Lehrkräfte, von Bedeutung, da sie eine schriftliche Form von Reflexion darstellt. Anna *(2005a)* hält dazu fest: „Es ist ganz einfach gut, wenn man alles noch einmal zusammenfasst und selber alles noch einmal überdenken kann, ob das dann wirklich stimmt. Ich glaube, das ist ein ganz wichtiger Prozess, dass man das nicht so stehen lässt."

6.3 Gesteigertes Selbstbewusstsein

Das formal hierarchische Verhältnis zwischen den Junglehrern Martin und Klaus und der erfahrenen Lehrerin Anna wurde in der Praxis der Aktionsforschungsprojekte jeweils aufgeweicht. Martin und Klaus standen durch die gemeinsame Analyse der Unterrichtsvideos und das Teamteaching mit der erfahrenen Lehrerin Anna „auf einer Stufe" *(Anna, 2007)*. Das hatte positive Auswirkungen auf das Selbstbewusstsein der beiden Junglehrer. Diese Wirkung trat bei den beiden Junglehrern sowohl während als auch nach der Teilnahme am Projekt auf – sie ist bei diesen also nachhaltig. Bei Anna und Peter trat diese Wirkung hingegen gar nicht auf.

Das Selbstbewusstsein und der Status der beteiligten Junglehrer wurden vor allem durch *Vernetzung* und *Reflexion* der Lehrkräfte gefördert. Das gemeinsame Unterrichten im Team sowie die Analyse der Unterrichtsvideos ermöglichten den Lehrkräften, hierarchische Strukturen aufzubrechen und gleichberechtigt miteinander zu arbeiten. Martin fasst diese Faktoren zusammen: „Ja, natürlich, weil die Anna mich nie als Junglehrer angesehen hat, sondern einfach als gleichwertigen Kollegen. Ja, das beeindruckt natürlich und hinterlässt auch seine Spuren." *(Martin, 2007)*

6.4 Gegenseitiges Feedback

Im Rahmen der Videoanalysen hatten die Lehrkräfte Gelegenheit, sich gegenseitig Feedback über ihre jeweilige Unterrichtspraxis zu geben. Die Lehrkräfte sahen darin eine Möglichkeit, sich nicht nur auf fachlicher Ebene auszutauschen, sondern auch die Methodik des bzw. der anderen zu verstehen und als Vorbild zu nehmen. „Die Kultur des gegenseitigen Feedback-Gebens wurde erstmals anhand dieser IMST-Studie verwirklicht und wird in Zukunft einen fixen Bestandteil des NAWI-Blocks ausmachen." *(Anna & Peter, 2002)*

Die Wirkung trat während der Teilnahme bei allen Lehrkräften auf – es handelt sich also bei allen Lehrkräften um eine unmittelbare Wirkung. Nach der Teilnahme an IMST war diese Wirkung bei drei Lehrkräften vorhanden: Sie ist für Anna, Martin und Peter auch langfristig – nicht jedoch für Klaus. Damit ist diese Wirkung bei drei Lehrkräften nachhaltig, bei Klaus nicht.

Die Faktoren, welche das Auftreten dieser Wirkung förderten, sind Vernetzung und Reflexion: Die Lehrkräfte arbeiten zusammen, tauschen sich aus und reflektieren gemeinsam ihren Unterricht. Darüber hinaus war auch die Qualität der vertrauensvollen Zusammenarbeit und Kommunikation zwischen den Lehrkräften und dem IMST-Team als „kritischer Freund" (Altrichter & Posch, 2007, S. 18) ein Faktor, welcher das Auftreten dieser Wirkung gefördert hat: „Wenn das eine schlechte Erfahrung gewesen wäre, dass da jemand drin sitzt, beobachtet, filmt und nachher analysiert, hätte ich das wahrscheinlich nicht als sinnvoll oder bereichernd erfahren. [...] Es ist nicht persönlich, wenn da kritisiert wird; es ist sehr angenehm, aber es ist auch keine Schönfärberei." *(Peter, 2007)* Der Grund, warum Klaus die Möglichkeit für gegenseitiges Feedback an seiner Schule nicht nutzen kann, sind mangelnde zeitliche Ressourcen *(Klaus, 2007)*.

6.5 Verbessertes Image der Naturwissenschaften

Die Aktivitäten im Rahmen des Aktionsforschungsprojekts machten in der Schule darauf aufmerksam, dass sich in den naturwissenschaftlichen Fächern „unheimlich viel tut" *(Anna, 2005a)*. Die Beteiligung der Schülerinnen und Schüler an den Videoanalysen erhöhte das Image der naturwissenschaftlichen Fächer in der Schule. So konnte das Anliegen von Anna, die Naturwissenschaften in ihrem Stand zu heben, umgesetzt werden.

Das Image der naturwissenschaftlichen Fächer wurde bereits vor der Teilnahme am Projekt IMST durch die Einführung des Fachs NAWI verbessert. Im Rahmen von IMST konnte dieses Image noch weiter verbessert werden (unmittelbare Wirkung), sodass in der Folge auch die Einführung weiterer neuer naturwissenschaftlicher Fächer ermöglicht wurde, was schließlich zu einer weiteren Verbesserung des Status der Naturwissenschaften bei den Schülerinnen und Schülern führte (langfristige Wirkung).

Als förderliche Faktoren treten hier insbesondere *Vernetzung, Reflexion* sowie *interne Unterstützung* auf: Die Zusammenarbeit und die Reflexion der Kriterien für erfolgreiches Teamteaching sowie die Unterstützung durch das Kollegium, die Direktion und den Schulgemeinschaftsausschuss führten dazu, das Image der naturwissenschaftlichen Fächer zu verbessern.

6.6 Neu organisiertes Unterrichtspraktikum

Das Unterrichtspraktikum dient dazu, junge Lehrkräfte nach Abschluss ihres universitären Studiums ein Jahr lang in die unterrichtliche Praxis einzuführen. Für Anna ist die traditionelle Rollenaufteilung zwischen prüfender Betreuungslehrkraft und hierarchisch untergeordneter Junglehrkraft im Unterrichtspraktikum „kein gangbarer Weg" *(Anna, 2005a)*. Sie hält fest, sie wolle keine Betreuungslehrerin sein, „die hinten drinnen sitzt, wenn der unterrichtet, und Notizen macht, und nachher mit ihm alles bespricht, was er falsch gemacht hat, also das widerstrebt mir ganz einfach. Das ist mir wirklich absolut zuwider." *(Anna, 2005b)* Auch vonseiten der Unterrichtspraktikantinnen und -praktikanten wird dieser Abschnitt oft als problematisch erlebt: „So können die einfach nicht wirklich gescheit arbeiten." *(Anna, 2005a)* Teamteaching im Unterrichtspraktikum ermöglicht beiden Lehrkräften eine hierarchische Gleichstellung und wirkt sich damit sowohl auf die Unterrichtsorganisation als auch auf den Lernfortschritt aller Beteiligten positiv aus.

Das Unterrichtspraktikum wurde während des Aktionsforschungsprojekts neu organisiert und nach Ende des Projekts in der neuen Form weitergeführt und schulweit verbreitet.

Diese Wirkung wurde insbesondere durch die Faktoren *Passung* und *Vernetzung* gefördert: Die Videoanalysen hatten gerade diejenigen Fragen im Fokus, welche für die beteiligten Lehrkräfte von höchster Relevanz waren. Durch die Kooperation beider Personen (Betreuungslehrerin und Unterrichtspraktikant) konnte eine positive Wirkung auf struktureller Ebene erreicht werden.

6.7 Außerschulische Öffentlichkeitswirksamkeit

Die Aktivitäten der Lehrkräfte und die Ergebnisse und Erkenntnisse ihrer Analysen waren nicht nur innerhalb der Schule bekannt, sondern erreichten auch Personen und Institutionen außerhalb der Schule. Dies geschah einerseits aktiv, indem die Lehrkräfte das Ziel verfolgten, ihre Ergebnisse anderen Lehrkräften mitzuteilen: Gerade weil die traditionelle Form des Unterrichtspraktikums für Anna *(2005a)* „ganz einfach unhaltbar" war (siehe oben), wollte sie die Ergebnisse ihrer Analysen verbreiten: „Für mich ist das ganz ein wichtiger Punkt: Für mich ist das fast schon ein Schlüsselerlebnis gewesen, hier eine Möglichkeit zu finden. Deshalb glaube ich auch, dass es wichtig ist, dass man damit an die Öffentlichkeit geht und hier eine Möglichkeit aufzeigt, wie diese Zusammenarbeit vielleicht besser funktionieren kann, als es bisher war." *(Anna, 2005a)* Im Rahmen von IMST war es den Lehrkräften möglich, ihre Ergebnisse sowohl in Form eines schriftlichen Projektberichts zu publizieren als auch anderen Kolleginnen und Kollegen auf Tagungen vorzustellen. Diese Möglichkeiten wurden von Anna und ihren Kollegen genutzt, sodass ihre Ergebnisse auf Interesse stießen und sie schließlich mehrere Anfragen erhielten *(Anna, 2005b)*. So wurde Anna etwa von einer Schule in Wien eingeladen, in welcher es größere Probleme und Unzufriedenheiten mit Teamteaching gab: Sie sollte mit ihrer Expertise helfen, das Teamteaching an jener Schule zu verbessern. Diese Anfrage mündete in eine SCHILF-Veranstaltung, welche von Anna geleitet wurde.

Die Öffentlichkeitswirksamkeit trat nur während der Teilnahme an IMST auf, hatte also ausschließlich unmittelbaren Charakter.

Die Faktoren, welche die Öffentlichkeitswirksamkeit förderten, lagen vor allem in der Interventionsstrategie von IMST begründet. Nachdem IMST das Ziel verfolgte, die Aktivitäten der Lehrkräfte nicht nur zu unterstützen, sondern auch zu publizieren und Beispiele guter Praxis bekannt zu machen, konnten die Lehrkräfte dieser Schule ihre Ergebnisse auf den von IMST zur Verfügung gestellten Kanälen verbreiten.

7. Diskussion

In diesem Beitrag wurden die Wirkungen einer Lehrerfortbildungsmaßnahme auf Basis von Aktionsforschung sowie deren Bedingungsfaktoren anhand einer Fallstudie beschrieben. Die Ergebnisse fügen sich zu einem dichten Bild des vorliegenden Falls und zeigen im Detail, welche Wirkungen aus welchen Gründen zu welchem Zeitpunkt eingetreten sind oder nicht. Darüber können Tendenzen und Hinweise abgeleitet werden, welche für die Planung zukünftiger ähnlicher Fortbildungsmaßnahmen hilfreich sein könnten.

Der Interventionscharakter der LFB folgte dem Ansatz der Aktionsforschung (vgl. Altrichter & Posch, 2007). Als in diesem Sinne besonders zielführend erwiesen sich Maßnahmen der Triangulation (Altrichter & Posch, 2007, S. 178), wenn die Lehrkräfte ihren Unterricht im Rahmen einer Videoanalyse untersuchten und dabei die Perspektiven von Kolleginnen, Kollegen, Schülerinnen, Schülern und dem LFB-Team miteinbezogen.

Aktionsforschung als Methode der Lehrerfortbildung deckt zahlreiche der oben genannten förderlichen Faktoren wirkungsvoller Lehrerfortbildung ab (etwa Passung, Ownership, Vernetzung, Reflexion, Praxisbezug, Freiwilligkeit oder Evaluation). Um nachhaltige Wirkungen zu erreichen, erscheint also die Strategie, Methoden der Aktionsforschung im Rahmen einer Initiative zur Lehrerfortbildung einzusetzen, sinnvoll.

Qualitative Forschungsarbeiten und insbesondere Fallstudien verfolgen das Ziel, eine Situation oder einen Fall besser zu verstehen. So stellt sich während oder am Ende einer solchen Studie die Frage "Did we get it right?" (Stake, 1995, S. 107). Der Validität der Ergebnisse qualitativer Arbeiten kommt also eine zentrale Bedeutung zu. Die Ergebnisse der vorliegenden Fallstudie können als valide angesehen werden, da (neben weiteren) folgende Validitätskriterien erfüllt sind (Creswell, 2007): *Member Checking:* Die Ergebnisse und Interpretationen wurden nach den Einzelinterviews an die teilnehmenden Personen zurückgespielt. Im Rahmen eines Gruppeninterviews konnten diese Personen die Ergebnisse und Interpretationen bestätigen, konkretisieren oder auch ablehnen. *Rich Description*: Alle Personen und Aktivitäten wurden im Rahmen der Fallstudie genau beschrieben (siehe oben). *Triangulation*: Es wurden Daten mit verschiedenen Methoden (Interviews und Dokumentenanalyse) von verschiedenen Quellen (Lehrkräften, Direktion, LFB-Team) zu verschiedenen Zeitpunkten (während und nach der Teilnahme an der LFB) erhoben und analysiert.

8. Ausblick

Eine Ausweitung der Wirkungsanalyse auf mehrere Fälle und größere Stichproben, insbesondere der Vergleich mit Fortbildungsmaßnahmen, welche nicht auf Methoden der Aktionsforschung basieren, sowie eine damit einhergehende Ergänzung der empirischen Erhebungsinstrumente um quantitative Methoden scheint viel versprechend.
Folgende Fragen könnten damit beantwortet werden:

- Welche nachhaltigen Wirkungen zeigen sich bei Lehrkräften verschiedener Schulen, welche gemeinsam an einer Fortbildungsmaßnahme teilnehmen? Gibt es (Muster von) Wirkungen, welche bei vielen oder allen Lehrkräften (nicht) nachhaltig auftreten?

- Gibt es hierarchische Strukturen innerhalb der Elemente der Fortbildung oder der Wirkungsebenen oder der Bedingungsfaktoren?
- Gibt es Faktoren, welche eine bestimmte Wirkungsebene besonders fördern oder hemmen?

Eine weitergehende, breitere und gleichzeitig vertiefte Untersuchung dieser und ähnlicher Fragen zum Thema Nachhaltigkeit von Lehrerfortbildung erscheint sowohl aus wissenschaftlicher als auch aus praktischer Perspektive notwendig und viel versprechend.

9. Literatur

Altrichter, H., Feldman, A., Posch, P. & Somekh, B. (2007). Teachers Investigate their Work – An Introduction to Action Research Across the Professions. London: Routledge.

Altrichter, H. & Posch, P. (1998). Lehrer erforschen ihren Unterricht. Bad Heilbrunn: Klinkhardt.

Altrichter, H. & Posch, P. (2007). Lehrerinnen und Lehrer erforschen ihren Unterricht. Bad Heilbrunn: Klinkhardt.

Anderson, S. & Stiegelbauer, S. (1994). Institutionalization and renewal in a restructured secondary school. School Organization, 14(3), 279-293.

Cochran-Smith, M. & Lytle, S. (1999). Relationships of knowledge and practice: Teacher learning in communities. Review of Research in Education, 24, 249-305.

Creswell, J. (2007). Qualitative inquiry & research design. Choosing among five traditions (2nd ed.). Thousand Oaks: Sage Publications.

Direktion für Entwicklungshilfe und Zusammenarbeit/DEZA (2002). Glossar deutsch. Bern: DEZA.

Farmer, J., Gerretson, H. & Lassak, M. (2003). What teachers take from professional development: cases and implications. Journal of Mathematics Teacher Education, 6, 331-360.

Fullan, M. (2006). The future of educational change: system thinkers in action. Journal of Educational Change, 7, 113-122.

Garet, M., Porter, A., Desimone, L., Birman, B. & Yoon, K. (2001). What makes professional development effective? Results from a national sample of teachers. American Educational Research Journal, 38(4), 915-945.

Hancock, D. & Algozzine, B. (2006). Doing case study research. New York: Teachers College Press.

Hargreaves, A. (2002). Sustainability of educational change: the role of social geographies. Journal of Educational Change, 3, 189-214.

Harvey, L. & Green, D. (2000). Qualität definieren. Zeitschrift für Pädagogik, 41. Beiheft, 17-37.

Hayes, D. (1995). In-service teacher development: some basic principles. ELT Journal, 49(3), 252-261.

Ingvarson, L., Meiers, M. & Beavis, A. (2005). Factors affecting the impact of professional development programs on teachers' knowledge, practice, student outcomes & efficacy. Education Policy Analysis Archives, 13(10), 1-28.

Krainer, K. (2008). Innovations in Mathematics, Science and Technology Teaching. In J. Vincent, J. Dowsey & R. Pierce (Eds.), Connected Maths. MAV Annual Conference 2008 (pp. 199-212). Brunswick, Vic: The Mathematical Association of Victoria (MAV).

Lawrence, T., Winn, M. & Jennings, P. (2001). The temporal dynamics of institutionalization. Academy of Management Review, 62(4), 624-644.

Lipowsky, F. (2004). Was macht Fortbildungen für Lehrkräfte erfolgreich? Die Deutsche Schule, 96(4), 462-479.

Loucks-Horsley, S., Stiles, K. & Hewson, P. (1996). Principles of effective professional development for mathematics and science education: A synthesis of standards. NISE Brief, 1(1), 1-6.

Maldonado, L. (2002). Effective professional development. Findings from research. Online unter http://www.collegeboard.com [2007-01-12].

Mayring, P. (2002). Qualitative Sozialforschung. Weinheim: Beltz.

McLaughlin, M. & Mitra, D. (2001). Theory-based change and change-based theory: going deeper, going broader. Journal of Educational Change, 2, 301-323.

Moser, H. (2003). Instrumentenkoffer für die Praxisforschung. Zürich: Pestalozzianum.

Mundry, S. (2005). What experience has taught us about professional development. National Network of Eisenhower Regional Consortia and Clearinghouse.

Owston, R. (2007). Contextual factors that sustain innovative pedagogical practice using technology: an international study. Journal of Educational Change, 8(1), 61-77.

Peter, A. (1996). Aktion und Reflexion – Lehrer/innenfortbildung aus international vergleichender Perspektive. Weinheim: Deutscher Studienverlag.

Pluye, P., Potvin, L. & Denis, J. (2004). Making public health programs last: conceptualizing sustainability. Evaluation and Program Planning, 27, 121.

Postlethwaite, K. & Haggarty, L. (1998). Towards effective and transferable learning in secondary school: the development of an approach based on mastery learning. British Educational Research Journal, 24(3), 333-353.

Rogers, E. (2003). Diffusion of innovations. New York: Free Press.

Scheirer, M. (2005). Is sustainability possible? American Journal of Evaluation, 26(3), 320-347.

Stake, R. (1995). The art of case study research. Thousand Oaks: Sage Publications.

Yin, R. (2003). Case study research: Design and methods (3rd ed.). Thousand Oaks: Sage Publications.

Zehetmeier, S. (2008). Zur Nachhaltigkeit von Lehrer/innenfortbildung. Dissertation an der Alpen-Adria-Universität Klagenfurt.

Zehetmeier, S. (2009). The sustainability of professional development. Paper presented at CERME6, January 2009, Lyon, France.

Bildungsstandards und die Fortbildung von Lehrerinnen und Lehrern

Aufgezeigt am Beispiel des Schulbuchs als kritische Größe

Franz Hofmann & Hermann Astleitner

Abstract

Die vorliegende Arbeit beschäftigt sich mit der Frage, wie Lehrerinnen- und Lehrerfortbildung fachinhaltlich und methodisch zu gestalten ist, wenn es gilt, Lehrerinnen und Lehrer dabei zu unterstützen, Bildungsstandards bzw. die daran gekoppelten Kompetenzen im Unterricht zu berücksichtigen. Dabei wird zentral auf das Schulbuch Bezug genommen, weil es eine wichtige Grundlage für die Planung, Gestaltung und Bewertung von unterrichtlichem Lernen darstellt. Zunächst wird analysiert, welche Schwierigkeiten derzeit konstatiert werden können, wenn es um die Themenbereiche Bildungsstandards, Kompetenzen, Unterricht und Schulbücher geht. Dieser Analyse folgen Vorschläge zur Verbesserung von Lehrerfortbildungskursen bzw. zu qualitätssichernden Maßnahmen.

Schlagworte (dt.)

Bildungsstandards, Kompetenzen, Schulbuch, Lernaufgaben, Individualisierung, Denken in Komplementarität, Autonomieförderung vs. Kontrollorientierung

Schlagworte (engl.)

performance standards, competences, school book, tasks, individualization in classrooms, complementarity, autonomy support and control orientation

1. Ausgangspunkt: Bemühungen zur Implementierung von Bildungsstandards im Unterricht

Auf bildungspolitischer Ebene wird gegenwärtig ein Schwerpunkt für Lehrerinnen- und Lehrerfortbildung forciert, der mit der sukzessiven Implementierung von Bildungsstandards zusammenhängt: Um diesen Implementierungsprozess möglichst erfolgreich zu gestalten, sind die für Fortbildungsagenden zuständigen Institutionen angehalten, Fortbildungsveranstaltungen für Lehrerinnen und Lehrer anzubieten – und zwar mit der Zielsetzung, dass diesen die möglichst schnelle Ausrichtung ihres Unterrichts an einzelnen für ihre Klassen relevanten Bildungsstandards gelingt (vgl. z.B. Friedl-Lucyshyn & Lucyshyn, 2009). Diese Maßnahmen werden derzeit vielerorts gesetzt, obwohl noch viele Fragen der Wirkungsmuster von Bildungsstandards ungeklärt sind (vgl. z.B. Ausführungen zur lehrplantheoretischen Problematik von Bildungsstandards von Scholl, 2009).

Bei einem solchen Unterfangen müssen in der Lehrerinnen- und Lehrerfortbildung aber einige wichtige Fragen bzw. Probleme berücksichtigt werden, auf die hinzuweisen bzw. zu denen Lösungen anzubieten der vorliegende Artikel einen Beitrag leisten will.

Empirische Studien zu Schwierigkeiten bei der Implementierung von Bildungsstandards weisen darauf hin, dass es eine Vielzahl von Faktoren gibt, die eine wirksame Integration gefährden.

Diese Faktoren betreffen:
- die im Kontext von Unterrichtsplanung und -realisierung vielfach beobachtbare ausgeprägte Wissens- anstelle von Kompetenzorientierung bei Lehrerinnen und Lehrern (vgl. Hofmann, 2000),
- den fehlenden Einsatz von Methoden der Individualisierung zur kompetenzstufenbezogenen Lernförderung (vgl. Herber, Hofmann & Martinek, 2005; Hofmann, 2007),
- eine mangelnde Lehrziel- bzw. Lehrplanorientierung im alltäglichen Unterricht (vgl. z.B. Wacker, 2008) und
- eine durch die Implementierung von Bildungsstandards verstärkte Hinwendung zu kontrollierendem Handeln (vgl. z.B. Criblez, Oelkers, Reusser, Berner, Halbheer & Huber, 2009).

Diese Schwierigkeiten sind gewichtig, weil es einen anderen zentral wirksamen Faktor im Unterrichtsalltag gibt, der mit diesen Hemmnissen in Verbindung steht bzw. deren Veränderung erschwert: Dieser Faktor ist die stark ausgeprägte Schulbuch-Orientierung von Lehrerinnen und Lehrern, die bei der Unterrichtsvorbereitung und -durchführung als Leitmedium zum Tragen kommt (vgl. z.B. Hanisch, 1995) und in der sich die bei ihnen an sich dominante Kontrollorientierung manifestiert (vgl. Martinek, 2007). Zugespitzt formuliert könnte man die aktuelle Problemstellung, in der sich Lehrerinnen und Lehrer wähnen, wie folgt zusammenfassen: Lehrerinnen und Lehrer fühlen sich durch die Implementierung von Bildungsstandards verstärkt kontrolliert („man regiert ‚von oben' in ihren Unterricht hinein") und reagieren (in der Intention, sich für den Eventualfall abzusichern) darauf mit einer verstärkten Verwendung amtlich „abgesegneter" Materialien (und das sind die Schulbücher allemal!). Sie bekommen aber über die aktuell verfügbaren Schulbücher keine ausreichende Unterstützung, ihren Unterricht auf Bildungsstandards hin auszurichten, weil es solche Schulbücher noch nicht gibt bzw. weil entsprechende Schulbücher in ihrer Qualität noch nicht umfassend geprüft sind (vgl. z.B. Rupp, Vock, Harsch & Köller, 2008). Klar ist, dass sie dieser Situation nur durch eine Erhöhung eigenen professionell-kreativen Handelns entkommen können (vgl. Altrichter & Krainer, 1996). Genau an diesem Punkt braucht es systematische Überlegungen zur Abhilfe.

Mittlerweile liegen vielfältige bildungssystem-, schul- und unterrichtsbezogene Entwicklungsprogramme, didaktische Ansätze, Assessment-Szenarien oder Fortbildungsprogramme für Lehrerinnen und Lehrer vor, die ein lehrziel-, bildungsstandard- bzw. kompetenzorientiertes Unterrichten fördern sollen (vgl. z.B. Criblez, Oelkers, Reusser, Berner, Halbheer & Huber, 2009). Aktivitäten dieser Art schließen allerdings die Gestaltung von Lernmaterialien und insbesondere von Schulbüchern nicht ausreichend ein. Dieser Umstand stellt einen fundamentalen Mangel dar, wenn man bedenkt, welche große Wichtigkeit Schulbücher bei der Gestaltung und Durchführung von Unterricht haben. Liegen hingegen Lernmaterialien oder Schulbücher vor, die auf Bildungsstandards bezogen sind, dann betreffen diese vorwiegend Aufgabensammlungen, die häufig nicht mit einem expliziten

Kompetenz- und Fördermodell verbunden sind (vgl. z.B. Kelnberger, 2008). Verschärft wird dieses Problem auch dadurch, dass Schulbücher in der Regel fachinhaltlich strukturiert sind und es keine explizite Verbindung zu konkreten Lehrzielen bzw. Bildungsstandards und den darin enthaltenen Kompetenzen gibt. Zudem muss angenommen werden, dass bildungsstandardorientiertes Unterrichten anders erfolgt als herkömmliches Unterrichten (vgl. z.B. Schott & Ghanbari, 2008).

2. Die Rolle von Bildungsstandards und Schulbüchern in der Lehrerinnen- und Lehrerfortbildung

Aus dieser Situation ergeben sich drei Themenbereiche, die in diesem Beitrag, unter Berücksichtigung aktueller Ergebnisse der empirischen Lehr-Lern-Forschung, beantwortet werden sollen. Diese drei auf die Implementierung von Bildungsstandards und Lehrerinnen- und Lehrerfortbildung bezogenen Themenbereiche betreffen die Gestaltung von Unterricht bzw. Fortbildungsmaßnahmen, die Gestaltung von Schulbüchern bzw. Lernunterlagen und qualitätssichernde Maßnahmen in der Fortbildung von Lehrerinnen und Lehrern.

2.1 Die Bildungsstandards berücksichtigende Gestaltung von Unterricht

Zunächst ist zu klären, worin sich „herkömmlicher Unterricht" von Unterricht, bei dem Bildungsstandards bzw. Kompetenzen eine zentrale Rolle spielen, unterscheidet. Sucht man nach theoretischen didaktischen Modellen zur Gestaltung von Unterricht, welcher auf Bildungsstandards bezogen ist, dann fallen wenige auf, und da besonders die Arbeiten von Schott und Ghanbari (2008) und Ziener (2006). Arbeitet man aus diesen und ähnlichen Arbeiten die Quintessenz eines Unterrichtens mit Bildungsstandards heraus, dann lassen sich folgende drei Prinzipien extrahieren:

(1) Fokussierung von kompetenzorientierten Lehrzielen

„Bildungsstandards" betreffen den Ertrag von Bildungsgängen, und zwar in Form von „Kompetenzen", die Auflistungen von Beschreibungen darstellen, was eine Lehrperson können soll (vgl. Ziener, 2006, S. 27). Beispiele für entsprechende Lehrziele bezogen auf einzelne Fächer oder Schulstufen finden sich auch in Büchern, die Aufgabenbeispiele und Unterrichtsanregungen enthalten (vgl. z.B. Walther, van den Heuvel-Panhuizen, Granzer & Köller, 2007).

(2) Realisierung von Test-Förder-Test-Zyklen

Von der unterrichtlichen Implementierung von Bildungsstandards wird angenommen, dass sie die Evidenzorientierung im Unterricht erhöht, d.h. vor allem, dass Lernergebnisse und -fortschritte häufiger getestet bzw. gemessen werden. Dieses häufigere Messen (Diagnostizieren) wird an Lernförderungen gekoppelt.

(3) Individualisierung als zentrale Methode der Lernförderung

Da davon ausgegangen werden muss, dass Schülerinnen und Schüler auf unterschiedlichen Kompetenzstufen arbeiten, weil sie unterschiedlich schnell und effizient lernen, ist eine diese Kompetenzstufen berücksichtigende Individualisierung des Unterrichts unverzichtbar. Aus Arbeiten von z.B. VanTassel-Baska und Stambaugh (2005) weiß man allerdings, dass Individualisierung im Unterricht nicht sehr weit verbreitet ist und an eine Reihe von Bedingungen gebunden ist. Unter anderem zählen zu diesen Bedingungen Lernunterlagen und damit auch Schulbücher, die individualisiert gestaltet sein sollen.

2.2 Die Bildungsstandards berücksichtigende Gestaltung von Schulbüchern und Trainingsunterlagen

Es stellt sich die Frage, welche Merkmale Schulbücher aufweisen müssen, damit sie einen Unterricht mit Bildungsstandards erfolgreich unterstützen können. In der Schulbuchforschung sucht man bislang allerdings vergebens verwertbare Befunde, um die Frage befriedigend beantworten zu können (vgl. z.B. Wiater, 2003). Analog dazu ist die Frage nach sich daraus ergebenden Veränderungen in der Lehrerinnen- und Lehrerfortbildung zu stellen.

Orientierung an Prinzipien der bildungsstandardbezogenen Unterrichtsgestaltung

Konsequenterweise könnte man zunächst postulieren, dass Schulbücher und analog dazu Trainingsunterlagen bei Fortbildungskursen von Lehrerinnen und Lehrern an den obigen drei Prinzipien ausgerichtet sein sollen. Das würde bedeuten, dass a) die Lehrzielorientierung durch verstärkt expliziten Bezug von Lernmaterialteilen zu Kompetenzen bzw. Kompetenzstufen hergestellt wird, b) viele Aufgaben als Operationalisierungen von Kompetenzen verfügbar sind, die als Test- und Übungsaufgaben (zur Lernförderung) in einem Test-Förder-Test-Zyklus eingesetzt werden können, und c) individualisierende Bearbeitungen von Kompetenzstufen und darauf bezogenen Lernmaterialinhalten möglich gemacht werden. Empirische Analysen von Schulbüchern zeigen, dass die Orientierung an solchen Prinzipien derzeit nur unzureichend erfolgt (vgl. z.B. Astleitner, Sams & Thonhauser, 1998).

Aufgaben-Hierarchien zur individualisierten und kompetenzstufenorientierten Lernförderung

Kern der Anpassung von Schulbüchern und Trainingsunterlagen zur Förderung kompetenzorientierten Unterrichtens stellen Aufgaben dar (vgl. Formen der aufgabenbezogenen inneren Differenzierung von Herber & Vásárhelyi, 2002). Aufgaben sind Stimuli, die eine auf kognitive Verarbeitung beruhende Reaktion von der/vom Lernenden notwendig machen. Damit solche Aufgaben für eine auf Kompetenzstufen bezogene Lernförderung geeignet sind, müssen sie nach Schwierigkeitsgrad geordnet sein.

Übergangsszenarien

Wenn man davon ausgehen muss, dass Lehrerinnen und Lehrer zwar schon zum bildungsstandardorientierten Unterrichten verpflichtet sind, ihnen es aber an entsprechenden Schulbüchern fehlt, dann sind Kompetenzen gefragt, die in dieser Übergangsphase hilfreich sind. Mit anderen Worten: Welche Tools brauchen Lehrerinnen und Lehrer, um vorhandene (nicht nach Standardkriterien erstellte) Schulbuchkapitel so „umzustrukturieren" und zu verwerten, dass sie in einem standardbezogenen Unterricht sinnvollerweise eingesetzt werden können?

Es gibt eine Reihe von praktischen Trainingsmöglichkeiten für Lehrpersonen zur „Umstrukturierung", die allesamt stark auf Aufgaben bezogen sind (Lernaufgaben, Übungsaufgaben, Testaufgaben, Lösungsbeispiele, Fragen etc.) (vgl. auch Thonhauser, 2008):

- die (valide) Zuordnung von Aufgaben aus Schulbüchern, Arbeitsblättern etc. zu Kompetenzstufen, die in Kompetenzrastern gegeben sind,
- die selbstständige Erstellung von Aufgaben und deren Zuordnung zu Kompetenzstufen,
- das Etikettieren von vorhandenen Aufgaben hinsichtlich ihrer Schwierigkeit und ihrer Kompetenzstufen-Zugehörigkeit und
- das Arbeiten mit Lehrzieltaxonomien, um die Gestaltung und die Bewertung von Aufgaben kompetenzstufenorientiert verbessern zu können.

Die Trainingsinhalte in einer Übergangsphase sind kontinuierlich an die oben erarbeiteten Prinzipien eines bildungsstandardorientierten Unterrichts und einer analogen Lehrerinnen- und Lehrerfortbildung zu adaptieren.

2.3 Fortbildungsveranstaltungen zur Implementation von Bildungsstandards in den Unterricht

Bildungsstandardorientierter Unterricht und dessen Implikationen für eine Fortbildung von Lehrerinnen und Lehrern

Bedenkt man die wichtigsten unterrichtlichen Veränderungen, die mit der Implementierung von Bildungsstandards einhergehen, dann bedeutet das für eine Lehrerinnen- und Lehrerfortbildung, dass erstens neue oder neu gewichtete Lehrinhalte und zweitens neue oder neu arrangierte Trainingsmethoden einzusetzen sind. Die neuen Inhalte betreffen die drei erwähnten Themen (1) Lehrzielorientierung bei der Planung, Durchführung und Bewertung von Unterricht, (2) auf Kompetenzdiagnosen basierende Unterrichtsabläufe und (3) Individualisierung mit dem Ziel einer kompetenzstufenbezogenen Lernförderung. Diese Inhalte können in Weiterbildungsmodulen kombiniert werden, so dass in allen drei Teilen ein klarer Bezug zu Bildungsstandards gegeben ist.

Neben der Auswirkung auf Lehrinhalte haben diese drei Prinzipien auch Auswirkungen auf die Trainingsmethodik in Fortbildungskursen für Lehrerinnen und Lehrer. Wenn man davon ausgeht, dass es für einen Transfer des Gelernten in den Unterricht förderlich ist, wenn Lehrerinnen und Lehrer in ihrer Fortbildung die Unterrichtsmethoden, die sie im Unterricht einsetzen sollen, am „eigenen Leib" erfahren, dann bedeutet das, dass – im Sinne eines Modellunterrichts – die genannten drei Prinzipien auch bei der Gestaltung von Fortbildungskursen zu beachten sind. Das würde nahelegen, dass in Fortbildungskursen für Lehrerinnen und Lehrer nicht klassische Lehrinhalte (z.B. „Grundlagen des bildungsstandardorientierten Unterrichtens"), sondern zielbezogene Kompetenzen (z.B. „bildungsstandardorientierten Unterricht planen, durchführen und bewerten können") im Vordergrund stehen. Lehrerinnen und Lehrer müssten dann ihre eigene Kompetenzstufe testen können und dann je individuell nach erreichter Kompetenzstufe gefördert werden, was z.B. über unterschiedliche Aufgaben (Kern- und Erweiterungsaufgaben) erreicht werden kann. Idealerweise sind solche Kurse in ein Fortbildungsprogramm eingebettet, das nicht nur aus Kursen zur Förderung der Kompetenz des bildungsstandardorientierten Unterrichtens besteht, sondern das überhaupt möglichst viele unterrichtsrelevante Kompetenzen abbildet. Astleitner und Hofmann (2006) haben hier z.B. zwischen (mit über 200 Fragen zu messenden) Kompetenzen von Lehrerinnen und Lehrern unterschieden, die sich auf curriculare (z.B. Lehrzieloperationalisierung), fachinhaltliche (z.B. Problemlösekompetenz), unterrichtsmethodische (z.B. Methodenvielfalt) und qualitätsentwicklungsbezogene (z.B. Unterrichtsentwicklung) Facetten beziehen.

Damit diese Prinzipien eines veränderten bildungsstandardbezogenen Unterrichts und einer darauf bezogenen Fortbildung von Lehrerinnen und Lehrern implementiert werden können, wird in dieser Arbeit die Ansicht vertreten, dass Lernunterlagen eine entscheidende Rolle spielen. Andere Ansichten betreffen vor allem die Stärkung der diagnostischen Kompetenz von Lehrerinnen und Lehrern (vgl. z.B. Prenzel, Gogolin & Krüger, 2008). Diese sollte Lehrerinnen und Lehrer in die Lage versetzen, exakt die jeweiligen Kompetenzstufen-Ausprägungen bei den Schülerinnen und Schülern messen und bewerten zu können. Es scheint eher unwahrscheinlich, dass Lehrerinnen und Lehrer über die zeitlichen, personellen und andere Ressourcen verfügen, um eine Diagnosequalität zu erreichen, die auch nur annähernd test-psychologischen Prinzipien genügt. In dieser Arbeit wird – als Erweiterung einer vor allem lehrergesteuerten diagnostischen Sichtweise – hingegen angenommen, dass Schülerinnen und Schüler selbst diese Bewertung der eigenen Kompetenzstufe zu leisten haben, vorausgesetzt, sie werden von gut gestalteten Lernunterlagen dabei unterstützt. Der Lehrperson würde dann eine beratende, aber keine psychologisch-testende Aufgabe zukommen.

Fortbildungsveranstaltungen, in denen das Ziel verfolgt wird, Lehrerinnen und Lehrer im Hinblick auf die Implementation von Bildungsstandards bei der Unterrichtsplanung zu fördern (vgl. erste Erfahrungen in Altrichter & Posch, 2007), sollen im Sinne einer hohen Qualität unter Berücksichtigung expliziter Kriterien (z.B. Konzeption der Fortbildungsveranstaltung im Sinne eines Modellunterrichts oder Erhöhung der Transferwahrscheinlichkeit in den täglichen Unterricht) geplant werden. Prinzipiell muss davon ausgegangen werden, dass Fortbildungsveranstaltungen nur dann wirksam sein können, wenn sie die Eingangsvoraussetzungen der Lehrerinnen und Lehrer berücksichtigen. Dies soll im folgenden Abschnitt thematisiert werden.

Differenzierung und Standardisierung und das „Doppelmühle"-Gefühl – eine beachtenswerte Eingangsvoraussetzung

Leiterinnen und Leiter von Fortbildungsveranstaltungen können in Zeiten, in denen von der Bildungspolitik einerseits das didaktische Prinzip der Differenzierung propagiert wird, andererseits zentral gesteuerte outputorientierte Maßnahmen (z.B. Bildungsstandards oder eine stärkere Standardisierung der Reifeprüfung [„Zentralmatura" bzw. Zentralabitur]) verpflichtend eingeführt werden, oft beobachten, dass viele Lehrpersonen diese beiden Maßnahmen als in eklatantem Gegensatz zueinander stehend interpretieren. Analysiert man nach entsprechenden Diskussionen die Argumentationsfiguren von Lehrpersonen, wird in vielen Fällen deutlich, dass sie mit ihrem Denken in einer strikten Entweder-oder-Position verhaftet sind. Eine solche Argumentation ist in der Regel mit einer hohen emotionalen Erregung verbunden und be- oder verhindert eine intensive Beschäftigung mit neuen Themen. Leiterinnen und Leiter von Fortbildungsveranstaltungen sind daher gut beraten, dieses Antinomie-Erleben als eine dominante Eingangsvoraussetzung anzusehen, auf das fortbildungsdidaktisch Bezug genommen werden muss, weil andernfalls Reaktanz jegliche Einstiege in Lernprozesse bei der davon betroffenen (Teil-)Gruppe beeinträchtigen bzw. verhindern würde.

Eine Reaktion von Lehrerinnen und Lehrern kann eine verstärkte Kontrollorientierung (vs. Autonomieförderung) im Unterricht sein. Das Konzept der Kontrollorientierung vs. Autonomieförderung geht auf die Selbstbestimmungstheorie von Deci und Ryan zurück (vgl. z.B. Reeve, Deci & Ryan, 2004). Kontrollorientierung kann in diesem Kontext als Reaktion der Lehrenden auf selbst erlebte Kontrolle z.B. durch die Einführung der Standards bzw. als persönliche Disposition interpretiert werden. Die Tabelle 1 gibt einen Überblick über die Operationalisierung des Konzepts.

Tab. 1: Merkmale Autonomie fördernder vs. kontrollorientierter Lehrpersonen (vgl. Martinek, 2007, 62ff.)

Autonomieförderung	*Kontrollorientierung*
L/L verbringen mehr Zeit mit Zuhören.	L/L verbringen mehr Zeit mit Reden.
L/L verwenden informatorische Sprache (beschreiben Situationen, zeigen Zusammen-hänge auf, …).	L/L verwenden kontrollierende Sprache (müssen, sollen, Direktiven, Anweisungen).
L/L bieten flexible Lernumgebungen und Wahlmöglichkeiten an.	L/L beschränken sich auf einen Lernweg für die ganze Klasse.
L/L bieten lösungswegorientierte Hilfe in Form von Fragen an („Was ist dein Problem? Welche Ideen hast du für eine Lösung?").	L/L geben gezielte lösungsorientierte Hinweise in Form von Anweisungen („Mache das so." „Hier ist der Fehler, das musst du anders machen.").
L/L loben die Qualität der Leistungen vergleichsweise öfter.	L/L kritisieren die (Leistungen der) S/S vergleichsweise öfter.

Anm.: L/L = Lehrerinnen und Lehrer, S/S = Schülerinnen und Schüler.

Es ist empirisch gut belegt, dass Lehrpersonen zum Teil eine deutliche Tendenz zur Kontrollorientierung aufweisen, was auf didaktischer Ebene zur Folge hat, dass sie häufig einen direktiven, die Klasse als Kollektiv betrachtenden Unterrichtsstil praktizieren, bei dem individuelle Lernschwierigkeiten eher erst bei der Erledigung der (bei diesem Unterrichtsstil häufig als unverzichtbar angesehenen) Hausaufgaben zu Tage treten. Lehrpersonen mit einer kontrollierenden Orientierung stehen während des Unterrichts weniger als Fachexpertinnen und -experten für entsprechende Unterstützungsmaßnahmen zur Verfügung, als dies autonomie-orientierte Lehrerinnen und Lehrer tun (vgl. z.B. Klieme, Lipowsky, Rakoczy & Ratzka, 2006). Ein solcher Unterrichtsstil wird von eher kontrollorientierten Lehrpersonen deswegen präferiert, weil diese dabei stärker (als beispielsweise im offenen Unterricht) das Gefühl haben, alle(s) unter Kontrolle zu haben und eher Verantwortung für die Erreichung der Lehrziele übernehmen zu können als in stärker differenzierenden Lehrformen, bei denen zwangsläufig mehr auf die Eigenverantwortung der Schülerinnen und Schüler gesetzt werden muss. Dass in diesem Zusammenhang auch Persönlichkeitseigenschaften der Lehrpersonen eine wichtige Rolle spielen, zeigen z.B. Mayr und Neuweg (2006, S. 190 f.) auf.

Wenn von solchen Lehrpersonen bildungspolitisch nun eine stärkere Differenzierung im Unterricht gefordert wird, haben diese einerseits das Gefühl, nicht länger den von ihnen aufgrund ihrer persönlichen Disposition bevorzugten Unterrichtsstil praktizieren zu können und sich auf Unterrichtssettings einlassen zu müssen, bezüglich derer sie Widerstand verspüren. Kommt dann noch die Ankündigung hinzu, ihre Schülerinnen und Schüler würden von externen Instanzen daraufhin getestet, in welchem Ausmaß sie Bildungsstandards erreicht hätten oder zentral vorgegebene Aufgaben lösen könnten, ist nachvollziehbar, dass sie sich in einer Art „Doppelmühle" wähnen, aus der für sie kein Entrinnen möglich erscheint. Zusammenfassend könnte man die erlebte Situation dieser Lehrpersonen wie folgt beschreiben: Standards müssen in einem differenzierten Unterricht realisiert werden, bei gleichzeitiger Wahrnehmung externer Kontrolle.

Theoriebezogen betrachtet können allerdings beide Themenkomplexe – Differenzierung und Standardisierung – als komplementär zueinander betrachtet werden; aus unterrichtspraktischer Perspektive sind sie so etwas wie zwei Seiten einer Medaille (vgl. im Detail nachfolgend unter (3)).

Aus dieser Eingangsvoraussetzung ergibt sich nun für Fortbildungsveranstaltungen ein grundlegendes Ziel: Lehrpersonen, die stark antinomisch argumentieren, sollen gefördert werden, eine stärker komplementäre Perspektive im Hinblick auf beide Themen einzunehmen. Wie kann dieses Ziel erreicht werden?

Mögliche Fortbildungsschritte zu einer Komplementaritätsperspektive

Für die Planung solcher Fortbildungsschritte stehen Hinweise von drei Seiten zur Verfügung:

(1) Es gibt für den Bereich der Ausbildung von Lehrerinnen und Lehrern ermutigende Belege dafür, dass auch bei relativ stabilen Persönlichkeitsmerkmalen Veränderungen, beispielsweise die emotionale Robustheit betreffend, möglich sind (vgl. Mayr, 2006).

- Für die Planung von Fortbildungsprozessen zur Implementation von Bildungsstandards bedeutet das Folgendes: Die von Mayr (2006) für Ausbildungssituationen genannten förderlichen Bedingungen können grundsätzlich auch in Fortbildungssituationen bereitgestellt werden, indem darauf geachtet wird, dass der Lernprozess auf einen längeren Zeitraum hin angelegt ist, in einer gleichbleibenden Gruppe unter kompetenter Leitung stattfindet und an (anspruchsvollen, schwierigkeitsgradmäßig aber gestuften) Aufgaben erfolgt, die direkt mit Fragen des Unterrichts zusammenhängen, damit der schwierige Prozess des Transfers des in Fortbildungsprozessen Gelernten nicht vereinzelt und nach Abschluss der Fortbildungsveranstaltung geleistet werden muss.

(2) Aufgrund der Tatsache, dass Forschungsarbeiten belegen, dass erlebte externe Kontrolle, wie sie beispielsweise durch die Überprüfung der Standarderreichung der Fall sein kann, bei Lehrpersonen dazu führen kann, dass diese im Unterricht verstärkt kontrollorientiert agieren (und damit didaktische Settings wie innere Differenzierung im Unterricht eher meiden; vgl. Deci et al., 1982), ist es insbesondere wichtig, standardorientierte Tests – besonders dann, wenn sie wie im Fall des „High Stakes Testing" mit bedeutsamen Konsequenzen für Lehrende und Lernende verbunden sind – unter Vermeidung diverser unerwünschter „Nebenwirkungen" zu implementieren.

- Für die Planung von Fortbildungsprozessen bedeuten entsprechende Hinweise von Ryan und Sapp (2005, S. 149), dass, wenn immer in diesen Veranstaltungen von Bildungsstandards die Rede ist, deren „informatorische" Funktion im Vordergrund stehen soll, d. h., wenn der Gewinn an Information, den Lehrende wie Lernende aus dieser Rückmeldung für die weitere Gestaltung der Lehr- bzw. Lernprozesse ziehen können, im Vordergrund gehalten wird. Bildungsstandards werden dann von Lehrpersonen eher in ihrer Orientierungsfunktion interpretiert; eine solche Orientierungsperspektive kann die Kompatibilität des Appells zur Individualisierung mit der Implementation von Bildungsstandards eher ermöglichen als eine Betonung der Kontrollfunktion der Bildungsstandards. Somit könnte im Idealfall sogar eine stärkere Autonomieorientierung bei den Lehrkräften erreicht werden.
- Zu bedenken ist im Hinblick auf die soeben geäußerten Empfehlungen, dass das Problem wohl (auch) darin besteht, dass die *public opinion*, die Medien und andere Umwelteinflüsse das Ihrige zur Meinungsbildung von Lehrpersonen im Hinblick auf die Funktion der Bildungsstandards beitragen. Es wäre an dieser Stelle eine lohnenswerte Aufgabe, Dokumente besonderer Reichweite im Hinblick auf ihre Meldungen zu Bildungsstandards daraufhin zu analysieren, in welchem Ausmaß die Orientierungs-, oder aber die Kontrollperspektive in den Vordergrund gestellt wird. Bisher vorliegende Konzepte zur Lehrerinnen- und Lehrerfortbildung weisen beide Perspektiven auf (vgl. z.B. Friedl-Lucyshyn & Lucyshyn, 2009, S. 6).

(3) Aus dem Forschungsbereich „Denken in Komplementarität", der sich mit der hier zur Debatte stehenden Frage, wie Menschen antinomische Argumentationsfiguren in Richtung auf höhere Denkmuster hin verlassen können, stehen vergleichsweise weniger Hinweise für die Modellierung eines fortbildungsdidaktisch Erfolg versprechenden Wegs zur Verfügung. In mehreren Arbeiten wird übereinstimmend betont, die Entwicklungsstufe der formalen Operationen sei eine notwendige, wenngleich keinesfalls hinreichende Voraussetzung für ein Denken in Komplementarität (vgl. Oser & Reich, 1986; Reich, 1999; Van der Veen & Vossen, 1989). Zusätzlich sei darauf zu achten, dass zur vermeintlichen Antinomie entsprechende „spezifische Lernprozesse stattgefunden haben" (Van der Veen & Vossen, 1989, S. 209), dass der Intuition im Lernprozess ein gebührender Stellenwert zukommen möge und die Ambiguitätstoleranz der Lernenden gestärkt werde, die die Be-

treffenden letztlich davor bewahren soll, vorschnelle Lösungen zu kreieren und sich damit langfristig zufriedenzugeben (vgl. Oser & Reich, 1986, S. 37).

- Aus diesen Forschungsergebnissen ist der Hinweis abzuleiten, dass es wichtig ist, die in den subjektiven Theorien der teilnehmenden Lehrpersonen vorhandene Antinomie zwischen Individualisierung und Standardisierung direkt zu thematisieren, etwa im Sinne einer aus den Forschungen zur Moralpsychologie sensu Kohlberg bekannten Dilemmageschichte (vgl. Oser, Althof & Garz, 2001): Geschichten dieser Art stellen bekanntermaßen Protagonistinnen und Protagonisten (in diesem Fall wohl am besten eine Lehrperson, z.B. bei der Unterrichtsplanung) in einer typischen konkreten Dilemmasituation und enden mit der Frage: Was würden Sie an der Stelle der Protagonistinnen und Protagonisten tun und warum? In der Fortbildungsgruppe werden in der Regel (in Kleingruppen) entsprechende Lösungsansätze samt Begründung konzipiert und im Plenum (ohne vorschnelle Bewertung) vorgestellt (vgl. z.B. Reich, 1999).

Mit den bisher vorgeschlagenen Fortbildungsschritten, die Lehrpersonen zu einer Komplementaritätsperspektive im Hinblick auf die beiden Bereiche Individualisierung und Standardisierung fördern sollen, wird die Hoffnung verbunden, dass Lehrpersonen die Bereitschaft entwickeln, sich mit den bildungsstandardorientierten Maßnahmen intensiv zu beschäftigen und im Kontext ihrer Unterrichtspraxis sukzessive zu erproben, und zwar nicht im Sinne einer „Einzelkämpfer-Mentalität", sondern in sozialer Vernetzung im Bewusstsein dafür, dass Unterstützungsangebote bestehen, die sie ohne großen Aufwand in Anspruch nehmen können. Den in Verwendung befindlichen Schulbüchern kommt dabei – mangels derzeitiger Alternativen – eine wichtige Bedeutung als Sachtext- und Aufgabenpool zu. Es ist für solche Fortbildungsprozesse aufgrund bisheriger Erfahrungen aus Analysen die Didaktikqualität betreffend (vgl. Hofmann, 2000) zu empfehlen, dass die Leiterinnen und Leiter solcher Veranstaltungen insbesondere auf förderliche Bedingungen in folgenden Bereichen achten:

- Wie gut gelingt es Lehrpersonen, Lehrziele, die lehrplan- und bildungsstandardkompatibel sind, zu formulieren?
- In welchem Ausmaß können Lehrpersonen in diesen Zielformulierungen Kompetenzen von Schülerinnen und Schülern beschreiben, die so konkret operationalisiert sind, dass Lehrpersonen solche Kompetenzen im Zuge einer Aufgabenlösung beobachten und verlässlich einschätzen können?
- Wie gut gelingt es Lehrpersonen, bestehende Lernaufgaben zu unterschiedlichen Kompetenzstufen zuzuordnen und damit auch ihren Schwierigkeitsgrad einzuschätzen?
- Last, but not least: In welchem Ausmaß verfügen Lehrpersonen über ein systematisches Wissen in Sachen Aufgabenkonstruktion, das es ihnen ermöglichen würde, die Initiative zu ergreifen und selber Aufgabenreihen – kompatibel mit standardbezogenen Kompetenzstufen – zu konstruieren und diese im Unterricht empirisch zu erproben (vgl. Krainer & Stern, 2008)?

Gelingt dieser Lernschritt in den hier zur Diskussion stehenden Fortbildungsprozessen, dann ist aus diesen Prozessen wichtiges Material für die Konzeption neuer, an Bildungsstandards ausgerichteter Schulbücher zu erhoffen. Wenn Schulbücher auf diesem Weg erstellt würden, würden sie auch eine ganze Reihe von Qualitätskriterien erfüllen, die in der Lehr-Lern-Forschung theoriegeleitet herausgearbeitet und in der Umsetzung für die Gestaltung für Schulbücher anschaulich dargestellt wurden (vgl. z.B. Reigeluth, 1987). Dabei sind auch einschlägige Forschungsergebnisse zum bildungsstandardbezogenen Kompetenzerwerb zu berücksichtigen (vgl. z.B. Vogt & Upmeier zu Belzen, 2007).

3. Resümee

Die Implementierung von Bildungsstandards ist keine triviale Aufgabe, weil sie an den Grundfesten des Unterrichts und analog der Fortbildung von Lehrerinnen und Lehrern rüttelt (vgl. z.B. Schluga, 2008). Die jetzige Situation, in der Lehrpersonen – ohne dabei sofort auf entsprechende Hilfen durch Schulbücher zurückgreifen zu können – mit der Tatsache konfrontiert sind, dass für bestimmte Unterrichtsfächer Bildungsstandards implementiert werden und bildungspolitisch an sie die Forderung ergeht, im Unterricht stärker differenzierend vorzugehen, offenbart einige Chancen und Herausforderungen, derer sich anzunehmen die Fortbildung gut beraten wäre.

In einer solchen Situation besteht für Verantwortliche von Fortbildung für Lehrerinnen und Lehrer die Gelegenheit, gewissermaßen aus der Not eine Tugend zu machen und spezifische Professionalisierungsschritte durch Fortbildungsangebote zu initiieren, und zwar in folgendem Sinn: Die didaktische Fähigkeit, Lernprozesse für den Unterricht ziel-, kompetenz- und aufgabenorientiert zu planen, ist eine professionelle Kernkompetenz. Die derzeitige Situation mag hier Mängel an das Tageslicht bringen; die Tatsache, dass Lehrpersonen auf wenig bis keine Unterstützung durch vorliegendes Material zurückgreifen können, bietet aber auch eine gute Gelegenheit, diesbezügliche Kompetenzen bei Lehrpersonen zu stärken. Vielleicht tragen solche Professionalisierungsschritte ja auch dazu bei, dass Lehrpersonen hinkünftig weniger stark schulbuchorientiert unterrichten, als das bislang der Fall gewesen ist. Profitieren würden durch einen solchen Wandel (dass das Schulbuch stärker als Materialpool und weniger als „Fahrplan des Unterrichts“ verwendet würde) wahrscheinlich die Schülerinnen und Schüler, und zwar insofern, als ihnen – stärker als bislang – klar wird, dass sie im Unterricht *Ziele erreichen und Kompetenzen erwerben*, nicht aber (Schulbuch-)Kapitel durcharbeiten, Aufgaben erledigen und Lückentexte im Buch ausfüllen sollen.

Es wäre natürlich wünschenswert, wenn sich bei der Erstellung neuer Schulbuchreihen möglichst viele Lehrpersonen engagieren würden, weil bei einer solchen Arbeit zentrale didaktische Kompetenzen erlangt bzw. gestärkt werden können. Die erstellten Produkte sollten sich dadurch auszeichnen, dass sie in zumindest *einem* empirischen Durchlauf auf ihre Qualität hin untersucht worden sind. Klar ist aber auch, dass aus arbeitsökonomischen und zeitlichen Gründen nur ein kleiner Prozentsatz von Lehrpersonen in eine solche Arbeit eingebunden werden kann.

Diese Protagonistinnen und Protagonisten brauchen aber Beratung und die Möglichkeit, das von ihnen konzipierte Material im Unterricht einer kritischen Prüfung zu unterziehen. Solche Lehrerinnen- und Lehrer-Zirkel einzurichten würde dann auch eine zentrale Aufgabe einer Fortbildungsinstitution sein.

4. Literatur

Altrichter, H. & Krainer, K. (1996). Wandel von Lehrerarbeit und Lehrerfortbildung. In K. Krainer (Hrsg.), Lehrerfortbildung zwischen Prozessen und Produkten. Hochschullehrgänge „Pädagogik und Fachdidaktik für LehrerInnen" (PFL); Konzepte, Erfahrungen und Reflexionen (S. 33-51). Bad Heilbrunn: Klinkhardt.

Altrichter, H. & Posch, P. (2007). Analyse erster Erfahrungen mit der Implementation von Bildungsstandards. Erziehung & Unterricht, 157, 654-671.

Astleitner, H. & Hofmann, F. (2006). Selbstregulierte Lehrerinnen- und Lehrer-Fortbildung (SLF). Forschungsbericht. Universität Salzburg, Fachbereich Erziehungswissenschaft.

Astleitner, H., Sams, J. & Thonhauser, J. (1998). Womit werden wir in Zukunft lernen? Schulbuch und CD-ROM als Unterrichtsmedien. Ein kritischer Vergleich. Wien: ÖBV.

Criblez, L., Oelkers, J., Reusser, K., Berner, E., Halbherr, U. & Huber, C. (2009). Bildungsstandards. Seelze: Kallmeyer.

Deci, E. L., Spiegel, N. H., Ryan, R. M., Koestner, R. & Kauffman, M. (1982). Effects of performance standards on teaching styles: Behavior of controlling teachers. Journal of Educational Psychology, 74, 852-859.

Friedl-Lucyshyn, G. & Lucyshyn, J. (2009). Bildungsstandards im Kontext der Implementation und Lehrer/innenbildung. In Bundesinstitut für Bildungsforschung, Innovation & Entwicklung des österreichischen Schulwesens (Hrsg.), Konzepte zur Verankerung der Bildungsstandards in Aus- und Fortbildung (S. 6-9). Wien: Bifie.

Hanisch, G. (1995). Die Verwendung des Schulbuchs bei Vorbereitung und Durchführung von Unterricht. Eine empirische Untersuchung. In R. Olechowski (Hrsg.), Schulbuchforschung (S. 242-245). Frankfurt am Main: Lang.

Herber, H.-J., Hofmann, F. & Martinek, D. (2005). Innere Differenzierung im Englischunterricht der Grundschule. Erziehung & Unterricht, 155, 725-737.

Herber, H.-J. & Vásárhelyi, É. (2002). Das Unterrichtsmodell „Innere Differenzierung einschließlich Analogiebildung" – Aspekte einer empirisch veranlassten Modellentwicklung. Salzburger Beiträge zur Erziehungswissenschaft, 6, 5-19.

Hofmann, F. (2000). Aufbau von Lernkompetenz fördern. Innsbruck: Studienverlag.

Hofmann, F. (2007). Umgang mit Heterogenität in der Aus- und Fortbildung von Lehrpersonen. Journal für LehrerInnenbildung, 7, 12-18.

Kelnberger, M. (2008). Fit für den Übertritt. Bildungsstandards Mathematik. Tests zur Leistungsfeststellung. Puchheim: pd-Verlag.

Klieme, E., Lipowsky, F., Rakoczy, K. & Ratzka, N. (2006). Qualitätsdimensionen und Wirksamkeit von Mathematikunterricht. In M. Prenzel & L. Allolio-Näcke (Hrsg.), Untersuchungen zur Bildungsqualität von Schule (S. 127-146). Münster: Waxmann.

Krainer, K. & Stern, T. (2008). „Aufgaben stellen Lehrkräfte vor große Aufgaben" oder: Die Bedeutung von Aufgaben in der Fortbildung. In J. Thonhauser (Hrsg.), Aufgaben als Katalysatoren von Lernprozessen. Eine zentrale Komponente organisierten Lehrens und Lernens aus der Sicht von Lernforschung, Allgemeiner Didaktik und Fachdidaktik (S. 199-218). Münster: Waxmann.

Martinek, D. (2007). Die Ungewissheit im Lehrberuf. Orientierungsstil, Motivationsstrategie und Bezugsnorm-Orientierung bei Lehrer/innen. Hamburg: Kovac.

Mayr, J. (2006). Persönlichkeitsentwicklung im Studium: Eine Pilotstudie zum Wirkungspotenzial von Lehrerbildung. In A. H. Hilligus (Hrsg.), Standards und Kompetenzen – neue Qualität in der Lehrerausbildung? Neue Ansätze und Erfahrungen in nationaler und internationaler Perspektive (Paderborner Beiträge zur Unterrichtsforschung und Lehrerbildung, S. 249-260). Berlin: LIT.

Mayr, J. & Neuweg, G. H. (2006). Der Persönlichkeitsansatz in der Lehrer/innen/forschung: Grundsätzliche Überlegungen, exemplarische Befunde und Implikationen für die Lehrer/innen/bildung. In M. Heinrich & U. Greiner (Hrsg.), Schauen, was 'rauskommt. Kompetenzförderung, Evaluation und Systemsteuerung im Bildungswesen (Österreichische Beiträge zur Bildungsforschung, S. 183-206). Wien: LIT.

Oser, F., Althof, W. & Garz, D. (Hrsg.). (2001). Moralische Selbstbestimmung: Modelle der Entwicklung und Erziehung im Wertebereich. Ein Lehrbuch (4. Aufl.). Stuttgart: Klett-Cotta.

Oser, F. & Reich, K. H. (1986). Zur Entwicklung von Denken in Komplementarität. Berichte zur Erziehungswissenschaft, Nr. 53. Universität Freiburg/Schweiz.

Prenzel, M., Gogolin, I. & Krüger, H.-H. (Hrsg.). (2008). Kompetenzdiagnostik. Zeitschrift für Erziehungswissenschaft, Sonderheft 8.

Reeve, J., Deci, E. L. & Ryan, R. M. (2004). Self-determination theory. A dialectical framework for understanding sociocultural influences on student motivation. In D. McInerney & S. Van Etten (Eds.), Big theories revisited (Vol. 4, pp. 31-60). Greenwich: Information Age Publishing.

Reich, H. (1999). Relations- und kontextbezogenes Denken sowie sein Bezug zu anderen Formen des Denkens. Psychologie in Erziehung und Unterricht, 46, 136-149.

Reigeluth, C. M. (Ed.). (1987). Instructional theories in action. Lessons illustrating selected theories and models. Hillsdale, NJ: Erlbaum.

Rupp, A. A., Vock, M., Harsch, C. & Köller, O. (2008). Developing Standards-based Assessment Tasks for English as a First Foreign Language. Context, Processes, and Outcomes in Germany. Münster: Waxmann.

Ryan, R. M. & Sapp, A. (2005). Zum Einfluss testbasierter Reformen: High Stakes Testing (HST): Motivation und Leistung aus der Sicht der Selbstbestimmungstheorie. Unterrichtswissenschaft, 33, 143-159.

Schluga, A. (2008). Die Implementierung der österreichischen Bildungsstandards. Akzeptanz und Umsetzungsbereitschaft am Beispiel Tiroler Grundschulen. Saarbrücken: VDM.

Scholl, D. (2009). Sind die traditionellen Lehrpläne überflüssig? Zur lehrplantheoretischen Problematik von Bildungsstandards und Kernlehrplänen. Wiesbaden: VS Verlag für Sozialwissenschaften.

Schott, F. & Azizi Ghanbari, S. (2008). Kompetenzdiagnostik, Kompetenzmodelle, kompetenzorien-tierter Unterricht. Münster: Waxmann.

Thonhauser, J. (Hrsg.). (2008). Aufgaben als Katalysatoren von Lernprozessen. Münster: Waxmann.

Van der Veen, J. & Vossen, E. (1989). Entwicklung religiöser Deutungen des Leidens? In A. A. Bucher & K. H. Reich (Hrsg.), Entwicklung von Religiosität (S. 199-213). Freiburg: Universitätsverlag.

VanTassel-Baska, J. & Stambaugh, T. (2005). Challenges and possibilities for serving gifted learners in the regular classroom. Theory into Practice, 44, 211-217.

Vogt, H. & Upmeiner zu Belzen, A. (Hrsg.). (2007). Bildungsstandards – Kompetenzerwerb. Forschungsbeiträge der biologie-didaktischen Lehr- und Lernforschung. Aachen: Shaker.

Wacker, A. (2008). Bildungsstandards als Steuerungselemente der Bildungsplanung. Bad Heilbrunn: Klinkhardt.

Walther, G., van den Heuvel-Panhuizen, M., Granzer, D. & Köller, O. (Hrsg.). (2007). Bildungsstandards für die Grundschule: Mathematik konkret. Berlin: Cornelsen Scriptor.

Wiater, W. (Hrsg.). (2003). Schulbuchforschung in Europa – Bestandsaufnahme und Zukunftsperspektive. Bad Heilbrunn: Klinkhardt.

Ziener, G. (2006). Bildungsstandards in der Praxis. Seelze: Kallmeyer.

Unterrichtsvideos in der Lehrerfortbildung

Überblick über Konzeption und Ergebnisse einer einjährigen netzgestützten Fortbildungsveranstaltung[1]

Kathrin Krammer, Claudia Lena Schnetzler, Christine Pauli, Kurt Reusser, Nadja Ratzka, Frank Lipowsky & Eckhard Klieme

Abstract

Unterrichtsvideos eignen sich als prozessnahe Grundlage für die Diskussion über Fragen der Unterrichtsgestaltung und die Verknüpfung von Theorie und Praxis mit dem Ziel eines vertieften Verständnisses für Lehr-Lern-Prozesse und des Aufbaus eines transferfähigen Wissens. Im Rahmen einer einjährigen Fortbildung haben wir Bedingungen des wirksamen Einsatzes von Videos untersucht. Die Ergebnisse zeigen, dass es eine Kombination spezifischer Gestaltungsmerkmale ist, welche das Potenzial von Unterrichtsvideos nutzbar werden lässt.

Schlagworte (dt.)

Lehrerfortbildung, Lernen mit Unterrichtsvideos, netzbasiertes Lernen

Schlagworte (engl.)

teacher professional development, learning with classroom videos, blended learning

1. Einleitung

Unterrichtsvideos verfügen über ein großes Potenzial sowohl für die Unterrichtsforschung als auch für die Aus- und Weiterbildung von Lehrpersonen (Pauli & Reusser, 2006). Sie eröffnen innovative Wege zur Analyse und Weiterentwicklung des Unterrichts. Im Fortbildungsprojekt „Unterrichtsqualität und mathematisches Verständnis in verschiedenen Unterrichtskulturen: Binationale videogestützte Weiterbildung für Lehrpersonen aus Deutschland und der Schweiz"[2] wurde der Einsatz von Unterrichtsvideos über einen längeren Zeitraum erprobt. Zwanzig Lehrpersonen aus Deutschland und der Schweiz setzten sich über die Dauer von einem Jahr in mehreren Online-Phasen und Präsenz-Workshops mit Videoaufnahmen aus ihrem eigenen Unterricht und aus dem Unterricht von anderen

1 Wir bedanken uns herzlich bei den Lehrpersonen, die am Fortbildungsprojekt teilgenommen haben. Ihre Bereitschaft zur Mitarbeit und ihre schriftlichen und mündlichen Rückmeldungen waren die Voraussetzung für das Gelingen dieses Projekts.

2 Das Fortbildungsprojekt wurde von der Deutschen Forschungsgemeinschaft, der Robert Bosch Stiftung, dem ehemaligen Hessischen Landesinstitut für Pädagogik, dem baden-württembergischen Ministerium für Jugend, Kultus und Sport sowie von der schweizerischen Ecoscientia Stiftung zur Förderung besonderer Anliegen in Ausbildung und Wissenschaft unterstützt. Geleitet wurde das Fortbildungsprojekt von Kurt Reusser und Christine Pauli an der Universität Zürich sowie von Eckhard Klieme und Frank Lipowsky vom Deutschen Institut für Internationale Pädagogische Forschung (dipf) in Frankfurt, Kathrin Krammer (Universität Zürich) und Nadja Ratzka (dipf) waren verantwortlich für die Projektumsetzung.

Lehrpersonen auseinander. Fokus der Analyse und Entwicklung des Unterrichts war die kognitive Aktivierungsqualität des Unterrichts, da Ergebnisse der Unterrichtsforschung zeigen, dass die Fähigkeit zur kognitiven Aktivierung der Lernenden wesentlich zur Qualität des Mathematikunterrichts beiträgt (vgl. z.B. Klieme, 2006; Klieme, Lipowsky, Rakoczy & Ratzka, 2006; Reiss & Reiss, 2006). Die Evaluation der Veranstaltung fokussierte auf die Bedingungen und Möglichkeiten des Lernens mit Unterrichtsvideos in der Fortbildung von Lehrpersonen. Zu diesem Zweck wurden die Akzeptanz der Fortbildung durch die Lehrpersonen und die Wirksamkeit der Fortbildung mit Bezug auf den (fach-)didaktischen Lerngewinn und die Differenziertheit der Unterrichtsanalyse untersucht.

Im vorliegenden Beitrag wird einführend auf Potenziale und Herausforderungen des Einsatzes von Unterrichtsvideos eingegangen. Anschließend werden das Konzept der Fortbildungsveranstaltung sowie die eingesetzten Evaluationsinstrumente beschrieben und die Ergebnisse zusammengefasst. Im Zentrum stehen die Fragen nach den Bedingungen des erfolgreichen Einsatzes von Unterrichtsvideos in der Lehrerfortbildung und Implikationen für die didaktische Gestaltung von Fortbildungsmaßnahmen, welche die Unterrichtsentwicklung mit Hilfe von Unterrichtsvideos zum Ziel haben.

2. Einsatz von Unterrichtsvideos in der Fortbildung von Lehrpersonen

2.1 Potenzial

Als eine wesentliche Bedingung für die nachhaltige Wirkung von Fortbildungsveranstaltungen gilt die Arbeit an unterrichtsbezogenen, handlungsleitenden Kognitionen (Lipowsky, 2004; Wahl, 2005). Unterrichtsvideos eignen sich als anschauliche und prozessnahe Grundlage für die Reflexion und Diskussion über Fragen der Unterrichtsgestaltung und die Verknüpfung von Theorie und Praxis mit dem Ziel eines vertieften Verständnisses von Unterrichtsprozessen und des Aufbaus eines transferfähigen Wissens. Das individuelle und gemeinsame Reflektieren über gefilmte Unterrichtssituationen im Sinne eines explorierend-forschenden Nachdenkens über Lehr-Lern-Prozesse fördert das Bewusstsein für eigene unterrichtsbezogene Überzeugungen und ermöglicht deren Überprüfung und Adaption (Krammer & Reusser, 2004; Reusser, 2005). Diese Form der Fortbildung geht deutlich über eine ausschließlich auf theoretischer Ebene erfolgende Vermittlung von Kenntnissen sowie die Routinebildung in der Praxis hinaus, die theoretischen Erkenntnisse und berufspraktischen Erfahrungen können in Lern- und Reflexionsprozessen zu handlungswirksamem Wissen integriert werden (vgl. Hascher, 2005; Leuchter, Reusser, Pauli & Klieme, 2008). Insbesondere der Einbezug verschiedener Perspektiven bei der Reflexion über Unterrichtssituationen sowie die Verbindung mit theoretischen und empirischen Erkenntnissen fördern Fundierung und Erweiterung des unterrichtsbezogenen Wissens und bilden damit eine wichtige Grundlage für den Aufbau von Kompetenzen für eine erfolgreiche Unterrichtsgestaltung (Reusser, 2005). Die Unterrichtsvideos ermöglichen eine Form von „virtual field experience“ (Hixon & Sanborn, 2005), welche sich wiederholt abspielen und aus verschiedenen Gesichtspunkten analysieren lässt. Damit wird das Nachdenken über reale Unterrichtssituationen ohne unmittelbaren Handlungsdruck möglich. Die Reflexion und Diskussion über beobachtete Lehr-Lern-Prozesse im Unterricht erlaubt ausgehend von authentischen Problemen das Bewusstmachen und Reflektieren der handlungsleitenden Kognitionen und den ko-konstruktiven Aufbau von berufsrelevantem Wissen im Sinne des problembasierten Lernens (Reusser, 2005; Chan & Harris, 2005).

In den vergangenen Jahren hat sich die videobasierte Unterrichtsanalyse als Form des situierten und fallbasierten Lernens zunehmend etabliert, insbesondere auch im Fachbereich der Mathematik (vgl. Borko, Jacobs, Eiteljorg & Pittman, 2008; Brophy, 2004; Goldman, Pea & Derry, 2007; Reusser, 2005; Helmke & Helmke, 2004; Krammer & Reusser, 2004; Welzel & Stadler, 2005). Einerseits wurden Formen der gemeinsamen Analyse von Unterrichtsvideos erprobt, zum Beispiel in den „Video Study Groups“ (Tochon, 1999), „Video Clubs“ (Sherin & Han, 2004), „MuBiL“ (Kuntze, 2004) und videobasierten Qualitätszirkeln (Gärtner, 2007). Andererseits wurden Materialien für den Einsatz in der Aus- und Weiterbildung entwickelt, zum Beispiel „Video-Cases for Mathematics Professional Development (Seago, 2004), die „Hannoveraner Unterrichtsbilder“ (Mühlhausen, 2005) oder die DVD-Reihe „Unterrichtsvideos für die Aus- und Weiterbildung von Lehrpersonen“, welche von Reusser, Pauli und Krammer am Pädagogischen Institut der Universität Zürich herausgegeben wird (Zobrist, Krammer & Reusser, 2004; Hugener, Krammer & Reusser, 2007; Krammer, Hugener & Reusser, 2007).

Mit ausschlaggebend für den vermehrten Einsatz von Unterrichtsvideos in der Fortbildung war die Weiterentwicklung technischer Möglichkeiten im Bereich der Datenträger, der Datenübertragung und des Online-Lernens (Petko & Reusser, 2005). Der netzbasierte Einsatz von Unterrichtsvideos ermöglicht die zeit- und ortsunabhängige Reflexion und Diskussion über Lehr-Lern-Prozesse. Entsprechend wurden in den letzten Jahren verschiedene Lernplattformen entwickelt, welche die netzbasierte Arbeit mit Unterrichtsvideos in der Aus- und Weiterbildung unterstützen, zum Beispiel die Lernplattform Visibility des LessonLab Research Institute (LLRI, 2006), v-Share (Huppertz, Massler & Plötzner, 2005), CPV Video-Web (Janik, Janikova & Knecht, 2008) oder das Videoportal des Pädagogischen Instituts der Universität Zürich (Reusser, 2006).

Insgesamt liegt erst wenig systematische empirische Forschung zu den Bedingungen und Wirkungen des Lernens mit Unterrichtsvideos vor, die ersten Projekte zeigen ermutigende Ergebnisse. Die wiederholte angeleitete Unterrichtsanalyse steht in Zusammenhang mit einer zunehmend differenzierten Wahrnehmung des Unterrichtsgeschehens durch die Lehrpersonen (van Es & Sherin, 2008), der Entwicklung eines größeren Verständnisses für die Denk- und Verstehensprozesse der Schülerinnen und Schüler (Borko et al., 2008; Kuntze, 2008; Sherin & Han, 2004) und einer Veränderung von unterrichtsbezogenen Überzeugungen (Gärtner, 2007).

2.2 Herausforderungen

Die Erfahrungen mit dem Einsatz von Unterrichtsvideos machen jedoch deutlich, dass deren Potenzialen auch große Herausforderungen im Umgang mit den Unterrichtsaufnahmen gegenüberstehen. Einerseits zeigen die Unterrichtsaufnahmen immer nur einen begrenzten Ausschnitt der realen Unterrichtssituation. Neben dem spezifischen Fokus der

Kamera erfordert die Interpretation der Unterrichtssituationen eine Fülle von Kontextinformationen, zum Beispiel Informationen über Rahmenbedingungen und Zielsetzungen des Unterrichts, über die Lehrperson und die Schülerinnen und Schüler sowie über vorangegangene Ereignisse inner- und außerhalb des Unterrichts. Dementsprechend ist es hilfreich, wenn möglichst viele Informationen zusätzlich zu den Unterrichtsaufnahmen zur Verfügung stehen, dies ist jedoch niemals abschließend leistbar. Aus diesen Gründen ist die Begrenztheit der Informationen bei der Arbeit mit Unterrichtsvideos explizit zu thematisieren.

Als zusätzliche Hürde im Umgang mit Unterrichtsaufnahmen erweist sich die Subjektivität der Wahrnehmung und Interpretation von Unterrichtssituationen. Lehrpersonen tendieren dazu, den beobachteten Unterricht als gut oder schlecht zu beurteilen, ohne sich tiefer auf die Analyse der Lehrhandlungen mit Bezug auf die Denkwege und Lernprozesse der Schülerinnen und Schüler einzulassen (Seago, 2004).

Gemäß bisherigen Erfahrungen mit dem fallbasierten Einsatz von Unterrichtsvideos in der Aus- und Weiterbildung von Lehrpersonen hängt deren erfolgreicher Einsatz weitgehend von der sorgfältigen Gestaltung des Lernsettings mit Möglichkeiten zum gemeinsamen Austausch über die Unterrichtsvideos und einer kompetenten Anleitung und Begleitung der Arbeit mit den Videos ab. Die wahrgenommene Bedeutsamkeit des inhaltlichen Fokus und des verwendeten Videomaterials sowie die kompetente Begleitung der Lehrpersonen haben sich als relevante Bedingungen für den produktiven Einsatz von Unterrichtsvideos erwiesen (Borko et al., 2008; Gärtner, 2007; Krammer et al., 2008; Sherin, 2007).

Zentral für den gemeinsamen Austausch über Unterricht, sowohl online als auch face-to-face, ist die Etablierung einer konstruktiven Kultur des gemeinsamen Reflektierens und Diskutierens (Krammer & Reusser, 2004; Reusser, 2005). Für einen wertschätzenden und respektvollen Diskurs über die Unterrichtsvideos ist es wichtig, die Lehrpersonen in ihrer Zusammenarbeit anzuleiten und während der (Online-)Arbeit zu begleiten. Gerade für das gegenseitige Kennenlernen und den Aufbau einer Beziehung und des gegenseitigen Vertrauens als Grundlage für den offenen Austausch über den eigenen Unterricht in den Online-Phasen kommt der Kombination von Präsenz- und Online-Phasen und der Moderation und Auswertung von Online-Phasen eine wichtige Rolle zu (vgl. auch Krammer & Hugener, 2005; Petko & Reusser, 2005). Zusätzlich ist die technische Unterstützung von hoher Bedeutung.

3. Ziele und Konzeption des Fortbildungsprojekts

Um die Möglichkeiten des Einsatzes von Unterrichtsvideos zu erkunden und dessen Wirksamkeit zu überprüfen, wurde ein einjähriges Fortbildungsprojekt konzipiert. Ausgehend von den obenstehenden Erkenntnissen zu den Bedingungen einer wirksamen Fortbildung und insbesondere zu den Herausforderungen im Umgang mit Unterrichtsvideos verfolgte das Projekt folgende Zielsetzungen:

- Etablierung eines konstruktiven Diskurses über Unterrichtsvideos
- Aufbau einer differenzierten Wahrnehmung des Unterrichtsgeschehens
- Reflexion und Adaption der unterrichtsbezogenen Kognitionen und Überzeugungen
- Erweiterung des Wissens über Möglichkeiten der kognitiven Aktivierung der Lernenden im Unterricht

Voraussetzung für Aufbau und Veränderung unterrichtsbezogener Überzeugungen ist eine längerfristige Teilnahme an der Fortbildung sowie die Vernetzung von Theorie und Praxis (z.B. Landert, 1999), wozu sich die Unterrichtsvideos als Referenzobjekte zur Diskussion über Prozesse im Unterricht besonders eignen (vgl. Reusser, 2005; Pauli & Reusser, 2006). Die einjährige Fortbildungsveranstaltung wurde als Blended-Learning-Arrangement mit Präsenz-Workshops und Online-Phasen konzipiert. Die vier Online-Phasen wurden jeweils von Workshops eröffnet und abgeschlossen (vgl. Abb. 1).

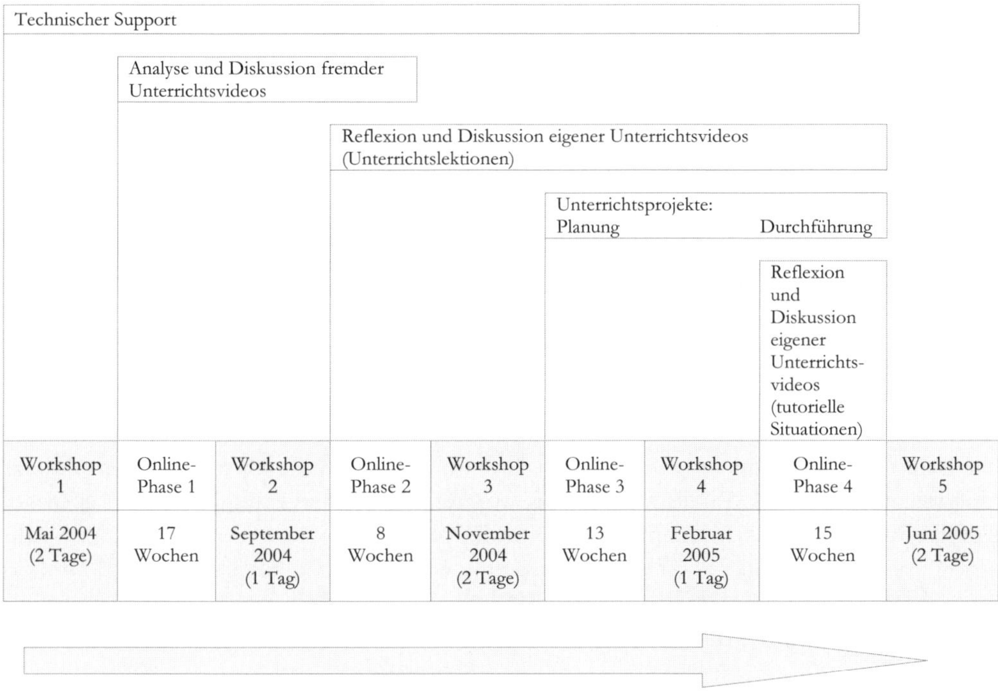

Abb. 1: Aufbau der Fortbildung

Zwanzig Mathematiklehrpersonen aus Deutschland und der Schweiz arbeiteten während den Workshops und den Online-Phasen in gemischt zusammengesetzten Kleingruppen mit rund drei bis fünf Lehrpersonen. Die Inhalte und Arbeitsaufträge der Workshops und Online-Phasen griffen ineinander: Neue Themen und Impulse wurden in den Workshops eingeführt und dann in den Online-Phasen bearbeitet. In den Workshops wurden Anregungen und Denkanstöße in Form von Impulsreferaten oder über ausgewählte fachdidaktische und allgemeindidaktische Literatur zu den behandelten Themen gegeben, die auf die kognitive Aktivierung der Schülerinnen und Schüler im Mathematikunterricht fokussierten (z.B. Unterrichtsqualität im Mathematikunterricht, Gruppenarbeit, Unterstützungsverhalten der Lehrpersonen bei mathematischen Denkprozessen). In den Online-Phasen konnten die Lehrpersonen mit Hilfe der netzgestützten Lernplattform Visibility (LessonLab Research Institute, 2006) Unterrichtsvideos analysieren und sich darüber austauschen. Die Handhabung der Lernplattform Visibility wurde im ersten Workshop eingeführt und durch technische Mitarbeitende in beiden Ländern über die Dauer der gesamten Fortbildung unterstützt.

In den ersten beiden Workshops und Online-Phasen wurde der fremde und eigene Unterricht auf der Basis der gegebenen Arbeitsimpulse reflektiert und diskutiert. Im Sinne des forschenden Lernens (Altrichter & Posch, 1998; Dirks & Hansmann, 2002; Obolenski & Meyer, 2003) wurden die angeleiteten Beobachtungs-, Reflexions- und Diskussionsphasen ab dem dritten Workshop durch Umsetzungsphasen ergänzt, in denen die Lehrpersonen die Anwendung ihres erweiterten Wissens über Lehr-Lern-Prozesse im Unterricht erprobten und erneut reflektierten, um auch Handlungsperspektiven und längerfristige Entwicklungsperspektiven zu eröffnen und den Transfer in den eigenen Unterricht anzubahnen. Die Lehrpersonen entschieden sich in ihrer Kleingruppe für ein gemeinsames Projekt, zum Beispiel für die Bearbeitung anspruchsvoller Mathematikaufgaben im Gruppenunterricht. Sie überlegten gemeinsam, welche Mathematikaufgaben geeignet sind, wie die unterrichtliche Gestaltung aussehen soll, mit welchen mathematischen oder gruppendynamischen Schwierigkeiten zu rechnen ist und wie sie mit diesen umgehen würden. Die Arbeit in den Projekten wurde begleitet und unterstützt, zum Beispiel durch die Zusendung von ausgewählter Literatur sowie durch Rückmeldung zur Projektplanung. Die Unterrichtsprojekte wurden in einigen Schulklassen erneut videografiert und wiederum über die Lernplattform Visibility für alle Mitglieder der Kleingruppe zugänglich gemacht. So konnte in den Lerngemeinschaften über das durchgeführte Projekt und seine Auswirkungen auf die Schülerinnen und Schüler sehr konkret reflektiert und diskutiert werden. Die konkreten Arbeitsaufträge und Aktivitäten im Fortbildungsprojekt werden in Ratzka, Lipowsky, Krammer & Pauli (2005) und Krammer, Schnetzler, Pauli, Ratzka & Lipowsky (2009) eingehender beschrieben.

4. Evaluation der Fortbildung

4.1 Stichprobe

Die 20 Lehrpersonen, die an der Fortbildung teilnahmen, stammten aus Deutschland (11 Lehrpersonen) und der Schweiz (9 Lehrpersonen). Ihr Unterricht wurde im Rahmen der videobasierten Unterrichtsstudie „Unterrichtsqualität, Lernverhalten und mathematisches Verständnis in verschiedenen Unterrichtskulturen" gefilmt (insgesamt 40 Lehrpersonen) (vgl. Lipowsky et al., 2005 und im Druck). Die Lehrpersonen haben sich freiwillig zur Teilnahme am Fortbildungsprojekt bereit erklärt. Die teilnehmenden Lehrpersonen unterrichten auf der Real-/Sekundarschule oder im Gymnasium. Ihre Berufserfahrung variiert von wenigen Jahren bis zu knapp 40 Jahren.

4.2 Fragestellungen und Instrumente

Das Fortbildungsprojekt zielte auf die Erweiterung des professionellen Wissens in Bezug auf die kognitive Aktivierung der Lernenden im Unterricht und auf die Entwicklung der Fähigkeit zur Analyse von Lehr-Lern-Prozessen ab. Angeregt durch die Analyse der Unterrichtsvideos und die davon ausgehende Diskussion über die Unterrichtsgestaltung sollten die Lehrpersonen ihr Wissen in Bezug auf die schülerorientierte, kognitiv aktivierende Unterrichtsgestaltung erweitern und das Unterrichtsgeschehen differenzierter wahrnehmen und beschreiben. Mit folgenden Instrumenten wurden die Akzeptanz und die Wirksamkeit des Fortbildungsprojekts in Bezug auf diese Zielsetzungen überprüft (vgl. Tab. 1).

Tab. 1: Fragestellungen und Instrumente

Fragestellungen	*Instrumente*	*Ebene der Evaluation*
Akzeptanz der Fortbildung: - Zufriedenheit der Lehrpersonen mit Inhalten, Prozess und Ertrag des Fortbildungsprojekts?	- Prozessbezogenes Stimmungsbarometer - Summative Endbefragung	Einschätzung der Teilnehmenden
Wirksamkeit der Fortbildung: - Differenzierte Wahrnehmung und Beschreibung des Unterrichtsgeschehens? - Erweiterung des unterrichtsbezogenen Wissens über Möglichkeiten der kognitiven Aktivierung?	- Videobefragungen - Analyse der Online-Diskussionen - Fragebogen zu unterrichtsbezogenen Überzeugungen	Veränderung unterrichtsbezogener Kognitionen und Überzeugungen bei den Teilnehmenden

Instrumente zur Erfassung der Akzeptanz der Fortbildung durch die Lehrpersonen

Prozessbezogenes Stimmungsbarometer: Das Stimmungsbarometer, ein Online-Fragebogen, der im Laufe der Fortbildung zu fünf Zeitpunkten eingesetzt wurde, diente dazu, Informationen über die Befindlichkeit der Teilnehmenden während den Online-Phasen zu gewinnen, um bei Bedarf mit adaptiven Maßnahmen reagieren zu können (Haab, Schnetzler, Reusser & Krammer, 2006). Das Stimmungsbarometer enthielt geschlossene Fragen zu zentralen Merkmalen des Fortbildungskonzepts (Arbeit mit Unterrichtsvideos, Zusammenarbeit in Kleingruppen, Online-Arbeit etc.) und fokussierte v.a. auf die Prozesse während der Online-Phasen. Die Antworten konnten in offener Form begründet werden. Über ihre Steuerungsfunktion hinaus dienten die inhaltsanalytisch ausgewerteten Informationen aus dem Stimmungsbarometer dazu, ein differenziertes Bild der Perspektive der Teilnehmenden im Fortbildungsprozess sowie des selbst eingeschätzten Lernertrags zu zeichnen (Schnetzler, 2007).

Summative Endbefragung: Die Endbefragung bestand aus einem umfangreichen Fragebogen mit geschlossenen und offenen Fragen, der den Lehrpersonen anlässlich des letzten Workshops zur Beantwortung vorgelegt wurde. Die Fragen deckten die wesentlichen Aspekte des Fortbildungsangebots (Inhalte, Arbeitsformen, Lernbegleitung etc.) und des Prozesses (Online-Arbeit, Zusammenarbeit in Kleingruppen) ab. Außerdem wurde der durch die Teilnehmenden selbst eingeschätzte Lernertrag erfasst.

Instrumente zur Erfassung der Wirksamkeit der Fortbildung

Videobefragungen: Mit den Videobefragungen wurde das unterrichtsbezogene Wissen der Lehrpersonen am Anfang und Ende der Fortbildung untersucht mit dem Ziel, Veränderungen aufzeigen zu können. Es handelte sich um zwei Instrumente, die auf Unterrichtsvideos aus der TIMSS-1999-Videostudie bzw. auf Arbeiten aus dem BIQUA-Projekt von Baumert, Neubrand und Blum basierten. Videobefragung 1 bestand aus zwei Videosequenzen von je ca. zwölf Minuten Dauer einer DVD mit Einführungssequenzen (Zobrist et al., 2004). Videobefragung 2 umfasste sechs Videosequenzen von je ca. 30 Sekunden Dauer (Krauss et al., 2004). Der Auftrag für die Lehrpersonen bestand darin, Lerngelegenheiten in den Unterrichtssequenzen zu benennen, deren Anregungspotenzial für die Lernenden zu begründen sowie eigene Vorschläge einzubringen, wie der Unterricht im Hinblick auf Lerngelegenheiten für die Schülerinnen und Schüler optimiert werden könnte. In Videobefragung 2 wurden die Lehrpersonen zusätzlich gebeten, aufgrund einer vorgegebenen Auswahl anzugeben, wie sie den Unterricht fortsetzen würden. Die Wahl wurde in offener Form begründet.

Analyse der Online-Diskussionen: Die Diskussionen, die während den Online-Phasen in den Kleingruppen stattfanden, wurden unter quantitativen und inhaltsanalytischen Gesichtspunkten ausgewertet. Anhand des Zeitpunkts der verschiedenen Diskussionen wurden Rückschlüsse auf Veränderungen der Diskussionsinhalte durch die Fortbildung gezogen.

Fragebogen zu unterrichtsbezogenen Überzeugungen: Im Rahmen der Videostudie, die der Fortbildung vorangegangen war, waren die unterrichtsbezogenen Beliefs der Lehrpersonen anhand eines Fragebogens erfasst worden. Um einen Fortbildungseinfluss auf solche Überzeugungen zu erfassen, wurde derselbe Fragebogen am Ende der Fortbildung erneut eingesetzt. Im Zentrum stand die Frage nach einer Modifikation des Lernverständnisses von einer eher rezeptiven zu einer eher konstruktivistischen Auffassung.

5. Ergebnisse aus der Evaluation des Fortbildungsprojekts

Nachfolgend werden die Ergebnisse zur Akzeptanz des Fortbildungsprojekts bei den Lehrpersonen sowie die Ergebnisse zur Wirksamkeit des Projekts im Überblick dargestellt. Ausführlichere Darstellungen der Ergebnisse finden sich bei Krammer et al. (2006, 2008) und Schnetzler (2007), weitere Publikationen mit Ergebnissen der Videobefragungen (Schnetzler et al.) bzw. der Online-Diskussionen (Ratzka, Krammer & Lipowsky) sind in Vorbereitung.

5.1 Ergebnisse zur Akzeptanz der Fortbildung

Die Akzeptanz der Fortbildung durch die Lehrpersonen und der von ihnen wahrgenommene Lernertrag wurden mit dem zu fünf Zeitpunkten in den Online-Phasen eingesetzten Stimmungsbarometer sowie einer schriftlichen Endbefragung im letzten Workshop erhoben.

Prozessbezogenes Stimmungsbarometer

Im Folgenden wird zusammenfassend erläutert, welche positiven Aspekte und Problemfelder sich während der Fortbildung in Bezug auf die Online-Arbeit mit den Videos und das Unterrichtsprojekt zeigten, welche Wünsche die Lehrpersonen äußerten und zu welchen Erkenntnissen die Lehrpersonen durch die Lernaktivitäten in der Fortbildung gelangten (Schnetzler, 2007).

In hohem Maße geschätzt wurde von den Lehrpersonen die individuelle Auseinandersetzung mit den Unterrichtsvideos. Das Verfassen von Kommentaren zum eigenen Unterricht wurde als sehr ertragreich erlebt im Hinblick auf die Anregung von Reflexionsprozessen. Auch der gemeinsame Austausch über Unterrichtsvideos und Rückmeldungen von Berufskolleginnen und Berufskollegen zum eigenen Unterricht entsprachen grundsätzlich dem Bedürfnis der Lehrpersonen. Allerdings erlebten die Lehrpersonen die Online-Diskussionen als weniger ertragreich als die individuelle Analyse der Unterrichtsvideos. Durch Zeitknappheit bedingte mangelnde Beteiligung und Schwierigkeiten bei der Koordination der Zusammenarbeit in den Kleingruppen beeinträchtigten die Motivation und erschwerten die Online-Diskussionen. Diese wurden für viele Teilnehmende erst gegen Ende der Fortbildung produktiv, nachdem sie sich an die netzbasierte Arbeitsweise gewöhnt hatten und sich im Umgang mit der Software Visibility und den Unterrichtsvideos routiniert erlebten. Gegenüber der Arbeitsform der Online-Arbeit war bei den Lehrpersonen denn auch deutliche Ambivalenz feststellbar. Zwar schätzten sie die zeitlich-räumliche Flexibilität sehr, fanden es aber auch herausfordernd, schriftlich zu kommunizieren, und vermissten zum Teil den persönlichen Kontakt. Bei einigen Lehrpersonen traten zudem erhebliche technische Probleme auf, deren Behebung viel Zeit und Energie beanspruchte. Trotz dieser Schwierigkeiten wurde selten oder erst nach langen erfolglosen Versuchen technische Unterstützung angefordert und die Lehrpersonen fühlten sich nach eigenen Angaben sowohl in technischer als auch in inhaltlicher Hinsicht ausreichend unterstützt. Als ungenügend schätzten die Lehrpersonen ihr generelles Engagement während der Online-Phasen ein. In der Analyse von Prozessverläufen einzelner Teilnehmender wurde zudem deutlich, dass das aktive und selbstgesteuerte Verfolgen von Lernaktivitäten mit einer positiveren Einschätzung der Zufriedenheit mit dem Fortbildungsverlauf einhergeht. Ein hohes Maß an Eigeninitiative, sowohl was das Einfordern von Unterstützung als auch was die Auseinandersetzung mit Lernaktivitäten anbelangt, scheint für eine subjektiv als erfolgreich wahrgenommene Fortbildungsteilnahme Voraussetzung zu sein.

Geschätzt und mehrheitlich als gewinnbringend erachtet wurde auch die konkrete Umsetzung der in der Unterrichtsreflexion gewonnenen Erkenntnisse in Form eines Unterrichtsprojekts. Ähnlich wie bei den Online-Diskussionen wurde auch hierbei die Zusammenarbeit als tendenziell schwierig empfunden.

Nur etwa die Hälfte der Lehrpersonen beteiligte sich aktiv an der Planung des Unterrichtsprojekts und etwa ein Drittel der Teilnehmenden verzichtete auf dessen Durchführung in der eigenen Klasse.

In Bezug auf die inhaltlichen Erkenntnisse im Fortbildungsprojekt vermerkten die Lehrpersonen, dass sie insbesondere durch die Analyse und Reflexion über Unterrichtsvideos viele Einsichten bezüglich der Gestaltung von Unterricht gewinnen konnten. Vor allem in jenen Online-Phasen, in denen mit eigenen Unterrichtsvideos gearbeitet wurde, schätzten die Lehrpersonen ihren Erkenntnisgewinn als hoch ein.

Summative Endbefragung

Die Ergebnisse aus der Endbefragung der Lehrpersonen im abschließenden Workshop bestätigen die Erkenntnisse aus der Analyse der Stimmungsbarometer (vgl. Lipowsky et al., 2006). Die Lehrpersonen berichten über einen hohen Lerngewinn und über eine hohe Zufriedenheit. Sie messen der Arbeit mit den Unterrichtsvideos eine hohe Bedeutung bei und geben an, dass sie durch die Unterrichtsvideos zum Nachdenken über ihren Unterricht angeregt wurden und dass die Videos ihrer Meinung nach eine geeignete Grundlage für Diskussionen darstellen und den Blick auf den eigenen Unterricht schärfen. Zentral scheint dabei zu sein, dass die Videoaufnahmen aus dem eigenen Unterricht resp. dem von Kolleginnen und Kollegen stammen. Das Interesse dafür, künftig mit eigenen Lektionen oder Videos aus dem Unterricht von Kolleginnen und Kollegen zu arbeiten, liegt deutlich höher als das Interesse an der Arbeit mit Videoaufnahmen von fremden Lehrpersonen.

5.2 Ergebnisse zur Wirksamkeit der Fortbildung

Videobefragungen

Mit zwei *Videobefragungen* zu Beginn und am Ende der Fortbildung wurden die unterrichtsbezogenen Kognitionen der Lehrpersonen erhoben. Diese wurden inhaltsanalytisch aus den Kommentaren zu Unterrichtsvideos erschlossen, welche die Lehrpersonen unter der Fragestellung nach im Unterricht beobachteten Lerngelegenheiten für die Schülerinnen und Schüler und nach Vorschlägen zur Optimierung des Unterrichts verfassten (vgl. Schnetzler et al., in Vorb.). Im Folgenden werden die Ergebnisse der beiden Videobefragungen zusammengefasst, sie wurden von 15 bzw. 17 Lehrpersonen je am Anfang und Ende der Fortbildung bearbeitet.

Der Vergleich der schriftlichen Kommentare zu den Unterrichtsvideos vor und nach der Fortbildung in der Videobefragung 1 (N=15) zeigt, dass die Lehrpersonen nach der Fortbildung längere Kommentare zu den Unterrichtssequenzen schreiben und ihre Einschätzungen bezüglich Lerngelegenheiten und Optimierungsmöglichkeiten stärker mit dem Unterricht verknüpfen: Sie beziehen sich signifikant häufiger mit Verweisen auf beobachtete Unterrichtssituationen als vor der Fortbildung. Zusätzlich zeigt ein Rating, mit dem die Qualität der Kommentare eingeschätzt wurde, dass am Ende der Fortbildung die genannten Lerngelegenheiten und Optimierungsmöglichkeiten tendenziell ausführlicher begründet werden und die Lehrpersonen in ihren Interpretationen des Unterrichtsgeschehens vermehrt eine Beziehung zwischen dem Handeln der Lehrperson und dessen Wirkungen in Bezug auf die Lernprozesse der Schülerinnen und Schüler herstellen.

Neben dieser positiven Entwicklung der Qualität der Kommentare verändern sich diese auch inhaltlich. Eine Erweiterung des Wissens im Hinblick auf Möglichkeiten für eine kognitiv aktivierende Unterrichtsgestaltung zeigte sich insbesondere daran, dass die Lehrpersonen am Ende der Fortbildung eigene Vorschläge für eine Erhöhung der Lerngelegenheiten für die Schülerinnen und Schüler ausführlicher beschrieben und begründeten. Inhaltlich zeigte sich in den Kommentaren am Ende der Fortbildung eine verstärkte Fokussierung auf Themen, die in der Fortbildung intensiv bearbeitet worden waren. Insbesondere wurden signifikant mehr Optimierungsvorschläge gemacht, welche sich auf den Einsatz vielfältiger Interaktions- und Sozialformen im Unterricht beziehen. Zu beiden Zeitpunkten nannten die Lehrpersonen am häufigsten Möglichkeiten zur Optimierung des Unterrichts, die auf die Aktivierung der Lernenden hinzielten, und bewiesen damit eine große Sensibilität für das zentrale inhaltliche Anliegen der Fortbildung.

Auch in der Videobefragung 2 (N=17) nahm der Umfang der Unterrichtskommentare durch die Lehrpersonen zu und ließen sich inhaltliche Veränderungen durch die Fortbildung feststellen, zum Beispiel wurde der Anregungsgrad der Aufgabenstellungen nach der Fortbildung häufiger thematisiert. Die Antworten zu den vorgeschlagenen Fortsetzungsmöglichkeiten für den beobachteten Unterrichtsausschnitt waren sowohl vor als auch nach der Fortbildung zu einem hohen Anteil auf die Schüler- und die Verstehensorientierung der Unterrichtsgestaltung ausgerichtet. Dies zeugt vom Wissen der Lehrpersonen um die Bedeutung dieser zentralen Komponenten der Unterrichtsqualität. Methode und Ergebnisse der zwei Videobefragungen werden in Schnetzler et al. (in Vorb.) ausführlich dargestellt und diskutiert.

Zusammenfassend belegen die Ergebnisse aus den Videobefragungen die Wirksamkeit der Fortbildung hinsichtlich der Analysefähigkeit der Lehrpersonen sowie der Veränderung der Wahrnehmung und des Wissenszuwachses in Bezug auf eine schülerorientierte, kognitiv aktivierende Unterrichtsgestaltung.

Fragebogen zu unterrichtsbezogenen Überzeugungen (Beliefs)

Bei der Erfragung der unterrichtsbezogenen Kognitionen und Beliefs der Lehrpersonen mittels Fragebogen zeigten die Lehrpersonen am Ende der Fortbildung ein signifikant erhöhtes konstruktivistisches Lernverständnis und eine leichte Abnahme in Bezug auf das rezeptive Lernverständnis. Ebenso entwickelten sie eine dynamischere Sichtweise von Mathematik, d.h., am Ende der Fortbildung waren sie eher davon überzeugt, mit ihrem Unterricht die Entwicklung mathematischer Fähigkeiten der Schülerinnen und Schüler beeinflussen zu können. Zum Beispiel schätzten die Lehrpersonen am Schluss der Fortbildung die Bedeutung der Unterrichtsgestaltung für den Lernerfolg signifikant höher ein als zu Beginn. Im Gegenzug wurde am Ende der Fortbildung der Bedeutung der Begabung der Lernenden für die Mathematik weniger häufig zugestimmt (Lipowsky et al., 2006). Ob allerdings diese Veränderungen einzig dem Einfluss der Fortbildung zugeschrieben werden können, lässt sich aufgrund dieser Daten nicht beurteilen.

Analyse der Online-Diskussionen

Aufgrund der Analyse der Diskussionen in den Online-Foren lassen sich ebenfalls Aussagen zur Wirkung der Fortbildung hinsichtlich der Fähigkeit zur Wahrnehmung von Unterricht machen. Die inhaltsanalytische Auswertung der Online-Diskussionen, die in den Kleingruppen während der Online-Phasen geführt wurden, zeigt, dass bestimmte Themen von den Lehrpersonen besonders häufig angesprochen wurden. Am häufigsten wurden Aufgaben- und Fragestellungen diskutiert, gefolgt von Beiträgen, in denen die Denkprozesse der Schülerinnen und Schüler exploriert und Situationen der Anregung individueller Denkprozesse thematisiert wurden. Darüber hinaus wurden bestimmte Themen gegen Ende der Fortbildung signifikant häufiger in den Online-Diskussionen thematisiert als zu Beginn, namentlich der Anregungsgehalt von Aufgaben- und Fragestellungen, kritische Aspekte des fragend-entwickelnden Unterrichts sowie Möglichkeiten und Grenzen des Umgangs mit Heterogenität (Ratzka et al., in Vorb.). Diese Ergebnisse legen nahe, dass es im Rahmen der Fortbildung gelungen ist, die Wahrnehmung der Lehrpersonen für Prozesse der kognitiven Aktivierung im Mathematikunterricht zu schärfen.

6. Zusammenfassung und Ausblick

Im Rahmen eines schweizerisch-deutschen Fortbildungsprojekts wurden Bedingungen und Wirksamkeit des Lernens mit Unterrichtsvideos untersucht. Das Ziel der Fortbildung bestand darin, die teilnehmenden Mathematiklehrpersonen für Prozesse der kognitiven Aktivierung im Unterricht zu sensibilisieren und ihre Kompetenzen im Hinblick auf die Gestaltung eines kognitiv aktivierenden Unterrichts zu erweitern.

Die Ergebnisse der Evaluation geben sowohl über die Akzeptanz der Fortbildung durch die Teilnehmenden als auch über die Wirksamkeit der Fortbildung im Hinblick auf die Erweiterung unterrichtsbezogenen Wissens und die Veränderung unterrichtsbezogener Beliefs Aufschluss. In Bezug auf die Akzeptanz der Fortbildung durch die Teilnehmenden zeigte sich ein positives Bild. Das Angebot, insbesondere die Möglichkeit zur Auseinandersetzung mit (eigenen) Unterrichtsvideos wurde sehr geschätzt, ebenso die intensive Lernbegleitung. Kritisch eingeschätzt wurde insbesondere die Zusammenarbeit in den Kleingruppen, die überwiegend in den Online-Phasen stattfand und daher schwierig zu koordinieren war. Die Lehrpersonen schätzten ihre eigene Beteiligung hauptsächlich aufgrund mangelnder Zeitressourcen als eher ungenügend ein. Interessanterweise zeigte dies auf die summative Schlussbilanz zur Produktivität der Fortbildungsteilnahme kaum Auswirkungen. Im Gegenteil, viele Lehrpersonen berichteten von durch die Arbeit mit den Unterrichtsvideos angeregten Erkenntnissen, insbesondere zur Gestaltung eines kognitiv aktivierenden Unterrichts.

In Bezug auf die Wirksamkeit des Fortbildungsprojekts im Hinblick auf die Erweiterung unterrichtsbezogenen Wissens und die Veränderung unterrichtsbezogener Beliefs bestätigte sich in zwei Videobefragungen, mit denen unterrichtsbezogene Kognitionen vor und nach der Fortbildung erhoben wurden, dass die Lehrpersonen nach der Fortbildung über mehr Wissen hinsichtlich Möglichkeiten zur Gestaltung eines schülerorientierten, kognitiv aktivierenden Unterrichts verfügen. Insbesondere scheinen sie vermehrt kooperative Lern- und Arbeitsformen als Möglichkeit zur Schüleraktivierung in Betracht zu ziehen. Die Analyse der Online-Diskussionen, die im Laufe der Fortbildung eine verstärkte Fokussierung u.a. auf die Themen des Anregungsgehalts von Aufgaben- und Fragestellungen sowie auf kritische Aspekte des fragend-entwickelnden Unterrichts aufzeigten, stützt dieses Bild; ebenso das Ergebnis aus dem Vergleich unterrichtsbezogener Beliefs vor und nach der Fortbildung, welches auf ein erhöhtes konstruktivistisches Lernverständnis nach der Fortbildung hinweist.

Wo liegen die Grenzen der Studie? Wie bereits dargestellt, gilt es, die eingeschränkte Aussagekraft aufgrund fehlender Kontrolle fortbildungsexterner Einflüsse sowie der kleinen Stichprobe zu beachten. Zudem blieb die Evaluation auf das Erfassen der Einschätzung der Fortbildungsteilnehmenden sowie auf Veränderungen der unterrichtsbezogenen Kognitionen beschränkt. Auswirkungen auf das Handeln der Lehrpersonen, d.h. auf die praktische Unterrichtsgestaltung sowie auf das Lernen und die Leistungen der Schülerinnen und Schüler, die als entscheidende Zieldimensionen angesehen werden können (vgl. Allemann-Ghionda & Terhart, 2006; Bessoth, 2007; Lipowsky, 2004), wurden nicht untersucht.

Dennoch geben die Ergebnisse Anlass zu einer positiven Bilanz. Die große Akzeptanz der Teilnehmenden gegenüber dem Fortbildungsprojekt in Kombination mit den Ergebnissen zur Wirksamkeit der Fortbildung rechtfertigen eine insgesamt günstige Einschätzung der Produktivität des Lernens mit Unterrichtsvideos. Dies bestätigen auch Ergebnisse aus vergleichbaren Projekten (Borko et al., 2008; Kuntze, 2006; Sherin, 2007).

Tab. 2: Gestaltungsmerkmale für das Lernen mit Unterrichtsvideos (Krammer et al., 2008)

	Gestaltungsmerkmale	*Funktion*
1	*Einsatz von fremden und eigenen Unterrichtsvideos*	Durch sorgfältiges und systematisches Heranführen an die Reflexion und Kommunikation über fremde Unterrichtsvideos vertiefen und erweitern die Lehrpersonen ihre Analyse- und Feedbackkompetenzen. Die nachfolgende Arbeit mit eigenen Videos motiviert zur Auseinandersetzung mit authentischen Fragen der Unterrichtsgestaltung.
2	*Fokussierung auf relevante thematische Gesichtspunkte und auf die Lernenden*	In Form von Inputs (z.B. Referate, Texte), Kriterien zur Unterrichtsbeobachtung und Diskussionsimpulsen werden relevante Fragen der Unterrichtsgestaltung aufgegriffen und durchgearbeitet. Mit dem Fokus auf das Lernen der Schülerinnen und Schüler wird die Aufmerksamkeit auf die Wirkung der Unterrichtsgestaltung gelenkt.
3	*Arbeit in Kleingruppen mit adaptiver inhaltlicher und organisatorischer Begleitung*	Die Lehrpersonen diskutieren in Kleingruppen über Unterrichtsvideos. Diese Diskussionen erfolgen in einem strukturierten Setting mit Gestaltungsfreiräumen. Dadurch wird die soziale Eingebundenheit gefördert, das selbstgesteuerte Lernen unterstützt und den individuellen Bedürfnissen Rechnung getragen.
4	*Kooperative Planung von Unterrichtseinheiten*	Das Planen, Durchführen und Reflektieren regt den Transfer der Erkenntnisse in die Unterrichtspraxis an und wirft neue Fragen in Bezug auf die Unterrichtsgestaltung auf. Die Umsetzung kann videografiert werden und wiederum als Ausgangslage zur gemeinsamen Reflexion und Diskussion über Lehr- und Lernprozesse im Unterricht dienen.
5	*Kombination von Workshops und Online-Phasen*	Die Arbeit in Workshops und Online-Phasen ergänzt sich gegenseitig. Die selbständige Auseinandersetzung mit den Unterrichtsvideos in den Online-Phasen wird in den Workshops inhaltlich und organisatorisch angeleitet und reflektiert.

Gemäß unseren Ergebnissen und Erfahrungen ist es die Kombination spezifischer Gestaltungsmerkmale, welche einen geeigneten Rahmen für fruchtbare Lernprozesse von Lehrpersonen schafft und zur Wirksamkeit der Fortbildung von Lehrpersonen beiträgt. Abschließend werden fünf Prinzipien für die Umsetzung der videobasierten Unterrichtsanalyse aufgeführt, welche sich im Fortbildungsprojekt als wesentlich für die Wirksamkeit der Arbeit mit Videos erwiesen haben und auch bei der Implementation in der Ausbildung von Lehrpersonen bedeutsam sind (vgl. Tab. 2). Diese Gestaltungsmerkmale werden in Krammer et al. (2008) detaillierter ausgeführt.

7. Literatur

Allemann-Ghionda, C. & Terhart, E. (2006). Kompetenzen und Kompetenzentwicklung von Lehrerinnen und Lehrern: Ausbildung und Beruf. Zeitschrift für Pädagogik, 51. Beiheft, 7-13.

Altrichter, H. & Posch, P. (1998). Lehrer erforschen ihren Unterricht. Eine Einführung in die Methoden der Aktionsforschung. Bad Heilbrunn: Klinkhardt.

Bessoth, R. (2007). Wirksame Weiterbildung. Eine Literaturrecherche. Oberentfelden: Sauerländer.

Borko, H., Jacobs, J., Eiteljorg, E. & Pittman, M. E. (2008). Videos as a tool for fostering productive discussions in mathematics professional development. Teaching and Teacher Education, 24(2), 417-436.

Brophy, J. (Ed.). (2004). Using Video in Teacher Education. Oxford: Elsevier.

Chan, P. Y. K. & Harris, R. C. (2005). Video Ethnography and Teachers' Cognitive Activities. In J. Brophy & S. Pinnegar (Eds.), Learning from Research on Teaching: Perspective, Methodology, and Representation. Advances in Research on Teaching (Vol. 11, pp. 337-375). Oxford: Elsevier.

Dirks, U. & Hansmann, W. (Hrsg.). (2002). Forschendes Lernen in der Lehrerbildung. Auf dem Weg zu einer professionellen Unterrichts- und Schulentwicklung. Bad Heilbrunn: Klinkhardt.

Gärtner, H. (2007). Unterrichtsmonitoring. Evaluation eines videobasierten Qualitätszirkels zur Unterrichtsentwicklung. Münster: Waxmann.

Goldman, R., Pea, R. & Derry, S. J. (2007). (Eds.). Video research in the learning sciences. Mahwah, NJ: Lawrence Erlbaum Associates.

Haab, S., Schnetzler, C. L., Reusser, K. & Krammer, K. (2006). Stimmungsbarometer – ein Feedbackinstrument für Online-Lernumgebungen. In E. Seiler Schiedt, S. Kälin & C. Sengstag (Hrsg.), E-Learning – alltagstaugliche Innovation? Medien in der Wissenschaft (Bd. 38, S. 195-204). Münster: Waxmann.

Hascher, T. (2005). Die Erfahrungsfalle. Journal für Lehrerinnen- und Lehrerbildung, 5(1), 40-46.

Helmke, A. & Helmke, T. (2004). Videobasierte Unterrichtsreflexion. SEMINAR – Lehrerbildung und Schule, 10(4), 48-66.

Hixon, E. & Sanborn, S. (2005). Using video-based cases to create a virtual field experience. Paper presented at the 19th Annual Conference on Distance Teaching and Learning, Wisconsin.

Hugener, I., Krammer, K. & Reusser, K. (2007). Problemlösen im Mathematikunterricht. In K. Reusser, C. Pauli & K. Krammer (Hrsg.), Unterrichtsvideos mit Begleitmaterialien für die Aus- und Weiterbildung von Lehrpersonen – DVD 2. Universität Zürich: Pädagogisches Institut.

Huppertz, P., Massler, U. & Plötzner, R. (2005). v-share – Video-based analysis and reflection of teaching experiences in virtual groups. In Proceedings of the International Conference on Computer Support for Collaborative Learning. Mahwah, NJ: Lawrence Erlbaum Associates.

Janik, T., Janikova, M. & Knecht, P. (2008). CPV Videoweb – wie eine videobasierte Lernumgebung für LehrerInnen entwickelt wird. In Tagungsband Lehrerinnen und Lehrer lernen – Konzepte und Befunde zur Lehrerfortbildung (S. 81). Klagenfurt: Alpen-Adria-Universität.

Klieme, E. (2006). Empirische Unterrichtsforschung: aktuelle Entwicklungen, theoretische Grundlagen und fachspezifische Befunde. Zeitschrift für Pädagogik, 52(6), 765-773.

Klieme, E., Lipowsky, F., Rakoczy, K. & Ratzka, N. (2006). Qualitätsdimensionen und Wirksamkeit von Mathematikunterricht. Theoretische Grundlagen und ausgewählte Ergebnisse des Projekts „Pythagoras". In M. Prenzel & L. Allolio-Näcke (Hrsg.), Untersuchungen zur Bildungsqualität von Schule. Abschlussbericht des DFG-Schwerpunktprogramms (S. 128-146). Münster: Waxmann.

Krammer, K. & Hugener, I. (2005). Netzbasierte Reflexion von Unterrichtsvideos in der Ausbildung von Lehrpersonen – eine Explorationsstudie. Beiträge zur Lehrerbildung, 23(1), 51-61.

Krammer, K., Hugener, I. & Reusser, K. (2007). Adaptiver Unterricht mit Arbeitsplänen. In K. Reusser, C. Pauli & K. Krammer (Hrsg.), Unterrichtsvideos für die Aus- und Weiterbildung von Lehrpersonen – DVD 3. Universität Zürich: Pädagogisches Institut.

Krammer, K., Ratzka, N., Klieme, E., Lipowsky, F., Pauli, C. & Reusser, K. (2006). Learning with classroom videos: Conception and first results of an online teacher-training program. Zentralblatt für Didaktik der Mathematik, 38(5), 422-432.

Krammer, K. & Reusser, K. (2004). Unterrichtsvideos als Medium der Lehrerinnen- und Lehrerbildung. SEMINAR – Lehrerbildung und Schule, 10(4), 80-101.

Krammer, K., Schnetzler, C. L., Pauli, C., Ratzka, N. & Lipowsky, F. (2009). Kooperatives netzgestütztes Lernen mit Unterrichtsvideos. Wie Mathematiklehrpersonen aus Deutschland und der Schweiz gemeinsam ihren Unterricht analysieren und entwickeln. In K. Maag Merki (Hrsg.), Kooperation und Netzwerkbildung. Strategien zur Qualitätsentwicklung in Einzelschulen (S. 40-52). Seelze: Kallmeyer.

Krammer, K., Schnetzler, C. L., Ratzka, N., Pauli, C., Reusser, K., Lipowsky, F. & Klieme, E. (2008). Videobasierte Unterrichtsanalyse in der Weiterbildung von Lehrpersonen: Konzeption und Ergebnisse eines netzgestützten Weiterbildungsprojekts mit Mathematiklehrpersonen aus Deutschland und der Schweiz. Beiträge zur Lehrerbildung, 26(2), 178-197.

Krauss, S., Kunter, M., Brunner, M., Baumert, J., Blum, W., Neubrand, M., Jordan, A. & Löwen, K. (2004). COACTIV: Professionswissen von Lehrkräften, kognitiv aktivierender Mathematikunterricht und die Entwicklung von mathematischer Kompetenz. In J. Doll & M. Prenzel (Hrsg.), Die Bildungsqualität von Schule: Lehrerprofessionalisierung, Unterrichtsentwicklung und Schülerförderung als Strategien der Qualitätsverbesserung (S. 31-53). Münster: Waxmann.

Kuntze, S. (2004). Das binationale und videobasierte Lehrerinnen- und Lehrerfortbildungsprojekt „MuBiL", GDM-Mitteilungen, 79, 112-118.

Kuntze, S. (2006). Video technology in the assessment of an in-service teacher learning program – Differences in mathematics teachers' judgements on instructional quality. Zentralblatt für Didaktik der Mathematik, 38(5), 413-421.

Kuntze, S. (2008). Zusammenhänge zwischen allgemeinen und situiert erhobenen unterrichtsbezogenen Kognitionen und Überzeugungen von Mathematiklehrkräften. Unterrichtswissenschaft, 38(5), 413-421.

Landert, Ch. (1999). Lehrerweiterbildung in der Schweiz. Ergebnisse der Evaluation von ausgewählten Weiterbildungssystemen und Entwicklungslinien für eine wirksame Personalentwicklung in den Schulen. Zürich: Rüegger.

LessonLab Research Institute (LLRI) (2006). Visibility Software™. Online unter http://www.llri.org/html/visibility.htm [2006-09-05].

Leuchter, M., Reusser, K., Pauli, C. & Klieme, E. (2008). Zusammenhänge zwischen unterrichtsbezogenen Kognitionen und Handlungen von Lehrpersonen. In M. Gläser-Zikuda & J. Seifried (Hrsg.), Lehrerexpertise – Analyse und Bedeutung unterrichtlichen Handelns (S. 167-188). Münster: Waxmann.

Lipowsky, F. (2004). Was macht Fortbildungen für Lehrkräfte erfolgreich? Befunde der Forschung und mögliche Konsequenzen für die Praxis. Die Deutsche Schule, 96(4), 462-479.

Lipowsky, F., Kuntze, S., Ratzka, N., Klieme, E. & Reiss, K. (2006). Unterricht entwickeln und verbessern – Was leisten videobasierte Lehrerfortbildungen? Abschlussbericht an die Robert Bosch Stiftung.

Lipowsky, F., Rakoczy, K., Klieme, E., Reusser, K. & Pauli, C. (2005). Unterrichtsqualität im Schnittpunkt unterschiedlicher Perspektiven – Rahmenkonzept und erste Ergebnisse einer binationalen Studie zum Mathematikunterricht in der Sekundarstufe I. In H. G. Holtappels & K. Höhmann (Hrsg.), Schulentwicklung und Schulwirksamkeit. Systemsteuerung, Bildungschancen und Entwicklung der Schule (S. 223-238). Weinheim: Juventa.

Lipowsky, F., Rakoczy, K., Pauli, C., Drollinger-Vetter, B., Klieme, E. & Reusser, K. (im Druck). Quality of geometry instruction and its short-term impact on students' understanding of the Pythagorean Theorem. Learning and Instruction.

Mühlhausen, U. (2005). Multimediale Unterrichtsdokumente. Reflexion und Analyse von Unterricht. Journal für Lehrerinnen- und Lehrerbildung, 2(5), 19-25.

Obolenski, A. & Meyer, H. (2003). Forschendes Lernen. Theorie und Praxis einer professionellen LehrerInnenausbildung. Bad Heilbrunn: Klinkhardt.

Pauli, C. & Reusser, K. (2006). Von international vergleichenden Video Surveys zur videobasierten Unterrichtsforschung und -entwicklung. Zeitschrift für Pädagogik, 52(6), 774-798.

Petko, D. & Reusser, K. (2005). Praxisorientiertes E-Learning mit Video gestalten. In A. Hohenstein & K. Wilbers (Hrsg.), Handbuch E-Learning. Expertenwissen aus Wissenschaft und Praxis (Beitrag 4.22). Köln: Deutscher Wirtschaftsdienst.

Ratzka, N., Krammer, K. & Lipowsky, F. (in Vorb.). Lernen mit Unterrichtsvideos in der Lehrerbildung – Auswertung einer Online-Diskussion über Videosequenzen des eigenen Mathematikunterrichts.

Ratzka, N., Lipowsky, F., Krammer, K. & Pauli, C. (2005). Lernen mit Unterrichtsvideos. Ein Fortbildungskonzept zur Entwicklung von Unterrichtsqualität. Pädagogik, 5/05, 30-33.

Reiss, K. & Reiss, M. (2006). Unterrichtsqualität und der Mathematikunterricht. In I. Hosenfeld & F.-W. Schrader (Hrsg.), Schulische Leistung. Grundlagen, Bedingungen, Perspektiven (S. 225-242). Münster: Waxmann.

Reusser, K. (2005). Situiertes Lernen mit Unterrichtsvideos. Unterrichtsvideografie als Medium des situierten beruflichen Lernens. Journal für Lehrerinnen- und Lehrerbildung, 5(2), 8-18.

Reusser, K. (2006). Videoportal des Lehrstuhls Pädagogische Psychologie und Didaktik des Pädagogischen Instituts der Universität Zürich. Online unter http://www.didac.uzh.ch/videoportal/ [10.09.2009].

Schnetzler, C. L. (2007). Video- und netzbasierte gemeinsame Unterrichtsreflexion in der Weiterbildung von Lehrpersonen. Potenzial, Probleme und Ertrag aus Sicht der Teilnehmenden einer Langzeitweiterbildung. Unveröffentlichte Lizentiatsarbeit, Universität Zürich.

Schnetzler, C. L., Krammer, K., Ratzka, N., Reusser, K., Pauli, C., Klieme, E. & Lipowsky, F. (in Vorb.). Entwicklung und Erfassung von Lehrkompetenzen mit Unterrichtsvideos: Verändern sich die Unterrichtskommentare der Lehrpersonen?

Seago, N. (2004). Using Video as an Object of Inquiry for Mathematics Teaching and Learning. In J. Brophy (Ed.), Using Video in Teacher Education (pp. 259-286). Oxford: Elsevier.

Sherin, M. G. (2007). The development of teachers' professional vision in video clubs. In R. Goldman et al. (Eds.), Video research in the learning sciences (pp. 383-395). Mahwah, NJ: Lawrence Erlbaum Associates.

Sherin, M. G. & Han, S. Y. (2004). Teacher Learning in the Context of Video Club. Teaching and Teacher Education, 20, 163-183.

Tochon, F. V. (1999). Video Study Groups for Education, Professional Development, and Change. Madison: Atwood Publishing.

van Es, E. A. & Sherin, M. G. (2008). Mathematics teachers' "learning to notice" in the context of a video club. Teaching and Teacher Education, 24, 244-276.

Wahl, D. (2005). Lernumgebungen erfolgreich gestalten. Vom trägen Wissen zum kompetenten Handeln. Bad Heilbrunn: Klinkhardt.

Welzel, M. & Stadler, H. (2005). (Hrsg.). Nimm doch mal die Kamera! – Zur Nutzung von Videos in der Lehrerbildung. Beispiele und Empfehlungen aus den Naturwissenschaften. Münster: Waxmann.

Zobrist, B., Krammer, K. & Reusser, K. (2004). Einführungssequenzen. In K. Reusser, C. Pauli & K. Krammer (Hrsg.), Unterrichtsvideos mit Begleitmaterialien für die Aus- und Weiterbildung von Lehrpersonen – DVD 1. Universität Zürich: Pädagogisches Institut.

Reale und virtuelle professionelle Lerngemeinschaften für reflektierende Praktikerinnen und Praktiker

Bernhard Sieland & Tobias Rahm

Abstract

Die pädagogische Interaktion unterliegt anspruchsvollen und belastenden Rahmenbedingungen. Praktikerinnen und Praktiker sind fortwährend den Risiken von Anpassungslernen ausgesetzt und müssen für Veränderungslernen sensibilisiert werden. Professionelle Lerngemeinschaften können erheblich zur Reflexion und Verbesserung des professionellen Handelns beitragen. Dieser Prozess wird auch in virtuellen Lerngemeinschaften genutzt. Die Verschriftlichung und andere Unterschiede zu realen Lerngemeinschaften können systematisch zur Verbesserung dieses Prozesses verwendet werden. Das Lehrerforum begreift sich als eine Gemeinschaft zur gegenseitigen Unterstützung, zum professionellen Problemlösen und zum problembasierten Veränderungslernen. Erste Analysen weisen darauf hin, dass die Nutzerinnen und Nutzer in hohem Maße von diesem Angebot profitieren. Online-Diagnosen wie das vorgestellte Online-Tagebuch zur Zeit- und Stimmungsanalyse können diesen Prozess gewinnbringend unterstützen.

Schlagworte (dt.)

Professionelle Lerngemeinschaft, Online-Beratung, kooperatives Problemlösen, Online-Tagebuch, problembasiertes Lernen

Schlagworte (engl.)

professional learning communities, online-counselling, cooperative problem solving, online-diary, problem based learning

1. Praktikerinnen und Praktiker zwischen Anpassungs- und Veränderungslernen

Der wissenschaftliche Diskurs über Bedingungen, Genese, Wirkungen und Messung der Lehrerprofessionalität wird in dem aktuellen Sammelband von Zlatkin-Troitschanskaia, Beck, Sembill, Nickolaus und Mulder (2009) differenziert beschrieben. Die folgenden Ausführungen fokussieren den Stellenwert professioneller Lerngemeinschaften für diesen Prozess.

1.1 Praxisdruck als Risiko für Anpassungslernen

Pädagogische Interaktion ist eine laufende Kombination aus Handeln und Erfahrungsbildung unter erschwerten Bedingungen. Schon Sigmund Freud zählte den Lehrerberuf zu den unmöglichen Berufen, weil man sich seines ungenügenden Erfolgs sicher sein könne.

Aus Sicht der Pädagogischen Psychologie sowie der Arbeits- und Organisationspsychologie (vgl. Rothland & Terhart, 2007, S. 14) sind folgende Rahmenbedingungen für die pädagogische Praxis besonders anspruchsvoll und belastend.

- Pädagoginnen und Pädagogen haben nur begrenzte Informationen über die kurz- und mittelfristigen Folgen ihres Handelns. Sie müssen häufig aus Vermutungen Konsequenzen ziehen.
- Sie haben nur einen begrenzten Einfluss auf die Handlungseffekte. Sie können Schülerinnen und Schüler nicht lernend machen. Gleichwohl müssen sie sich ihre Handlungseffekte laufend erklären und daraus Konsequenzen für das weitere Handeln ziehen. Da Kontrollverluste schmerzhafte Erfahrungen sein können, ist die Versuchung groß, sich durch unausgewogene Ursachenzuschreibung die kognitiven Konflikte erträglich zu machen.
- Sie müssen täglich eine hohe Entscheidungsdichte bewältigen trotz häufig unzureichender Informationen. Dabei können problematische Situationsauffassungen und Hypothesen schnell als gesicherte Handlungsgrundlage aufgefasst werden.
- Die Reflexion über ihr Unterrichtshandeln setzt im Problemfall oft erst nachträglich ein mit der Gefahr von Rechtfertigungstendenzen.
- Angesichts der Aufgabenfülle ist für viele Lehrkräfte die Balance von Aktion und Reflexion sehr unausgewogen.
- Die Lehrer-Schüler-Interaktion findet darüber hinaus in einer Zwangsgemeinschaft statt, so dass die wechselseitigen psychologischen Verträge oft als unfair empfunden werden.

Hinzu kommt, dass Lehrerbildung informell schon sehr intensiv beginnt, wenn die künftige Lehrkraft selbst noch Schüler/in ist und das Handeln von Lehrpersonen am eigenen Leibe erlebt. Lehrerbildung muss diese langfristigen Erfahrungen in Form von subjektiven Theorien, von Wahrnehmungs-, Denk- und Handlungsgewohnheiten bewusst machen und problematisieren. Das folgende Beispiel soll dokumentieren, wie Erfahrungen in Stresssituationen oft so verarbeitet werden, dass die Zukunftsfähigkeit der Beteiligten beeinträchtigt wird.

Eine Lehramtsstudentin hielt die erste Unterrichtsstunde ihres allgemeinen Schulpraktikums. Sie bat die Kinder der ersten Klasse, sich auf ihre Sitzmatten in den Kreis zu setzen. Ein Schüler brachte – entgegen der Bitte – seinen Stuhl mit. Ohne zu fragen, warum er nicht sein Sitzkissen benutzte, befahl sie ihm mit wachsender Lautstärke, sein Sitzkissen zu benutzen oder zurück zum Schülertisch zu gehen. Nach einer Eskalation der Lautstärke ging der Schüler zu seinem Platz und die restlichen Mitschüler/innen waren sehr betroffen. Bei der Besprechung sagte die Studentin: „Die Stunde wäre mir beinahe entglitten, als der Junge vor aller Augen meine Autorität in den Dreck ziehen und Arbeitsanweisungen verweigern wollte. Aber ich habe es mit Entschiedenheit geregelt. Es ist noch mal gut gegangen!“ Auf Nachfrage erfuhren wir, dass der Junge schmerzhafte Rückenprobleme hatte.

Die Lehramtsstudentin hat vermutlich in der Interaktion mit dem Schüler alte Erinnerungen aktualisiert und unbewusst Folgendes gelernt:

Tab. 1: Beispiel für einen riskanten Lernprozess

Lernprozess	*Lerninhalt*
Situationsauffassungen	Mal wieder ein Fall von Arbeitsverweigerung!
Personenauffassung	Fritz ist ein Störenfried und gefährdet meine Autorität.
emotionale Aufladung	Störenfriede nerven nicht nur mich, sondern stören auch die Klasse!
einseitige Ursachenzuschreibung	Wenn alle anderen folgen, dann ist dieser Schüler das Problem!
Erwartungsbildung	Bei dem muss ich auf der Hut sein!
Standardstrategien	Mit Störenfrieden mache ich am besten kurzen Prozess!

Dies ist offensichtlich ein Lernprozess, der ihre professionelle Zukunftsfähigkeit schwächt und die involvierten Schülerinnen und Schüler ebenfalls belastet.
Argyris und Schön (2002) beschreiben solche Lernprozesse als „Ein-Kreis-Lernen" oder Anpassungslernen (Abb. 1).

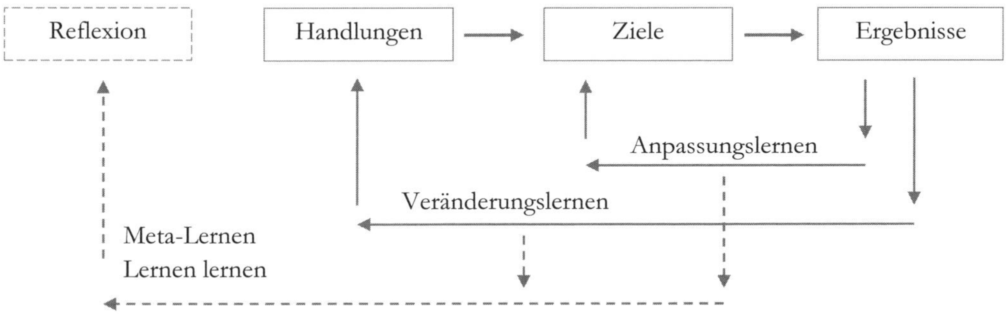

Abb. 1: Drei Lernformen nach Argyris und Schön (2002)

Anpassungslernen geschieht, wenn ein Akteur eine Situation gemäß ihrem üblichen Wahrnehmungs- und Erklärungsschema auffassen und ihr Handeln auf von vornherein festgelegte Ziele abstimmen und die erzielten Handlungsergebnisse damit vergleichen. Bei der Ausbildung erwünschter Gewohnheiten und Handlungsmuster ist diese Lernform überaus sinnvoll. Die handelnden Personen variieren ihre Handlungen so lange, bis sie ihr Ziel für erreicht halten (hier: Sitzkissen benutzen, Autorität wahren). Sie passen ihre Wahrnehmung ihren kognitiven Schemata an mit der Gefahr, sinnvolle abweichende Situationsauffassungen und Handlungsmotive zu ignorieren. Sie sehen sich selbst dabei oft nicht als Mitverursacher/innen von Problemen, sondern orientieren sich am emotionalen Befriedigungseffekt der Handlungsfolgen, manchmal ohne die potenziellen Nebenwirkungen ihres Handelns auf sich und andere zu beachten. Falls sie ihr Handeln aus eigener Sicht als erfolglos bewerten, führt dies nicht zur Reflexion über dessen Angemessenheit, sondern wird dem Interaktionspartner als Widerstand zur Last gelegt. Dabei können höherwertige Ziele (Rücksichtnahme, Gewaltfreiheit …) ignoriert oder gar verletzt werden. Langfristig wird dies zu einer Rigidisierung ihrer Problemlösungsstrategien führen. Möglicherweise lernt die Studentin in unserem Beispiel noch früher oder lauter zu schimpfen und noch mehr zu befehlen, statt zu fragen.

Es ist offensichtlich, dass in diesem Beispiel die langfristigen Folgen für den Schüler und seine Mitschüler/innen ebenso problematisch sind wie für die Lehrkraft. Das Stressniveau und die Arbeits- und Lernqualität wird auf allen Seiten ungünstig beeinflusst. Anpassungslernen belässt Lernende also auf dem Niveau der unbewussten Inkompetenz (vgl. auch Tab. 2 weiter unten).

1.2 Veränderungslernen durch Praxisreflexion

Vor diesem Hintergrund stellt sich die Frage, wie eingefahrene kognitive Schemata als problematisch erlebt und akkommodiert werden können. Den komplexen Prozess zwischen ersten Inkongruenzerfahrungen im Alltagshandeln, dem Erwerb neuer Kompetenzen und deren Anwendung in kritischen Alltagssituationen beschreiben Sieland und Heyse (im Druck) für Lehrkräfte als Lernberater/innen. In dem Modell zum Kompetenzerwerb von Blom (2000) und dem Konzept des Veränderungslernens nach Argyris und Schön (2002) vollzieht sich der Professionalisierungsprozess über einen längeren Zeitraum und keinesfalls automatisch durch schlichte Addition von Erfahrungen.

Eine Person kann über einen längeren Zeitraum in bestimmten Punkten inkompetent handeln, ohne die Nebenwirkungen ihres Handelns bzw. ohne sich selbst als Mitverursacher/in zu erkennen. In dieser Phase sprechen Argyris und Schön (2002) von Anpassungslernen (vgl. Abb. 1). Erst wenn die Person deutliche Inkongruenzerfahrungen macht, d.h. ihre Ziele, Handlungsschritte oder Handlungsfolgen als spürbar problematisch erlebt, beginnen bisherige Wahrnehmungs- und Handlungsschemata aufzutauen. Dieser Prozess des Auftauens kann im Rahmen einer Lerngemeinschaft durch alternative Sichtweisen sowie kritisches Feedback gefördert werden. In dieser Phase wächst die Änderungsbereitschaft und damit die Möglichkeit zu Veränderungslernen nach Argyris und Schön (vgl. Abb. 1).

Wie tiefgreifend allerdings die Veränderung wird oder ob sich die alten Verhaltensweisen und Denkmuster erneut durchsetzen, hängt von der Intensität und Dauer der Inkongruenzerfahrung ab. *Professionelle Lerngemeinschaften* (vgl. Strittmatter, 2006; Mutzeck & Schlee, 2008) können hier die Änderungsbereitschaft aufrechterhalten, indem sie einige der folgenden Aspekte professionellen Handelns reflektieren. Professionelles Handeln zeichnet sich – im Unterschied zu alltäglichem Handeln – dadurch aus, dass es begründet, methodisch geleitet, fall- und situationsangemessen ist. Es orientiert sich an professionsethischen Standards, d.h., die Personen nutzen ihre Fach-, Methoden-, Sozial- und Selbstkompetenzen und entwickeln sie weiter. An dieser Stelle wird deutlich, dass professionelles

Handeln nur durch laufendes professionelles Lernen sichergestellt werden kann. Denn die Mehrzahl der Situationen professioneller Praxis ist nicht standardisiert, sondern „komplex, ungewiss, mehrdeutig, einzigartig und von Wert- und Interessenskonflikten geprägt (vgl. Horster & Rolff, 2006, S. 68). Vor diesem Hintergrund ermöglichen Lerngemeinschaften subjektive Inkongruenzerfahrungen durch einen Pool alternativer Wahrnehmungs- und Handlungsschemata. Die Mitglieder werden in dem Maße zu reflektierenden Praktikerinnen und Praktikern (vgl. Schön, 1987; Altrichter, 2001), indem sie ihre Praxis immer wieder hinterfragen: Sind die Ziele angemessen? Sind die Handlungsmittel vertretbar? Sind die Handlungsfolgen einschließlich der Nebenwirkungen vertretbar? Damit öffnen sie sich für neue bessere und nebenwirkungsärmere Alternativen.

Es genügt also nicht, sich durch gründliche Unterrichtsvorbereitung Sicherheit im Unterrichtshandeln zu verschaffen. Die nachbereitende Reflexion der Unterrichtserfahrungen, möglichst mit kritischen Freunden, ist unverzichtbar, wenn auch oft mit Ambivalenzerfahrungen verbunden. Den Ehrentitel des *reflektierenden Praktikers* kann nur der beanspruchen, der sich dieser Anstrengung unterzieht.

Sicherlich ist eine derartige Professionalität ein Ideal, dem man sich nur schrittweise über längere Zeiträume und nur in ausgewählten Handlungsbereichen nähern kann. Darüber hinaus ist festzuhalten, dass der gewünschte Prozess, berufliches Handeln bei sich selbst oder bei Kolleg/inn/en zu reflektieren, neben der Bereitschaft auch Kompetenzen voraussetzt. So muss der eine Dialogpartner über ausreichende Fähigkeiten verfügen, Probleme und Ist-Soll-Diskrepanzen ohne Über- und Untertreibung sowie einseitige Ursachenzuschreibung zu beschreiben, und der andere in der Lage sein, seine Problemauffassung immer wieder mit der des anderen zu vergleichen.

Betrachten wir im Folgenden die Funktionen und Grenzen virtueller Lerngemeinschaften (vgl. Sieland & Rahm, 2007) für den Professionalisierungsprozess.

2. Besondere Chancen virtueller Lerngemeinschaften

Die potenziellen Chancen und Grenzen virtueller Lerngemeinschaften in der Lehrerbildung werden derzeit intensiv und kontrovers diskutiert (vgl. Blin & Munro, 2008; Carletti, Rossi, Magnoler & Giannandrea, 2008; Chuang, 2008; Lin, Lin & Huang, 2008). In Staaten mit geringer Bevölkerungsdichte, z.B. Skandinavien (www.laererforum.net), werden sie als Ergänzung zur klassischen Supervision und Beratung im Beruf eingesetzt (vgl. Rahm & Lund, 2008).

Während reale professionelle Lerngemeinschaften z.B. als kollegiale Supervision oder Fallbesprechungsgruppen vor Ort arbeiten, kann sich derselbe Prozess auch in virtuellen Foren vollziehen. In vielen Fällen kann sogar die Zusammenführung von Reflexionsergebnissen aus realen und virtuellen Lerngemeinschaften sehr hilfreich sein. Das gemeinsame Merkmal beider Arten von Lerngemeinschaften ist ihr Potenzial zur Konfliktinduktion. Dadurch, dass rigide Wahrnehmungs- und Handlungsschemata durch mehrere alternative Ko-Konstruktionen irritiert werden, wächst die Wahrscheinlichkeit, die eigenen Muster zu problematisieren. Der Dialog wird durch eine Mischung aus Selbst- und Mitverantwortung für die Qualität der Lern- und Handlungsprozesse gesteuert. Das Veränderungslernen sollte sich dabei nicht nur auf mentale Prozesse beschränken, sondern auch die Handlungsausführung berücksichtigen.

Virtuelle Lerngemeinschaften haben darüber hinaus den Vorteil, dass der Diskurs sprachlich dokumentiert wird und interessierten Nutzerinnen und Nutzern an verschiedenen Orten und unterschiedlichen Berufserfahrungen zur Verfügung steht. Sie sind oft auch multiprofessionell besetzt, d.h., auch Fachberater/innen anderer Disziplinen werden in Problemklärungen einbezogen. Diese zusätzliche Fachkompetenz kann in virtuellen Lerngemeinschaften besonders vielen Lernenden zugute kommen. Die Leser/innen erhalten, anders als in der Face-to-face-Beratung, meist vielfältige, teilweise widersprüchliche Lösungsimpulse. Sie müssen für sich klären, welche davon sie für erfolgswahrscheinlich halten. Wenn sie entsprechende Anregungen aufgreifen, dann verstehen sie ihr Handeln als bewusstes Experiment und werten es im Sinne des Veränderungslernens (vgl. Abb. 1) kritisch aus. Falls das bisherige Verhalten bisher als problematische Gewohnheit immer weiter stabilisiert worden war, entspricht dieser Prozess zugleich dem Übergang von der bewussten Inkompetenz zur bewussten Kompetenz nach Blom (2000; vgl. Tab. 2).

Tab. 2: Kompetenzstufen und Veränderungslernen

Blom (2000)	unbewusst inkompetent	bewusst inkompetent	bewusst kompetent	unbewusst kompetent
Argyris & Schön (2002)	Anpassungslernen	Veränderungslernen		

Betrachten wir nun zwei virtuelle Lerngemeinschaften exemplarisch genauer:

2.1 Das Lehrerforum als Lerngemeinschaft für kooperatives Problemlösen

Das Lehrerforum (www.lehrerforum.de) versteht sich als eine Gemeinschaft zum kooperativen Problemlösen und problembasierten Lernen. Die Aufgabenstellung entwickelt sich aus der Komplexität professioneller Alltagssituationen. Das Forum bietet Lehrkräften die Möglichkeit, berufliche Probleme anonym darzustellen und in einem Dialog mit Peers und Fachleuten anderer Professionen zu besprechen. Die Fragesteller/innen müssen dabei ihr Problem verständlich strukturieren, was oft schon als Entlastung erlebt wird. Darüber hinaus erhalten sie meist respektvolle Anteilnahme und Anregungen für die weitere Problembehandlung. Nicht selten finden sich auch schon vergleichbare Problemstellungen im Forum, so dass die Person die rollenspezifischen und individuellen Problemanteile anhand ähnlicher Fälle besser unterscheiden kann. Die Vielfalt der Kommentare ermöglicht es der Person, die eigene Problemkonstruktion zu hinterfragen. Die Leserinnen und Leser erfahren Probleme und Lösungen und gehen in künftige Situationen möglicherweise offener hinein. Sie können auch ihr professionelles Selbstbewusstsein stärken, wenn sie über Probleme lesen, die sie selbst „Gott sei Dank!" nicht haben. Die Lektüre gibt ihnen zudem Hinweise auf Potenziale, die sie selbst zur Lösung solcher Probleme noch benötigen, und hilft ihnen so ihre Ausbildungsmotivation im Sinne einer Selbstprofessionalisierung zu steuern. Dazu haben Lehramtsstudierende der Leuphana Universität Lüneburg Fallbeispiele ausgewählt, die sie für ihre Phase der Lehrerbildung als besonders hilfreich einschätzen. In einem Seminar, das als reale Lerngemeinschaft problembasiertes Lernen trainiert, übernehmen die Studierenden die Rolle von Problemlösern, setzen sich mit der Vielfalt der Problemsichten, Lösungsstrategien und Nebenwirkungsanalysen auseinander und stellen eigene Lösungsvorschläge schließlich ins virtuelle Forum. Tabelle 3 zeigt einige Kennzahlen unseres seit 2005 laufenden Lehrerforums.

Tab. 3: Aktuelle Kennzahlen des Lehrerforums (Stand: 1. September 2009)

Nutzer/innen	2.888
Besuche insgesamt	297.174
Beiträge	9.480
Beraterteam	29

Inzwischen liegen einige Untersuchungen zur Relevanz unseres Forums für Lehrkräfte vor.

Heckmann (2006) und Schopenhauer (2006) haben N=248 Lehrkräfte an berufsbildenden Schulen (Anteil 51,6 %) und Gesamtschulen (Anteil 48,8 %) über ihre Einschätzung von Lehrerforen befragt. Die Rücklaufquote betrug 41,3 %; die Stichprobe bestand zu 53,1 % aus weiblichen und 46,09 % aus männlichen Mitgliedern. Die Befragten unterstellen zu 88,4 % einen besonderen Nutzen des Lehrerforums für den Berufseinstieg. Rund 73 % der Befragten erwarten, dass die Mitarbeit im Forum auch Vorteile für die Schülerinnen und Schüler von Lehrkräften bringt. Als wichtigste Themen für ein Lehrerforum nennen die Befragten mit 44,8 % an erster Stelle den „Umgang mit schwierigen Schülerinnen und Schülern", gefolgt von 39,6 % für Unterrichtseinheiten. Die Bereitschaft, im Lehrerforum Beiträge zu beantworten, ist in der Gruppe der unter 30-jährigen Lehrkräfte mit 64 % und bei den 30- bis 40-jährigen mit 53 % besonders hoch. Die weiteren Altersgruppen geben ihre Bereitschaft, sich mit Kommentaren im Lehrerforum zu beteiligen, mit rund 43 % an.

Reale (2009) hat die Nutzerinnen und Nutzer unseres Lehrerforums elektronisch befragt, welche Bedeutung sie dem Forum als Wissensaustausch, als kollegiales Unterstützungssystem und als Fachberatung zuschreiben. 99 Personen haben geantwortet, davon gaben 59 an, das Forum mehrmals im Monat zu nutzen. Die Mehrheit der Antwortenden kennt das Forum schon länger als ein Jahr. Die Antworten erfolgten auf einer Ratingskala von 1 (stimme voll zu) über 2 (stimme eher zu) und 3 (stimme eher nicht zu) bis zu 4 (stimme gar nicht zu). Personen, die zwar Beiträge kommentiert, aber selbst keine Anfragen verfasst haben, konnten die Kategorie „unzutreffend" ankreuzen.

Die folgende Tabelle gibt jeweils drei Items für die untersuchten Funktionen wieder, dabei werden die Antwortkategorien 1 und 2 (eher Zustimmung) sowie 3 und 4 (eher Ablehnung) zusammengefasst berichtet (ausführlich dazu siehe Reale, 2009).

Tab. 4: Einschätzung der Nutzer/innen über zentrale Funktionen virtueller Lerngemeinschaften (Reale, 2009)

	eher Zustimmung	*eher Ablehnung*	*unzutreffend*
Wissensaustausch			
Der Austausch im Forum hat mein berufliches Handeln schon mal in einigen Bereichen verbessert.	60,30	22,90	16,79
Das Forum hat mir schon mal dabei geholfen, an neue relevante Informationen zu kommen.	75,57	16,03	8,40
Ich konnte im Forum erworbenes Wissen schon mal für meinen beruflichen Alltag nutzen.	69,47	19,84	10,69
	68,45	*19,59*	*11,96*
Soziale Unterstützung			
Die Beiträge im Forum haben mir schon mal bei der Lösung eigener Probleme geholfen.	75,24	15,24	9,52
Die Lektüre im Forum hat mich schon mal ermutigt, bei eigenen Problemen die Hoffnung nicht aufzugeben.	74,28	12,38	13,33
Im Forum werden typische Probleme diskutiert, die für viele Kolleg/Innen relevant sind.	92,39	3,81	3,81
	80,64	*10,48*	*8,89*
Fachberatung			
Ich denke, die Fachberater im Forum reagieren verständnisvoll.	80,80	8,08	11,11
Die Beiträge der Fachberater haben schon mal mein Selbstvertrauen gestärkt.	64,64	18,18	17,17
Ich habe zu einem/mehreren Fachberatern im Forum Vertrauen.	64,64	14,14	21,21
	70,03	*13,47*	*16,50*

Wie die ausgewählten Items zeigen, wird unter den Teilnehmerinnen und Teilnehmern (TN) das Forum auf allen drei Dimensionen positiv eingeschätzt. Über 80 % heben die Funktion als soziales Stützsystem hervor, gut 70 % die Chance zur Fachberatung, und der Wissensaustausch wird von 68 % bejaht. Diese positive Bewertung ist bemerkenswert vor dem Hintergrund, dass dem Forum in seiner gegenwärtigen Form noch viele zweckmäßige Funktionen fehlen. Es steht zu erwarten, dass nach der Zusammenfassung ähnlicher Fälle und der Entwicklung strategischer Lösungsmuster und weiteren Entwicklungsschritten diese Zustimmung stabilisiert werden kann.

2.2 Virtuelle Lerngemeinschaften für diagnosegeleitetes Training im Alltag

Lehrerbildung steht in der aktuellen Forschung (vgl. Brouwer & Korthagen, 2005; Lipowsky, 2004 sowie in diesem Band) im Verdacht relativer Wirkungslosigkeit. Vor diesem Hintergrund haben wir eine virtuelle Lerngemeinschaft konzipiert, die als soziales Unterstützungssystem für die Stabilisierung von Verhaltensänderungen in komplexen Alltagssituationen fungieren soll. Die TN formulieren in einem Seminar bzw. Workshop einen persönlichen Entwicklungsplan und unterstützen sich virtuell in diesem Transferforum über einen definierten Zeitraum darin, den Plan umzusetzen. Wir sehen darin ein transferorientiertes Bildungscontrolling. Ein Beispiel findet sich online unter www.zeittagebuch.de. Dabei geht es um ein Diagnoseinstrument, mit dem aktuell Studierende, Lehrpersonen und Schulleitungen ihre Zeitnutzung erfassen können (vgl. Sieland, 2009). Sie geben über eine Woche lang die Dauer für berufliche und private Tätigkeiten sowie die Stimmung, in der sie diese absolvieren, ein. Nach einer Woche erhalten sie Werte zu ihrer Zeitnutzung und ihr Stimmungsprofil. Sie können nun Ist-Soll-Diskrepanzen zwischen ihrer Verhaltenspraxis und ihren Soll-Vorstellungen feststellen. Darüber hinaus erhalten sie Rückmeldungen über ihre Werte im Vergleich mit den Durchschnittsprofilen der Vergleichsstichprobe (vgl. Abb. 2). Die Rückmeldung informiert die Nutzer/innen zunächst über ihre faktische Zeitnutzung und ihr Stimmungsprofil. Sie können diese Werte mit ihren bisherigen Vermutungen darüber sowie mit ihren individuellen Soll-Vorstellungen oder auch mit der sozialen Bezugsnorm vergleichen. Diese Vergleiche sollen der Konfliktinduktion dienen und die individuelle Änderungsbereitschaft aktivieren. Die Nutzerinnen und Nutzer können danach in der virtuellen Lerngemeinschaft Trainingspartner/innen suchen, die an ähnlichen Verhaltensänderungen arbeiten wollen. Der theoretische Hintergrund zu diesem Verfahren wird von Sieland, Heyse & Rahm (im Druck) ausführlich erläutert. Derzeit haben rund 250 Studierende dieses Verfahren genutzt und arbeiten in virtuellen Gruppen an der Verbesserung ihrer Zeitnutzung sowie an ihrer Stimmungsregulation. Die Nachkontrolle mit dem Zeittagebuch informiert sie über mehr oder weniger erfolgreiche Veränderungen.

Diese Lerngemeinschaft hat drei Funktionen: Erkenntnisfunktion, soziale Stützfunktion und Bildungscontrolling.

Erkenntnisfunktion: Zum einen können die TN ihre Ist-Lage schriftlich beschreiben und den virtuellen Mitlernerinnen und -lernern erklären. Nicht selten kommt es dabei zu Entdeckungen. So beschreiben Studierende, dass sie unter Zeitmangel für eine bestimmte Tätigkeit leiden. Im Blick auf ihre Stimmungswerte oder über den Dialog mit virtuellen Peers in ähnlicher Lage erkennen sie, dass ihre Aversion für diese Tätigkeit den Zeitmangel bedingt und sie daher ihre Haltung zur Tätigkeit ändern sollten.

Soziale Unterstützung: Die TN berichten anonym über ihre Transferversuche und unterstützen sich gegenseitig bei Anwendungsschwierigkeiten. Das erhöht die Umsetzungswahrscheinlichkeit und Nachhaltigkeit ihrer Entwicklungspläne.

Transferorientiertes Bildungscontrolling: In konventionellen Lernformaten werden gegen Ende einer Veranstaltung Transfervorsätze gefasst. Diese werden allerdings nicht kontrolliert. Durch die Teilnahme am Transfer- und Anwendungsforum können die Veranstalter/innen verhaltensnah erfassen, wie es um die Anwendungsversuche bestellt ist und welche Schwierigkeiten ihre TN bei der Umsetzung des Gelernten unter Alltagsdruck bewältigen müssen. Etwaige Rückschritte und Entmutigungen können so durch schnelles Nachsteuern kompensiert werden.

Stanine-Skala

Vergleich mit 161 Personen

	1	2	3	4	5	6	7	8	9	eig. Werte	Stichprobe	Summe Woche
Lesen / Arbeiten alleine			o							0.43	1.51	3
Lesen / Arbeiten mit anderen				o						0	0.31	0
Vorlesung, Seminar...			o							0.96	1.89	6.75
Organisation			o							0	0.49	0
Praktikum					o					0	0.03	0
Erholungspausen				o						0.14	0.28	1
Sonstiges					o					0	0.09	0
Job als reiner Gelderwerb				o						0	0.62	0
Zukunftsbezogene Jobs				o						0	0.18	0
Freiwilliges Engagement, Ehrenamt...				o						0	0.11	0
Sonstiges				o						0	0.04	0
Alle Wegzeiten								o		2.63	1.51	18.42
Haushalt und private Organisation			o							0.29	1	2
Körperpflege - Essen - Arzt			o							1.1	1.82	7.67
Reine Erholung								o		2.98	1.15	20.83
Zeit mit dem Partner			o							0	0.97	0
Zeit mit der Familie			o							0	0.72	0
Zeit mit Freunden									o	5.7	1.73	39.92
Sport						o				0.46	0.25	3.25
Sonstige Freizeit				o						0.14	0.71	1
Schlaf							o			9.17	8.24	64.17
Sonstiges				o						0	0.37	0

Abb. 2: Individuelles Tätigkeitsprofil verglichen mit den Peer-Normen (schraffierter Bereich = mittlere 54 Prozent der Stichprobe)

3. Erfolgsbedingungen und Grenzen virtueller Lerngemeinschaften

Wie unter Kapitel 2 in diesem Text betont, bieten virtuelle Lerngemeinschaften besondere Chancen. Allerdings sind die Chancen dieser Methode nur zu realisieren, wenn sich passende Personen und Problemstellungen finden. Damit erhebt sich die Frage nach den Voraussetzungen und Grenzen dieser Lernformen.

3.1 Indikation und Restriktionen für eine effektive Nutzung

Merkmale der Person: Virtuelle Lerngemeinschaften erreichen nur Personen, die ein Problembewusstsein sowie eine ausreichende Änderungsbereitschaft mitbringen. Die Person muss von sich aus über ein Qualitäts- und Problembewusstsein verfügen und nach Verbesserungsmöglichkeiten suchen.

Nach unseren Erhebungen zur Nutzungsbereitschaft virtueller Lerngemeinschaften (s.o.) lehnen Personen mit folgenden Merkmalen die Beteiligung an virtuellen Lerngemeinschaften ab:

- *Angst vor Selbst-Abwertung:* Manche Personen empfinden es schon vor sich selbst als peinlich, in ihrem Kompetenzbereich Fragen zu stellen. Sie kommen daher gar nicht so weit, eine Frage präzise zu formulieren. Andere wären dazu bereit, haben aber die Sorge, dass ihre Anonymität nicht gewahrt bleibt und sie durch Hinweise in der Problembeschreibung persönlich erkannt werden könnten. Auch sie vermeiden die Nutzung. Wer Sorgen hat, sich durch Fragen als inkompetent zu outen, wird die Chance dieser Methoden nicht nutzen.
- *Resignative Zufriedenheit und externale Ursachenzuschreibung:* Auch Personen, die Inkongruenzerfahrungen abwehren und erkennbare Qualitätsmängel eher äußeren Umständen zuschreiben, werden zur aktiven Mitarbeit in einer virtuellen Lerngemeinschaft nicht bereit sein.
- *Subjektive Änderungstheorie:* Personen, die davon ausgehen, dass nur Berater/innen, die ihre Situation vor Ort kennen, hilfreiche Impulse geben können, werden sich nicht an virtuellen Lerngemeinschaften beteiligen.
- *Berufsauffassung:* Eine Reihe von Pädagog/inn/en hält sich nur in Extremsituationen für beratungsbedürftig. Die laufende Optimierung, wie sie die virtuelle Lerngemeinschaft unterstützt, erleben solche Personen als unnötige Beschäftigung mit sich selbst und als unprofessionelle Zeitverschwendung zum Nachteil ihrer Schülerinnen und Schüler.

Solche Grundhaltungen auf Seiten der Person bremsen die Bereitschaft, von sich aus der Lerngemeinschaft beizutreten. Anders als in realen Lerngemeinschaften vor Ort wird diese innere Barriere nicht durch eine freundliche Einladung, mit sympathischen Freund/inn/en zu diskutieren, überwunden. Die virtuelle Lerngemeinschaft arbeitet ausschließlich in der Komm-Struktur (Ausnahmen bilden z.B. vorher stattfindende Fortbildungen, die durchaus dazu beitragen können, Änderungsbereitschaft zu fördern und Vorbehalte auszuräumen).

Merkmale in der Ausbildung: Die Ausbildung könnte vieles dazu beitragen, dass angehende Lehrkräfte in professionellen Lerngemeinschaften zusammenarbeiten. Dies setzt allerdings voraus, dass solche Strukturen und Prozesse schon in der Ausbildung erprobt und als hilfreich erfahren werden. Solange kooperatives problembasiertes Lernen sowie Methoden der Peer-Beratung keinen substanziellen Stellenwert in der Ausbildung haben, reduziert dies die Nutzungsbereitschaft der angehenden Lehrkräfte. Hier bieten sich inzwischen Verfahren an, die Fälle aus dem Lehrerforum für problembasiertes Lernen zu nutzen und dabei die Vor- und Nachteile der Einzel- und Gruppenlösungen zu vergleichen.

Merkmale der Lehrerarbeitszeit und des Lehrerbilds: In vielen Fällen und Ländern sind Lehrkräfte immer noch Einzelkämpfer/innen. Es gibt oft zu wenig explizite Kooperationszeiten und das Mischungsverhältnis von Aktion im Unterricht und Reflexion darüber ist nicht explizit durch die Rahmenbedingungen definiert. Solange Reflexion als Zusatzaufgabe im Krisenfall und nicht als laufende Qualifizierung verstanden wird und dafür auch Zeiträume und geeignete Lernorte verfügbar sind, wird sich hier nichts grundlegend ändern.

3.2 Zukunftschancen für virtuelle Lerngemeinschaften

Angesichts der Chancen und Restriktionen erhebt sich die Frage, welche Rolle virtuelle Lerngemeinschaften in Zukunft in der Lehrerbildung spielen werden.

Die Verkürzung der Ausbildung im Bologna-Prozess wird zu einem gesteigerten Lernbedarf führen, der sich u.E. durch virtuelle Lerngemeinschaften am besten abdecken lässt. Das Ziel der „Employability" – also der Anschlussfähigkeit von Bachelorstudiengängen an die berufliche Praxis – wird vermutlich ebenfalls den Lerngemeinschaften einen Zustrom bescheren. Insgesamt sehen wir folgende Gründe für einen Bedeutungszuwachs virtueller Lerngemeinschaften:

- Sie bilden eine Struktur sowie eine Fülle von Modellen für lebenslanges Lernen.
- Die didaktische Angleichung von problembasiertem Lernen in der Aus- und Weiterbildung wird in beiden Bereichen die Nachfrage nach virtuellen Lerngemeinschaften stärken.
- Die wachsende IT-Kompetenz junger Lehrkräfte und die verbesserte Usability der Foren wird die Akzeptanz der Forenarbeit erleichtern.
- Angesichts der Kosten für Aus- und Weiterbildung werden virtuelle Lerngemeinschaften sich wegen der effektiven Nutzung von Expertenwissen empfehlen.
- Die besonderen Synergieeffekte durch die Verbindung von Aus- und Fortbildung von Lehren und Lernen wird vielen Nutzerinnen und Nutzern deutlicher ins Bewusstsein kommen.
- Schließlich dürfte die Funktion des anwendungsorientierten Bildungscontrollings zunehmend nachgefragt werden.

3.3 Forschungsfragen

Wie so oft in der Pädagogischen Psychologie gilt auch für die virtuellen Lerngemeinschaften, dass ihr theoretischer Anspruch expliziert wurde, dass die laufende Praxis einige

Hoffnung macht, dass aber die Forschung noch viel zu wünschen übrig lässt. Daher sollen zum Schluss Fragestellungen aufgeworfen werden, die der empirischen Klärung bedürfen.

Die Entwicklung von Qualitätskriterien für Online-Beratung: Hier geht es darum, Qualitätskriterien (z.B. für die Problembeschreibung und für die Kommentare der Peers) zu entwickeln und zu validieren. Diese sollten auch für die Lernfortschrittskontrolle Verwendung finden. Dahinter steckt das Problem, dass Online-Beratung sich in bestimmten Bereichen von der Angesichts-Beratung unterscheidet.

Untersuchung von Beratungseffekten für Fragestellerinnen und Fragesteller: Die große Freiwilligkeit der Teilnahme am Forum führt dazu, dass viele Fragesteller/innen wenig bis gar kein Feedback zu den Beratungsangeboten von Peers und Fachberaterinnen und -beratern geben. Daher bleiben die Beratungseffekte anders als in der Angesichts-Beratung oft im Dunkeln. Inzwischen gibt es Möglichkeiten, die Fragesteller/innen anonym zu kontaktieren. Die Untersuchung von Reale (2009) ist ein Anfang in diese Richtung.

Untersuchung von Lerneffekten bei Nur-Leserinnen und -Lesern: Ein typisches Merkmal von virtuellen Lerngemeinschaften ist die Tatsache, dass viele Beiträge mehrere Tausend Mal angeklickt werden, obwohl nur wenige direkte Kommentare dazu geschrieben wurden. Hier erhebt sich die Frage nach dem Lerneffekt von Nur-Leserinnen und -Lesern.

Unterschiede zwischen hoch und niedrig aktiven Nutzerinnen und Nutzern: Wenn es gelingt, zwischen diesen Personen unterscheidende Merkmale zu finden, wird man vermutlich auch die Bedingungen und Folgen der Forumsnutzung für diese Gruppen genauer verstehen. Daraus ließen sich dann Hinweise auf eine effektive Forengestaltung gewinnen. Eine weitere Frage bezieht sich auf die systematischen Unterschiede zwischen Nutzerinnen und Nutzern, die häufig bzw. selten im Forum mitarbeiten.

4. Fazit und Ausblick

Wir halten (virtuelle) professionelle Lerngemeinschaften für eine gute Antwort auf die Unsicherheiten und Risiken pädagogischen Handelns. In der Lehrerausbildung muss die Bereitschaft stärker gefördert werden, sich selbst und das eigene Handeln zu reflektieren. Studierende müssen von Beginn an angeregt werden, kooperativ und lebenslang an der Verbesserung ihrer professionellen Performanz zu arbeiten. Prozesse des problembasierten Lernens und kooperativen Problemlösens und Nutzung von Diagnose-Instrumenten zur Herstellung änderungsförderlicher Betroffenheit können durch Online-Angebote kostengünstig und mit hohen Synergieeffekten unterstützt werden.

Dringende Aufgabe der Forschung ist es, die Effekte der hier skizzierten Angebote zu evaluieren, um für die Lehrerbildung eine Implementierung auf Ebene der Kultusministerien zu erreichen.

5. Literatur

Altrichter, H. (2001). The Reflective Practitioner. Journal für Lehrerinnen- und Lehrerbildung, 2/2001, 56 ff.

Argyris, C. & Schön, D. (2002). Die lernende Organisation. Stuttgart: Klett-Cotta.

Blin, F. & Munro, M. (2008). Why hasn't technology disrupted academics' teaching practices? Understanding resistance to change through the lens of activity theory. Computers & Education, 50(2), 475-490.

Blom, H. (2000). Der Dozent als Coach. Neuwied: Luchterhand.

Brouwer, N. & Korthagen, F. (2005). Can Teacher Education Make a Difference? American Educational Research, 42(1), 153-244.

Carletti, S., Rossi, P. G., Magnoler, P. & Giannandrea, L. (2008). Conceptual and Technological Artefacts to Improve Teachers' Professional Competences in an Online Community. Proceedings of the EDEN Annual Conference 2008, Lisbon, Portugal.

Chuang, H. (2008). Perspectives and issues of the creation for weblog-based electronic portfolios in teacher education. British Journal of Educational Technology, 39(1), 170-174.

Heckmann, S. (2006). Die Bedeutung des internetbasierten Lehrerforums als Medium kollegialer Beratung für Wirtschaftspädagogen/innen. Unveröffentlichte Hausarbeit. Lüneburg: Leuphana Universität.

Horster, L. & Rolff, H.-G. (2006). Unterrichtsentwicklung. Grundlagen einer reflektorischen Praxis. Weinheim: Beltz.

Lin, F., Lin, S. & Huang, T. (2008). Knowledge sharing and creation in a teachers' professional virtual community. Computers and Education, 50(3), 742-756.

Lipowsky, F. (2004). Was macht Fortbildungen für Lehrkräfte erfolgreich? Die Deutsche Schule, 96(4), 462-479.

Mutzeck, W. & Schlee, J. (Hrsg.). (2008). Kollegiale Unterstützungssysteme. Gemeinsam den Schulalltag bewältigen. Stuttgart: Kohlhammer.

Reale, N. (2009). Ausgewählte Wirkfaktoren einer virtuellen professionellen Lerngemeinschaft. Unveröffentlichte Diplomarbeit. Lüneburg: Leuphana Universität.

Rahm, T. & Lund, Ø. (2008). Improving practice on demand. Online counselling for teachers with an open supervised internet forum. Prestentation held at EADTU's Annual Conference, 18-19 September 2008. Poitiers, France.

Rothland, M. & Terhart, E. (2007). Beruf: Lehrer – Arbeitsplatz: Schule. Charakteristika der Arbeitstätigkeit und Bedingungen der Berufssituation. In Rothland, M. (Hrsg.), Belastung und Beanspruchung im Lehrerberuf. Modelle – Befunde – Interventionen (S. 11-31). Wiesbaden: VS Verlag für Sozialwissenschaften.

Schön, D. (1987). Educating the reflective practitioner: Toward a new design for teaching and learning in the professions. San Francisco: Jossey-Bass.

Schopenhauer, N. (2006). Pädagogische Unterstützung durch professionelle Lerngemeinschaften? Unveröffentlichte Hausarbeit. Lüneburg: Leuphana Universität.

Sieland, B. (2009). Arbeitsbelastung und Beanspruchung von Lehrkräften – Wie viel Zeit benötigen Lehrkräfte für ihre Berufstätigkeiten? In RLV-NRW (Hrsg.), Vision oder Illusion – Zukunftsperspektiven für Lehrkräfte. Tagungsbericht zum 41. Mülheimer Kongress des Realschullehrerverbandes NRW (S. 52-69).

Sieland, B. & Heyse, H. (im Druck). Das Lernformat KESS. Nachhaltige Verhaltensänderung im Alltag durch gemeinsames Lernen. Ein Handbuch für Lehrgangsleitungen mit einem Arbeitsbuch für Teilnehmerinnern und Teilnehmer. Göttingen: Vandenhoeck & Ruprecht.

Sieland, B., Heyse, H. & Rahm, T. (im Druck). Training von Lebenskompetenzen zur Führung der eigenen Person. In B. Sieland & H. Heyse (Hrsg.), Das Lernformat KESS. Nachhaltige Verhaltensänderung im Alltag durch gemeinsames Lernen. Ein Handbuch für Lehrgangsleitungen mit einem Arbeitsbuch für Teilnehmerinnern und Teilnehmer. Göttingen: Vandenhoeck & Ruprecht.

Sieland, B. & Rahm, T. (2007). Webbasierte Unterstützungssysteme für Lehrkräfte. In K. Seifried, B. Jötten, T. Fleischer, N. Grewe & B. Sieland (Hrsg.), Handbuch Schulpsychologie: Psychologie für die Schule (S. 380-391). Stuttgart: Kohlhammer.

Strittmatter, A. (2006). Kollegien als professionelle Lerngemeinschaften. Journal für Schulentwicklung, 10(1), 12-18.

Zlatkin-Troitschanskaia, O., Beck, K., Sembill, D., Nickolaus, R. & Mulder, R. (Hrsg.). (2009). Lehrprofessionalität – Bedingungen, Genese, Wirkungen und ihre Messung. Weinheim: Beltz.

Selbstreguliertes Lernen und E-Learning in der Lehrerfortbildung

Entwicklung und Evaluation einer Fortbildungsmaßnahme

Edith Grasmück, Gerhard Büttner & Regina Vollmeyer

Abstract

In dem vorliegenden Beitrag wird eine Lehrerfortbildung zu den Themen „Selbstreguliertes Lernen und E-Learning" vorgestellt, die im Rahmen eines vom deutschen Bundesministerium für Bildung und Forschung (BMBF) unterstützten E-Learning-Projekts an der Goethe-Universität Frankfurt am Main entwickelt wurde. Die modular aufgebaute Blended-Learning-Veranstaltung wurde bisher drei Mal implementiert. Es werden die theoretische Konzeption, Evaluation sowie die Ergebnisse dargestellt und in Beziehung gesetzt zu aktuellen Forschungsansätzen.

Schlagworte (dt.)

Lehrerfortbildung, Selbstreguliertes Lernen (SRL), E-Learning, Blended-Learning

Schlagworte (engl.)

teacher professional development, self-regulated learning (SRL), e-learning, blended-learning

1. Einleitung

Die Anforderungen an Lehrkräfte sind in den letzten Jahren stetig gewachsen: Einerseits sollen sie weiterhin klassisches Fachwissen vermitteln und andererseits darüber hinaus ihren Schülerinnen und Schülern Kernkompetenzen für lebenslange Lernfähigkeit vermitteln, damit diese sich ständig ändernden Wissens- und Berufsanforderungen gerecht werden können (Deutsches PISA-Konsortium, 2001; Reinmann, 2005). Die erweiterten Aufgaben bringen eine Neuorientierung für Lehrkräfte mit sich. Nicht mehr nur die reine Lehrtätigkeit steht im Mittelpunkt ihres Berufs. Stattdessen sollen sie ihre Schüler/innen darin unterstützen, aktive und kompetente Lernende zu werden. Lehrerinnen und Lehrer werden zunehmend auch zu Beratern und Trainern (Kopp & Mandl, 2006). *Selbstreguliertes Lernen (SRL)* wird hierbei als die zentrale Voraussetzung für lebenslangen schulischen und außerschulischen Wissenserwerb angesehen. Nur Lernende, die dazu imstande sind, sich selbst aktiv und unabhängig von äußerer Lenkung neue Wissensbereiche zu erarbeiten, werden sich erfolgreich den Anforderungen unserer heutigen Gesellschaft stellen können (Köller & Schiefele, 2003). *Neuen Medien* wird in diesem Zusammenhang eine bedeutsame Rolle zugesprochen. Auch und gerade im Bereich der Lehrerfortbildung bietet ihr Einsatz neue Möglichkeiten, Lernen unabhängig von Zeitbegrenzungen oder anderen Restriktionen zu machen (Spanhel, 2006). So werden Computer und Internet als Teil und Motor des derzeit stattfindenden Lernkulturwandels gesehen (Sindler, 2004), wobei der bis jetzt nur zögerliche Einsatz von E-Learning im Unterricht nicht nur auf institutionelle Rahmenbedingungen, sondern auch auf ablehnende Einstellungen oder mangelnde Kenntnisse von Lehrerinnen und Lehrern zurückzuführen ist (Reinmann, 2005; Schulz-Zander & Tulodziecki, 2002). Weitere Hinderungsgründe betreffen didaktisch oft schlecht aufbereitetes Material im Netz (Schulmeister, 2001) und Probleme von Nutzerinnen und Nutzern im Umgang mit virtuellen Lernumgebungen (Heiß, Eckhardt & Schnotz, 2003). Zugleich nimmt die Relevanz computergestützter Lernzugänge jedoch beständig zu, so dass von einem großen Weiterbildungsbedarf in diesem Bereich ausgegangen werden kann. Kenntnisse neuer Medien und selbstregulative Lernfähigkeiten sollten „[...] in der Schule erworben und in Fort- und Weiterbildung laufend vertieft werden" (Kopp & Mandl, 2006, S. 89), was nicht nur höhere Anforderungen an Lernende, sondern eben auch an Lehrerinnen und Lehrer stellt.

Die vorgestellte Lehrerfortbildung setzt an diesem Punkt an: Sie wurde entwickelt, um sowohl den Einsatz Neuer Medien zu fördern als auch pädagogisch-psychologische Konzepte zu Selbstreguliertem Lernen Lehrkräften nahezubringen. Als Blended-Learning-Veranstaltung konzipiert, entstand sie im Rahmen des vom deutschen Bundesministerium für Bildung und Forschung (BMBF) unterstützten E-Learning-Projekts *megadigitale* (mediengestütztes Arbeiten zum Lernen und Lehren) an der Goethe-Universität Frankfurt am Main. Die teilnehmenden Lehrerinnen und Lehrer sollten ein aktuelles Modell zum Selbstregulierten Lernen kennenlernen (Zimmerman, 1990; 2002) und erhielten gleichzeitig eine Einführung in die virtuelle Lernplattform *Moodle* (Modular Object Oriented Dynamic Learning Environment). Das primäre Ziel bestand darin, beide Ansätze auf den eigenen Unterricht zu übertragen, indem jede/r Teilnehmer/in einen eigenen Fachkurs erstellte.

Im vorliegenden Beitrag wird zunächst eine Einführung in die beiden theoretischen Eckpfeiler der Lehrerfortbildung gegeben (SRL und E-Learning). Danach erfolgt eine Darstellung der bisherigen Implementierungen und abschließend eine Bewertung der Ergebnisse im Licht aktueller Forschung.

2. Theoretischer Hintergrund: Selbstreguliertes Lernen

Im Hinblick auf lebenslange Lernprozesse wird die Fähigkeit zum Selbstregulierten Lernen (SRL) als eine entscheidende Komponente in einem dynamischen Modell des kontinuierlichen Weiter-, Um- und Neulernens betrachtet. Die Bedeutung dieser Kompetenz zeigt sich u.a. darin, dass sie in den Bildungskanon der OECD aufgenommen wurde. Allerdings reicht das Wissen um bestimmte Lernstrategien nicht aus; es geht vor allem darum, Lernende in der flexiblen und situationsadäquaten Anwendung selbstregulativer Handlungskompetenzen zu unterstützen, ihnen zu helfen, kompetente Lerner/innen zu werden (Deutsches PISA-Konsortium, 2001; MacDonald, 2008). Die in diesem Beitrag vorgestellte Fortbildung greift diese Forderungen auf. Den teilnehmenden Lehrkräften wurde ein aktuelles psychologisches Modell zum Selbstregulierten Lernen (Zimmerman, 1990; 2002) präsentiert, dessen Komponenten sie relativ einfach auf ihren jeweiligen fachspezifischen Unterricht übertragen konnten.

2.1 Definition Selbstreguliertes Lernen und Einbindung in pädagogisch-psychologische Ansätze

Seit Ende der 1970er Jahre führte eine sich verändernde Forschungsperspektive dazu, dass interindividuelle Lernunterschiede verstärkt auf selbstregulative Defizite auf Seiten der Lernenden attribuiert wurden (Zimmerman, 2002). Der Fokus wanderte von den Lehrenden zu den Lernenden. Der Klassenraum sollte zu einer Lernumgebung (powerful learning environment – PLE) werden, die es den Schülerinnen und Schülern ermöglicht, „lernen zu lernen“ (Boekaerts, 2002). Im Laufe der letzten beiden Jahrzehnte wurde eine Vielzahl unterschiedlicher Modellansätze zum SRL entwickelt (Puustinen & Pulkkinen, 2001; Schmitz, 2003). Diese werden in der Literatur entlang unterschiedlichster *Kategorisierungen* unterteilt (vgl. hierzu u.a. Spörer & Brunstein, 2006; Winne & Perry, 2000). Beispielsweise können Modelle danach differenziert werden, ob sie auf sozial-kognitive Theorien rekurrieren und SRL als zielorientiert definieren (z.B. Zimmerman, 1990, 2002) oder ob Informationsverarbeitungsprozesse im theoretischen Fokus stehen und metakognitive Prozesse betont werden (z.B. Winne, 2005).

Häufig finden sich in der Literatur verschiedene Begriffe, wie z.B. selbstorganisiertes, selbstgesteuertes, selbstbestimmtes oder autonomes Lernen, die zum Teil synonym und wenig distinkt zu dem Konzept des Selbstregulierten Lernens (SRL) verwendet werden (Lang & Pätzold, 2006; Niegemann et al., 2008). Ausgehend von frühen Ansätzen in der psychologischen Lernforschung (u.a. Bandura, 1986; Miller, Galanter & Pribram, 1960/1991) wird in dem vorliegenden Beitrag ein sozial-kognitives Prozessmodell zugrunde gelegt, das Selbstregulation definiert als „self-directive process by which learners transform their mental abilities into academic skills“ (Zimmerman, 2002, S. 65). Idealtypischerweise übernimmt die lernende Person dabei in der Lernsituation eine pro-aktive Rolle, indem sie sich, ihrer Stärken und Grenzen bewusst, persönliche Lernziele setzt und aufgabenadäquate Lernstrategien anwendet. Sie plant somit selbständig ihren Lernprozess, aktiviert entsprechendes Vorwissen, motiviert sich selbst, diszipliniert sich und lenkt ihre Aufmerksamkeit in angemessener Weise auf die Aufgabe, überwacht die eigentliche Lernhandlung, überprüft ihren Lernfortschritt, modifiziert bei Bedarf ihre Lernhandlung und bewertet abschließend ihr Lernergebnis. Der aktuelle Istzustand ihres Lernprozesses wird überprüft und mit dem angestrebten Sollwert, dem Lernziel, verglichen. Die Beurteilung ihrer Lernhandlung dient der lernenden Person dann als Feedbackschleife zur (Neu-)Regulation ihres Lernprozesses.

Eine der beiden Zielsetzungen der in dem vorliegenden Beitrag vorgestellten Lehrerfortbildung bestand darin, dass die teilnehmenden Lehrerinnen und Lehrer ein aktuelles Modell zum SRL kennenlernen sollten, welches sie in ihren Unterricht integrieren können. Unsere Wahl fiel auf den prominenten Ansatz von Zimmerman (1990, 2002). Dieser kann in diesem Zusammenhang als eine der bis dato umfassendsten Theorien hierzu angesehen werden – sowohl hinsichtlich seiner Komplexität als auch seiner integrativen Allgemeingültigkeit (Schmitz, 2003). Außerdem weist das Modell eine große Praktikabilität im schulischen Bereich auf (Zimmerman, 2006) und ist, trotz aller Komplexität, einfach und leicht verständlich aufgebaut. Im nachfolgenden Abschnitt wird eine kurze Einführung in Theorie und Aufbau gegeben.

2.2 Das sozial-kognitive Prozessmodell nach Zimmerman (2002)

Die dem Ansatz von Zimmerman zugrunde liegende sozial-kognitive Theorie nach Bandura (1986) überträgt systemtheoretische Regulationskonzepte auf menschliches Verhalten. Nach Bandura stellt Selbstregulation eine triadische Interaktion aus Prozessen dar, die in der Person selbst (Überwachung und Anpassung kognitiver und affektiver Zustände), in ihrem Verhalten (Selbstbeobachtung und Anpassung der Lernhandlung) und auf die Umwelt bezogen (Überwachung und Anpassung der Lernumgebung) sind. In diesem Regulationsmodell wird der Istzustand mit einem Sollwert verglichen und bei Diskrepanz findet eine Regulation statt. Übertragen auf den Menschen bedeutet dies, dass dieser sich Ziele setzt (Sollwert), die er versucht zu erreichen (Handlung). Hierzu vergleicht er seinen aktuellen Istzustand mit dem zu erreichenden Sollzustand und reguliert über ein Selbst-Feedback entsprechend seine Handlungen. Angelehnt an dieses Regulationsmodell gliedert sich die idealtypische Lernhandlung nach Zimmerman (2002) in drei zyklische Phasen: *Planungs-, Lern- und Nachphase* (vgl. Abb. 1)

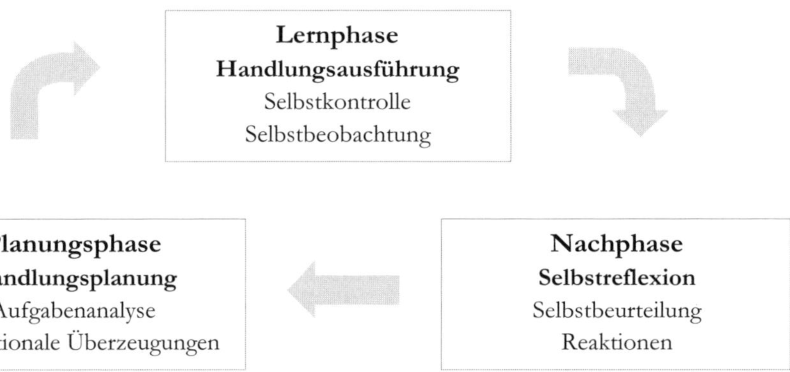

Abb. 1: Zyklisches Phasenmodell nach Zimmerman (2002)

1. In der Planungsphase, die dem eigentlichen Lernen vorausgeht, treten zwei Prozesse auf: Aufgabenanalyse und Selbstmotivation. Die lernende Person analysiert die Aufgabe, setzt sich möglichst spezifische Lernziele und wählt optimalerweise adäquate Lernstrategien aus, d.h., sie plant strategisch ihre Lernhandlung. Dabei beeinflussen persönliche Überzeugungen der lernenden Person (Selbstwirksamkeits- und Ergebniserwartungen, Lernzielorientierung und Interesse an der Aufgabe) ihre Lernmotivation. Beispielsweise ist eine Schülerin, die großes Interesse an Mathematik hat und sich gerne damit beschäftigt, eher motiviert und auch davon überzeugt, dass sie es schafft, eine komplizierte Aufgabe zu bearbeiten. Außerdem dürfte sie auch stärker dazu imstande sein, aufgabenangepasste Lernziele und Strategien zu wählen.

2. Die eigentliche Lernphase – Zimmerman spricht hier von der Performanzphase – ist charakterisiert durch Prozesse der Selbstkontrolle und Selbstbeobachtung. Bereits in der Vorphase ausgewählte Aufgabenstrategien, Selbstinstruktionen oder auch Aufmerksamkeitslenkung sind den Methoden der willentlichen Selbstkontrolle zuzurechnen. Hierzu zählt auch die Fähigkeit, emotionale Selbstkontrolle zu zeigen sowie die Umgebung so lernfreundlich als möglich zu gestalten. Die Beobachtung der eigenen Lernhandlung im Sinne eines systematischen Self-Monitoring ist dabei erforderlich, um das Lernen effizienter zu machen.
3. Die Nachphase – von Zimmerman auch als Selbstreflexionsphase bezeichnet – schließlich besteht aus zwei Prozessen: Selbstbeurteilung und Selbstreaktionen. Vergleiche mit einem Standard, sei es eine frühere Leistung, die Leistung einer anderen Person oder ein unabhängiges Kriterium, bilden eine Grundlage der Evaluation des eigenen aktuellen Lernergebnisses. Zusätzlich zieht der oder die Lernende Schlussfolgerungen über die Ursachen des eigenen Lernerfolgs oder Misserfolgs, d.h., es werden kausale Attributionen vorgenommen. Eine schlechte Mathematiknote auf mangelnde Begabung zurückzuführen, kann hierbei beispielsweise eine nachteilige Wirkung auf zukünftige Mathematiktestergebnisse haben, indem nämlich die Motivation sinkt, sich überhaupt auf die nächste Arbeit vorzubereiten. Selbstreaktionen können sowohl defensiv als auch adaptiv sein: Während defensive Reaktionen dazu führen, dass ähnliche Lernsituationen in Zukunft vermieden werden, um das eigene Selbstbild zu schützen, dienen adaptive Reaktionen dazu, die Effektivität der eigenen Lernmethoden zu erhöhen, indem z.B. eine ineffektive Lernstrategie modifiziert wird. Je nachdem, ob eine Lernhandlung ein positives oder ein negatives Ergebnis zeitigt, treten zudem unterschiedliche Gefühle der Selbstzufriedenheit auf. Diese wirken sich auf die nächste Lernhandlung aus. Lernende, die über eine gute Selbstregulation im Sinne Zimmermans verfügen, machen ihre Zufriedenheit in großem Maß davon abhängig, ob sie ihre Lernziele erreichen – was sich wiederum selbstverstärkend auf ihre zukünftige Lernanstrengung auswirkt.

Nach Zimmerman (2000) erwirbt der oder die Lernende die Kompetenz, selbstregulativ lernen zu können, in verschiedenen Entwicklungsstufen: An erster Stelle steht die Beobachtung eines Modells. Anschließend mit sozialer Unterstützung die Imitation der beobachteten Muster und Fertigkeiten. Zimmerman bezeichnet dies als Emulation. Auf der dritten Stufe können selbstregulative Kompetenzen in strukturierten Lernsituationen eingesetzt werden, ohne dass es der Unterstützung eines Modells bedarf. Der oder die Lernende kontrolliert sich somit selbst. Ein Selbstregulationsniveau ist dann erreicht, wenn selbständig SRL-Kompetenzen systematisch an wechselnde Lernbedingungen angepasst werden können. Eine lernende Person, die diese Stufe erreicht hat, kann sich deshalb auch gegen selbstregulierte Lernstrategien entscheiden, falls es die gegebene Lernsituation erfordert.

3. E-Learning in der Lehrerfortbildung

E-Learning stellt in der Lehrerfortbildung ein zunehmend häufiger genutztes Medium dar. Oftmals sind es aber lediglich Informationsangebote unterschiedlicher Couleur, die in einer Präsenzschulung verwendet werden. Beispiele hierfür sind Materialien für den Präsenzunterricht oder Foren zu aktuellen Themen oder es handelt sich um medientechnische Fortbildungen. Forderungen nach einer stärkeren Verankerung digitaler Medien in Unterricht und Lehrerfortbildungen werden in Deutschland, Österreich und der Schweiz gleichermaßen gestellt, selbst wenn Probleme der Aktualität und Nachhaltigkeit nicht wegzudiskutieren sind (Reinmann, 2005). In diesem Zusammenhang wird auch stets die Bedeutung hervorgehoben, die dem Selbstregulierten Lernen bei der Nutzung von Internet und Computer zukommt (Azevedo, 2005; Heiß et al., 2003; Kopp & Mandl, 2006; Mandl & Kopp, 2006). Multimediale Lernumgebungen scheinen sich hervorragend für die Vermittlung komplexer wissenschaftlicher Probleme zu eignen (Azevedo, 2005). Dennoch verweisen Studien auf die häufig damit einhergehenden Problematiken, seien es technische Schwierigkeiten (Vovides, Sanchez-Alonso, Mitropoulou & Nickmans, 2007), Fragen inhaltlicher und organisatorischer Art (Wirth, 2005) oder mangelnde Berücksichtigung lernpsychologischer Erkenntnisse (Weidenmann, 2002).

3.1 Definition und Erwartungen

Angelehnt an Döring (2002) kann E-Learning definiert werden als die „Lernprozesse, die sich hinsichtlich medialer Realisation ganz oder teilweise auf das Internet (bzw. andere Computernetzwerke wie Online-Dienste oder Intranets) stützen“ (S. 247). Statt E-Learning wird häufig auch von Online-Learning oder virtuellem Lernen gesprochen bzw. verwandte Begriffe wie z.B. multimediales Lernen werden gebraucht, um den Einsatz von Computer und Internet in Aus- und Fortbildung zu benennen. Virtuelle Lernumgebungen sollen im Sinne eines konstruktivistischen Lernansatzes selbstregulierte Lernprozesse fördern, indem sie zeit- und ortsunabhängig multimediale Werkzeuge und Informationen bereitstellen (Sindler, 2004). Im Kontext von Unterricht und Schule ist damit einerseits eine grundlegende Qualitätsverbesserung intendiert, andererseits sollen neue selbst organisierte Lernformen gefördert werden. Medien und Informationstechnologien werden dabei zu Gegenstand und Mittel des Lehrens und Lernens (Schulz-Zander & Tulodziecki, 2002). Oftmals wird in diesem Zusammenhang von einer neuen Lehr-Lern-Kultur gesprochen, die erst durch den Einsatz virtueller Lernumgebungen sowohl Lernende als auch Lehrende vor neue Herausforderungen stellt (Mandl & Winkler, 2002; Sindler, 2004). Dennoch stellen Neue Medien keine Qualität an sich dar, sondern können lediglich als Hilfsmittel dienen, um Lernumgebungen so zu gestalten, dass Lernprozesse effizient unterstützt werden (Möller, 1999).

Hochgesteckten *Erwartungen* an E-Learning, die von einer völligen Verdrängung von Präsenzlehre ausgehen, muss zudem nach dem heutigen Forschungsstand eine Absage erteilt werden. Wie Weidenmann (2002) verschiedene Forschungsergebnisse zusammenfassend hervorhebt, führt der Einsatz von Multimedia nicht automatisch zu besseren

Lernergebnissen. Auch steigert der Multimediaeinsatz nicht zwangsläufig die Motivation, sondern eine hierdurch mögliche größere Realitätsnähe und Komplexität des zu Lernenden fördert eher Interesse und die Entwicklung mentaler Modelle, somit die Anwendbarkeit des Gelernten. Außerdem werden Lerner/innen durch Multimedia nicht automatisch aktiviert. Stattdessen eröffnen computergestützte Angebote vielfältige Lernaktivitäten und Lernerfahrungen. Dabei ist das (Selbstregulierte) Lernen mit Neuen Medien nicht unbedingt schneller, effektiver oder macht mehr Spaß. Lernen erfordert eine gewisse Zeit und Arbeit, deren Effizienz nicht beliebig steigerbar ist (Möller, 1999).

3.2 Blended-Learning als eine Form des E-Learning

Nach anfänglicher Euphorie über die neuen Möglichkeiten, die reines E-Learning eröffnen sollte, wird zunehmend deutlich, dass es gerade die *hybriden Lehrformen* sind, die eine größere Verbreitung gewinnen, weil sie den Lernbedürfnissen eher gerecht werden (MacDonald, 2008; Reinmann, 2005). Blended-Learning (BL) wird oft sogar mit E-Learning gleichgesetzt (Schulmeister, 2006). Grundsätzlich wird es als eine Kombination von E-Learning und klassischer Präsenzlehre definiert. Je nach Perspektive, lernsituativem Bedarf und den zur Verfügung stehenden personellen und technologischen Ressourcen können die Anteile von Präsenz- und virtueller Lehre variieren, so dass eine Vielzahl unterschiedlicher Blended-Learning-Angebote denkbar ist.

Drei Leitgedanken sind dabei nach Reinmann (2005) wegweisend und stellten eine konzeptionelle Grundlage der in diesem Beitrag präsentierten Lehrerfortbildung dar: 1) BL sollte lernerzentriert, fach- und themenspezifisch gestaltet sein; Zielgruppe, Lerninhalte und Lernziele sowie die präferierte Lernform sollten definiert werden. 2) Die Lehrenden sollten Lehrstrategien und -methoden festlegen, d.h. ein adäquates Konzept entwickeln. 3) In Abhängigkeit von den festgelegten Lernzielen, Inhalten und Lehrmethoden sollten digitale Medien nach ihrem passenden Potential ausgewählt werden – und nicht umgekehrt.

4. Lehrerfortbildung: Selbstreguliertes Lernen und Neue Medien

Bei der in diesem Beitrag vorgestellten Lehrerfortbildung handelt es sich um ein Blended-Learning-Angebot, welches sich an die im vorhergehenden Abschnitt bereits skizzierten Leitgedanken nach Reinmann (2005) anlehnt. Nachfolgend eine Darstellung des zugrunde liegenden Konzepts, der bisherigen Implementierungen und Evaluationen.

4.1 Zielgruppe, Lerninhalte und Lernziele

Die *Zielgruppe* sind Lehrerinnen und Lehrer aller Schulrichtungen und Klassenstufen. Angesiedelt im Arbeitsbereich Pädagogische Psychologie gibt es zwei *Lehr-/Lernziele* mit entsprechenden *Lerninhalten:* 1) Der Einsatz Neuer Medien im Schulunterricht soll gefördert werden, indem die Fortbildungsteilnehmer/innen grundlegende Medienkompetenz erwerben. Hierzu erhalten die Teilnehmer/innen (TN) eine Einführung in die virtuelle

Lernumgebung Moodle. Sie lernen weitere Online-Werkzeuge kennen, so z.B. WebQuests (Lehr-/Lernarrangements, die über das Internet oder Intranet zur Verfügung gestellt werden und die Lernenden zur selbständigen Recherche motivieren), und haben die Aufgabe, einen eigenen Fachkurs auf der Lernplattform zu erstellen. 2) Die Lehr-Lern-Bedingungen sollen verbessert werden, indem die Lehrkräfte in der Fortbildung ein aktuelles Modell zum Selbstregulierten Lernen kennenlernen (Zimmerman, 2002) und dieses didaktisch auf ihren fachspezifischen Unterricht übertragen.

4.2 Konzeption der Lehrerfortbildung

Die Fortbildung ist als *modulare Blended-Learning*-Veranstaltung konzipiert: In *Modul 1* lernen die Lehrkräfte das Modell zum Selbstregulierten Lernen von Zimmerman (2002) kennen. In *Modul 2* erhalten sie eine Einführung in die Benutzung der Lernplattform Moodle (Kennenlernen des Kursraums und Hochladen erster Beiträge). *Modul 3* dient dem Übertrag des Gelernten auf den eigenen Unterricht, d.h. der Entwicklung eines fachthematischen Online-Kurses. In *Modul 4* präsentieren und bewerten die Teilnehmer/innen schließlich ihre jeweiligen Fachkurse während einer Präsenzveranstaltung. Diese Konzeption ist angelehnt an die aus dem Zimmerman'schen SRL-Modell bekannten Phasen. Ausgehend von einer Planungsphase, in der das Vorwissen bestimmt und aktiviert, individuelle Ergebniserwartungen formuliert und Strategien entwickelt werden (Module 1 + 2) , über die Durchführungsphase, in der ein eigener Kursraum entsteht (Modul 3), bis zur Reflexionsphase, in der die eigene Leistung (selbst) evaluiert wird (Modul 4), durchlaufen die Teilnehmer/innen einen kompletten Lernzyklus.

4.3 Auswahl der digitalen Medien

Der Auswahl adäquater Medien sollte großes Augenmerk geschenkt werden (Reinmann, 2005; Vovides et al., 2007; Wirth, 2005). Im vorliegenden Fall erschien es beispielsweise sinnvoll, eine kostenfreie Software zu benutzen, so dass der Übertrag auf den Unterricht nicht a priori an finanziellen Hürden scheitern sollte. Außerdem waren leichte Erlernbarkeit und Benutzbarkeit sowie Kompatibilität hinsichtlich aller wichtigen aktuellen E-Standards (u.a. Scorm) wichtig, um auch mit digitalen Technologien weniger geübte Lehrerinnen und Lehrer anzusprechen. In besonderem Maß galt es aber, eine internetbasierte Lernumgebung zu wählen, die ein individuelles und kooperatives Lernen ermöglicht, d.h. didaktisch und fachlich unterschiedliche Zugänge erlaubt. Die Open-Source-Lernplattform Moodle erfüllt alle diese Kriterien (vgl. hierzu Baumgartner, Häfele & Maier-Häfele, 2005). Zudem bietet sie aufgrund ihres großen Verbreitungsgrads im Bildungssektor, u.a. wird Moodle in Österreich, Baden-Württemberg und Brandenburg eingesetzt, oftmals schon viele Lernangebote, die von den Lehrkräften im eigenen Unterricht verwendet werden dürfen.

4.4 Implementierungen

Die Lehrerfortbildung wurde innerhalb des zeitlich vorgegebenen Projektrahmens drei Mal durchgeführt. Nach einem ersten Einsatz an der Goethe-Universität wurde sie noch zwei Mal schulintern an einem beruflichen Gymnasium realisiert. Tabelle 1 enthält eine Übersicht zu Aufbau und Zeitdauer der einzelnen Implementierungen.

Tab. 1: Konzeptionelle Modifikationen der Lehrerfortbildung

	02.11. – 09.12.2007 *Universität*	*14.05. – 04.06.2008* *Schulintern*	*05.09. – 24.10.2008* *Schulintern*
1. Präsenztermin	*Module 1 + 2* Vorträge + Übungen 2 Nachmittage à 5 Stunden	*Module 1 + 2 (teilweise)* Vorträge + Kurzübungen 5 Stunden	*Modul 2* Vortrag + Übungen 5 Stunden
1. Online-Phase	*Modul 3* Kursentwicklung + 1 Aufgabe Tutorielle Betreuung 5 Wochen	*Modul 2 (Rest)* 1 Aufgabe + *Modul 3* Kursentwicklung Tutorielle Betreuung 3 Wochen	*Modul 1* Selbstlernaufgabe Tutorielle Betreuung + Co-Teacher 3 Wochen
2. Präsenztermin	*Modul 4* Präsentation + Evaluation 6 Stunden	*Modul 4* Präsentation + Evaluation 4 Stunden	*Modul 4* *1. Teil* Präsentation + Evaluation 5 Stunden
2. Online-Phase	–	–	*Modul 3* Kursentwicklung Betreuung durch Tutorin + schulinterne Co-Teacher 5 Wochen
3. Präsenztermin	–	–	*Modul 4* *2. Teil* Präsentation + Evaluation 5 Stunden

Die *erste Implementierung* weist noch den klassischen Aufbau „Präsenz – Online – Präsenz" auf, bei dem sich nach einem Kick-off, welcher primär der Information der Teilnehmer/innen dient, eine Online-Phase zur Aufgabenbearbeitung anschließt. Zum Abschluss erfolgte die Vorstellung und Bewertung der von den Lehrkräften entwickelten Moodle-Kurse. Beim *zweiten Einsatz* der Lehrerfortbildung wurde das inhaltliche Konzept beibehalten. Es wurde aber versucht, die Aufgaben stärker selbstgesteuert von den teilnehmenden Lehrkräften bearbeiten zu lassen. Dieses Vorgehen diente der zeitlichen Kürzung der

Fortbildung. Bei der *dritten Implementierung* schließlich wurden die einzelnen Module wieder zeitlich länger konzipiert, ein zusätzlicher Präsenztermin sowie eine zweite Online-Phase realisiert und zudem eine weitere Betreuung durch eine Lehrerkollegin vor Ort eingerichtet.

Stichproben

Am ersten Fortbildungstermin, der an der Universität Frankfurt stattfand, nahmen lediglich N = 4 Personen (1 Frau/3 Männer; Altersdurchschnitt 43.25 Jahre) teil. Die beiden folgenden Implementierungen wurden an einem beruflichen Gymnasium durchgeführt. An der zweiten Fortbildung im Frühjahr 2008 nahmen zu Beginn neun Lehrkräfte teil. Die Teilnahmezahl reduzierte sich im Lauf der Fortbildung auf N = 5 Personen (3 Frauen/ 2 Männer). Deren durchschnittliches Alter betrug 49.2 Jahre (SD = 5.22 Jahre). An der dritten Fortbildung im Herbst 2008 schließlich nahmen N = 10 Lehrkräfte teil, darunter fünf Frauen. Das Alter betrug 41 bis 57 Jahre (M = 47.9 Jahre, SD = 5.43 Jahre).

4.5 Evaluation

Die summative Evaluation erfolgte anhand von *Selbstberichtsinstrumenten*. Trotz des in der Literatur vorzufindenden Einwands, dass Fragebögen individuelles Lernverhalten oftmals nur unzureichend abbilden und prognostizieren, d.h. Selbstzuschreibungen mit dem realen Verhalten in Lernsituationen nur selten übereinstimmen (Spörer & Brunstein, 2006), stellte ein solcher Einsatz das in der gegebenen Situation sinnvollste Vorgehen dar. Im Besonderen war es zeitlich und logistisch nicht umsetzbar, direkte Beobachtungen des Unterrichts vor und nach der Fortbildung durchzuführen. Zudem hätte eine solche Vorgehensweise mögliche Ressentiments und Stressreaktionen auf Seiten derjenigen Teilnehmerinnen und Teilnehmer hervorrufen können, die lediglich über geringe Computerkenntnisse verfügten. Damit wäre ein Großteil der Zielgruppe nicht erreichbar gewesen. Gerade im Hinblick auf schulinterne Fortbildungsveranstaltungen sollte diese Problematik beachtet werden.

Vor der Fortbildung wurden die Lehrkräfte nach ihrer *Einstellung zur Computernutzung* mithilfe zweier ausgewählter Skalen des Fragebogens zur inhaltlich differenzierten Erfassung computerbezogener Einstellungen (FIDEC) aus dem Inventar zur Computerbildung (INCO-BI) von Richter, Naumann und Groeben (2001) befragt. Im Einzelnen handelte es sich dabei um die Einstellungen zu positiven und negativen gesellschaftlichen und kulturellen Auswirkungen in Arbeitswelt und Bildungsbereich. Die teilnehmenden Lehrkräfte gaben zudem im Rahmen der Fragen zur eigenen Person an, wie häufig und intensiv sie digitale Medien nutzen. Eine positive Einstellung zu PC und Internet als auch eine häufigere, intensivere Mediennutzung korrelieren mit größeren Kenntnissen in diesem Feld (Naumann & Richter, 2001). Außerdem wurden der *aktuelle Kenntnisstand* zu Selbstreguliertem Lernen und die *Erwartungen* der Teilnehmer/innen an die Fortbildung anhand offener Fragen erhoben.

Nach der Fortbildung bearbeiteten die Teilnehmerinnen und Teilnehmer einen *Wissenstest zu Selbstreguliertem Lernen* mit offenen und geschlossenen Antwortformaten. Beispielsweise mussten sie beurteilen und kurz begründen, ob in verschiedenen Lernsituationen Selbstreguliertes Lernen stattfindet. Maximal konnten hier 17 Punkte erreicht werden. Im zweiten Teil des Abschlussfragebogens, der ab der zweiten Implementierung eingesetzt wurde, beurteilten die an der Fortbildung teilnehmenden Lehrkräfte die verwendeten *Neuen Medien*, im konkreten Fall die Lernplattform Moodle mit ihren entsprechenden Tools. Hierzu beantworteten die Teilnehmer/innen 21 Fragen mit jeweils siebenstufiger Antwortskala, die von „trifft nicht zu" bis „trifft zu" reicht. Die Antworten umfassten sowohl *positive* als auch *negative Erfahrungen*. Als negative Beispielitems seien an dieser Stelle genannt: „Die Nutzung von Moodle hat mich überfordert" oder „Ohne die Lernplattform hätte ich mindestens genauso gut lernen können". Positive Items waren u.a. „Durch die Online-Möglichkeiten wurde ich zum Mitdenken motiviert" oder „Ich finde, dass die Lernplattform benutzerfreundlich gestaltet ist". Im letzten Teil des Fragebogens schließlich, der über alle Implementierungen hinweg gleich blieb, ging es um die *geplante Nutzung Neuer Medien im eigenen Unterricht*. Die Teilnehmer/innen gaben an, wie oft sie welches Medium einsetzen wollten; die fünfstufigen Angaben reichten von „nie" bis „täglich". Eine offene Bewertungskategorie schloss den Fragebogen ab, in der sich die TN frei äußern konnten. Außerdem wurde zur Evaluation der Teilnehmerzufriedenheit noch der entsprechende Fragebogen des Hessischen Instituts für Qualitätsentwicklung (IQ) eingesetzt; die Items dieses Fragebogens betreffen u.a. aktive Mitarbeit, Lernatmosphäre, Weiterempfehlung und Anwendung des Gelernten im eigenen Unterricht.

4.6 Ergebnisse

In der *ersten Implementierung* wurden die Teilnehmerinnen und Teilnehmer unmittelbar zum Ende der Fortbildung sowie vier Monate danach befragt. Die *wichtigsten Ergebnisse* lauteten wie folgt: 1) Alle vier Lehrkräfte waren zufrieden mit der Veranstaltung (IQ-Fragebogen und freie Äußerungen), 2) im Wissenstest zum Selbstregulierten Lernen erreichten die TN durchschnittlich zehn Punkte, 3) alle TN planten, Neue Medien in ihrem Unterricht zukünftig monatlich bis halbjährlich einzusetzen. In der Nachbefragung bestätigten zwei Lehrkräfte, dass sie Moodle weiterhin kontinuierlich benutzten, bei den anderen beiden scheiterte dies aufgrund persönlicher Gründe oder technischer Voraussetzungen an ihrer jeweiligen Schule.

In der *zweiten Implementierung* zeigte sich ein hoher Drop-out von fast der Hälfte der TN, so dass letztlich nur N = 5 Lehrkräfte (3 Frauen/2 Männer) an der Fortbildung bis zum Schluss teilnahmen. Dies war bei der *dritten Implementierung* nicht der Fall. Hieran nahmen N = 10 Lehrer/innen (5 Frauen/5 Männer) teil. In beiden Fortbildungen zeigten sich die TN zufrieden bis sehr zufrieden mit der Weiterbildung (IQ-Fragebogen-Daten und freie Rückmeldungen). Eine Übersicht der deskriptiven Ergebnisse beider Fortbildungsveranstaltungen sind in den Tabellen 2 und 3 dargestellt.

Vor der Fortbildung (Tab. 2) weisen die beiden Gruppen zwar geringe Unterschiede hinsichtlich der Nutzungshäufigkeit Neuer Medien und ihrer Einstellungen zu Computer und Internet auf. Diese Unterschiede sind aber nicht signifikant (Mann-Whitney-U-Tests).

Tab. 2: Wissen zu Selbstreguliertem Lernen, Nutzungshäufigkeit Neuer Medien und Einstellung zu Neuen Medien vor der Fortbildung

	Fortbildungsgruppe	*M*	*SD*	*Standardfehler des Mittelwerts*
Wissen zu SRL[a]	Gruppe 1[b]	1.40	.89	.40
	Gruppe 2	1.00	.82	.26
Internetnutzung (Stunden pro Woche)	Gruppe 1	5.90	2.13	.95
	Gruppe 2	4.35	2.58	.82
Computernutzung (Jahre)	Gruppe 1	15.80	3.77	1.69
	Gruppe 2	15.90	7.89	2.50
Computernutzung (Stunden pro Woche)	Gruppe 1	13.70	4.69	2.10
	Gruppe 2	19.70	14.72	4.66
Anzahl genutzter NM vor der Fortbildung	Gruppe 1	8.60	2.97	1.33
	Gruppe 2	8.30	3.27	1.03
Positive Einstellung zu PC und Internet[c]	Gruppe 1	2.11	.79	.35
	Gruppe 2	1.91	.41	.13
Negative Einstellung zu PC und Internet[c]	Gruppe 1	2.71	.74	.33
	Gruppe 2	2.81	.78	.25

Anm.: [a] Anzahl der genannten Begriffe. [b] Die Fortbildungen fanden im Frühling 2008 (Gruppe 1) und im Herbst 2008 (Gruppe 2) an einem beruflichen Gymnasium im Rhein-Main-Gebiet statt. [c] Skala von 1 (trifft nicht zu) bis 7 (trifft zu).

Nach der Fortbildung (siehe Tab. 3) unterscheiden sich die beiden Gruppen ebenfalls nur wenig in Bezug auf die Anzahl und Häufigkeit Neuer Medien, welche die Lehrerinnen und Lehrer in ihrem Fachunterricht einzusetzen planen. Dies gilt ebenso für die während der Fortbildung gemachten Erfahrungen. Unterschiede zeigen sich aber eindeutig für den Wissensbereich. Die Teilnehmer/innen der Fortbildungsgruppe im Herbst 2008 (Mdn = 9.60) wussten signifikant mehr zu Selbstreguliertem Lernen als diejenigen Lehrkräfte, die an der Fortbildung im Frühjahr 2008 teilnahmen ($Mdn = 4.80$, $U = 9.00$, $z = -1.97$, $p < .05$, $r = -.51$).

Zusammenhänge zwischen den Variablen vor und nach der Fortbildung sind in beiden Gruppen festzustellen. An dieser Stelle seien einige zentrale Ergebnisse hervorgehoben.

Bei der *zweiten Implementierung* bestand beispielsweise ein signifikanter Zusammenhang zwischen der durchschnittlichen Computernutzung und den positiven Erfahrungen, die während der Fortbildung mit Neuen Medien gemacht wurden ($\tau = .80$, $p < .05$).

Bei der *dritten Implementierung* zeigten sich signifikante Zusammenhänge zwischen der Computernutzung und der geplanten Häufigkeitsnutzung und Anzahl Neuer Medien nach der Fortbildung: Die Computernutzung in Jahren war positiv korreliert mit der Häufigkeit, mit der nach dem Ende der Fortbildung Neue Medien im Unterricht eingesetzt werden sollten ($\tau = .50$, $p < .05$). Die wöchentliche Computernutzung vor der Fortbildung korrelierte positiv mit der Anzahl Neuer Medien, die im Fachunterricht zukünftig eingesetzt werden sollten ($\tau = .69$, $p < .001$). Der Einsatz Neuer Medien vor der Fortbildung korrelierte außerdem positiv mit der im Wissenstest erreichten Punktzahl ($\tau = .64$, $p < .001$). Positive und negative Einstellungen zu Computer und Internet korrelierten mit den Erfahrungen, welche die TN während der Fortbildung machten: Positive Einstellungen vor der Fortbildung korrelierten negativ mit der Anzahl Neuer Medien, die im Fachunterricht zukünftig eingesetzt werden sollten ($\tau = -.65$, $p < .001$), ebenso wie mit der Häufigkeit der Nutzung ($\tau = -.75$, $p < .001$). Negative Einstellungen vor der Fortbildung korrelierten negativ mit negativen Erfahrungen mit Neuen Medien während der Fortbildung ($\tau = -.52$, $p < .05$) und positiv mit positiven Erfahrungen ($\tau = .43$, $p < .05$) sowie positiv mit dem Ergebnis im Wissenstest ($\tau = .49$, $p < .05$). Diese Ergebnisse verweisen darauf, dass im Vorfeld mit Computern vertraute Lehrkräfte auch nach der Fortbildung eher bereit waren, Neue Medien in ihrem Unterricht einzusetzen. Teilnehmer/innen, die vorher schon in stärkerem Maß Neue Medien im Unterricht benutzten, erzielten bessere Ergebnisse im Wissenstest zu Selbstreguliertem Lernen. Wobei diejenigen, die eine positive Einstellung zu Computer und Internet haben, eher weniger und seltener Neue Medien in ihrem Unterricht verwenden wollten. Lehrkräfte, die eine negative Einstellung haben, berichteten weniger negative und mehr positive Erfahrungen und erzielten im Wissenstest hohe Punktzahlen.

Tab. 3: Wissen zu Selbstreguliertem Lernen sowie geplante Anzahl und Nutzungshäufigkeit Neuer Medien nach der Fortbildung und Erfahrungen mit Neuen Medien während der Veranstaltung

	Fortbildungsgruppe	*M*	*SD*	*Standardfehler des Mittelwerts*
Wissenstest zu SRL[a]	Gruppe 1[b]	6.80	2.28	1.02
	Gruppe 2	10.10	2.89	.91
Geplante Anzahl NM zukünftig im Unterricht[c]	Gruppe 1	8.60	1.14	.51
	Gruppe 2	9.40	1.90	.60
Geplante Häufigkeit NM zukünftig im Unterricht[d]	Gruppe 1	2.42	.42	.19
	Gruppe 2	2.55	.67	.21
Positive Erfahrungen mit NM in der Fortbildung[e]	Gruppe 1	4.03	1.21	.54
	Gruppe 2	4.92	1.01	.32
Negative Erfahrungen mit NM in der Fortbildung[e]	Gruppe 1	3.03	.96	.43
	Gruppe 2	3.12	1.00	.32

Anm.: [a] Maximal 17 Punkte konnten erreicht werden. [b] Die Fortbildungen fanden im Frühling 2008 (Gruppe 1) und im Herbst 2008 (Gruppe 2) an einem beruflichen Gymnasium im Rhein-Main-Gebiet statt. [c] TN wählten aus einer Liste mit zwölf Medien aus. [d] Skala von 1 (nie) bis 5 (täglich). [e] Skala von 1 (trifft nicht zu) bis 7 (trifft zu).

5. Fazit

Die in diesem Beitrag vorgestellte Lehrerfortbildung stellt einen Versuch dar, die Medienkompetenz von Lehrkräften zu steigern und ihnen gleichzeitig ein aktuelles Modell zum Selbstregulierten Lernen an die Hand zu geben, das sie in ihrem Unterricht relativ einfach anwenden können. Wie die vorliegenden Ergebnisse – trotz der kleinen Stichproben, an denen sie gewonnen wurden – nahelegen, besteht auf Seiten vieler Lehrer/innen ein großes Interesse an beiden Thematiken. Ob und in welcher Form Neue Medien im eigenen Fachunterricht Verwendung finden, scheint aber davon abhängig zu sein, wie vertraut die Lehrer/innen in ihrem Alltag mit Computer und Internet sind. Gleichzeitig scheinen diejenigen auch eine realistischere Einschätzung des Ressourcenaufwands zu haben, den Neue Medien erfordern. Selbst wenn die Teilnehmer/innen, die über ein geringeres Vorwissen verfügten, in der Fortbildung gute Erfahrungen mit Neuen Medien machten, bleiben interindividuell große Variationen hinsichtlich des Kenntnisstands bestehen (Heiß et al., 2003; Schulz-Zander & Tulodziecki, 2002). Die Fortbildungsgruppe, die sich länger und intensiver mit dem SRL-Modell von Zimmerman beschäftigen konnte, erzielte die besseren Ergebnisse im abschließenden Wissenstest; d.h., auch das (Selbstregulierte) Lernen mit Neuen Medien braucht eine gewisse Zeit (Möller, 1999). Zusätzlich traten während der Fortbildungen oftmals technische Probleme auf, die den Einsatz internetbasierter Lernumgebungen schwierig macht. Trotzdem die Lernplattform Moodle gute Ansätze bietet, sollten hier noch einfacher einzusetzende metakognitiv konzipierte Lernumgebungen entwickelt werden, die individuelles Lernen erst wirklich ermöglichen (Azevedo, 2005; Vovides et al., 2007). Eine neue Implementierung der hier präsentierten Lehrerfortbildung sollte die genannten Aspekte unbedingt berücksichtigen: längere Lernzeiten, mehrere Präsenz- und Online-Phasen, zusätzliche Betreuer/innen im Sinne kompetenter Selbstregulationsmodelle und, last but not least, intensive technische Unterstützung.

Der Einsatz Neuer Medien verändert weder die Lernkultur noch das konkrete Lehren und Lernen. Um eine Nachhaltigkeit des Gelernten zu ermöglichen, reichen weder ein kontextuell gut eingebundener Inhalt noch eine hochentwickelte Lernplattform wie Moodle aus. Es bedarf der Bereitschaft aller Beteiligten, Ressourcen zur Verfügung zu stellen, um bessere Lernbedingungen zu schaffen (Sindler, 2004). Insbesondere braucht es aber auch medientechnisch geschulte und motivierte Lehrkräfte und neue Ansätze kommen nicht aus ohne Lernende, die mediengestützte Lerninhalte verwenden (Wirth, 2005). Die Fähigkeit, das eigene Lernen selbst zu regulieren, ist dafür Ausgangspunkt und Ziel zugleich. Lehrkräfte sollten in der Anwendung und Vermittlung selbstregulativer Lerntechniken stärker geschult werden, um wiederum ihren eigenen Unterricht entsprechend anzureichern. Dies könnte und sollte auch unabhängig vom Einsatz von Computer und Internet geschehen. Auf jeden Fall verweisen hier Fortbildungen zu E-Learning *und* Selbstreguliertem Lernen in die richtige Richtung.

6. Literatur

Azevedo, R. (2005). Using hypermedia as a metacognitive tool for enhancing student learning? The role of self-regulated learning. Educational Psychologist, 40(4), 199-209.

Bandura, A. (1986). Social foundations of thought and action: a social cognitive theory. Englewood Cliffs, NJ: Prentice-Hall.

Baumgartner, P., Häfele, H. & Maier-Häfele, K. (2005). Nachevaluation: Moodle, MS Class Server. Online unter http://www.bildung.at/ext/bmbwk/index.php [26.06.2008] (Bundesministerium für Unterricht, Kunst und Kultur, bm:bwk-Empfehlung Lernplattformen, Version 1.3.).

Boekaerts, M. (2002). Bringing about change in the classroom: strengths and weaknesses of the self-regulated learning approach – EARLI Presidential Address, 2001. Learning and Instruction, 12, 589-604.

Deutsches PISA-Konsortium (2001). PISA 2000. Basiskompetenzen von Schülern und Schülerinnen im internationalen Vergleich. Opladen: Leske + Budrich.

Döring, N. (2002). Online-Lernen. In L. J. Issing (Hrsg.), Information und Lernen mit Multimedia und Internet: Lehrbuch für Studium und Praxis (3. Aufl., S. 247-281). Weinheim: Beltz.

Heiß, A., Eckhardt, A. & Schnotz, W. (2003). Selbst- und Fremdsteuerung beim Lernen mit Hypermedien. Zeitschrift für Pädagogische Psychologie, 17(3/4), 211-220.

Köller, O. & Schiefele, U. (2003). Selbstreguliertes Lernen im Kontext von Schule und Hochschule. Editorial zum Themenschwerpunkt. Zeitschrift für Pädagogische Psychologie, 17(3/4), 155-157.

Kopp, B. & Mandl, H. (2006). Selbstgesteuert kooperativ lernen mit neuen Medien. In D. Euler, M. Lang & G. Pätzold (Hrsg.), Selbstgesteuertes Lernen in der beruflichen Bildung (S. 81-91). Stuttgart: Steiner.

Lang, M. & Pätzold, G. (2006). Selbstgesteuertes Lernen – theoretische Perspektiven und didaktische Zugänge. In D. Euler, M. Lang & G. Pätzold (Hrsg.), Selbstgesteuertes Lernen in der beruflichen Bildung (S. 9-35). Stuttgart: Steiner.

MacDonald, J. (2008). Blended learning and online tutoring: planning learner support and activity design (2nd ed.). Aldershot: Gower.

Mandl, H. & Kopp, B. (2006). Lehren in der Weiterbildung aus pädagogisch-psychologischer Sicht. Sechs Leitprinzipien didaktischen Handelns. In E. Nuissl (Hrsg.), Vom Lernen zum Lehren. Lern-Lehrforschung für die Weiterbildung (S. 117-128). Bielefeld: Bertelsmann.

Mandl, H. & Winkler, K. (2002). Auf dem Weg zu einer neuen Lehr-Lern-Kultur: Der Beitrag der neuen Medien in der Aus- und Weiterbildung. In L. H. Eckensberger, B. Tröger & H. Zayer (Hrsg.), Erinnerungen – Perspektiven. 50 Jahre Deutsches Institut für Internationale Pädagogische Forschung (S. 306-326). Frankfurt am Main: Dipf.

Miller, G., Galanter, E. & Pribram, K. H. (1960/1991). Strategien des Handelns: Pläne und Strukturen des Verhaltens (2. Aufl.). Stuttgart: Klett-Cotta. (Originalausgabe: Plans and the structure of behavior, New York)

Möller, R. (1999). Lernumgebungen und selbstgesteuertes Lernen. In D. M. Meister & U. Sander (Hrsg.), Chancen für die Schule (S. 140-154). Neuwied: Luchterhand.

Naumann, J. & Richter, T. (2001). Diagnose von Computer Literacy: Computerwissen, Computereinstellungen und Selbsteinschätzungen im multivariaten Kontext. In W. Frindte, T. Köhler, P. Marquet & E. Nissen (Eds.), Internet-based teaching and learning (IN-TELE 99). Proceedings of IN-TELE 99/IN-TELE 99 Konferenzbericht. Internet Communication (Vol. 3, pp. 295-302). Frankfurt am Main: Lang.

Niegemann, H. M., Domagk, S., Hessel, S., Hein, A., Hupfer, M. & Zobel, A. (2008). Kompendium multimediales Lernen. Berlin: Springer.

Puustinen, M. & Pulkkinen, L. (2001). Models of self-regulated learning: a review. Scandinavian Journal of Educational Research, 45(3), 269-286.

Reinmann, G. (2005). Blended Learning in der Lehrerbildung. Grundlagen für die Konzeption innovativer Lernumgebungen. Lengerich: Pabst Science.

Richter, T., Naumann, J. & Groeben, N. (2001). Das Inventar zur Computerbildung (INCOBI): Ein Instrument zur Erfassung von Computer Literacy und computerbezogenen Einstellungen bei Studierenden der Geistes- und Sozialwissenschaften. Psychologie in Erziehung und Unterricht, 48, 1-13.

Schmitz, B. (2003). Selbstregulation – Sackgasse oder Weg mit Forschungsperspektive? Diskussion der Beiträge in diesem Sonderheft. Zeitschrift für Pädagogische Psychologie, 17(3/4), 221-232.

Schulmeister, R. (2001). Virtuelle Universität – Virtuelles Lernen. München: Oldenbourg.

Schulmeister, R. (2006). eLearning: Einsichten und Aussichten. München: Oldenbourg.

Schulz-Zander, R. & Tulodziecki, G. (2002). Multimedia und Internet – neue Aufgaben für Schule und Lehrerbildung. In L. J. Issing & P. Klimsa (Hrsg.), Information und Lernen mit Multimedia und Internet. Lehrbuch für Studium und Praxis (3. vollst. üb. Aufl., S. 317-332). Weinheim: Beltz.

Sindler, A. (2004). Etablierung einer neuen Lernkultur. Modelle medienbasierter Lernarrangements zur Förderung selbstregulierten Lernens im Kontext der Organisation. Wien: LIT.

Spanhel, D. (2006). Nachhaltigkeit des Lernens in virtuellen Kontexten – Überlegungen am Beispiel der Lehrerfortbildung. In R. Arnold & M. Lermen (Hrsg.), eLearning-Didaktik (S. 91-104). Baltmannsweiler: Schneider.

Spörer, N. & Brunstein, J. C. (2006). Erfassung selbstregulierten Lernens. Ein Überblick zum Stand der Forschung. Zeitschrift für Pädagogische Psychologie, 20(3), 147-160.

Vovides, Y., Sanchez-Alonso, S., Mitropoulou, V. & Nickmans, G. (2007). The use of e-learning course management systems to support learning strategies and to improve self-regulated learning. Educational Research Review, 2, 64-74.

Weidenmann, B. (2002). Multicodierung und Multimodalität im Lernprozess. In L. J. Issing & P. Klimsa (Hrsg.), Information und Lernen mit Multimedia und Internet. Lehrbuch für Studium und Praxis (3. vollst. üb. Aufl., S. 45-62). Weinheim: Beltz.

Winne, P. H. (2005). Key issues in modelling and applying research on self-regulated learning. Applied Psychology: An international review, 54(2), 232-238.

Winne, P. H. & Perry, N. E. (2000). Measuring self-regulated learning. In M. Boekaerts & P. R. Pintrich (Eds.), Handbook of self-regulation (pp. 531-566). San Diego: Academic Press.

Wirth, M. (2005). Die Lehr-Lern-Kultur als Ausgangspunkt und Gestaltungsfeld nachhaltiger E-Learning-Implementierungen. In D. Euler & S. Seufert (Hrsg.), E-Learning in Hochschulen und Bildungszentren (S. 373-403). München: Oldenbourg.

Zimmerman, B. J. (1990). Self-Regulated Learning and Academic Achievement: An Overview. Educational Psychologist, 25(1), 3-17.

Zimmerman, B. J. (2000). Attaining self-regulation: A social cognitive perspective. In M. Boekaerts & P. R. Pintrich (Eds.), Handbook of self-regulation (pp. 13-39). San Diego: Academic Press.

Zimmerman, B. J. (2002). Becoming a self-regulated learner: An overview. Theory into practice, 41(2), 64-70.

Zimmerman, B. J. (2006). Integrating Classical Theories of Self-Regulated Learning: A Cyclical Phase Approach to Vocational Education. In D. Euler, M. Lang & G. Pätzold (Hrsg.), Selbstgesteuertes Lernen in der beruflichen Bildung (S. 37-48). Stuttgart: Steiner.

Kommunikation mit Eltern

Training und Evaluation der Gesprächsführung zwischen Lehrpersonen und Eltern[1]

Gernot Aich & Michael Behr

Abstract

Fachlich und politisch wird der Eltern-Schule-Beziehung und dem Eltern-Lehrer-Gespräch heute ein hoher Stellenwert eingeräumt. Forschungsbefunde unterstützen dies, belegen aber zugleich einen großen Unterstützungsbedarf für Lehrkräfte und Schulen, insbesondere im beraterisch sozial-kommunikativen Bereich. Entsprechend wurde das „Gmünder Gesprächsmodell" sowie ein Lehrkräfte-Training entwickelt, das auf den Paradigmen der Transaktionsanalyse und der klientenzentrierten Psychotherapie beruht. Das 45 Stunden dauernde Training wurde mit 92 Studierenden, Referendar/inn/en und berufserfahrenen Lehrkräften durchgeführt. Die über die Goal-Attainment-Scale (GAS) erhobenen subjektiven Teilnehmerziele und Zielerreichungsratings belegen Zielorientierungen, die den Forschungsbefunden entsprechen, eine hohen erlebten Zielerreichungsgrad und so die Bedarfsangepasstheit des Trainings.

Schlagworte (dt.)

Eltern-Schule-Beziehung, Kommunikationstraining, Eltern-Lehrer-Gespräch, klientenzentrierte Psychotherapie, Transaktionsanalyse, Beratung, Kommunikation

Schlagworte (engl.)

parent school relationship, communication training, parent-teacher conferences, counselling, client-centred therapy, transactional analysis

1. Problemstellung

Forschungsarbeiten zum Eltern-Lehrer-Gespräch aus dem deutsch- und englischsprachigen Raum kommen in einem zentralen Punkt stets zu einem sehr ähnlichen globalen Ergebnis: Eine gute Beziehung zwischen Elternhaus und Schule erweist sich als der bedeutende Prädiktor für die Entwicklung der Kinder und für das Schulklima (Graham, 1976; Olmstedt & Rubin, 1983; Henderson, 1987; Day, Hernandez & Hunt, 1996; Ramirez, 2002; Epstein & Sheldon, 2006; Krumm, 1988; Sacher, 2003, 2005a und 2005b). Es überwiegen Studien aus dem angloamerikanischen Raum, jedoch wird der Zusammenhang auch von Untersuchungen für den deutschen Sprachraum repliziert (Neubauer, Krumm

1 Das Projekt wurde finanziell und ideell unterstützt vom Ministerium für Wissenschaft, Forschung und Kunst (BW), dem Ministerium für Kultur, Jugend und Sport (BW), dem Regierungspräsidium Stuttgart – Abteilung Schule und Bildung, der gemeinnützigen Elternstiftung (BW), der Robert-Bosch-Stiftung und der Pädagogischen Hochschule Schwäbisch Gmünd.

& Astleitner, 1989; Sacher, 2005a und 2005b). Die Konsistenz der Befunde führt jedoch nicht dazu, dass im schulischen Alltag oder in der Lehrkräfte-Aus- und Weiterbildung die Thematiken Eltern-Schule-Beziehung und Eltern-Lehrer-Gespräch einen entsprechenden Platz einnehmen: Die Ausbildung sozial-kommunikativer Kompetenzen bei Lehrkräften gilt als unterrepräsentiert und führt dazu, dass ein Teil der Lehrerschaft Eltern-Lehrer-Gespräche dementsprechend meidet. Ferner wird der Kontakt mit Eltern zuweilen als ein salienter Belastungsfaktor für den Lehrerberuf wahrgenommen (Unterbrink, Zimmermann, Pfeifer, Wirsching, Brähler & Bauer, 2008). Diese defizitäre Situation stellte den Ausgangspunkt für das Schwäbisch Gmünder Projekt „Das Eltern-Lehrer-Gespräch“ dar. Die vorliegende Arbeit berichtet die Entwicklung des Schwäbisch Gmünder Gesprächsführungskonzepts und -trainings sowie Evaluationsergebnisse zu den von den teilnehmenden Lehrkräften erlebten Zielerreichungen.

1.1 Die Bedeutung von Eltern-Lehrer-Gesprächen

Eltern-Lehrer-Gespräche sind "... an exchange of feelings, beliefs, and knowledge between parents and teachers about a particular student" (Manning, 1984, S. 37). In dieser Bestimmung sind sowohl Gespräche zum allgemeinen Kennenlernen und Informationsaustausch, Gespräche zur Beratung bei Schul- und Erziehungsproblemen als auch Gespräche zur Lösung von Konflikten eingeschlossen. Schon durch diese weite Bestimmung wird klar, welches Spektrum von Kommunikationsproblemen und Konfliktsituationen auf Lehrkräfte zukommen kann, und damit, welch breite Kompetenzen für eine „gelungene Gesprächsführung“ angefragt werden.

Ramirez (2002) stellte anhand einer Befragung fest, dass "high-school-students“ eine stärkere Beteiligung der Eltern an der Schule einfordern und Hernandez und Hunt (1996) zeigen anhand einer Interviewstudie, wie wichtig die Beteiligung der Eltern für die Entwicklung der Schüler/innen ist. Damit bestätigt die Studie die Ergebnisse von Graham (1976), der damals schon in einem Forschungsprojekt in North Carolina feststellte, dass es eine hohe Korrelation zwischen der Beteilung der Eltern am Schulleben und der Entwicklung und den Leistungen der Kinder gibt. Losen betont ebenfalls bereits 1978 die Wichtigkeit der Kommunikation zwischen Eltern und Lehrern und Lehrerinnen für die Informationsgewinnung über eine/n Schüler/in zur wirkungsvollen Gestaltung der eigenen Arbeit. Barron schlägt aus diesem Grund vor, Eltern-Lehrer-Gespräche als ein Schulprogramm zu etablieren, um somit eine größere Intensität und Kontinuität zu erzielen und damit ihren Nutzen zu optimieren: "There is a growing awareness that not only the school and parent can form a partnership to enhance learning experiences of children but parental involvement can be the cementing ingredient for student success." (Barron, 1991, S. 398) Epstein und Sheldon gehen nach einer Zusammenschau verschiedener Studien (Coleman, 1991; Greenwood & Hickman, 1991; Henderson & Mapp, 2002) über die Ansichten von Barron hinaus und resümieren: "One major message of early and continuing studies is simply and clearly that families are important for children's development, and school success across the grades." (Epstein & Sheldon, 2006, S. 11)

Forschungsergebnisse und Trends zur Zusammenarbeit zwischen Elternhaus und Schule wurden von der Politik wahrgenommen. So wird im Bildungsplan für alle Schularten des Landes Baden-Württemberg explizit die Zusammenarbeit zwischen Elternhaus und Schule betont: „Deshalb ist die Bildungs- und Erziehungspartnerschaft zwischen Elternhaus und Schule zentral bedeutsam. Je selbständiger unsere Schulen werden, umso notwendiger ist ein guter Dialog mit den Eltern über schulspezifische Akzente und Profile.“ (Bildungsplan, 2004, S. 5)[2] Von Seiten der Politik und der Schulaufsicht wird dem Eltern-Lehrer-Gespräch mithin ein hoher Stellenwert beigemessen.

1.2 Das Eltern-Lehrer-Gespräch im Schulalltag

Es stellt sich die Frage, warum eine Reihe von Studien (Blase, 1987; Stallworth, 1981) herausfanden, dass die am Schulleben Beteiligten dem Eltern-Lehrer-Gespräch in der schulpraktischen Realität nicht den Raum geben, den es nach der Forschungslage und auch dem politischen Willen folgend haben müsste.

Eine Antwort auf diese Frage bietet die Studie von Tacke (1997), in der 47,2 % Prozent der befragten Lehrkräfte angeben, dass nach ihrem Empfinden Gespräche mit Eltern eine der größten Belastungen im Schulalltag darstellen. Johns (1992) stellt fest: “Dealing with parents in a formal parent-teacher conference situation can be one of the most difficult aspects of a beginning elementary school teacher’s job. It is also one that effects nearly all teachers at one time or another.” In einer Studie mit 949 Lehrern und Lehrerinnen aus Deutschland stellen Unterbrink et al. fest: “Among a number of various variables, hostility directed against teachers by pupils and, to somewhat a lesser extent, by parents turned out to display the strongest correlation with several outcome parameters and thus appeared to be a major predictor of teacher ill health. … One may have to learn from data, that, in school teacher profession, disturbed interpersonal relations with both pupils and parents are an important, previously underestimated source of stress and strain.” (Unterbrink et al., 2008, S. 439) Durch diese Untersuchung wird bestätigt, was Dittrich in einem Artikel bereits herausarbeitet und im Titel des Aufsatzes bezeichnender Weise schon zusammenfasst: „Lehrerangst und Elternscheu“ (Dittrich, 1984).

Woher rühren das Belastungserleben und die Probleme im sozial-kommunikativen Bereich bei Lehrkräften? Oftmals geht es in Eltern-Lehrer-Gesprächen um problembehaftete Inhalte (vgl. Melzer, 1981). Zudem kommt ein Machtgefälle (vgl. Hitzinger, 1987; Krumm, 1996 und 2000) zugunsten der Lehrkraft hinzu, das eine symmetrische Kommunikation (vgl. Habermas, 1981) zumindest erschwert. Die Lehrer/innen und Eltern begegnen sich nicht als freie Vertragspartner/innen. Vielmehr beanspruchen die Lehrer/innen oft das Expertentum in wichtigen Unterrichts- und Schulfragen (vgl. Krumm, 2000, S. 140). Trotzdem scheint die vermeintliche Machtposition der Lehrkraft nicht zu mehr Gelassenheit und Sicherheit im Gespräch zu führen. Ein häufiges Problem im Eltern-Lehrer-Gespräch ist, dass die Lehrer/innen Angst haben, auf Fehlleistungen angesprochen zu werden, und sie sich deshalb gegenüber Eltern sehr unsicher fühlen. Bei

2 Siehe auch: http://bildung-staerkt-menschen.de/schule_2004.

aufkommender Kritik der Elternseite wird dann sehr schnell mit Gereiztheit reagiert (vgl. Susteck, 1981, S. 22). Die Folge dieser paradoxen Situation beschreibt Krumm: „Die Trennung zwischen Elternhaus und Schule ist nahezu vollkommen – trotz aller „Mitwirkungsbestimmungen" und „Kooperationsgebote" (Krumm, 1990, S. 42).

Aus der bisherigen Zusammenschau wird evident, warum von beiden Seiten das Eltern-Lehrer-Gespräch als eine Belastung empfunden wird. Aufgrund des mangelnden Vertrauens in die eigene kommunikative Kompetenz und die Fähigkeit, Konflikte zu lösen, wird ein Gespräch mit „schwierigen" Inhalten sowohl auf Seiten der Eltern als auch der Lehrer/innen als bedrohlich erlebt und somit gemieden. Hierbei kann auch manche Initiative, wie z.B. die Checkliste zum Eltern-Lehrer-Gespräch der National Parent Teacher Associations und der National Education Association (1994) in den USA, die eigentlich als Hilfestellung gedacht ist, nur zum Scheitern verurteilt sein, da sie nicht beim eigentlichen Problem ansetzt: der Angst der Lehrkräfte vor den Gesprächen und dem Mangel an Vertrauen in ihre Fähigkeiten.

Wie sich die beschriebenen Unsicherheiten und Belastungsempfinden in realen Gesprächen äußern, zeigen zwei Studien zur unmittelbaren Eltern-Lehrer-Kommunikation auf. Allison (1995) evaluierte problemorientierte Eltern-Lehrer-Gespräche in Hinblick auf verbale Interaktionen und Problemlösungsstufen. Die Studie berichtet, dass Lehrkräfte im Beratungsgespräch in ihrer Rolle als „Lehrmeister/innen" verharren. Dies äußert sich z.B. in einem stark bevormundenden Verhalten der Lehrkräfte gegenüber den Eltern. So gibt ein Anteil von 86,3 % der Lehrer/innen Ratschläge („instructional messages") während eines Beratungsgesprächs. Durch dieses Verhalten werden die Eltern in einen eher angepassten Zustand versetzt und antworten verständlicherweise in einer entschärfenden („neutralizing") Weise auf die Stimuli der Lehrkräfte. Allison schreibt hierzu: "The majority of these messages could be considered a minimal expression by the parent to encourage the teacher to continue speaking." (Allison, 1995, S. 25) Somit entsteht eine Beziehung zwischen Eltern und Lehrkräften, in der die Eltern in eine Schülerrolle gedrängt werden und die Lehrkräfte in ihre gewohnte Rolle der Wissensvermittlung schlüpfen. Allison stellt weiterhin fest, dass über 90 % der Lehrkräfte in Bezug auf Inhalte und den Ablauf des Gesprächs starke bis mittlere Zufriedenheit äußerten. An diesem Punkt wurden die Lehrkräfte zudem nach ihrer Problemlösefähigkeit in Beratungsgesprächen befragt und eine Vielzahl der Teilnehmer/innen gab an, dass sie mit ihrer Kompetenz in dieser Richtung sehr zufrieden sind. So wird klar, warum viele Eltern-Lehrer-Gespräche keine Problemlösung hervorrufen: Die Ratschläge der Lehrkräfte werden von den Eltern zwar gehört, rufen jedoch oft keine Verhaltensveränderung hervor. Hier gilt das Sprichwort: Ratschläge sind auch Schläge. Die Studie von Behr und Franta (2003) weist darauf hin, dass die Ergebnisse von Allison auch auf den deutschsprachigen Raum übertragbar sind und arbeitet weitere Mechanismen heraus: Die Interaktion verläuft entsprechend einer überschaubaren Anzahl von Mustern. Es überwiegt eine quasi automatisierte Reaktionsbereitschaft in Hinblick auf das Beziehungsangebot und das Gesprächsverhalten des Elternteils. Die Reaktionsweisen der Lehrerpersonen werden weniger durch Professionalität bestimmt als vielmehr durch den Interaktionsstil des Elternteils. Die Lehrerpersonen erleben sich wie vorprogrammiert reagierend, zum Beispiel: Auf vermeidendes und distanzierendes Elternverhalten hin distanzieren sie sich gleichfalls. Auf Hilfe und Rat suchendes Elternverhalten hin geben sie Ratschläge. Auf direktives Elternverhalten hin halten sie stand und intervenieren selbsteinbringend.

Darüber hinaus scheinen Eltern und Lehrer/innen die jeweiligen Schulprobleme und Kommunikationsprozesse völlig unterschiedlich wahrzunehmen. In seiner Studie fand Sacher (2005, S. 7) gravierende Divergenzen im Erleben, insbesondere auch im atmosphärischen Bereich, und leitet daraus die Forderung nach qualitativ anderer Kommunikation ab.

2. Ansätze zur Problemlösung und Optimierung des Eltern-Lehrer-Gesprächs

2.1 Sollen sich die Eltern oder die Lehrer/innen im sozial-kommunikativen Bereich professionalisieren?

Moriarty (2002) entwickelte und evaluierte ein „Training zur Erhöhung der Selbstwirksamkeit und der Einstellungsverbesserung von Eltern gegenüber Eltern-Lehrer-Gesprächen“. Hierzu wurde ein videogestütztes Training durchgeführt, welches die elterlichen Kompetenzen zur effektiven Zusammenarbeit mit Lehrkräften verbessern soll. Die Ergebnisse dieser Studie waren nicht signifikant, eine Verbesserung der Selbsteinschätzung bzw. der Einstellung gegenüber Eltern-Lehrer-Gesprächen konnte nicht nachgewiesen werden.

So sehr man sich die Erhöhung sozial-kommunikativer Kompetenzen vieler Eltern wünschen mag, dürfte dieser Weg ökonomisch und strukturell keine Lösung für die Elternberatung darstellen. Die Eltern haben nicht die Verantwortung für die Professionalität ihrer Beratung. Krumm folgert im Kontext verschiedener empirischer Studien denn auch, dass die Beziehungsgestaltung und deren Verbesserung von der Lehrkraft ausgehen sollte, so schwer dies auch sein mag: Die klassische Lehrerausbildung fördert dies nicht, doch der Lehrkraft sei nun einmal die fachkompetente Rolle zugewiesen und sie sei wohl auch fachlich und sprachlich vielen Eltern überlegen (vgl. Krumm, 1988). Viele Lehrkräfte bemängeln, dass diese Bereiche in der Ausbildung kaum oder nicht berücksichtigt werden und geben dies als Argumente für die nicht vorhandene Zusammenarbeit an (vgl. Melzer, 1987, S. 155 ff.). Unsere Erfahrungen bei Kommunikationstrainings mit Lehrkräften weisen darauf hin, dass sich an dieser Aus- und Weiterbildungssituation nichts verändert hat. Schaarschmidt bestätigt dies: „Leider wird der Entwicklung, Erprobung und Festigung sozial-kommunikativer Fähigkeiten in der Aus- und Weiterbildung von Lehrkräften kaum Bedeutung zugewiesen.“ (Schaarschmidt & Kieschke, 2007, S. 122)

2.2 Prädiktoren für den Outcome von Eltern-Lehrer-Gesprächen

Nach verschiedenen Studien ist der Erfolg eines Eltern-Lehrer-Gesprächs u.a. von zwei Variablen abhängig: zum einen von der Fähigkeit der Lehrkräfte zur Selbstreflexion, zum anderen von ihrer Interpretationskompetenz bezogen auf ihre/n Gesprächspartner/in (de Smet, 1990; Wolf, 1989; Lawler, 1981). Hierzu gehören das Interpretieren von nonverbalen Signalen sowie auch das aktive Zuhören, elaborierte Fragetechniken und Impulsgebung. Weiterhin ist es wichtig, keinen Pädagogenjargon zu verwenden, um den Eltern nicht das Gefühl zu geben, sie seien keine Fachleute für die Erziehung ihrer Kinder (Riepe, 1989; Wolf, 1989). Knox fand in einer Studie heraus, dass ein häufiger Anlass für Konflikte zwischen Eltern und Lehrkräften die verschiedenen Erwartungen an das Vorgehen sind (Knox & Candelaria, 1987; Sacher, 2005a und 2005b), d.h. im Umkehrschluss: Die Lehrkräfte müssen die Erwartungen ihres Gesprächspartners/ihrer Gesprächspartnerin antizipieren und in ihre Gesprächsplanung einfließen lassen. Weiterhin betont Blase (1987), dass erfolgreiche Lehrkräfte im Eltern-Lehrer-Gespräch besonders darauf achten, die Gefühle, Bemühungen und Sorgen der Eltern um ihre Kinder in den Gesprächsverlauf einzubinden und sie wertzuschätzen. Die große Bedeutung von Empathie in das Elternteil belegt auch die Studie von Behr (2005). Eine weitere wichtige und trotzdem häufig vernachlässigte Komponente des Erfolgs eines Eltern-Lehrer-Gesprächs ist ein sogenanntes Follow-up, dies kann ein einfaches Telefongespräch oder ein zweites persönliches Gespräch sein, in dem die Ergebnisse des ersten Gesprächs analysiert und wenn nötig neu justiert werden (Meyers & Pawlas, 1989).

3. Professionalisierung der Beratungs- und Kommunikationskompetenz von Lehrkräften: Das Gmünder Gesprächsmodell

Es existiert mithin eine ganz Reihe von Forschungsergebnissen, die sowohl die Bedeutung des Elternkontakts unterstreichen als auch manifeste Variablen identifizieren, die die Effektivität von Eltern-Lehrer-Gesprächen prädizieren. Das Schwäbisch Gmünder Eltern-Lehrer-Gesprächsprojekt versucht auf der Grundlage dieses Forschungsstands zwei Ziele zu erfüllen:

- Entwicklung eines Gesprächsführungs- und Beratungskonzepts, das elaborierte Beratungsansätze zu einem Beratungskonzept integriert, das für pädagogische Institutionen praxistauglich ist.
- Entwicklung, Erprobung und Evaluation eines Trainingskonzepts für dieses Beratungskonzept, mit dem die zeitökonomische Professionalisierung von pädagogischen Fachkräften gelingt.

3.1 Theoretische Vorüberlegungen

Um für das Setting der Schule ein wirkungsvolles Trainingsprogramm zu entwickeln, wurden zwei Ansätze ausgewählt:

- die personzentrierte Beratung (Rogers, 1951; Mearns & Thorne, 2005; Weinberger, 2008) und
- die Transaktionsanalyse (Berne, 1961; Stewart, Joines & Rautenberg, 2008).

Eine offene und wertschätzende Atmosphäre stellt die Grundlage von gelungenen Kommunikationsabläufen und einer fruchtbaren Zusammenarbeit zwischen Eltern und Lehrkräften dar. Hierbei sind die von Rogers entwickelten Kernbedingungen einer hilfreichen Beziehung – Wertschätzung, Authentizität und Empathie – geradezu prädestiniert. Sie erlauben es der Lehrkraft trotz der von Krumm beschriebenen schwierigen Rahmenbedingungen (s.o.) eine tragfähige und symmetrische Beziehung aufzubauen. Wertschätzung und Empathie im Gespräch tragen dazu bei, dass die Eltern sich im Gespräch verstanden fühlen und erleben, dass sie als Person und mit ihrer Perspektive ernst genommen werden. Dies hilft den Eltern offen zu kommunizieren. Die Authentizität der Beraterperson trägt dazu bei: Die Lehrkraft zeigt sich weniger als Amtsperson denn in ihrem natürlichen Person-Sein. Ihre Einfühlung in die Perspektive des Elternteils verhilft zu Klärungen und dem Herausarbeiten auch komplexerer Schwierigkeiten, die die Problemlösung behindern würden, blieben sie unerkannt.

Als Ergänzung zu den Kernbedingungen des personzentrierten Konzepts bietet sich die Transaktionsanalyse an, weil sie durch ihre Modelle den Lehrkräften Deutungsmuster für die kommunikativen Prozesse bietet. Die Grundhaltungen der transaktionsanalytischen Gesprächsführung schließen nahtlos an die personzentrierten Kernbedingungen an und zeigen sehr manifest auf, was im Prozess passiert, wenn man entweder die/den Andere/n oder sich selbst auf- oder abwertet. Durch das „Ich-Zustands-Modell" (Berne, 1961) kann im Training vermittelt werden, wie man auch kritische und schwierige Inhalte ansprechen kann bzw. wie man die Motive und Emotionen des Gegenübers mit in den Gesprächsverlauf einbinden kann und somit zugleich eine zielorientierte Gesprächsführung betreibt. Unter Berücksichtigung der transaktionsanalytischen Kommunikationsregeln können produktive und unproduktive Gesprächsmuster identifiziert und individuelle Strategien im Umgang mit unproduktiven Mustern abgeleitet werden. Des Weiteren wird das Konzept der „psychologischen Spiele" (Berne, 1964) im Training eingesetzt. Es zeigt den Teilnehmern und Teilnehmerinnen, an welchen Punkten sie selbst immer wieder in zeit- und energieraubende Konflikte verstrickt sind.

Fragetechnik des lösungsorientierten Vorgehens ergänzen die vorgestellten Modelle. Mit ganzen Katalogen von möglichen Fragen soll das Gespräch auf Lösungsschritte gelenkt werden. Die ausgesprochen kreativen Fragen vermeiden Lösungswege, die bereits ergebnislos beschritten worden waren, eröffnen kreative, neue Denkweisen und helfen, konsentierte Lösungswege manifest auf ihre Realisierungschancen und -wege hin zu prüfen (Schlippe & Schweitzer, 2003; de Shazer, 1985; de Shazer, Dolan & Korman, 2007).

Die inhaltlichen Ziele der Trainingsentwicklung sind:

- Verbesserung der beschriebenen Kommunikations- und Konfliktlösungskompetenz der Lehrkräfte.
- Unterstützung der Ressourcen der Lehrkraft, damit sie Beziehungen aktiv gestalten und Gespräche professionell führen kann.
- Häfner und Bauer stellen fest, dass gerade in letzterem Bereich sehr viele Entwicklungsmöglichkeiten stecken. „Häufig wird nämlich die Beziehung zu Eltern – ähnlich wie zu Schülern – zu wenig aktiv gestaltet. Auch an diesem Punkt sind Lehrkräfte oft durch negative Erfahrungen geprägt und haben vermeidende oder resignative Einstellungen entwickelt." (Häfner & Bauer, 2004, S. 254) Durch das Training sollen sol-

che resignativen Haltungen durchbrochen werden. Sozial-kommunikative Fähigkeiten der Lehrkraft stärken deren Beziehungs- und Einflussmöglichkeit. So erhöht sich ihr Selbstwirksamkeitserleben im kommunikativen Bereich (vgl. hierzu die Ergebnisauswertung) und die Gefahr des Burnouts vermindert sich (vgl. Schwerdtfeger, Konermann & Schönhofen, 2008). Schaarschmidt konstatiert auch im Rahmen seiner Untersuchung zur Lehrergesundheit, dass von der sozial-kommunikativen Kompetenz sowohl der berufliche Erfolg als auch die psychische Gesundheit in entscheidendem Maße abhängen (Schaarschmidt & Kieschke, 2007, S. 122).

3.2 Das Training im Überblick

Die Dauer des Trainings bei den Lehrkräften umfasst 45 Stunden, die während eines Zeitraums von ca. drei Monaten in ein- bis zweitägigen Blockveranstaltungen und nachmittäglichen Supervisionssitzungen absolviert werden. Die Trainings der Referendarinnen und Referendare und Studierenden wurden mit minimalen Abweichungen durchgeführt.

1. Trainingsmodul: Grundpositionen der transaktionsanalytischen Gesprächsführung
Die komplexitätsreduzierende Funktion des OK-Quadrats („Ich bin OK", „Du bist OK"; ausführliche Beschreibung bei Aich, 2008) ermöglicht, die Mannigfaltigkeit der kommunikativen Situationen in ein praktikables Handlungsschema einzuordnen. Nach einem Impulsreferat dazu werden Fälle aus der Gruppe anhand des Schemas analysiert. Dies veranschaulicht die Grundpositionen für die Teilnehmer/innen (TN) und macht sie operationalisierbar. Im Anschluss werden Fälle aus der Praxis der TN anhand der Grundpositionen im Rollenspiel durchgespielt. Hierbei ist es für die TN sehr interessant, ihre eigene Lieblingsposition herauszufinden und zu erleben, wie diese auf das Gegenüber wirkt. In der Plenumsdiskussion im Anschluss werden einzelne Fälle erörtert und Schwierigkeiten und Grenzen des Modells analysiert.

2. Trainingsmodul: Kernbedingungen der personzentrierten Beratung nach Rogers
Im zweiten Modul wird die bedeutendste Operationalisierung von Empathie, das Verbalisieren emotionaler Erlebnisinhalte (VEE), erläutert und die günstigen Effekte auf die Beziehungsgestaltung, den Gesprächsverlauf und die Differenzierung des Klientenerlebens herausgearbeitet. In Rollenspielübungen wird insbesondere erfahrbar gemacht, wie Emotionen und Motivationen des Elternteils lösungsorientiertes Handeln blockieren oder fördern können, je nachdem ob Emotionen und Motivationen verborgen bzw. unklar bleiben oder ob sie gemeinsam expliziert werden können. Als weitere personzentrierte Kernbedingung wird die Authentizität und Selbsteinbringung der Pädagogenperson vorgestellt und eingeübt. Das Einbringen der eigenen Perspektiven und Fachkompetenz der Lehrkraft scheitert häufig, wenn die Voraussetzungen für dieses Einbringen nicht gesehen werden und die Symmetrie der Beziehung dabei nicht gewahrt wird. Im Training werden die personzentrierten Kernbedingungen als Königsweg einer zugleich wertschätzenden *und* konfrontierenden Lösungssuche erfahrbar gemacht.

3. Trainingsmodul: die Ich-Zustände
Die Kategorisierung von Verhaltens-, Gefühls- und Denkmustern als Eltern-Ich – Erwachsenen-Ich – Kind-Ich, nebst Unterkategorien, ermöglicht es den Teilnehmern und Teilnehmerinnen, eigene und fremde Muster zu erkennen und dadurch bewusster mit ihnen umzugehen. Die Teilnehmer/innen üben an realen Problemfällen aus Eltern-Lehrer-Gesprächen ich-zustandsbezogene Interventionen.

4. Trainingsmodul: die Kommunikationsregeln der Transaktionsanalyse
Aufbauend auf die Ich-Zustände werden die drei Kommunikationsregeln der Transaktionsanalyse eingeführt. Im Anschluss an den Theorieteil üben die Teilnehmer/innen anhand eigener Beispiele verschiedene Transaktionsabläufe ein. Dies geschieht wieder in einer Dreiergruppe mit Elternperson, Lehrkräften und Beobachtern und Beobachter/innen nach oben beschriebener Aufgabenverteilung. Im Bedarfsfall wird von der Gruppe eine besser funktionierende Handlungsalternative erarbeitet und ausprobiert.

4. Fragestellungen der Evaluationsstudie

Die Evaluationsstudie zum Training misst den Outcome auf subjektiver (Selbsteinschätzungen) und objektiver Ebene (Tests und systematische Beobachtungsverfahren). Die vorliegende Arbeit stellt die Ergebnisse zum subjektiven Erleben der Teilnehmer/innen in Hinblick auf Ziele und Zielerreichung dar. Die Forschungsfragen lauten:
Frage 1: Welche Ziele haben die Teilnehmer/innen sich selbst für das Training gesetzt?
Frage 2: Zu wie viel Prozent haben sie subjektiv die eigenen Ziele erreicht?

5. Methode

5.1 Teilnehmerinnen und Teilnehmer

92 Personen nahmen an den Trainings teil. Hiervon waren 76,3 % Frauen und 12,7 % Männer. 40 % waren berufserfahrene Lehrkräfte aller Schularten, 27 % Referendar/innen aus dem Bereich der Grund-, Haupt- und Realschule und 33 % Studierende des Lehramts. Das Durchschnittsalter betrug 44,1 Jahre, sd=10,4 bei den Lehrkräften, 25,4 Jahre, sd=2,4 bei den Referendar/inn/en und 24,2 Jahre, sd=5,7 bei den Studierenden.
Gruppengröße und Anzahl: Bei den Studierenden handelte es sich um ein Hauptseminar mit 29 Studierenden der Pädagogischen Hochschule Schwäbisch Gmünd. Die Referendarinnen und Referendare wurden in drei Gruppen geteilt. Die Gruppengröße belief sich auf sechs bis zwölf Teilnehmer/innen. Die erfahrenen Lehrkräfte wurden in vier Gruppen mit zehn bis 16 Teilnehmerinnen und Teilnehmern eingeteilt. Die Teilnehmer/innen entstammten vollständig einer kleinstädtisch-ländlichen Region.

5.2 Instrumente

Um die Evaluationsfragen zu prüfen, wurde die „Goal Attainment Scale“ (GAS) eingesetzt. Dabei handelt es sich um ein von Kiresuk und Sherman (1968) entwickeltes Instrument, das zunächst für die Messung des Psychotherapieerfolgs bei Patient/inn/en im klinischen Bereich eingesetzt wurde (vgl. Smith, Cardillo, Smith & Amezaga, 1998, Stolee, Standnyk, Myers & Rockwood, 1999). Die „Goal Attainment Scale“ ist ein Verfahren, mit dem man „subjektive Ziele objektiv messen kann“ (Schädler, Kool, Marks et al., 2006, S. 34 ff.). Bei Schädler et al. finden sich auch eine genauere Beschreibung des Verfahrens sowie Angaben zu den Gütekriterien.

5.3 Vorgehen

Die TN beschreiben vor dem Training die Ziele, die sie im Training erreichen wollen. Hierbei gibt jede Probandin bzw. jeder Proband zwischen zwei und fünf Ziele an. Damit den Teilnehmern und Teilnehmerinnen nach dem Training noch klar ist, was sie vor dem Training erreichen wollten, ist eine kurze Beschreibung des Ausgangszustands wichtig. Nach dem Training bekommen die TN den Fragebogen wieder vorgelegt, um den von ihnen erlebten Fortschritt in Prozenten zu quantifizieren. Vorgegeben werden die Intervalle „Ziel zu 0-24 %, zu 25-49 %, zu 50-74 %, zu 75-99 %, zu 100 % erreicht.

Aus den Zielangaben der Teilnehmer/innen wurden induktiv Kategorien gebildet. Anschließend wurden die Zielangaben von zwei Ratern blind zugeordnet. Die Raterübereinstimmung betrug bei der Kategorie Gesprächsführung 93 %, bei der Kategorie Selbstmanagement 95 % und bei der Kategorie Gesprächsstruktur 98 %.

6. Ergebnisse

Insgesamt wurden von den Teilnehmerinnen und Teilnehmern 428 einzelne Ziele genannt. Sie lassen sich in drei Hauptkategorien aufteilen.

6.1 Drei Hauptkategorien von Teilnehmerzielen

– *Gesprächsführung* ist mit 247 Nennungen und damit mit 58 % der Gesamtnennungen die stärkste Kategorie:
Hierunter wurden Ziele der Teilnehmer/innen gefasst, die sich auf die Variablen Empathie, Wertschätzung und Echt-Sein bezogen. Weiterhin sind hier metakognitive Fähigkeiten, wie die theoretischen Grundlagen der Gesprächsführung und des Konfliktmanagements, sowie Abgrenzung gegenüber Angriffen und Umgang mit passivem Verhalten des Gegenübers geclustert.
Ankerbeispiele: „Gespräche, die sich hochschaukeln (Aggression, Ratlosigkeit, Lähmung), durch eventuelle Techniken wieder konstruktiv werden lassen“, „zwischen den Zeilen zu lesen und richtiges Einfühlungsvermögen zu lernen“. Weiterhin kann beispielhaft für diese Kategorie aufgeführt werden: „Ändern eines Gesprächsverlaufs“ bzw. „Gespräche gezielt steuern können“.

– *Selbstmanagement* (100 Nennungen entsprechen 23 %):
Hierunter finden sich die Ziele der Teilnehmer/innen im Bereich des Umgangs mit Selbst- und Fremderwartungen, Sicherheit und Gelassenheit im Umgang mit Kritik zu erlangen und die Fähigkeit zur Selbstreflexion durch das Training zu bekommen.
Ankerbeispiel: „Mehr Sicherheit im Gespräch mit Eltern. Werde durch Aussagen seitens der Eltern oftmals unsicher. Oftmals reagiere ich dann zu schnell, was ich später bereue und ich mir später dann vorwerfe, so dass ich dann nicht mehr einschlafen kann."

– *Gesprächsstruktur* (81 Nennungen entsprechen 19 %)
Diese Kategorie beinhaltet. „Wie kann ich ein Gespräch so strukturieren, dass ich möglichst schnell zu einer Lösung komme?" Weiterhin gehören zu dieser Kategorie die Ziele, die sich auf Gesprächsphasen, wie z.B. den Gesprächseinstieg beziehen.
Ankerbeispiel: „Ich möchte durch das Training Gesprächseinstiege professioneller gestalten können und mir klarer werden, welche Phasen ein Gespräch hat."

Die Analyse ist noch in verschiedene Subkategorien unterteilt worden, auf die hier nicht weiter eingegangen werden soll.

6.2 Grad der Zielerreichung

Am Ende des Trainings schätzten die TN den Grad ihrer Zielerreichung in Prozent ein. Über alle Kategorien ergab sich ein durchschnittlicher Zielerreichungsscore von 72 %; die Verteilung berichtet Abbildung 1.

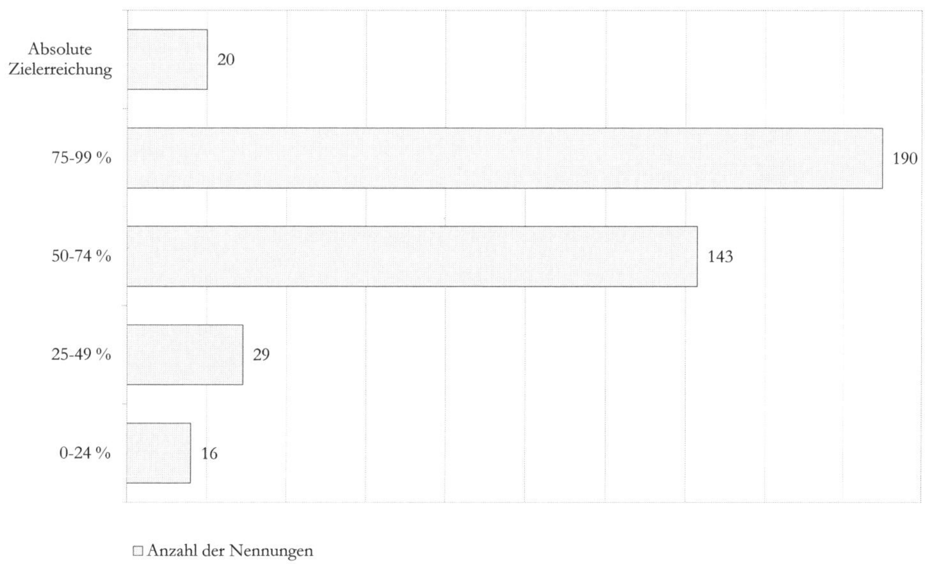

Abb. 1: Gesamteinschätzungen der TN zur Erreichung ihrer Ziele

Tabelle 1 und Abbildung 2 berichten die Anzahl der Ziele und die erlebte Zielerreichung bei den drei Hauptkategorien.

Tab. 1: Anzahl der Ziele und durchschnittlicher Prozentscore der Zielerreichung heruntergebrochen auf drei Ziel-Hauptkategorien

	Gesprächsführung	*Selbstmanagement*	*Gesprächsstruktur*
Anzahl der Ziele	229	91	78
Durchschnittliche Prozentangabe der Zielerreichung	73 %	72 %	70 %

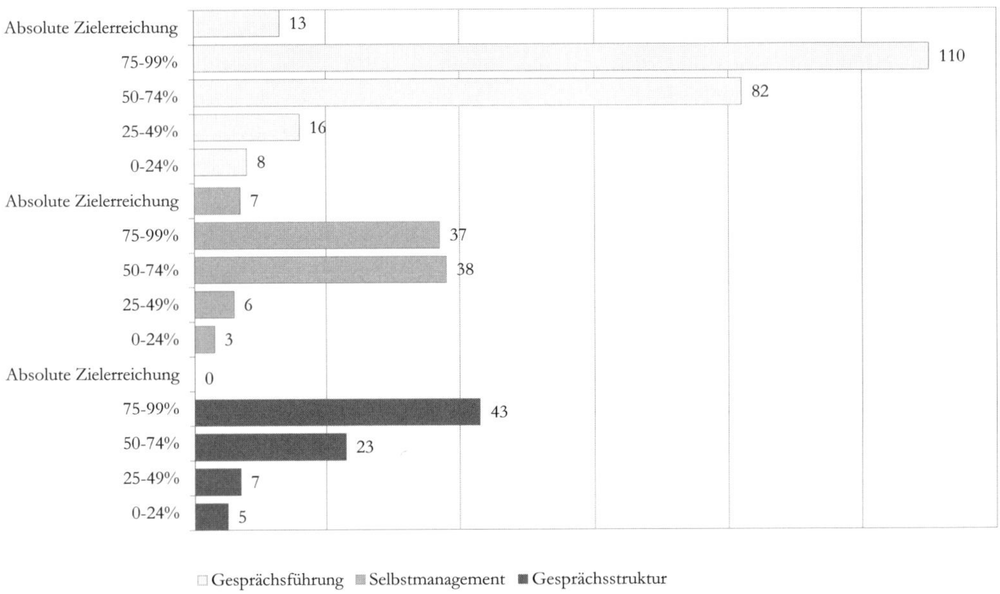

Abb. 2: Erlebte Zielerreichung heruntergebrochen auf drei Hauptkategorien der Zielerreichung

6.3 Gründe für die Zielerreichung bzw. Nichterreichung

In einem weiteren Schritt gaben die Absolvent/inn/en des Trainings die Gründe für die Zielerreichung bzw. Nichterreichung an. Hierbei wurde definiert, dass ein Ziel erreicht ist, wenn die eingeschätzte Zielerreichung über 50 % liegt, und ein Ziel als nicht erreicht gilt, wenn die Einschätzung der Zielerreichung unter 50 % liegt. Insgesamt gab es hierzu 376 Nennungen, davon lagen 277, d.h. 74,3 %, in ihrer Einschätzung der Zielerreichung über 50 % und 96, d.h. 25, 7 %, darunter.

Gründe für die Zielerreichung

Die höchste Kategorie für die Zielerreichung war mit 144 Nennungen (38,6 %) der Bereich der theoretischen Grundlagen der Gesprächsführung. Hier gaben die TN an, dass das Kennenlernen des personzentrierten Ansatzes, der Transaktionsanalyse sowie der Konzepte der Lösungsorientierung zur Zielerreichung beigetragen habe. Am Beispiel eines Berufsschullehrers soll dies veranschaulicht werden: „Ziel war es, die Lehrer-Eltern-Kommunikation zu verbessern, dieses Ziel habe ich zu 80 % erreicht, dazu beigetragen haben das Bewusstwerden der Ich-Zustände der Transaktionsanalyse und das Umsetzen der besprochenen Regeln zur personzentrierten Gesprächsführung."

Weiterhin wurde von den Teilnehmern und Teilnehmerinnen die Beschäftigung mit den eigenen persönlichen Ressourcen als zielführend angesehen. Die Anzahl der Nennungen betrug 69 (18,5 %). Eine Hauptschullehrerin schreibt: „Ich kann besser auf meine Bedürfnisse eingehen, weil ich erkannt habe, dass dies für mein weiteres Berufsleben notwendig ist, um nicht krank zu werden." Ein weiteres Trainingselement, das die TN bei der Zielerreichung unterstützt hat, enthielt die Übungen zur Selbst- und Fremdreflexion. Dieser Bereich wurde 39-mal (10,5 %) genannt. So hatte eine Grund- und Hauptschullehrerin das Ziel, unproduktive Verhaltensmuster im Eltern-Lehrer-Gespräch bei sich selbst zu erkennen. „Mir wurde durch das Training klar, welche Verhaltensmuster immer wiederkehren und wie ich so endlose Gespräche durchbrechen kann." Eine gymnasiale Lehrkraft mit 21-jähriger Berufserfahrung gibt an: „Mir ist erst jetzt klar geworden, wo mein Problem steckt." Ein weiterer Punkt, der von den Teilnehmern und Teilnehmerinnen als wichtiger Baustein zur Zielerreichung 25-mal (6,7 %) genannt wurde, betraf die Erfahrungs- und Erprobungsübungen in Anwendungsphasen des Seminars, wie z.B. Rollenspiele: „In den Rollenspielen konnte ich neue Gesprächsstrategien für meine Schulpraxis entwickeln."

Gründe für die Nichterreichung der Ziele

Bei der Nichterreichung der Ziele wurde als häufigster Kritikpunkt mit 44 Nennungen (11,9 %) angegeben, dass die TN noch zu wenig Erfahrung mit realen Eltern-Lehrer-Gesprächen haben und somit nicht wissen, ob sie ihr Ziel erreicht haben. Dieser Einwurf kam nicht unerwartet aus der Gruppe der Studierenden und der Referendarinnen und Referendare. So schreibt ein Realschulreferendar: „Hier fehlt mir noch die persönliche Erfahrung." Als weiterer Punkt der Ziel-Nichterreichung wird mit 29 Nennungen (7,8 %) angegeben, dass die Gefahr groß ist, trotz des Trainings die eigenen Ziele nicht zu erreichen, da man schnell in den „alten Trott" zurückfällt. Eine Grund- und Hauptschulreferendarin, die ihre Zielerreichung mit 40 % einschätzte, gibt an: „Für mich ist nun vieles leichter zu durchschauen. Beispielsweise die Ich-Zustände, in welchen man sich zum Zeitpunkt eines Gesprächs befindet. Hier haben mir die vielfältigen Übungen sehr geholfen. Dennoch denke ich, dass es für mich immer noch sehr viel Übung und Training braucht, um nicht wieder in alte ‚Rollen' zu fallen." Sehr ähnlich waren 15 Nennungen (4,0 %), die sich auf die Gesamtkonzeption des Trainings bezogen. Hier wurde genannt, dass das Training zu kurz sei, um seine Ziele zu erreichen, bzw. dass das Training die anfangs genannten Ziele nicht abdeckte. Ein weiterer Punkt, der zur Nichterreichung beitrug, waren die „sehr schwierigen Gespräche" mit acht Nennungen (2,1 %). Hierzu schreibt eine Grund- und

Hauptschulreferendarin: „Manchmal ist es mir sehr gut gelungen, die Verantwortung an die Eltern abzugeben. Bei den schwierigen Eltern war dies sehr problematisch." Sie gab deshalb ihre Zielerreichung mit 45 % an.

7. Diskussion

Insgesamt formulierten die Teilnehmerinnen und Teilnehmer Ziele, die mit dem Trainingskonzept und den Trainingsinhalten kompatibel sind und die viele Forschungsbefunde zur Eltern-Schule-Beziehung widerspiegeln – insbesondere den erlebten Unterstützungsbedarf für die Entwicklung sozial-kommunikativer und beraterischer Kompetenzen. Die TN berichten auch, dass sie die von ihnen zu Beginn des Trainings formulierten Ziele in hohem Maße erreicht haben, und zwar für alle Zielkategorien gleichermaßen. Dies spricht dafür, dass die Trainingskonzeption dem Bedarf des schulischen Alltags angepasst ist. Als zielführende Inhalte werden explizit Trainingsbestandteile wie die herangezogenen Beratungsparadigmen Transaktionsanalyse und personzentriertes Konzept benannt sowie die Ressourcenorientierung und die Selbstreflexion. Probleme erwarten die TN nur in Hinblick auf die Nachhaltigkeit des Trainingserfolgs sowie für den Kontakt mit besonders schwierigen Eltern.

Die hohe Zufriedenheit und subjektiv erlebte Zieleffizienz unterstützt die Annahme, dass das Gesprächsführungskonzept und das Training im Grundsatz bedarfsentsprechend konstruiert sind. Das Problembewusstsein der TN spricht dafür, Fallsupervision bzw. Fallbesprechungsgruppen, welche ja auch bereits Trainingsbestandteil sind, als weitere kontinuierliche Maßnahme anzubieten.

8. Literatur

Aich, G. (2008). Kompetente Lehrer – ein Konzept zur Verbesserung der Kommunikations- und Konfliktlösefähigkeit von Lehrern (2. Aufl.). Hohengehren: Schneider.

Allison, J. (1995). A descriptive study of problem-oriented parent-teacher-conferences. Humanities and Social Sciences, 56, 456-465.

Barron, B. G. (1991). Parent-Teacher-conference day: A School Plan. Education, 111(3), 396.

Behr, M. (2005). Differentielle Effekte von Eltern-Lehrer-Gesprächen mit empathischen und selbsteinbringenden Interventionen im Rollenspielexperiment. Empirische Pädagogik, 19(3), 244-264.

Behr, M., Doubek, N. & Höfer, S. (2002). Authentizität als Einheit von Erfahrung, Selbstkonzept und Echt-Sein am Beispiel von unterrichtenden Lehrern. Person, 6(2), 60-70.

Behr, M. & Franta, B. (2003). Interaktionsmuster im Eltern-Lehrer-Gespräch in klientzentrierter und systemischer Sicht. Gesprächspsychotherapie und personzentrierte Beratung, 34(1), 19-28.

Berne, E. (1961). Transactional Analysis in Psychotherapy. New York: Grove Press.

Berne, E. (1964, dt. 1967). Spiele der Erwachsenen. Reinbek: Rowohlt.

Blase, J. J. (1987). The politics of teaching. The teacher-parent relationship and the dynamics of diplomacy. Journal of Teacher Education, 38(2), 53-60.

Coleman, J. (1991). Policy perspectives: Parental involvement in education. Washington, D.C.: U.S. Government Printing Office.

Day, R., Henderson, M. & Hunt, S. (1992). Model for development of preservice conferencing skills. Paper presented at the meeting of the Association of Teacher Educators, Orlando.

De Shazer, S. (1985). Keys to solution in brief therapy. New York: Norton.

De Shazer, S., Dolan, Y. & Korman, H. (2007). More than miracles: The state of the art of solution-focused brief therapy. Los Angeles: Haworth Press.

Dittrich, K. (1984). Lehrerangst und Elternscheu betrifft: erziehung, 2/1984, 22-27.

Epstein, J. & Sheldon, S. (2006). Moving Forward: Ideas for Research on School, Family, and Community Partnerships. In C. Conrad & R. Serlin (Eds.), Handbook for research in education: Engaging ideas and enriching inquiry. Thousand Oaks, CA: Sage.

Graham, F. P. (1976). Child success data strikes home. developments, 34, 2-3.

Greenwood, G. & Hickman, C. (1991). Research and practice in parent involvement: Implications for teacher education. Elementary School Journal, 91, 279-288.

Habermas, J. (1981). Theorie des Kommunikativen Handelns. Frankfurt: Suhrkamp.

Häfner, S. & Bauer, J. (2004). Burn-out – und was man dagegen tun kann. Schulverwaltung BW, 12/2004, 254.

Henderson, A. (1987). The Evidence Continues to Grow – Parent Involvement Improves Student Achievement. National Committee for Citizen in Education.

Henderson, A. T. & Mapp, K. L. (2002). A new wave of evidence: The impact of school, family, and community connections on student achievement. Austin, TX: Southwest Educational Development Laboratory.

Hernandez, M. & Hunt, S. (1996). A model for developing pre-service parent teacher conferencing skills. Journal of Instructional Psychology, 21(1), 31.

Hitzinger, H. (1987). Soziale Kompetenz des Lehrers in der Elternarbeit: Analyse und Bewertung eines problemorientierten gruppendynamischen Lehrertrainings zur Vermittlung sozialer Kompetenz in der Lehrerfortbildung.

Johns, K. (1992). Lowering beginning teacher anxiety about parent-teacher-conferences through role-playing. School Counselor, 40(2), 146-152.

Kiresuk, T. J. & Sherman, R. E. (1968). Goal attainment scaling: a general method for evaluating comprehensive mental health programs. Community Mental Health Journal, 4, 445-453.

Knox, L. & Candelaria, C. (1987). Tips for more productive parent-teacher conferences. Learning, 16(2), 60.

Krumm, V. (1988). Wie offen ist die „öffentliche“ Schule? Über die Zusammenarbeit der Lehrer mit den Eltern. Zeitschrift für Pädagogik, (4), 71-74.

Krumm, V. (1990). Ein blinder Fleck in der Unterrichtswissenschaft: Die Vernachlässigung außerschulischer Faktoren in der Unterrichtsforschung. Zeitschrift für Lernforschung, (1), 404-405.

Krumm, V. (1996). Über die Vernachlässigung der Eltern durch die Lehrer und Erziehungswissenschaft – Plädoyer für eine veränderte Rolle von Eltern und Lehrern bei der Erziehung der Kinder. In A. Leschinsky (Hrsg.), Die Institutionalisierung von Lehren und Lernen – Beiträge zu einer Theorie der Schule. Festgabe für P. M. Roeder (S.119-130). Weinheim: Beltz.

Krumm, V. (2000). Der Einfluss der Familie auf Dispositionen für lebenslanges Lernen. In F. Achterhagen & W. Lempert (Hrsg.), Lebenslanges Lernen im Beruf – seine Grundlegung im Kindes- und Jugendalter. Band 5: Erziehungstheorie und Bildungsforschung (S. 128-151). Opladen: Leske + Budrich.

Lawler, S. D. (1981). Effective parent-teacher conferences: A guide for student teachers. (ERIC: No. ED313 125).

Manning, B. H. (1984). Conducting a worthwhile parent-teacher conference. Education, 105(4), 342-348.
Mearns, D. & Thorne, B. (2005). Person-centred counselling in action (3rd ed.). London: Sage.
Melzer, W. (1981). Die Angst des Lehrers vor den Eltern. Resultate einer empirischen Untersuchung. betrifft erziehung, 12/1981, 32-39.
Melzer, W. (1987). Familie und Schule als Lebenswelt. Zur Innovation von Schule durch Elternpartizipation.
Meyers, K. & Pawlas, G. (1989). Simple steps assure parent-teacher conference success. Instructor, 99(2), 66-67.
Moriarty, M. (2002). Increasing parental self-efficacy and positive attitudes toward parent-teacher conferences through the use of video-based group training. Humanities & Social Sciences, 62(10-A), 3294.
Neubauer, E., Krumm, V. & Astleitner, H. (1989). Die Kooperation von Eltern und Lehrer im Lichte empirischer Untersuchungen. Projektbericht. Institut für Erziehungswissenschaften der Universität Salzburg.
Olmstedt, P. P. & Rubin, R. J. (1983). Parent Involvement: Perspectives from the Follow Through Experience. In R. Haskins & D. Adams (Eds.), Parent Education and Public Policy. Norwood, NJ: Ablex.
Ramirez, A. (2002): How Parents are Portrayed Among Educators. The School Community Journal, 12, 51-61.
Riepe, L. D. (1989). Make parent conferences more productive. Learning, 18(3), 46-47.
Rogers, C. R. (1951). Client-Centered Therapy. Boston: Houghton Mifflin.
Sacher, W. (2003). Elternarbeit an bayrischen Schulen. Repräsentative Befragung zur Elternarbeit. Schulpädagogische Untersuchungen Nürnberg, 23. Nürnberg: Uni Press.
Sacher, W. (2005a). Elternarbeit: Forschungsergebnisse und Empfehlungen. Zusammenfassung der repräsentativen Untersuchung an den allgemein bildenden Schulen Bayerns. Schulpädagogische Untersuchungen Nürnberg, 25. Nürnberg: Uni Press.
Sacher, W. (2005b). Erfolgreiche und misslingende Elternarbeit. Ursachen und Handlungsmöglichkeiten. Schulpädagogische Untersuchungen Nürnberg, 24. Nürnberg: Uni Press.
Schaarschmidt, U. & Kieschke, U. (Hrsg.). (2007). Gerüstet für den Schulalltag. Weinheim: Beltz.
Schädler, St., Kool, J., Marks, D., Oesch, P., Lüthi, H. J., Pfeffer, A. & Wirz, M. (2006). Assessments in der Neurorehabilitation. Bern: Hans Huber.
Schlippe, A. v. & Schweitzer, J. (2003). Lehrbuch der systemischen Therapie und Beratung (9. Aufl.). Göttingen: Vandenhoeck + Ruprecht.
Schwerdtfeger, A., Konermann, L. & Schönhofen, K. (2008). Self-efficacy as a health-protective resource in teachers? A biopsychological approach. Health Psychology, 27, 358-368.
Smet de, J. A. (1990). Assisting kindergarten through fifth grade teachers to improve their parent conferencing skills. (ERIC No. ED 321 904).
Smith, A., Cardillo, J. E., Smith, S. C. & Amezaga, A. M. (1998). Improvement scaling (rehabilitation version). A new approach to measuring progress of patients in achieving their individual rehabilitation goals. Med Care, 36(3), 333-347.
Stallworth, J. T. (1981). Parent involvement training for undergraduate elementary teacher preparation. Washington, D.C.: National Institute of Education.
Stewart, I., Joines, V. & Rautenberg, W. (2008). Die Transaktionsanalyse. Freiburg: Herder.
Stolee, P., Stadnyk, K., Myers, A. M. & Rockwood, K. (1999). An individualized approach to outcome measurement in geriatric rehabilitation. Journal of Gerontol Series A: Biolical Sciences and Medical Sciences, 54(12), 641-647.

Susteck, H. (Hrsg.). (1981). Schulleben und Elternarbeit. Bochum: Kamp.

Susteck, H. (1992). Der Umgang zwischen Lehrern und Eltern. Pädagogik, 44, 32-34.

Tacke, M. (1997). Haben die Belastungen für ältere Lehrerinnen zugenommen? Ergebnis einer Umfrage zur Gesundheit und Leistungsfähigkeit älterer Lehrkräfte in Niedersachsen. Die Grundschule (6), 37-46.

Unterbrink, Th., Zimmermann, L., Pfeifer, R., Wirsching, M., Brähler, E. & Bauer, J. (2008). Parameters influencing health variables in a sample of 949 German teachers. International Archives of Occupational and Environmental Health, 82, 117-123.

Weinberger, S. (2008). Klientenzentrierte Gesprächsführung (8. Aufl.). Weinheim: Beltz.

Wolf, J. S. (1989). Parent-teacher conferences: Finding common ground. Educational Leadership, 47(2), 28-31.

Gesundheitsförderung

Eine dringliche Aufgabe der Lehrerfortbildung

Uwe Schaarschmidt

Abstract

Der Beitrag stützt sich auf Ergebnisse der Potsdamer Lehrerstudie[1] (Schaarschmidt, 2005; Schaarschmidt & Kieschke, 2007). Diese Studie hat ein problematisches Bild der Gesundheitssituation aufgezeigt. Zugleich machten ihre Ergebnisse deutlich, dass es möglich ist, wirksame Beiträge zur Belastungsbewältigung und Gesundheitsförderung auch in Form personenorientierter Intervention zu leisten. So wurde im Rahmen der Studie von Abujatum et al. (2007) ein Trainingsprogramm entwickelt und erprobt, dessen Realisierung einen Gewinn an Bewältigungskompetenz erwarten lässt. Es wird empfohlen, dieses Programm in der Lehrerfortbildung zu nutzen.

Schlagworte (dt.)

Bewältigungsverhalten, persönliche Ressourcen, psychische Gesundheit, berufliche Belastung, Training

Schlagworte (engl.)

coping behavior, personal resources, psychic health, occupational stress, training

1. Ausgangspunkt: Analyse der Beanspruchungssituation

Die Analyse der Beanspruchungssituation, die im Zuge der Potsdamer Lehrerstudie erfolgte, stützte sich auf das diagnostische Verfahren AVEM (Arbeitsbezogenes Verhaltens- und Erlebensmuster, vgl. Schaarschmidt & Fischer, 2008).

Konzeptionell orientiert sich dieses Verfahren am salutogenetischen Ansatz (Antonovsky, 1987) und der darauf aufbauenden gesundheits- und arbeitspsychologischen Ressourcenforschung (vgl. Udris et al., 1994; Schwarzer, 1996). Gefragt wird nicht nach Belastungssymptomen, wie zum Beispiel körperlichen und psychischen Beeinträchtigungen und Beschwerden, sondern nach Haltungen und Einstellungen, erlebten Kompetenzen und Gefühlen. Es wird damit die aktive Rolle des Menschen in seinem Verhältnis zu den beruflichen Anforderungen betont, das heißt dem Umstand Rechnung getragen, dass Menschen nicht einfach Opfer ihrer Belastungen sind, sondern dass sie durch ihre individuellen Verhaltens- und Erlebensweisen, eben durch das Einbringen der persönlichen Ressourcen, die eigenen Beanspruchungsverhältnisse mit gestalten. Ein solches Herangehen verspricht einen besseren Zugang zur Früherkennung möglicher Gefährdungen und zur Prävention. Denn es steht außer Frage, dass sich wirksamer in die Stärkung persönlicher Ressourcen als in die Korrektur bereits vorliegender und manifester Störungen und Beschwerden eingreifen lässt.

---

1 Der Autor dieses Beitrags war Leiter der Potsdamer Lehrerstudie.

Angemerkt sei noch, dass die Zuverlässigkeit und Gültigkeit des Verfahrens in überzeugender Weise gesichert werden konnten. Die Prüfung der inneren Konsistenz über Cronbachs α erbrachte für die einzelnen Skalen Koeffizienten zwischen .79 und .87. Die Validität wird durch Ergebnisse auf mehreren Ebenen belegt: Erstens ist eine klare, inhaltlich gut begründete und replizierbare Faktoren- und Clusterstruktur hervorzuheben. Zweitens konnten für die einzelnen Dimensionen enge Beziehungen zu verwandten Merkmalen anderer Verfahren bestätigt werden. Drittens ließ sich für die vier Verhaltens- und Erlebensmuster anhand einer Vielzahl von Binnen- und Außenkriterien die Gesundheitsrelevanz überzeugend nachweisen.

Mittels des Verfahrens AVEM gelingt die Identifizierung von vier Mustern arbeitsbezogenen Verhaltens und Erlebens, auch kurz als *Beanspruchungsmuster* bezeichnet. Diese Muster betrachten wir als entscheidende Indikatoren psychischer Gesundheit. In ihnen schlagen sich sowohl die Voraussetzungen als auch die Folgen der Auseinandersetzung mit den Berufs- und damit verbundenen Lebensanforderungen nieder. Damit ist zugleich gesagt, dass die Muster nicht ein für alle Mal gegeben, sondern der Veränderung zugänglich sind. Wir gehen also davon aus, dass durch gezielte Intervention auf eine günstigere Musterkonstellation Einfluss genommen werden kann. Auf diese Voraussetzung gründet sich auch das Training, das Gegenstand dieses Beitrags ist.

Die Muster konstituieren sich über Merkmale des *Arbeitsengagements* (Bedeutsamkeit der Arbeit, beruflicher Ehrgeiz, Verausgabungsbereitschaft, Perfektionsstreben), der *psychischen Widerstandskraft* (Distanzierungsfähigkeit, Resignationstendenz bei Misserfolg, offensive Problembewältigung, innere Ruhe und Ausgeglichenheit) sowie der *Emotionen*, die die Auseinandersetzung mit den Arbeitsanforderungen begleiten (Erfolgserleben im Beruf, generelle Lebenszufriedenheit, Erleben sozialer Unterstützung). Auf der Basis der Muster beschreiben und bewerten wir die vorgefundene Situation. Sie zeigen an, ob und in welchem Ausmaß die Auseinandersetzung mit den Arbeitsanforderungen in gesundheitsförderlicher oder gesundheitsgefährdender Art und Weise geschieht. Es werden vier Muster unterschieden:

Muster G

Dieses Muster ist Ausdruck von **G**esundheit und Hinweis auf ein gesundheitsförderliches Verhältnis gegenüber der Arbeit. Es ist durch stärkeres, doch nicht exzessives berufliches Engagement, durch höhere Widerstandsfähigkeit gegenüber Belastungen und durch positive Emotionen gekennzeichnet. Es steht außer Frage, dass Lehrpersonen mit diesem Muster über günstigste Voraussetzungen verfügen, um erworbenes Wissen und Können sowie pädagogische Überzeugungen und Absichten wirksam umzusetzen.

Muster S

Hier charakterisiert die **S**chonung das Verhältnis gegenüber der Arbeit (als ein möglicher Hinweis auf ungenügende Herausforderungen und/oder berufliche Unzufriedenheit). Charakteristisch ist geringes Engagement bei wenig Auffälligkeiten in den übrigen Bereichen. Zwar zeigt dieses Muster in der Regel kein gesundheitliches Risiko an, doch im

Lehrberuf dürfte es (mehr als in manch anderen Berufen) ein ernstes Hindernis für erfolgreiche Arbeit sein, kommt es hier doch verstärkt auf aktives und engagiertes Handeln an.

Risikomuster A

Entscheidend ist für dieses Muster, dass hohe **A**nstrengung keine Entsprechung im Zufriedenheitserleben findet (im Sinne der von Siegrist (1996) beschriebenen „Gratifikationskrise"). Das Bild ist durch überhöhtes Engagement bei verminderter Widerstandsfähigkeit gegenüber Belastungen und durch eher negative Emotionen gekennzeichnet. Das Gesundheitsrisiko besteht in der Selbstüberforderung. Lehrerinnen und Lehrer dieses Typs sind oftmals ihrer hohen Einsatzbereitschaft wegen besonders geschätzt. Doch ist abzusehen, dass auf Dauer die Kraft nicht ausreicht, den Belastungen des Berufs standzuhalten. Nicht selten ist mit dem Übergang zum folgenden Risikomuster B zu rechnen (Burnout-Prozess).

Risikomuster B

Bei diesem zweifellos problematischsten Muster sind permanentes Überforderungserleben, Erschöpfung und Resignation vorherrschend. Das Profil weist überwiegend geringe Ausprägungen in den Merkmalen des Arbeitsengagements, deutliche Einschränkungen in der Widerstandsfähigkeit gegenüber Belastungen und (stark) negative Emotionen aus. In seinem Erscheinungsbild entspricht dieses Muster den Symptomen in den letzten Stadien eines **B**urnout-Prozesses (vgl. Burisch, 2006). Klar ist, dass bei stärkerer Ausprägung des Musters B der/die Betroffene kaum (noch) ein guter Lehrer beziehungsweise eine gute Lehrerin sein kann. Die verbleibende Kraft reicht dazu nicht aus. Sie wird aufgewendet, um irgendwie „über die Runden" zu kommen.

Aus der Musterbeschreibung geht hervor, dass wir psychische Gesundheit nicht nur als Ausdruck persönlicher Lebensqualität verstehen, sondern auch als eine entscheidende Voraussetzung für die erfolgreiche Ausübung des Lehrberufs.

Die Ergebnisse der Potsdamer Lehrerstudie (Basis dafür: rund 20000 Lehrerinnen und Lehrer sowie Referendarinnen, Referendare und Lehramtsstudierende; vgl. Schaarschmidt, 2005; Schaarschmidt & Kieschke, 2007) weisen nun auf eine zum Teil sehr ungünstige Verteilung der genannten vier Muster in der Lehrerpopulation hin. Sie machen damit auf eine prekäre gesundheitliche Situation aufmerksam. So ist zu konstatieren, dass 30 Prozent der Lehrerinnen und Lehrer zu einem Muster der Selbstüberforderung und Vernachlässigung von Erholung und Entspannung neigen (Risikomuster A) und ebenso viele – was besonders problematisch ist – ein durch Erschöpfung und Resignation gekennzeichnetes Muster aufweisen (Risikomuster B). Ein so ungünstiges Bild ließ sich in keiner anderen zum Vergleich herangezogenen Berufsgruppe auffinden. Im Weiteren konnte auch (über die Längsschnittbetrachtung) gezeigt werden, dass mit spontanen Verbesserungen dieses Zustands keineswegs zu rechnen ist. Vielmehr wurde festgestellt, dass eine weitere Verschlechterung im Sinne der Erhöhung der Risikoanteile eintritt, wenn keine gezielten Maßnahmen entgegengesetzt werden (vgl. auch Kieschke, 2005).

2. Schlussfolgerungen für die Lehrerfortbildung

Es besteht also ohne Frage ein großer Bedarf an Maßnahmen, die den Lehrerinnen und Lehrern mehr Unterstützung bei der gesundheitsförderlichen Bewältigung ihrer beruflichen Anforderungen geben können. Orientiert an unserem Konzept geht es um solche Maßnahmen, die geeignet sind, zu günstigeren Musterkonstellationen beizutragen. Sie sollten auch ihren Platz in der Lehrerfortbildung haben.

Momentan können die Leistungen, die die Fort- und Weiterbildung für die Gesundheitsförderung im Lehrerberuf erbringt, noch nicht befriedigen. Das geben die von uns befragten Lehrerinnen und Lehrer klar zu verstehen. Im Rahmen einer Erhebung mit dem Arbeitsbewertungs-Check für Lehrkräfte (ABC-L; vgl. Schaarschmidt & Kieschke, 2007) war unter anderem ein Urteil darüber abzugeben, wie die Fort- und Weiterbildung dazu beiträgt, das *fachliche Wissen*, die *didaktischen Fähigkeiten*, die *erzieherischen Kompetenzen* und die *Fähigkeit zum individuellen Belastungsmanagement* zu fördern. Aus Abbildung 1 geht das Ergebnis der Einschätzung von über 8000 Personen hervor (Heitzmann et al., 2007). Die Urteile fallen generell kritisch aus (gefordert war die Einschätzung auf einer fünfstufigen Skala, wobei der Wert 5 völlige Zufriedenheit bedeutet), und die allerkritischste Einschätzung betrifft den Beitrag zur Gesundheitsförderung (Belastungsmanagement). Es wird in diesem Bereich also in besonderem Maße auf Handlungsbedarf hingewiesen. Dabei ist, wenn es um die Fortbildung geht, speziell an personenbezogene Interventionen zu denken. Und hier bietet sich in erster Linie ein Training mit Gruppen von Lehrerinnen und Lehrern an, das der Steigerung der Bewältigungskompetenz bei der Auseinandersetzung mit den belastenden Anforderungen des Arbeitsalltags dient.

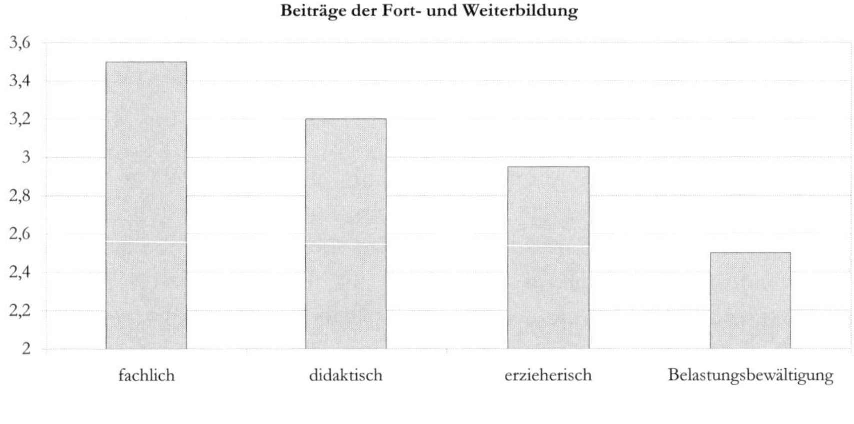

Abb. 1: Einschätzung zu den Beiträgen der Fort- und Weiterbildung in Bezug auf die Förderung des fachlichen Wissens, der didaktischen Fähigkeiten, der erzieherischen Kompetenz und der Fähigkeit zur Belastungsbewältigung (die Einschätzung erfolgte über das Verfahren ABC-L; vgl. Schaarschmidt & Kieschke, 2007)

Was kann und sollte konkret von einem solchen Gruppentraining erwartet werden? Ausgehend von den Problemen, wie sie insbesondere in den beiden Risikomustern, aber zum Teil auch im Muster S zum Ausdruck kommen, sollte das Training Unterstützung leisten bei:

- dem angemessenen Umgang mit schwierigen sozialen Situationen, insbesondere solchen, die Flexibilität und Gewandtheit, offensives Auftreten und Durchsetzungsfähigkeit verlangen,
- dem Abbau von Tendenzen zur Selbstüberforderung und Vernachlässigung von Erholung,
- dem Entdecken und Nutzen von Möglichkeiten für den Erhalt von mehr sozialer Unterstützung (die angesichts des Einzelkämpferdaseins vieler Lehrkräfte im Alltag oft fehlt),
- einer Arbeits- und Zeitorganisation des Lehrerarbeitstags, die trotz der schwierigen Trennung von beruflicher und privater Sphäre und der vielfältigen nach dem Unterricht anstehenden Aufgaben eine Balance zwischen Arbeit und Erholung gewährleistet,
- dem Entwickeln und Setzen persönlicher berufsbezogener Ziele als Voraussetzung für eine tragfähige Arbeitsmotivation,
- dem Erlernen von Entspannungstechniken, die eine zusätzliche Hilfe für ein erfolgreiches Belastungsmanagement sein können.

3. Das Potsdamer Trainingsmodell

Ausgehend von den genannten Ansprüchen haben Abujatum et al. (2007) das Potsdamer Trainingsmodell entwickelt. Dieses Konzept berücksichtigt Vorarbeiten anderer Autoren und Autorinnen, die sich bereits intensiver mit Fragen des Lehrertrainings befasst haben (vgl. z.B. Kretschmann, 2000; Schwarzer, 1998). Es unterscheidet sich aber von den bisherigen Modellen in zweierlei Hinsicht: Erstens ist die enge Verbindung mit dem diagnostischen Ansatz hervorzuheben, wie er oben kurz erläutert wurde. Zweitens wird der Versuch unternommen, den komplexen Anforderungen des Lehrerberufs durch ein breites Themenspektrum zu entsprechen, was sich in dem modularen Aufbau des Programms niederschlägt. Es werden insgesamt sechs Module unterschieden, die sich wie Puzzleteile eng verzahnt zusammenfügen:

Modul 1: Analyse der Beanspruchungssituation

Mit diesem Modul wird in das Training eingestiegen. Über die Musterbestimmung (mittels des Verfahrens AVEM, siehe oben) ist zunächst eine Analyse der aktuellen Beanspruchungssituation und der persönlichen Kompetenzen im Umgang mit beruflichen Anforderungen möglich. Auf dieser Basis werden die individuellen Schwerpunkte für das Training besprochen. Bezogen auf die vier Muster wird die Schwerpunktsetzung wie folgt gesehen:

- Muster G: Festigung und Konsolidierung der gesundheitsförderlichen Verhaltens- und Erlebensweisen,
- Muster S: Festigung der günstigen Voraussetzungen in der Widerstandskraft bei gleichzeitiger Förderung des Engagements,

- Risikomuster A: Abbau der Tendenzen zur Selbstüberforderung und Vernachlässigung von Erholung,
- Risikomuster B: Abbau von Überforderungserleben und resignativen Tendenzen im Verhältnis zum Beruf, Förderung von Selbstsicherheit und offensiverem Auftreten.

Modul 2: Technik der systematischen Problemlösung

Die Einführung in die Technik der systematischen Problemlösung soll dazu beitragen, belastende Probleme auf effektivere Weise, nämlich planvoll und strategisch, Schritt für Schritt, anzugehen. Dabei wird das Problem zunächst ausführlich analysiert und beschrieben, um dann im Sinne einer „distanzierteren Draufsicht" verschiedenste Lösungswege zu erarbeiten. Die Vielzahl der möglichen Lösungen wird im Anschluss bewertet, um schließlich die am besten geeignete auszuwählen und die angemessenen Schritte für deren Umsetzung zu planen. Im Training gibt es Gelegenheit, für konkrete Probleme des beruflichen Alltags Lösungen zu erarbeiten und sich dabei durch die unterschiedlichen Sichtweisen und Lösungsideen der übrigen Gruppenmitglieder anregen zu lassen.

Modul 3: Zeit- und Selbstmanagement

Für die Organisation des Lehreralltags kann ein gutes Zeit- und Selbstmanagement von großer Bedeutung sein. Es ist insbesondere gefordert, wenn Belastungsspitzen auftreten und ein erheblicher Teil der Arbeiten noch an den Abenden und den Wochenenden anfällt. Denn in vielen Fällen wird dann die Balance zwischen beruflichen Verpflichtungen und Privatleben nicht bewältigt, so dass Entspannung und Regeneration vernachlässigt werden. Im Training werden deshalb Verhaltens- und Arbeitstechniken angeeignet und geübt, die vor allem dem notwendigen Belastungsausgleich zugutekommen sollen (wie z.B. Zeitdiebe identifizieren, Prioritäten setzen, Pufferzeiten einplanen, delegieren, Hilfe einholen, Nein sagen lernen).

Modul 4: Kommunikation und soziale Kompetenz

Von der sozial-kommunikativen Kompetenz der Lehrkraft hängen sowohl ihr beruflicher Erfolg als auch ihre psychische Gesundheit in entscheidendem Maße ab. Deshalb erhält dieses Modul besonderes Gewicht. Neben der Vermittlung von Grundlagen angemessener Kommunikation geht es hier hauptsächlich darum, die Bewältigung kritischer sozialer Situationen im Lehrer-Schüler-, Lehrer-Eltern- und Lehrer-Lehrer-Verhältnis zum Gegenstand zu machen. Dabei kommt sowohl dem Erfahrungsaustausch als auch dem Üben im Rollenspiel große Bedeutung zu. Prototypische Aufgaben solcher Übungen sind die Problemklärung, die Durchsetzung von Ansprüchen, die Vermittlung und Schlichtung sowie die Konfliktlösung. Die in diesem Modul erworbenen Erfahrungen und Fertigkeiten sollten dabei helfen, schwierigen sozial-kommunikativen Anforderungen des beruflichen Alltags mit mehr Gelassenheit und Souveränität gegenüberzutreten.

Modul 5: Zielsetzung und Zielplanung

Wir finden heute im Lehrerberuf verschiedene Bedingungen, die es dem/der Einzelnen schwer machen, längerfristige Ziele zu entwickeln, sie in der eigenen Arbeit zu verfolgen und schließlich auch die Zielerreichung erleben und sich am Erfolg erfreuen zu können. Verwiesen sei auf vielerlei Reglementierungen, aber auch auf die zahlreichen Kampagnen, Neuerungen und Veränderungen, die ein Hindernis für selbstbestimmtes professionelles Arbeiten und damit eben auch für Zielsetzungsprozesse darstellen. Die Möglichkeit, Ziele verfolgen und realisieren zu können, ist jedoch eine wichtige Bedingung für Erfolgserleben und Motivationsentwicklung im Beruf und damit letztlich für psychische Gesundheit. Aus diesem Grund wurde das Thema der berufsbezogenen Ziele mit in das Training aufgenommen. Nach einer generellen Verständigung über die Bedeutung von Zielen und über Grundlagen und Regeln der Zielformulierung und -verfolgung konzentrieren sich die Inhalte darauf, wie auch in der heutigen Schulrealität persönlichkeitsförderliche Zielsetzungsprozesse ermöglicht und Zielerreichungen gewährleistet werden können.

Modul 6: Entspannung

Den meisten Lehrkräften fehlt es an Gelegenheiten für gezielte und regelmäßige Entspannung und Erholung. Die Unterrichtspausen sind dazu in aller Regel nicht geeignet. Aber auch die Zeit nach dem Unterricht bietet hier nur eingeschränkte Möglichkeiten. Das Empfinden, nie fertig zu werden, führt bei vielen Lehrerinnen und Lehrern zu einer dauerhaften mentalen Beschäftigung mit dem Beruf. Hinzu kommen, als besonderer Aspekt der Lehrerbelastung, gehäuft negative Emotionen wie Ärger, Kränkung, Enttäuschung, Versagensängste und Erleben von Macht- und Hilflosigkeit. Die Unfähigkeit, sich von beruflichen Problemen zu distanzieren, trägt zu einem anhaltenden Erleben von innerer Unruhe und Getriebensein bei. Aus diesem Grund ist es auch wichtig, den Betroffenen Methoden und Techniken bereitzustellen, die ihnen zu Entspannung und erhöhter Ausgeglichenheit verhelfen können. Es wurden dabei solche Entspannungsverfahren in das Training einbezogen, die alltagstauglich sind und den unterschiedlichen persönlichen Neigungen und Eignungen bei ihrer Anwendung Rechnung tragen. Konkret handelt es sich um die Verfahren *Progressive Muskelrelaxation, Atemtechniken* und *Phantasiereise.*

4. Spezifizierung und Akzentsetzung im Trainingsprogramm

Das oben umrissene Konzept stellt das Grundgerüst des Trainings dar. Der modulare Aufbau ermöglicht nun weitere Spezifizierungen und Akzentsetzungen. Diese sind vor allem ratsam, um den verschiedenen Problemlagen gerecht zu werden, die in den unterschiedlichen Beanspruchungsmustern zum Ausdruck kommen. Nach dem Vorkommen der jeweiligen Muster sollte entschieden werden, ob die Schwerpunkte auf individueller oder mehr auf Gruppenebene gesetzt werden. So wird beispielsweise dort, wo das Risikomuster A im Vordergrund steht, das Modul »Zeit- und Selbstmanagement« eine besondere Rolle spielen müssen. Personen dieses Musters sollten vor allem lernen, nicht nur Aufgaben und Verpflichtungen, sondern auch Erholung und Belastungsausgleich im Alltag zu planen und dafür auch die erforderlichen Zeiten vorzusehen. Um dies zu schaffen, ist es unerlässlich, das Delegieren von Aufgaben zu lernen und eine gewisse Toleranz für »nicht-perfekte Lösungen« zu entwickeln. Zusätzlich sollten sich die Lehrkräfte eigener Prioritäten im Leben bewusst werden und diese verfolgen. Es gilt zu akzeptieren, dass nicht alles gleich wichtig sein kann. In vielen Fällen sind es Angehörige, Freundinnen und Freunde und Kolleg/inn/en gewöhnt, dass Personen des Musters A »die Dinge schon regeln« und allzeit bereit sind, anfallende Aufgaben zu übernehmen. Demnach ist es zur eigenen Entlastung notwendig, sich im Nein-Sagen und Ablehnen unberechtigter Forderungen zu üben sowie nötige Hilfe und Unterstützung einzufordern und in Anspruch zu nehmen. Dieser Thematik muss ein hoher Stellenwert eingeräumt werden.

Liegt dagegen eine starke Tendenz zum B-Muster vor, so ist vor allem daran zu arbeiten, die Neigung zum Rückzug in die Einsamkeit zu überwinden und Voraussetzungen für eine aktivere Problembewältigung zu schaffen. Personen dieses Musters fehlt zu Beginn des Trainings oftmals die Kraft, sich überhaupt neuen Herausforderungen zu stellen. Deshalb müssen die ersten Bemühungen der emotionalen Stabilisierung gelten, wozu vor allem der Austausch in einem vertrauensvollen Klima beitragen kann. Im Weiteren wird es darauf ankommen, den Themenbereich »Zielsetzung und Zielplanung« zu vertiefen. Hier gilt es, die Betroffenen behutsam darin zu unterstützen, dass eigene Vorhaben ins Auge gefasst und geplant werden. Möglicherweise bieten sich dabei zunächst (leichter realisierbare) Ziele außerhalb des beruflichen Kontexts an. Und schließlich gilt es, der aktiven Auseinandersetzung mit den Kommunikationsanforderungen des Alltags besondere Aufmerksamkeit zu schenken. Defizite in diesem Bereich sind nach unserer Erfahrung eine zentrale Ursache für das Vorherrschen der defensiven Bewältigungsstrategien dieses Musters. Es kommt hier darauf an, durch Üben das Selbstvertrauen und die Bereitschaft zu offensiverem Auftreten in einschlägigen Situationen zu fördern (Umgang mit problematischem Schülerverhalten, konflikthaltiges Gespräch mit Eltern, Kolleg/inn/en und Vorgesetzten etc.). Bei einem stark ausgeprägten B-Muster – so besagen unsere Erfahrungen – stößt das Training in der Gruppe aber auch an seine Grenzen. Hier ist dann mitunter Hilfe durch individuelle Beratung und schließlich durch therapeutische Betreuung angezeigt. Diese Intervention kann und sollte dann unter Umständen auch darauf zielen, die Betreffenden beim Finden einer beruflichen Alternative zu unterstützen.

5. Ergebnisse des Trainings

Die von uns nach dem obigen Konzept durchgeführten Trainings erfassten 224 Lehrerinnen und Lehrer und erstreckten sich auf den Zeitraum 2003–2006. Sie fanden zum Teil in Form von Blockveranstaltungen (an Wochenenden) und zum Teil in wöchentlichen Sitzungen statt. Als Trainer/innen fungierten Projektmitarbeiter/innen beziehungsweise im Rahmen des Projekts speziell für diese Aufgabe geschulte Lehrkräfte und Schulpsychologen und -psychologinnen. In der Regel wurde die Trainer/innen jeweils durch eine/n Co-Trainer/in unterstützt. Die Gruppengröße variierte zwischen 8 und 25 Teilnehmerinnen beziehungsweise Teilnehmern.

Unmittelbar vor und zwölf Wochen nach dem Training hatten die Teilnehmer/innen das diagnostische Verfahren AVEM zu bearbeiten. Begleitend wurden noch einige weitere Angaben erhoben. So kam unter anderem auch eine Liste zur Erfassung psychischer und körperlich funktioneller Beschwerden (Beschwerdeliste) zum Einsatz (siehe Schaarschmidt, 2005).

Als wichtigste Kriterien des Trainingserfolgs ziehen wir die Beanspruchungsmuster (AVEM-Ergebnisse) heran. Es ist zu prüfen, inwieweit es gelang, die problematischen Muster des arbeitsbezogenen Verhaltens und Erlebens zurückzudrängen und das Gewicht des wünschenswerten Musters G zu erhöhen. Das Resultat geht aus Abbildung 2 hervor. Es sind hier die Musterverteilungen der ersten und zweiten Messung (unmittelbar vor und zwölf Wochen nach dem Training) dargestellt. Die Ausgangskonstellation entspricht weitgehend der Verteilung, wie wir sie für die Lehrerpopulation im Ganzen finden: Es überwiegen klar die beiden Risikomuster A und B. Die Ergebnisse der Zweitmessung stellen sich günstiger dar. Es kann festgestellt werden, dass der Anteil der Risikomuster deutlich abgenommen hat (statistisch signifikant), während das Gewicht des Musters G gestiegen ist – wenn auch nicht in dem Maße, wie das zu wünschen wäre. Im Weiteren fällt noch die Zunahme des Musters S auf. Dieser Befund wird bei genauerer Betrachtung der Musterveränderungen verständlich (vgl. Kieschke, 2005). Sie lässt erkennen, dass der Abbau des B-Muster-Anteils in erster Linie zugunsten des Musters S erfolgte. Gestärkt wurde die Widerstandskraft, während es noch weniger gelang, die Motivation in gleicher Weise zu fördern. So ist dann im Weiteren auch zu erklären, dass es nur in wenigen Fällen eine Veränderung von S nach G gegeben hat, die natürlich erstrebenswert wäre.

Für die Beurteilung des Trainingserfolgs ist auch der Vergleich mit einer Lehrerstichprobe aufschlussreich, deren Entwicklung wir im Längsschnitt beobachtet hatten, ohne in dieser Zeit Interventionen zu setzen. Dort war keine Veränderung zum Besseren festzustellen. Im Gegenteil, es zeigte sich die Tendenz zur weiteren Zunahme der unerwünschten Muster (Kieschke, 2005). Es spricht also alles dafür, dass sich im hier dargestellten Ergebnis ein positiver Effekt des Trainings niederschlägt.

Abb. 2: Verteilung der vier Bewältigungsmuster vor und nach dem Training (die Ergebnisse stammen von 103 Teilnehmer/innen, für die die vollständigen Datensätze vorlagen, darunter auch die vor und nach dem Training gewonnenen AVEM-Daten)

Bei der Betrachtung der erzielten Veränderungen bleiben wir nicht auf der Ebene der Muster stehen. Es interessiert auch, in welchen der Einzelmerkmale, die den Mustern zugrunde liegen, sich die deutlichsten Entwicklungen vollzogen haben. Als signifikant erweisen sich die Abnahme in der Verausgabungsbereitschaft und der Resignationstendenz sowie die Zunahme in der Distanzierungsfähigkeit, der inneren Ruhe und Ausgeglichenheit, dem beruflichen Erfolgserleben und der allgemeinen Lebenszufriedenheit. Es lässt sich also in der Folge des Trainings vor allem ein Gewinn an Widerstandskraft und positiven Emotionen konstatieren.

Die aus dem AVEM abgeleiteten Aussagen werden auch durch die Ergebnisse der Beschwerdeliste untermauert. Bei der Erhebung drei Monate nach dem Training ergeben sich deutlich günstigere Werte im körperlichen und psychischen Befinden. Konkret berichten die Teilnehmer/innen (statistisch signifikant) über eine Verminderung von affektiven Beschwerden (z.B. Stimmungsschwankungen, Angst), von Schlaf- und Konzentrationsproblemen, Kopfschmerzen und Erschöpfungsanzeichen (z.B. Abgespanntheit, Vergesslichkeit, Überforderungserleben).

Schließlich geben die meisten Trainingsteilnehmer und -teilnehmerinnen (80 %) auch noch zwölf Wochen nach Trainingsabschluss an, dass sie sich den Arbeitsbelastungen besser gewachsen fühlen, die Trainingsinhalte im Arbeitsalltag anwenden und ihre zum Trainingsabschluss formulierten Vorhaben weiter verfolgen. (Die am häufigsten genannten Vorhaben waren die Anwendung von Methoden zur Zeitorganisation und Prioritätensetzung sowie die Integration von Ruhephasen in den Arbeitsalltag.)

6. Bedingungen und Besonderheiten des Trainings

Das Training wurde nicht nur bei Lehrerinnen und Lehrern, sondern auch – und in noch größerem Umfang – bei Referendar/inn/en und Lehramtsstudierenden durchgeführt. Der Vergleich der Erfahrungen, die mit diesen drei Gruppen gewonnen wurden, ermöglicht es auch, auf einige Bedingungen und Besonderheiten zu verweisen, die bei der Realisierung des Trainings im Rahmen der Lehrerfortbildung beachtet werden müssen (in Anlehnung an Abujatum et al., 2007):

- *Erstens* ist zu bedenken, dass die im Beruf stehenden Lehrerinnen und Lehrer bereits eingefahrene Verhaltens- und Erlebensweisen in das Training einbringen. Rasche Veränderungen sind damit oft schwer erreichbar (sehr viel schwerer als bei Student/inn/en und Referendar/inn/en). Das gilt umso mehr, wenn Probleme und Situationen zum Gegenstand gemacht werden, die unmittelbar aus dem Arbeitsalltag entnommen sind. Mit dem Vorliegen fester Gewohnheiten hängt auch zusammen, dass Lehrerinnen und Lehrer sich oft weniger bereitwillig auf die Trainingsübungen einlassen. Unerlässlich ist deshalb eine offene und vertrauensvolle Gruppenatmosphäre, in der konstruktives und ermutigendes Feedback gegeben wird. Zwang und Druck sollten keinesfalls ausgeübt werden, gilt es doch eigenverantwortliches Handeln zu befördern.
- *Zweitens* ist die starke Tendenz hervorzuheben, für das persönliche Belastungserleben ausschließlich die Arbeitsbedingungen und dabei insbesondere die schwierigen Rah-

menbedingungen des Berufs verantwortlich zu machen. Das führt häufig zu einer Fixierung auf scheinbar Unabänderliches, dem man sich hilflos ausgeliefert fühlt. Der Blick auf den Anteil der eigenen Person am Beanspruchungsgeschehen und auf die eigenen Möglichkeiten, die Bedingungen mit zu beeinflussen, geht dabei häufig verloren. Deshalb muss sich das Training zunächst sehr stark darauf konzentrieren, die Teilnehmer/innen für ihre eigenen Anteile bei der Entstehung von Stress und beruflicher Belastung zu sensibilisieren und ihre Bereitschaft zu wecken, auch die eigenen Ressourcen in der Gestaltung der Bedingungen zu erkennen und zu nutzen.

- *Drittens* gilt für nicht wenige Lehrkräfte, dass sie mit der Erwartung in das Training kommen, schnell wirksame Hilfe bei der Reduzierung ihres Belastungserlebens und der Steigerung des Wohlbefindens zu erhalten. Bei der zu Beginn eines jeden Trainings durchgeführten Erwartungsabfrage werden bevorzugt zwei Wünsche geäußert: das Erlernen von effektiven und ohne größeren Aufwand umsetzbaren Zeitmanagementstrategien und/oder von rasch ansprechenden Entspannungstechniken. Es gilt deshalb auch von Beginn an klarzustellen, dass keine Patentlösungen zu erwarten sind und das Training nur so gut sein kann, wie es aus eigener Kraft aufgegriffen und in individuell angemessenen Bahnen im Alltag weitergeführt wird.
- *Viertens* hat sich die Zusammensetzung der Gruppe als eine sehr wichtige Größe erwiesen. Es kann ratsam sein, das Training für ein geschlossenes Kollegium durchzuführen, um auch die konkrete Situation an der Schule gezielt bearbeiten zu können. Dies setzt allerdings ein hohes Maß an Offenheit, Konstruktivität und gegenseitiger Wertschätzung voraus. Sind diese Voraussetzungen nicht gegeben, werden entscheidende, die/den Einzelne/n und das Team belastende Themen meist nicht angesprochen. Aus diesem Grund sind mitunter aus mehreren Schulen zusammengesetzte Trainingsgruppen vorzuziehen. Zwar ist dann die Wirkung auf die einzelne Schule begrenzt, doch besteht der Vorteil, dass in größerem Maße unterschiedliche Sichtweisen und Erfahrungen eingebracht werden, die auch neue Perspektiven eröffnen und zu einer breiteren Auswahl von Lösungsmöglichkeiten führen können. Es sollte also generell bei der Planung des Trainings der Gruppenzusammensetzung und der zu erwartenden Gruppendynamik große Aufmerksamkeit gelten.
- *Fünftens* hängt der Erfolg des Trainings auch in starkem Maße von den räumlichen und zeitlichen Rahmenbedingungen ab. Als schwierig erweist sich vor allem die zeitliche Organisation. Das Konzept bietet die Möglichkeit, die Veranstaltungen sowohl im Block als auch im wöchentlichen Abstand durchzuführen. Wöchentliche Sitzungen eignen sich gut, um Veränderungen längerfristig zu begleiten, allerdings erschweren sie die regelmäßige Teilnahme aller Mitglieder der Gruppe. Blockveranstaltungen (etwa an drei bis vier Ferientagen oder zwei Wochenenden) sind deshalb in vielen Fällen vorzuziehen. Sie bieten dann auch die Möglichkeit, außerhalb der Schule, in ungestörter räumlicher Umgebung, zusammenzukommen. Wie auch immer die konkrete organisatorische Regelung aussieht: Es gilt auf jeden Fall zu gewährleisten, dass ausreichend Zeit gegeben ist und die teilnehmenden Lehrerinnen und Lehrer sich in Ruhe und in einem geschützten Kontext auf die Themen einlassen können.

7. Schlussfolgerungen

Nach den von uns gewonnenen Ergebnissen, die inzwischen auch in weiteren Projekten bestätigt werden konnten, dürfte es unbestritten sein, dass mittels Training Veränderungen in wünschenswerter Richtung angestoßen und in Gang gesetzt werden können. Bezogen auf das Konzept der Beanspruchungsmuster zeigt sich klar, dass die Personen, die einem der beiden Risikomuster zuneigen, am meisten zu profitieren vermögen. Es gelingt also, sowohl der Selbstüberforderungstendenz (A) als auch der Tendenz zu Rückzug und Resignation (B) entgegenzuwirken und damit einen Gewinn an psychischer Gesundheit zu erreichen. Diese Entwicklungen sind in erster Linie auf den erfahrenen Kompetenzgewinn, die dadurch bedingte Steigerung des Selbstvertrauens und die generelle Stärkung der Widerstandsressourcen zurückzuführen. Und damit gehen schließlich auch positive emotionale Effekte einher.

Beim Vergleich der Ergebnisse, die mit Lehrerinnen und Lehrern, Referendar/inn/en und Lehramtsstudierenden erzielt wurden, zeigten sich allerdings auch gruppenabhängige Unterschiede. Noch deutlicher als bei den im Beruf stehenden Lehrkräften ließen sich Trainingserfolge bei den Referendar/inn/en und Lehramtsstudierenden erzielen. Das hat offensichtlich auch damit zu tun, dass die Personen des Lehrernachwuchses noch weniger eingeschliffene und verfestigte Denk- und Reaktionsweisen einbringen und demzufolge den Anforderungen des Trainings mit noch größerer Aufgeschlossenheit und Veränderungsbereitschaft begegnen. Dennoch sprechen wir uns nachdrücklich für den Einsatz des Trainings auch bei Lehrerinnen und Lehrern aus. Wir sehen hier den Wert eines Trainings nicht zuletzt in der möglichen entlastenden, stabilisierenden und sozial unterstützenden Funktion.

Deutlich wurde aber auch, dass das Training nicht für alle Problemlagen gleichermaßen von Gewinn ist. Wenn zum Beispiel stark akzentuierte und verfestigte Risikomuster vorliegen, kann mitunter auch ein gutes Training wenig verrichten. Das gilt speziell für das Muster B. Bei einem ausgeprägten Bild der Erschöpfung, Hoffnungslosigkeit und Resignation kann über eine solche Intervention, die ja eine aktive Mitarbeit voraussetzt, oftmals keine spürbare Verbesserung erwartet werden. Hier sind dann therapeutische Hilfsangebote gefragt. Grenzen wurden aber auch dort aufgezeigt, wo eine Förderung und Stärkung der berufsbezogenen Motivation nötig wären. So gelang es im Training nur selten, die Schonungstendenz, wie sie sich im S-Muster manifestiert, spürbar und nachhaltig zurückzudrängen. Wenn im Beruf Bedingungen vorliegen, die zum Rückzug im Sinne der »inneren Kündigung« veranlassen, wie er für das Muster S oftmals charakteristisch ist, so ist auch durch einschlägige Themen im Training eine verhaltenswirksame Motivationssteigerung kaum zu erreichen. Eine tragfähige Grundlage für gewünschte motivationale Veränderungen können dann nur interessante und fordernde, zugleich aber in gesundheitsförderlicher Weise bewältigbare Arbeitsaufgaben sein. Hier also kommt mit aller Deutlichkeit zum Ausdruck, dass personenorientierte Maßnahmen, wie wir sie mit der Interventionsform des Trainings empfehlen, der Ergänzung und Untermauerung durch bedingungsbezogene Maßnahmen bedürfen. Die Realisierung von Trainingsmaßnahmen im Rahmen der Lehrerfortbildung kann also nur ein Schritt auf dem Weg zur wirksameren Gesundheitsförderung in diesem Beruf sein. Als weitere Schritte kommen noch zusätzliche personenorientierte Interventionen in Frage (wie Beratung, Coaching, Supervision), vor allem aber bedarf es auch solcher Maßnahmen, die auf die Verbesserung der Rahmenbedingungen dieses Berufs und die beanspruchungsoptimierende Gestaltung der Arbeitsorganisation und des Lehrerarbeitsplatzes vor Ort, das heißt in der konkreten Schule, ausgerichtet sind.

8. Literatur

Abujatum, M., Arold, H., Knispel, K., Rudolf, S. & Schaarschmidt, U. (2007). Intervention durch Training und Beratung. In U. Schaarschmidt & U. Kieschke (Hrsg.), Gerüstet für den Schulalltag. Psychologische Unterstützungsangebote für Lehrerinnen und Lehrer (S. 117-156). Weinheim: Beltz.

Antonovsky, A. (1987). Unraveling the mystery of health. How people manage stress and stay well. San Francisco: Jossey-Bass.

Burisch, M. (2006). Das Burnout-Syndrom – Theorie der inneren Erschöpfung (3. Aufl.). Berlin: Springer.

Heitzmann, B., Kieschke, U. & Schaarschmidt, U. (2007). Bedingungen der Lehrerarbeit. In U. Schaarschmidt & U. Kieschke (Hrsg.), Gerüstet für den Schulalltag. Psychologische Unterstützungsangebote für Lehrerinnen und Lehrer (S. 63-91). Weinheim: Beltz.

Kieschke, U. (2005). Beanspruchung in der Veränderung. In U. Schaarschmidt (Hrsg.), Halbtagsjobber? Psychische Gesundheit im Lehrerberuf – Analyse eines veränderungsbedürftigen Zustandes (2. Aufl., S. 88-103). Weinheim: Beltz.

Kretschmann, R. (Hrsg.). (2000). Stressmanagement für Lehrerinnen und Lehrer. Ein Trainingsbuch mit Kopiervorlagen. Weinheim: Beltz.

Schaarschmidt, U. (Hrsg.). (2005). Halbtagsjobber? Psychische Gesundheit im Lehrerberuf – Analyse eines veränderungsbedürftigen Zustandes. Weinheim: Beltz.

Schaarschmidt, U. & Fischer, A. W. (2008). AVEM – Arbeitsbezogenes Verhaltens- und Erlebensmuster (3. Aufl.). Frankfurt am Main: Pearson.

Schaarschmidt, U. & Kieschke, U. (Hrsg.). (2007). Gerüstet für den Schulalltag. Psychologische Unterstützungsangebote für Lehrerinnen und Lehrer. Weinheim: Beltz.

Schwarzer, R. (1996). Psychologie des Gesundheitsverhaltens. Göttingen: Hogrefe.

Schwarzer, R. (1998). Self-Science: Das Trainingsprogramm zur Selbstführung von Lehrern. Unterrichtswissenschaft. Zeitschrift für Lernforschung, 26(2), 158-172.

Siegrist, J. (1996). Soziale Krisen und Gesundheit. Eine Theorie der Gesundheitsförderung am Beispiel von Herz-Kreislauf-Risiken im Erwerbsleben. Göttingen: Hogrefe.

Udris, I., Rimann, M. & Thalmann, K. (1994). Gesundheit erhalten, Gesundheit herstellen. In B. Bergmann & P. Richter (Hrsg.), Die Handlungsregulationstheorie – von der Praxis einer Theorie (S. 198-215). Göttingen: Hogrefe.

Erfolgsfaktoren organisationaler Veränderungs- und Lernprozesse in Projekten zur Förderung der Lehrergesundheit

Birgit Nieskens & Lutz Schumacher

Abstract

Neuere Konzepte wie das der „guten gesunden Schule“ betrachten die Förderung der Lehrergesundheit als einen Beitrag zur Sicherung des Bildungs- und Erziehungsauftrags von Schulen. Eine nachhaltige Gesundheitsförderung bei Lehrkräften erfordert tief greifende Wandelprozesse in den Schulen, die zu effizienteren und effektiveren Arbeits- und Kommunikationsprozessen und Strukturen führen und letztlich das Selbstverständnis der Schule und auch der einzelnen Lehrkraft verändern.

In diesem Beitrag wird der Frage nachgegangen, welche Faktoren die Veränderungsbereitschaft von Lehrkräften und somit den Erfolg umfassender (gesundheitsbezogener) Schulentwicklungsprojekte beeinflussen. Die Analysen zeigen, dass neben organisationalen Bedingungen (z.B. Schulleitung, Schulkultur) und individuellen Merkmalen (z.B. Selbstwirksamkeit, emotionale Verbundenheit mit der Schule) insbesondere auch die Art der Gestaltung schulischer Wandelprozesse Einfluss auf die Veränderungsbereitschaft der Lehrkräfte und deren Engagement nimmt.

Schlagworte (dt.)

Veränderungsbereitschaft, Lehrergesundheit, Schulentwicklung, gute gesunde Schule, Change Management

Schlagworte (engl.)

readiness for change, teacher's health, school development, good and healthy school, change management

1. Einleitung

In der aktuellen wissenschaftlichen Diskussion werden die beiden Ziele Schulqualität und Gesundheit von Lehrkräften und Schülerinnen und Schülern als sich wechselseitig bedingende Größen betrachtet. Hier hat in den letzten Jahren ein Bewusstseinswandel durch die Entwicklung des Konzepts der „guten gesunden Schule“ stattgefunden. Danach ist die gute gesunde Schule eine Schule, die sich in ihrer Entwicklung auf die Dimensionen von Schulqualität ausgerichtet hat und bei der Verwirklichung ihres umfassenden Bildungs- und Erziehungsauftrags gezielt Gesundheitsinterventionen einsetzt (Paulus & Schumacher, 2007). Gesundheit wird als Medium oder intermediäres Ziel verstanden. Es wird davon ausgegangen, dass gesunde Lehrkräfte, die sich in ihrer Schule wohl fühlen, eine Voraussetzung für den Erfolg von Schulen sind.

Für die Verbesserung der Qualität von Schulen und die Förderung der Gesundheit der in ihr Tätigen bedarf es zumeist grundlegender Veränderungen der Strukturen und Prozesse, des sozialen Miteinanders und der Kultur von Schulen.

Umfassende und tief greifende Veränderungsprozesse in Organisationen scheitern in den meisten Fällen. In der Organisationsforschung werden dafür verschiedene Gründe benannt (Stock-Homburg, 2007). Als zentrale Bedingung für eine Realisierung organisationaler Veränderungen wird die Veränderungsbereitschaft der betroffenen Mitglieder der Organisation angesehen. Die Akzeptanz der geplanten Veränderungsprozesse sowie die Bereitschaft, an deren Realisierung mitzuwirken, sind entscheidend für den Erfolg von Veränderungsprozessen in Organisationen. Die Forschung zeigt, dass diese Bereitschaft zur Veränderung und Innovation zum einen von individuellen Merkmalen und zum anderen insbesondere von Bedingungen in der jeweiligen Organisation – z.B. deren Kultur und der Leitung – sowie den Inhalten des Veränderungsvorhabens und dessen Gestaltung bestimmt wird. Inwieweit diese Forschungsergebnisse auch auf Schulentwicklungsprojekte übertragen werden können, ist bis dato kaum untersucht worden.

In diesem Beitrag steht die Frage im Mittelpunkt, inwieweit individuelle Merkmale und organisationale Bedingungen die Veränderungsbereitschaft von Lehrkräften beeinflussen und durch welche Art der Gestaltung von Schulentwicklungsprozessen die Veränderungsbereitschaft positiv beeinflusst werden kann. Die Ergebnisse der hier vorgestellten empirischen Studie geben auch Hinweise darauf, welche Voraussetzungen in Schulen gegeben sein müssen, damit tief greifende Schulentwicklungsprozesse gelingen können.

Schulentwicklung beinhaltet und verlangt auch Personalentwicklung. Zum einen werden für die erfolgreiche Gestaltung von Schulentwicklungsprozessen spezifische Kompetenzen benötigt und zum anderen führen Veränderungen von Strukturen und Prozessen auch zu neuen beruflichen Anforderungen, für die Wissen und Kompetenzen vermittelt werden müssen. Entsprechend wurden in dem hier vorgestellten Modellprojekt diejenigen Lehrkräfte geschult, die den Schulentwicklungsprozess gestalten sollten, als auch in Fortbildungsangeboten Wissen und Kompetenzen zu den in der jeweiligen Schule behandelten Themen vermittelt. Auf diese Weise werden die Fortbildungsmaßnahmen eingebettet in einen Schulentwicklungsprozess und tragen gleichzeitig zu seinem Gelingen bei. Diese Verzahnung von Schulentwicklung und Personalentwicklung unterstützt eine strategische Ausrichtung der Fortbildung. Gleichzeitig ist zu vermuten, dass die Bereitschaft zur Fortbildung maßgeblich von der Akzeptanz des Schulentwicklungsprozesses insgesamt und der Bereitschaft, sich für dessen Erfolg zu engagieren, abhängt.

Im Folgenden werden zentrale Erkenntnisse der Forschung zur Dynamik von Veränderungsprozessen in Organisationen und zu zentralen Einflussfaktoren der Veränderungsbereitschaft erläutert. Hierauf basierend wird ein Modell zu den Einflussfaktoren der Veränderungsbereitschaft von Lehrkräften formuliert. Anhand von empirischen Ergebnissen aus einem Projekt zur Förderung der Lehrergesundheit wird dann geprüft, ob die theoretischen Annahmen bestätigt werden können.

2. Erkenntnisse zu Einflussfaktoren der Veränderungsbereitschaft

Studien und theoretische Arbeiten zur Veränderungsbereitschaft von Mitarbeiterinnen und Mitarbeitern und Führungskräften stammen vorwiegend aus der Forschung zur Organisationsentwicklung und zum Change Management in Wirtschaftsunternehmen. Es gibt erst wenige Befunde zur Situation in Schulen (Bielski & Rosemann, 1999). Die Forschung zur Veränderungsbereitschaft zeichnet sich durch eine große Heterogenität in Bezug auf das konzeptionelle Verständnis und die Messung von Veränderungsbereitschaft aus. Dies hängt auch damit zusammen, dass verschiedene Disziplinen Beiträge zu diesem Forschungsgebiet leisten. Holt, Armenakis, Harris und Field (2007) haben den aktuellen Stand der empirischen Forschung zur Veränderungsbereitschaft gesichtet. Sie plädieren dafür, Veränderungsbereitschaft als eine individuelle Reaktion auf ein konkretes Veränderungsvorhaben in Organisationen zu konzeptionalisieren. Sie verstehen Veränderungsbereitschaft als eine Bewertung einer Veränderungsinitiative bzw. die Einstellung gegenüber dieser, die in einer Verhaltensabsicht bzw. einem spezifischen Verhalten mündet. Dieses Verhalten kann dabei Widerstand gegenüber der Veränderung oder deren Akzeptanz und Unterstützung ausdrücken.

Holt und Kollegen (2007) unterscheiden vier inhaltliche Klassen von Einflussfaktoren der Veränderungsbereitschaft: 1. Art und Inhalte des Veränderungsvorhabens, 2. Gestaltung des Wandelprozesses, 3. Merkmale der betroffenen Personen und 4. Merkmale der Organisation. Die ersten beiden sind situative, für das jeweilige Veränderungsvorhaben spezifische Faktoren, während die beiden letztgenannten stabilere, situationsübergreifende Einflussvariablen darstellen.

Im Unterschied zu Holt und Kollegen (2007), die davon ausgehen, dass die vier beschriebenen Einflussbereiche direkt die Veränderungsbereitschaft bestimmen, wird in dem hier vertretenen Modell postuliert, dass es zentrale Dimensionen der Bewertung von Veränderungsvorhaben gibt, die der Veränderungsbereitschaft vorgeschaltet sind (vgl. Abb. 1). Die Veränderungsbereitschaft ist als motivationale Größe demzufolge das Resultat von Bewertungsprozessen. Weiterhin wird davon ausgegangen, dass zwischen einer Akzeptanz von Veränderungen und der Bereitschaft, sich für deren Verwirklichung zu engagieren, unterschieden werden kann. Die Aufgeschlossenheit gegenüber der Veränderung ist dabei ein Vorläufer der Bereitschaft zum Engagement, welche eine Verhaltensabsicht darstellt.

Die nachfolgende Grafik gibt das Rahmenmodell zu den Einflussfaktoren der Veränderungsbereitschaft wieder. Es werden für die verschiedenen Klassen von Einflussfaktoren jeweils beispielhaft Merkmale bzw. Bewertungsdimensionen genannt.

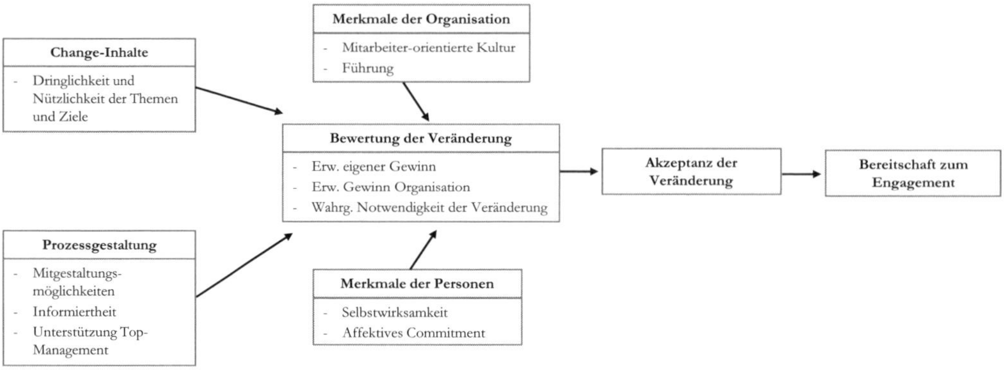

Abb. 1: Rahmenmodell zu den Einflussfaktoren der Veränderungsbereitschaft (angelehnt an Holt et al., 2007)

Nachfolgend werden für die verschiedenen Klassen von Einflussfaktoren wesentliche Forschungsbefunde und Annahmen berichtet und bereits auf das hier betrachtete Projekt zur Förderung der Lehrergesundheit und Schulqualität übertragen. Zunächst werden zentrale Dimensionen der Bewertung von Veränderungsprojekten erläutert, für die nachgewiesen ist, dass sie die Veränderungsbereitschaft beeinflussen.

2.1 Bewertung von Veränderungsvorhaben

In verschiedenen theoretischen Konzeptionen zu den Phasen von organisationalen Veränderungsprozessen und deren Gestaltung wird betont, dass die wahrgenommene Notwendigkeit der geplanten Veränderungen ein entscheidender Einflussfaktor der Veränderungsbereitschaft ist (z.B. Kotter, 1995). Dies belegen auch empirische Studien (Schumacher, Bolz, Bredtmann, Fuhrmann & Gruner, 2006).

Zudem sollte sich der erwartete Gewinn für die eigene Person aufgrund motivationspsychologischer Überlegungen positiv auf die Veränderungsbereitschaft auswirken. Der erwartete Gewinn der eigenen Person entspricht in dem erweiterten Motivationsmodell von Heckhausen und Rheinberg der Ergebnis-Folge-Erwartung. Neben der Verbesserung der eigenen Situation können auch die erwarteten Gewinne für die Organisation die Veränderungsbereitschaft befördern (Holt et al., 2003). Dieser Einfluss könnte durch das Ausmaß an emotionaler Bindung an die eigene Schule moderiert werden.

Inwieweit sich eine Person für eine Veränderung engagiert, hängt auch davon ab, ob sie sich in der Lage sieht, die mit den veränderten Arbeits- und Organisationsbedingungen einhergehenden gewandelten Anforderungen zu bewältigen. Wenn die Person befürchtet, den neuen Anforderungen nicht genügen zu können, kann sich dies negativ auf die Veränderungsbereitschaft auswirken (Weeks, Roberts, Chonko & Jones, 2004).

2.2 Art und Inhalte des Veränderungsvorhabens

Hier steht die Frage im Mittelpunkt, *was* verändert werden soll. In Abhängigkeit davon, wie gravierend sich die Veränderungen auf die einzelne Lehrkraft auswirken und welche Arbeits- und Organisationsbedingungen verändert werden, können die Reaktionen der Betroffenen unterschiedlich ausfallen. Bei tief greifenden Veränderungen, die mit neuen Verhaltensanforderungen einhergehen, ist die Veränderungsbereitschaft besonders erfolgskritisch, und gleichzeitig wird das Auftreten von Widerständen wahrscheinlicher.

Das hier betrachtete Projekt verfolgt das Ziel, die Gesundheit der Lehrkräfte und die Qualität der jeweiligen Schule zu fördern. Für beide Zielsetzungen lässt sich annehmen, dass sie als gewinnbringend bewertet werden – sowohl für die Schule als auch für das Individuum. Der wahrgenommene Nutzen wird hierbei vermutlich auch von dem Ausgangsniveau bestimmt. Lehrkräfte und Kollegien mit einer als unbefriedigend erlebten eigenen Gesundheit und Schulqualität sollten dieses Projekt als gewinnbringender beurteilen als diejenigen Lehrkräfte und Kollegien mit einem geringeren Leidensdruck. Allerdings ist auch denkbar, dass zu große gesundheitliche Einschränkungen die Veränderungsbereitschaft und ein aktives Mitwirken gefährden.

Eine Besonderheit des hier betrachteten Projekts ist, dass die einzelnen Lehrerkollegien selbst bestimmen können, welche thematischen Schwerpunkte sie wählen und an welchen Problemstellungen sie arbeiten wollen. Diese Gestaltungsfreiheit schlägt sich in unterschiedlichen Arbeitsschwerpunkten der verschiedenen Projektschulen nieder. Es ist zu vermuten, dass in den Schulen, in denen aus Sicht der Lehrkräfte dringende und wichtige Themen behandelt werden, eine größere Veränderungsbereitschaft im Vergleich zu den Schulen besteht, in denen weniger relevante Themen bearbeitet werden.

2.3 Gestaltung des Wandelprozesses

Hier wird eine zentrale Fragestellung der Forschung zur Veränderungsbereitschaft angesprochen: Wie kann der Veränderungsprozess so gestaltet werden, dass die Veränderungsbereitschaft der Betroffenen gefördert wird? Kotter (1995) hat Empfehlungen zur Überwindung von Widerständen und die erfolgreiche Gestaltung von Wandelprozessen in Organisationen entwickelt, die mit den Aussagen anderer Theorien zur Förderung der individuellen Veränderungsbereitschaft harmonieren (Prochaska & DiClementi, 1992).

Nachfolgend werden einige Möglichkeiten zur Förderung der Veränderungsbereitschaft aufgezeigt.

Verdeutlichung der Notwendigkeit von Veränderungen: Veränderungen sind anstrengend und werden zumeist nur dann von einer Mehrheit der Organisationsmitglieder in Angriff genommen, wenn der aktuelle Zustand für die Mehrheit unbefriedigend ist und keine spontane Verbesserung zu erwarten ist. Je deutlicher den Organisationsmitgliedern ist, dass Änderungen notwendig sind, um einen unbefriedigenden Status quo zu überwinden oder einer drohenden Verschlechterung der Situation entgegenzuwirken, desto eher sind diese bereit, sich aktiv an den Veränderungen zu beteiligen (Kotter, 1995).

Eine zweite Möglichkeit der Förderung der Veränderungsbereitschaft besteht in dem Aufzeigen einer Vision von einem besonders erstrebenswerten Zielzustand. In diesem Fall werden Energien nicht allein durch Leidensdruck, sondern durch eine mitreißende Vision mobilisiert. Im günstigsten Fall sollten beide Strategien zusammenwirken: Mängel und Risiken des Ist-Zustands aufzeigen und ein mitreißendes Bild eines möglichen Soll-Zustands entwerfen.

Stärkung der Erfolgszuversicht: Damit eine erlebte Ist-Soll-Diskrepanz in eine Veränderungsmotivation und ein Engagement für Veränderungen mündet, müssen die Organisationsmitglieder die Überzeugung gewinnen, dass die geplanten Veränderungsmaßnahmen zu einer Verbesserung der Situation führen. Gleichzeitig müssen die betroffenen Personen sich zutrauen, die notwendigen Veränderungen realisieren zu können.

Top-Management-Unterstützung: Damit die Mitglieder einer Organisation von der Notwendigkeit und Sinnhaftigkeit von Veränderungsprozessen überzeugt werden, bedarf es einer intensiven Kommunikation. Hierbei kommt den obersten Führungskräften eine besondere Bedeutung bei: Sie müssen die Notwendigkeit der Veränderungen glaubhaft aufzeigen und gleichzeitig eine motivierende Vision von den angestrebten Zielzuständen entwickeln.

Partizipation: Dass das Ausmaß an Partizipation die Bewertung von Veränderungsprozessen und das Engagement beeinflusst, ist ein gut bestätigter Forschungsbefund (z.B. Cunningham, Woodward, Shannon, MacIntosh, Lendrum, Rosenblom & Brown, 2002). Je stärker Personen an der Entwicklung und Umsetzung von Veränderungsmaßnahmen beteiligt werden, desto eher werden diese als kontrollierbar und als eigene Projekte erlebt. Die Grundbedingung für Mitgestaltung ist Informiertsein. Nur wenn die betroffenen Personen ausreichend über die Ziele und die geplanten Maßnahmen informiert sind, können sie sich mit diesen auseinandersetzen und sich beteiligen.

Professionelles Projektmanagement: Die Erfolgszuversicht der Organisationsmitglieder wird vermutlich auch von der Professionalität des Projektmanagements beeinflusst. Gute Vorerfahrungen mit Projekten und das Erleben eines effizienten Schulmanagements stärken die Zuversicht, dass auch ein neues Projekt erfolgreich realisiert werden kann.

2.4 Personenmerkmale

Personenmerkmale prägen die Bewertung von Veränderungsprozessen mit und beeinflussen auf diesem Wege die Veränderungsbereitschaft. Tief greifende Veränderungsprozesse bringen Verunsicherungen und neue Anforderungen für die betroffenen Personen mit sich. Personen mit hoher *Selbstwirksamkeit* nehmen herausfordernde Situationen mit unsicherem Ausgang als wenig bedrohlich und bewältigbarer wahr. Studien belegen, dass die individuelle Selbstwirksamkeitserwartung positiv mit der Veränderungsbereitschaft korreliert (Rafferty & Simons, 2006). Auch eine hohe *kollektive Selbstwirksamkeitsüberzeugung* sollte eine Ressource im Umgang mit schwierigen und neuen Anforderungen sein.

Personen, die überzeugt sind, dass das eigene Team gemeinsam Schwierigkeiten und Herausforderungen aufgrund seiner Kompetenzen bewältigen kann, sollten Veränderungsprozesse weniger als Bedrohung erleben.

Die emotionale Bindung einer Person an ihre Organisation (*affektives Commitment*) nimmt ebenfalls Einfluss auf deren Veränderungsbereitschaft. Personen mit hohem affektiven Commitment identifizieren sich mit den Werten und Zielen ihrer Organisation und wollen ihr gerne weiterhin angehören. Ihnen liegt das Wohlergehen ihrer Organisation am Herzen und hierfür sind sie bereit, sich freiwillig zu engagieren (Meyer & Allen, 1997). Empirische Untersuchungen zeigen, dass ein hohes affektives Commitment mit einer größeren Veränderungsbereitschaft einhergeht (Iverson, 1996).

2.5 Organisationsmerkmale

Veränderungsvorhaben sind eingebettet in einen organisationalen Kontext, der Ressourcen und Anforderungen beinhaltet, die der Veränderungsbereitschaft zuträglich oder abträglich sein können. Die Forschung zeigt, dass eine mitarbeiterorientierte und wertschätzende Unternehmenskultur sich förderlich auf die Akzeptanz von Veränderungen und das Engagement in Organisationsentwicklungsprojekten auswirkt (z.B. Jones, Jimmieson & Griffiths, 2005). Insbesondere eine unterstützende und wertschätzende Führung (*mitarbeiterorientierte Führung*) stärkt das Vertrauen der Mitarbeiter/innen und deren Veränderungsbereitschaft (Rafferty & Simons, 2006).

3. Beschreibung der Untersuchung

Die hier vorgestellte Studie zu den Einflussfaktoren der Veränderungsbereitschaft wurde im Rahmen eines Interventionsprojekts zur Förderung der Lehrergesundheit und Schulqualität entwickelt.[1] Für die nachfolgenden Analysen werden Daten der Schuldiagnosen zu Beginn des Projekts im Frühjahr 2007 und der Zwischenerhebung im Frühjahr 2008 verwendet.

3.1 Projektbeschreibung

Im Projekt sollen allgemein bildende und berufsbildende Schulen in ihrem Entwicklungsprozess hin zu guten gesunden Schulen unterstützt werden. Das Vorgehen folgt der Survey-Feedback-Methode mit dem Zyklus von (1) Problemerkennung, (2) Diagnose, (3) Intervention und (4) Evaluation.

In der Diagnosephase wurden (a) Dimensionen der Schulqualität und Arbeitssituation, (b) die psychische und physische Beanspruchung, Arbeits- und Lebenszufriedenheit, (c) berufs- und schulspezifische Belastungen sowie (d) personale und organisationale Ressourcen gemessen. Die Diagnoseergebnisse sollten durch das Aufzeigen von Soll-Ist-

---

1 Projektträger: Deutsche Angestellten Krankenkasse (DAK) und Unfallkasse Nordrhein-Westfalen.

Differenzen Problembewusstsein wecken und Grundlage der Themenfindung und Gruppenbildung für die konkrete Entwicklungsarbeit sein. Sie sollten aber auch den Entwicklungs*bedarf* des Kollegiums mit den individuellen Entwicklungs*bedürfnissen* der einzelnen Lehrkräfte verbinden. Dafür erhielt jede Lehrkraft eine umfangreiche Rückmeldung ihrer individuellen Diagnoseergebnisse.

In der Interventionsphase arbeiteten die Schulen an selbst gewählten Themenfeldern. Flankierend wurden Fortbildungsmaßnahmen angeboten. Diese dienten (1) dem Aufbau von Wissen und Kompetenzen zu den gewählten Themen, (2) der Stärkung personeller Ressourcen zur Bewältigung beruflicher Anforderungen sowie (3) der Vermittlung von Steuerungswissen für die zentralen Gestalter/innen des Wandelprozesses („change agents") (siehe Tabelle 1).[2]

Tab. 1: Fortbildungsangebote in der Interventionsphase

Fortbildungsangebote		
… zu spezifischen gesundheitsrelevanten Themen	… zur Stärkung individueller gesundheitsförderlicher Ressourcen	… zum Change Management
z.B. Umgang mit schwierigem Schülerverhalten, Erlernen von Konzepten zur individuellen Förderung von Schülern und Schülerinnen	z.B. Stimmbildung; Lärmbewältigung; Reflexion problematischer Diagnoseergebnisse in der individuellen Rückmeldung; Zeit- und Selbstmanagement	z.B. schulisches Projektmanagement; Ausbildung von Moderator/inn/en, die den Schulentwicklungsprozess steuern; Methoden für eine effiziente und effektive Konferenzgestaltung; schulinterne Evaluation; Umgang mit Widerständen und Störungen in Schulentwicklungsprozessen

3.2 Stichprobe

Bei den Schulen handelt es sich um vier allgemein bildende und vier berufliche Schulen. Tabelle 2 beschreibt die beiden Stichproben der Eingangs- und Zwischenerhebung.

2 Über die Effekte der Lehrerfortbildungen kann an dieser Stelle noch nicht abschließend berichtet werden, die Ergebnisse liegen zu diesem Zeitpunkt noch nicht vor.

Tab. 2: Beschreibung der Stichproben für die Eingangs- und Zwischenerhebung

	Eingangserhebung 2007	*Zwischenerhebung 2008*	*Schnittmenge von Eingangs- und Zwischenerhebung*
Gesamt	355	227	162
Frauen	155	98	68
Männer	192	104	87
Alter (MW)	45,4	-	44,9
Rücklaufquote im Durchschnitt	68,6 %	42,2 %	

Anm.: Mittels eines Codes konnte eine individuelle Zuordnung der Daten der Eingangs- und Zwischenerhebung vorgenommen werden. Das Alter wurde in der Zwischenerhebung nicht erfragt.

3.3 Operationalisierung der Variablen

Kriterien

Die auf das Projekt zur Lehrergesundheit bezogene Akzeptanz von Veränderungen und die Bereitschaft zum Engagement wurden in der Eingangs- und Zwischenerhebung jeweils mit einem Item erhoben (Akzeptanz von Veränderungen: „Im Augenblick bin ich dem Projekt Lehrergesundheit gegenüber nicht aufgeschlossen" (negativ gepolt); Bereitschaft zum Engagement: „Bei der Realisierung des Projekts Lehrergesundheit werde ich aktiv mitwirken").
In der Zwischenerhebung wurden die Lehrkräfte auch nach ihrem bisherigen Engagement im Projekt befragt („Wie stark engagieren Sie sich im Projekt Lehrergesundheit?").

Prädiktoren

Erfolgszuversicht und Gestaltung des Projekts
Es wurden sowohl die erwarteten Gewinne durch das Projekt für die eigene Person als auch für die Schule erfragt. Zudem wurden die Lehrkräfte in der Zwischenerhebung unter anderem dazu befragt, inwieweit die Schulleitung das Projekt unterstützt, wie gut sie über das Projekt informiert sind, inwieweit sie das Projekt mitgestalten können, ob nützliche und dringliche Themen bearbeitet werden und inwieweit sie durch die individuelle Rückmeldung zu ihrem Gesundheitsstatus und ihren Gesundheitsrisiken und Ressourcen motiviert wurden, über ihr Verhalten und ihre Einstellungen nachzudenken.
Personen- und Organisationsmerkmale
Da die weiteren Prädiktoren mit bewährten Skalen erhoben wurden, werden diese in der anschließenden Tabelle nur kurz genannt und die für die vorliegende Stichprobe ermittelten Reliabilitäten (Cronbachs Alpha) berichtet.
Für alle Skalen ergeben sich befriedigende bis sehr gute Reliabilitäten.

Tab. 3: Kennwerte der verwendeten Skalen und Items der Eingangs- und Zwischenerhebung

Skala (Autor/inn/en)	t_0	t_1	*Item-zahl*	*Antwort-stufen*	*M*	*SD*	*a*
Akzeptanz von Veränderungen (EE)	√	√	4	5 (1-5)	3.8	0.7	.85
Bereitschaft zum Engagement (EE)	√	√	3	5 (1-5)	3.5	0.7	.72
Gezeigtes Engagement im Projekt (EE)		√	1	5 (1-5)	2.8	1.0	-
Erwarteter Gewinn für eigene Person im Projekt LG (EE)	√	√	2	5 (1-5)	3.2	1.1	.92
Erwarteter Gewinn für Schule im Projekt LG (EE)	√	√	2	5 (1-5)	3.3	0.9	.93
Förderung des Projekts durch SL (EE)		√	1	5 (1-5)	3.5	1.2	-
Einflussmöglichkeiten im Projekt (EE)		√	1	5 (1-5)	3.3	1.1	-
Informiertheit über Projekt (EE)		√	1	5 (1-5)	3.7	1.0	-
Wahl dringlicher und nützlicher Themen (EE)		√	1	5 (1-5)	3.5	1.2	-
Motivation durch individuelle Rückmeldung (EE)		√	3	5 (1-5)	2.8	0.2	.67
Lehrerselbstwirksamkeit (Schwarzer & Schmitz, 1999)	√		10	4 (1-4)	2.8	0.4	.80
Kollektive Lehrerselbstwirksamkeit (Schwarzer & Jerusalem, 1999)	√		12	4 (1-4)	2.6	0.4	.86
Partizipationsmöglichkeiten in der Schule (Krause, 2004)	√		5	5 (1-5)	3.1	0.6	.78
Beschwerdeliste (Zerssen, 1976)	√		24	4 (0-3)	0.7	0.5	.92

Legende: Höhere Mittelwerte bedeuten höhere Ausprägungen im Sinne der Skalenbezeichnung. EE = Eigenentwicklung, t_0 = Eingangserhebung, t_1 = Zwischenerhebung; für alle Skalen und Items, die in der Eingangs- und Zwischenerhebung erhoben wurden, beziehen sich die Angaben auf die Eingangserhebung.

4. Ergebnisse

Zunächst zeigt sich, dass die Bereitschaft, sich in dem Projekt zu engagieren, und die Akzeptanz des Projekts von der Eingangs- zur Zwischenerhebung signifikant abnimmt.

Zudem finden sich signifikante Geschlechtsunterschiede: Frauen erwarten für sich selber und für die Schule einen höheren Gewinn durch das Projekt, sie sind aufgeschlossener gegenüber dem Projekt und eher bereit, aktiv mitzuwirken.

4.1 Prädiktoren der Veränderungsbereitschaft – Eingangserhebung

Für die Analyse der postulierten Zusammenhänge wurde ein Strukturgleichungsmodell berechnet. Hierzu wurde das Programm AMOS 7.0 verwendet.

Die vorherzusagenden Kriterien bilden die beiden Facetten der Veränderungsbereitschaft (bezogen auf das Projekt Lehrergesundheit). Als Prädiktoren dienen die vorher genannten Personen- und Organisationsmerkmale. Die Erfolgserwartungen in Bezug auf die eigene Person und die Schule werden als Mediator/inn/en in den Strukturgleichungsmodellen berücksichtigt. Bei der Entwicklung des Modells wurden im ersten Schritt alle genannten Personen- und Organisationsmerkmale aufgenommen. Zudem wurden alle direkten und indirekten Effekte auf die beiden Facetten der Veränderungsbereitschaft als mögliche Pfade berücksichtigt. Schrittweise wurden nichtsignifikante Pfade entfernt, bis das endgültige Strukturgleichungsmodell resultierte.

In der nachfolgenden Darstellung werden der Übersicht halber die Messmodelle nicht dargestellt. Eine Korrelation von Fehlern wurde nicht zugelassen.

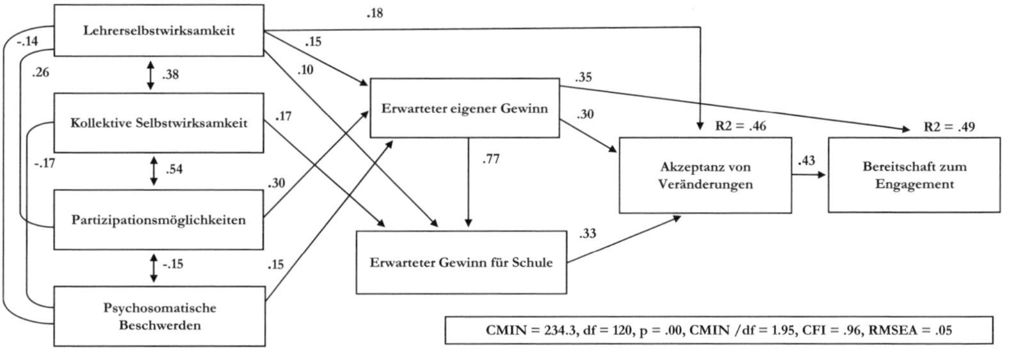

Abb. 2: Strukturgleichungsmodell mit Veränderungsbereitschaft als abhängige Variable (n = 355)

Für das Strukturgleichungsmodell ergibt sich ein akzeptabler Modellfit. Es zeigt sich, dass die Bereitschaft der Lehrkräfte, sich aktiv am Projekt Lehrergesundheit zu beteiligen, entscheidend von deren Aufgeschlossenheit gegenüber dem Projekt abhängt. Diese wird sowohl von dem erwarteten Gewinn für die eigene Person als auch für die Schule beeinflusst, wobei die Erwartung, dass sich die eigene Situation verbessert, auch einen direkten Effekt auf die Bereitschaft zum Engagement hat. Die Lehrerselbstwirksamkeit erweist sich wiederum als förderlich für die Aufgeschlossenheit gegenüber dem Projekt und auch für die durch das Projekt erwarteten Erfolge.

Der erwartete Gewinn für die eigene Person durch das Projekt Lehrergesundheit fällt umso höher aus, je stärker die psychosomatischen Beschwerden der Lehrkraft sind und je stärker sie Möglichkeiten der Partizipation an ihrer Schule wahrnimmt. Diese Ergebnisse sind plausibel: Gerade Lehrkräfte mit gesundheitlichen Einschränkungen sollten einen besonderen Gewinn durch ein Projekt zur Förderung der Lehrergesundheit erwarten, und eine Schulkultur, die Beteiligung und Mitgestaltung gewährt, sollte die Zuversicht erhöhen, dass bei Veränderungsprozessen auch die eigene Person profitiert. Der erwartete Gewinn für die Schule insgesamt weist starke Zusammenhänge mit dem erwarteten Gewinn für die eigene Person auf und wird zudem positiv von der kollektiven Selbstwirksamkeit beeinflusst. Diese enge Verknüpfung von Effekten für die eigene Person mit Effekten für die gesamte Schule in der Wahrnehmung der Lehrkräfte könnte durch die gering ausgeprägte Funktions- und Aufgabenteilung an Schulen erklärt werden. Hierdurch bedingen umfassende Schulentwicklungsprozesse vergleichbare Veränderungen der Arbeitsbedingungen aller Lehrkräfte. Der Einfluss der kollektiven Selbstwirksamkeit auf den erwarteten Gewinn für die Schule unterstreicht, dass die Erfahrung und Überzeugung, gemeinsam Ziele erreichen zu können, die Erfolgszuversicht für Schulentwicklungsprozesse stärkt.

4.2 Prädiktoren des Engagements im Projekt – Zwischenerhebung

Nachfolgend wird ein Pfadmodell dargestellt, welches das Engagement der Lehrkräfte in dem Projekt vorhersagt. Als Prädiktoren wurden hier nur die in der Zwischenerhebung erfragten Bewertungen zur Gestaltung des Projekts und die Erfolgserwartungen berücksichtigt.

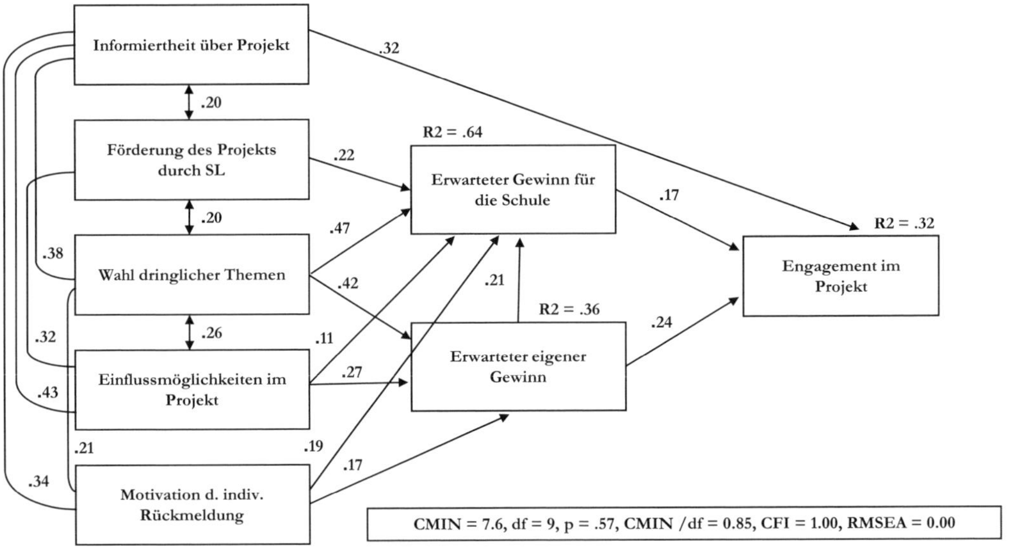

Abb. 3: Strukturgleichungsmodell mit Engagement als abhängige Variable (n = 227)

Das Pfadmodell weist sehr gute Fit-Werte auf. Direkte Zusammenhänge mit dem Ausmaß an Engagement im Projekt finden sich für die Erfolgserwartungen und für das Ausmaß an Informiertheit über das Projekt: Je stärker eine Person für sich und ihre Schule einen Gewinn durch das Projekt erwartet und je besser sie sich über das Projekt informiert fühlt, umso stärker ist ihr Engagement. Der gewichtigste Prädiktor der Erfolgserwartungen ist die wahrgenommene Dringlichkeit und Nützlichkeit der gewählten Themen. Wenn die Lehrkräfte zu der Einschätzung kommen, dass in dem Projekt nicht die wirklich drängenden und wichtigen Themen bearbeitet werden, dann erwarten sie keinen großen Gewinn durch das Projekt und engagieren sich weniger. In diesem und anderen Projekten können wir feststellen, dass einige Schulen nicht die Probleme bearbeiten, die in der anfänglichen Diagnose sichtbar geworden sind und die auch vom Kollegium als Kernprobleme erkannt werden. Hierfür kann es verschiedene Gründe geben: Tabuisierung, Scheu vor Konflikten, vermutete Unlösbarkeit der Probleme usw. In der Folge werden eher nebensächliche Themen gewählt, die auch bei erfolgreicher Bearbeitung nur wenig Gewinn versprechen.

Die Erwartungen von Verbesserungen für die eigene Person und die Schule hängen weiterhin mit den wahrgenommenen Einflussmöglichkeiten im Projekt zusammen. Je stärker die Lehrkräfte das Projekt mitgestalten können, umso eher erwarten sie einen Gewinn für sich selbst. Dies ist nicht überraschend. Mitgestaltung und Einflussnahme bedeuten, dass eigene Bedürfnisse und Ziele Berücksichtigung finden können.

Zudem zeigen die Analysen, dass diejenigen Personen, die aufgrund ihrer individuellen Diagnoseergebnisse ihr Verhalten und ihre Einstellungen überdenken, sich durch das Projekt einen höheren Gewinn versprechen. Dies lässt sich dadurch erklären, dass die Diagnoseergebnisse das Problembewusstsein fördern und Handlungsnotwendigkeiten aufzeigen, welche durch das Projekt bedient werden können.

Der erwartete Gewinn für die Schule wird auch von dem Ausmaß der Förderung des Projekts durch die Schulleitung vorhergesagt. Ohne eine Unterstützung durch die Schulleitung kann ein umfassender Schulentwicklungsprozess kaum gelingen.

Weitere Analysen, die hier nicht im Detail dargestellt werden können, zeigen, dass das Engagement im Projekt zusätzlich von der Veränderungsbereitschaft zu Beginn des Projekts vorhergesagt wird. Zudem nehmen die Qualität der Zusammenarbeit in der Schule, die Beteiligungskultur, die Offenheit der Schulleitung für Neuerungen und deren Führungsstil sowie die Lehrerwirksamkeit, das affektive Commitment und der Gesundheitsstatus Einfluss auf das tatsächliche Engagement im Projekt.

5. Diskussion

Die Ergebnisse bestätigen wesentliche Erkenntnisse der Forschung zu Einflussfaktoren und Effekten der Veränderungsbereitschaft. Diese empirischen Befunde von Studien, die zumeist in Wirtschaftsunternehmen durchgeführt wurden, scheinen somit auch Gültigkeit für Schulen zu besitzen. Um gesicherte Aussagen zur Übertragbarkeit der Befunde treffen zu können, sind allerdings noch weitere Untersuchungen notwendig.

Was sind die zentralen Erkenntnisse hinsichtlich der Gestaltung von Schulentwicklungsprozessen in Schulen? Zunächst zeigen unsere Analysen, dass sich Schulen hinsichtlich ihrer Veränderungsfähigkeit und -bereitschaft unterscheiden. Daher sollte vor Beginn von Veränderungsvorhaben in Schulen geprüft werden, inwieweit günstige Voraussetzungen für einen Erfolg des Projekts gegeben sind. Die Ergebnisse zeigen die Bedeutung der Schulmerkmale für die Erfolgszuversicht und in der Folge für die Veränderungsbereitschaft. Schulen, in denen die fachliche Kooperation gering ausgeprägt ist und in denen die Lehrkräfte nicht überzeugt sind, dass sie gemeinsam auch schwierige Aufgaben bewältigen können, besitzen keine guten Voraussetzungen für tief greifende Veränderungen, die einer kollektiven Anstrengung bedürfen. Zudem nimmt die in einer Schule gelebte Kultur der Beteiligung Einfluss auf die Veränderungsbereitschaft:

Die Partizipationskultur, die Effizienz des Schulmanagements sowie die Mitarbeiterorientierung und Veränderungsbereitschaft der Schulleitung sind erfolgskritische Merkmale einer Schule und sollten daher vor Beginn eines Projekts geprüft werden. So kann festgestellt werden, ob eine Schule aktuelle günstige oder eher ungünstige Voraussetzungen für ein Schulentwicklungsprojekt aufweist und ob gegebenenfalls von einem solchen Projekt Abstand genommen werden sollte.

Die Studie zeigt, dass auch die Inhalte eines Projekts und deren Gestaltung Einfluss auf die Veränderungsbereitschaft nehmen. Die wahrgenommene Nützlichkeit und Dringlichkeit der ergriffenen Maßnahmen weist enge Zusammenhänge mit den erwarteten Gewinnen und in der Folge mit der Veränderungsbereitschaft auf. Daher ist die Bestimmung von relevanten, von vielen als nützlich bewerteten Zielen und Inhalten von entscheidender Bedeutung für die Motivierung der Lehrkräfte. Zudem sollte zu Beginn ein Problembewusstsein geweckt und gleichzeitig die Hoffnung auf Erfolg gestärkt werden. Auch eine intensive Kommunikation zu den Zielen und den Maßnahmen des Veränderungsvorhabens nimmt Einfluss auf die Veränderungsbereitschaft und das Engagement. Das Gleiche gilt für die Möglichkeit der Mitgestaltung. Die Erfolgszuversicht steigt, wenn die betroffenen Personen den Prozess beeinflussen können. Weiterhin erweist sich die Unterstützung des Projekts durch die Schulleitung als wichtiger Prädiktor der Erfolgserwartung und auf diesem Wege des Engagements.

Die hier vorgestellte Studie kann erste Hinweise auf die Einflussfaktoren der Veränderungsbereitschaft und des Engagements von Lehrkräften in Schulentwicklungsprojekten geben. Es sind weitere Untersuchungen notwendig, um gesicherte Empfehlungen für ein professionelles Change Management in Schulen ableiten zu können.

6. Literatur

Bielski, S. & Rosemann, B. (1999). Veränderungsbereitschaft von Lehrerkollegien und Schulentwicklungsmaßnahmen. Bildung und Erziehung, 52, 85-103.

Cunningham, C. E., Woodward, C. A., Shannon, H. S., MacIntosh, J., Lendrum, B., Rosenbloom, D. & Brown, J. (2002). Readiness for organizational change: A longitudinal study of workplace, psychological and behavioural correlates. Journal of Occupational and Organizational Psychology, 75, 377-392.

Holt, D. T., Self, D. R., Thal, A. E. & Lo, S. L. (2003). Facilitating organizational change: a test of leadership strategies. Leadership & Organization Development Journal, 24(5), 262-272.

Holt, D. T., Armenakis, A. A., Harris, S. G. & Field, H. S. (2007). Toward a comprehensive definition of Readiness for Change: A Review of Research and Instrumentation. Organizational Change and Development, 16, 289-336.

Iverson, R. (1996). Employee Acceptance of Organizational Change: The Role of Organizational Commitment. International Journal of Human Resource Management, 7(1), 122-149.

Jones, R., Jimmieson, N. & Griffiths, A. (2005). The Impact of Organizational Culture and Reshaping Capabilities on Change Implementation Success: The Mediating Role of Readiness for Change. Journal of Management Studies, 42, 361-386.

Kotter, J. P. (1995). Why Transformation Efforts Fail. Harvard Business Review (March – April 1995), 61-67.

Meyer, J. P. & Allen, N. J. (1997). Commitment in the workplace: Theory, research, and application. Thousand Oaks, CA: Sage.

Paulus, P. & Schumacher, L. (2007). Gute gesunde Schule – Lehrergesundheit als zentrale Ressource. In A. Krause, H. Schüpbach, E. Ulich & M. Wülser (Hrsg.), Arbeitsort Schule. Organisations- und arbeitspsychologische Perspektiven (S. 133-158). Wiesbaden: Gabler.

Prochaska, J. O. & DiClemente, C. (1992). Stages of change in the modification of problem behavior. In M. Hersen, R. M. Eisler & P. Miller (Eds.), Progress on behavior modification (pp. 184-214). Sycamore: Sycamore Press.

Rafferty, A. & Simons, R. (2006). An Examination of the Antecedents of Readiness for Fine-Tuning and Corporate Transformation Changes. Journal of Business and Psychology, 20(3), 325-350.

Schumacher, L., Bolz, J., Bredtmann, W., Fuhrmann, K. & Gruner, S. (2006). Bindung von Führungskräften an die AWO. Theorie und Praxis der Sozialen Arbeit, 57(3), 37-44.

Stock-Homburg, R. (2007). Nichts ist so konstant wie die Veränderung: Ein Überblick über 16 Jahre empirische Change-Management-Forschung. Zeitschrift für Betriebswirtschaft, 77(7/8), 795-861.

Weeks, W. A., Roberts, J., Chonko, L. B. & Jones, E. (2004). Organizational Readiness for Change, Individual Fear of Change, and Sales Manager Performance: An empirical Investigation. Journal of Personal Selling & Sales Management, 34, 7-17.

TALK – Ein Trainingsprogramm für Lehrkräfte zur Förderung von Lebenslangem Lernen in der Schule

Marko Lüftenegger, Petra Wagner, Monika Finsterwald, Barbara Schober & Christiane Spiel

Abstract

Lebenslanges Lernen (LLL) ist ein bildungspolitisch höchst aktuelles Thema, für welches der Grundstein bereits in der Schule gelegt wird. Im vorliegenden Beitrag wird das Trainingsprogramm TALK „Trainingsprogramm zum Aufbau von LehrerInnenkompetenzen zur Förderung von Lebenslangem Lernen" vorgestellt, in dessen Rahmen Lehrkräfte der Sekundarstufe Kompetenzen erwerben sollen, die es ihnen ermöglichen, die Förderung von LLL in ihren Schulalltag systematisch zu implementieren. TALK ist neben einem Individualtraining für Lehrkräfte gleichzeitig auch ein Schulentwicklungsprogramm. Inhalte von TALK sind die Förderung von Bildungsmotivation, selbstreguliertem Lernen, sozialen Kompetenzen sowie kognitiven Fähigkeiten. TALK wurde umfassend formativ und summativ evaluiert.

Schlagworte (dt.)

Lebenslanges Lernen, Lehrer-Training, Motivation, selbstreguliertes Lernen

Schlagworte (engl.)

lifelong learning, inservice teacher training, motivation, self-regulated learning

1. Einleitung

Die Fähigkeit zum Lebenslangen Lernen (LLL) ist in aller Munde und stellt ein zentrales Thema in der aktuellen Bildungspolitik (European Commission, 2001) dar. In der heutigen Wissens- und Informationsgesellschaft, die von stetigem Wandel und Veränderungen auf verschiedensten Ebenen (technologisch, berufsbezogen, sozial) geprägt ist, bedarf es eines kontinuierlichen, lebenslangen Lernprozesses. Dazu gehören kontinuierliches Engagement, Motivation und die Kompetenz zum Weiterlernen. In diesem Kontext ist es Aufgabe der Schule, den Grundstein für LLL zu legen. Um eine nachhaltige Förderung von LLL in den Schulalltag implementieren zu können, ist die Stärkung entsprechender Vermittlungskompetenzen bei Lehrkräften ein wichtiger Aspekt. Genau an dieser Stelle setzt das dreisemestrige Trainingsprogramm TALK „Trainingsprogramm zum Aufbau von LehrerInnenkompetenzen zur Förderung von Lebenslangem Lernen"[1] an, dessen theoretische Verankerung, Aufbau, Umsetzung und Evaluation im vorliegenden Beitrag beschrieben wird.

1 Die Finanzierung erfolgte durch das Österreichische Bundesministerium für Unterricht, Kunst und Kultur (bm:ukk).

2. Theoretische Verankerung

In der Literatur finden sich zwei grundlegende Determinanten für erfolgreiches Lebenslanges Lernen (z.B. Achtenhagen & Lempert, 2000; Schober et al., 2007): (1) Motivation und Interesse für Bildung und Lernen – dieser Aspekt wird im Folgenden unter den Begriffen Motivation/Bildungsmotivation zusammengefasst – sowie (2) die Kompetenzen, diese Bildungsmotivation auch erfolgreich in konkreten Lernhandlungen umsetzen zu können – dieser Aspekt wird im Folgenden unter den Begriffen Selbstregulation/selbstreguliertes Lernen (SRL) zusammengefasst. Dies bedeutet, dass Personen den Wissenserwerb bzw. das Lernen an sich als wertvoll und attraktiv erleben sowie über Kompetenzen verfügen, sich selbstständig Wissen anzueignen und dieses zu managen. Da somit der Erwerb von Handlungskompetenzen im Zentrum steht, handelt es sich also nicht um einen Wissens- und Kompetenzerwerb im klassischen Sinne der Weiterbildung. Nach Weinert (1996) sind unter Handlungskompetenzen nicht nur motivationale, sondern auch soziale und kognitive Voraussetzungen gemeint, die für erfolgreiches Lernen nötig und/oder abrufbar sind. Dies impliziert, dass die beiden zentralen Determinanten Bildungsmotivation und SRL durch (3) soziale Kompetenzen und (4) kognitive Fähigkeiten als Kernfaktoren für erfolgreiches Lebenslanges Lernen zu ergänzen sind. Vor diesem Hintergrund zielt die Förderung von TALK auf diese vier Kernfaktoren ab, auf die im Folgenden genauer eingegangen wird.

2.1 Identifikation der Zielvariablen im Bereich Bildungsmotivation und SRL

Motivation wird in der neueren Forschung nicht mehr als Eigenschaft einer Person gesehen, sondern vielmehr als Prozess, der die Einleitung und Aufrechterhaltung von Handlungen (in diesem Falle Lernhandlungen) steuert (z.B. Ziegler, 1999). Ausgehend davon liegt es für eine systematische Förderung von Motivation/Bildungsmotivation nahe, den Handlungsablauf des Lernens als Analysekategorie heranzuziehen. Betrachtet man dazu Handlungsphasenmodelle (Heckhausen, 1991; Gollwitzer, 1990), so wird deutlich, dass sich die Förderung von Motivation und Selbstregulation auf eine gemeinsame theoretische Basis zurückführen lässt.

In diesen Prozessmodellen werden Lernhandlungen meist in vier Phasen unterteilt, die es systematisch zu fördern gilt: (1) die Aufnahme der Lernhandlung (d.h. die Entscheidung zum Lernen = prädezisionale Phase), (2) die Planung des Lernens (= präaktionale Phase), (3) das Handeln im engeren Sinne (also die erfolgreiche Ausführung = aktionale Phase) sowie abschließend (4) eine funktionale Handlungsbewertung, so dass Lernen auch in Zukunft attraktiv bleibt (= postaktionale Phase) (vgl. auch den Beitrag von Schellenbach-Zell & Gräsel in diesem Band).

In der Literatur werden immer wieder zentrale Determinanten genannt, die diese Phasen bei Schülerinnen und Schülern günstig beeinflussen (Schober, 2002; Ziegler, 1999).

Dazu zählen (siehe auch Abb. 1):

- Hohes *Interesse* und das individuelle Ziel, seine *Kompetenz zu erweitern (= Lernzielorientierung)* (z.B. Ames, 1990; Krapp, 2002; Urdan & Schoenfelder, 2006).
- Die Überzeugung, Anforderungen bewältigen, Dinge beeinflussen und eigene Fortschritte als Indiz für Erfolge verbuchen zu können, verbunden mit der Auffassung, dass Fähigkeiten veränderbar sind *(= flexible implizite Begabungstheorie; IPT)*, einem hohen *Vertrauen in die eigenen Fähigkeiten* und hoher *Selbstwirksamkeit* (z.B. Dweck & Molden, 2005; Zimmerman, 2000).
- Die Verfügbarkeit von *Lernkompetenzen* (Weinstein & Hume, 1998), insbesondere von Lernstrategien und metakognitivem Wissen.
- Eine motivationsförderliche *Bezugsnorm*, ein funktionaler *Attributionsstil* sowie der richtige *Umgang mit negativem/positivem Leistungsfeedback* (z.B. Rheinberg, Vollmeyer & Rollet, 2000; Weiner, 2005).

Abbildung 1 fasst die Determinanten von Bildungsmotivation und Selbstregulation im Überblick zusammen.

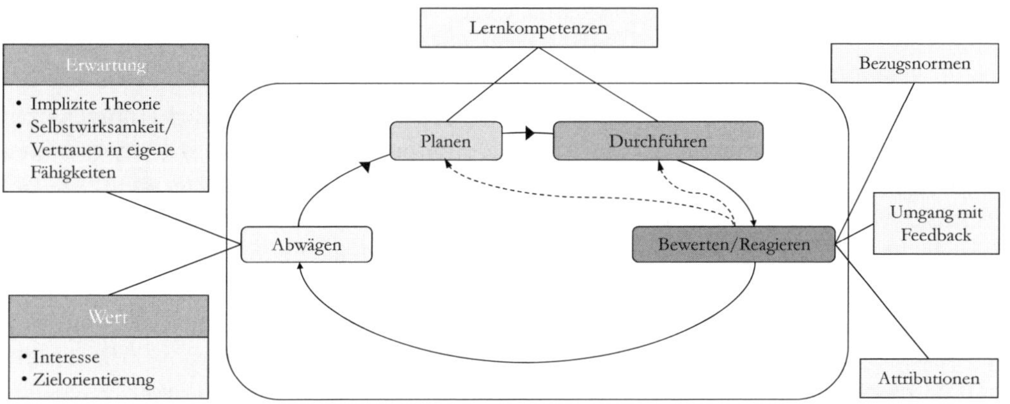

Abb. 1: Übersicht über die Zielvariablen von TALK aus den Bereichen Bildungsmotivation und SRL

2.2 Identifikation der Zielvariablen im Bereich soziale Kompetenzen

Das integrative Motivationsförderkonzept TARGET (Ames, 1990; Maehr & Midgley, 1991, 1996) bietet eine Reihe von Ansatzpunkten zur konkreten Förderung von LLL in der Schule. TARGET beinhaltet sechs zentrale Dimensionen und entsprechende Förderempfehlungen (Ames, 1992a, 1992b; Ames & Ames, 1984; Epstein, 1989), die in Abbildung 2 ersichtlich sind. Diese Dimensionen weisen eine unmittelbare Entsprechung zu den Zielvariablen von TALK (siehe Abb. 1) auf.

<table>
<tr><th>Dimensionen nach Ames</th><th>Instruktionale Strategie</th><th>Zielvariablen in TALK</th></tr>
<tr><td>Task (Aufgabenstellung)</td><td>• Angebot von interessanten und herausfordernden Aufgaben
• Unterstützung von realistischen Zielsetzungen
• Unterstützung im Erwerb von Lernstrategien</td><td rowspan="6">• Förderung einer Lernzielorientierung
• Interessensförderung
• Förderung einer flexiblen IPT
• Förderung der Selbstwirksamkeit/ des Vertrauens in die eigenen Fähigkeiten
• Förderung von Metakognition
• Förderung von Lernstrategien
• Bezugsnormen, Attributionen (Fokus auf Anstrengung/Lernen), Umgang mit Feedback: Feedbackgebung der Lehrkraft
• Förderung von Fähigkeiten zum kooperativen Lernen</td></tr>
<tr><td>Distribution of Authority (Teilung von Verantwortung)</td><td>• Unterstützung einer aktiven Teilnahme der SchülerInnen an Entscheidungen
• Angebot von Möglichkeiten, Verantwortung für sein Lernen zu übernehmen
• Unterstützung in der Entwicklung von Selbstmanagementstrategien</td></tr>
<tr><td>Recognition (Anerkennung von Leistung)</td><td>• Anerkennung von Bemühungen und Verbesserungen
• Möglichkeit für alle SchülerInnen, Belohnung/Anerkennung zu bekommen
• Bewertung im „privaten Rahmen"</td></tr>
<tr><td>Grouping (Zusammenarbeit mit Peers)</td><td>• Angebot von Möglichkeiten für kooperatives Lernen und Peer-Interaktionen
• Forcierung heterogener und verschiedener Gruppierungen
• Angebot von Möglichkeiten für individuelles Arbeiten/Fortschreiten</td></tr>
<tr><td>Evaluation (Bewertungsmaßstäbe)</td><td>• Anerkennung des individuellen Fortschritts, von Verbesserung und Mastery
• Fehler als Teil des Lernprozesses
• Schaffung von Möglichkeiten zur Verbesserung
• Verwendung verschiedener Evaluationsmethoden</td></tr>
<tr><td>Time (Zeit)</td><td>• Anpassung der zur Verfügung stehenden Zeit an die individuellen Bedürfnisse der SchülerInnen
• Schaffung der Möglichkeit, nach eigenen Lernplänen zu arbeiten</td></tr>
</table>

Abb. 2: Strukturen und instruktionale Strategien zur Motivationsförderung im Schulkontext (nach Ames, 1992a) in Verbindung zu den Zielvariablen von TALK

Neben den bereits unter Bildungsmotivation und Selbstregulation herausgearbeiteten Determinanten betont das Konzept TARGET unter der Dimension „Grouping" die Bedeutung des kooperativen Lernens und damit verbunden der sozialen Kompetenzen. Diese Dimension geht davon aus, dass Lernen nicht nur isoliert stattfindet, sondern insbesondere im schulischen Kontext eine starke soziale Komponente aufweist, womit die sozialen Kompetenzen als Voraussetzung für LLL evident werden. Zu den sozialen Kompetenzen zählen nicht nur Kommunikationsfähigkeit, Durchsetzungsfähigkeit und Verhaltenskontrolle (vgl. Weidner, 2003), sondern auch Gruppen- und Konfliktmanagement. Da laut Ames (1992a) heterogene und verschiedene Gruppierungen forciert werden sollen, ist es erforderlich, dass Schüler/innen und Lehrkräfte den Umgang mit Unterschiedlichkeit (Diversität bzgl. Geschlecht, Nationalität, Begabung etc.) lernen und diese als Ressource nutzen. Dies bedeutet u.a. eine Auseinandersetzung mit den eigenen Vorurteilen und Stereotypen mit dem Ziel, potentiell auftretenden Konflikten, die für ein kooperatives Lernumfeld hinderlich sein könnten, entgegenzuwirken. Die Thematisierung von Diversität/ Heterogenität ist jenseits dessen in einer Gesellschaft mit zunehmender multikultureller Prägung für LLL grundsätzlich von hoher Bedeutung (Europäische Kommission, 2006). Die sich aus den Ansatzpunkten ergebenden konkreten *Zielvariablen* für soziale Kompetenzen sind im Überblick in Tabelle 1 zusammengefasst.

2.3 Identifikation der Zielvariablen im Bereich kognitive Fähigkeiten

Als wichtige kognitive Voraussetzung für LLL (im oben definierten Sinne) werden im Kontext von SRL metakognitive Kompetenzen gesehen. Weinert (1996) verdeutlicht deren Relevanz bei der Bearbeitung von Aufgaben bzw. beim Wissenserwerb folgendermaßen: „Je mehr jemand über sein Wissen, den Wissenserwerb und die Wissensnutzung weiß (metakognitive Kompetenzen), desto besser kann er dieses Wissen beim Denken und für den Erwerb neuen Wissens einsetzen" (ebd., S. 17).

Darüber hinaus ist ein Training bestimmter kognitiver Fähigkeiten auch für die Sicherung von Effekten der Motivationsförderung von hoher Relevanz: Im Sinne einer – motivational zentralen – flexiblen impliziten Begabungstheorie (IPT) ist es wichtig, Schülerinnen und Schülern nicht nur zu vermitteln, dass Lernen gelernt werden kann, sondern auch, dass sich eine Verwendung von Strategien langfristig in einem Kompetenzgewinn niederschlägt. Dies betrifft neben diversen Lernstrategien nicht zuletzt auch den gezielten Einsatz von kritischem und kreativem Denken bzw. Problemlösen. Lehrkräfte, die Schülerinnen und Schülern Gelegenheiten bieten, diese Strategien zu üben (Halpern, 2003), und entsprechende Kompetenzgewinne sichtbar machen, fördern eine flexible IPT, wenn sie eben diese Strategien für erzielte Erfolge verantwortlich machen (Dweck & Molden, 2005).

Überdies erscheint es von grundlegender Relevanz, bei Lehrkräften und Schülerinnen und Schülern die Einstellung zu prägen, dass kritisches und kreatives Denken bzw. Problemlösen in unserer Gesellschaft wichtige kognitive Fähigkeiten sind, bedenkt man beispielsweise die zunehmende Informationsflut sowie den steigenden Innovationsdruck im Zuge der Globalisierung.

Tab. 1: Übersicht über die Zielvariablen von TALK aus den Bereichen soziale Kompetenzen und kognitive Fähigkeiten

Bereich	*Zielvariablen auf Schülerebene*
Soziale Kompetenzen	Fähigkeiten zum kooperativen Lernen, unter anderem: - Kommunikationsfähigkeit - Durchsetzungsfähigkeit - Verhaltenskontrolle - Konflikt- und Gruppenmanagement - Umgang mit Diversität
Kognitive Fähigkeiten	- Metakognitive Kompetenzen - Kritisches und kreatives Denken bzw. Problemlösen

Aufbauend auf der theoretischen Verankerung von TALK wird im Folgenden das Trainingsprogramm TALK selbst anhand der Programmziele, der Programmstruktur und didaktischer Prinzipien detailliert vorgestellt.

3. Das Programm TALK

3.1 Programmziele

Das Trainingsprogramm TALK verfolgt Ziele auf proximaler, mittelbarer und distaler Ebene. Das proximale Ziel von TALK ist eine Veränderung auf der Ebene der Lehrkräfte (= Ebene „learning" laut Kirkpatrick, 2002). Mittelbar zielt TALK auf Veränderungen bei den Schülerinnen und Schülern ab (= Ebene „transfer"); d.h., die im Training erworbenen Kompetenzen zur Förderung von LLL sollen auch zur Veränderung der entsprechenden Kompetenzen bei den Schülerinnen und Schülern führen. Zusätzlich werden distale Veränderungen in der Lernkultur der Schulen erwartet (= Ebene „results"); diese betreffen sowohl das Kollegium als auch die Direktion. Die Unterstützung der Lehrkräfte durch die Direktion der Schule ist eine Voraussetzung für die Teilnahme an TALK.

Proximale Ziele

Durch *Wissens- und Kompetenzerweiterung* sollen die Lehrkräfte gestärkt werden, ihren Unterricht so zu gestalten, dass die Schüler/innen in ihrem Kompetenzerwerb für LLL besser gefördert werden. Dazu sollen diejenigen Variablen, die in den vier Phasen einer Lernhandlung (siehe Abb. 1) bedeutsam sind, berücksichtigt werden. Im Unterrichtsalltag sollen zudem vermehrt Lernsituationen geschaffen werden, bei denen die Schüler/innen Kompetenzen zum SRL erwerben können sowie zum kritischen und kreativen Denken angeleitet werden. Darüber hinaus sollen die Lehrkräfte motiviert werden, kooperative Lernformen erfolgreich (d.h. mit entsprechender Förderung der flankierenden Kompetenzen) zu etablieren, da mit diesen sowohl soziale Kompetenzen trainiert als auch Bildungsmotivation und SRL unterstützt werden können.

Zusätzlich soll durch das Training die *Einstellung der Lehrkräfte* dahingehend gefestigt werden, dass die Förderung von Kompetenzen für LLL in der Schule von entscheidender Bedeutung ist. Als Voraussetzung dafür dient die Förderung der Kompetenzen für LLL bei den Lehrkräften selbst, verbunden mit einer Förderung der *beruflichen Motivation* in ihrer Rolle als Lehrkräfte. Dabei ist es ein besonderes Anliegen von TALK, die *Selbstwirksamkeitsüberzeugung* der Lehrkräfte zu stärken. Studien zur Lehrerbelastung weisen darauf hin, dass damit präventiv Burnout entgegengewirkt wird (Chan, 2002; Schwarzer, Schmitz & Tang, 2000).

Schließlich wird eine *Intensivierung der Kooperation* zwischen den Lehrkräften forciert (Martin-Kniep & Ashton, 2004). Einerseits kann durch eine gemeinsame Vorbereitung und/oder Umsetzung neuer Ideen der Transfer der Trainingsinhalte in den Unterrichtsalltag erleichtert werden. Andererseits können so leichter Veränderungsimpulse in Schulen gesetzt werden. Um die Möglichkeit dafür zu schaffen, nehmen an TALK nur *Schulteams,* bestehend aus 2 bis 5 Personen pro Schule, teil.

Mittelbare und distale Ziele

Die intendierten Veränderungen bei den Schülerinnen und Schülern ergeben sich unmittelbar aus den proximalen Zielen. Im ersten Schritt sollen Veränderungen im Unterricht durch die Schüler/innen wahrgenommen werden. Daraus folgend sollen sich im Idealfall auch Veränderungen auf der Kompetenzebene der Schüler/innen zeigen. Insgesamt sollen sich aufgrund des veränderten Unterrichts *günstigere motivationale Parameter, höhere Lernkompetenzen* und *verbesserte soziale und kognitive Merkmale* ergeben. Die Zielsetzung für die jeweiligen Schulen als Ganzes muss in Anbetracht der sehr heterogenen Ausgangssituationen breiter formuliert werden. Zentrales Anliegen ist es, dass die *Förderung von LLL als Thema in den Schulen implementiert* wird. Die TALK-Lehrkräfte sollen dies als Multiplikator/inn/en initiieren und durchführen. In welchem Umfang und mit welchen Schwerpunkten dies geschieht, muss jedoch bis zu einem gewissen Grad offenbleiben und den Bedürfnissen der Schulen entsprechend gestaltet werden können. Denn gerade die Adaption an die jeweilige Schulsituation erhöht die Wahrscheinlichkeit einer nachhaltigen Wirksamkeit (vgl. Reynolds, 2005). Die Implementierung in den Schulen kann daher in unterschiedlicher Form erfolgen: z.B. Entwicklung eines neuen Schulprofils, Organisation von Arbeitsgruppen im Kollegium zum Thema LLL, verstärkte Zusammenarbeit in der Unterrichtsvorbereitung mit Blick auf LLL, spezifische Schulprojekte oder Elternabende.

Einen Überblick über die proximalen, mittelbaren und distalen Programmziele von TALK gibt Abbildung 3.

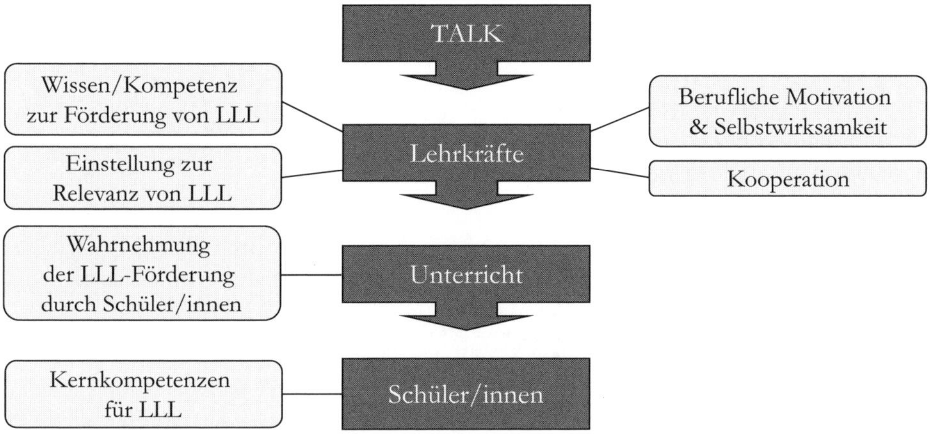

Abb. 3: Programmziele von TALK

3.2 Programmstruktur

TALK ist für Lehrkräfte konzipiert, die in der Sekundarstufe unterrichten. TALK erstreckt sich über drei Semester und umfasst insgesamt 130 Stunden, die in ein- bzw. zweitägigen Workshops (TALK-Einheiten) geblockt sind. Diese finden im ersten Semester alle drei Wochen statt, im zweiten und dritten Semester alle vier bis fünf Wochen. Die Unterstützung der Lehrkräfte wird somit analog den Empfehlungen von Collins, Brown und Newman (1989) im Kontext des „cognitive apprenticeship" immer mehr zurückgenommen („fading").

Inhaltlich werden die Bereiche Bildungsmotivation, selbstreguliertes Lernen, soziale Kompetenzen und kognitive Fähigkeiten als Basis für LLL behandelt (siehe Tab. 2).

Tab. 2: Überblick über die Themen und Inhalte von TALK

Termin	*Themen*
1. Semester	
1	Einstieg (Überblick) und Lebenslanges Lernen
2	Lernen und Motivation (Interesse, Ziele)
3	Motivation (Selbstwert, Vertrauen in die eigenen Fähigkeiten)
4	Motivation (Bezugsnormen, Attributionen, IPT, Feedback)
5	Soziale Kompetenzen (Kooperatives Lernen)
6	Soziale Kompetenzen (Konfliktmanagement, Entscheidungsfindung)
7	Wahltermin 1*
8	Selbstreguliertes Lernen 1 (Lernkompetenzen: Lernstrategien, Metakognition)
9	Selbstreguliertes Lernen 2 (Planung eines eigenen SRL-Lernprojekts)
10	Selbstreguliertes Lernen 3 (Vorstellung des eigenen SRL-Lernprojekts) und Zwischenreflexion des Lehrgangs
2. Semester	
11	Kognitive Kompetenzen (kritisches und kreatives Denken bzw. Problemlösen)
12	Soziale Kompetenzen (Diversity)
13	Wahltermin 2*
14	Planung eines Kleinprojekts für den Unterricht
15	Schulen als Organisationen und Lehrgangsrückblick
16	Vorstellung der Ergebnisse des Kleinprojekts, Entwicklung von Schulprojektideen für das 3. Semester und Zwischenreflexion des Lehrgangs
3. Semester	
17	Coachingtermin „Projektplanung“
18	Coachingtermin „Startphase“
19	Coachingtermin „Evaluation“ (optional)
20	Weitere Coachingtermine zur Projektsteuerung
21	Abschlussveranstaltung (Präsentation der Projektergebnisse, Projektreflexion und Lehrgangsreflexion)
Refreshing (optional)	
22	Wiederholung der Inhalte
23	Konzeption Best-Practice-Beispiele

** An den Wahlterminen können sich die Lehrkräfte interessengeleitet Arbeitsgruppen bzw. Vortrags- und Diskussionsgruppen zuordnen.*

Die Seminartermine in den ersten beiden Semestern sind mehrheitlich thematisch vorgegeben. An zwei Terminen haben die Teilnehmer/innen jedoch die Möglichkeit, bereits besprochene Inhalte in Wahlseminaren (im Sinne einer Schwerpunktsetzung) zu vertiefen. Im Laufe der ersten beiden Semester werden die Lehrkräfte somit angeregt und unterstützt, ihren Unterricht entsprechend den Zielvariablen zu optimieren. Konkretes Ziel ist es, den Lehrkräften jene Kompetenzen zu vermitteln, die sie benötigen, um den Schülerinnen und Schülern die Grundlagen für erfolgreiches LLL weiterzugeben.

Im dritten Semester liegt der Fokus auf der Sicherung der Nachhaltigkeit der Trainingsziele. In dieser Phase sollen die Lehrkräfte Schulprojekte in ihrer Schule initiieren, die unmittelbar an TALK anknüpfen, und die Inhalte an Kolleg/inn/en, die nicht an TALK teilnehmen, weitergeben. Die TALK-Lehrkräfte können und sollen hier Schwerpunkte setzen sowie die individuelle Schulsituation berücksichtigen. Sie werden in der Themenfindung, Zielformulierung, Planung, Durchführung und Evaluation ihres Projekts supervidiert. Am Ende des regulären Lehrgangs steht eine eintägige Abschlussveranstaltung, bei der die Schulinitiativen vorgestellt werden und deren Durchführung gemeinsam reflektiert wird.

Zirka sechs Monate nach Ende des Lehrgangs besteht für interessierte Teilnehmer/innen die Möglichkeit, die gelernten Inhalte „aufzufrischen". Die Ziele dieser zweitägigen Refreshing-Einheiten bestehen darin, die wesentlichen Trainingsinhalte zu wiederholen, die Vernetzung zwischen den einzelnen Schulen zu vertiefen und mit den Lehrkräften konkrete „Best Practice"-Beispiele zur Förderung der Kompetenzen für LLL im Unterricht zu erarbeiten.

Anhand dieser Programmstruktur fließen in TALK aktuelle Befunde zur Lehrkräftefortbildung ein, wonach Fortbildungen dann erfolgreich sind, wenn sie sich über einen längeren Zeitraum erstrecken und es einen Wechsel zwischen Inputphasen, praktischen Erprobungsphasen und unterrichtsbezogenen Reflexionsphasen gibt (vgl. Adey et al., 2004; Lipowsky, in diesem Band). Im Folgenden wird auf die damit in Verbindung stehenden didaktischen Prinzipien genauer eingegangen.

3.3 Didaktische Prinzipien

In den TALK-Trainingseinheiten werden vier didaktische Prinzipien systematisch angewandt: (1) die Förderung verschiedener Wissensarten, (2) die instruktionspsychologische Strukturierung der TALK-Einheiten, (3) die Nutzung von Transfertechnologien sowie (4) die explizite und implizite Vermittlung von Lehrinhalten.

Bei der Aufarbeitung der Lerninhalte durch die Berücksichtigung *verschiedener Wissensarten* soll konkret der Erwerb von deklarativem, prozeduralem, kontextuellem und metakognitivem Wissen unterstützt werden (vgl. de Jong & Ferguson-Hessler, 1996; Steiner, 2006): Begrifflichkeiten und Inhalte werden nicht nur theoretisch vermittelt, sondern die Lehrkräfte werden angeregt, über ihr Wissen und ihr eigenes Lernen zu reflektieren und die Anwendbarkeit der Inhalte mitzudenken. Darüber hinaus wird die Relevanz der Lerninhalte für die konkrete Umsetzung in ihrem eigenen Unterricht in den Vordergrund gestellt. Es geht darum, die Einstellung der Lehrkräfte zu festigen, dass LLL für die Schule ein relevantes Thema ist, und darauf aufbauend die Lehrkräfte dahingehend vorzubereiten, die Schüler/innen bei der erfolgreichen Bewältigung von LLL zu unterstützen.

Um einen nachhaltigen Wissens- und Kompetenzaufbau zu gewährleisten, werden bei der Gestaltung der TALK-Einheiten Prinzipien berücksichtigt, die aus der Instruktionspsychologie abgeleitet sind. Eine Integration der Ansätze von Klauer (1985) und Gagné (1985) führt zu sieben *Lehrfunktionen*, die als Basis für die Grobstruktur jeder TALK-Einheit dienen (siehe Tab. 3).

Tab. 3: Überblick über die Grobstruktur der TALK-Einheiten angelehnt an die Lehr- und Lernschritte von Klauer (1985) und Gagné (1985)

Grobstruktur	*Lehr- und Lernschritte*
1. Kurzer Überblick über den Ablauf und die übergeordneten Ziele	
2. Rückblick auf den letzten Termin und retrospektiver Erfahrungsaustausch	(Transfer der letzten Einheit sichern)
3. Kurze Einführung in das neue Thema	Aufmerksamkeit gewinnen
4. Formulierung der spezifischen Ziele	Lernende über die Lernziele explizit informieren
5. Darstellung des Themas	Vorwissen aktivieren Lehrstoff darstellen Bedeutsamkeit des Lernstoffes darstellen
6. Ausdifferenzierung und Einübung	Lernen anleiten Anwenden/Ausführen lassen
7. Erarbeitung von Konsequenzen für Unterricht und Schule	Transfer sichern
8. Tageszusammenfassung und Explizierung konkreter Umsetzungsziele für die nächsten Wochen	Behalten und Transfer sichern
9. Abschlussrunde	

Um den Transfer der Trainingsinhalte in den Schulalltag zu gewährleisten, werden gängige Transfertechnologien eingesetzt (Hager & Hasselhorn, 2000). So wird im Sinne des „anchored instruction"-Ansatzes (Bransford, Sherwood, Hasselbring, Kinzer & Williams, 1990) möglichst viel mit authentischen Lernsituationen gearbeitet (z.B. durch die Arbeit an konkreten Problemen im Unterricht/in der Schule).

Des Weiteren werden in den TALK-Einheiten zu den einzelnen Themen grundlegende Prinzipien und deren Umsetzungsmöglichkeiten erarbeitet (z.B. zur Förderung von Interesse), die in den nachfolgenden Unterrichtsstunden forciert beobachtet bzw. erprobt werden sollen. Die Lehrkräfte sollen sich dazu nach jeder TALK-Einheit individuelle Ziele setzen (z.B. Beobachtung des eigenen Feedbackverhaltens; Einsatz von Trainingstagebüchern bei Projektarbeiten). In der folgenden TALK-Einheit ist zu Beginn ein Zeitrahmen für den diesbezüglichen Erfahrungsaustausch reserviert. Im Sinne der Motivationsförderung können somit Unterrichtserfolge der Lehrkräfte hervorgehoben werden; für „Misserfolge" werden gemeinsam Optimierungsvorschläge erarbeitet. Darüber hinaus wird durch die Reflexion darüber, welche Inhalte von TALK an Kolleg/inn/en weitergegeben werden können, bereits in den ersten beiden Semestern eine enge Kooperation in den Schulteams angeregt. Dies ist für den Transfer der Trainingseffekte in die Schule (drittes Semester) unabdingbar.

Die Lerninhalte werden zudem explizit und implizit vermittelt. So wird z.B. in einer TALK-Einheit zur Motivationsförderung die hohe Relevanz von Wahlfreiheiten für die Schüler/innen thematisiert, gleichzeitig werden den Lehrkräften selbst im Lehrgang immer wieder Wahlfreiheiten gegeben (z.B. bezüglich Themen, Aufgaben, Bearbeitungsmodi und/oder Sozialformen). Auch die zentralen Elemente von SRL werden explizit und implizit vermittelt. Die Lehrkräfte wählen sich im ersten Semester ein Thema, das sie über einen Zeitraum von zwei Monaten bearbeiten (individuell oder in einer Kleingruppe). Verschiedene Materialien werden unterstützend eingesetzt (z.B. Zielsetzungs- und Planungsbogen, Trainingstagebuch, Reflexionsbogen), die nach Abschluss des Projekts auf ihre Tauglichkeit für den Einsatz im Unterricht diskutiert werden. Im Anschluss daran kann die Umsetzbarkeit der adaptierten Materialien im Unterricht erprobt werden. Die implizite Vermittlung von kritischem und kreativem Denken geschieht beispielsweise dadurch, dass die Lehrkräfte angeregt werden, das eigene Vorgehen bzw. Umsetzungsideen aus der Theorie kritisch zu hinterfragen und kreative Umsetzungsvorschläge für die eigene Unterrichtspraxis zu finden.

4. Evaluation

4.1 Durchführung von TALK

Der TALK-Lehrgang wurde in der Pilotphase als Fakultätslehrgang an der Universität Wien von September 2006 bis Februar 2008 durchgeführt. Insgesamt nahmen 40 Lehrkräfte aus zehn Hauptschulen und fünf Gymnasien in drei Trainingsgruppen teil. Jede Lehrkraft definierte zu Beginn des Trainingsprogramms eine Schulklasse, in der die Inhalte von TALK erprobt und umgesetzt werden sollten. Verbunden mit dieser Vorgabe waren somit indirekt insgesamt 780 Schüler/innen in das Trainingsprogramm involviert (siehe mittelbare Programmziele).

Die im dritten Semester von den Lehrkräften initiierten Schulprojekte knüpften unmittelbar an die TALK-Inhalte an und wurden an diejenigen Kolleg/inn/en aus ihrer Schule weitergegeben, die TALK nicht besucht hatten, aber an den Inhalten interessiert waren. Bei der Schwerpunktsetzung wurde jeweils die individuelle Schulsituation berücksichtigt. Beispiele für Schulprojekte waren z.B. „Feedback in unterschiedlichen Lernformen“, „Wirkung neuer Lern- und Lehrformen auf die Schüler/innen“ oder „Kooperatives Lernen in kooperativen Gruppen“.

4.2 Evaluationsdesign

Im Rahmen eines Versuchs-Kontrollgruppen-Plans kombiniert mit einem Prä-Post-Post-Design wurden sowohl die Lehrkräfte als auch die Schüler/innen hinsichtlich ihrer LLL-Kompetenzen umfassend befragt. In der Kontrollgruppe wurden jeweils vergleichbare Erhebungen durchgeführt.

TALK wurde summativ und formativ evaluiert. Die summative Evaluation umfasste die Ebene der Lehrkräfte, der Schüler/innen und der Schule (siehe Tab. 4).

Tab. 4: Ziele, Evaluationsebenen und Erhebungsplan für die summative Evaluation von TALK

Zielgruppe	*Ziele*	*Messzeitpunkte*	
Lehrkräfte	Proximal	Prätest: Posttest: Posttest:	September 06 (MZP 1) Juni 07 (MZP 2) April 08 (MZP 3)
Schüler/innen	Mittelbar	Prätest: Posttest: Posttest:	September 06 (MZP 1) Juni 07 (MZP 2) April 08 (MZP 3)
Schule (Direktion/Kollegium)	Distal	Posttest:	April 08 (MZP 3)

Die proximalen Zielvariablen wurden zu Beginn des ersten Semesters (MZP 1), am Ende des zweiten (MZP 2) und am Ende des dritten Semesters (MZP 3) erhoben. Dazu wurden den Lehrkräften Fragebögen vorgegeben.

Zur Prüfung der mittelbaren Ziele in Form der Transferwirkung auf den Unterricht wurden die Schüler/innen der TALK-Lehrkräfte befragt. Die Schüler/innen machten Angaben einerseits zu wahrgenommenen Veränderungen im Unterricht und andererseits zu eigenen Veränderungen hinsichtlich der Trainingsziele. Darüber hinaus lieferten Trainingstagebücher, Protokolle der Abschlussrunden sowie Interviews mit einzelnen Lehrkräften ebenfalls relevante Informationen zur Transferwirkung von TALK.

Zur Prüfung der distalen Ziele von TALK dokumentierten die TALK-Lehrkräfte im dritten Semester die Schulprojekte in Form von Portfolios; diese wurden bezüglich des Transfererfolgs durch externe Expert/inn/en bewertet. Zusätzlich wurde eine Befragung der Kolleg/inn/en und Direktor/inn/en der Trainingsteilnehmer/innen im dritten Semester durchgeführt.

Die formative Evaluation stützte sich auf interventionsbegleitende qualitative Methoden, wie z.B. Trainingstagebücher der Lehrkräfte, Fokusgruppen und Feedbackrunden am Ende der jeweiligen Trainingstermine.

An dieser Stelle wird aus der umfangreichen Evaluation von TALK der Bereich fokussiert, der sich auf die proximalen Programmziele (Lehrer/innen) und den ersten und zweiten Messzeitpunkt der Untersuchung bezieht. Diese Ergebnisse resultieren aus der Befragung der Lehrkräfte.

4.3 Befunde zu den proximalen Zielen

Die proximalen Programmziele, die aus Abbildung 3 zu entnehmen sind, wurden anhand der Einstellungs- und Verhaltensänderung sowie anhand des Wissens- und Kompetenzerwerbs der Lehrkräfte evaluiert. Als Grundlage dafür dienten die Fragebogendaten der 40 TALK-Lehrkräfte sowie einer Kontrollgruppe bestehend aus 66 Lehrkräften, die nicht am Trainingsprogramm teilnahmen.

Im Konkreten wird nun auf die Einstellung zur Relevanz von LLL in der Schule, auf die berufliche Motivation und Selbstwirksamkeit, auf die Kooperation der TALK-Lehrkräfte untereinander sowie auf das Wissen und die Kompetenz der Lehrkräfte hinsichtlich der Förderung von LLL näher eingegangen. Die Einstellung zur Relevanz von LLL in der Schule wurde anhand der Frage „Inwiefern ist es aus Ihrer Sicht Aufgabe von Lehrerinnen und Lehrern, Lebenslanges Lernen bei Schülerinnen und Schülern zu fördern?" überprüft. Die individuelle bereichsspezifische Selbstwirksamkeit der TALK-Lehrkräfte wurde anhand einer Skala mit 16 Items erhoben (Beispielitem: „Inwieweit sind Sie überzeugt davon, dass Sie Lebenslanges Lernen bei Ihren Schülerinnen und Schülern fördern können?"; Cronbachs $\alpha = .89$). Die Skala „Allgemeiner Austausch mit Kolleg/inn/en" (fünf Items; Beispielitem: „Ich tausche mich mit Kolleg/inn/en, die andere Fächer unterrichten, über Unterrichtsinhalte aus."; Cronbachs $\alpha = .80$) ist ein Indikator für das Ziel der Intensivierung der Kooperation der Lehrkräfte untereinander. Die Beantwortung erfolgte jeweils anhand einer achtstufigen Likertskala, wobei das Antwortformat der jeweiligen Frage angepasst wurde.

Zur Prüfung der Trainingseffekte hinsichtlich Wissen und Kompetenz zur Förderung von LLL werden Ergebnisse berichtet, die auf der Basis einer Selbsteinschätzung hinsichtlich der Veränderung des Methodenrepertoires der TALK-Lehrkräfte beruhen. Die eingeschätzten Veränderungen betreffen folgende Bereiche: Vermittlung von Interesse, Motivation, selbstreguliertes Lernen und Mitverantwortung sowie Wissen über förderliche Leistungsrückmeldungen (Beispielitem: „Ich kenne Methoden, wie auf die Interessen von Schülerinnen und Schülern eingegangen werden kann."). Die Lehrkräfte sollten hier zum zweiten Messzeitpunkt angeben, ob sich im Vergleich zum ersten Messzeitpunkt etwas an ihren Methodenkenntnissen verändert hat, wobei die fünfstufige Likertskala von „kenne gleich viele" bis „kenne viele mehr" reichte.

Tab. 5: Mittelwerte und Standardabweichungen der Zielvariablen zum ersten und zweiten Messzeitpunkt

	Einstellung zum Lebenslangen Lernen		*Selbstwirksamkeit der Lehrkräfte*		*Austausch mit Kolleg/inn/en*	
	MZP 1	*MZP 2*	*MZP 1*	*MZP 2*	*MZP 1*	*MZP 2*
Trainingsgruppe	7.53 (0.78)	7.48 (1.11)	5.83 (0.85)	5.98 (0.85)	4.02 (1.48)	4.71 (1.73)
Kontrollgruppe	7.03 (1.37)	7.27 (0.94)	5.79 (0.75)	5.59 (0.70)	4.05 (1.58)	3.81 (1.64)

Bei der Einstellung zur Förderung des LLL zeigten sich nach Tabelle 5 keine Trainingseffekte [$F(1,104) = 1.075$, $p = .302$, $\eta^2 = .010$]. Beide Gruppen hatten bereits zum ersten Messzeitpunkt sehr hohe Werte, die auch auf diesem hohen Niveau blieben. Die bereits zu Beginn hohen Werte lassen auf einen Deckeneffekt schließen. Trainingseffekte (siehe Abb. 4) zeigten sich sowohl bei der individuellen Selbstwirksamkeit der Lehrkräfte [$F(1,104) = 7.609$, $p = .007$, $\eta^2 = .068$] als auch beim Austausch mit den Kolleg/inn/en [$F(1,104) = 10.718$, $p = .001$, $\eta^2 = .093$].

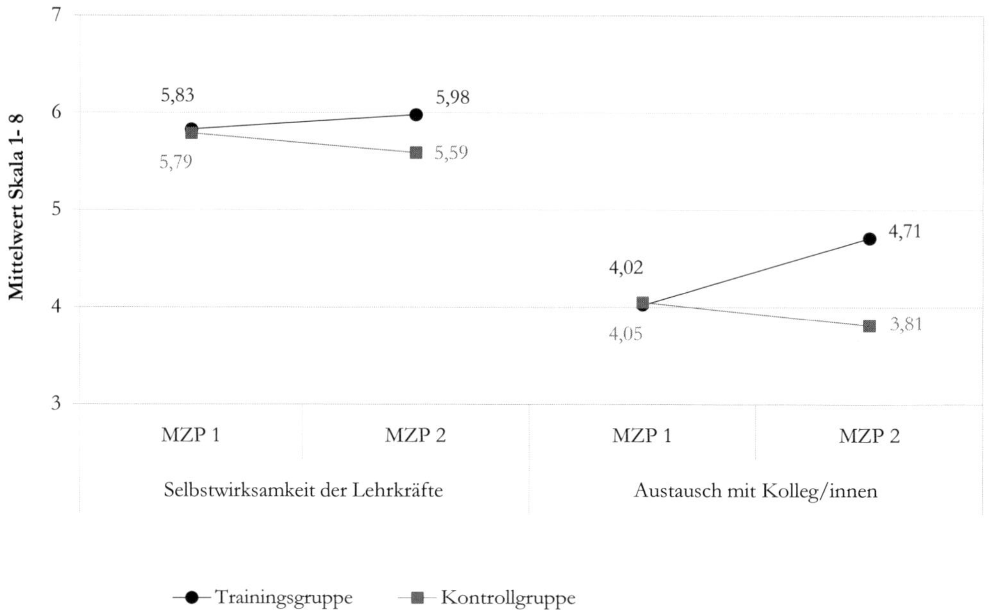

Abb. 4: Trainingseffekte der Zielvariablen zum ersten und zweiten Messzeitpunkte

Wie in Abbildung 5 ersichtlich, zeigten sich auch im Bereich der Methodenkenntnisse Trainingseffekte zugunsten der TALK-Lehrkräfte. Diese schätzten ihre Methodenkenntnisse zur Förderung von Interesse [$F(1,99) = 11.859$, $p = .001$, $\eta^2 = .107$], Motivation [$F(1,99) = 16.580$, $p < .001$, $\eta^2 = .143$], SRL [$F(1,99) = 10.444$, $p = .007$, $\eta^2 = .002$] und Mitverantwortung [$F(1,99) = 20.168$, $p < .001$, $\eta^2 = .169$] sowie ihr Wissen hinsichtlich förderlicher Leistungsrückmeldung [$F(1,99) = 36.193$, $p < .001$, $\eta^2 = .268$] als deutlich verbessert im Vergleich zum Trainingsbeginn ein.

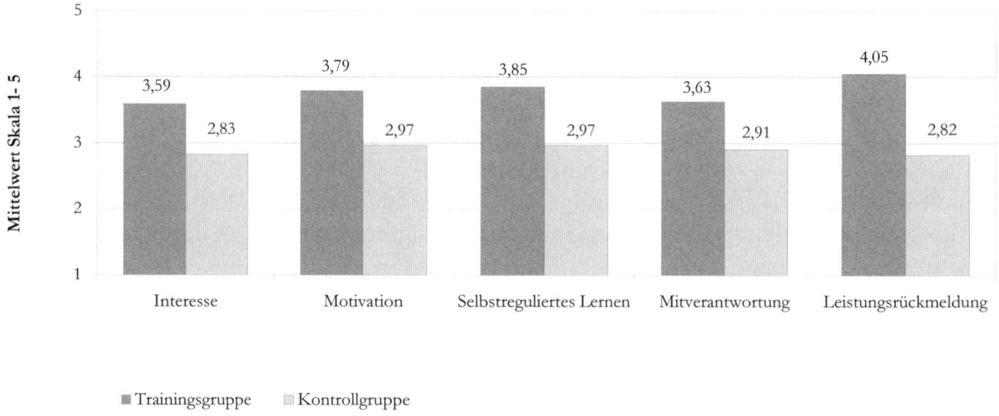

Abb. 5: Effekte bei der Methodenkenntnis zum zweiten Messzeitpunkt

5. Resümee und Diskussion

Kompetenzen zum Lebenslangen Lernen stellen eine notwendige Voraussetzung für die positive Bewältigung der stetig wachsenden Herausforderungen des 21. Jahrhunderts dar. Die Schule und ihre Lehrkräfte als Vermittler von Wissen und Fertigkeiten legen einen wichtigen Grundstein für LLL bei Kindern und Jugendlichen. Mit TALK wurde ein umfassendes Trainingsprogramm vorgestellt, das theoriegeleitet versucht, Lehrkräfte darin zu fördern, ihren Schulalltag im Sinne des LLL-Konzepts zu gestalten. TALK zeichnet sich dadurch aus, dass bei der Programmentwicklung verschiedene Forschungsstränge systematisch integriert wurden und stärker als bei vielen anderen Trainingsprogrammen von Beginn an auf die Sicherung der Nachhaltigkeit und Umsetzung des Gelernten im Unterricht geachtet wurde. TALK verbindet somit Individualtraining für Lehrkräfte mit Schulentwicklung.

Zur Überprüfung der Wirksamkeit des Trainings wurde eine umfassende Evaluation der proximalen, mittelbaren und distalen Programmziele (Hager & Hasselhorn, 2000) durchgeführt. Da Aufwand und Komplexität der Evaluation mit jeder Modellebene steigen, begnügen sich sehr viele Evaluationen mit der Beantwortung von Fragen der proximalen Programmziele. Auch wurde für die Evaluation von TALK eine Vielzahl an verschiedenen Erhebungsmethoden eingesetzt, um Untersuchungen bei allen Zielgruppen vornehmen zu können. Dazu wurden neben Fragebögen und Interviews zusätzlich auch Fokusgruppen, Trainingstagebücher und Portfolios in das Evaluationsdesign aufgenommen.

Die bisherigen Evaluationsergebnisse zeigen eine hohe Akzeptanz des Trainings auf Seiten der Lehrkräfte. So blieb die hohe Anfangsmotivation bis zum Trainingsende aufrecht, auch erlebten sich die TALK-Lehrkräfte als sehr selbstwirksam. Dies ist eine sehr gute Voraussetzung hinsichtlich ihrer Rolle als Multiplikator/inn/en. Hingegen zeigte sich klar der Bedarf an Wissens- und Kompetenzaufbau, wie LLL in der Schule konkret gefördert werden kann. Bereits während des Lehrgangs gestalteten die Lehrkräfte ihren Unterricht aktiv um (Schober, Finsterwald, Wagner & Spiel, 2008). Dies wurde auf Seiten der Schüler/innen z.B. in größerer wahrgenommener Mitverantwortung im Unterricht sichtbar. Auch die ersten Auswertungen der Direktoren- und Kollegenbefragung lassen auf erste Veränderungen in die intendierte Richtung schließen.

Insgesamt wurde im Zuge der Programmentwicklung deutlich, dass sich die Kompetenzen zum LLL nicht nachhaltig in kurzen Fortbildungsseminaren oder Projekttagen vermitteln lassen (vgl. Lipowsky, in diesem Band). Dies kann in den Schulen nur dann erfolgreich geschehen, wenn Lehrkräfte über die entsprechenden Einstellungen, Selbstwirksamkeitsüberzeugungen und Kompetenzen verfügen. Hier ist ein gemeinsames Vorgehen auf Ebene der Lehrkräfte, der Schule und auch auf Ebene des Bildungssystems notwendig.

6. Literatur

Achtenhagen, F. & Lempert, W. (2000). Lebenslanges Lernen im Beruf – seine Grundlegung im Kindes- und Jugendalter (Band I-V). Opladen: Leske + Budrich.

Adey, P., Hewitt, G., Hewitt, J. & Landau, N. (2004). The professional development of teachers: Practice and theory. Dordrecht: Kluwer.

Ames, C. (1990). Motivation: What teachers need to know. Teacher College Records, 91, 409-421.

Ames, C. (1992a). Achievement goals and the classroom motivational climate. In D. H. Schunk & J. L. Meece (Eds.), Student perceptions in the classroom (pp. 327-348). Hillsdale, NJ: Erlbaum.

Ames, C. (1992b). Classrooms: Goals, structures, and student motivation. Journal of Educational Psychology, 84, 261-271.

Ames, C. & Ames, R. (1984). Goal structures and motivation. The Elementary School Journal, 85, 39-52.

Bransford, J. D., Sherwood, R. D., Hasselbring, T. S., Kinzer, Ch. K. & Williams, S. M. (1990). Anchored instructions: Why we need it and how technology can help. In D. Nix & R. Spiro (Eds.), Cognition, education, and multimedia: Exploring ideas in high technology (pp. 163-205). Hillsdale, NJ: Erlbaum.

Chan, D. W. (2002). Stress, self-efficacy, social support, and psychological distress among prospective Chinese teachers in Hong Kong. Educational Psychologist, 22, 557-569.

Collins, A., Brown, J. S. & Newman, S. E. (1989). Cognitive apprenticeship: Teaching the crafts of reading, writing, and mathematics. In L. B. Resnick (Ed.), Knowing, learning, and instruction (pp. 453-494). Hillsdale, NJ: Erlbaum.

de Jong, T. & Ferguson-Hessler, M. G. M. (1996). Types and qualities of knowledge. Educational Psychologist, 31, 105-113.

Dweck, C. & Molden, D. C. (2005). Self-theories: Their impact on competence motivation and acquisition. In A. J. Elliot & C. Dweck (Eds.), Handbook of competence and motivation (pp. 122-139). New York: Guilford.

Epstein, J. (1989). Family structures and student motivation: A developmental perspective. In C. Ames & R. Ames (Eds.), Research on motivation in education. Vol. 3: Goals and Cognitions (pp. 259-295). New York: Academic Press.

Europäische Kommission (2006). Schlüsselkompetenzen für Lebenslanges Lernen. Zusammenfassung der Empfehlung des Europäischen Parlaments und des Rates vom 18. Dezember 2006 zu Schlüsselkompetenzen für lebensbegleitendes Lernen [Amtsblatt L 394 vom 30.12.2006]. Online unter http://europa.eu/legislation_summaries/education_training_youth/lifelong_learning/c11090_de.htm [26.06.2009].

European Commission (2001). Making an European area of life-long learning a reality. Brussels: Commission for the European Communities.

Gagné, R. M. (1985). The conditions of learning and theory of instruction. New York: Holt, Rinehart & Winston.

Gollwitzer, P. M. (1990). Action phases and mind-sets. In E. T. Higgins & R. M. Sorrentino (Eds.), Handbook of motivation and cognition. Vol. 2: Foundations of social behavior (pp. 53-92). New York: Guilford.

Hager, W. & Hasselhorn, M. (2000). Psychologische Interventionsmaßnahmen: Was sollen sie bewirken können? In W. Hager, J.-L. Patry & H. Brezing, Evaluation psychologischer Interventionsmaßnahmen. Standards und Kriterien: Ein Handbuch (S. 41-85). Bern: Huber.

Halpern, D. F. (2003). Thought and knowledge: An introduction to critical thinking (4th ed.). Mahwah, NJ: Lawrence Erlbaum Associates.

Heckhausen, H. (1991). Motivation and action. Berlin: Springer.

Kirkpatrick, D. L. (2002). Evaluating trainings programs: The four levels. San Francisco, CA: Berret-Koehler.

Klauer, K. J. (1985). Framework for a theory of teaching. Teaching and Teacher Education, 1, 5-17.

Krapp, A. (2002). Structural and dynamic aspects of interest development: Theoretical considerations from an ontogenetic perspective. Learning and Instruction, 12, 383-409.

Maehr, M. L. & Midgley, C. (1991). Enhancing student motivation: A schoolwide approach. Educational Psychologist, 26, 399-427.

Maehr, M. L. & Midgley, C. (1996). Transforming school cultures. Boulder, CO: Westview Press.

Martin-Kniep, G. O. & Ashton, P. (2004). Developing learning communities through teacher expertise. Thousand Oaks, CA: Corwin Press.

Reynolds, D. (2005). School effectiveness: Past, present, and future directions. In H. G. Holtappels & K. Höhmann (Eds.), Schulentwicklung und Schulqualität (pp. 11-25). Weinheim: Juventa.

Rheinberg, F., Vollmeyer, R. & Rollett, W. (2000). Motivation and action in self-regulated learning. In M. Boekaerts, P. R. Pintrich & M. Zeidner (Eds.), Handbook of self-regulation (pp. 503-531). San Diego, CA: Academic Press.

Schober, B. (2002). Entwicklung und Evaluation des Münchner Motivationstrainings (MMT). Regensburg: S. Roderer.

Schober, B., Finsterwald, M., Wagner, P., Lüftenegger, M., Aysner, M. & Spiel, C. (2007). TALK – A training program to encourage lifelong learning in school. Zeitschrift für Psychologie/Journal of Psychology, 215, 183-193.

Schober, B., Finsterwald, M., Wagner, P. & Spiel, C. (2008). Die Förderung von Lernmotivation und Bildungsbereitschaft als Herausforderung für Schule und Wissenschaft. Vortrag auf der Internationalen Fachtagung „Wie kann Schule Bildungsmotivation fördern?“ im Rahmen der EU-Strategie zum Lebenslangen Lernen in Wien. Online unter http://www.bmukk.gv.at/medienpool/17387/lll_20081105__schober.pdf [04.03.2009].

Schwarzer, R., Schmitz, G. S. & Tang, C. (2000). Teacher burnout in Hong Kong and Germany: A cross-cultural validation of the Maslach Burnout Inventory. Anxiety, Stress, and Coping, 13, 309-326.

Steiner, G. (2006). Lernen und Wissenserwerb. In A. Krapp & B. Weidenmann (Hrsg.), Pädagogische Psychologie. Ein Lehrbuch (S. 137-202). Weinheim: Beltz.

Urdan, T. & Schoenfelder, E. (2006). Classroom effects on student motivation: Goal structures, social relationships, and competence beliefs. Journal of School Psychology, 44, 331-349.

Weidner, M. (2003). Kooperatives Lernen im Unterricht. Seelze: Kallmeyer.

Weiner, B. (2005). Motivation from an attribution perspective and the social psychology of perceived competence. In A. J. Elliot & C. Dweck (Eds.), Handbook of competence and motivation (pp. 73-84). New York: Guilford.

Weinert, F. E. (1996). Lerntheorien und Instruktionsmodelle. In F. E. Weinert (Hrsg.), Enzyklopädie der Psychologie (Bd. 2, S. 1-48). Göttingen: Hogrefe.

Weinstein, C. E. & Hume, L. M. (1998). Study strategies for lifelong learning. Washington, D.C.: APA.

Ziegler, A. (1999). Motivation. In Ch. Perleth & A. Ziegler (Hrsg.), Pädagogische Psychologie: Grundlagen und Anwendungsfelder (S. 103-113). Bern: Huber.

Zimmerman, B. J. (2000). Self-efficacy: An essential motive to learn. Contemporary Educational Psychology, 25, 82-91.

Methodentraining in der Lehrerbildung und Lehrerfortbildung

Grundriss eines Programms für „effektives Unterrichten“

Manfred Lüders

Abstract

Der Beitrag stellt die Grundzüge eines Trainingsprogramms für effektives Unterrichten vor, das an der Universität Erfurt entwickelt wird und demnächst in eine erste Erprobungsphase einmünden soll. Im Zentrum des Programms stehen so genannte „effective teaching methods“ (Borich, 2004; Arends, 2007), also Unterrichtsmethoden, die sich in der Forschung gegenüber traditionellen Verfahren der Unterrichtsgestaltung als relativ effektiv erwiesen haben. Gegenüber herkömmlichen Trainingsansätzen, insbesondere dem Ansatz des Microteaching, besteht der innovative Gehalt des Programms darin, dass nicht einzelne oder komplexe Fähigkeiten, die für die Unterrichtstätigkeit im Allgemeinen von Bedeutung sind, trainiert werden, sondern spezifische Unterrichtsmethoden. Weiterhin ist das Programm innovativ hinsichtlich seiner unterrichtstheoretischen Grundlagen. Es wird davon ausgegangen, dass Unterricht ein Sprachspiel ist und dass sich Unterrichtsmethoden als typische Zugkombinationen in einem solchen Spiel realisieren lassen. „Effective teaching methods“ können auf dieser Theoriebasis als typische Skripts für sprachliches Handeln im Unterricht präzisiert werden. Wichtige Bestandteile des Trainings sind die Analyse und Entwicklung solcher Skripts sowie ihre Ausführung in Probe- und Ernstsituationen.

Schlagworte (dt.)

Lehrertraining, Unterrichtsmethoden, Unterrichtstheorie

Schlagworte (engl.)

teacher training, teaching methods, theory of instruction

1. Problemstellung

Die Lehrerbildung ist in der Forschung wiederholt als ein wirkungsschwaches Unternehmen, als „low impact enterprise“ (Koch, 1972; Lortie, 1975) oder als „weak intervention“ (Richardson, 1996; vgl. auch Wahl, 1991) beschrieben worden. Für die beschriebene Wirkungsschwäche gibt es verschiedene Erklärungen. Meistens werden strukturelle Defizite der Studienorganisation, ungünstige Lern- und Leistungsvoraussetzungen der Lehramtsstudierenden, typische Persönlichkeitsmerkmale, ein defizitäres Nutzungsverhalten bezüglich der universitären Lehrangebote und die Differenz von Theorie und Praxis bzw. Wissen und Handeln als relevante Ursachen diskutiert (vgl. Bohnsack, 2000; Giesen et al., 1986; Gold & Giesen, 1994; Gold & Giesen, 1993; Abel, 1997; Schaarschmidt &

Fischer, 2001; Mayr, 2006, 2007; Lüders, Eisenacher & Pleßmann, 2006; Lüders & Wissinger, 2007; Mandl & Gerstenmaier, 2000). Während die Beseitigung struktureller Defizite eher der Bildungspolitik zufällt, liegen individuelle Defizite und die Differenz von Wissen und Handeln in einem Feld, das durch vermehrte pädagogische Anstrengungen bestellt werden kann. Die Idee der Qualitätssicherung der Lehrerbildung durch die Entwicklung unterstützender hochschuldidaktischer Maßnahmen, Maßnahmen der Lehrerfortbildung und auch durch den Einsatz von Trainingsverfahren hat deshalb immer wieder Konjunktur (vgl. Havers & Toepell, 2002; Lipowsky, 2004 und in diesem Band).

Seit den 60er Jahren sind verschiedenste Trainingsverfahren entwickelt worden, um die Wirksamkeit der Lehrerbildung zu verbessern. Nach Mutzeck und Pallasch (1983) lassen sich diese Verfahren in erziehungsorientierte Konzepte, persönlichkeitsorientierte Konzepte und unterrichtsorientierte Konzepte differenzieren. Zu den an dieser Stelle bedeutsamen unterrichtsorientierten Konzepten gehören das Microteaching und das kognitive Lehrertraining. Die Bedeutsamkeit dieser beiden Ansätze ergibt sich aus dem Umstand, dass sie detaillierte und erprobte Programme hervorgebracht haben, die für jeden Versuch der Weiterentwicklung des Lehrertrainings höchst instruktiv sind.

Microteaching steht für ein in Amerika entwickeltes Ausbildungskonzept, das in verschiedenen Stadien der beruflichen Entwicklung von Lehrern und Lehrerinnen eingesetzt werden kann (vgl. Allen & Ryan, 1972, S. 17). In seiner ursprünglichen Fassung basiert dieses Konzept auf behavioristischen Lerntheorien und der mit dieser Theoriebasis korrespondierenden Annahme, dass das Unterrichten in mehrere, gut abgrenzbare und einzeln trainierbare Teilfertigkeiten zerlegt werden kann. Die lerntheoretischen Grundlagen wurden später durch Theorien zum Modelllernen und kognitive Lerntheorien erweitert, am Grundgedanken der Isolierbarkeit spezifischer Unterrichtsfähigkeiten wurde jedoch festgehalten. Nach Klinzing (2002) können zum Microteaching alle Maßnahmen gerechnet werden, die theoretisches Hintergrundwissen vermitteln, Methoden zur kognitiven Aneignung bestimmten Verhaltens einsetzen und praktische Übungen in bestimmten Settings sowie Feedback ermöglichen (Klinzing, 2002, S. 196). Charakteristisch für die Settings ist, dass nur wenige Schüler/innen anwesend sind oder die Schüler/innen durch andere Trainingsteilnehmer/innen ersetzt werden, dass in kurzen Intervallen geübt wird und dass die Übungen nach erhaltenem Feedback wiederholt werden können. Gelernt und eingeübt werden einzelne Fertigkeiten, z.B. Anweisungen geben, Herstellung eines Unterweisungsrahmens, vage Formulierungen vermeiden, einfache Fragen, Fragen höherer Ordnung und Sondierungsfragen stellen, Verstärkung der Schülerbeteiligung, präsentieren, moderieren, nonverbal kommunizieren, aber auch Kombinationen von Fertigkeiten wie Vortragstechniken oder nondirektives Unterrichten.

Kognitive Lehrertrainings entstanden im Gefolge der kognitiven Wende in der Psychologie. Für die Entwicklung und Veränderung von Unterrichtsfähigkeiten bei angehenden und bereits praktizierenden Lehrern und Lehrerinnen setzen diese Trainings primär auf die Reorganisation kognitiver Strukturen und allenfalls sekundär auf die Festigung neuer Verhaltensweisen in praxisnahen Übungen (vgl. Wagner, 1976; Thiele, 2000). Die Reorganisation kognitiver Strukturen wird angeregt durch Diskriminations- und Entscheidungsübungen oder das Bewusstmachen handlungsleitender subjektiver Theorien. Im ersten

Fall werden geeignete Materialien wie Tonband- oder Filmaufzeichnungen präsentiert, um Unterschiede zum Beispiel zwischen schülerzentriertem und nichtschülerzentriertem Lehrerhandeln zu lernen; im zweiten Fall werden die handlungsleitenden subjektiven Theorien der Trainingsteilnehmer/innen herausgearbeitet und mit alternativen Sichtweisen konfrontiert. Zum kognitiven Lehrertraining gehören u.a. das „kognitive Diskriminationstraining“ für Lehramtsstudierende von Wagner (1983), das kognitive Training für „Gesprächsführung im Unterricht“ von Thiele (1983) und der „pädagogische Doppeldecker“ (vgl. Wahl, 2001, 2002; Geissler, 1985; Schmidt, 2001; Schmidt & Wahl, 1999; Traub, 1999).

Die Wirksamkeit sowohl des Microteaching als auch des kognitiven Lehrertrainings konnte in verschiedenen empirischen Untersuchungen belegt werden. Nach Klinzing (2002), der eine Metaanalyse von 225 internationalen Untersuchungen durchgeführt hat, erhöhen Microteaching-Programme sowohl die Wahrscheinlichkeit, dass das im Training angestrebte Zielverhalten ausgebildet wird, als auch die Wahrscheinlichkeit, dass die Trainingsteilnehmer/innen das ausgebildete Verhalten in die Berufswirklichkeit übertragen. Das kognitive Diskriminations- und Entscheidungstraining hat sich vorrangig beim Vermitteln einfacher Fähigkeiten wie Motivieren, didaktisch Strukturieren, Veranschaulichen, verständlich Sprechen bewährt; für die Vermittlung komplexer Fähigkeiten sind Handlungstrainings demnach weiterhin unabdinglich (vgl. Thiele, 2000; Havers & Toepell, 2002). Auch für den Einsatz des pädagogischen Doppeldeckers liegen Befunde vor, dass das Verfahren effektiv sein kann – allerdings muss der Doppeldecker ebenfalls mit praktischen Lehrversuchen kombiniert werden, so dass es in der technischen Ausführung gewisse Überschneidungen mit Verfahren des Microteaching gibt (vgl. Wahl, 2002).

Die positiven Befunde zur Wirksamkeit des Microteaching und des kognitiven Lehrertrainings machen deutlich, dass die Lehrerbildung und Lehrerfortbildung von der Implementation spezieller Trainingsverfahren durchaus profitieren können. Allerdings trainieren die bisher vorliegenden Programme vorzugsweise einzelne oder komplexe Fähigkeiten, die für die Unterrichtstätigkeit im Allgemeinen von Bedeutung sind, während effektive Unterrichtsmethoden, deren Anwendung die Beherrschung meist mehrerer zu kombinierender Teilfertigkeiten des Unterrichtens voraussetzt, vernachlässigt werden. Dies ist insofern ein Problem, als die Studierenden der Lehrämter und die Studienreferendarinnen und -referendare bei der didaktischen Planung und Gestaltung von Unterricht aufgefordert sind, für das Erreichen spezifischer Lernziele bestimmte Methoden anzugeben und in Praktika oder Vorführstunden auch zu praktizieren.

Das „Erfurter Lehrertraining“ setzt hier an. Es steht für den Versuch, über die Einübung spezifischer Lehrfertigkeiten hinauszugehen und ausgewählte effektive Unterrichtsmethoden zum Gegenstand des Trainings zu machen. Die Basis hierfür bildet ein unterrichtstheoretischer Ansatz, die Sprachspieltheorie des Unterrichts, der es erlaubt, effektive Unterrichtsmethoden als Skripts für sprachliches Handeln zu fassen. Im Folgenden sollen zunächst die lerntheoretischen Grundlagen des Programms, die unterrichtstheoretischen Grundlagen und schließlich zentrale Merkmale des Programms selbst vorgestellt werden.

2. Lerntheoretische Grundlagen

Für die meisten Trainingsverfahren werden mehrere psychologische Lerntheorien herangezogen, um die jeweiligen Maßnahmen zu begründen. Vor allem der Behaviorismus, das Lernen am Modell und kognitive Lerntheorien werden häufig genannt. In den letzten beiden Dekaden sind außerdem der Forschungsansatz „Subjektive Theorien" und das situierte Lernen als weitere wichtige Bezugspunkte in die Diskussion über die Effektivität von Lehrertrainings aufgenommen worden. Auch im Fall des Erfurter Lehrertrainings ist die lernpsychologische Verankerung nicht exklusiv. Als besonders bedeutsam werden allerdings die Forschungen zu subjektiven Theorien und die Theorie des situierten Lernens angesehen (vgl. Hartinger et al., 2001; Havers & Toepell, 2002; Wahl, 2006).

Subjektive Theorien

Die Bedeutung des Forschungsansatzes „Subjektive Theorien" kann damit begründet werden, dass dieser Ansatz geeignet ist, die eingangs thematisierte Wirkungsschwäche der Lehrerbildung teilweise zu erklären. Aus der Perspektive dieses Ansatzes verfügen schon die Studierenden der Lehrämter und insbesondere berufserfahrene Fortbildungsteilnehmer/innen über pädagogische Überzeugungen, Kenntnisse und Fähigkeiten, die sowohl ihre Wahrnehmungen als auch ihr pädagogisches Handeln im Unterricht beeinflussen (Tennstädt, 1987, S. 14). Aufgrund des Einflusses dieser Strukturen ist von einer relativ geringen Wirksamkeit speziell solcher Aus- und Fortbildungsmaßnahmen auszugehen, die keine Strategien zur Veränderung vorhandener Überzeugungen und subjektiver Theorien vorsehen. Nach Wahl (1991) gibt es subjektive Theorien größerer und geringerer Reichweite. Bei den subjektiven Theorien größerer Reichweite handelt es sich um elaborierte semantische Netzwerke, die aufgrund ihres Abstraktionsgrads weniger handlungsbedeutsam und deshalb auch durch rein kognitives, verständnisvolles Lernen veränderbar sind. Dies gilt jedoch nicht für subjektive Theorien geringerer Reichweite. Diese Theorien bestehen aus handlungsnahen Prototypen für die Situationswahrnehmung und Situationsbewältigung. Diese Prototypen haben sich in praktischen Prozessen, spezifischen Anforderungs- und Drucksituationen nach subjektiven Maßstäben bewährt und sind eben deshalb relativ stabil bzw. kaum veränderbar durch kognitives Lernen. Die Forschungen zu subjektiven Theorien legen es nahe, für die Veränderung der handlungsrelevanten kognitiven Strukturen Trainingsverfahren so zu konzipieren, dass Prototypen der Situationswahrnehmung und Situationsbewältigung bewusst gemacht, durch Expertenwissen erweitert und zum Zweck ihrer Stabilisierung durch positive Erfahrungen unterstützt werden (vgl. Wahl, 2002, S. 232 ff.).

Situiertes Lernen

Auch Theorien zum situierten Lernen können in Teilen erklären, warum Maßnahmen der universitären Lehrerbildung und Lehrerfortbildung häufig eher mäßige Wirkungen erzielen. Im Zentrum dieser Theorien steht die These, dass jegliche Lernergebnisse sehr stark an den Kontext ihres Erwerbs gebunden und kaum auf andere Anforderungssituationen übertragbar sind. Sofern die universitäre Lehrerbildung genauso wie viele Maßnahmen der

Lehrerfortbildung kaum Übungs- oder Anwendungsmöglichkeiten bietet, ist die Vermittlung eher trägen Wissens deshalb sehr wahrscheinlich. Zur Vermeidung des Aufbaus von wenig oder kaum transferierbarem Wissen (trägem Wissen) wird das Aufsuchen oder die Kreation von Lernumgebungen empfohlen, in denen der Erwerb von Wissen von vornherein mit dessen Anwendung verbunden ist (vgl. Klauer, 2001). Trainingsverfahren sind aus der Perspektive des „situated learning"-Ansatzes sinnvolle und erfolgversprechende Aus- und Weiterbildungsmaßnahmen, weil die Lernprozesse in gestellten Situationen oder Laborsituationen stattfinden, die denen sehr ähnlich sind, in denen sich das zu erlernende Wissen später bewähren soll (vgl. Havers & Toepell, 2002; Gräsel, 1997; Gruber, Mandl & Renkl, 2000).

3. Unterrichtstheoretische Grundlagen

Ein zentrales Problem bei der Entwicklung von Trainingsprogrammen, insbesondere eines Programms für effektives Unterrichten, besteht darin, methodenadäquates von methodeninadäquatem Verhalten im Unterricht zu unterscheiden. Ältere Trainingsverfahren, insbesondere das Microteaching, haben sich dieser Problematik dadurch entledigt, dass ausgewählte Teilfertigkeiten, wie z.B. Fragen stellen, vage Formulierungen vermeiden etc., die sich als relativ methodenunspezifisch darstellen und deshalb für beliebigen Unterricht von Bedeutung sind, trainiert wurden. Diese Vorgehensweise kann, wenn man das Erlernen und die Einübung effektiver Unterrichtsmethoden intendiert, jedoch nicht kopiert werden. Vielmehr muss man angeben können, welche Teilfertigkeiten in Kombination ein bestimmtes unterrichtsmethodisches Vorgehen konstituieren. Zur Lösung dieses Problems werden im Fall des Erfurter Lehrertrainings interaktions- und sprachtheoretische Ansätze der Unterrichtsforschung herangezogen. Diese Ansätze erlauben es, effektive Unterrichtsmethoden als Kommunikationsstrategien zu rekonstruieren und hieraus Anweisungen für deren Operationalisierung zu gewinnen.

Aus der Perspektive interaktionistischer und linguistischer Unterrichtstheorien ist Unterricht ein Sprachspiel (Lüders, 2003). Der Sprachspielthese zufolge kommt Unterricht dadurch zustande, dass Lehrer/innen und Schüler/innen füreinander anschlussfähige sprachliche Äußerungen (und Gesten) nach bestimmten Regeln erzeugen. Von Bedeutung sind einerseits Konstitutionsregeln der allgemeinen Kommunikation, wie sie in der Transformationsgrammatik Chomskys, der Universalpragmatik Habermas' und der Sprechakttheorie Searls beschrieben werden, andererseits Regeln, die speziell die sprachliche Kommunikation im schulischen Unterricht erzeugen. Solche Regeln betreffen u.a. die Organisation des Sprecherwechsels, den phasenadäquaten Gebrauch bestimmter Sprechhandlungen, die Strukturierung der Kommunikation durch das Initiation-Response-Feedback-Muster sowie das Auftreten von Äußerungsfolgen mit spezifischen Wiedereröffnungs-, Einhilfe- und Feedbackstrukturen (vgl. McHoul, 1978; Mazeland, 1983; Sinclair & Coulthard, 1975; Mehan, 1985; Cazden, 1986; Lüders, 2003; Lüders & Rauin, 2004; Richert, 2005; Wuttke, 2005).

Charakteristisch für unterrichtsmethodisches Vorgehen ist nun, dass es nicht alle aus der Forschung bekannten und konventionell möglichen Sprachmuster nutzt, sondern auf der Realisierung typischer Kombinationen sprachlicher Akte, kurz: Zugkombinationen, basiert. Unterrichtsmethoden können deshalb als typische Zugkombinationen in einem Sprachspiel bzw. als Skripts für sprachliches Handeln präzisiert werden. Dies gilt sowohl für eher traditionelle Methoden bzw. Methodenelemente wie den Lehrervortrag, das fragend-entwickelnde Unterrichtsgespräch und den Gruppenunterricht (vgl. Rehbein, 1985; Becker-Mrotzek & Vogt, 2001; Dann et al., 1999) als auch für wissenschaftlich geprüfte Unterrichtsmethoden wie die direkte Instruktion, das reziproke Lehren, die Gruppenrallye und das Gruppenturnier. Der Vorteil dieser Zurückführung des Begriffs der Unterrichtsmethode auf das Sprachspielparadigma ist ein doppelter: 1. Unterrichtsmethodische Merkmale können viel differenzierter angegeben werden, als es die Theorien der Allgemeinen Didaktik und die traditionellen Methodenlehren bisher leisten (vgl. Meyer, 1987; Jank & Meyer, 2002; Terhart, 2005). 2. Der Ansatz ist unmittelbar anschlussfähig an die empirische Unterrichtsqualitätsforschung, insofern dort – auch ohne Bezugnahme auf linguistische Ansätze – die Darstellung und Analyse von Unterrichtsprozessen überwiegend anhand sprachlicher Merkmale der Lehrer-Schüler-Interaktion geschieht (vgl. Lüders, im Erscheinen).

Was es heißt, eine Unterrichtsmethode anhand typischer sprachlicher Merkmale zu charakterisieren, soll im Folgenden kurz am Beispiel des „reciprocal teaching“ und am Beispiel der „direkten Instruktion“ demonstriert werden. Während das „reciprocal teaching“ besonders geeignet erscheint, den Sprachspielcharakter unterrichtlicher Inszenierungen auch für solche Fälle hervorzuheben, bei denen der Lehrer bzw. die Lehrerin eher im Hintergrund agiert, wird mit der direkten Instruktion eine stark lehrerzentrierte Unterrichtsmethode vorgestellt, deren Wirksamkeit empirisch gut begründet ist und die deshalb auch ein Programmelement des Erfurter Lehrertrainings bildet.

Die *reziproke Lehre* ist eine Partner- bzw. Gruppenarbeitsmethode zur Förderung des Textverständnisses. Zu den wichtigen Merkmalen gehören der Start mit einer Lesephase und die anschließende, durch Kommunikationsregeln strukturierte mündliche Auseinandersetzung über das Gelesene. Aus der Sicht des Sprachspielparadigmas ist die Lesephase selbst noch nicht Unterricht, da diese Art der Stillarbeit nur graduell von der Erledigung der Hausaufgaben am häuslichen Schreibtisch unterscheidbar ist. Der Unterricht als Sprachspiel und mit ihm das methodische Vorgehen setzt ein, wenn die Schüler/innen den Kommunikationsregeln für „reciprocal teaching“ folgen. Diese Regeln legen den Sprecherwechsel und die Art und Weise des Sprechens über den gelesenen Text fest. Die Regeln zum Sprecherwechsel schreiben vor, dass in vier aufeinanderfolgenden Kommunikationsrunden jeweils z.B. ein Schüler die Lehrerrolle übernimmt und die anderen in seiner Gruppe zum Sprechen aufruft. Die Regeln zum methodischen Vorgehen legen fest, wie der Schüler, der gerade die Lehrerrolle einnimmt, mit seinen Gruppenmitgliedern kommunizieren soll. In der ersten Runde stellt er den Mitschülern und -schülerinnen Fragen zum Text; in der zweiten fasst er den Text zusammen und fordert die Gruppenmitglieder auf, Ergänzungen vorzunehmen; in der dritten regt er die anderen an, über den Text hinauszugehen und Erweiterungen beizusteuern; in der vierten schließlich soll unter seiner Anleitung antizipiert werden, wie der Text möglicherweise weitergehen könnte.

Nach Abschluss dieser vier Kommunikationsrunden kann der nächste Abschnitt gelesen werden und das Spiel von vorne beginnen.

Direkte Instruktion ist eine lehrerzentrierte Unterrichtsmethode zur Vermittlung von Wissen und Fähigkeiten von geringer bis mittlerer Komplexität; d.h., die möglichen Lernziele liegen auf den unteren Stufen (Erinnern, Verstehen, Anwenden) der Bloom'schen Taxonomie bzw. der Taxonomie von Anderson und Kolleginnen (2001). Als „direkt" gilt die Methode, weil das, was gelernt werden soll, vom/von der Lehrer/in gesagt, vorgemacht oder gezeigt wird. Allerdings geschieht dies in kleinen Schritten, ohne extensive Lehrervorträge. Dem Sagen, Zeigen und Vormachen schließen sich Phasen des angeleiteten und selbständigen Übens an. Das Ganze wird – wie die reziproke Lehre – durch Regeln zum Sprecherwechsel und zum methodischen Sprechen strukturiert. Bei direkter Instruktion liegt die Organisation des Sprecherwechsels gänzlich in der Hand des Lehrers/der Lehrerin. Zum Beispiel kann der Lehrer jederzeit sich selbst oder eine Schülerin als Sprecherin auswählen und andere Redner/innen unterbrechen. Wenn eine Schülerin einen Beitrag geleistet hat, fällt das Rederecht automatisch an die Lehrperson zurück. Das methodisch strukturierte Sprechen beginnt mit der Information der Schüler/innen über die Lernziele. Und zwar wird entweder das Ziel umschrieben oder an Beispielaufgaben gezeigt, was gelernt werden kann. Zweitens strukturiert der Lehrer seine Vorgehensweise, indem er sagt, was er sogleich präsentieren bzw. zeigen oder erklären wird, und indem er angibt, was die Schüler/innen dabei zu tun haben. Dann erfolgt die Präsentation des zu lernenden und zu übenden Stoffs, z.B. kann eine Regel eingeführt werden und die Lehrperson demonstriert ihre Anwendung an ein oder zwei Beispielen. In einer weiteren Strukturierung erfahren die Schüler/innen, wie die Anwendung der Regel geübt werden soll, z.B. könnten Fragen gestellt oder zweifelhafte Fälle, Zuordnungsaufgaben und Lückentexte zur mündlichen Beantwortung präsentiert werden. Die Formulierung der Fragen und Aufgaben orientiert sich einerseits an den Lernzielen (Wissen, Verstehen, Anwenden), d.h., sie sind eng gefasst und es gibt nur eine richtige Lösung, andererseits am Kriterium der Adaptivität: Die Chancen der Schülerinnen und Schüler, eine richtige Antwort zu geben, sollen bei etwa 80 Prozent liegen. Bei richtigen Antworten erhalten die Schüler/innen ein positives Feedback, dann wird die nächste Frage bzw. Aufgabe gestellt. Um die Übungsfrequenz zu steigern, kann auf das positive Feedback verzichtet und eine weitere Frage bzw. Aufgabe an den nächsten Schüler adressiert werden. In diesen Fällen bedeutet die Fortsetzung der Übung, dass die vorherige Schülerantwort vom Lehrer akzeptiert wurde (implizit positives Feedback). Mit unerwarteten, unpassenden oder falschen Schülerantworten wird nach gesonderten Feedbackregeln verfahren. Diese besagen, dass aus Unaufmerksamkeit falsche Schülerbeiträge zu übergehen sind, während unsichere, aber im Kern richtige Beiträge durch Wiederholung der Antwort oder Wiederholung der Gründe, die für die Richtigkeit der Antwort sprechen, akzeptiert werden. Bei teilweise richtigen und falschen Antworten dagegen werden die Schüler/innen durch Fragevereinfachungen, kleine Hilfestellungen, Aufforderungen zur Wiederholung von Fakten, Voraussetzungen oder Regeln etc. dabei unterstützt, die richtige Antwort selbständig zu finden. Dieser Phase des angeleiteten Übens mit hoher Schülerbeteiligung schließt sich eine Phase des selbständigen Übens an. Zwar unterscheidet sich das selbständige Üben – nicht anders als das stille Lesen – nur graduell von der Erledigung der Hausaufgaben, so dass aus der Sicht des Sprachspielparadigmas auch in diesem Fall Zweifel angemeldet sein könnten, ob es sich tatsächlich um

Unterricht handelt. Diese Zweifel lassen sich jedoch entkräften, weil die Lehrperson in der Klasse herumgeht und die Arbeiten kontrollieren soll. Dabei gelten für das Feedback dieselben Regeln wie beim angeleiteten Üben; es wird jedoch erwartet, dass etwa 90 Prozent der Aufgaben von den Schülern und Schülerinnen korrekt gelöst werden können (vgl. Rosenshine & Stevens, 1986; Borich, 2004; Arends, 2007).

4. Programmmerkmale

Effektive Unterrichtsmethoden und ihre Operationalisierung durch die Angabe von Regeln für sprachliches Handeln bilden den Inhalt des Erfurter Trainings für effektives Unterrichten. Die methodische Durchführung bei der Vermittlung dieser Methoden orientiert sich an den oben kurz dargestellten psychologischen Theorien und Ansätzen zum situierten Lernen und zur Bedeutsamkeit „Subjektiver Theorien“. Während dem Situiertheitsansatz dadurch entsprochen wird, dass die Teilnehmer/innen Gelegenheit zur Erprobung und Einübung unterrichtsmethodischer Fähigkeiten erhalten, soll der Ansatz „Subjektive Theorien“ durch die Verwendung des „pädagogischen Doppeldeckers“ und den Einbau von strukturierten Reflexionsphasen Eingang in das Programm finden. Da der pädagogische Doppeldecker darauf basiert, die jeweils zu lernende Methode mit eben dieser Methode einzuführen, sind die Inhalte also zugleich Teile der methodischen Konzeption des Programms insgesamt. Weitere Details der methodischen Konzeption wurden aus verschiedenen, als erfolgreich evaluierten Programmen des Microteaching entnommen. Daraus ergeben sich folgende zentrale Programmelemente:

- Zunächst erfolgt eine Einführung in die Sprachspieltheorie des Unterrichts und das mit dieser Theorie implizierte Verständnis von Unterrichtsmethoden als Kommunikationsstrategien.
- Vor einer Übungs- bzw. Trainingseinheit werden die Merkmale einer Unterrichtsmethode in Form von Regeln für die Organisation des Sprecherwechsels und für sprachliches Handeln präsentiert. Dazu werden Lehrfilme bzw. Beispiele aus Unterrichtsvideos gezeigt und mit Hilfe von Transkripten der Unterrichtskommunikation erläutert. Die Trainingsteilnehmer/innen erhalten außerdem Informationen zum Stand der empirischen Forschung über die Wirksamkeit der jeweiligen Methode, z.B. zu Ergebnissen aus experimentellen Feldstudien und Metaanalysen.
- Wenn es möglich ist, die zu erlernende Methode zu ihrer eigenen Vermittlung einzusetzen (beim „reciprocal teaching“ etwa stößt man hier auf Grenzen, weil diese Methode für ihre Anwendung im Prinzip narrative Texte voraussetzt), dann wird der pädagogische Doppeldecker praktiziert; z.B. können wichtige Durchführungsmerkmale direkter Instruktion mit direkter Instruktion gelernt werden. Oder man inszeniert eine Gruppenrallye, bei der die Teams Aufgabenblätter zu spezifischen Merkmalen der Gruppenrallye bearbeiten und ihre Leistungen in einem abschließenden schriftlichen Quiz (Rallye) unter Beweis stellen müssen.

- Dieser ersten Übungsphase schließt sich eine systematische Reflexion an, um subjektive Unterrichtstheorien, eigene Wahrnehmungen und Reaktionsmuster herauszuarbeiten. Auslöser hierfür können Fragen bzw. Überlegungen zum eigenen Verhalten und Lernen während der Übung, aber auch zum erwarteten Schülerverhalten, zur Praktikabilität der Methode, zu Wirkungsannahmen oder dazu, wie man in der Rolle des Lehrers/der Lehrerin agiert hätte, sein.
- Zur Vorbereitung eigener Übungen fertigen die Teilnehmer/innen Skripts der geplanten Unterrichtskommunikation über ein bestimmtes Thema an. Dabei orientieren sie sich an den Regeln für sprachliches Handeln, die bei der Vorstellung der Methode präsentiert wurden, eigens angefertigten Lehrmaterialen und ausgewählten Lehrbüchern.
- Die Übung erfolgt wie beim Microteaching in Kleingruppen: Die Teilnehmer/innen fungieren wechselseitig füreinander als Lehrende und Schüler/innen. In Sequenzen von etwa zehn Minuten Dauer werden die Skripts realisiert. Diese Übungen sollen aufgezeichnet und anschließend in den Kleingruppen ausgewertet werden. Bei der Auswertung und kritischen Reflexion können die Teilnehmer/innen selbst prüfen, ob sie die für die Methode charakteristischen Durchführungsmerkmale beachtet haben und die Umsetzung leisten konnten. Das Skript wird gegebenenfalls überarbeitet und ein zweites oder drittes Mal erprobt.

Mittelfristig soll das skizzierte Programm für drei Zielgruppen spezifiziert werden: Studierende in den Magister-Lehramtsstudiengängen, Referendarinnen und Referendare und die Ausbildungslehrer/innen, die in der zweiten Phase der Lehrerbildung als Seminarleiter/innen tätig sind. Mit der Auswahl dieser drei Zielgruppen ist die Intention verbunden, die Kontinuität der methodisch-didaktischen Ausbildung zu erhöhen, also das Auftreten typischer Reibungsverluste gerade zwischen erster und zweiter Ausbildungsphase zu reduzieren. Spezielle Programmvarianten sind deshalb erforderlich, weil die genannten Zielgruppen über höchst unterschiedliche methodisch-didaktische Vorkenntnisse, Erfahrungen mit dem Unterrichten und zeitliche Ressourcen verfügen. Speziell für die Ausbildungslehrer/innen ist davon auszugehen, dass sie aufgrund ihrer großen Berufserfahrung auch über die am stabilsten ausgebildeten subjektiven Theorien verfügen und deshalb mehr Spielraum für die Reflexion dieser Theorien und die Einübung von Skripts für sprachliches Handeln im Unterricht benötigen.

Das Programm wird im Wintersemester 2009/10 in eine erste Erprobungsphase an der Universität Erfurt eintreten. Dabei sollen Studierende der Magister-Lehramtsstudiengänge in speziellen Vorbereitungsveranstaltungen für Schulpraktika, in denen selbständig zu unterrichten ist, kurze Trainings für direkte Instruktion und Varianten des kooperativen Lernens (Gruppenrallye, Gruppenpuzzle) absolvieren. Ziel dieser Erprobungsphase ist es, das Programm unter Gesichtspunkten der Praktikabilität (Zeitverbrauch, Lesbarkeit des Materials, Akzeptanz, Anregungspotential von Fragen und Aufgaben etc.) so weiterzuentwickeln, dass es bei den drei genannten Zielgruppen implementiert und dann auch evaluiert werden kann. Dies alles geschieht in der Erwartung, die Qualität der Lehrerbildung und Lehrerfortbildung durch den Einbau von Trainingsverfahren steigern zu können. Aber selbstverständlich sind sich die Initiator/inn/en des Programms der Tatsache bewusst, dass ein Modell pädagogischer Professionalität (vgl. Baumert & Kunter, 2006) aus mehreren Komponenten besteht und dass mit der Entwicklung speziell didaktisch-methodischer Fähigkeiten nur ein wichtiger Teilbereich der Lehrerexpertise gefördert werden kann.

5. Literatur

Abel, J. (1997). Studieninteresse und Interessenstruktur von Lehramtsstudierenden. In M. Bayer, U. Carle & J. Wildt (Hrsg.), Brennpunkt: Lehrerbildung. Strukturwandel und Innovationen im europäischen Kontext (S. 273-285). Opladen: Leske + Budrich.

Allan, D. W. & Ryan, K. A. (1972). Microteaching. Weinheim: Beltz.

Arends, R. I. (2007). Learning to teach. Boston: McGraw Hill.

Baumert, J. & Kunter, M. (2006). Professionelle Kompetenzen von Lehrkräften. Zeitschrift für Erziehungswissenschaft, 9, 469-520.

Becker-Mrotzek, M. & Vogt, R. (2001). Unterrichtskommunikation. Linguistische Analysemethoden und Forschungsergebnisse. Tübingen: Max Niemeyer.

Bohnsack, F. (2000). Probleme und Kritik der universitären Lehrerausbildung. In M. Bayer, F. Bohnsack, B. Koch-Priewe, J. Wildt (Hrsg.), Lehrerinnen und Lehrer werden ohne Kompetenz? (S. 52-123). Bad Heilbrunn: Klinkhardt.

Borich, G. D. (2004). Effective Teaching Methods. Upper Saddle River: Pearson. Merril Prentice Hall.

Cazden, C. B. (1986). Classroom Discourse. In M. C. Wittrock (Ed.), Handbook of Research on Teaching (3rd ed., pp. 432-463). New York: MacMillan Publishing Company.

Dann, H.-D., Diegritz, Th., Haag, L. & Rosenbusch, H. S. (1999). Intragruppenprozesse und Gruppenstrukturen in Schülerarbeitsgruppen. In H.-D. Dann, Th. Diegritz & H. S. Rosenbusch (Hrsg.), Gruppenunterricht im Schulalltag. Realität und Chancen (S. 57-106). Erlangen: Universitätsbibliothek.

Geissler, K. A. (1985). Lernen in Seminargruppen. Studienbrief 3 des Fernstudiums Erziehungswissenschaft „Pädagogisch-psychologische Grundlagen für das Lernen in Gruppen". Tübingen: Deutsches Institut für Fernstudien.

Giesen, H., Gold, A., Hummer, A. & Jansen, R. (1986). Prognose des Studienerfolgs. Ergebnisse aus Längsschnittuntersuchungen. Frankfurt: Institut für Pädagogische Psychologie, Arbeitsgruppe Bildungslebensläufe.

Gold, A. & Giesen, H. (1993). Leistungsvoraussetzungen und Studienbedingungen bei Studierenden verschiedener Lehrämter. Psychologie, Erziehung, Unterricht, 40, 111-124.

Gold, A & Giesen, H. (1994). Wie erleben Lehramtsstudierende ihre universitäre Umwelt? In J. Mayr (Hrsg.), Lehrer/in werden (S. 98-112). Innsbruck: Studienverlag.

Gräsel, C. (1997). Wir können auch anders: Problemorientiertes Lernen an der Hochschule. In H. Gruber & A. Renkl (Hrsg.), Wege zum Können – Determinanten des Kompetenzerwerbs (S. 201-216). Bern: Huber.

Gruber, H., Mandl, H. & Renkl, A. (2000). Was lernen wir in Schule und Hochschule: Träges Wissen? In H. Mandl & J. Gerstenmaier (Hrsg.), Die Kluft zwischen Wissen und Handeln. Empirische und theoretische Lösungsansätze (S. 139-156). Göttingen: Hogrefe.

Hartinger, A., Fölling-Albers, M., Lankes, E.-M., Marenbach, D. & Molfente, J. (2001). Lernen in authentischen Situationen vs. Lernen mit Texten: zum Aufbau anwendbaren Wissens in der Schriftsprachdidaktik. Unterrichtswissenschaft: Zeitschrift für Lernforschung, 29, 108-130.

Havers, N. & Toepell, S. (2002). Trainingsverfahren für die Lehrerausbildung im deutschen Sprachraum. Zeitschrift für Pädagogik, 48, 174-193.

Jank, W. & Meyer, H. (2002). Didaktische Modelle. Oldenburg: Cornelsen Scriptor.

Kawanaka, T. & Stigler, J. W. (1999). Teachers' use of questions in eighth-grade mathematics classrooms in Germany, Japan, and the United States. Mathematical Thinking and Learning, 1, 255-278.

Klauer, K. J. (2001). Situiertes Lernen. In D. H. Rost (Hrsg.), Handwörterbuch Pädagogische Psychologie (S. 635-641). Weinheim: Beltz.

Klinzing, H. G. (2002). Wie effektiv ist Microteaching? Ein Überblick über fünfunddreißig Jahre Forschung. Zeitschrift für Pädagogik, 48, 194-214.

Koch, J.-J. (1972). Lehrer – Studium und Beruf. Einstellungswandel in den beiden Phasen der Ausbildung. Ulm: Süddeutsche Verlagsgesellschaft.

Lipowsky, F. (2004). Was macht Fortbildungen für Lehrkräfte erfolgreich. Befunde der Forschung und mögliche Konsequenzen für die Praxis. Die Deutsche Schule, 96, 462-479.

Lortie, D. C. (1975). School teacher. A sociological study. Chicago: University of Chicago Press.

Lüders, M. (2003). Unterricht als Sprachspiel. Eine systematische und empirische Studie zum Unterrichtsbegriff und zur Unterrichtssprache. Bad Heilbrunn: Klinkhardt.

Lüders, M. (im Erscheinen). Lehrer-Schüler-Interaktion, Unterrichtskommunikation. In E. Terhart, H. Bennewitz & M. Rothland (Hrsg.), Handbuch der Forschung zum Lehrerberuf. Münster: Waxmann.

Lüders, M., Eisenacher, S. & Pleßmann, S. (2006). Der Umgang mit Studienzeit: Eine empirische Untersuchung bei Studierenden in Lehrämtern und im Diplom-Studiengang Erziehungswissenschaft. In C. Allemannn-Ghionda, E. Terhart (Hrsg.), Kompetenzen und Kompetenzentwicklung von Lehrerinnen und Lehrern: Ausbildung und Weiterbildung. Zeitschrift für Pädagogik, 51. Beiheft, 116-129.

Lüders, M. & Rauin, U. (2004). Unterrichts- und Lehr-Lern-Forschung. In W. Helsper & J. Böhme (Hrsg.), Handbuch der Schulforschung (S. 691-720). Wiesbaden: VS Verlag für Sozialwissenschaften.

Lüders, M. & Wissinger, J. (Hrsg.). (2007). Forschung zur Lehrerbildung. Kompetenzentwicklung und Programmevaluation. Münster: Waxmann.

Mandl, H. & Gerstenmaier, J. (Hrsg.). (2000). Die Kluft zwischen Wissen und Handeln. Empirische und theoretische Lösungsansätze. Göttingen: Hogrefe.

Mayr, J. (2006). Theorie + Übung + Praxis = Kompetenz? Empirisch begründete Rückfragen zu den „Standards in der Lehrerbildung". In C. Allemannn-Ghionda & E. Terhart (Hrsg.), Kompetenzen und Kompetenzentwicklung von Lehrerinnen und Lehrern: Ausbildung und Weiterbildung. Zeitschrift für Pädagogik, 51. Beiheft, 149-163.

Mayr, J. (2007). Wie Lehrer/innen lernen. Befunde zur Beziehung von Lernvoraussetzungen, Lernprozessen und Kompetenz. In M. Lüders & J. Wissinger (Hrsg.), Forschung zur Lehrerbildung. Kompetenzentwicklung und Programmevaluation (S. 151-168). Münster: Waxmann.

Mazeland, H. (1983). Sprecherwechsel in der Schule. In K. Ehlich & J. Rehbein (Hrsg.), Kommunikation in Schule und Hochschule (S. 77-101). Tübingen: Narr.

McHoul, A. W. (1978). The organization of turns at formal talk in the classroom. Language in Society, 7, 182-213.

Mehan, H. (1985). The Structure of Classroom Discourse. In T. A. van Dijk (Ed.), Handbook of Discourse Analysis. Vol. 3: Discourse and Dialogue (pp. 120-131). London: Academic Press.

Meyer, H. (1987). Unterrichtsmethoden (Bd. 2). Frankfurt am Main: Cornelson Scriptor.

Mutzeck, W. & Pallasch, W. (Hrsg.). (1983). Handbuch zum Lehrertraining. Konzepte und Erfahrungen. Weinheim: Beltz.

Rehbein, J. (1985). Institutionelle Veränderungen. Fokustätigkeit, Fragen und sprachliche Muster am Beispiel einer Geschichts- und Biologiestunde. In R. Kokemohr & W. Marotzki (Hrsg.), Interaktionsanalysen in pädagogischer Absicht (S. 11-45). Frankfurt: Lang.

Richardson, V. (1996). The role of attitudes and beliefs in learning to teach. In J. Sikula, T. Buttery & E. Guyton (Eds.), Handbook of Research on Teacher Education (pp. 102-119). New York: Macmillan.

Richert, P. (2005). Typische Sprachmuster der Lehrer-Schüler-Interaktion. Empirische Untersuchung zu Feedbackkomponenten in der unterrichtlichen Interaktion. Bad Heilbrunn: Klinkhardt.

Rosenshine, B. V. & Stevens, R. J. (1986). Teaching functions. In M. C. Wittrock (Ed.), Third handbook of research on teaching. Chicago: Rand McNally.

Schaarschmidt, U. & Fischer, A. W. (2001). Bewältigungsmuster im Beruf. Persönlichkeitsunterschiede in der Auseinandersetzung mit der Arbeitsbelastung. Göttingen: Vandenhoeck & Ruprecht.

Schmidt, E. (2001). Mit social support vom Wissen zum Handeln: die Wirkung ‚Kommunikativer Praxisbewältigung in Gruppen' auf den Lernprozess von Erwachsenenbildnern. Aachen: Shaker.

Schmidt, E. & Wahl, D. (1999). Kooperatives Lernen lernen. Gruppendynamik, 30, 281-293.

Sinclair, J. McH. & Coulthard, M. (1975). Towards an Analysis of Discourse. London: Oxford University Press.

Tennstädt, K. C. (1987). Das Konstanzer Trainingsmodell (KTM). Bd. 2: Theoretische Grundlagen, Beschreibung der Trainingsinhalte und erste empirische Überprüfung. Bern: Huber.

Tennstädt, K. C., Krause, F., Humpert, W. & Dann, H.-D. (1987). Das Konstanzer Trainingsmodell (KTM). Bd. 1: Trainingshandbuch. Bern: Huber.

Terhart, E. (2005). Lehr-Lern-Methoden. Eine Einführung in die methodische Organisation von Lehren und Lernen. Weinheim: Juventa.

Thiele, H. (1983). Trainingsprogramm Gesprächsführung im Unterricht. Kognitives Lehrertraining zum Selbststudium. Bad Heilbrunn: Klinkhardt.

Thiele, H. (2000). Ein kognitives Lern- und Handlungsmodell als Heuristik für ein theoriegeleitetes Lehrertraining. Bildung und Erziehung, 53, 257-269.

Traub, S. (1999). Auf dem Weg zur Freiarbeit. Entwicklung und Analyse eines Lehrerbildungskonzepts zur Vermittlung von Handlungskompetenz. Unveröffentlichte Dissertation. Weingarten: Pädagogische Hochschule, Fakultät Erziehungswissenschaft.

Wagner, A. C. (1976). Ist Übung wirklich notwendig? Theoretische Überlegungen und experimentelle Ergebnisse zur Rolle des Diskriminationslernens bei Verhaltensänderungen. In W. Zifreund (Hrsg.), Training des Lehrerverhaltens und Interaktionsanalyse (S. 637-657). Weinheim: Beltz.

Wagner, A. C. (1983). Erfahrungen mit einem Kompaktseminar zum schülerzentrierten Unterrichtsverhalten – oder: von der Mikroanalyse zum Nachträglichen Lauten Denken. In W. Mutzeck & W. Pallasch (Hrsg.), Handbuch zum Lehrertraining (S. 73-87). Weinheim: Beltz.

Wahl, D. (1991). Handeln unter Druck. Der weite Weg vom Wissen zum Handeln bei Lehrern, Hochschullehrern und Erwachsenenbildnern. Weinheim: Deutscher Studienverlag.

Wahl, D. (2001). Nachhaltige Wege vom Wissen zum Handeln. Beiträge zur Lehrerbildung, 157-174.

Wahl, D. (2002). Mit Training vom trägen Wissen zum kompetenten Handeln. Zeitschrift für Pädagogik, 48, 227-241.

Wahl, D. (2006). Lernumgebungen erfolgreich gestalten – Vom trägen Wissen zum kompetenten Handeln. Düsseldorf: Klinkhardt.

Wuttke, E. (2005). Unterrichtskommunikation und Wissenserwerb. Frankfurt: Peter Lang.

Kapitel V

Lehrerfortbildung abseits des Mainstream

Psychoanalytisch orientierte Lehrerfortbildung: Warum sollen Lehrerinnen und Lehrer Kleinkinder beobachten?

Agnes Turner, Doris Ingrisch & Gertraud Diem-Wille

Abstract

Im folgenden Beitrag wird ein Einblick in die Arbeitsmethode der psychoanalytischen teilnehmenden Beobachtung gegeben sowie deren Relevanz für die pädagogische Praxis anhand des Universitätslehrgangs „Psychoanalytic Observational Studies: Persönlichkeitsentwicklung und Lernen" gezeigt. In einer parallel zum Lehrgang durchgeführten Begleitstudie mit dem Titel *„Die psychoanalytische Haltung in der pädagogischen Praxis"* (Turner, Ingrisch & Diem-Wille, 2009; Turner & Ingrisch, im Druck) wurde untersucht, inwiefern die Teilnehmer/innen des Lehrgangs hinsichtlich des psychoanalytischen Ansatzes eine verinnerlichte Haltung angenommen haben. Anhand von Fallmaterial aus der Begleitstudie wird illustriert, dass das Arbeiten mit dieser Methode Lehrerinnen und Lehrern geholfen hat, einen Fortschritt hinsichtlich ihrer Selbstreflexion sowie des Verstehens von Beziehungen und Interaktionen zu erfahren. Somit leistet der Lehrgang insgesamt einen Beitrag zur Professionalitätsentwicklung von Lehrerinnen und Lehrern.

Schlagworte (dt.)

Psychoanalyse, psychoanalytische Säuglings- und Kleinkindbeobachtung, psychoanalytische teilnehmende Beobachtung, Persönlichkeitsentwicklung und Reflexion, emotionale Aspekte beim Lehren und Lernen, Professionalitätsentwicklung

Schlagworte (engl.)

psychoanalysis, infant observation, psychoanalytical observational studies, personality development and reflection, emotional aspects of teaching and learning, professional development

1. Einleitung

Die Psychoanalyse hat seit mehr als 100 Jahren gezeigt, dass es eine Illusion ist, zu meinen, dass wir unser Handeln ausschließlich nach rationalen Motiven gestalten können. Die Lern- und Lehrforschung hat viele Beispiele dafür geliefert, dass die bewusste Motivation der Lehrenden sowie der Lernenden und ihr tatsächliches Verhalten besonders in Konflikt- und Stresssituationen nicht übereinstimmen, sondern von unbewussten Ängsten beeinflusst sind, die auf frühen Erfahrungen beruhen (Salzberger-Wittenberg, Henry-Williams & Osborne, 1997; Youell, 2006).

Häufig wird die Ursache der Probleme beim Lernen und Lehren in einer Kritik der universitären Lehrerausbildung gesucht. Das Verstehen von Beziehungen und deren Bedeutung für den gesamten Lernprozess aller Beteiligten ist in der gegenwärtigen Lehreraus-

und -fortbildung ein bisher wenig berücksichtigter Themenkomplex. Bei Befragungen der Absolvent/inn/en der Lehrerausbildung steht die Kritik über den mangelnden Praxisbezug im Vordergrund (Buchberger, 1995; Flach, 1995), sodass vor allem Innovationen innerhalb der universitären Lehrerausbildung, wie zum Beispiel konstante Lerngruppen, die einen intensiveren Austausch bieten, bei den Studierenden auf großes Interesse stoßen (Diem-Wille & Sengschmied, 2001).

Anfang der 90er-Jahre war Gertraud Diem-Wille als „visiting scientist" an der Tavistock Klinik in London tätig und lernte eine interessante psychoanalytische Arbeitsmethode kennen, deren Relevanz für die pädagogische Praxis beeindruckend ist. Die Rede ist von der psychoanalytischen teilnehmenden Beobachtung der frühen Kindheit (Infant Observation). Zurück in Wien konnte mit weiteren Wiener Kolleg/inn/en[1] über die kommenden zehn Jahre ein Trainingsprogramm in Infant Observation unter der Supervision von Isca Salzberger-Wittenberg und Ross Lazar etabliert werden. Schließlich wurde von der Wiener-Infant-Observation-Gruppe die Idee entwickelt, die Methode der psychoanalytischen teilnehmenden Beobachtung nach dem Tavistock-Modell im pädagogischen Bereich in Wien anzubieten und es wurde ein Universitätslehrgang „Psychoanalytic Observational Studies" eingerichtet (Diem-Wille, Steinhardt & Reiter, 2006).

2. Entwicklung und Methode der Infant Observation

Die Methode der Infant Observation wurde in erster Linie von Ester Bick entwickelt und ist seit 1960 wesentlicher Bestandteil der Ausbildung in der Kinderpsychotherapie in England. Die von Ester Bick genannten Gründe geben bereits erste Hinweise darauf, warum diese Methode auch für die Weiterbildung von Lehrerinnen und Lehrern sinnvoll adaptiert werden kann.

> „Genau genommen war die Säuglingsbeobachtung bereits Teil der Ausbildung zum Kindertherapeuten an der Tavistock Klinik, seit diese Ausbildung 1948 dort eingerichtet worden war. Wir hatten uns damals entschieden, dass das erste nicht-klinische Jahr praktische Erfahrungen mit Säuglingen beinhalten sollte. Dies schien mir aus vielen Gründen wichtig, am meisten aber vielleicht deshalb, weil es den Kandidaten dabei helfen würde, sich lebendig vorzustellen, was ihre Kinderpatienten als Säuglinge erlebt haben, so dass sie, wenn sie beispielsweise die Behandlung eines zweieinhalbjährigen Kindes begannen, ein Gefühl für das Baby entwickeln konnten, das es vor noch nicht allzu langer Zeit gewesen war. Darüber hinaus sollte es die Verstehensmöglichkeit des Kandidaten für das nonverbale Verhalten und das Spiel des Kindes erweitern, wie auch für das Verhalten des Kindes, das weder spricht noch spielt." (Bick, 2006, S. 179)

Das methodische Vorgehen

Ausbildungskandidat/inn/en beobachten ein Baby in einem Zeitraum von 24 Monaten wöchentlich für eine Stunde. Um die Aufmerksamkeit, die nicht nur auf das Kind und

1 Unter anderem Wilfried Datler, Kornelia Steinhardt, Helga Reiter, Irmtraud Sengschmied et al.

seine Umwelt, sondern auch auf sich selbst gerichtet sein soll, nicht zu unterbrechen, wird von Notizen während der Beobachtungsstunde selbst abgesehen. Erst danach wird in einem Protokoll beschrieben, wie die Stunde abgelaufen ist. Dabei ist es wesentlich, rein deskriptiv vorzugehen und Interpretationen zu vermeiden. In den parallel dazu wöchentlich abgehaltenen Seminaren werden die Protokolle dann detailliert besprochen und es wird versucht, die Bedeutung der Interaktionen zu verstehen und Hypothesen über die Entstehung der inneren Welt des Babys, wie sie sich in der Interaktion mit den Eltern bildet, zu formulieren. An dieser Stelle wird das Augenmerk auf bewusste und unbewusste Prozesse gelenkt.

Im Gegensatz zu einer objektiven Kameralinse werden bei der beobachtenden Person ihre subjektive Sichtweise, ihre Erfahrungen und ihre Emotionen in der aktuellen Situation spürbar und Phantasien, Wünsche oder Ängste wachgerufen, sodass auch das Wahrnehmen und Verstehen der eigenen Emotionen zum Thema wird. Die Beobachter/innen können sich dadurch in Übertragungs- und Gegenübertragungsprozessen wahrnehmen lernen (Diem-Wille, 2009). Ferner können sie durch die kontinuierliche Beobachtungszeit über mindestens ein Jahr die Entstehung der einzigartigen Eltern-Kleinkindbeziehung in der von ihnen beobachteten Familie ein Stück weit miterleben und die Beziehungsstrukturen zwischen Eltern und Kind sowohl in emotional positiven als auch in emotional belastenden Situationen verstehen lernen. Auch die Familiensituation der von den anderen Teilnehmerinnen und Teilnehmern beobachteten Familien wird in ihrer Unterschiedlichkeit beim Besprechen in der Kleingruppe nachvollziehbar. Aus dem Verstehen der sehr frühen Beziehungserfahrungen des Kindes kann also ein Verständnis für das spätere Handeln der Klient/inn/en entwickelt werden. Diese Form des Erfahrungslernens ist nicht nur für die Ausbildung von Kinderpsychotherapeut/inn/en, sondern in allen pädagogischen und sozialen, wenn nicht sogar in allen Berufen von großer Bedeutung. Ausgehend von der klassischen Infant Observation fand die psychoanalytische Beobachtungsmethode in weiteren Feldern Anwendung, wie zum Beispiel in der Young Child Observation, in der Beobachtung von Organisationen (Obholzer, 1997) sowie in der Beobachtung der eigenen Praxis im Work-Discussion-Seminar nach Martha Harris (Harris, 1987; Klauber, 1999).

3. Die Bedeutung des Erfahrungslernens für die pädagogische Praxis

Erfahrungslernen, wie es von der psychoanalytischen Pädagogik verstanden wird, erlaubt es, die Persönlichkeitsentwicklung durch das Miteinbeziehen der emotionalen Aspekte des Lernens und Lehrens zu unterstützen (Salzberger-Wittenberg et al., 1997; Datler, 2003). Die angewandte Psychoanalyse im Bereich der Erziehung geht davon aus, dass die Qualität der Wahrnehmung der Erziehungs- und Bildungsaufgaben davon abhängt, ob Pädagog/inn/en die bewussten und unbewussten Motive, Ängste und inneren Konflikte bei sich und bei ihren Schülerinnen und Schülern beziehungsweise Klient/inn/en verstehen und darauf aufbauend Lernsituationen gestalten können. Statt sich mit Beziehungen auseinanderzusetzen, würden sie oft lieber Tricks und Tipps erfahrener Kolleg/inn/en imitieren. Das Konzept der psychoanalytischen Pädagogik will zeigen, dass die individuellen

Fähigkeiten von Lehrerinnen und Lehrern eine Verbesserung der Erziehungsaufgaben zulassen, indem die Bedeutung emotionaler Beziehungen für das Lernen verstanden und gelernt wird, mit „Übertragung bzw. Gegenübertragung“ umzugehen. Oft sind Lehrer/innen sich selbst gegenüber sehr kritisch und stellen sehr hohe Ansprüche an sich. Es mag zwar paradox klingen, aber gerade eine Milderung des Über-Ichs und mehr Toleranz und Verständnis seinen eigenen widersprüchlichen Impulsen gegenüber stellt im Grunde die Voraussetzung dar, auch Kindern gegenüber verständnisvoller und offener zu sein.

4. Zur Relevanz der psychoanalytischen Beobachtungsmethode für den Lehrberuf

Ausgehend von der Eingangsfrage „Warum sollen Lehrer/innen Kleinkinder beobachten?“ möchten wir im folgenden Teil wesentliche Lernmomente für Lehrer/innen besprechen und anhand von kurzen Falldarstellungen aus der Begleitstudie *„Die psychoanalytische Haltung in der pädagogischen Praxis“* (Turner & Ingrisch, im Druck; Turner et al., 2009) zum genannten Universitätslehrgang illustrieren.

Die zentrale Frage der Begleitforschung nahm in den Fokus, in welcher Weise es Lehrerinnen und Lehrern und Personen in beratenden Berufen gelingt, durch den Erwerb praktischen und theoretischen Wissens um Psychoanalytische Pädagogik eine verstehende Haltung gegenüber Schülerinnen und Schülern, Klient/inn/en und gegenüber ihren eigenen inneren Konflikten einzunehmen.

Ein sich durch einen kombinierten Einsatz qualitativer Erhebungstechniken auszeichnendes Forschungsdesign verband qualitative halbstrukturierte Leitfaden-Interviews mit den Teilnehmerinnen und Teilnehmern, Experteninterviews mit dem Lehrgangsteam und die Analyse von Dokumentationen wie Jahresarbeiten und Abschlussarbeiten über die pädagogische Praxis. Die Daten umfassen die subjektiven Erfahrungen und Einschätzungen der Teilnehmer/innen hinsichtlich der Lerngelegenheiten im Lehrgang zu zwei verschiedenen Zeitpunkten (Beginn und Ende des Lehrgangs). Durch die Analyse der Dokumentationen und der Standpunkte der Expert/inn/en zum Lernprozess im Universitätslehrgang konnten die Daten mit den Interviews gegenübergestellt und kontrastiert werden. Der Fokus des Forschungsinteresses lag vor allem darin, inwiefern sich Veränderungen im Erleben der pädagogischen Praxis erkennen lassen, das heißt was sich diesbezüglich tatsächlich im Erzählen über pädagogische Vorstellungen und pädagogisches Handeln manifestiert. Die Abgrenzung zwischen den konkreten Erfahrungen im Lehrgang und den Entwicklungen vor beziehungsweise außerhalb des Lehrgangs galt es stets zu reflektieren und zu prüfen.

Die nachfolgend verwendeten Zitate wurden den Interviews, die im Rahmen der Untersuchung zum Universitätslehrgang „Psychoanalytic Observational Studies: Persönlichkeitsentwicklung und Lernen“ durchgeführt wurden, entnommen.

4.1 Das Einnehmen der Beobachterrolle

An der Tavistock Klinik, wo der postgraduale Lehrgang „Emotional Factors in Learning and Teaching“ für Lehrer/innen bereits eine lange Tradition hat, werden wesentliche Merkmale der Methode wie folgt beschrieben:

> “Observation in role is an important part of the learning from experience on this course. This approach to learning from experience, in a seminar group, emphazising the emotionality of personal growth and development, is counter-cultural to mainstream trends in education, but enormously valued by teachers as making sense of their day-by-day experiences in role. As well as studying the interactions between teachers and pupils/students, the course applies an observational approach to looking at institutional and group processes and this permits understanding of conflicts and dilemmas for teachers in role.” (Briggs, Ingall & Miller, 2005, S. 1)

Im Setting der psychoanalytischen Beobachtungsmethode besteht die Aufgabe im detaillierten Beobachten all dessen, was für das Baby relevant ist. Es werden von den Beobachterinnen und Beobachtern keine Handlungen, Ratschläge, Deutungen, Kritiken oder Hilfestellungen gefordert, ihre Rolle erfordert es vielmehr, sich nicht in solche Aktivitäten verstricken zu lassen. Damit kann erfahren werden, was es emotional bedeutet, von voreiligem Handeln und oftmals voreiligem (Be-)Werten abzusehen. Handeln kann jedoch in schwierigen Situationen auch die entlastende Funktion haben, schmerzliche Gefühle oder die eigene Hilflosigkeit nicht so deutlich spüren zu müssen. Wenn wir eine Handlung setzen können, können wir die Situation vielleicht verbessern, zum Beispiel ein weinendes Baby beruhigen, statt zu beobachten. Die Aufgabe als Beobachter/in erfordert es aber, auch in so einer Situation keine Handlung zu setzen, sondern im Beobachten zu verbleiben.

> Elena ist ausgebildete Hauptschullehrerin und arbeitet in einem Sonderpädagogischen Zentrum als Klassenlehrerin für schwererziehbare Kinder und Jugendliche. Die ersten Erfahrungen mit der Methode der psychoanalytischen Beobachtung beschreibt Elena positiv. Besonders habe sie das Beobachten angesprochen: „Wir reagieren und agieren soviel in unserem Beruf, da ist es doch mal schön, sich einmal hinzusetzen und zu schauen und nicht immer schon zu tun.“ Die Hauptschullehrerin spricht davon, wie „schön“ es, sei nur „zu schauen“ und nicht sofort pädagogisch handeln zu müssen. (Turner et al., 2009)

Elena scheint froh darüber zu sein, nicht wie sonst in der Klasse für die Gruppe verantwortlich zu sein, sondern sich ganz ihrer Aufgabe als Beobachterin widmen zu können. Auch soll sie nur ein Kind beobachten und ihre ganze Aufmerksamkeit diesem einen Kind widmen. Das Beobachten erfordert ein Aufgeben anderer psychischer Abwehrformen, wie etwa sich durch pädagogische Aktivität vom schmerzlichen Mitfühlen der beobachteten Schüler/innen zumindest für den Zeitraum des Beobachtens abzulenken. Im Rahmen der Begleitforschung konnte festgehalten werden, dass durch die Arbeit mit der Methode der psychoanalytischen Beobachtung sich bei Lehrerinnen und Lehrern eine Entschleunigung des Handlungsdrucks einstellt. In den Interviews wiesen die Teilnehmer/innen darauf hin, dass sie sich mehr Zeit nehmen, über einzelne Schüler/innen nachzudenken und sich über ihre Gefühle diesen Schülerinnen und Schülern gegenüber klar zu werden. Mit Hilfe des Konzepts der „gleichschwebenden Aufmerksamkeit" nach Freud, das die Art und Weise beschreibt, nach der Analytiker/innen ihren Analysand/inn/en zuhören, kann die psychoanalytische Haltung in der pädagogischen Praxis Anwendung finden. „Er [der Analytiker bzw. sie, die Analytikerin] soll kein Element von dessen Äußerungen a priori bevorzugen, was einschließt, dass er (bzw. sie) seine (ihre) eigene unbewusste Aktivität so frei wie möglich funktionieren lässt und die Motivationen unterbricht, die gewöhnlich die Aufmerksamkeit lenken." (Laplanche & Pontalis, 1973, S. 169) Durch die Methode der psychoanalytischen Beobachtung wird es möglich, das Aufnehmen mit allen Sinnen zu erfahren. Die Methode gewährleistet auch einen neuen Blick auf die eigenen Vorurteile, da der Fokus auf das Beobachten gerichtet ist und damit voreiliges Handeln beziehungsweise übereilte Interaktionen möglichst vermieden werden sollen. Auf die pädagogische Praxis übertragen kann dieser Ansatz Lehrer/innen zum Beispiel davor schützen, zu schnell zu vorgefertigten Meinungen über Schüler/innen zu kommen.

> Eveline ist in der Nachmittagsbetreuung tätig. Zu Beginn eines neuen Schuljahres „kommt man in eine Kindergruppe als Betreuerin hinein und macht sich dann recht schnell ein Bild, um sich zurechtzufinden und hat gewisse Meinungen über Kinder. Ich habe Eltern kennen gelernt, wo ich mir recht schnell ein Bild gemacht habe, das Kind wäre so und mit ihm ist so umzugehen." So spricht die Pädagogin im Interview zu Beginn des Universitätslehrgangs über diesen bekannten Mechanismus. Durch die Erfahrungen mit der psychoanalytischen Beobachtungsmethode konnte sie einen neuen Zugang finden. „Dass zunächst einmal so ein Schritt zurück möglich ist, auch in der Praxis, und mal ein Nachdenken, bevor jetzt konkrete Schritte gesetzt werden. Verschiedene Faktoren, die jetzt zusammenspielen, lasse ich mir durch den Kopf gehen und ich habe das Gefühl, ich bin reflektierter, handele nicht so aus dem Bauch heraus, nicht so ganz impulsiv, sondern betrachte meine Reaktionen mehr." (Turner et al., 2009)

Gerade durch das genaue und intensive Beobachtungslernen und das genaue Darüber-Nachdenken in der Seminargruppe wird in der Folge ein Modellbeispiel einer differenzierten Einschätzung von gruppen- und psychodynamischen Prozessen gegeben. Die Fähigkeit, sich zu distanzieren, um über sich und die Schüler/innen nachdenken zu können, wird nicht empfohlen oder als Aufgabe formuliert, sondern ist Ergebnis des Lernens durch Erfahrung. Die wöchentliche Praxis in den Seminaren zur Beobachtung lassen die Teilnehmer/innen die Fruchtbarkeit dieses Nachdenkens erleben, wenn überraschende Hypothesen formuliert und begründet werden, die in der nächsten Beobachtung weiter verfolgt werden können.

4.2 Die Entstehung der Eltern-Kleinkindbeziehung als Indikator für späteres Lernen

Bei der Beobachtung von Babys und Kleinkindern mit ihren Eltern können die Beobachter/innen das Entstehen sehr früher Beziehungen und Interaktionsstrukturen miterleben. Mit anderen Worten: Sie können sehen, wie Lernen vor sich geht. Nach Klein (1952) und Bion (1962) haben die frühen Beziehungserfahrungen große Relevanz für die Entwicklung und das spätere Lernen des Kindes. Youell (2006) meint, dass bei den frühen Erfahrungen des Stillens und bei der Nahrungsaufnahme bereits ein Modell für das Lernverhalten des Kindes ausgemacht wird, ein Modell des Gebens und Nehmens. Kann das Baby die angebotene Nahrung annehmen oder hat es Probleme damit? Kann die Mutter die Bedürfnisse ihres Babys verstehen und ihm ein adäquates Angebot geben oder wird es bei jeder Äußerung zum Beispiel sofort gestillt? (Spillius, 2002) Im positiven Fall kann sich das Kind als agierende Person erleben, wenn seine Emotionen und Handlungen mit wohlwollenden, ermutigenden und befriedigenden Reaktionen erwidert werden. Nach Bion enthält das Lernen jedoch immer beides – positive und schmerzliche Erfahrungen. Wenn wir Neues lernen wollen, müssen wir uns auf das Gefühl des Noch-nicht-Könnens, Noch-nicht-Verstehens und Noch-nicht-Wissens einlassen. Dabei kann es zu Hindernissen kommen, wodurch die Lust am Lernen eingeschränkt werden kann. Werden die sensiblen Phasen des Lernens empathisch und unterstützend begleitet, so lernen wir auch scheitern oder Fehler machen zu dürfen und finden gleichzeitig Ermutigung, es wieder neu zu probieren. So wie ein Baby, das durch sein Spielen, Lachen, Weinen und Schreien immer wieder versucht, die Aufmerksamkeit und Zuneigung der Mutter zu gewinnen. Sind Mutter und Kind „in tune“ (Stern, 1992), also im Gleichklang, dann wird die Mutter die Signale ihres Kindes verstehen und dementsprechend dem Kind sein Spielzeug, etwas zu essen oder zu trinken geben oder es trösten.

Melanie Klein spricht in diesem Zusammenhang von projektiver und introjektiver Identifikation (Klein, 1952). Einerseits projiziert das Kind seine Wünsche, Ängste und Bedürfnisse in die Mutter, andererseits nimmt diese die Gefühle mit allen Sinnen auf und kann sich mit dem Baby identifizieren. Erlebt sich das Kind selbst als gestaltender Part und gleichzeitig gehalten in der Beziehung zur Mutter, so kann es dadurch Selbstvertrauen in seine Handlungen gewinnen. Das ist ein wesentlicher Beitrag für das Vertrauen, etwas Neues erlernen zu können. Für die Lehrer-Schülerbeziehung bedeutet das, dass ebenfalls Wünsche, Hoffnungen, aber auch Angst der Schüler/innen auf die Lehrenden projiziert werden, die von den Lehrenden erstens wahrgenommen und zweitens verstanden und empathisch aufgenommen werden sollen. Isca Salzberger-Wittenberg und Kolleg/inn/en (1997) betonen in ihrer langjährigen Arbeit mit Lehrerinnen und Lehrern diesen Beziehungsaspekt besonders. Denn erst wenn eine minimal-emotional positive Beziehung zwischen Lernenden und Lehrenden hergestellt wird, kann erfolgreiches Lernen stattfinden.

> Christine unterrichtet Mathematik und Psychologie und Philosophie an einer AHS[2]. Der Beziehungsaspekt im Unterricht ist aus ihrer Sicht sehr wesentlich. Diese Einstellung hat sich während des Lehrgangs manifestiert: „Also ich glau-

2 AHS = Allgemein bildende höhere Schule in Österreich (entspricht dem Gymnasium).

> be schon, dass in Mathematik die Beziehung bzw. die Beziehungsebene ganz wichtig ist, denn wenn die Beziehung nicht stimmt, können sie nichts von mir annehmen, an Erklärungen. Also eine funktionierende Beziehung ist schon wichtig für das Aufnehmen." In schwierigen Klassen bietet sie beispielsweise Förderkurse an, um einerseits einen anspruchsvollen Mathematikunterricht aufrechtzuerhalten und andererseits Schüler/inne/n, denen es im klassischen schulischen Kontext schwer fällt, dem Stoff zu folgen, über die Beziehungsebene eine spezielle Möglichkeit zu bieten. „Also wenn die Schüler so in eine Position kommen – ‚das kann eh niemand verstehen' und ‚die verlangt viel zu viel' und ‚das kann man eh vergessen' – also dann biete ich Förderkurse an." Neben dem Blick auf das Fachliche ist es allerdings vor allem ein Angebot auf der Ebene der Beziehung, den Kontakt aufrechtzuerhalten bzw. ihn wiederherzustellen. (Turner et al., 2009)

Durch die Beobachtung in der Familie wird ein tiefer Einblick in die Entstehung der Beziehungen zwischen Eltern und Kind gegeben. Vor allem bei der Babybeobachtung kommt es verstärkt zu sehr intimen Situationen, die für Mutter/Vater, Kind und Beobachter/in emotional berührend, mitunter aber auch belastend sein können. Wie beispielsweise die eigene Ohnmacht der Eltern, wenn das Kind unaufhörlich schreit und daraus resultierend Aggression und Ablehnung gegenüber dem geliebten Kind gefühlt wird. Die Gefühle können in solchen Situationen auch auf die Beobachter/innen übertragen werden. Durch die Besprechung der Beobachtungssequenzen werden Übertragungsprozesse bewusster wahrgenommen, wobei die Beobachter/innen mit eigenen archaischen und primitiven Ängsten in Kontakt kommen können. Doch auch diese Erfahrung kann auf das Erleben von Beziehung im beruflichen Kontext angewandt werden.

> Susanne arbeitet seit vielen Jahren in einer Integrationsklasse. Um Beziehungen besser zu verstehen sowie ein besseres Verständnis für andere Menschen und neue Situationen aufbringen zu können, haben ihr, wie sie betont, die Beobachtungen und die Seminare sehr geholfen. Sie hat sich beispielsweise angeeignet, Sympathien und Antipathien, die sie für bestimmte Kinder hegt, genau zu hinterfragen: „Das Kind ist mir so unsympathisch, ja, und das einmal zugeben zu können, dass dem so ist. Und trotzdem ist man eine Zeit lang so ungerecht zu dem Kind, ja. Man ist kurz angebunden, man geht eher weg, man schaut's gar nicht so viel an, die ganze Palette, ja, es ist eh minimal, aber es ist trotzdem. Und es gibt in jeder Klasse jemanden, wo die Antipathie einfach da ist und merkwürdigerweise wird das durch die Mütter oft verstärkt, die das Kind so präsentieren." Gerade in dieser Situation hat das Protokollieren und Besprechen der schwierigen Arbeitssituation im Seminar geholfen, mit den eigenen Emotionen bewusster umzugehen. Susanne geht auch darauf ein, dass sie „immer ein Mensch war, der schon sehr sich einfühlen wollte und auch konnte." (Turner et al., 2009)

Eine Voraussetzung, um über die Hintergründe einer Ablehnung eines Kindes nachdenken zu können, ist, diese Gefühle bei sich wahrzunehmen, statt unter dem Druck der

Forderung, alle Kinder gleich gerne haben zu müssen, diese Gefühle zu verdrängen. Erst ein Nachdenken darüber, wie sich Susanne zu diesem Kind, das ihr „unsympathisch" ist, verhält, ermöglicht ihr, das eigene Verhalten zu korrigieren.

Auf dieselbe Art und Weise, wie sich Eltern auf ihr Kind einstellen und sich immer wieder auf neue Situationen mit ihrem Kind einlassen, ist auch die Lehrerin beziehungsweise der Lehrer gefordert, die individuellen Lernbedürfnisse der Schüler/innen zu beobachten, wahrzunehmen und zu verstehen. Kindergärtner/innen, Lehrer/innen, Erzieher/innen können durch die Beobachtung in der Familie verstehen lernen, wie es von Anfang an zu glücklichen oder zu leidvollen Lernsituationen kommen kann. Dadurch kann auch ein größeres Verständnis für Lernschwierigkeiten bei den Schülerinnen und Schülern, bei denen die ersten Erfahrungen bereits tief verankert sind, entstehen.

4.3 Latente Bedeutungen von Interaktionen wahrnehmen und benennen können

Durch das Beobachten, das Protokollieren von Beobachtungssequenzen und die anschließende Besprechung im Rahmen eines Seminars werden die vielschichtigen latenten Beziehungsebenen und Kommunikationsstrukturen der Interaktionen erkennbar. Worte, Gesten und Interaktionen, so wie sie gesagt beziehungsweise ausgeführt werden, können auf der unbewussten Ebene andere Botschaften enthalten. Dadurch können zum Beispiel Gefühle, die durch Angst und Abwehr entstehen, transportiert werden und zu Kränkung, Verunsicherung und Ähnlichem führen. Ein Verständnis für die Gesamtsituation zu entwickeln, das die Ebenen des Bewussten und des Unbewussten verbindet, ist ein essentielles Element der verstehenden Haltung hinsichtlich seiner eigenen (diffusen oder ambivalenten) Gefühle sowie der Gefühle anderen gegenüber. Wie im folgenden Beispiel zu sehen ist, kann bereits die Kontaktaufnahme zu einer möglichen Beobachtungsfamilie als hervorragendes Lernfeld in Bezug auf das Wahrnehmen derartiger Beziehungsstrukturen dienen.

> Helmut, ein Gymnasiallehrer, ist gewohnt, Aufgaben rasch und gewissenhaft zu erledigen. Bei der Suche nach einer Familie geht er ebenfalls sehr konsequent und überaus engagiert vor, seine Suche bleibt jedoch vorerst ohne Erfolg. Im wöchentlichen Seminar werden die entstandenen Gefühle bei den angehenden Beobachterinnen und Beobachtern reflektiert. Die Seminargruppe hilft dabei, ein Verständnis für die eigenen Gefühle zu entwickeln. Dem gewissenhaften Lehrer wurde im Seminar zurückgemeldet, dass sein Verhalten eher aufdringlich, ja fast bedrohlich wirkt. Erst als er Vertrauen fassen und Gelassenheit bei der Suche zeigen konnte, gelang es ihm, eine junge Familie zu finden." (Turner et al., 2009)

Erst durch das Besprechen in der Gruppe und die Rückmeldung, dass sein Verhalten eher bedrohlich wirkt, konnte er über seine Gefühle nachdenken. Beim Besprechen zeigte sich, dass Helmut große Angst davor hatte, abgelehnt zu werden, unsicher war, ob er als Beobachter ein Eindringling sei. Diese Ängste durften ihm zunächst aber gar nicht zu Bewusstsein kommen, da er seine bis jetzt sehr erfolgreiche Strategie der Aktivität benutzte.

In der Fachterminologie sprechen wir von einem kontraphobischen Verhalten, das heißt, statt die Angst zu spüren, verhalten wir uns besonders forsch und erzeugen unbewusst die verdrängte Angst in der anderen Person, in diesem Fall in den werdenden Eltern und im Seminar bei den Teilnehmerinnen und Teilnehmern. Nachdem Helmut seine Ängste wahrnehmen konnte, wählte er die Eltern sorgfältiger aus, war nicht mehr so „überrollend", sondern ließ ihnen im Gespräch Zeit, ihre Vorbehalte zu formulieren. Das erlaubte ihnen, ihre Zustimmung zu geben. Nicht nur Helmut lernte etwas über seine unbewussten Mechanismen, die er sicher auch in vielen anderen ängstigenden Situationen angewandt hatte und die ihn öfter Ablehnung erleben ließen, sondern er und die anderen Teilnehmer/innen brachten Beispiele des Verhaltens von Jugendlichen, die besonders forsch ihre Unsicherheit und Angst überspielen wollten. Sie lernten sozusagen hinter die Kulissen des imponierenden oder überforschen Verhaltens zu sehen und die Verletzlichkeit und Ängste dahinter zu erkennen.

Jene Gefühle, die bei der Suche nach einer Familie entstehen, lassen sich auch in anderen Situationen in der pädagogischen Praxis gut nachvollziehen. Isca Salzberger-Wittenberg bespricht beispielsweise die Schwierigkeiten von Anfangssituationen in neuen Klassen. „Wir stellten fest, daß (sic!) die Ängste am Anfang viel zahlreicher und massiver gewesen waren. Sobald sie aber in Worte gefasst (sic!) und mitgeteilt waren, schien alles nicht mehr ganz so schlimm. Das Eingestehen unserer Ängste erlaubt es uns, sie an der Realität zu messen und mit einem reiferen Teil unserer Persönlichkeit zu beurteilen." (Salzberger-Wittenberg et al., 1997, S. 21) Durch die Milderung des eigenen Über-Ichs sowie durch mehr Toleranz und Verständnis den eigenen widersprüchlichen Impulsen gegenüber gestaltet sich auch die Begegnung mit Kindern verständnisvoller und offener.

Beobachter/innen lernen auch durch die zeitliche Verschiebung von Beobachtung und Seminar sowie durch den zeitlichen Unterschied zwischen Protokollieren der Beobachtung und Interpretation in der Gruppe, belastende Beobachtungssituationen auszuhalten, ohne den Hintergrund vorerst zu verstehen. Ähnliche Situationen finden sich im täglichen beruflichen Alltag, wo Lehrer/innen mit schwierigen Situationen innerhalb der Klasse konfrontiert sind. Oft fühlen sie sich unter Druck gesetzt, gleich eine richtige Lösung dafür parat haben zu müssen. Diesbezüglich kann die psychoanalytische Beobachtungsmethode helfen, Beobachten und Wahrnehmen sowie das Nichtwissen aushalten zu lernen. Durch die Reflexion und Interpretation in der Seminargruppe können dann belastende Situationen verstanden und bearbeitet werden. In diesem Zusammenhang ist Bions Denkansatz des Containments zu erwähnen (Lazar, 1993). Das emotionale Halten, Reflektieren und Wiedergeben von Emotionen spiegelt wider, wie das Modell des Containments in der Praxis angewandt und für das Verstehen der Gesamtsituation genutzt werden kann.

> Klaus versucht nach seinen Erfahrungen mit der Babybeobachtung, sich Situationen von einer anderen Perspektive aus anzuschauen, um Hintergründe zu finden und um einfühlsam reagieren zu können: „... ich schau mir viel mehr Pausensituationen an, um im Unterricht selbst nicht in die Falle zu tappen und jemanden, der sowieso jetzt emotional besetzt ist, noch einmal zu belasten." Weiters erwähnt Klaus auch, dass es für ihn jetzt leichter ist, „Situationen auszuhalten, zu verstehen und sie zu containen". Er meint damit, „einfach nur zu

> hören einmal und nicht im Hintergrund schon die Aktion zu überlegen". (Turner et al., 2009)

Die Fähigkeit, Ungewissheit und Nichtwissen zu ertragen, Wilfried Bion bezeichnet dies als „negative Kapazität", stellt für Lehrer/innen ein besonders wichtiges Lernfeld dar. Oft setzen sich Lehrende selbst unter Druck, nicht nur in ihrem Fach, sondern auch im sozialen Bereich alles zu wissen, was auch durch die Ausbildung durch Vermittlung sozialer Theorien noch gefördert wird. Aber sowohl im jeweiligen Fachgebiet als auch im psychischen und sozialen Bereich gibt es offene Fragen und ungelöste Grundprobleme. Das erfahrungsorientierte Lernen der psychoanalytischen Beobachtung und der Work-Discussion-Gruppen machen die Teilnehmer/innen mit der prinzipiellen Unabgeschlossenheit des Wissens über sich und andere vertraut. Es ist meist ein schmerzlicher Prozess, dem Wunsch nach Eindeutigkeit und abgeschlossenem Wissen nicht nachzugeben, sondern offen für Neues und Unerwartetes zu bleiben.

Für die Diagnose und Einschätzung der Schüler/innen und ihrer fachlichen und sozialen Kompetenzen sowie ihrer Fördermöglichkeiten und Potentiale ist sowohl das genaue, vorurteilsfreie Hinschauen und Beobachten als auch das Offenbleiben für neue Perspektiven eine wichtige Grundhaltung. Bei der Diagnose von Schülerinnen und Schülern ist es ebenso wie in der psychoanalytischen Beobachtung wichtig, nicht nur die einzelnen Schüler/innen, sondern die Interaktion zwischen Schüler/in und Lehrer/in und die in den Lehrenden wachgerufenen Gefühle zu verstehen. Die eigenen Gefühle können wichtige Informationen über die Schüler/innen vermitteln (Diem-Wille, 2009).

4.4 Sich Einlassen auf den eigenen Entwicklungsprozess

In den parallel zur Babybeobachtung angebotenen Seminargruppen wird auch dem Wahrnehmen und Lernen über Stärken und Schwächen der eigenen Persönlichkeit großer Wert beigemessen und – wie bereits erwähnt – damit erreicht, verstärkt mit den eigenen Gefühlen in Kontakt zu kommen. Die Angst, die eigenen Schwächen offen zu zeigen und über diese nachzudenken, stellt zu Beginn für viele Lernende der Infant Observation eine besondere Herausforderung dar. Gerade für Lehrer/innen traditioneller Haltung steht die Rolle der/des Wissenden im Zentrum, wobei Schwächen kaum Platz zugestanden wird. Ferner ist es als „Einzelkämpfer/in" in der Klasse eher ungewöhnlich, Probleme mit anderen Kolleg/inn/en zu teilen. Ausgehend von diesen Vorstellungen und Vorgaben müssen meist auch Beobachter/innen erst Vertrauen in die Seminargruppe gewinnen, bevor sie über ihre eigenen Schwächen und Ängste differenzierter nachdenken können, ohne diese abzuwehren.

> Elena hätte sich in Bezug auf ihre frühere Ausbildung zur Hauptschullehrerin mehr Wissen über den Umgang mit schwierigen oder aggressiven Schülerinnen und Schülern gewünscht. Im Rahmen von „Work Discussion"-Seminaren wird speziell auf schwierige emotionale Situationen eingegangen. Gerade diese Beobachtungen empfand sie aber „am schwierigsten". Sie habe das Gefühl, wichtige Dinge aus der eigenen Praxis nicht zu Papier bringen zu können und vieles zu

> vergessen. Weiter meint sie: „Vielleicht will ich nicht alles erzählen, da tue ich mir noch schwer, obwohl ich glaube, dass es das ist, was mich am meisten interessiert in Wirklichkeit." Das Zeigen von Schwächen scheint anfänglich Angst zu machen. Ihr war es äußerst unangenehm, ihre eigenen Arbeitssituationen zu schildern, und sie beschreibt es als „furchtbar peinlich", da in ihrem beruflichen Umfeld nicht immer ein gutes Klima und ein netter Umgangston vorherrschen. „Also für mich war das sehr belastend, ich habe am Anfang mit ganz harmlosen Szenen (lacht) begonnen und das war aber dann so wohlwollend, es hat dann jeder seine Probleme offenbart. Ich habe es halt mit dem Verhalten meiner Schüler und andere haben andere Probleme auch mit dem Verhalten, sind anders geartet, aber im Grunde ist es auch nichts anderes, es ist ähnlich. Es hat mir schon am Anfang ein bissl Probleme gemacht. Ich habe es aber dann sehr angenehm empfunden und fast wie eine Supervision erlebt eigentlich." (Turner et al., 2009)

Ein konstanter Kleingruppenprozess sowie eine kompetente Gruppenleitung bilden für das Containment in der Gruppe und für den individuellen Lernprozess maßgebliche Faktoren. Doch das Sich-Einlassen auf den Prozess des Erfahrungslernens ist auch für die persönliche Entwicklung wesentlich. Dann aber können Teilnehmer/innen eine solche Ausbildung als Chance nutzen, sich selbst in einem Prozess des Lernens wahrzunehmen und in eine Reflexion über ihre eigenen Anteile beim Lehren und Lernen zu gelangen.

5. Der Universitätslehrgang „Psychoanalytic Observational Studies: Persönlichkeitsentwicklung und Lernen"

Als ein konkretes Weiterbildungsmodell hinsichtlich der dargestellten Lernfelder sowie der Erweiterung der Professionalisierung im Lehrberuf wird nun der sechssemestrige Universitätslehrgang mit dem Titel „Psychoanalytic Observational Studies: Persönlichkeitsentwicklung und Lernen"[3] vorgestellt. Das zentrale Lernziel des Lehrgangs fasst die Lehrgangsleiterin folgendermaßen zusammen: „Statt rasch zu handeln, wird eine Haltung erworben, nicht nur dem Gesagten, sondern auch dem Gemeinten Aufmerksamkeit zu schenken und die Motive des Handelns bei sich und bei anderen zu verstehen, um dann kreative Formen der Anwendung zu ermöglichen." (Diem-Wille, 2007)

Der Lehrgang richtet sich an Lehrer/innen aller Schulstufen und Schularten mit Berufserfahrung, ist aber auch für Personen zugänglich, die in psychosozialen Arbeitsfeldern tätig sind, sowie für Personen in Beratungsberufen und für Psychotherapeut/inn/en.

Das Lernangebot umfasst drei unterschiedliche Lernfelder, die methodisch und inhaltlich in sechs Semestern aufeinander aufbauen und abgestimmt sind. Um die Besonderheiten der Beobachtungsmethode kennen zu lernen, beobachten die Teilnehmer/innen im ersten Semester des Lehrgangs in einem Kindergarten Kinder im Alter von 3–6 Jahren. In

3 Der Lehrgang wird am Institut für Unterrichts- und Schulentwicklung in Wien unter der Leitung von Gertraud Diem-Wille angeboten.

den drei weiteren Semestern steht die Babybeobachtung im Zentrum. Jede/r Lehrgangsteilnehmer/in sucht eine Familie, die vor der Geburt eines Babys steht, und beobachtet dieses von Anbeginn bis zum ersten Geburtstag.

Als weitere Anwendungen der psychoanalytischen Beobachtung werden, wie bereits erwähnt, die Teilnehmer/innen für das Beobachten von Organisationen (Obholzer, 1997) sowie für die Beobachtung der eigenen Praxis im Work-Discussion-Seminar nach Martha Harris (Harris, 1987; Klauber, 1999) angeleitet und begleitet. Die Work-Discussion wird durch das Lernmodul „Lernprozessreflexion" unterstützt und ist für die Selbstreflexion der eigenen beruflichen Praxis gedacht. Hier werden Sequenzen der eigenen beruflichen Tätigkeit beobachtet und in Form eines Gedächtnisprotokolls im Nachhinein notiert, sodass dieses in einem begleitenden Seminar besprochen werden kann. Bei dieser Art Lernprozessreflexion werden nicht zuletzt der persönliche Lernprozess und das Erfahrungslernen innerhalb des Lehrgangs zum Thema gemacht.

Auch das theoretische Wissen über psychoanalytische Konzepte (Bion, 1962; Klein, 1952) kommt im Universitätslehrgang nicht zu kurz, sodass die Teilnehmer/innen einen insgesamt neuen Zugang zu ihrer Arbeit erhalten. Dieser wird auch in zwei während des Lehrgangs verfassten Jahrgangsarbeiten und einer den Lehrgang abschließenden Master Thesis schriftlich zum Ausdruck gebracht, die Voraussetzungen, den Titel „Master of Art in Psychoanalytic Observational Studies" zu erwerben.

6. Zusammenfassung

Die Methode der psychoanalytischen Beobachtung bietet ein Lernfeld, in dem Lehrer/innen sich selbst sowie in weiterer Folge ihren Unterricht und das Geschehen in der Klasse mit allen Sinnen beobachten lernen. Absolvent/inn/en aus dem Lehrgang meinen, dass sie in schwierigen Situationen abwartender sind, mehr Geduld und Verständnis auch gegenüber sich selbst aufbringen können, was sie auf das Erleben der Beobachterrolle zurückführen. Weiters sehen sie einen Beitrag für ihre Professionalität, indem sie sich selbst in Übertragungsprozessen wahrnehmen und diese in einer Gruppe reflektieren konnten. Vor dem Lehrgang bestand das Interesse der Lehrer/innen darin, Tipps und Tricks in Bezug auf den Umgang mit schwierigen Schülerinnen und Schülern zu bekommen. Das ist bei jenen Teilnehmerinnen und Teilnehmern, denen es gelang, sich auf den Lernprozess einzulassen, kein Thema mehr.

Die Absolvent/inn/en haben gelernt, schwierige Situationen nicht mehr mit genormten Rezepten lösen zu wollen, sondern richten den Blick in die Tiefe, um Verständnis zu entwickeln und individuelle Lösungen zu finden. Gerade in Stresssituationen konnte man erkennen, dass die Lernenden im Lehrgang leichter in alte Gefühle und Vorgangsweisen zurückfielen. Sie konnten dennoch für solche Situationen ein Bewusstsein entwickeln. Durch die Beobachterrolle haben sie viel über das allererste Lernen im Leben erfahren, darüber hinaus ein Sensorium für die latente Bedeutung von Interaktionen entwickelt und sie zu benennen gelernt. Indem sie das Wagnis eingehen, den eigenen Entwicklungsprozess zu forcieren, sich ganz bewusst und reflektiert selbst als Lernende zu erfahren, gewinnen sie nicht nur gewissermaßen subcutan Einblicke in die emotionalen Aspekte des Lernens, sondern auch in ihre eigene Persönlichkeit. Sie erhalten die besondere Chance, die Entwicklung ihrer Professionalität mit der ihrer Persönlichkeit verbinden zu können. Damit leisten sie gleichzeitig einen wesentlichen Beitrag zu einer neuen, auf dem Wissen um die Psyche und das Menschliche schlechthin basierenden Lehr- und Lernkultur.

7. Literatur

Bick, E. (2006). Bemerkungen zur Säuglingsbeobachtung in der psychoanalytischen Ausbildung. In C. Frank, L. Hermanns & H. Hinz (Hrsg.), Jahrbuch der Psychoanalyse. Beiträge zur Theorie, Praxis und Geschichte (S. 179-197). Stuttgart: Frommann-Holzboog.

Bion, W. R. (1962). Lernen durch Erfahrung. Frankfurt am Main: Fischer.

Briggs, S., Ingall, G. & Miller, L. (Eds.). (2005). Application of infant observation to work in educational settings. Infant Observation. The International Journal of Infant Observation and its Applications, 8(1), 1-4.

Buchberger, F. (Hrsg.). (1995). Lehrerbildung auf dem Prüfstand. Beschreibung und Evaluation von Programmen der Lehrerbildung in Finnland und Österreich. Innsbruck: Studienverlag.

Datler, W. (2003). Erleben, Beschreiben und Verstehen: Vom Nachdenken über Gefühle im Dienst der Entfaltung von pädagogischer Professionalität. In M. Dörr & R. Göppel (Hrsg.), Bildung der Gefühle. Innovation? Illusion? Intrusion? (S. 241-264). Gießen: Psychosozial-Verlag.

Diem-Wille, G. (2007). Lernen durch Beobachten. Der Universitätslehrgang „Persönlichkeitsentwicklung und Lernen“. In F. Heinzel, A. Gahrlichs & S. Pietsch (Hrsg.), Lernbegleitung und Patenschaften. Reflexive Fallarbeit in der universitären Lehrerausbildung. Bad Heilbrunn: Klinkhardt.

Diem-Wille, G. (2009). Das Kleinkind und seine Eltern. Perspektiven psychoanalytischer Babybeobachtung (2. Aufl.). Stuttgart: Kohlhammer.

Diem-Wille, G. & Sengschmied, I. (2001). Abschlussbericht des Projektstudiums „Psychoanalytische Pädagogik in der Allgemeinen Pädagogischen Ausbildung für das Lehramt. Univ. Projektbericht. Wien: IFF.

Diem-Wille, G., Steinhardt, K. & Reiter, H. (2006). Joys and sorrows of teaching infant observation at university level – implementing psychoanalytic observation in teachers' further education programmes. Infant Observation. The International Journal of Infant Observation and its Applications, 9(3), 233-248.

Flach, H. (1995). Lehrerausbildung im Urteil ihrer Studenten. Wien: Lang.

Harris, M. (1987). The individual in the group: on learning to work with the psychoanalytic method. In M. P. H. Williams (Ed.), The Collected Papers of Martha Harris and Esther Bick. Strath Tay, Perthshire: Clunie Press.

Klauber, T. (1999). Observation ‚at work‘. Infant Observation. The International Journal of Infant Observation and its Applications, 2(3), 30-41.

Klein, M. (1952). Über das Seelenleben des Kleinkindes. Einige theoretische Betrachtungen. In M. Klein (Hrsg.), Gesammelte Schriften III. Stuttgart: Friedrich Frommann.

Laplanche, J. & Pontalis, J. B. (1973). Das Vokabular der Psychoanalyse. Frankfurt am Main: Suhrkamp.

Lazar, R. A. (1993). „Container-Contained“ und die helfende Beziehung. In M. Ermann (Hrsg.), Die hilfreichen Beziehungen in der Psychoanalyse (S. 68-91). Göttingen: Vandenhoeck und Ruprecht.

Obholzer, A. (1997). Das Unbewusste bei der Arbeit. In I. Eisenbach-Stangl & M. Ertl (Hrsg.), Das Unbewußte in Organisationen (S. 17-38). Wien: Facultas.

Salzberger-Wittenberg, I., Henry-Williams, G. & Osborne, E. (1997). Die Pädagogik der Gefühle. Emotionale Erfahrungen beim Lehren und Lernen. Wien: WUV.

Spillius, E. B. (2002). Unterschiedliche Formen des Neiderlebens. In C. Frank & H. Weiß (Hrsg.), Kleinianische Theorie in klinischer Praxis. Schriften von Elisabeth Bott Spillius (S. 147-181). Stuttgart: Klett-Cotta.

Stern, D. N. (1992). Die Lebenserfahrung des Säuglings. Stuttgart: Klett-Cotta.

Turner, A. & Ingrisch, I. (im Druck). Erfahrungslernen durch die psychoanalytische Beobachtungsmethode – Auf dem Weg zu einer neuen Lernkultur? Über das Verstehen der eigenen Emotionen und der von SchülerInnen aus der Perspektive von LehrerInnen. In G. Diem-Wille & A. Turner (Hrsg.), Ein-Blicke in die Tiefe. Die Methode der psychoanalytischen Säuglingsbeobachtung und ihre Anwendungen. Stuttgart: Klett-Cotta.

Turner, A., Ingrisch, I. & Diem-Wille, G. (2009). Die psychoanalytische Haltung in der pädagogischen Praxis. Abschlussbericht der Begleitstudie zum Universitätslehrgang „Psychoanalytic Observational Studies: Persönlichkeitsentwicklung und Lernen“. Wien: Institut für Unterrichts- und Schulentwicklung.

Youell, B. (2006). The learning relationship. Psychoanalytic thinking in education. London: Karnac.

Outdoor-Training in der Lehrerfortbildung

Einsatz und Effekte im Rahmen schulischer Organisationsentwicklung

Thomas Eberle

Abstract

Im Gegensatz zum gebräuchlichen Einsatz in Unternehmen werden Outdoor-Trainings – Lernumgebungen mit natursportlichen Elementen, Problemlöse- und Teamaufgaben sowie Reflexionsphasen – in der Lehrerfortbildung bisher kaum eingesetzt. Im Beitrag wird Outdoor-Training im Kontext von Personal-, Team- und Organisationsentwicklung diskutiert. Dabei werden die Bedeutung fachlicher und überfachlicher Kompetenzen erörtert, die Notwendigkeit der Förderung von Selbst-, Team- und Systemkompetenz im Rahmen von Schulentwicklung und schulischer Organisationsentwicklung aufgezeigt und Besonderheiten der Lernumgebung Outdoor-Training gekennzeichnet. Auf der Basis empirischer Ergebnisse über Wirkungen und über Zusammenhänge zwischen Gestaltungselementen von Trainings und Wirkungen werden Einsatzmöglichkeiten in der Lehrerfortbildung aufgezeigt.

Schlagworte (dt.)

Lehrerfortbildung, Outdoor-Training, Organisationsentwicklung, Schulentwicklung, Lernumgebung, Effekte von Outdoor-Training

Schlagworte (engl.)

teacher professional development, adventure based training, organizational development, school development, learning environment, effects of adventure based training

1. Einleitung

Zuerst die Managerinnen und Manager, dann Team- und Arbeitsgruppen, später Mannschaftssportler/innen und Kindergeburtstags-Gruppen – „müssen" nun auch noch die Lehrerinnen und Lehrer zum Outdoor-Training?

Während Trainings mit Outdoor-Elementen in Unternehmen etabliert sind, ruft Outdoor-Training für Lehrkräfte sofort Skeptiker/innen auf den Plan (vgl. 3.4), in der Lehrerschaft selbst und in der interessierten Öffentlichkeit. Soweit aus Trainernetzwerken und eigener Fortbildungstätigkeit bekannt, wird Outdoor-Training als Maßnahme der Personal-, Team- und Organisationsentwicklung im schulischen Bereich noch wenig genutzt, im Gegensatz zum weit verbreiteten Einsatz handlungs- und erlebnispädagogischer Methoden für Schülerinnen und Schüler. Anbieter/innen, Lehrkräfte und Elternvertreter/innen im deutschsprachigen Raum berichten übereinstimmend von einer intensiven Nachfrage nach erlebnispädagogischen Sommer- und Winterangeboten für Schulklassen.

Einzelne Lehrkräfte und Lehrerteams, die an Trainings mit Outdoor-Elementen teilgenommen haben, berichten in Verbandszeitschriften, auf Homepages von Schulen, in Lehrernetzwerken begeistert davon. Ein Teil der Berichte lässt jedoch vermuten, dass es sich eher um ein Event oder das werbende Sonderangebot eines Hochseilgartenbetreibers gehandelt hat, nicht um gezielte Personal-, Team- oder Organisationsentwicklung, die mit einer gezielten Erweiterung von Kompetenzen einhergeht.

Die Frage nach der Eignung von Outdoor-Training für Lehrerkollegien lässt sich nicht generell beantworten, sondern individuell vor dem Hintergrund des Entwicklungsbedarfs der einzelnen Schule und des Kollegiums. In diesem Beitrag werden Chancen der besonderen Lernumgebung Outdoor-Training und dokumentierte Wirkungen aufgezeigt sowie Kriterien für den konkreten Einsatz von Outdoor-Training diskutiert.

2. Outdoor-Training in der Organisationsentwicklung

Outdoor-Training als Maßnahme der Personal-, Team- und Organisationsentwicklung ist eine von mehreren Möglichkeiten der Kompetenzförderung von Teilnehmerinnen und Teilnehmern, der Initiierung von Veränderungsprozessen. Der Einsatz eines Outdoor-Trainings ist somit im Kontext weiterer Personal- und Organisationsentwicklungsmaßnahmen zu diskutieren. Umgekehrt haben Personalentwicklungsmaßnahmen, die sich an einzelne Personen richten und deren Kompetenz fördern, Auswirkungen auf die Team- und Organisationsentwicklung des Unternehmens oder der Organisation (Schule).

Outdoor-Trainings werden im Unternehmenskontext für Teams eingesetzt, die bereits oder zukünftig zusammenarbeiten, für Führungskräfte und Mitarbeiter/innen aus verschiedenen Einrichtungen, die nicht täglich zusammenarbeiten, eventuell aber aus diesem Anlass Netzwerke bilden. Während bei Mitarbeiterinnen und Mitarbeitern eines Arbeitsteams nicht nur Kompetenzen gefördert werden, sondern auch Stärken und Schwächen der einzelnen Personen und im Umgang miteinander erkannt und modifiziert werden können, dient die Schulung von nicht in Team eingebundenen Personen deren individueller Kompetenzentwicklung.

Sportliche Herausforderungen und Teamaufgaben, die nur bei kooperativem Handeln bewältigt werden können, legen Schwächen in der Kommunikation, Kooperation und im Umgang mit Ressourcen offen. Entsprechende Trainerkompetenz vorausgesetzt, kann nach kurzer Reflexion über das Geschehen bereits in der nächsten Übung oder Herausforderung verändertes Verhalten erprobt werden. Teilnehmer/innen erkennen ihr eigenes Verhalten unter Stress, lernen, sich gegenseitig zu unterstützen und bekommen ein direktes Feedback auf ihr verändertes Verhalten. Verbesserte Selbst- und Teamkompetenz als mögliches Ergebnis hat erhebliche Bedeutung für die zukünftige Gestaltung von Arbeitsprozessen. Eine Outdoor-Situation, die bei oberflächlicher Betrachtung kaum Gemeinsamkeiten mit dem Berufsalltag aufweist, hat somit hinsichtlich Kommunikation, Kooperation, Verhalten unter Stressbedingungen und Umgang mit begrenzten Ressourcen durchaus Ähnlichkeit mit dem Berufsalltag.

2.1 Förderung von Kompetenzen im Rahmen der Organisationsentwicklung

Organisationsentwicklung kann auf unterschiedlichen Zielebenen angestrebt werden. Eine Zielrichtung ist, „Veränderungen über neue Verhaltensweisen, Einstellungen oder Werte von Mitarbeitern zu erwirken. In diesem Kontext können beispielsweise Teamentwicklungsmaßnahmen eine Möglichkeit sein, die Motivation der Mitarbeiter zu erhöhen und – so die Erwartung – letztlich Veränderungen auf der Organisationsebene zu erreichen" (Eichler, 2008, S. 82). Eine zweite Zielrichtung fokussiert auf eine Veränderung von Organisationsstrukturen (Eichler, 2008, S. 82).

Historische Grundlagen von Organisationsentwicklung sind Deweys handlungsorientiertes Lernen, der gruppentherapeutische Ansatz Morenos sowie vor allem die Aktionsforschung Lewins. Ähnlich wie in der Steuerung von Unternehmensprozessen (vgl. Antoni, 2003) wird in den historischen Vorbildern ebenso wie in der aktuellen Organisationsentwicklung auf Teams gesetzt. Hierbei besteht allerdings die Gefahr, dass systemische Rahmenbedingungen und Einflüsse vernachlässigt werden (Eichler, 2008 S. 81 f.), welche stets reflektiert werden sollten.

Bedeutung von Fach-, Methoden-, sozialkommunikativen und personalen Kompetenzen

Berufliche Kompetenz wird von den meisten Autorinnen und Autoren durch unterschiedliche Kategorisierungen von Grund- bzw. Basiskompetenzen erklärt (Erpenbeck & v. Rosenstiel, 2003; Roth, 1971).

Erpenbeck und Weinberg (1999, S. 154) zufolge sind *Handlungskompetenzen* allgemein als Dispositionen zu verstehen, um gesamtheitlich selbstorganisiert zu handeln (Erpenbeck & Weinberg, 1999, S. 154). In Weiterführung des grundlegenden Werks von Roth (1971), der Sach-, Sozial- und Selbstkompetenz unterschied (Roth, 1971, S. 180), lassen sich mit Erpenbeck und Weinberg (1999) vier Kompetenzbereiche unterscheiden (vgl. Abb. 1): Fach-, Methoden-, sozialkommunikative und personale Kompetenzen (siehe zur Kritik solcher Ansätze auch Stamouli, Schmid & Gruber in diesem Band).

Abb. 1: Basiskompetenzen nach Erpenbeck und Weinberg (1999).

Die Bereiche können wie folgt unterschieden werden:

- *Fachkompetenzen*: Dispositionen, geistig selbstorganisiert zu handeln, d.h., mit fachlichen Kenntnissen und fachlichen Fertigkeiten kreativ Probleme zu lösen, das Wissen sinnorientiert einzuordnen und zu bewerten.
- *Methodenkompetenzen*: Dispositionen, instrumentell selbstorganisiert zu handeln, d.h., Tätigkeiten, Aufgaben und Lösungen methodisch kreativ zu gestalten und von daher auch das geistige Vorgehen zu strukturieren.
- *Sozialkompetenzen*: Dispositionen, kommunikativ und kooperativ selbstorganisiert zu handeln, d.h., sich mit anderen kreativ auseinander- und zusammenzusetzen, sich gruppen- und beziehungsorientiert zu verhalten, um neue Pläne und Ziele zu entwickeln.
- *Personale Kompetenzen* (Individualkompetenzen): Dispositionen, reflexiv selbstorganisiert zu handeln, d.h., sich selbst einzuschätzen, produktive Einstellungen, Werthaltungen, Motive und Selbstbilder zu entwickeln, eigene Begabungen, Motivationen, Leistungsvorsätze zu entfalten und sich im Rahmen der Arbeit und außerhalb kreativ zu entwickeln und zu lernen.

Analytisch lassen sich Teilbereiche der Handlungskompetenzen trennen. Faktisch sind sie situationsspezifisch in unterschiedlicher Kombination wirksam und ermöglichen adäquates Handeln. Die jeweilige Ausformulierung (Operationalisierung) dieser Handlungskompetenz muss für Forschungszwecke sowie für die Praxis domänen- und situationsspezifisch geschehen.

2.2 Bedeutung unterschiedlicher Kompetenzen vor dem Hintergrund bildungsrelevanter Entwicklungen

Mit der zunehmenden Verlagerung der Verantwortung für die konkrete Gestaltung von Bildungsprozessen an die Einzelschule (Stichwort New Public Management) sind Schulen gefordert, ihre Veränderungsprozesse selbst auf Ziele auszurichten, umzusetzen und zu evaluieren. Die Output-Orientierung (Böttcher, 2002; Eichler, 2008; Stöbe, 1998) führt einerseits dazu, dass Schulen erheblichem Druck ausgesetzt sind, sich entsprechend zu organisieren, andererseits aber auch die unterschiedlichen Ziele einer Entwicklung eines eigenständigen Profils einerseits und einer an standardisierten Tests orientierten Bildungsarbeit andererseits zu integrieren.

Obwohl an vielen Schulen nach wie vor ein hoch problematisches Einzelkämpfertum existiert, das einen adäquaten Umgang mit Herausforderungen und Belastungen eher verhindert als fördert (Bohnsack, 2004, S. 157), werden innovative Prozesse vielfach nur dann realisierbar, wenn sich Teams von Lehrkräften zusammenschließen. Da die umfangreichen Aufgaben und ihre Konkretisierung für die einzelne Schule nicht von Ministerien, Regierungen und Schulaufsicht bewältigt werden können, sind Kollegien an Schulen sowie die Vorgesetzten der Einzelschule gefordert, Schulentwicklung in Teams zu organisieren. „Verstärkte Koordinationen der Arbeitsabläufe unter Kollegen und eine damit einhergehende Zunahme von Kooperation und Kommunikation implizieren die Möglichkeit, kontinuierliche Lernanlässe herzustellen und dadurch die Professionalität zu entwickeln." (Eichler, 2008, S. 72) Im Idealfall wird die Schule selbst zur lernenden Organisation im Sinne Senges (Buhren & Rolff, 2002, S. 52; Senge, 1990).

In der Literatur zu findende Kritik angesichts einer wenig entwickelten schulischen Personalentwicklung (Buhren & Rolff, 2002, S. 10) lässt Skepsis aufkommen, inwieweit dieses Ziel erreicht werden kann. Im Rahmen der Forschung über herausfordernde Situationen an Schulen (z.B. im Projekt „Fallbasiertes Lernen in der Lehrerbildung"), über Tätigkeiten in der Lehrerfortbildung und Projektarbeit an Schulen ist beim Verfasser der Eindruck entstanden, dass es manchen Einrichtungen gelingt, Fortbildung der einzelnen Lehrkräfte, Teamentwicklung und Organisationsentwicklung zumindest teilweise zu koordinieren, während viele andere weit davon entfernt sind. An den meisten Schulen kooperiert jedoch zumindest ein Teil des Kollegiums in Teams.

Auch Teamarbeit ohne Einbezug des gesamten Kollegiums hat bereits große Bedeutung für die beteiligten Lehrer/innen und in der Folge für Schüler/innen, wenn Lehrkräfte sich gegenseitig hospitieren, um ihren Unterricht zu verbessern, diesen gemeinsam planen oder zumindest aufeinander abstimmen, oder Unterricht evaluieren (Bohnsack, 2004, S. 158; Rahm & Schröck, 2004, S. 542).

Lehrkräfte, die wenig Vorerfahrung in der Gestaltung und Moderation von Teamprozessen haben und in einer Kultur des Einzelkämpfertums (Bohnsack, 2004) beruflich sozialisiert wurden, bedürfen der Fortbildung und Unterstützung im Bereich der Teamarbeit. Outdoor-Trainings als Lernumgebung sind zur Förderung von Teamkompetenz und konkreten Kooperationserfahrungen förderlich, Moderation und Coaching/Supervision als Unterstützung der konkreten Teamarbeit sind weitere Säulen einer entsprechenden Weiterentwicklung. Anzustreben ist eine Personalentwicklung an Schulen, die sowohl die individuelle Entwicklung und Fortbildung der Lehrerkräfte als auch die des gesamten Kollegiums umfasst (Buhren & Rolff, 2002, S. 10).

Schulentwicklung als Organisationsentwicklung ist auf der Subjektebene (Mikrosystem), der Organisationsebene (Mesosystem) und der Bildungssystemebene (Makrosystem) zu denken und zu organisieren (Rahm & Schröck, 2005, S. 149; Fend, 2000, unterscheidet Unterrichts-, Schul- und Systemebene). Insofern ist eine Verzahnung von individueller Personalentwicklung (Mikrosystem) mit der Organisationsentwicklung der einzelnen Schule (Mesosystem) anzustreben. Auf Bildungssystemebene (Makrosystem) sollte eine Organisation von Weiterbildung, die veränderte Rollen von Schulleitung und Kollegien in ihren Angeboten berücksichtigt und entsprechend dem Bedarf ausrichtet, realisiert werden.

Outdoor-Training ist dann nicht als isolierte Maßnahme zu verstehen, sondern als ein Baustein im Rahmen schulischer Personal- und Organisationsentwicklung. Follow-up-Maßnahmen – beispielsweise die Unterstützung der konkreten Teamarbeit durch externe Moderator/inn/en mit Schulerfahrung – unterstützen den Transfer und somit den Gewinn für die Lehrpersonen und die jeweilige Schule.

3. Outdoor-Training als Maßnahme schulischer Personal-, Team- und Organisationsentwicklung

3.1 Kennzeichen von Outdoor-Trainings

Personalentwicklung mit Outdoor-Elementen weist viele Gemeinsamkeiten und konzeptionelle Bezüge zur Erlebnispädagogik auf, es gibt aber auch einige Unterschiede. Überschneidungen zwischen Erlebnispädagogik und Personalentwicklungsmaßnahmen mit Outdoor-Training finden sich in gemeinsamen theoretischen Grundlagen, Modellen und Konzepten und der Bedeutung, welche Naturerfahrung, Teamelementen, Erlebnissen und Grenzerfahrung zugemessen wird, sowie in gemeinsam verwendeten Natursportarten und Herausforderungen. Lernarrangements sind oft ähnlich konzipiert, obwohl sich Details wie das der Motivation und des Alltagsbezugs zielgruppenspezifisch unterscheiden.

Outdoor-Trainings bieten einen ungewöhnlichen Lernraum. Im Outdoor-Training werden physische, psychische und soziale Herausforderungen arrangiert, die – unter anderem – geeignet sind, eigene Grenzen auszuloten, situationsspezifisch adäquates Verhalten aufzuzeigen oder etwa persönliche Reflexion einzuleiten (vgl. Heckmair & Michl, 2004).

Wesentliche Elemente von Outdoor-Training sind dabei natursportliche Elemente, Kooperations- und Problemlöseaufgaben und Reflexionsphasen (vgl. Eberle, 2008, S. 22 ff.). Reflexionsphasen mit Nachbesprechung von Selbsterfahrung und Teamverhalten sowie Konsequenzen für den Alltag bilden eine wichtige Basis für Veränderungen und Transfer, werden aber je nach Anbieter/in nicht oder kaum genutzt – was unter anderem an mangelnder fachlicher Qualifikation liegen kann.

Inwieweit Naturerfahrung eine Rolle spielt, hängt von der Art des Trainings und der eingesetzten sportlichen Elemente ab. Die Wirkung erlebnispädagogischer Szenarios und Outdoor-Trainings wird häufig mit besonderen Erlebnissen, die zur Reflexion anregen und Verhaltensänderungen bewirken sollen, begründet (Gilsdorf, 2004, S. 11 f.; Schad, 2004, S. 42 f.). In diesem Kontext ist auch Naturerfahrung zu sehen, die bei natursportlichen Aktivitäten gegeben sein kann (z.B. beim Canyoning), aber nicht zwangsläufig gegeben ist (z.B. im Hochseilgarten).

3.2 Outdoor-Training als Lernumgebung

Professionell und zielgruppenspezifisch geplante Outdoor-Trainings bieten insofern Lernchancen, als sportliche Herausforderungen und Teamübungen Kooperation und Umgang mit Heterogenität erfordern. Gemeinsamer Erfolg, aber auch vorübergehendes Scheitern bieten Lerngelegenheiten, eigene Kommunikations- und Entscheidungsstrategien sowie Verhalten unter Stress zu reflektieren und gleich vor Ort in der folgenden Teamaufgabe zu modifizieren.

Reinmann und Mandl (2006, S. 638) zufolge ist Lernen ein aktiver, selbstgesteuerter, konstruktiver, emotionaler, situativer und sozialer Prozess. Obgleich hinsichtlich Lernen im Outdoor-Training noch Theoriedefizite aufzuarbeiten sind (Gilsdorf, 2004, S. 16), wird professionell gestaltetes Outdoor-Training dem kooperativen und situierten Lernen weitgehend gerecht.

Der Nachteil des Aufwands einer Fortbildung außer Haus kehrt sich insofern in einen Vorteil um, als im Training andere Kompetenzen als üblich verlangt werden. Personen, die Führungsrollen übernehmen, nutzen diese Kompetenzen unabhängig von der Hierarchie der Beteiligten, was sich auch für den Alltag bewährt. In der Outdoor-Situation fällt es leichter, übliche Rollenmuster zu verlassen (z.B. Schad, 2004, S. 51 f.).

3.3 Abgrenzung zum Incentive

Die Verwechslung von Outdoor-Trainings mit Incentives ist problematisch, da Lernarrangements mit erheblichem Potenzial mit Spaßveranstaltungen verwechselt werden, was die Akzeptanz nicht gerade fördert. Schad beschreibt dies treffend: „Einzelne Mitarbeiter oder auch Teams, die von einem anstrengenden Outdoor-Seminar kommen und dann von ihrem Vorgesetzten gefragt werden, ob sie sich gut erholt hätten, werden wissen, wovon ich rede. Was spätestens dann ärgerlich wird, wenn es um die Finanzierung geht und Bildungsverantwortliche begründen müssen, warum sie doch ganz beachtliche Summen für vermeintliche ‚Bespaßungen' aufwenden wollen." (Schad, 2004, S. 23)

Incentives und Events mit verschiedenen Outdoor-Aktivitäten können einerseits motivierend wirken und eine positive Einstellung zum Unternehmen fördern, bergen aber auch einige Gefahren, insbesondere wenn Outdoor-Anbieter/innen, Teilnehmer/innen oder Unternehmensleitung falsche Vorstellungen oder Erwartungen an das Incentive richten. Wenn ein Event oder Incentive angekündigt ist, dann aber ein Training stattfindet, oder wenn umgekehrt ein Event nachträglich unter den Effektivitätskriterien für Trainings beurteilt wird, sind Beteiligte und Evaluator/inn/en irritiert, werden potenzielle Chancen nicht genutzt und wird das Outdoor-Training als Methode der Organisationsentwicklung auf der Basis unzureichender Grundlagen negativ beurteilt. Zwar herrscht an Schulen kaum die Gefahr, mit teuren Incentives belohnt oder motiviert zu werden, aber Schnupperangebote oder aufgrund eines knapp gesteckten Kostenrahmens von nicht hinreichend qualifizierten Trainerinnen und Trainern durchgeführte Pseudo-Trainings haben Konsequenzen für die öffentliche Wahrnehmung und Akzeptanz von Outdoor-Trainings.

3.4 Vorurteile, Befürchtungen und Missverständnisse

Die von Schad plastisch beschriebenen Missverständnisse hinsichtlich Training und Incentive wiederholen sich leider im Schulbereich. Ein bayerisches kultusministerielles Schreiben zweifelt die Sinnhaftigkeit des Einsatzes von „Trendsportarten" generell an und warnt entsprechend (KMS II.1-5 K 7400 3-11051 vom 5.3.2008). Es wird unter anderem argumentiert, der Einsatz von Trendsportarten widerspreche der Gesunderhaltungspflicht der Beamt/inn/en und der Fürsorgepflicht der Arbeitgeber/innen, da Unfälle „vorhersehbar und unvermeidbar" seien. Angezweifelt wird die Sinnhaftigkeit der Förderung überfachlicher Kompetenzen. Ein Auszug: „Zum anderen wird auch immer Folgendes zu beachten sein: Je weiter eine Betätigung von schulalltags- und fortbildungstypischen Betätigungen entfernt ist, umso schwerer wird es sein, im Falle eines Unfalls den Bezug zur dienstlichen Tätigkeit und damit auch die materielle und formelle Dienstbezogenheit, die Voraussetzung für eine Anerkennung als Dienstunfall ist, darzulegen. [...] Zurückhaltung gegenüber Angeboten wie Hochseilgarten, Canyoning, Rafting oder Segelfliegen erscheint daher durchaus angebracht. [...] Abschließend soll noch darauf hingewiesen werden, dass der „pädagogische Tag" dazu dient, fachliche, fachdidaktische, unterrichtsmethodische und pädagogische Themen zu besprechen. Die kollektive Ausübung von ‚Trendsportarten' dürfte damit nicht vereinbar sein."

Alle Missverständnisse dieses Schreibens aufzuklären, würde den Rahmen dieses Beitrags sprengen. Outdoor-Training wird als kollektive Ausübung von „Trendsport" verkannt. Die Stärke des Outdoor-Trainings, gerade in bestehenden Teams durch Verlassen des üblichen Rahmens neue Erfahrungen und Veränderung zu bewirken, wird nicht erkannt. Gruppen, die gemeinsam Herausforderungen bewältigt haben und sich auch persönlich näherkommen, verändern in der Regel nicht nur die Einstellung zueinander, sondern auch die generelle Einstellung zu Teamarbeit (Eberle, 2008, S. 242 ff.; Schad, 2004, S. 37). Teamaufgaben und gemeinsam zu bewältigende sportliche Herausforderungen legen Schwierigkeiten in der Kooperation offen, fördern Selbsterkenntnis und bieten die Chance, Teamarbeit neu zu strukturieren. Wenn verändertes Verhalten zudem vor Ort erprobt und als erfolgreich erlebt wird, hat dies meist längerfristig positive Effekte auf die Arbeit im Berufsalltag – sei es durch veränderte Selbstwirksamkeitserwartungen, sei es durch bessere Kooperation oder durch größeres Vertrauen untereinander.

Hinsichtlich des in Outdoor-Trainings eingegangenen Risikos ist anzumerken, dass die Gefahr physischer Verletzungen von Laiinnen und Laien in der Regel deutlich zu hoch eingeschätzt wird (vgl. zur Risikoabschätzung Eberle, 2008).

4. Eignung von Outdoor-Trainings

Ob Outdoor-Trainings für ein Lehrerkollegium, für Arbeitsgruppen innerhalb dieses Kollegiums oder schulübergreifend, z.B. für zukünftige oder neu berufene Führungskräfte oder für Netzwerke oder Multiplikator/inn/en, sinnvoll sind, gehört in größerem Zusammenhang geprüft.

Hierbei sind folgende Fragen zu klären:

1. Welche Ziele der Schulentwicklung sowie der Organisationsentwicklung auf Ebene der Einzelschule, der regionalen Schulen oder des Schulsystems sollen verfolgt werden?
2. Welchen Entwicklungsbedarf haben Lehrerkollegium und Schulleitung?
3. Welche Rahmenbedingungen und konkreten Herausforderungen bedürfen besonderer Anstrengungen?
4. Welche finanziellen Ressourcen stehen zur Verfügung?
5. Welche Maßnahmen der Organisationsentwicklung sind vor dem Hintergrund der Fragen 1–4 geeignet, eine positive Entwicklung anzustoßen, zu begleiten oder die Neuorientierung und mittelfristige Planung und Durchführung zu unterstützen?

6. Mit welchen Maßnahmen, welchem zeitlichen Aufwand und welchen Ressourcen soll die Personalentwicklung langfristig (in den kommenden Jahren) und mittelfristig (innerhalb des nächsten Jahrs) durchgeführt werden?
7. Wie sollen Schulentwicklung und Organisationsentwicklung evaluiert werden?

Erst mit Frage 5 kommt Outdoor-Training ins Spiel: Inwieweit ist ein Outdoor-Training eine geeignete Maßnahme? Wie soll dieses vor dem Hintergrund des konkreten Entwicklungsbedarfs der Teilnehmer/innen und der Institution konzipiert werden? Welche Alternativen bieten sich an? Ist Outdoor-Training voraussichtlich besser oder zumindest gleich geeignet wie andere Seminarformen[1]? Welche weiteren Maßnahmen der Organisationsentwicklung werden eingesetzt, welchem Personenkreis sollen sie zugänglich gemacht werden, in welcher Reihenfolge werden sie durchgeführt?

Abgesehen von Fragen zur Strukturierung und Koordinierung von Schul-, Personal- und Organisationsentwicklung im Kontext von einzelnen Schulen oder einer Region, die im vorhergehenden Abschnitt skizziert wurden, ist eine Prüfung der generellen Vor- und Nachteile des Settings (bzw. der Lernumgebung) Outdoor-Training für die Einzelentscheidung hilfreich.

Diese generelle Frage lässt sich nicht vollständig beantworten, da Outdoor-Trainings an den speziellen Entwicklungsbedarf des Unternehmens bzw. der Organisation, der Teilnehmer/innen und deren aktueller beruflicher (und privater) Situation konzipiert werden sollen – leider, wie in anderen Seminarformen in der Weiterbildung auch – , häufig nicht entsprechend konzipiert werden. Sinnvoll und im Sinne der Nachhaltigkeit sind Auftragsklärung, Planung von vorbereitenden und Follow-up-Maßnahmen und die Einordnung des Trainings in ein Konzept mit weiteren Maßnahmen der Organisationsentwicklung. Erfahrungen aus dem schulischen sowie aus dem Organisations- und Unternehmenskontext zeigen, dass Outdoor-Trainings (häufig aus Ressourcengründen) mittelfristig als einziges Personal oder Organisationsentwicklungsinstrument eingesetzt werden. Auch in diesen Fällen ist eine zielgruppenspezifische Planung ein entscheidender Faktor zur Unterstützung positiver Wirkungen.

5. Zur Einschätzung der Wirksamkeit von Outdoor-Training in der Lehrerfortbildung

5.1 Wirkungen von Outdoor-Trainings – Forschungsstand

Effekte von Outdoor-Trainings in Lehrerteams sind bisher meines Wissens nicht erforscht. Generell wird Outdoor-Trainings eine Wirkung auf Selbstkonzept – die Vorstellung über die eigene Person, ihre Stärken und Schwächen, ihr Entwicklungspotenzial, ihre Selbstwirksamkeitserwartungen – und auf Teamkompetenz unterstellt.

1 Renner und Strasmann (2003) sprechen bewusst vom Outdoor-Seminar, was die Einordnung in den Kontext der Personal- oder Organisationsentwicklung verdeutlicht, und kenntlich macht, dass Outdoor-Trainings mit anderen Seminarformen konkurrieren und teilweise strukturelle Gemeinsamkeiten mit diesen aufweisen.

Übliche mit dem Einsatz von Outdoor-Trainings verfolgte Ziele sind (vgl. Eberle, 2008, S. 22-46; Heckmair & Michl, 2004, S. 68 ff. und S. 78; Schad, 2004, S. 36 f. und S. 48 ff.):

1. Die Förderung von Selbstkompetenz (Selbstkonzept) und Teamkompetenz, Kommunikation, Kooperation und Konfliktlösung sowie kreativer Problemlösung,
2. die Analyse von Kommunikationsprozessen, Verhalten unter Stress sowie Strukturen der Arbeitsorganisation,
3. Initiieren von Veränderungsprozessen sowie
4. Teambuilding.

Forschungen über Effekte von Outdoor-Training liegen in überschaubarer Anzahl vor, wobei eine Reihe von Studien nicht den wissenschaftlichen Gütekriterien entspricht (Priest, 1999; Witte, 2002, S. 108). Einige Studien weisen positive Effekte auf Selbstkonzept und Teamkompetenz aus (siehe zusammenfassend Eberle, 2005 und 2008 oder Rehm, 1999).

Zum Teil ist die Befundlage allerdings auch uneinheitlich und widersprüchlich. So konnten Baldwin, Wagner und Roland (1991) beispielsweise keine Veränderungen von Selbstkonzept und Selbstvertrauen messen. Insofern stellt sich die Frage, unter welchen Bedingungen Outdoor-Trainings wirksam sind und welche Bedingungen welche Effekte zur Folge haben.

5.2 Eigene Studien über Effekte und über den Einfluss von Elementen der Trainingsgestaltung auf Effekte von Outdoor-Trainings

Eine Studie von Eberle (2002) mit 58 Teilnehmerinnen und Teilnehmern an einer Outdoor-Woche mit Bergsport (Wandern, Klettersteig, Klettern), Kajak und Mountainbike diente der Überprüfung der Effekte von Outdoor-Trainings und der Bedeutung von Reflexionsphasen für die Wirkung dieser. Im Vorher-Nachher-Vergleich zeigte sich unabhängig vom Einsatz von Reflexionsphasen eine Veränderung von Selbstkonzept und Teamverhalten: Sportliche Leistung wurde nach der Maßnahme weniger als Folge von Begabung und mehr als Ergebnis von Anstrengungsbereitschaft gesehen. Die Zuversicht, die eigene Angst in Gefahrensituationen kontrollieren zu können, stieg. Das Vertrauen in der Gruppe erhöhte sich ebenso und das Ansprechen von Problemen in der Gruppe fiel leichter. Erwartete Effekte auf Hilfsbereitschaft und Rücksichtnahme auf die Gruppe und eine tolerantere Einstellung gegenüber Heterogenität in der Gruppe blieben aus. Allerdings sind hinsichtlich Hilfsbereitschaft und Umgang mit Heterogenität Deckeneffekte zu vermuten. In der (Teil-)Gruppe (N = 23), in der Reflexionsphasen durchgeführt worden waren, stieg zudem die Zuversicht, die wichtigsten persönlichen Probleme und Schwierigkeiten zu bewältigen, und sank die Belastung durch diese. In der Gruppe ohne angeleitete Reflexionsphasen (N = 35) konnte in diesem Bereich keine signifikante Veränderung festgestellt werden.

Die angesichts der relativ kleinen Samples vorsichtig zu interpretierenden Daten scheinen die Annahme zu stützen, dass für die Teilnehmer/innen Reflexionsphasen – wenn sie von diesen als gewinnbringend empfunden werden – den Transfer des Gelernten in den Alltag unterstützen (z.B. Veränderung im Selbstkonzept, im Kooperationsverhalten, in Einstellungen zur Teamarbeit; vgl. hierzu auch die Übersicht über erlebnispädagogische

Modelle bei Eberle, 2008). Gleichzeitig wird deutlich, dass Effekte auf Selbstkonzept (z.B. Selbstwirksamkeitserwartungen hinsichtlich sportlicher Leistungen, Angstkontrolle) und auf Teamkompetenz und Teamverhalten (z.B. Vertrauen, Ansprechen von Problemen) auch ohne angeleitete Reflexionsphasen bewirkt werden können.

Eine weitere eigene Studie über Effekte von zweieinhalbtägigen Outdoor-Trainings zeigte sowohl bei den vom Verfasser (N = 99) als auch bei den von Kolleg/inn/en durchgeführten Trainings (N=59) signifikante Effekte auf Selbstkonzept (Selbstsicherheit im Alltag und Selbstwirksamkeitserwartungen), Teamkompetenz und Einstellung zur Teamarbeit (Eberle, 2008).

In den Trainings wurden natursportliche Elemente (Bergwandern, Klettern, Canyoning, Kajak, Mountainbiking, Rafting, Gleitschirmfliegen, Skibergsteigen, Schneeschuhwandern, Iglubau), Team- und Problemlöseaufgaben sowie Reflexionsphasen eingesetzt. In der Kontrollgruppe mit konventionellen Lehrveranstaltungen (N = 121) waren keine derartigen Effekte feststellbar.

Tendenziell wurden die Trainings sehr positiv bewertet. Auf einer siebenstufigen Skala wurde die Professionalität der Trainer/innen mit (M = 6.53, SD = .78, N = 224) bewertet. 76% der Teilnehmer/innen betrachten die in den Trainings gemachten Erfahrungen als hilfreich für Studium und Berufsleben, 80% für das Privatleben (N = 224). Outdoor-Training als Trainingsmethode wurde nach erfolgter Trainingsdurchführung als sinnvoll und gewinnbringend eingeschätzt (M = 6.46, SD = .58, N = 224) (Eberle, 2008).

Allerdings waren in den Gruppen mit Outdoor-Training auch einige wenige Personen zu finden, die entgegen dem Trend im Anschluss an das Training geringere Selbstsicherheit und Selbstwirksamkeitserwartungen aufwiesen. Die Verknüpfung quantitativer Daten mit Aufzeichnungen aus teilnehmender Beobachtung und Selbstauskünften in offenen Fragen und Interviews bei den selbst durchgeführten Trainings zeigte Folgendes: Einzelne waren durch eine Diskrepanz zwischen eigener Selbsteinschätzung hinsichtlich sportlicher Leistungsfähigkeit oder effektiver Kommunikation und Kooperation im Vorfeld und tatsächlichem Feedback durch die konkrete Trainingserfahrung verunsichert bzw. enttäuscht. Die Effekte sind somit durch unrealistische Selbsteinschätzung im Vorfeld erklärbar. Ob aufgrund dieser Erfahrungen und darauffolgender Auseinandersetzung mit erkannten Defiziten längerfristig positive Effekte erreicht wurden, ist bisher noch nicht geklärt.

Um unterschiedliche Effekte von Outdoor-Trainings auf Selbstkonzept und Teamkompetenz der Teilnehmer/innen noch besser erklären zu können, wurde zudem anhand eigener Trainings der Einfluss von Gestaltungselementen von Outdoor-Trainings mit natursportlichen Herausforderungen, Teamaufgaben und Reflexionsphasen auf Transfereffekte untersucht (Eberle, 2008).

Es wurde geprüft, welchen Einfluss die Faktoren der Trainingsgestaltung (Grenzerfahrung, Teamspirit, Trainerkompetenz sowie Rahmen und Struktur) auf Transfer in den Alltag, Effekte auf Selbstkonzept und Teamkompetenz und auf die Einstellung zu Outdoor-Trainings als Trainingsmethode haben.

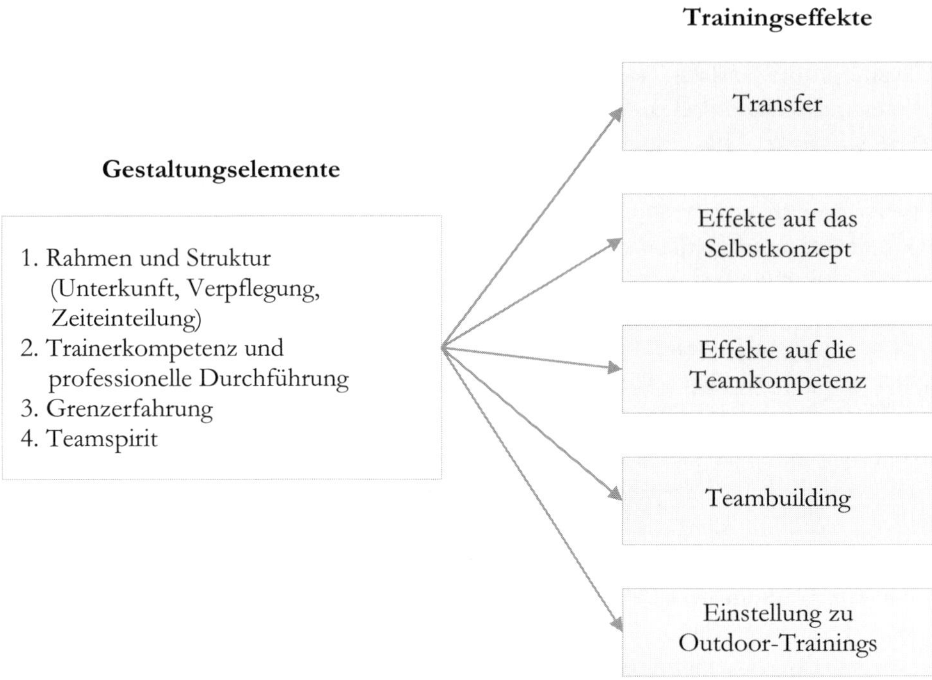

Abb. 2: Rahmenmodell der Studie 2d (links unabhängige, rechts abhängige Variablen).

Hinsichtlich der Frage nach dem Einfluss der Gestaltungselemente auf den Transfer des im Outdoor-Training Gelernten in den Alltag der Trainingsteilnehmer/innen konnte – wie erwartet – ein hoch signifikanter Einfluss der Grenzerfahrung, des Teamspirits und der Trainerkompetenz festgestellt werden. Die drei Faktoren erklären 19 % der Varianz. Es kann somit davon ausgegangen werden, dass Grenzerfahrung, Teamspirit und Trainerkompetenz positive Effekte auf den Transfer haben.

Grenzerfahrung und Teamspirit erklären 40 % der Varianz von Effekten auf das Selbstkonzept. In Übereinstimmung mit erlebnispädagogischer Theorie sind intensive Erlebnisse und Grenzerfahrung besonders geeignet, Veränderungen des Selbstkonzepts zu initiieren (Hahn, 1959; Schad 2004, S. 24-26). Wie im Vorfeld angenommen, ist eine positive Gruppenatmosphäre eine wichtige Basis zum Bewältigen von Herausforderungen im Outdoor-Training (Schad 2004, S. 29). Die Auswertung von Teilnehmeräußerungen weist darauf hin, dass dies sowohl ein Über-sich-Hinauswachsen und das Überwinden bisheriger Grenzen als auch das Erkennen eigener Grenzen betrifft. In Gruppen, die sowohl auf die Annahme als auch das Verweigern von Herausforderungen positiv reagieren, ist dies leichter möglich als in konkurrenzorientierten Teilnehmergruppen, die sich über das Scheitern anderer freuen.

Teamspirit und Grenzerfahrung wiesen ebenfalls einen Einfluss auf die Teamkompetenz auf, allerdings zeigte diesmal Teamspirit den höchsten Einfluss. Beide Faktoren erklären 21 % der Varianz.

Teamspirit zeigte einen hoch signifikanten Einfluss auf das Teambuilding und erklärte 61 % der Varianz. Dies entspricht den Erwartungen, dass eine positive Atmosphäre in Outdoor-Trainings hilft, rasch ein Teamgefühl zu entwickeln.

Da in den Trainings großes Augenmerk auf adäquate Herausforderungen gelegt wurde und diese von den Beteiligten freiwillig angenommen wurden, dürfen die Ergebnisse bezüglich Grenzerfahrung nicht als „je härter, desto besser" missinterpretiert werden.

Hinsichtlich der Übertragbarkeit dieser Ergebnisse auf andere Gruppen, insbesondere auf Lehrkräfte im Fortbildungskontext, ist einerseits zu bedenken, dass es sich bei den eigenen Studien um Gruppen von Freiwilligen handelt, dass also nicht von vornherein eine Gleichartigkeit der Effekte bei Lehrerteams mit einzelnen Teilnehmerinnen und Teilnehmern, die nicht völlig freiwillig teilnehmen und eine andere Altersstruktur aufweisen, zu erwarten ist. Andererseits weisen fremde Befunde über Trainings mit Führungskräften, Teams in Arbeitsorganisationen, Auszubildenden und erlebnispädagogischen Gruppen tendenziell gleichgerichtete Effekte auf (Eberle, 2005, 2008; Rehm, 1999).

6. Resümee und Ausblick

In der Regel werden Lehrerinnen und Lehrer im Rahmen ihrer Ausbildung und in den ersten Berufsjahren weder für effektive Teamarbeit noch für die Gestaltung und Moderation von Change-Prozessen ausgebildet. Aufgrund veränderter Strukturen in der Schulorganisation sind Team- und Projektarbeit wesentliche Elemente einer innovativen und nachhaltigen Schulentwicklung.

Personalentwicklung und Teamentwicklung sowie die Förderung der Kompetenzen im Umgang mit komplexen Systemen (in Organisationen) sind Kernelemente der Organisationsentwicklung – in Unternehmen und in Schulen. Selbst- und Teamkompetenz werden den empirischen Studien zufolge im Outdoor-Training besonders gefördert. Durch den Schritt aus dem beruflichen Umfeld und nicht alltägliche Aufgabenstellungen zeigen sich Schwächen des üblichen Handelns, insbesondere unter Zeitdruck. Ein wesentlicher Vorteil ist, dass verändertes Verhalten und neue Formen der Kooperation im Training selbst erprobt werden können, so dass erkannte Fehler korrigiert werden können. Zielgruppenspezifisch gestaltetes Training berücksichtigt die Heterogenität der Teilnehmer/innen und bietet adäquate Herausforderungen, die zudem meist motivierenden Charakter haben.

Die gemeinsame Bewältigung von Herausforderungen fördert empirischen Studien zufolge die Kommunikation und Kooperation, eine realistische Selbsteinschätzung, das Erkennen eigener und fremder Stärken und Schwächen und bisher ungeahnter Fähigkeiten („über sich hinauswachsen"), Teamgeist („Teamspirit") oder den gezielten Einsatz von Ressourcen (physisch, psychisch, materiell). Auch die Effekte selbstevaluierter Trainings zeigen tendenziell die wünschenswerten Wirkungen auf Selbstkonzept, Selbstwirksamkeitserwartungen, Teamkompetenz und Einstellung zu Teamarbeit (Eberle, 2008).

Nachhaltige Transferwirkung ist möglich. Auf der Basis des Forschungsstands lässt sich prognostizieren, dass längerfristige Effekte von Outdoor-Trainings mit Lehrkräften von den Rahmenbedingungen an der jeweiligen Schule abhängen, die Kooperation und Veränderung bisheriger Prozeduren hindern oder fördern. Follow-up-Maßnahmen und Unterstützung von Team- und Veränderungsprozessen durch externe Begleiter/innen und Coaches können im Outdoor-Training angestoßene Entwicklungen nachhaltig unterstützen – dies lässt sich aus Befunden über andere Zielgruppen prognostizieren (z.B. Kern & Schmidt, 2001).

Als wünschenswerter Nebeneffekt von Outdoor-Trainings mit Lehrerinnen und Lehrern kommt hinzu, dass Lehrkräfte, die selbst derartige Maßnahmen als Teilnehmer/innen erlebt haben, vergleichsweise kompetenter erlebnispädagogische Angebote beurteilen und einzelne Elemente aus Teamübungen zur Kompetenzförderung bei Schülerinnen und Schülern einsetzen können.

Überwiegend dienen Outdoor-Trainings der Förderung überfachlicher Kompetenzen. Eine Verbindung der Förderung fachlicher und überfachlicher Kompetenzen wird derzeit in einzelnen innovativen Konzepten erprobt (aktuell ist der Verfasser an der Evaluation eines Schulprojekts beteiligt, das erlebnissportliche Zugänge, Naturerfahrung und die Vermittlung fachspezifischer biologischer und chemischer Arbeitsweisen verbindet).

Wird das Lernarrangement Outdoor-Training entsprechend gestaltet und von Personen geleitet, die, neben Kompetenzen im Outdoor-Bereich, Kenntnisse in der Domäne (hier Schule und Schulentwicklung) sowie in der Förderung von Change-Prozessen und Coaching haben, wird das Outdoor-Training nicht nur Kompetenzen fördern, sondern zum wichtigen Element der Planung und Umsetzung von Schulentwicklung. Voraussetzung hierfür ist die Bereitschaft der Teilnehmer/innen. Dieser Prozess wird insbesondere dann wirksam, wenn Outdoor-Trainings zielgerichtet eingesetzt werden und der Prozess mittels weiterer Organisationsentwicklungsmaßnahmen unterstützt wird.

7. Literatur

Antoni, C. H. (2003). Aufbau und Entwicklung selbstregulierender Arbeitsgruppen. In S. Stumpf & A. Thomas (Hrsg.), Teamarbeit und Teamentwicklung (S. 447-460). Göttingen: Hogrefe.

Baldwin, T. T., Wagner, R. J. & Roland, C. C. (1991). Effects of outdoor challenge training an group and individual outcomes. Unpublished manuscript. Bloomington, Indiana, USA: Indiana University, School of Business.

Böttcher, W. (2002). Kann eine ökonomische Schule auch eine pädagogische sein? Schulentwicklung zwischen Neuer Steuerung, Organisation, Leistungsevaluation und Bildung. Weinheim: Juventa.

Bohnsack, F. (2004). Persönlichkeitsbildung von Lehrerinnen und Lehrern. In S. Blömeke, P. Reinhold, G. Tulodziecki & J. Wildt (Hrsg.), Handbuch Lehrerbildung (S. 152-164). Bad Heilbrunn: Klinkhardt.

Buhren, C. G. & Rolff, H.-G. (2002). Personalentwicklung in Schulen. Konzepte, Praxisbausteine, Methoden. Weinheim: Beltz.

Eberle, T. (2002). Empirische Annäherung an die Wirksamkeit von Outdoor-Trainings und die Bedeutung von Reflexionsphasen – Erste Ergebnisse einer Vergleichsstudie. In F. H. Paffrath & H. Altenberger (Hrsg.), Perspektiven zur Weiterentwicklung der Erlebnispädagogik. Schwerpunkte Ethik und Evaluierung. Hochschulforum Erlebnispädagogik Augsburg 2000 und 2001 (S. 163-192). Augsburg: Ziel.

Eberle, T. (2005). Evaluation von Outdoor-Trainings. In M. Gust & R. Weiß (Hrsg.), Handbuch Bildungscontrolling. Konzepte – Methoden – Instrumente – Praxisbeispiele (S. 147-159). Oberhaching: USP-Publishing International.

Eberle, T. (2008). Lernen im Outdoor-Training. Effekte auf Selbstkonzept und Teamkompetenz im hochschuldidaktischen Kontext. Habilitationsschrift. München: Ludwig-Maximilians-Universität, Fakultät für Psychologie und Pädagogik.

Eichler, D. (2008). Veränderungsprozesse pädagogischer Institutionen: organisationstheoretische Reflexionen vor dem Hintergrund gestiegener Anforderungen. Wiesbaden: VS Verlag für Sozialwissenschaften.

Erpenbeck, J. & von Rosenstiel, L. (2003). Einführung. In J. Erpenbeck & L. von Rosenstiel (Hrsg.), Handbuch Kompetenzmessung – Erkennen, verstehen und bewerten von Kompetenzen in der betrieblichen, pädagogischen und psychologischen Praxis (S. IX-XL). Stuttgart: Schäffer-Poeschel.

Erpenbeck, J. & Weinberg, J. (1999). Lernen in der Leonardo-Welt – Von der Weiterbildung zur Kompetenzentwicklung in offenen und selbstorganisierten Lernarrangements. In R. Arnold & W. Gieseke (Hrsg.), Die Weiterbildungsgesellschaft (S. 144-160). Neuwied: Luchterhand.

Fend, H. (2000). Qualität und Qualitätssicherung im Bildungswesen. Wohlfahrtsstaatliche Modelle und Marktmodelle. Zeitschrift für Pädagogik, 41. Beiheft, 55-72.

Gilsdorf, R. (2004). Von der Erlebnispädagogik zur Erlebnistherapie. Bergisch Gladbach: EHP.

Hahn, K. (1959). Erziehung zur Verantwortung. Reden und Aufsätze. Stuttgart: Ernst Klett.

Heckmair, B. & Michl, W. (2004). Erleben und Lernen. Einführung in die Erlebnispädagogik (5. Aufl.). München: Ernst Reinhardt.

Kern, H. & Schmidt, D. (2001). Nutzen und Chancen des Outdoor-Trainings. Eine Methodentriangulation zur Überprüfung des Praxistransfers im betrieblichen Kontext. Online unter http://webdoc.gwdg.de/ebook/fk/2003/uni-bielefeld/disshabi/2002/0051/diss.pdf [15.02.2007].

Priest, S. (1999). Research in Outdoor Adventure. In F. H. Paffrath, A. Salzmann & M. Scholz (Hrsg.), Wissenschaftliche Forschung in der Erlebnispädagogik. Erleben, Forschen, Evaluieren (S. 13-23). Augsburg: Ziel.

Rahm, S. & Schröck, N. (2004). Mitwirkung an der Schulentwicklung. In S. Blömeke et al. (Hrsg.), Handbuch Lehrerbildung (S. 531-544). Bad Heilbrunn: Klinkhardt.

Rahm, S. & Schröck, N. (2005). Schulentwicklung – von verwalteten Schulen zu lernenden Organisationen. In W. Sacher & J. Apel (Hrsg.), Studienbuch Schulpädagogik (S. 148-167). Bad Heilbrunn: Klinkhardt.

Rehm, M. (1999). Evaluationen erlebnispädagogischer Programme im englischsprachigen Raum. In F. H. Paffrath, A. Salzmann & M. Scholz (Hrsg.), Wissenschaftliche Forschung in der Erlebnispädagogik. Erleben, Forschen, Evaluieren (S. 153-172). Augsburg: Ziel.

Reinmann, G. & Mandl, H. (2006). Unterrichten und Lernumgebungen gestalten. In A. Krapp & B. Weidenmann (Hrsg.), Pädagogische Psychologie. Ein Lehrbuch (S. 613-658). Weinheim: Beltz.

Renner, H.-G. & Strasmann, J. (2003). Outdoor-Seminare in der betrieblichen Praxis. Eine Einführung. In H.-G. Renner & J. Strasmann (Hrsg.), Das Outdoor-Seminar in der betrieblichen Praxis (S. 9-11). Hamburg: Windmühle.

Roth, H. (1971). Pädagogische Anthropologie. Band II: Entwicklung und Erziehung. Hannover: Hermann Schroedel.

Schad, N. (2004). Outdoor-Training – Regenwürmer oder Spanferkel? In N. Schad & W. Michl (Hrsg.), Outdoor-Training. Personal- und Organisationsentwicklung zwischen Flipchart und Bergseil (2. Aufl., S. 19-57). München: Reinhardt.

Senge, P. M. (1990). The Fifth Discipline. The art & practice of the learning organization. New York: Currency Doubleday.

Stöbe, S. (1998). Output-Steuerung des Verwaltungshandelns. In B. Blanke, S. von Bandemer, F. Nullmeier & G. Wewer (Hrsg.), Handbuch zur Verwaltungsreform (S. 323-332). Opladen: Leske + Budrich.

Witte, M. D. (2002). Erlebnispädagogik: Transfer und Wirksamkeit. Möglichkeiten und Grenzen des erlebnis- und handlungsorientierten Erfahrungslernen. Lüneburg: edition erlebnispädagogik.

Wuttke, E. (1999). Motivation und Lernstrategien in einer selbstorganisationsoffenen Lernumgebung. Eine empirische Untersuchung bei Industriekaufleuten. Frankfurt am Main: Lang.

Begleitete Weiterbildungsurlaube für Lehrpersonen

Verknüpfung persönlicher Anliegen und institutionellem Nutzen bei der Gestaltung von Langzeitweiterbildungen

Albert Meier & Barbara Kohlstock

Abstract

Weiterbildungsangebote für Lehrpersonen orientieren sich in der Regel an den Aufgabenfeldern des Lehrberufs bzw. an den Vorstellungen und Ansprüchen der betreffenden Bildungsinstitutionen und weniger an den individuellen Bedürfnissen der Lehrpersonen selbst (vgl. Reusser & Tremp, 2008). Im Gegensatz dazu wird im Beitrag ein begleiteter Weiterbildungsurlaub für erfahrene Lehrpersonen im Kanton Zürich beschrieben, der sich konsequent am Erfahrungshintergrund, der Bedürfnisorientierung, Individualisierung und Selbstorganisation der Teilnehmenden ausrichtet. Die *Intensivweiterbildung Individuelles Projekt* (IWB IP) versucht die persönlichen Anliegen der Lehrpersonen mit einem institutionellen Nutzen zu verknüpfen. Entstehungshintergrund, Rahmenbedingungen und konzeptionelle Hauptbestandteile werden im vorliegenden Beitrag dargestellt und bisherige Erfahrungen diskutiert.

Schlagworte (dt.)

Lehrerfortbildung, Intensivweiterbildung, Sabbatical für Lehrpersonen, selbstorganisiertes Lernen, individuelles Projekt

Schlagworte (engl.)

teacher professional development, intensive continuing education, sabbatical for teaching personnel, self-organised learning, individual project

1. Einleitung

Berufliche Weiterbildung für Lehrpersonen orientiert sich inhaltlich in der Regel am Leistungsauftrag der Schulen und an den dafür notwendigen, allenfalls zu erwerbenden oder zu erweiternden Kompetenzen für die Berufsausübung (vgl. Reusser & Tremp, 2008). Die Berücksichtigung der individuellen Bedürfnisse der einzelnen Lehrpersonen beschränkt sich oft nur auf ein gewisses Maß an Wahlfreiheit innerhalb der in diesem Rahmen institutionell vorgegebenen und häufig akkreditierten Weiterbildungsangebote. Im Gegensatz dazu orientieren sich Langzeitweiterbildungen in Form gestalteter Bildungsurlaube bzw. gestalteter Sabbaticals konsequent an den Bedürfnissen der Lehrpersonen, sind jedoch gleichzeitig dem Leistungsauftrag der Schule verpflichtet. Die Hintergründe, die Ausgestaltung und Durchführung derartiger Angebote sowie deren Effekte und Wirkungen werden unter wissenschaftlichen Aspekten wenig diskutiert.[1] In der Schweiz existieren jedoch seit mehreren Jahren mit großem Erfolg derartige Sabbaticalangebote, die ein gezieltes Weiterbildungsprogramm während eines mehrwöchigen Urlaubs beinhalten und sich auf individuelle, biografisch oder berufsbiografisch bedingte Weiterbildungsbedürfnisse der Lehrpersonen abstützen. Dank dieser Besonderheit bewegen sie sich im Bereich der Lehrerinnen- und Lehrerweiterbildung am Rande der sonst üblichen Angebotspalette (vgl. Herzog, 2008).

Im Folgenden wird ein derartiges Weiterbildungsangebot der Pädagogischen Hochschule Zürich (PH Zürich) vorgestellt. Es handelt sich um einen begleiteten Weiterbildungsurlaub bzw. ein Sabbatical für Lehrpersonen. Das beschriebene Angebot wird als *Individuelles Projekt (IP)* im Rahmen einer *Intensivweiterbildung (IWB)* durchgeführt.

1.1 Geschichtlicher Hintergrund

Die Idee eines besoldeten Weiterbildungsurlaubs für Volksschullehrpersonen im Kanton Zürich reicht zurück bis in die 60er Jahre des vergangenen Jahrhunderts, als die Lehrpersonen wiederholt entsprechende Anträge an die Erziehungsdirektion des Kantons stellten. 1982 können die ersten sogenannten Intensivfortbildungskurse für Mittelstufenlehrpersonen durchgeführt werden. Ein Erziehungsratsbeschluss vom Oktober 1990 würdigt die bis dahin sehr positiven Erfahrungen mit den Intensivfortbildungen und sieht darin eine wesentliche und wertvolle Ergänzung zu den bestehenden Fortbildungsangeboten (Kurse, Tagungen sowie schulinterne Fortbildungen): „Im Gegensatz zu den übrigen, punktuellen, meist fachspezifisch, -didaktisch und/oder methodisch ausgerichteten Angeboten der freiwilligen Lehrerfortbildung, in denen es hauptsächlich um den Erwerb von Fertigkeiten und Kenntnissen in fachbezogenen Schulbereichen geht, dient die Intensivfortbildung – neben der Ergänzung der Sachkompetenz – der Förderung und Festigung der ganzen Lehrerpersönlichkeit." (Erziehungsratsbeschluss, 1990, S. 4) Das Angebot der Intensivweiterbildung (IWB) wird im Kanton Zürich in den 90er Jahren institutionalisiert und weist seither eine stetig zunehmende Nachfrage auf.

1.2 Die Intensivweiterbildung (IWB) im Kanton Zürich

Die heutige Form der IWB richtet sich in erster Linie an Lehrpersonen der Volksschule des Kantons Zürich. Jedes Jahr erhalten 110 Lehrpersonen einen Bildungsurlaub von zehn Wochen. Eine Stellvertretung übernimmt während dieser Zeit den Unterricht. Die Stellvertretungskosten werden durch den Kanton und die Gemeinden gedeckt. Zwei weitere Wochen fallen in die Ferienzeit und sind als Eigenbeitrag der Lehrperson zu verstehen. Fünf Arbeitstage werden zusätzlich für vor- und nachbereitende Anlässe verwendet. Zentrale Aufnahmekriterien für die Teilnahme an einer Intensivweiterbildung sind einerseits der Nachweis von mindestens zehn Dienstjahren sowie ein Anstellungsumfang von mindestens 50 Prozent.

1 Eine Ausnahme bildet die Evaluationsstudie von Herzog, Rüegg, Herzog und Schönbächler (2001).

Hauptfokus dieser befristeten Auszeit aus dem schulischen Alltag bildet die Standortbestimmung, die Persönlichkeitsstärkung und -entwicklung mit dem Ziel, die weitere Arbeits- und Lernfähigkeit zu sichern (vgl. Höher & Rolff, 1996; Herzog, 2008; Reusser & Tremp, 2008). Die PH Zürich bietet dazu vier unterschiedliche Profile an: die IWB Soziale Interaktion (SI), die IWB Außerschulisches Lernen (AS), die IWB Ausserschulisches Lernen kompakt (AK) und die IWB Individuelles Projekt (IP), worüber in diesem Beitrag hauptsächlich berichtet wird. Die inhaltlichen Schwerpunkte der Angebote können um die thematischen Cluster der Person, der Gruppe, der Gesellschaft sowie der Profession gebildet werden. Zusätzlich zur inhaltlichen Gestaltung spielen verschiedene Aspekte in Bezug auf die unterschiedlichen Lehr-/Lernarrangements der Profile eine Rolle, die sich grob skizziert anhand von verschiedenen Stichworten darstellen lassen (vgl. Abb. 1).

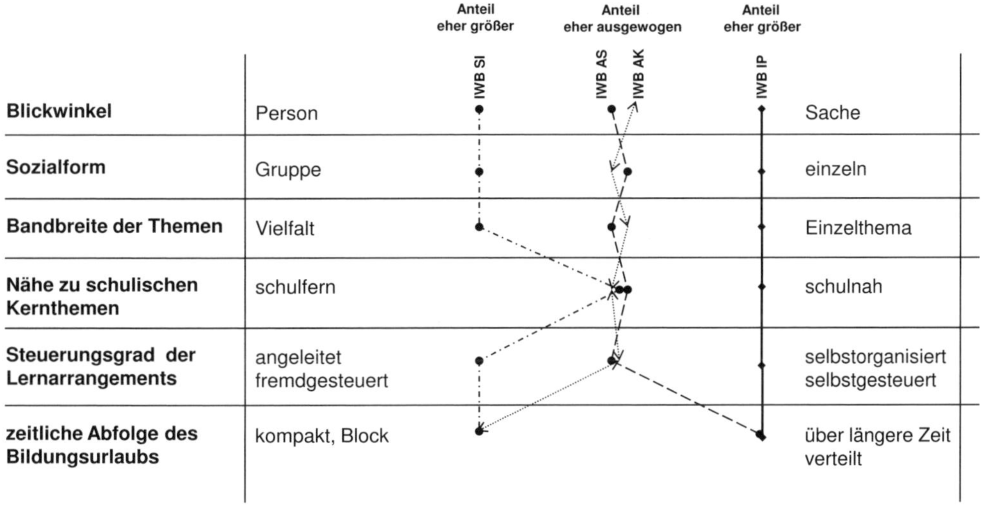

Abb. 1: Aspekte der Lehr-/Lernarrangements in der IWB (Kohlstock, Meier, Müller, Peter, Ramsauer, Vollenweider & Wenger, 2008, S. 20)

Die unterschiedlichen Angebote bieten spezifische Gestaltungsspielräume, die jedoch alle darauf abzielen, durch das selbstverantwortliche, selbstgesteuerte und biografische Lernen die überfachlichen Kompetenzen zu fördern (vgl. Hufschmid & Mory, o.J.; vgl. Herzog, 2008; Erpenbeck & von Rosenstiel, 2009).

2. Die Intensivweiterbildung Individuelles Projekt (IWB IP)

Im Folgenden wird eine Variante der Intensivweiterbildung, die IWB IP, eingehend dargestellt. Sie baut zu einem großen Teil auf den positiven Erfahrungen und Konzeptideen der früheren Profile auf (vgl. Müller, 2003) und berücksichtigt insbesondere in einem ausgeprägten Ausmaß die Aspekte der Bedürfnisorientierung, Individualisierung und Selbstorganisation.

2.1 Rahmenbedingungen und Aufnahmekriterien

In der IWB IP stehen jährlich zehn Plätze zur Verfügung, die nach Rücksprache der PH Zürich mit der Bildungsdirektion sowie den direkten Vorgesetzten vergeben werden. In Ergänzung zu den bereits erwähnten formellen Zulassungsbedingungen werden die Teilnehmenden und deren Projekte nach nachfolgend beschriebenen qualitativen Aufnahmekriterien ausgewählt.

Ein individuelles Projekt muss einen hohen *individuellen Weiterbildungsgehalt* aufweisen. In den von den Teilnehmenden selbst vorgeschlagenen Themenbereichen muss ein Kompetenzzuwachs (Wissen, Können, Fertigkeiten) angestrebt werden, der berufsbegleitend in der vorgesehenen Zeit nicht erreicht werden könnte. Es wird zudem vorausgesetzt, dass der Kompetenzzuwachs bzw. die Ergebnisse oder Produkte der Weiterbildung einen *institutionellen Nutzen* nach sich ziehen. Nutznießerinnen und Nutznießer können die Schule, ganze Schulgemeinden oder Kollegien, aber auch die eigenen Schülerinnen und Schüler sein. Die vorgeschlagenen Projekte müssen zudem *personale Aspekte* beinhalten. Die Vorgaben für die zu thematisierenden personalen Aspekte sind bewusst weit gefasst, um den nötigen Raum für Reflexionen oder das Konkretisieren erster Entwicklungsschritte zu ermöglichen. Das Erleben oder Verhalten im Zusammenhang mit den eigenen Ressourcen sowie den Anforderungen im Beruf soll im Zentrum stehen. Eine individuelle Weiterbildungsvereinbarung – ein Vertrag zwischen den Teilnehmerinnen und Teilnehmern, der lokalen Schulbehörde, der Schulaufsicht sowie der PH Zürich – gilt als Legitimation für die Projektdurchführung. Diese Vereinbarung beinhaltet eine ausformulierte Projektbeschreibung und eine detaillierte Arbeitsplanung über die gesamte Dauer der Arbeitsplatzabsenz.

2.2 Wahl der Projektinhalte

Schulbezogene Projektanteile

Für schulbezogene Projektanteile mit nachweisbarem institutionellem Nutzen setzen die Teilnehmenden die meiste Arbeitszeit ein, ca. 80 Prozent. Oft werden *fachliche oder fachdidaktische* Inhalte gewählt, die sich auf den Kanon der Schulfächer beziehen. Meistens möchten sich die Lehrpersonen „endlich mal vertieft um einen Inhalt kümmern, der [ihnen] so wichtig ist und [sie] im Beruf nie Zeit dafür finde[n]“ *(Teilnehmerin, 2008)*. Daraus entstehen Unterrichtsreihen, die sich durch eine umfangreiche Sachanalyse auszeichnen, in Lehr- und Lernarrangements übersetzt werden, Arbeitsmaterialien und Hintergrundinformationen enthalten und in der Folge auch Kolleginnen und Kollegen zum Gebrauch angeboten werden. Beispiele dafür sind Sprachspiele im Französischunterricht, eine Unterrichtsreihe zu Nanotechnologie oder Reflexionen und Materialien zur Medienpädagogik im Schulunterricht.

Ergänzend dazu gibt es Themenbereiche, die nicht im obligatorischen Fächerkanon vorkommen, aber für den *Wahlfachbereich* aufbereitet werden. Als Beispiele können der Instrumentenbau oder das Komponieren von Musik mit dem Computer genannt werden.

Einzelne Teilnehmende möchten im Sabbatical Wissen aktualisieren in Bereichen, in denen sie vor Jahren Spezialisten und Spezialistinnen waren. In diesen Projekten geht es beispielsweise um neuere Ansätze der Individualisierung im Unterricht oder um die Spezialförderung bei Lernstörungen.

Vereinzelt werden auch Fähigkeiten im *Gebrauch von elektronischen Medien* vertieft. Lehrpersonen, die den Einstieg in die moderne Technologie nie aktiv vollzogen haben, holen dies im Sabbatical nach. Sie schulen sich beispielsweise in Textverarbeitungs- oder Präsentationsprogrammen oder digitaler Foto- und Filmbearbeitung.

Lehrpersonen vor der Pensionierung wählen oft Themenbereiche, von welchen sie sich sowohl eine Anregung für die letzten Berufsjahre als auch eine *Weiterführung nach der Berufstätigkeit* erhoffen. Fotografie oder Bereiche aus der Musik sind typische Beispiele.

Nicht zuletzt entscheiden sich Teilnehmende für Themenbereiche, die nach *Absprache mit der eigenen Schule* ausgewählt werden. Bei diesen Projekten ist der institutionelle Nutzen besonders hoch. Ein Beispiel dafür ist eine Konzeptarbeit zur Elternzusammenarbeit oder die Einrichtung eines Mal-Ateliers im Zusammenhang mit der Förderung des sozialen Klimas an einer Schule.

Auf die eigene Person bezogene Projektanteile

20 Prozent der zur Verfügung stehenden Zeit muss für die Bearbeitung personaler Aspekte eingesetzt werden. Diese Projektanteile werden ebenfalls bewusst geplant, damit sie nicht durch die Dominanz von Sachzielen vergessen gehen. Die persönlichen Anliegen und Schwerpunktsetzungen der Teilnehmenden variieren stark und sind getragen von subjektiven Dringlichkeitseinschätzungen.

Einige Lehrpersonen planen Massnahmen im Bereich der *physischen Gesundheit,* von denen sie überzeugt sind, diese zu benötigen. Beispiele dafür sind ein gründlicher Gesundheitscheck und die Entwicklung eines entsprechenden Begleitprogramms, Sport treiben, Gewicht reduzieren oder mit dem Rauchen aufhören.

Andere versprechen sich dank *musisch-künstlerischer Tätigkeiten* Erholung und Regeneration. Sie wollen z.B. ein Instrument spielen lernen, aquarellieren oder fotografieren.

Nicht zuletzt sind die eigene Familie, die Ehepartner oder -partnerinnen, Freundinnen oder Freunde sowie die eigenen Kinder im Fokus. Mit der Überzeugung, dass sich auch das Berufsleben verbessert, wenn in diesem *persönlichen Umfeld* positive Entwicklungen herbeigeführt werden können, möchten sie hier besonders investieren. Eine vollzogen Ehescheidung bis zur erneuten Arbeitsaufnahme gut geregelt zu wissen, ist ein Beispiel dafür. Mehrere Teilnehmende nehmen zudem flankierend in der Projektzeit eine externe, professionelle *Lebens- oder Laufbahnberatung* in Anspruch.

2.3 Phasen der Realisierung

Der Realisierungsplan hält sich im Kern an die verschiedentlich und mehrfach beschriebenen Phasen des Projektlernens. So können folgende Phasen unterschieden werden (vgl. z.B. Emer & Lenzen, 2002):

- Phase der Initiierung (Suche nach Projektideen, Formulierung des Vorhabens)
- Einstiegsphase (Beginn mit der Planung, Entwurf des Projektplanes)
- Durchführungsphase (begleitete Arbeit am Projekt)
- Präsentation (Darstellung der Ergebnisse)
- Auswertung (Reflexion in persönlicher Hinsicht und bezüglich der Nachhaltigkeit, Entscheid über eventuelle Weiterführung)

Der erste zeitliche Abschnitt, die *Initiierungs- und Einstiegsphase* beinhaltet eine intensive Vorbereitungszeit bis zur definitiven Projekt-Bewilligung. Diese Phase dauert in der Regel acht bis zwölf Monate. Die folgende Tabelle (vgl. Tab. 1) fasst die wichtigsten Etappen zusammen.

Tab. 1: Initiierungs- und Einstiegsphase

Prozessschritte der Vorbereitungszeit	*Aktivität Teilnehmende*	*Aktivität IP-Leitung*
Informationsveranstaltung	Interesse/Wahl des IWB-Profils	Präsentation
Anmeldung	Erlaubnis bei Vorgesetzten einholen, Projektidee einreichen	Gesuch prüfen, Kommentare zur Projektidee rückmelden
Projektplanung überarbeiten	sich beraten lassen, überarbeiten	Projektberatung (1-2x)
Gesuch an Bildungsdirektion		Diskussion der Projektideen mit Bildungsdirektion, Auflagen formulieren
1. Tagung	Präsentation der Idee, kooperative Weiterentwicklung	Tagungsleitung
Projektüberarbeitung	Integration der Tagungsergebnisse und der Auflagen der Bildungsdirektion	Begleitung und Monitoring, definitive Bewilligung nach Rücksprache mit Bildungsdirektion
2. Tagung	Teilnahme an Präsentationen des Vorjahreskurses: Produkte kennen lernen, Austausch mit „erfahrenen" Teilnehmenden	Organisation und Moderation

Nach dem Besuch einer Informationsveranstaltung reichen die interessierten Lehrpersonen mit ihrer Anmeldung eine Projektidee ein, die im Vorfeld bereits den jeweiligen vorgesetzten Stellen (Schulleitung, Behörde) unterbreitet wurde. Nach einer Bewilligung folgen persönliche Gespräche, telefonische Kontakte und E-Mail-Wechsel mit der IP-Leitung, in der die Projektidee zunehmend verdichtet und in einen plausiblen Projektverlauf umformuliert wird. Die künftigen Teilnehmenden treffen sich zu einer ersten gemeinsamen Tagung. Themen sind das gegenseitige Kennenlernen, der Austausch untereinander, die Weiterentwicklung der vorhandenen Projektpläne sowie die Planung der weiteren Zusammenarbeit. Eine zweite gemeinsame Tagung, kurz vor dem eigentlichen Beginn des Bildungsurlaubs, unterstützt die Teilnehmenden darin, klarere Vorstellungen über den Verlauf, mögliche Produkte, aber auch über allfällige Stolpersteine zu erhalten. Die Teilnehmenden nehmen zu diesem Zweck an der Abschlussveranstaltung des vorherigen Kursjahrgangs teil. Anschließend bereiten sie sich auf ihren Projektstart vor.

Der zweite zeitliche Abschnitt umfasst die eigentliche *Realisierung* und dauert wiederum ca. ein Jahr (vgl. Tab. 2), wobei die zwölf Wochen Freistellung von der Arbeitsstelle für das eigene Weiterbildungsprojekt den Kern bilden.

Tab. 2: Durchführungsphase, Präsentation und Auswertung

Prozessschritte der Realisierung	*Aktivität Teilnehmende*	*Aktivität IP-Leitung*
3. Tagung	Feinplanung, Weiterbildungsvereinbarung, personalen Teil klären	Tagungsleitung
definitive Beglaubigung	Unterstützung des definitiven Projektplans durch die lokale Schulbehörde	Koordination mit der Administration
Umsetzungsphase	12 Wochen im Frühlingssemester (10 Wochen Stellvertretung, 2 Wochen während Ferien)	Coaching/Meilenstein (2-4x)
4. Tagung	Präsentation/Auswertung	Tagungsleitung
Weiterführende Umsetzung	je nach Projekt	Nachbefragung

An der 3. Tagung sind die Projektideen weit fortgeschritten. Die Teilnehmenden wissen, was sie tun wollen, was sie anstreben und wie ihr Sabbatical zeitlich gegliedert wird. Die Weiterbildungsvereinbarung wird formuliert. Während der Umsetzungsphase (in der Regel zwölf Wochen im Frühlingssemester, inkl. zwei Ferienwochen) werden die Teilnehmenden durch die IWB IP-Leitung zu zwei bis vier Gesprächen eingeladen, an denen unter anderem Meilensteine der Projektprozesse besprochen werden. Projektberatungen mittels Telefon und E-Mail finden nach Bedarf statt. Das begleitete, individuell gestaltete Weiterbildungsprojekt endet mit einer Abschlusstagung. Die Projektteilnehmerinnen und -teilnehmer stellen ihrer Gruppe sowie den Teilnehmenden des darauffolgenden Jahrgangs die Ergebnisse vor und werten ihren Bildungsurlaub aus. Sie geben Rückmeldungen bezüglich der erlebten Qualität des Weiterbildungsangebots, reflektieren die eigenen Lernerfolge und schildern die konkreten Umsetzungen ihrer Projekte im Berufsfeld.

2.4 Lernen im geleiteten Sabbatical

Da die persönlichen Ziele der Teilnehmenden, ihre Bedürfnisse, ihr Vorwissen, die Erfahrungen und die ausgewählten Themenbereiche immer individuell und einzigartig sind, muss dies bei der Gestaltung der Lehr- und Lernarrangements berücksichtigt werden.

Kernstück bildet deshalb das *selbstorganisierte Lernen*. Mit einem Minimum an Fremdsteuerung arbeiten die Lehrpersonen in der IWB IP und bestimmen selber, mittels welcher Lernanlagen und Arbeitsstrategien sie sich ihren Zielen nähern. Darin liegt denn auch das größte Risiko im Hinblick auf Erfolg oder Misserfolg, braucht diese Anlage doch ein hohes Maß an ausgebildeter Selbststeuerungskompetenz sowie ausgeprägte Kontrollstrategien (Berlinger, Birri & Zumsteg, 2006, S. 96 ff.). Aufgabe der Kursleitung ist die Lernbegleitung

Folgende Maßnahmen können dabei zur Anwendung gelangen:
- Regelmäßige Gespräche mit Coaching-, Feedback- und Beratungsanteilen
- Kontaktvermittlung/Hilfe bei der Bildung von Lernpartnerschaften
- Unterstützung bei der Suche nach Literatur und ergänzenden Weiterbildungsangeboten
- Kontakte über E-Mail, Internetplattform oder Telefon

In Ergänzung zum selbstgesteuerten Lernen sind begleitete Anteile des *biografischen Lernens* wichtig (vgl. Gudjons, Pieper & Wagener, 1999; Herzog, 2008). Bewusst gestaltete Arrangements an gemeinsamen Tagungen zu biografischen Aspekten systematisieren dabei nichts anderes als einen an sich permanent ablaufenden Prozess der teilnehmenden Lehrpersonen. Sie denken über sich selber nach, vergleichen sich mit andern, fragen sich, was sie schon können, wie sie auf verschiedene Begebenheiten und Entwicklungen reagieren, oder machen sich Gedanken über Schritte und Entwicklungen in der Zukunft. Diese Fragen „aus dem Hintergrund ab und zu gezielt in den Vordergrund zu holen, dient zur Stärkung der Selbststeuerungsfähigkeit, dient dazu, Wahrnehmungs-, Deutungs- und Handlungsmuster bewusst zu machen und damit bewusste Wahlentscheidungen zu ermöglichen und die Intensität der Lernakte zu steigern“ (Stiller, 1999, S. 199). Die Ziele der personalen Anteile der Projektarbeit bestimmen in diesen Prozessen häufig die Inhalte und Arbeitsweisen.

Zusätzlich zum selbstorganisierten und begleiteten biografischen Lernen der Teilnehmenden werden als Grundlage dafür verschiedene thematische Inputs durch die Leitung dargeboten. In erster Linie sind dies Beiträge zu Projektmanagement, Berufsbiografieforschung und Arbeitstechniken.

3. Erfahrungen, Diskussion und Ausblick

Die IWB IP wird vor allem von routinierten Lehrpersonen gewählt. Mehr als die Hälfte der Teilnehmerinnen und Teilnehmer verfügen über mehr als 20 Jahre Berufserfahrung, ein Viertel sogar über mehr als 25 Jahre. Nach der Einteilung der Berufslaufbahn der Lehrpersonen von Hubermann (1991) befinden sich die Teilnehmenden einer IWB IP in der Regel also in den Phasen deutlich *nach* der beruflichen Stabilisierung.[2]

2 Hubermann (1991) unterteilt die Laufbahn von Lehrpersonen in die Phase des Berufseinstiegs mit den Anforderungen nach Überleben und Entdecken (1 bis 3 Jahre nach Aufnahme des Berufs), die Phase der Stabilisierung (4 bis 6

Albisser, Kirchhoff und Albisser (2009) sprechen in diesem Zusammenhang von Routiniers mittleren Alters und älteren Routinierten. Biografische und berufsbiografische Hintergründe, zum Beispiel sich abzeichnende oder erfolgte Umbrüche im Privatleben oder das Erleben eines repetitiven Berufsalltags, charakterisieren diese Phasen und generieren offenbar vermehrt berufliche und persönliche Sinnfragen. Sie motivieren zur Suche nach neuen, lustvollen und herausfordernden Experimentierfeldern und einer Neubewertung des Berufs. Je näher Lehrpersonen zudem der Pensionierung rücken (35 Erfahrungsjahre und mehr), desto eher wird die Suche nach Projekten und Plänen für die Zeit nach dem Berufsleben wichtig.

Ein begleitetes Sabbatical wird in den skizzierten Zusammenhängen offenbar oft als Chance betrachtet, eigene persönliche Anliegen und das Berufserleben in Einklang zu bringen. Von hundert befragten Teilnehmenden[3] aus den Angeboten der IWB an der PH Zürich nennen denn auch die meisten die berufliche Standortbestimmung, verbunden mit der Skizzierung von möglichen Entwicklungsschritten, als wichtigstes Weiterbildungsziel. Ein zweites oft genanntes Weiterbildungsbedürfnis ist aber auch der Wunsch nach Regeneration sowie der Wunsch nach Freiheit vom beruflichen Arbeitsdruck. Ob das Angebot diesen Zielen gerecht wird, kann nur ansatzweise vermutet werden.[4] Die Folgerung liegt allerdings nahe, dass die gewählten fachlichen Inhalte der Projekte häufig erst in zweiter Linie für die Teilnehmenden zentral sind. Viel eher sehen sie darin den Einstieg in eine als dringend empfundene Auseinandersetzung mit der momentanen Situation, aber auch der weiteren beruflichen und persönlichen Zukunft. Systematisch erfasste und von unabhängiger Stelle erhobene Befunde zu Vorgängerprodukten der IWB (Herzog, Rüegg, Herzog & Schönbächler, 2001 und Peer-Review, 2004[5]) kamen diesbezüglich zu sehr positiven Ergebnissen: Die Teilnehmenden gaben mehrheitlich an, in den Bereichen persönliches Engagement, Gelassenheit, Selbstvertrauen, Selbstmanagement und Kooperationsfähigkeit Verbesserungen erzielt zu haben. Die meisten haben sich neue, individuelle Ziele für den Berufsalltag gesetzt, der Wiedereinstieg nach der Weiterbildung gelang ihnen in der Regel gut (vgl. Kohlstock et al., 2008). Die spezifischen Effekte der Bearbeitung eines individuellen Projekts, wie es im vorliegenden Beitrag beschrieben wurde, wurden seit der ersten Durchführung (2005) noch nie von unabhängigen Stellen systematisch untersucht. Es liegen jedoch Erfahrungswerte aus Nachbefragungen vor, die jeweils fünf Monate nach Abschluss des Sabbaticals anlässlich der Präsentationstagung mit verschiedenen Methoden erfasst wurden (Fragebogen, Auswertungsgespräche, Feedbackrunden).

Jahre nach Aufnahme des Berufs), die Phase des Experimentierens bzw. der Neubewertung des Berufs, die in neuem Aktivismus oder aber Selbstzweifel enden kann (7 bis 18 Jahre nach Aufnahme des Berufs), die Phase der Gelassenheit und Distanz bzw. des Konservativismus (19 bis 30 Jahre nach Aufnahme des Berufs) und die Phase des allmählichen Desengagements, die sich entweder durch Gelassenheit oder durch „Bitterkeit" charakterisieren lässt (31 bis 40 Jahre nach Aufnahme des Berufs).

3 Es handelte sich dabei um 100 Teilnehmende verschiedener Intensivweiterbildungsangebote im Kanton Zürich 2007 und 2008. Die Teilnehmenden beantworteten vor Kursbeginn eine offene Fragestellung nach den wichtigsten Motiven und Zielen für ihre anstehende Weiterbildung.

4 Im Unterschied zu fachorientierten Weiterbildungen, deren Ergebnisse und Wirkungen mit empirischen Tests evaluiert werden können, ist dies bei Weiterbildungen, die sich zum großen Teil auf der Metaebene bewegen, um ein Vielfaches komplexer, weshalb mehrheitlich mit den Rückmeldungen der Teilnehmenden gearbeitet wird (vgl. Kohlstock et al., 2008).

5 Eine Expertengruppe aus Kantonen mit vergleichbaren Angeboten (St. Gallen, Luzern, Aargau, Bern) befragte Teilnehmende und deren Schulleitungen sowie Mitarbeitende und Vorgesetzte der IWB-Leitenden.

Systematisiert nach den von Lipowsky (in diesem Band) eingeführten Ebenen (Einschätzungen und Reaktionen der Teilnehmenden, Erweiterung der Lehrerkognitionen, unterrichtspraktisches Handeln sowie Effekte auf der Schülerseite) können folgende Schlüsse gezogen werden:

Von der Mehrheit der Teilnehmenden erhält die IWB IP sehr gute Rückmeldungen bezüglich der Einschätzungen zur Zufriedenheit mit dem Angebot und dessen Durchführungsmodalitäten, bezüglich der Akzeptanz der Leitung sowie der eingeschätzten Relevanz der Themen für den Berufsalltag.

Mit Sicht auf die bearbeiteten Inhalte und auf die individuellen Zielsetzungen darf davon ausgegangen werden, dass in den meisten Fällen ein hoher Kompetenzzuwachs generiert werden konnte. Den Nachweis dafür erbringen die Lehrpersonen anlässlich der Präsentationstagung, an der sie ihren Lernzuwachs einem erweiterten Publikum inklusive Vertreterinnen und Vertretern der Behörden vorstellen und eine Dokumentation ihrer Arbeit der Kursleitung übergeben.

Da die individuellen Projekte umsetzungs- und produktorientiert angelegt sind, sind unmittelbare Auswirkungen auf das Handeln gegeben. Über die Qualität der Umsetzung können ergänzend zu den Einschätzungen der Lehrpersonen jedoch keine Aussagen gemacht werden, entsprechende Erhebungen liegen zurzeit noch nicht vor.

Ebenso können keine Aussagen darüber gemacht werden, ob das Lernen der Schülerinnen und Schüler günstig beeinflusst wird. Systematische Untersuchungen im Hinblick auf Effekte im Berufshandeln der Lehrpersonen und dem daraus allenfalls resultierenden verbesserten Lernen der Schülerinnen und Schüler würden jedoch für die IWB IP wichtiges Steuerungswissen generieren. Entsprechende Forschungsprojekte sind in Diskussion.

Die nun aus fünf Durchgängen gewonnenen Erfahrungswerte sind sehr erfreulich und ermutigend. Es sind allerdings Einzelfälle bekannt, in denen die Erwartungen zu hoch waren. Eine längere Absenz vom Arbeitsplatz kann vereinzelt auch indifferente Arbeitszufriedenheit oder schon vorgängig ungünstiges Wohlbefinden verstärken. Einen diesbezüglich interessanten Befund zur Wirkung von längeren Arbeitsplatzabwesenheiten auf Lehrpersonen findet sich innerhalb einer Untersuchung von Albisser et al. (2006). In der Studie werden auch Aussagen gemacht zu Lehrpersonen, die in Form eines Time-outs längere Zeit nicht am Arbeitsplatz waren. Lehrpersonen, die in dieser Zeit ein strukturiertes Weiterbildungsangebot im Sinne einer IWB IP absolvierten, wurden darin nicht spezifisch erfasst. Dennoch könnten einzelne sich aus der Studie ergebende Aspekte auch im Hinblick auf die IWB IP bedeutsam sein. So kommen Albisser et al. (2009) zum Schluss, dass diejenigen Lehrpersonen am meisten von längeren Arbeitsplatzabwesenheiten profitieren, denen schon vorher die Bewältigung des Berufsalltags gut gelang. Überengagierte Lehrpersonen oder Lehrpersonen mit andern Indikatoren für risikoreiches Gesundheitsverhalten (Burnout-Gefährdung) scheinen im Hinblick auf ihre Selbstwirksamkeitsüberzeugungen, auf die Ausgeglichenheit, die Distanzierungsfähigkeit sowie das Erleben einer positiven Lebensgestaltung weniger Gewinn generieren zu können. Sollten diese Aussagen auch für Absolventinnen und Absolventen der IWB IP zutreffen, müsste das Angebot entsprechend differenziert werden. Zum Beispiel könnte ein vorausgehendes Diagnoseverfahren entwickelt und dieses mit gezielten und flankierenden Interventionen während der Projektbearbeitung kombiniert werden.

Das Angebot eines von den Arbeitgebenden bezahlten und durch die PH Zürich strukturierten Weiterbildungsurlaubs wird von Absolvierenden als sehr wertschätzend erfahren. Sie berichten überwiegend von einem stärkeren Eingebundensein in die Weiterentwicklung ihrer Schule und erleben nach eigenen Aussagen eine Steigerung der Selbstwirksamkeit (vgl. Schmitz & Schwarzer, 2002). Diese Effekte können insbesondere auch für Schulleitende und Behörden interessant sein, weil sich damit Ziele der Personalförderung und -entwicklung verbinden lassen (vgl. Reichwein, 2007). Zukünftig wird die Intensivweiterbildung deshalb vermehrt als Personalführungsinstrument positioniert und die Bezüge auf Systemebene institutionell verankert.

Abschließend lässt sich festhalten, dass die IWB IP mit ihrem Fokus auf Bedürfnisorientierung, Individualisierung und Selbstorganisation innerhalb eines spezifischen Weiterbildungssegments ein wichtiges und erfolgreiches sowie wegweisendes Angebot ist. Vielleicht vermag die nachfolgende Rückmeldung eines Teilnehmers noch deutlicher zu illustrieren, wie eine begleitete Langzeitweiterbildung für Lehrpersonen Spuren hinterlassen kann:

„Heute betrachte ich mein Unterrichten kritischer. Ich möchte zukünftig auch im Beruf als Lehrer ständig soviel dazulernen, wie ich es während der IP-Zeit tun konnte. Ich durfte all meine musischen, handwerklichen und beruflichen Stärken gemeinsam ausleben. Ich habe während meiner IWB IP-Zeit eine neue Dimension des Lernens erfahren.“ *(Teilnehmer, 2008)*

4. Literatur

Albisser, S., Kirchhoff, E., Meier, A. & Grob, A. (2006). Anforderungsverarbeitung und Gesundheit im Berufszyklus von Lehrpersonen. Symposiumsbeitrag zur Fachtagung „Balancieren im Lehrberuf“ vom 8./9.12.06 aus dem Forschungsprojekt ARBEL: Anforderungen und Ressourcen im Berufszyklus von Lehrerinnen und Lehrern. Online unter http://www.gesunde-schulen.ch/data/data_318.pdf [15.01.2009].

Albisser, S., Kirchhoff, E. & Albisser, E. (2009). Berufsmotivation und Selbstregulation: Kompetenzentwicklung und Belastungserleben von Studierenden, berufseinsteigenden und erfahrenen Lehrpersonen. Unterrichtswissenschaft, 37(3), 270-295.

Berlinger, D., Birri, T. & Zumsteg, B. (2006). Vom Lernen zum Lehren. Ansätze für eine theoriegeleitete Praxis. Bern: hep.

Bildungsdirektion des Kantons Zürich (Hrsg.). (2008). Die Schulen im Kanton Zürich 2007/08. Zürich: o.V.

Emer, W. & Lenzen, K.-D. (2002). Projektunterricht gestalten – Schule verändern: Projektunterricht als Beitrag zur Schulentwicklung. Reihe: Basiswissen Pädagogik. Unterrichtskonzepte und Techniken (Bd. 6). Baltmannsweiler: Schneider.

Erpenbeck, J. & von Rosenstiel, L. (2009). Vom Oberlehrer zur Kompetenzhebamme. Kompetenzentwicklung als Zukunft der Weiterbildung. Weiterbildung, 20(2), 6-9.

Erziehungsratsbeschluss des Kantons Zürich (1990). Grundformen der Langzeitfortbildung für Volksschullehrer und Kindergärtnerinnen des Kantons Zürich. Lehrerfortbildung Volksschule. Obligatorische Lehrerfortbildung.

Gudjons, H., Pieper, M. & Wagener, B. (1999). Auf meinen Spuren: das Entdecken der eigenen Lebensgeschichte; Vorschläge und Übungen für pädagogische Arbeit und Selbsterfahrung (4. Aufl.). Wiesbaden: Bergmann und Helbig.

Herzog, S. (2008). Zur biografischen Orientierung der Weiterbildung. Beiträge zur Lehrerbildung, 26(1), 23-34.

Herzog, W., Rüegg, S., Herzog, S. & Schönbächler, M.-T. (2001). Eine personorientierte Weiterbildung von Lehrerinnen und Lehrern. Evaluation der Intensivweiterbildung am Pestalozzianum Zürich, Kurzbericht. Zürich: Pestalozzianum.

Höher, P. & Rolff, H.-G. (1996). Neue Herausforderungen an Schulleitungsrollen: Management – Führung – Moderation. In H.-G. Rolff, K.-O. Bauer, K. Klemm & H. Pfeiffer (Hrsg.), Jahrbuch der Schulentwicklung (Bd. 9, S. 187-220). Weinheim: Juventa.

Hubermann, M. (1991). Der berufliche Lebenszyklus von Lehrern: Ergebnisse einer empirischen Untersuchung. In E. Terhart (Hrsg.), Unterrichten als Beruf: Neuere amerikanische und englische Arbeiten zur Berufskultur und Berufsbiografie von Lehrerinnen und Lehrern (S. 249-267). Köln: Böhlau.

Hufschmid, E. & Mory, T. (o.J.). Der Mensch lernt selbst und ständig. AEB-Publikationsreihe „Aus der Praxis für die Praxis", Nr. 18.

Kohlstock, B., Meier, A., Müller, W., Peter, A., Ramsauer, S. & Vollenweider, D. (2008). Zur Gestaltung von Langzeitweiterbildungen – Balanceakt Intensivweiterbildung. ph akzente, 3/2008, 18-22.

Müller, W. (2003). Konzept für die Intensivweiterbildung – Personorientiertes und individuelles Projekt (IWB IP). Unveröffentlichte Konzeptarbeit. Zürich: Pädagogische Hochschule.

Reichwein, K. (2007). Führung und Personalmanagement in Schulen. Zürich: Rüegger.

Reusser, K. & Tremp, P. (2008). Diskussionsfeld „Berufliche Weiterbildung von Lehrpersonen". Beiträge zur Lehrerbildung, 26(1), 5-10.

Schmitz, G. S. & Schwarzer, R. (2002). Individuelle und kollektive Selbstwirksamkeitserwartung von Lehrern. Zeitschrift für Pädagogik, 44. Beiheft, 192-214.

Stiller, E. (1999). Biografisches Lernen im Pädagogikunterricht. In E. Stiller (Hrsg.), Dialogische Fachdidaktik Pädagogik, Impulse aus der Praxis für die Praxis (Bd. 2, S. 185-209). Paderborn: Ferdinand Schöningh.

Kapitel VI

Der Blick über den deutschsprachigen Raum hinaus

Lernen über die Ländergrenzen hinweg

Funktionen von COMENIUS-Projekten[1]

Tina Hascher & Sieglinde Weyringer

Abstract

Der Beitrag beleuchtet ein spezifisches Feld der Weiterbildung von Lehrpersonen: die Lern- und Entwicklungsmöglichkeiten, die sich im Rahmen einer Teilnahme an EU-Projekten, im Spezifischen an COMENIUS-Projekten, eröffnen. Vor dem Hintergrund der Tatsache, dass solche Projekte relativ neue Lernsettings darstellen, wird der Frage nachgegangen, welchen spezifischen Beitrag sie für die Weiterentwicklung professioneller Kompetenzen von Lehrpersonen zu leisten vermögen. Dazu werden zunächst die Intentionen von COMENIUS-Projekten vorgestellt. Danach wird ein Rahmenmodell für die Analyse des Lernpotentials in solchen Projekten entwickelt und anschließend anhand eines ausgewählten Projekts über Lernanlässe, -formen und -bedingungen berichtet. Als Teilnehmerinnen im COMENIUS-Projekt eVOCATIOn geht es uns an dieser Stelle (noch) nicht um eine systematische Evaluation, sondern vielmehr um den Entwurf eines analytischen Rahmens und eine kritische Reflexion der beobachteten und erlebten Erfahrungen.

Schlagworte (dt.)

Lehrerfortbildung, COMENIUS-Projekt, Lernen, Lehrperson, Lernumgebungen

Schlagworte (engl.)

teacher professional development, COMENIUS project, learning, teacher, learning environment

1. Die COMENIUS-Projektidee

Die Europäische Union (EU) definiert sich bereits in ihren Gründungsverträgen nicht nur als Wirtschafts-, sondern auch als Bildungsraum. Die Gründungsstaaten sahen sich bei der notwendigen Weiterentwicklung ihrer nationalen Bildungssysteme mit vergleichbaren Herausforderungen und Problemen konfrontiert, sodass das Zusammenwirken bei deren Bewältigung und Lösung als sinnvoll erachtet wurde. Die gemeinsamen Bemühungen um eine Verbesserung der beruflichen und der allgemeinen Bildung beruhen auf der Rechtsgrundlage des Vertrags von Rom (1957) und des Vertrags von Maastricht (1992).

Die europäische Bildungsidee ist getragen vom Grundgedanken der EU, nämlich einerseits durch die Kenntnis und die Erhaltung der Vielfalt der nationalen und regionalen Traditionen, Kulturen und Sprachen ein europäisches Bürgerbewusstsein bei jedem einzelnen Menschen in dieser Staatengemeinschaft zu schaffen, andererseits diese Bürgerinnen

1 Wir danken den beiden Gutachter/inne/n und Dr. Jürg Baillod für ihre wertvollen Rückmeldungen zu einer früheren Fassung dieses Texts.

und Bürger und in weiterer Folge die europäische Gemeinschaft zu befähigen, in einer eng vernetzten Weltgemeinschaft wirtschaftlich und gesellschaftlich zu bestehen. Durch eine ausgewogene Aufteilung der Verantwortung zwischen den Mitgliedsstaaten und der EU wird diese Bildungsidee realisiert. Die Gestaltung der Bildungssysteme und die Auswahl der Bildungsinhalte fallen in die nationale Zuständigkeit. Der EU kommt eine unterstützende Rolle zu, indem sie die Zusammenarbeit zwischen den Mitgliedsstaaten bei der Erreichung der gemeinsamen Bildungsziele fördert und die Begegnung sowie den Austausch zwischen Partnerinstitutionen unterstützt.

Seit der Initiierung des europäischen Bildungsraums ist das COMENIUS-Programm Teil der Aktionsprogramme des Europäischen Parlaments und des Europäischen Rats.[2] Mit seinen Maßnahmen beabsichtigt es die Entwicklung und Verbesserung der allgemeinen schulischen Bildung von der Vorschule bis zur Sekundarstufe.

Die Namensgebung für diese Bildungsinitiativen der europäischen Gemeinschaft ist an sich programmatisch und hebt die dahinterstehende Intention deutlich hervor:

Sokrates wirkte in Athen als Philosoph und Lehrer im fünften Jahrhundert v. Chr. Die Inschrift „Erkenne dich selbst" am Apollotempel in Delphi bewog ihn, nach einer Erziehungsmethode zu suchen, die der Jugend den Weg zur Selbsterkenntnis und zu einem Bürgerbewusstsein erschließt. Ähnlich wie in der europäischen Gemeinschaft beruhte die attische Gemeinschaft auf der gleichberechtigten Teilhabe aller Bürger/innen an der Gestaltung des gemeinsamen Lebensraums. Das allgemeine Ziel von Erziehungsbemühungen war demnach ein Bürgerideal, das seine Demokratiefähigkeit durch die Vervollkommnung des Geists und des Körpers unter Beweis stellte. Mit kritischen Fragen zwang Sokrates seine Schüler/innen, sich das eigene Nichtwissen bewusst zu machen und eine suchende und kritisch reflektierende Einstellung zum Erkenntnisprozess zu entwickeln. Im Beherrschen dieser Methode sah Sokrates die Chance, der Verantwortung und der Pflicht, die dem/der Einzelnen aus den demokratischen Bürgerrechten erwachsen, gerecht zu werden.

Mit Begriffen der heutigen Pädagogik kann die sokratische Methode als entdeckendes und selbstorganisiertes Lernen bezeichnet werden. Durch die mittlerweile erfolgte Weiterentwicklung dieser Methode besteht ein weiterer gedanklicher Bezug zum EU-Programm. Die Herausforderung zur Selbsterkenntnis kommt im sokratischen Dialog (z.B. Birnbacher & Krohn, 2002) nicht mehr durch eine Fragen stellende Lehrperson, sondern durch die Teilnehmerinnen und Teilnehmer an diesem Dialog selbst. Die Wahrnehmung des „signifikant Anderen" im Sinne von Herbert Mead (2005) und die damit verbundene

2 SOKRATES-Programm von 1995 bis 2007; Programm „Lebenslanges Lernen" (Lifelong Learning Programme – LLP) mit einer Laufzeit von sieben Jahren (2007–2013) und einem Budget von 6,97 Mrd. Euro. Die weiteren Teilprogramme konzentrieren sich auf die Hochschulbildung (ERASMUS), berufliche Bildung (LEONARDO DA VINCI) und allgemeine Erwachsenenbildung (GRUNDTVIG). Ein spezielles Querschnittprogramm ermöglicht und unterstützt die Zusammenarbeit zwischen den vier Programmen durch vier Schwerpunktaktionen (Politische Zusammenarbeit und Innovation im lebenslangen Lernen, Sprachen, Entwicklung von IKT-gestützten Initiativen, Verbreitung und Nutzung von Ergebnissen). Ein weiteres Programm von LLP (Jean Monnet Programm) konzentriert sich auf die Lehre, Forschung und Reflexion des europäischen Integrationsprozesses selbst und auf die finanzielle Unterstützung von bestimmten Einrichtungen, die diesen Prozess in besonderer Weise tragen.

Beispielgebung, dass dieses Andere ebenso praktikabel ist wie das Eigene, befördert den Lernprozess in Richtung Selbsterkenntnis, Entwicklung und Veränderung. Selbsterkenntnis ist die Voraussetzung von Selbstverwirklichung und Vervollkommnung – dieser Satz hat Gültigkeit sowohl auf der Ebene der Einzelperson als auch auf jener von Institutionen. Auf dieser Annahme beruht das Konzept des SOKRATES-Programms, nämlich: Die konkrete und kritisch reflektierende Begegnung und Auseinandersetzung mit anderen Schulsystemen und pädagogischen Handlungsmodellen bewirkt eine Entwicklung und Veränderung des eigenen Bildungssystems und der individuellen pädagogischen Unterrichtspraxis.

Jan Amos Comenius hat im 17. Jahrhundert vor allem mit seinen Werken „Didactica magna“ und „E scholasticis labyrinthis exitus in planum“ die Grundsteine für die heutige Unterrichtspraxis und für die Lehrerbildung gelegt. Des Weiteren hat er mit seiner pansophischen Schrift „Via lucis“ erstmalig die Idee eines internationalen Kollegiums vorgestellt, dessen Aufgabe es sein sollte, durch den regelmäßigen Gedankenaustausch von Wissenschaftlerinnen und Wissenschaftlern eine Annäherung zwischen den Völkern zu bewirken.

Im Programm des Lebenslangen Lernens fließen diese Gedanken der beiden Pädagogen zusammen. Der Anspruch, dass diese didaktischen Prinzipien der beiden Pädagogen für die Aktionen der jeweiligen Programme dauerhaft gültig sein sollen, wird durch die Namensgebung ganz klar herausgestellt. Sowohl für das Individuum als auch für Bildungssysteme sollen von den Begegnungen, dem Austausch und der gemeinsamen Arbeit an selbstinitiierten Projekten Impulse ausgehen, die einerseits bereichern („… bringt den einzelnen Bürgern einen direkten europäischen Mehrwert …“, Europäische Kommission, 2009, S. 3), andererseits qualifizieren (Allgemeines Programmziel: Bildungssysteme der Gemeinschaft sollen zu einer weltweiten Qualitätsreferenz werden; Europäische Kommission, 2009, S. 4).

Das COMENIUS-Programm verfolgt im Speziellen vier Grundziele, und zwar die Verbesserung der Qualität der Schulbildung, die Stärkung deren europäischer Dimension, die Förderung des Fremdsprachenerwerbs und die Sensibilisierung des interkulturellen Bewusstseins. Es ist in drei Bereiche unterteilt und fördert Schulpartnerschaften (COMENIUS 1), die Aus- und Fortbildung des Schulpersonals (COMENIUS 2) entweder durch europäische Kooperationsprojekte oder durch Einzelstipendien von Fortbildungsmaßnahmen, und letztlich die Zusammenarbeit von schulischen Einrichtungen in Form von thematischen Netzwerken (COMENIUS 3). Das Programm unterstützt alle Personen und Organisationen, die in der Bildung engagiert und beschäftigt sind, das sind Schüler/innen, Lehrer/innen sowohl in der Ausbildung als auch in der Fortbildung, lokale Behörden, Elternvereinigungen, Nichtregierungsorganisationen, Lehrerbildungseinrichtungen und Universitäten. Sowohl von der Europäischen Kommission als auch von den einzelnen Mitgliedsstaaten werden jährlich bestimmte thematische Prioritäten für Projektideen vorgegeben.

Um zu erkunden, ob die einzelnen Maßnahmen jenes Potential beherbergen, das für die Erreichung der erwähnten Programmziele vorausgesetzt wird, konzentriert sich das nächste Kapitel auf Komponenten und deren interdependente Wirkmechanismen, die für Lernprozesse von Lehrpersonen als wesentlich und bedeutsam erachtet werden. Es soll im Folgenden ein Analyserahmen aufgespannt werden, anhand dessen das Lernpotential von COMENIUS-Projekten beurteilt werden kann.

2. Lehrer/innen lernen

Die Möglichkeiten, im beruflichen Umfeld zu lernen, sind äußerst vielfältig. Wild (2003, S. 49) formulierte sogar: „Jeder Mensch lernt jeden Tag dazu." Obschon Lernen nicht zwingend unmittelbar während der Berufstätigkeit erfolgen muss, stellt dieser Kontext für Erwachsene eines der wichtigsten Lernsettings dar – vorausgesetzt, Lernen gerät nicht in die sogenannte „Erfahrungsfalle"[3] (Hascher, 2005). Für Weiterbildungen im Lehrberuf stehen verschiedene Angebote zur Verfügung, die mit unterschiedlichen Methoden (z.B. dem Portfolio) begleitet werden. Diese sollen an dieser Stelle nicht dargestellt werden (für einen Überblick siehe die Ausführungen in Kapitel 2 dieses Bandes). Vielmehr wird erläutert, welche Rahmenbedingungen bzw. Maßnahmen unterschieden werden können.

2.1 Lernanlässe und Entwicklungskontexte

Das größte Potential, sich weiterzubilden und professionell zu entwickeln, liegt in der Ausübung des Berufs selbst, also „on the job". Jedoch gibt es eine Reihe weiterer, klar definierbarer Lernkontexte, die sich darin unterscheiden, wie direkt die Lernanlässe mit der aktuell ausgeübten Tätigkeit verbunden sind. Eine Systematik der Vielfalt der Möglichkeiten professioneller Entwicklung wurde von Baillod und Stamatiadis (1998) dargestellt. Sie differenzieren zwischen fünf Personalentwicklungsdimensionen: „into the job", „on the job", „near the job", „off the job" und „along the job". Die fünf Dimensionen werden nachfolgend kurz erklärt und mit Beispielen illustriert.

- *„Into the job"-Maßnahmen* führen in eine neue Funktion ein. Als solche sind zum Beispiel Berufsausbildungen, Einführungsprogramme, Umschulungen, in Bezug auf den Lehrberuf auch Praktika oder Berufseinführungsphasen zu verstehen. Sie legen den Grundstein für die berufliche Handlungsfähigkeit, ermöglichen den Aufbau professionsrelevanter Haltungen und tragen wesentlich zur Kompetenzentwicklung bei. „Into the job"-Maßnahmen zeichnen sich durch ihren vorbereitenden Charakter aus und orientieren sich damit stark am aktuellen sowie künftigen Berufsfeld. „Into the job"-Maßnahmen scheinen für den Lehrberuf, der einem starken gesellschaftlichen Wandel unterliegt und mit hohen Belastungen verbunden ist, nur provisorischen Status zu besitzen. Dafür spricht die relativ hohe Anzahl gesundheitlicher

3 Erfahrungsfalle bezeichnet den Umstand, dass Erfahrungen mitunter fälschlicherweise mit Qualität und Lernen gleichgesetzt werden.

Beschwerden, die vergleichsweise hohe Burnout-Rate bei Lehrpersonen (z.B. Kramis-Aebischer, 1995; Rothland, 2007), ihre Suche nach Zeitfenstern, die Distanz zum Lehrberuf schaffen (siehe dazu Hirsch et al., 1990), und die Erhöhung von Desengagement, Müdigkeit, Inaktivität, Skeptizismus bei gleichzeitig erhöhter Gelassenheit, Routine, Entspannung und Lockerheit (Huberman, 1991, S. 264) von älteren Lehrpersonen. Dafür spricht auch die eingeschränkte Lernwirksamkeit von Praktika (z.B. Hascher, 2006). Bereits früh kann sich abzeichnen, ob der Eintritt in die Berufspraxis gelingt und zur Entfaltung der erworbenen Kompetenzen führt oder ob er mit Problemen behaftet sowie eher von Selbstzweifeln und von Kompetenzdefiziten geprägt ist (Cloetta et al., 1978; Müller-Fohrbrodt, Cloetta & Dann, 1978). Die in dieser Phase des Berufseintritts entwickelten Handlungsstrategien und -muster haben einen hohen Einfluss auf die weitere berufliche Entwicklung (Hirsch, Ganguillet & Trier, 1990) und damit auch auf die nachfolgenden Maßnahmen.

- Direkt am Arbeitsplatz, im Klassenzimmer und in der Schule sowie in schulischen Arbeitsgruppen vollziehen sich *„On the job"-Maßnahmen.* Wie bereits oben angedeutet, lernen Lehrer/innen durch den täglichen Umgang mit Schülerinnen und Schülern, Kolleg/inn/en und Eltern. Sie lernen durch die Auseinandersetzung mit Lerninhalten und durch die Gestaltung von Lernumgebungen. Sie können sich beispielsweise auch als Praktikumslehrer/in engagieren, sich in die neue Schülerbeurteilung einarbeiten oder ein Leitbild für die Schule mitentwickeln. Jede Facette des Lehrer/innen-Seins bietet ein breites Spektrum an Lernchancen. Trotz des prinzipiell hohen Potentials dieser Maßnahmen stellt das häufig vertretene Rollenverständnis von Lehrpersonen, die sich als auf Perfektion zielende Einzelkämpfer/innen verstehen (z.B. Lortie, 1975; Feiman-Nemser & Floden, 1991; Horstkemper, 2000), einen erschwerenden Faktor dar. Anderson (1991, S. 121) bezeichnete dieses Rollenverständnis als ein von Lehrerinnen und Lehrern eingefordertes und hartnäckig verteidigtes Recht auf Autonomie, das in direktem Widerspruch zu den Forderungen nach gemeinsamer Schulkultur, einer Idealvorstellung der Zusammenarbeit, der Entwicklung gemeinsamer Ziele, der Kooperation und zu den zentralen Aspekten erfolgreichen Lernens Erwachsener (sozial verankert, sozial unterstützt, sozial motiviert) steht. Strukturen des schulischen Systems wie der Stundenrhythmus, die Fächeraufteilung und das Fachlehrerprinzip erschweren die Zusammenarbeit von Lehrpersonen zusätzlich.
- Maßnahmen, die nicht während der unmittelbaren Arbeitstätigkeit erfolgen, aber in enger räumlicher, zeitlicher und inhaltlicher Verbindung mit ihr stehen, zum Beispiel sogenannte Qualitätszirkel (= regelmäßige Gesprächsrunden einzelner Abteilungen), werden als *„near the job"* charakterisiert. In der Schule beinhalten zum Beispiel Fachgruppensitzungen, fachdidaktische Netzwerke, schulinterne Lehrerfortbildung oder die Mitarbeit in Reformprojekten ein entsprechendes Lernpotential. Solche Lerngelegenheiten finden in engem Austausch mit Kolleg/inn/en statt, orientieren sich nicht nur am Unterrichtsalltag, sondern auch an den spezifischen Bedürfnissen der Schule. Zugleich sind sie in besonderem Maß abhängig von der Lernkultur einer Schule. Auch COMENIUS-Projekte können als eine solche Maßnahme definiert werden. Hierbei muss jedoch zwischen der Tätigkeit und der Wirkung solcher Lernanlässe unterschieden werden. Schulinterne Fortbildung kann laut Altrichter (2000) auch zu einer

Deprofessionalisierung von Lehrpersonen führen. Besonders bedenklich stimmen die folgenden Ergebnisse von Huberman (1989): Lehrer/innen, die in weitgreifenden Reformprojekten mitgearbeitet hatten, waren gegen Ende ihrer Berufslaufbahn sehr unzufrieden (nicht wegen ihrer Mitarbeit, sondern wegen des Nutzens der durchgeführten Projekte). Im Vergleich dazu waren diejenigen Lehrer/innen sehr zufrieden, die sich solchen Maßnahmen entzogen und stattdessen für sich selbst immer ein wenig an Verbesserungen ihres Unterrichts gearbeitet hatten.

- „*Off the job*"-*Maßnahmen*" charakterisieren die berufliche Weiterentwicklung der meisten Lehrpersonen. Inhaltlich assoziiert, jedoch oftmals faktisch getrennt von Arbeitsplatz und Arbeitsaufgabe werden Kurse zu bestimmten Themen besucht, zum Beispiel Kommunikationskurse, fachspezifische Weiterbildungen, pädagogische Vertiefungsseminare oder Kurse, die ein Verhaltenstraining beinhalten. Lehrer/innen setzen sich im Rahmen dieser Kurse mit Themen auseinander, die sie als relevant und bereichernd für ihre aktuelle berufliche Tätigkeit erachten. Sie erwarten sich von den Kursen Impulse und direkte Anwendungsmöglichkeiten für ihre Praxis. Neuerdings zielen Angebote von sogenannten Lehrgängen darauf ab, eine engere Verknüpfung von Fort- und Weiterbildung zu ermöglichen beziehungsweise auch einzufordern, jedoch findet ein Großteil des Kompetenzerwerbs außerhalb der beruflichen Tätigkeit statt. Der Wirksamkeit solcher Kurse muss in Übereinstimmung mit Baitsch (1998) aufgrund ihrer Praxisferne und Punktualität, ihrer reagierenden statt antizipierenden Ausrichtung, ihrer situativen Unspezifität und der angewandten, klassisch pädagogisierenden Lehr- und Lernmodelle mit Skepsis begegnet werden. Eine Analyse des Wahlverhaltens bei Weiterbildungskursen zeigt überdies, dass Lehrpersonen bevorzugen, an solchen Kursen zu partizipieren, in denen ihre Kompetenzen schon weit ausgebildet sind (Bonati, 1999).
- Maßnahmen, die der Qualifizierung für einen neuen Arbeitsplatz dienen, werden als „*Along the job*"-*Maßnahmen* bezeichnet, wie beispielsweise die Ausbildung für Schulleiter/innen oder zu schulischen Gesundheitsreferent/inn/en oder ein Studium der Pädagogik/Erziehungswissenschaft. Solche Angebote – manche davon bestehen im deutschen Sprachraum erst seit kurzem – ermöglichen Lehrpersonen, sich weitere Wege im beziehungsweise aus dem Sackgassenberuf Lehrer/in zu schaffen, sie beinhalten mitunter Aufstiegschancen und können auch Alternativen zum Lehrberuf darstellen. Die geringfügige Variabilität im Lehrberuf, die enge Konzeption der Berufsausbildung und die fehlende Offenheit des Berufsfelds lassen den Lehrberuf und seine Entwicklungsmöglichkeiten trotz relativ hoher Flexibilität der Arbeitszeiten jedoch als eher perspektivenlos erscheinen. Erschwerend kommt hinzu, dass im Rahmen der Lehrerbildung erbrachte Studienleistungen von disziplinnahen Ausbildungen zu wenig anerkannt werden.

2.2 Lernbedürfnisse

Neben den meist institutionell verankerten Angeboten gilt es, eine weitere Perspektive zu berücksichtigen: Welche Weiterbildungsbedürfnisse äußern Lehrpersonen? Subjektive

Wünsche hinsichtlich der Weiterentwicklung wurden empirisch bisher nicht systematisch erhoben, lassen sich aber aus verschiedenen Studien ableiten. Solche Wünsche lauten zum Beispiel, die Weiterentwicklung möge zu einer höheren Zufriedenheit im Lehrberuf führen beziehungsweise diese stabilisieren; sie möge eine reibungslosere und störungsfreiere Ausübung der Unterrichtstätigkeit ermöglichen; durch die Weiterentwicklung sollten persönliche Schwerpunkte verwirklicht werden können, zum Beispiel wünschen sich ältere Lehrpersonen, ihren Erziehungsauftrag vermehrt erfüllen zu können – wie Hirsch, Ganguillet und Trier (1990) herausfanden. Ausbildungsprogramme sollten dabei möglichst viel Individualität ermöglichen und zugleich einen engen Bezug zur Praxis aufweisen. Rückschlüsse über subjektive Wunschvorstellungen von Lehrpersonen ergeben sich auch anhand der Motive zur individuellen Weiterbildung: Wie Landert (1999) in einer Studie zeigen konnte, wird Weiterbildung in erster Linie genutzt, um dem Bedürfnis nach Austausch und der Kommunikation mit Kolleginnen und Kollegen innerhalb des Berufsfelds, aber auch mit fachfremden Erwachsenen nachzukommen. Deutlich weniger Gewicht erhält die persönliche Entwicklung als zweiter, schwächerer Prädiktor. Noch etwas weniger Bedeutung wird der Weiterbildung im Bereich Techniken und Methoden (z.B. Fachkompetenzen erhalten bzw. verbessern) zugesprochen, gefolgt von der Karriereentwicklung als viertes Motiv mit der relativ geringsten Relevanz.

Aus diesen Befunden wird deutlich, dass die von Lehrerinnen und Lehrern formulierten Wünsche überwiegend ihre eigene Person in den Mittelpunkt stellen. Es geht um die Erfüllung subjektiver Bedürfnisse, um die Stärkung individueller Bewältigungsstrategien und um persönlichen Kompetenzgewinn. Dies führt bereits zu einem Spannungsfeld, denn die Erwartungen an Lehrerweiterbildung, die dem normativen Verständnis von professioneller Entwicklung im Sinne von Professionalisierung verhaftet sind, orientieren sich markant weniger an der subjektiven Perspektive von Lehrpersonen, sondern zielen ganzheitlicher ausgerichtet auf die Qualitätsverbesserung von Schule und Unterricht und richten sich damit ebenfalls, wenn nicht sogar prioritär, auf die Bedürfnisse der Schüler/innen, der Eltern und der abnehmenden (Ausbildungs-)Institutionen in einer sich wandelnden Gesellschaft. Daraus resultieren (nicht unumstrittene) Anforderungen im Rahmen eines erweiterten Aufgabenbereichs und der damit verbundenen neuen Rolle von Lehrpersonen, die zum Beispiel mit der Schlüsselformel „Von der Instruktion zur Lernberatung“ illustriert werden können (Gudjons, 2001). Selbstredend geht es auch bei diesen Wünschen um die Kompetenzentwicklung von Lehrpersonen, wie zum Beispiel das Modell des reflexiven Praktikers/der reflexiven Praktikerin von Schön (1983) verdeutlicht. Idealvorstellung ist dabei ein zielgerichteter, intendierter Entwicklungsprozess zur Optimierung der professionellen Handlungskompetenz von Lehrpersonen.[4] Pate für solche Wünsche und Ansprüche im Rahmen der Professionalisierungsdebatte stehen zum Beispiel die Grundüberzeugungen konstruktivistischer Ansätze (z.B. Rustemeyer, 1999; Siebert, 1999) und das globale, disziplinenübergreifende Konzept des Lebenslangen Lernens (Europarat, 1970; OECD,

4 Die Initiierung und Begleitung solcher Entwicklungsprozesse wurde in den vergangenen Jahren unter dem Deckmantel der Personalentwicklung vermehrt an die Schulleitungen als Aufgabe delegiert, die aber bisher kaum in der Lage sind, dies wahrzunehmen oder gar zu erfüllen.

1973) und, direkt auf den Lehrberuf bezogen, zum Beispiel das Konzept der Standards (Oser & Oelkers, 2000; Terhart, 2002) sowie die Idee der Schule als lernende Organisation (z.B. Krainz-Dürr, 1999). Es bleibt abzuwarten, inwiefern Erkenntnisse zum erfolgreichen Lernen Erwachsener, zum Beispiel von Sandholtz (2002), einfließen. Vielversprechende Lernformen sind dabei die folgenden: Lernen im Prozess der Berufstätigkeit; kollaboratives Lernen; Lernen von Anderen in ähnlichen Positionen; Variation, Herausforderung, Autonomie und Wahlfreiheit hinsichtlich Lerninhalten und Lernformen. Weiterbildung sollte demzufolge kontinuierlich stattfinden, sozial verankert und zugleich individuell gestaltbar sein.

3. Lernen in COMENIUS-Projekten

COMENIUS-Projekte beantworten in einem besonderen Maß das Bedürfnis der Lehrpersonen nach Austausch und Kommunikation mit Kolleg/inn/en innerhalb und außerhalb der Schule. Wie nachfolgend beschrieben wird, bieten sie darüber hinaus Lehrpersonen in Abhängigkeit ihrer verschiedenen Rollen, die sie einnehmen, zahlreiche Lernchancen, die in klassischen Weiterbildungsformen, also „Off the job"-Maßnahmen, nicht möglich sind. Damit sind nicht nur Potentiale, sondern auch Ansprüche und Forderungen verbunden, denn die Lehrpersonen sind mitverantwortlich für den Erfolg des Projekts. Wie können diese erfüllt werden, ohne das Projektteam zu überfordern oder das Projekt zu gefährden? Die nachfolgenden Überlegungen und einige Beispiele aus dem Projekt eVOCATIOn, einem COMENIUS-2-Projekt, sollen einige Hinweise darauf geben.

3.1 Lernchancen

COMENIUS-Projekte lassen sich anhand zweier zentraler Merkmale charakterisieren: einerseits die Beteiligung von Schulen, andererseits die Interaktion zwischen Lehrpersonen und Wissenschaftlerinnen und Wissenschaftlern vor dem Hintergrund einer internationalen Perspektive. Ihr verbindendes Ziel ist die Entwicklung und Erprobung eines europäischen Weiterbildungsprogramms für Lehrerinnen und Lehrer. Deshalb kann zwischen zwei Gruppen von Adressat/inn/en der Weiterbildung unterschieden werden: denjenigen, die das Programm entwickeln und erproben, und denjenigen, die nach Abschluss des Projekts an diesem Programm teilnehmen. Für Letztere ergeben sich die üblichen Lern- und Entwicklungschancen im Kontext eines Weiterbildungsprogramms (je nach Gestaltung des Programms „Off the job"- oder „Near the job"-Maßnahmen).

Möglicherweise sind COMENIUS-Programme deshalb hochstehend und bieten besondere Lernchancen, weil Inhalte beziehungsweise Methoden zunächst multikriterial analysiert und anschließend verlässlich erprobt werden (z.B. im Projekt eVOCATIOn verschiedene Beratungsformen für Schüler/innen mit besonderen Begabungen), weil spezifische Ziele (z.B. das Lernen von der Praxis in anderen Kulturbereichen) angestrebt und neuere Methoden (z.B. Peer-Learning über die Ländergrenzen hinweg) eingesetzt werden. Sie weisen jedoch aller Voraussicht nach eine relativ hohe Ähnlichkeit zu anderen qualitativ hochwertigen Programmen, die als modularisierte, längerfristige Lehrgänge angeboten werden, auf. Darunter fallen beispielsweise der Einsatz von Methoden des Blended Learning mit besonderer Berücksichtigung des Selbstregulierten Lernens und des Lernens im Dialog; der Fokus auf der reflexiven Praxis; die angestrebte Erweiterung beziehungsweise Vertiefung theoretischer Grundkenntnisse; eine inhaltliche Progression; eine Orientierung an Kompetenzmodellen des Lehrberufs; eine Kombination aus verbindlichen Inhalten und frei wählbaren Themen in Anlehnung an die Bedürfnisse der Teilnehmer/innen.

Von ihrer Anlage her sind COMENIUS-Projekte interdisziplinär und interprofessionell. Dies bedeutet, dass Vertreter/innen von mindestens drei verschiedenen Berufsgruppen – Lehrpersonen, Lehrerbildner/innen sowie weitere Fachpersonen aus dem Bereich Bildung und Erziehung – und mit unterschiedlichem Bildungshintergrund zusammenarbeiten. Für die Gruppe der Lehrpersonen, die am Projekt beteiligt sind, eröffnen sich damit weitere Lern- und Entwicklungsmöglichkeiten. Diese lassen sich wie folgt beschreiben:

- Lernen aus der Praxis: Die Lehrpersonen bringen ihre professionellen Erfahrungen und Kompetenzen in das Projekt ein. Sie nehmen dabei die Rolle als Expert/inn/en ein.
- Lernen für die Praxis: Die Lehrpersonen analysieren, welche Kompetenzen und Methoden für andere Lehrpersonen von Relevanz sind. Sie haben dabei stellvertretend die Rolle eines Coping-Modells inne.
- Lernen im Austausch der Verschiedenheit der Praxis: Die Lehrpersonen tauschen sich über unterschiedliche Good-Practice-Modelle aus und reflektieren gemeinsam deren Funktionalität und Praktikabilität.
- Exploratives Lernen: Die Lehrpersonen erproben Teilelemente der vorgeschlagenen Programminhalte und speisen diese Erfahrungen zurück in die Projektgruppe.
- Lernen im Austausch mit der Wissenschaft: Die Lehrpersonen treten in einen gleichberechtigten Dialog mit den Wissenschaftlerinnen und Wissenschaftlern, die am Projekt beteiligt sind. Dabei steht das gemeinsame Lernen aufgrund der Komplementarität der Perspektiven und Kompetenzen im Mittelpunkt.
- Interkulturelles Lernen: Die Lehrpersonen arbeiten in multikulturellen Teams und kommen dabei mit Ansätzen und Haltungen aus anderen Kulturkreisen in Kontakt. Sie lernen, diese zu bewerten und ihre eigenen Denkmuster um diese zu bereichern.

Betrachtet man die Lern- und Entwicklungsprozesse der an einem COMENIUS-Projekt teilnehmenden Lehrpersonen aus einem systemischen Blickwinkel, so lassen sich drei Kontexte beziehungsweise Ebenen unterscheiden (Abb. 1):

Im innersten Kreis stehen die Lehrpersonen und ihr Unterrichtsalltag (1). Damit verknüpft und zugleich erweitert wird das Lernen um die Rolle, die in Anlehnung an die Aktionsforschung als „Aktionsweiterbildung" bezeichnet werden könnte: Lehrpersonen probieren Methoden, Ideen, Ansätze aus, die später in das Weiterbildungsprogramm einfließen (2). Den Rahmen bildet die Funktion der Lehrperson als Expertin in einem sogenannten strukturierten Kompetenzteam (z.B. multilaterales Projektteam), in dem jede/r die entsprechenden Kenntnisse und Fertigkeiten einbringen kann (3).

Abb. 1: Lern- und Entwicklungsebenen im Kontext von COMENIUS-Projekten

3.2 Drei Formen des Lernens am Beispiel des Projekts eVOCATIOn

Im Projekt eVOCATIOn wird ein Weiterbildungsprogramm für begabungsfördernde Lehrpersonen entwickelt (z.B. Weigand & Schenz, 2008). Dabei werden die Expertise, die Kompetenzen und Erfahrungen aus dem Schulalltag sowie der Forschung zusammengeführt. In seinen Grundzügen entspricht es dem klassischen Aufbau von COMENIUS-Projekten und akzentuiert neben den oben genannten Lernanlässen die folgenden Elemente: die Reflexion der eigenen Praxis, die Erkundung des Lernens von Lehrpersonen sowie von Schülerinnen und Schülern, den Einbezug von Schulen in die Projekttätigkeit, die Entwicklung und Erprobung von Materialien für die Weiterbildung und die Dissemination von Wissen und Erkenntnissen.

Welche Lernprozesse dabei möglich sind, soll im Folgenden anhand von drei Lernformen dargestellt werden: biografisches Lernen, Lernen im Dialog und forschendes Lernen.

Biografisches Lernen

Biografisches Lernen setzt direkt an den subjektiven Erfahrungen der Lernenden an und stellt ihre individuellen Lernbiografien in den Mittelpunkt. Dies kann laut Behnken und Zinnecker (2001) auf verschiedenen Ebenen erfolgen: der *gegenstandsbezogenen* Lerngeschichte (z.B. die Kompetenzentwicklung im Unterrichtsfach); der *Lebens- und Lerngeschichte*, die sich im Rahmen institutioneller Bildung ausformt (z.B. die Entwicklung des Lehrerhabitus im Verlauf der Aus- und Weiterbildung); der *Formierung der Persönlichkeit* durch lebensgeschichtliche Erfahrung (z.B. die Entwicklung von Widerstandsfähigkeit im Kontext der Auseinandersetzung mit den spezifischen Belastungen im Lehrberuf) sowie dem *Biografie-Lernen* mit dem Ziel der individuellen Selbstverwirklichung (z.B. die Bedeutung der Arbeitstätigkeit für das Leben erkennen). Biografisches Lernen ermöglicht damit reflektierten Transfer, der einer rezeptiven Übernahme von Modellen oder Methoden vorbeugt, indem es auf der Bewusstwerdung der eigenen Stärken, Kompetenzen und Potentiale im Sinne des Empowerments aufbaut (vgl. auch den Beitrag von Herzog & Munz in diesem Band).

Zwar ist das Hauptziel bei COMENIUS-Projekten im Antrag formuliert, im Rahmen des ersten Treffens gilt es jedoch, die gemeinsamen Ziele zu entwickeln und festzulegen. Aufgrund des unterschiedlichen Erfahrungshintergrunds war es im Projekt eVOCATI-On hilfreich, sich anhand biografischer Meilensteine und relevanter beruflicher Ereignisse über verbindliche Qualitätskriterien für die Weiterbildung zu verständigen. Dabei wurden sowohl fachliche als auch fachübergreifende Lerngeschichten vor dem Hintergrund der beruflichen Tätigkeit besprochen. Reflektiert wurden ebenso individuelle Stärken und Schwächen sowie der spezifische schulische Arbeitskontext hinsichtlich der Förderung von Begabungen. Wesentlich waren dabei die persönlichen Erfahrungen, die in Form von Erlebnissen in die Diskussion einflossen. In einem ersten Schritt wurden dazu die inhaltlichen Informationsbedürfnisse der Lehrpersonen thematisiert und auf deren Grundlage ein Reader für die Schwerpunktthematik zusammengestellt. Nach Sichtung der Literatur entwickelte sich ein abermaliger Diskurs über die Betreuungs- beziehungsweise Beratungs- und die Unterrichtsqualität.

Dialogisches Lernen

Das Konzept des Lernens im Dialog geht davon aus, dass das Lernen in einer Gemeinschaft, die das Wissen in Interaktion bildet, stattfindet. Zurückgehend auf die Entwicklungstheorie von Lew Wygotski (1977) wird angenommen, dass Wissensentwicklung sozial konstruiert wird und der Austausch zwischen Individuen beziehungsweise Gruppen den eigentlichen Lernprozess erst ermöglicht. Wenn Lernende in den Dialog treten, dann eröffnen sich ihnen verschiedene Möglichkeiten des Erkenntnis- und Kompetenzgewinns: beispielsweise durch Lernen am Modell; durch Lernen anhand von kognitiver Dissonanz; durch Lernen mittels der gemeinsamen Konstruktion neuen Wissens beziehungsweise der kooperativen Modifikation von Wissensbeständen. Insbesondere werden durch den wechselseitigen Austausch von Ideen und Praktiken sowie durch die gemeinschaftliche Lernorientierung die Annahme innovativer methodologischer Ansätze, der Einsatz von ICT und die Motivation zum Erlernen von Fremdsprachen erhöht.

COMENIUS-Projekte ermöglichen im Wesentlichen zwei Formen von Projekttreffen. Zum einen kommt die gesamte Gruppe zusammen und bespricht den aktuellen Stand des Projekts, reflektiert die erfolgten Projekttätigkeiten und plant die künftigen. Zum anderen treffen sich kleinere Teams, die für die Entwicklung und Ausarbeitung einzelner Teilbereiche beziehungsweise Module zuständig sind. Beide Formen bauen auf den Diskurs und die Kraft des gegenseitigen Austauschs. Dabei ist es von Bedeutung, im Plenum die Perspektive der jeweiligen Rollenvertreter/innen zu ermöglichen, ohne sie auf diese Rolle zu stigmatisieren. Zwar bringen Lehrpersonen vorwiegend ihre Erkenntnisse aus der Schulpraxis ein, ihr Beitrag wird jedoch nicht auf diese beschränkt. Auch bei den Kleingruppen erweist sich ihre heterogene Zusammensetzung als wichtig, damit die Thematik aus jeweils verschiedenen Sichtweisen beleuchtet werden kann. Formen des dialogischen

Lernens sind stets inhaltsgebunden. Es ist daher von besonderer Bedeutung, Gefäße zu schaffen, deren Inhalte einen Diskurs anregen, ermöglichen und einfordern. Im Projekt eVOCATIOn erfolgte dies beispielsweise in der Diskussion und Auswahl von Videosequenzen, in denen verschiedene Formen der Lernberatung und -begleitung von begabten Kindern und Jugendlichen dargestellt werden.

Forschendes Lernen

Forschendes Lernen lässt sich dadurch charakterisieren, dass der Lernprozess in einer explorativen Art erfolgt, die kriteriengeleitet ist. Es geht dabei weniger um Trial and Error als vielmehr um eine systematische Entwicklung und anschließende Überprüfung von Fragestellungen, Annahmen und Hypothesen. Forschendes Lernen kann gleichermaßen als eine bestimmte Form des Lernens – durch Forschung lernen – als auch als Lerninhalt – nämlich lernen zu forschen – verstanden werden. Charakteristische Merkmale solcher Lernprozesse beziehungsweise Lernumgebungen sind die Situiertheit des Lernens, die Arbeit an komplexen Problemstellungen und die Auseinandersetzung mit authentischen Fragen. Dirks und Hansmann (2002) sowie Obolenski und Meyer (2003) zeigen in ihren Sammelbänden auf, wie fruchtbar das Konzept des Forschenden Lernens für die Lehrerbildung gemacht werden kann. Der Schwerpunkt liegt dabei allerdings auf der Grundausbildung von Lehrpersonen. Hinsichtlich der Weiterbildung werden nur wenige Ansätze dargestellt (vgl. auch Müller, Andreitz & Mayr, in diesem Band).

Beide Bedeutungen lassen sich in COMENIUS-Projekten umsetzen, falls die wissenschaftliche Orientierung einen entsprechenden Raum erhält: Durch kleine Teilprojekte – vergleichbar mit Projekten im Sinne der Aktionsforschung – erkunden die beteiligten Lehrpersonen ihren Unterricht und tauschen sich mit den anderen Projektmitgliedern darüber aus. Im Dialog mit den Wissenschaftlerinnen und Wissenschaftlern, denen es zum Beispiel um den Nachweis der Wirksamkeit einer Methode geht, werden sie sowohl mit Forschungserkenntnissen als auch mit Forschungsfragen vertraut gemacht. Letzteres ließ sich im Projekt eVOCATIOn anhand der Entwicklung eines Modells zur Systematik der Beratung begabter Kinder und Jugendlicher umsetzen. In der heterogenen Modulgruppe wurden die verschiedenen, an Schulen praktizierten Beratungsformen diskutiert. Dabei entstand die Notwendigkeit, diese Formen theoretisch zu rahmen und sie wissenschaftlich zu fundieren, sowie das Bedürfnis, sie auf ihre Wirksamkeit zu evaluieren. Im Modulteam wurden verschiedene Systematisierungsmöglichkeiten zur Diskussion gestellt, es wurden die Differenzierungsebenen verglichen und verschiedene Vorschläge anhand der Frage, ob sich die jeweilige Beratungsform innerhalb der Matrix einordnen lässt, auf ihre Praktikabilität geprüft.

3.3 Herausforderungen und Schwierigkeiten

Die obigen Ausführungen sollten verdeutlichen, wie groß das Lernpotential in COMENIUS-Projekten ist. Dieses garantiert jedoch nicht, dass Lernen auch wirklich stattfindet und umgesetzt wird. Ist der außerordentlich hohe bürokratische Aufwand der Antragstellung einmal geleistet, ergeben sich sehr starke Herausforderungen durch die hohe Komplexität des Projektmanagements. Insbesondere sind die Schwierigkeiten zu berücksichtigen, die in den Strukturen und Prozessen solcher Projekte genuin verankert sind. Drei dieser Schwierigkeiten, welche wohl die meisten Projektteilnehmer/innen betreffen, werden abschließend kurz umrissen.

Da Internationalität ein Kernelement der COMENIUS-Projekte ist, stellt die *Sprachverständigung* eine besondere Herausforderung dar. Einerseits bedarf es Projektteilnehmer/innen, die neben Englisch eine weitere Sprache aus dem Kreis der Partner/innen sprechen, und zwar auf so hohem Niveau, dass ein inhaltlicher Diskurs geführt beziehungsweise moderiert werden kann. Andererseits ist Sprachenkompetenz auch dafür wichtig, Projekte im Bildungsbereich in der jeweiligen Sprache zu präsentieren und zu verstehen. Videografierte Beispiele über „good practice" können ohne Übersetzung wahrscheinlich kaum verstanden werden. Dieses Problem trifft insbesondere für die Projektteilnehmer/innen aus Ländern zu, deren Sprache selten als Zweit- oder Drittsprache erlernt wird, und erschwert Zugänge zu den Ergebnissen sowie ihre Verbreitung.

COMENIUS-Projekte laufen für alle Teilnehmer/innen, das heißt Forschende, Lehrpersonen und Schüler/innen, neben dem regulären *Berufsalltag* ab. Dieser dominiert mitunter so stark, dass wertvolle Ansätze, die im Projekt erarbeitet wurden, hintangestellt werden müssen. Als erschwerend kommt möglicherweise hinzu, dass nur ein Teil des Kollegiums an den involvierten Schulen über die Teilnahme informiert ist beziehungsweise diese begrüßt. Obschon eine Teilnahme einzelner Lehrpersonen durchaus zu einer Aufwertung ihrer Stellung innerhalb des Lehrkörpers führen kann, muss aufgrund des reform- und forschungsskeptischen Klimas in der Schule auch mit Widerständen oder Abwehr gerechnet werden. Da das Gelingen der Projekte jedoch wesentlich von den Impulsen und der Vielfalt der Praxen abhängig ist, kann damit auch deren Qualität als Lernkontext für Lehrer/innen gefährdet sein.

Trotz des systematischen Ablaufs von COMENIUS-Projekten bleibt ein Großteil der Lernprozesse dem Zufall überlassen, da in der Regel keine Beratung und Unterstützung auf lokaler und regionaler Ebene angeboten werden kann, zum Beispiel für die Selbstreflexion. Erschwerend kommt die Transferproblematik hinzu, beispielsweise durch die Begrenzungen durch die schulischen Lehrpläne. Obschon *inzidentelles Lernen* nicht per se als negativ zu beurteilen ist, birgt es doch die große Ungewissheit in sich, ob es stattfindet oder nicht. Deshalb bedarf es einerseits der Ausformulierung von Lernzielen, andererseits verschiedener Formen der Begleitung der Lernprozesse. Letzteres könnte beispielsweise durch Intervision, Peer-Coaching oder Mentoring und durch den Einsatz geeigneter Methoden wie ein Forschungstagebuch erfolgen.

4. Zusammenfassung und Ausblick

Das Ziel des vorliegenden Beitrags war es zu zeigen, welche neuen und wertvollen Möglichkeiten der Weiterentwicklung und des Lernens von Lehrpersonen sich durch eine Teilnahme an einem COMENIUS-Projekt eröffnen. Dabei wollten wir einerseits eine Systematik für die Analyse dieses Settings vorstellen, indem wir sowohl den Lernkontext

COMENIUS-Projekt als auch die darin stattfindenden Lernformen am Beispiel eines aktuell laufenden Projekts entfaltet haben. Andererseits war es uns ein Anliegen, die Lernformen mit Beispielen zu illustrieren sowie die Grenzen der Lernmöglichkeiten abzustecken. Neben den genannten Schwierigkeiten sollte deutlich geworden sein, dass solche Projekte – vorausgesetzt sie werden gut organisiert, thematisch fokussiert und interaktiv gestaltet – sehr bereichernde Lernfelder für Lehrerinnen und Lehrer darstellen können.

Mit diesem Modus der Betrachtung haben wir weitgehend Neuland beschritten und viele Erklärungen auf der deskriptiven Ebene belassen. Dies ist nicht zuletzt auf unsere aktuelle Teilnahme an einem COMENIUS-Projekt zurückzuführen, dessen Evaluation noch aussteht. Die Ausführungen müssen deshalb als ein Entwurf verstanden werden. Wir erachten es als eine spannende, künftige Forschungsfrage, das Lernpotential im Kontext solcher Projekte für Lehrpersonen empirisch zu untersuchen. Zentraler Ansatzpunkt könnte dabei die differenzierte Beschreibung der Lernprozesse von Lehrerinnen und Lehrern, eine geeignete Methode dafür das Lerntagebuch sein. Im Bewusstsein, dass der Einsatz eines Tagebuchs die Lernprozesse nicht nur nachzeichnen, sondern sogar unterstützen könnte, ließe sich damit möglicherweise der Ertrag von COMENIUS-Projekten noch verbessern.

5. Literatur

Altrichter, H. (2000). Konfliktzonen beim Aufbau schulischer Qualitätssicherung und Qualitätsentwicklung. Zeitschrift für Pädagogik, 41. Beiheft, 93-110.

Anderson, L. W. (1991). Die pädagogische Autonomie des Lehrers: Chancen und Risiken. In E. Terhart (Hrsg.), Unterrichten als Beruf (S. 121-133). Köln: Böhlau.

Baillod, J. & Stamatiadis, M. (1998). Personalentwicklung in KMU – Erfahrungen und Bedürfnisse. Bern: Schweizerischer CIM-Bildungs- und Technologieverbund Mittelland.

Baitsch, C. (1998). Lernen im Prozeß der Arbeit. Zum Stand der internationalen Forschung. In Arbeitsgemeinschaft Qualifikations-Entwicklungs-Management (Hrsg.), Kompetenzentwicklung 98 (S. 269-337). Münster: Waxmann.

Behnken, I. & Zinnecker, J. (2001). Lernbiographien. Variationen zur Bedeutung eines Begriffs. In I. Behnken & J. Zinnecker (Hrsg.), Kinder. Kindheit. Lebensgeschichte. Ein Handbuch (S. 286-289). Seelze: Kallmeyer.

Birnbacher, D. & Krohn, D. (Hrsg.). (2002). Das sokratische Gespräch. Stuttgart: Reclam.

Bonati, P. (1999). Gutachten über die Zentralstelle für die Weiterbildung der Mittelschullehrpersonen (WBZ) Luzern. Bern: Typoskript.

Cloetta, B., Dann, H. D. & Müller-Fohrbrodt, G. (1978). Umweltbedingungen innovativer Kompetenz: eine Längsschnittuntersuchung zu Sozialisation von Lehrern in Ausbildung und Beruf. Stuttgart: Klett-Cotta.

Dirks, U. & Hansmann, W. (Hrsg.). (2002). Forschendes Lernen in der Lehrerbildung. Bad Heilbrunn: Klinkhardt.

Europäische Kommission (2009). Lifelong Learning Programme – LLP Leitfaden 2009. Online unter http://ec.europa.eu/llp [04.02.2009].

Europarat (1970). Permanent Education. Straßburg.

Feiman-Nemser, S. & Floden, R. E. (1991). Berufskulturen von Lehrern. In E. Terhart (Hrsg.), Unterrichten als Beruf (S. 41-84). Köln: Böhlau.

Gudjons, H. (2001). Handlungsorientiert lehren und lernen. Bad Heilbrunn: Klinkhardt.

Hascher, T. (2005). Die Erfahrungsfalle. Journal für Lehrerinnen- und Lehrerbildung, 1, 39-45.

Hascher, T. (2006). Veränderungen im Praktikum – Veränderungen durch das Praktikum: Ein vergleichender Blick auf Praktika in der Ausbildung von SekundarlehrerInnen. Zeitschrift für Pädagogik, 51. Beiheft, 130-149.

Hirsch, G., Ganguillet, G. & Trier, U. P. (1990). Wege und Erfahrungen im Lehrerberuf. Bern: Haupt.

Horstkemper, M. (2000). Geschlechtsrollenidentität und unterrichtliches Handeln. In M. K. W. Schweer (Hrsg.), Lehrer-Schüler-Interaktion. Pädagogisch-psychologische Aspekte des Lehrens und Lernens in der Schule (S. 139-158). Wiesbaden: VS Verlag für Sozialwissenschaften.

Huberman, M. (1989). The professional life cycle of teacher. Teachers College Record, 91, 31-57.

Huberman, M. (1991). Der berufliche Lebenszyklus von Lehrern: Ergebnisse einer empirischen Untersuchung. In E. Terhart (Hrsg.), Unterrichten als Beruf (S. 249-267). Köln: Böhlau.

Krainz-Dürr, M. (1999). Wie kommt Lernen in die Schule? Zur Lernfähigkeit der Schule als Organisation. Innsbruck: Studienverlag.

Kramis-Aebischer, K. (1995). Stress, Belastungen und Belastungsverarbeitung im Lehrberuf. Bern: Haupt.

Landert, C. (1999). Lehrerweiterbildung in der Schweiz. Zürich: Rüegger.

Lortie, D. C. (1975). Schoolteacher: A sociological study. Chicago: University of Chicago Press.

Mead, G. H. (2005). Geist, Identität und Gesellschaft aus der Sicht des Sozialbehaviorismus. Frankfurt am Main: Suhrkamp.

Müller-Fohrbrodt, G., Cloetta, B. & Dann, H. D. (1978). Der Praxisschock bei jungen Lehrern. Stuttgart: Klett-Cotta.

Obolenski, A. & Meyer, H. (2003). Forschendes Lernen. Bad Heilbrunn: Klinkhardt.

OECD (1973). Recurrent education. A strategy for lifelong learning. Paris: OECD.

Oser, F. & Oelkers, J. (2000). Die Wirksamkeit der Lehrerbildungssysteme in der Schweiz. Zürich: Rüegger.

Rothland, M. (Hrsg.). (2007). Belastung und Beanspruchung im Lehrerberuf. Wiesbaden: VS Verlag für Sozialwissenschaften.

Rustemeyer, R. (1999). Geschlechtstypische Erwartungen zukünftiger Lehrkräfte bezüglich des Unterrichtsfaches Mathematik und korrespondierende (Selbst-)Einschätzungen von Schülerinnen und Schülern. Psychologie in Erziehung und Unterricht, 46, 187-200.

Sandholtz, J. H. (2002). Inservice training or professional development: contrasting opportunities in a school/university partnership. Teaching and Teacher Education, 18(7), 815-830.

Schön, D. (1983). The reflective practitioner. How professionals think in action. New York: Basic Books.

Siebert, H. (1999). Pädagogischer Konstruktivismus. Weinheim: Beltz.

Terhart, E. (2002). Standards für die Lehrerbildung. Eine Expertise für die Kultusministerkonferenz. Zentrale Koordination Lehrerausbildung (ZKL-Texte Nr. 23). Münster: Westfälische Wilhelms-Universität.

Weigand, G. & Schenz, Ch. (2008). eVOCATIOn. Entwicklung eines europäischen Weiterbildungsprogramms für begabungsfördernde Lehrkräfte. news & science, 18, 47-50.

Wild, K.-P. (2003). Lebenslanges Lernen. Journal für Lehrerinnen- und Lehrerbildung, 1, 49-53.

Wygotski, L. (1977). Denken und Sprechen. Frankfurt am Main: Suhrkamp.

Konzeption eines binationalen Certificate of Advanced Studies „Schulentwicklung"

Leitende Kriterien der Planung

Frank Brückel & Jacques Schildknecht

Abstract

Wie muss eine Weiterbildung konzipiert werden, die den Anspruch hat, international breit diskutierte Themen der Schulentwicklung aufzugreifen und von Lehrpersonen und Schulleitungen aufgenommen zu werden, weil sie einen nachhaltigen Effekt auf den Arbeitsalltag der Teilnehmenden verspricht?

Der von der Pädagogischen Hochschule Zürich (CH) und dem Nationalen Finnischen Weiterbildungsinstitut OPEKO entwickelte und erstmals 2008/2009 durchgeführte CAS (Certificate of Advanced Studies) hat den Anspruch, dass Expertinnen und Experten der Schulentwicklung gemeinsam mit finnischen und schweizerischen Schulleitenden und Lehrpersonen aktuelle Themen der internationalen Schulentwicklung bearbeiten, um daraus konkrete Konsequenzen für den eigenen Schulalltag abzuleiten.

Der Beitrag stellt die Konzeption des Lehrgangs in den Mittelpunkt der Überlegungen. Dazu wird zunächst gezeigt, auf welche Analyseebenen bei der Konzipierung des Projekts zurückgegriffen wurde. Danach werden die Ausgangslage, die Grundidee und die damit verbundenen Ziele skizziert, bevor organisatorische Gesichtspunkte erläutert werden.

Schlagworte (dt.)

Binationale Lehrerfortbildung, Projektentwicklung, Konzepte der Lehrerfortbildung, Lernen in Tandems

Schlagworte (engl.)

binational in-service teacher education, projects development, conceptions of in-service teacher education, tandem learning

1. Internationalisierung der Bildungspolitik und deren Auswirkungen auf die Weiterbildung von Lehrpersonen

1.1 Allgemeine Entwicklung

Seit dem Beginn des neuen Jahrtausends und insbesondere mit der PISA-Studie kann eine fortschreitende Internationalisierung der Bildungspolitik festgestellt werden. Das ist in jeder einzelnen Schule spürbar: Die „großen Themen" der Schulentwicklung der letzten Jahre werden international breit diskutiert und haben schon längst den Schulalltag erreicht. Besonders die Diskussionen über „guten Unterricht", „Schulqualität", „Schulentwicklung", „Effektivität und Effizienz von Schulen" sowie die Orientierung an Ergebnissen (*Outputs*) und Wirkungen (*Outcomes*) sind nicht ohne Folgen geblieben (vgl. Criblez, 2009).

Um aufzuzeigen, welche Konsequenzen diese Diskussionen im Schulalltag haben, muss der Blick auf einzelne Länder und Regionen gerichtet werden, da nationale Lösungen im Umgang mit den international diskutierten Themen höchst unterschiedlich ausfallen (vgl. Hörner et al., 2007). In der Schweiz zeigen sich die Auswirkungen beispielsweise in der verstärkten Orientierung an Konzepten des New Public Managements und der damit verbundenen größeren Autonomie der Schulen. Solche Konzepte berufen sich zumeist auf Ergebnisse der angelsächsischen Schulwirksamkeitsforschung. Konkret führte dies dazu, dass im Volksschulbereich seit der zweiten Hälfte der 90er Jahre (nach 175 Jahren behördlicher Verwaltung) Schulleitungen für die operative Führung von Schulen eingerichtet wurden (vgl. für die Schweiz z.B. Criblez, 2009).

Diese zwei Neuerungen – mehr Handlungsspielräume der Schulen und die Einführung von Schulleitungen – haben inzwischen auch eine Reform der Schulaufsicht bewirkt und ziehen eine Vielzahl neuer Fragen nach sich. Allein an diesem Beispiel zeigt sich die Dynamik, die in den letzten Jahren entstanden ist. Neben Führungsfragen haben sich mittlerweile auch eine Reihe anderer Themen herauskristallisiert, die sowohl national wie auch lokal große Relevanz haben.[1]

1.2 Auswirkungen auf Weiterbildungsangebote

Es kann kaum erstaunen, dass die Internationalisierung auch einen erhöhten länderübergreifenden Austausch auf universitärer und schulischer Ebene nach sich zieht. Bis heute existieren vielfältige Programme, die sich zum Ziel gesetzt haben, Schulleitungen und Lehrpersonen unterschiedlicher Länder zusammenzubringen, um an aktuellen Themen zu arbeiten (vgl. European Commission, 2009):

- Auf Ebene der Hochschulen bieten die meisten Universitäten und Fachhochschulen ihren Dozierenden und Studierenden die Möglichkeit zum internationalen Austausch, sei es durch Aufenthalte im Partnerland und/oder Teilnahme an internationalen Forschungsprojekten.
- Auch Schulleitende und Lehrpersonen erhalten die Möglichkeit, an einer Vielzahl von geförderten Austauschprogrammen teilzunehmen.

Der Erfolg dieser Programme scheint groß zu sein und wird nur selten in Frage gestellt.[2]

Auch Weiterbildungsverantwortliche sind gefordert, das Thema des internationalen Austauschs zu diskutieren und in ihre Programme aufzunehmen. Insbesondere deshalb, weil Weiterbildungsveranstaltungen die Möglichkeit eröffnen, Theorie und Praxis so zu ver-

1 Mit den Themen wie „guter Unterricht", „Schuleintrittsalter", „Sprachen", „Umgang mit Migration", „integrative Förderung" oder der Einführung von „Tagesstrukturen und Tagesbetreuung" stehen schulpolitische Fragen im derzeitigen Mittelpunkt des Interesses, die in der Schweiz einerseits in der Regelungskompetenz der Kantone liegen, andererseits aber weit über die Landesgrenzen hinaus diskutiert werden (vgl. Bildungsrat Kanton Zürich, 2008).

2 Siehe dazu die vielfältigen EU-Programme, die den internationalen Austausch im Bildungsbereich fördern, wie zum Beispiel Grundvig, Comenius (siehe hierzu auch Hascher & Weyringer, in diesem Band), Erasmus oder Leonardo etc. (vgl. http://ec.europa.eu/education/lifelong-learning-programme/doc86_en.htm – Zugriff am 6. Juli 2009).

binden, dass teilnehmende Schulleiterinnen und Schulleiter, Lehrpersonen und Behördenmitglieder sowie Hochschuldozierende aus verschiedenen Ländern zusammenkommen, um den jeweils anderen Schulalltag kennen zu lernen und um aktuelle Fragen theoretisch vertieft zu diskutieren. Ein weiterer, nicht zu unterschätzender Vorteil von derartigen Weiterbildungen ist es, dass die Teilnehmenden ein national und international anerkanntes Studienzertifikat erwerben können. Der CAS „Schulentwicklung International: Finnland und die Schweiz“ bietet diese Chance. Bevor die Konzeption des Programms näher beschrieben und begründet wird, werden im Folgenden Kriterien vorgestellt, entlang denen der CAS ausgerichtet ist.

2. Kriterien für eine „zeitgemäße schulbezogene Weiterbildung“

In vielen Berufen gelten nach Baethge et al. (2003) heute mindestens drei Merkmale, die einerseits für öffentliche Schulen[3] nicht oder nur bedingt gelten und andererseits das Weiterbildungsverhalten erheblich beeinflussen: Erstens wird den Individuen für die Sicherung ihrer Beschäftigungsfähigkeit der regelmäßige Besuch von weiterbildenden Maßnahmen abverlangt. Zweitens ist die Chance auf beruflichen Aufstieg ein wesentlicher Anreiz für den Besuch von Weiterbildungen und drittens stellt ein nach der Weiterbildung in Aussicht gestellter höherer Lohn einen nicht zu unterschätzenden Motivationsfaktor dar (vgl. Baethge, 2003, S. 102).

Öffentliche Schulen bieten – abgesehen von der Funktion Schulleitung – bislang keine beruflichen Aufstiegsmöglichkeiten an und sehen keinen mit dem Abschluss von Weiterbildungen gekoppelten höheren Lohn vor. In Kombination mit fehlenden Verpflichtungen[4] sind Weiterbildungen für Lehrpersonen und Schulleitungen zunächst mit zusätzlichem Zeiteinsatz und persönlichen finanziellen Aufwendungen verbunden, die meist neben den anderen beruflichen Verpflichtungen geleistet werden müssen.

Für die Konzeption von Weiterbildungen bedeutet dies, dass sie so attraktiv sein müssen, dass sich Schulleitungen und Lehrpersonen aus eigenem Entwicklungsinteresse ohne äußere Anreize für eine Teilnahme entscheiden. Die Weiterbildung selbst muss dahingehend überzeugen, dass sie einen wesentlichen Beitrag zur Sicherung der Beschäftigungsfähigkeit[5] leisten kann.

Um dies zu erreichen, sind schon in der Konzeptionsphase u.a. drei Aspekte zu beachten: a) die Berücksichtigung der Bedürfnisse der Teilnehmenden, b) die Relevanz der Themen für die Teilnehmer/innen sowie c) strukturelle und inhaltlich-didaktische Aspekte.

3 Baethge et al. beziehen sich dabei auf Deutschland. Die Situation in der Schweiz ist jedoch vergleichbar, so dass die Ergebnisse hier übertragen werden können.

4 Im Kanton Zürich gibt es bislang noch keinen Berufsauftrag für Lehrpersonen, in dem eine verpflichtende Weiterbildungszeit vorgeschrieben wird. Davon ausgenommen ist die Berufseinstiegsphase.

5 In diesem Zusammenhang ist gemeint, dass sich die Teilnehmenden deshalb für eine Weiterbildung entscheiden, weil sie davon ausgehen, dass ihnen diese bei der Bewältigung ihres Arbeitsalltags hilft. Wir verwenden in diesem Zusammenhang nicht den Begriff der Professionalisierung, da dieser nicht einheitlich verwendet wird und weiteren Klärungsbedarf nach sich ziehen würde, der an dieser Stelle nicht geleistet werden kann.

2.1 Bedürfnisse der Teilnehmenden bezüglich relevanter Themen

Da schulische Weiterbildungen in der Schweiz und in Finnland in einem Quasimarkt operieren, können Angebote nur durchgeführt werden, wenn sie kostendeckend arbeiten.[6] Das bedeutet, dass die Beachtung des Weiterbildungsverhaltens der anvisierten Zielgruppen eine nicht unwesentliche Rolle spielt. Daraus kann geschlossen werden, „dass Angebote dann gut sind, wenn Teilnehmende das lernen, was sie lernen wollen, und es anwenden können" (Heine, 2007, S. 26).

Nach Wagner, Schmid und von der Meden (2007, S. 6) ist die Erklärung des Weiterbildungsverhaltens allerdings aufgrund der Komplexität und Vielfältigkeit mit erheblichen Schwierigkeiten verbunden und bislang kaum bestimmbar. In der Schweiz ermittelt das Bundesamt für Statistik jedes Jahr Zahlen zur Weiterbildung, die leider so rudimentär und allgemein sind, dass sie kaum aussagekräftig sind (Schläfli & Sgier, 2008, S. 47). Auch im schulischen Umfeld gibt es derzeit keine einschlägigen Studien, die das Weiterbildungsverhalten von Lehrpersonen und Schulleitungen untersucht haben. In der Konsequenz bedeutet dies, dass es sinnvoll ist, potentielle Teilnehmende bereits in der Konzeptionsphase mit einzubinden.

Angesichts der thematischen Vielfalt des „Berufsfelds Schule" muss in der Konzeptionsphase darauf geachtet werden, dass nicht zu viele Themen miteinander verknüpft werden. Es bedarf also einer begründeten Themenauswahl. Wagner, Schmid und von der Meden (2007) unterscheiden in einem ersten Schritt zwischen „berufsbezogenen Inhalten" und „arbeitsplatzbezogenen Inhalten", wobei diese Differenzierung in der Praxis oft fließend und damit nicht eindeutig trennscharf ist.

Unter berufsbezogene Inhalte fallen die Themen, die den Beruf im Allgemeinen und das „System Schule" betreffen. Das Können und der Professionalisierungsgrad der einzelnen Person spielen dabei nur eine sehr untergeordnete Rolle. In der Regel geht es bei „berufsbezogenen Inhalten" um Umsetzungen auf der Mesoebene. Gemeint sind Schulentwicklungsmaßnahmen, die oft mit Organisationsentwicklungsprozessen gleichgesetzt werden (zum Beispiel die Umsetzung von Reformen und Erlässen). Arbeitsplatzbezogene Inhalte zielen mehr auf die Professionalisierung einzelner Personen, also auf die Mikroebene. In der Regel betrifft dies Weiterbildungen zu Themen der Unterrichts- und Personalentwicklung.

Wenn es – wie in dem hier vorgestellten CAS – um mehrheitlich berufsbezogene Inhalte geht, dann stellt sich die Frage, welche Inhalte darunter verstanden werden sollen und wie diese in die Weiterbildung aufgenommen werden. Aus diesen Gründen gehen wir an dieser Stelle näher auf die Ausdifferenzierung dieser Inhalte ein und verzichten auf eine genaue Beleuchtung der arbeitsplatzbezogenen Inhalte.

Berufsbezogene Inhalte, die für die Weiterbildung relevant sind und alle Schulen und Lehrpersonen betreffen, haben unterschiedliche Hintergründe und Auslöser. Diese Themenbereiche können auf mindestens drei Ebenen angesiedelt werden: der bildungspolitischen Ebene, der erziehungswissenschaftlichen Ebene und der Ebene des Schulalltags.

6 Das heißt konkret, dass alle Weiterbildungsangebote der Pädagogischen Hochschule Zürich (Kurse, CAS, Tagungen etc.) bezüglich Personal- und Sachaufwand kostendeckend arbeiten müssen.

Nicht selten sind es Reformen wie Gesetzesänderungen, Lehrplanüberarbeitungen oder die Einführung neuer Lehrmittel, die einen Bedarf an Weiterbildung nach sich ziehen. Am Beispiel des im Jahre 2005 in Kraft getretenen neuen Zürcher Volksschulgesetzes kann aufgezeigt werden, welchen Einfluss politische Entscheidungen auf die Weiterbildung haben. Das Gesetz sieht für alle öffentlichen Volksschulen der Primar- und Sekundarstufe 1 ein ganzes Paket an Reformen vor, die zeitlich gestaffelt ab dem Schuljahr 2006/2007 bis Ende 2011 umgesetzt werden. Darunter fallen die Einführung geleiteter Schulen, die Mitwirkung von Schüler/inne/n und Eltern, die integrative Förderung, der Ausbau der Qualitätssicherung und -kontrolle sowie die bedarfsgerechte Einführung von Tagesstrukturen (vgl. www.vsa.zh.ch).

Alle diese Reformen haben einen unmittelbaren Einfluss auf die Weiterbildungsangebote. Einerseits müssen die Anbieter/innen diese Vorgaben beachten und entsprechende Angebote bereitstellen. Andererseits bedeutet dies auch, dass diese verpflichtenden Maßnahmen viele potentielle Teilnehmerinnen und Teilnehmer absorbieren.

Für nicht verpflichtende Angebote kann dies heißen, dass sie weniger Interesse auf sich ziehen. Die Frage der Aktualität und Dringlichkeit spielt dabei aber nur eine untergeordnete Rolle. Mit anderen Worten: Wenn eine Weiterbildung mangels Teilnehmerinnen und Teilnehmern abgesagt werden muss, kann dies auch daran liegen, dass die Zielgruppe kaum Kapazitäten frei hat. Das hat für den CAS „Schulentwicklung International“ deshalb eine Relevanz, da das Angebot nicht zu den Pflichtangeboten gehört. Wenn sich nun nur wenige Anmeldungen ergeben sollten, kann das einerseits daran liegen, dass das Angebot nicht den Bedürfnissen des Markts entspricht, es kann aber auch sein, dass viele Interessierte deshalb nicht kommen, weil sie andere verpflichtende Weiterbildungen wahrnehmen.

Neben bildungspolitischen Reformen generieren wissenschaftliche Untersuchungen eine Vielzahl von Ergebnissen, die für die Konzeption neuer Weiterbildungsveranstaltungen hoch relevant sein können. Prominente Beispiele für solche Einflüsse aus Untersuchungen sind etwa die Ergebnisse der PISA-Studie oder Untersuchungen zu „professionellen Lerngemeinschaften von Lehrerinnen und Lehrern“ (vgl. Rolff, 2007). Selbstverständlich können wissenschaftliche Untersuchungen politische Reformen nach sich ziehen. In diesen Fällen verschmelzen die beiden Ebenen.

Darüber hinaus gibt es eine Reihe von aktuellen Themen, die den Schulalltag von Schulen sehr dominant bestimmen können und abseits von politischen Reformen und wissenschaftlichen Untersuchungen stehen. Dies kann zum Beispiel daher kommen, dass der Schulalltag immer wieder nicht vorhersehbare Bedürfnisse weckt, die aus Sicht der langfristigen Weiterbildungsplanung schlecht absehbar sind. Beispiele hierfür sind derzeit die Frage des Umgangs mit Gewalt oder mit psychischen Auffälligkeiten, die Gesundheitsprävention oder der Umgang mit neuen Medien.

Zusammenfassend kann festgestellt werden, dass bei der Frage nach inhaltlichen Schwerpunkten zunächst zwischen berufsbezogenen und arbeitsplatzbezogenen Inhalten unterschieden werden kann. Beide inhaltlichen Schwerpunkte können in einem zweiten Schritt in weitere Themenfelder unterteilt werden. Abbildung 1 zeigt exemplarische Themenfelder für berufsbezogene Inhalte im Überblick:

Abb. 1: Kriterienbezogene Ableitung möglicher Inhalte für die Konzeption von Weiterbildungen

2.2 Strukturelle und didaktisch-methodische Aspekte

Der dritte Aspekt, strukturelle und didaktisch-methodische Überlegungen, hat zum Ziel, eine hohe Wirksamkeit zu erreichen. Es geht um die Frage, wie eine Weiterbildung aufgebaut und durchgeführt werden muss, damit die Teilnehmenden möglichst viel „mitnehmen“. Wie Lipowsky in seinem Beitrag in diesem Buch deutlich macht, lassen sich Wirkungen von Weiterbildungen laut aktuellen empirischen Befunden auf vier Ebenen verorten:[7]

- Auf der Ebene der Einschätzungen und Reaktionen der Teilnehmenden, also z.B. an ihrer Zufriedenheit.
- An kognitiven Veränderungen, also an der Erweiterung von Einstellungen und Wissensbeständen.
- An Veränderungen im unterrichtspraktischen Handeln.
- An Effekten auf Seiten der Lernenden.

7 Für die genauen Ausführungen verweisen wir an dieser Stelle auf die Lektüre des Beitrags von Lipowsky in diesem Buch.

Während die ersten beiden Ebenen die Aussage von Heine (2007, S. 26) unterstreichen, dass „Angebote dann gut sind, wenn Teilnehmende das lernen, was sie lernen wollen, und es anwenden können“, beziehen sich die Ebenen drei und vier auf Veränderungen im Unterricht bzw. auf Seiten der Lernenden, also auf Angebote zu arbeitsplatzbezogenen Inhalten. Diese Kriterien sind auf berufsbezogene Inhalte in der Regel nur indirekt anzuwenden.

Selbstverständlich sollten alle Schulentwicklungsmaßnahmen – auch berufsbezogene – letztlich dazu dienen, dass der Lernfortschritt der Schülerinnen und Schüler der „ultimative Bezugspunkt“ bleibt (vgl. Rolff, 2007, S. 30). Ob und wie dieser Effekt bei Prozessen der schulischen Organisation allerdings tatsächlich erreicht wird, ist derzeit empirisch nicht ausreichend untersucht.

Für die Konzeption von Weiterbildungen bedeuten die vier Ebenen Lipowskys – unabhängig davon, ob sie sich auf berufs- oder arbeitsplatzbezogene Inhalte beziehen – wichtige Prüfkriterien, die es zu beachten gilt und die mit Rückfragen wie den folgenden zu fassen sind: Welche Erweiterung von spezifischem Fachwissen streben wir an? Welche Veränderungen im praktischen Handeln sollen im Schulalltag erreicht werden? Welche Veränderungen bei Schülerinnen und Schülern sind intendiert?

Bei der Konzipierung von CAS wurden weitgehend die empirisch abgesicherten Kriterien wirksamer Lehrerfortbildungen herangezogen (vgl. Lipowsky, in diesem Band).
Erfolgreiche Fortbildungsveranstaltungen

- sind in der Regel zeitintensiv und erstrecken sich über einen längeren Zeitraum;
- beziehen externe Expertinnen und Experten mit ein;
- haben einen eher engen thematischen Fokus;
- regen die Teilnehmenden zum vertieften Nachdenken über ihre eigene Praxis an;
- sind besonders veränderungswirksam, wenn es zu Dissonanzen zwischen den eigenen Erwartungen und Überzeugungen auf der einen Seite und der eigenen unterrichtlichen Praxis auf der anderen Seite kommt;
- stellen eine Kombination aus reflexions- und handlungspraktischen Erprobungsphasen dar und
- setzen an den individuellen Voraussetzungen der Teilnehmenden an.

2.3 Kriterien für die Konzeption einer zeitgemäßen schulbezogenen Weiterbildung im Überblick

Die bisherigen Ausführungen haben gezeigt, dass eine kriteriengeleitete Konzeption mindestens drei Aspekte beachtet: die Bedürfnisse der Teilnehmer/innen, die inhaltliche Ausrichtung darauf sowie strukturelle und inhaltlich-didaktische Aspekte. Abbildung 2 zeigt die Aspekte im Überblick, die in der Abbildung unterstrichenen Punkte werden anschließend näher erläutert.

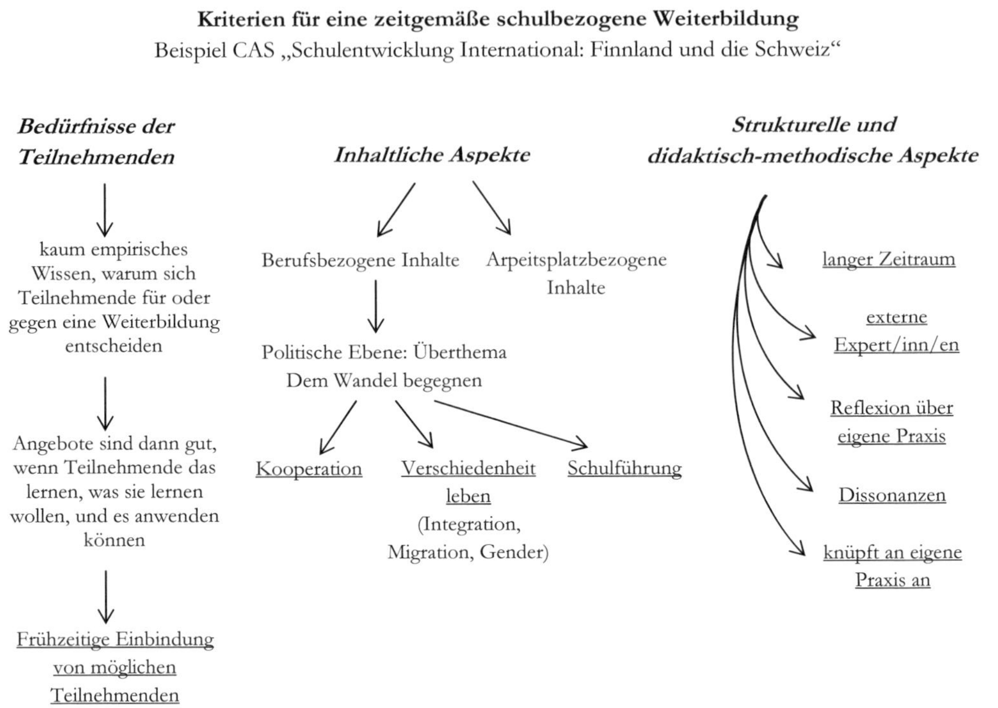

Abb. 2: Kriterien für eine zeitgemäße schulbezogene Weiterbildung im Überblick

3. Education for the Future: International Cooperation Programme for Education Professionals – Der CAS „Schulentwicklung International: Finnland und die Schweiz“ (CAS SEI)[8]

3.1 Kriterienbezug

Ausgangspunkt für die Konzeption des CAS „Schulentwicklung International: Finnland und die Schweiz“ (CAS SEI) waren die im einleitenden Kapitel dargestellten Tendenzen der Internationalisierung im Bildungswesen, die die Pädagogische Hochschule Zürich anfänglich mit einer Studienreise nach Finnland aufgriff. Als ein Fazit dieser Reise wurde von Teilnehmenden immer wieder der Wunsch geäußert, sich intensiver mit Lehrpersonen und Schulleitenden aus Finnland austauschen zu können. Gleichzeitig wurde dieses Anliegen auch von den gastgebenden Schulen in Finnland an das nationale finnische Weiterbildungsinstitut herangetragen.

---

8 An dieser Stelle wollen wir betonen, dass es ohne die großzügige finanzielle Unterstützung der Stiftung Mercator Schweiz deutlich schwieriger geworden wäre, das aufwändige und spannende Projekt zu finanzieren.

Diese Anregungen von Teilnehmenden dienten als Basis für die Konzeption und beziehen sich auf die folgenden Punkte:

- Der thematische Fokus muss eng festgesetzt werden.
- Ausgangspunkt muss der eigene Schulalltag der Teilnehmenden sein.
- Die Teilnehmenden müssen die Möglichkeit haben, sowohl fremde wie auch eigene Praxis zu reflektieren.
- Idealerweise werden Fragen gesucht, die in beiden Ländern aktuell sind, aber unterschiedlich beantwortet werden, damit es zu Dissonanzen zwischen eigener und fremder Praxis kommt.
- Der Lehrgang muss in beiden Ländern stattfinden, damit Hochschuldozierende und andere Expert/inn/en auf kurzen Wegen eingeladen werden können.
- Der Zeitraum des Lehrgangs muss sich über mindestens ein Jahr erstrecken.

3.2 Ausgangslage und Grundidee

Auswahl der Inhalte

Wenn Weiterbildungen geplant werden, die international ausgerichtet sind und bei denen zwei Partner/innen aus unterschiedlichen Ländern kooperieren, muss zunächst geklärt werden, welche gemeinsamen Interessen die Partner/innen haben und was Ziel eines solchen Lehrgangs ist.

Der CAS SEI ist für Schulleitungen und Lehrpersonen gedacht, die an ihrer eigenen Schule Entwicklungsprojekte planen und durchführen möchten. Dazu sollen sie mit Schulleitungen und Lehrpersonen aus dem jeweils anderen Land zusammenkommen, um gemeinsam für ihre Praxis zu lernen.

Wenn dieses Ziel erreicht werden soll, gilt es zu beachten, dass Schulen als lokale Institutionen spätestens seit der Veröffentlichung der PISA-Studie in einem Spannungsfeld stehen, das oftmals nicht einfach ist: Einerseits müssen sie sich auf die Bedürfnisse ihres Orts einstellen, andererseits werden sie mehr und mehr international verglichen. Diese Tatsache birgt sowohl Chancen wie auch Gefahren: Eine Gefahr besteht dann, wenn Standards formuliert werden, die zwar aus internationaler Sicht Sinn machen, die lokalen Bedürfnisse der Einzelschule jedoch nur ungenügend berücksichtigen. Oelkers weist in seinen Ausführungen zur Schulentwicklung auf diese Gefahr hin, dass es niemandem hilft, „wenn in Zukunft alle drei Jahre PISA-Resultate aufgeregt kommentiert werden und sich am System gar nichts ändert. Dieses Spiel kennt die [...] Bildungspolitik seit Jahrzehnten, wobei die ständige Wiederholung das Spiel nicht besser macht. Auch Leistungsmessungen für Lehrkräfte werden daran wenig ändern, wenn nicht Klarheit darüber herrscht, wie die Ergebnisse umgesetzt werden sollen.“ (Oelkers, 2003, S. 12)

Chancen hingegen können dann konstruktiv genutzt werden, wenn es gelingt, die „Internationalisierung der Schulentwicklungsdiskussion“ so aufzugreifen, dass jede einzelne Schule die Möglichkeit hat, Entwicklungspotential für ihre eigene Situation zu erkennen, dieses individuell aufzugreifen und umzusetzen. Es geht also darum, eine Auswahl an Themen zu treffen, die sowohl international wie auch regional von Bedeutung ist und bei denen die Teilnehmenden einen unmittelbaren Praxisbezug sehen.

Konkret wurden drei Themen formuliert, die sich wie folgt umschreiben lassen: „Schulführung“, „Verschiedenheit leben“ und „Kooperation gestalten“. Alle diese Bereiche sind in hohem Maße praxisrelevant. Schulpolitisch besteht in beiden Ländern der Auftrag an jede Schule, dass sie möglichst passend auf ihr Umfeld umgesetzt werden.

Tandems

Wie in Kapitel 2 deutlich wurde, ist unter didaktisch-methodischen Aspekten die Anknüpfung an den eigenen Arbeitsalltag besonders dann lernförderlich, wenn die Teilnehmenden angeregt werden, ihre Arbeit mittels konstruktiven Dissonanzen spiegeln zu können. Im CAS SEI arbeiten die Teilnehmenden in Tandems: jede Person hat eine Partnerin oder einen Partner aus dem jeweils anderen Land, die/der in derselben Schulstufe arbeitet. Ausgangspunkt der Tandemarbeit ist je ein Schulbesuch. Nach diesen Praxisbesuchen werden ausgewählte Aspekte der aktuellen Schulentwicklung aus der oben dargestellten Themenpalette beider Länder in Seminaren bearbeitet und reflektiert. Zusätzlich muss jede/r Teilnehmende eine Projektidee des Partnerlands herausgreifen und in der eigenen Schule umsetzen.

3.3 Ziele des CAS Schulentwicklung International

Die Formulierung der Ausgangslage und der gemeinsamen Interessen leitet zu den konkreten Zielen des CAS über. Die Teilnehmenden beider Länder sollen einen Einblick in den Schulalltag des jeweils anderen Partnerlands bekommen. Sie können den eigenen Schulalltag gemeinsam mit einer Kollegin/einem Kollegen des Partnerlands reflektieren und bekommen eine Rückmeldung zur eigenen Schule oder zum eigenen Unterricht. Hochschuldozierende aus beiden Ländern zeigen neueste Forschungsergebnisse zu den im Lehrgang fokussierten Themenfeldern und die Gruppe diskutiert Chancen und Grenzen der Umsetzung im eigenen Schulalltag.

Aus den gewonnenen Erkenntnissen implementieren die Teilnehmenden je eine neue Schulentwicklungsmaßnahme an ihrer eigenen Schule. Schließlich werden die wichtigsten Tendenzen der internationalen Schulentwicklung aufgegriffen und diskutiert. Wie der Überblick in Abbildung 3 deutlich macht, werden die grundlegenden Kriterien bedient und prozessbezogen so weit vertieft, dass am Schluss die Umsetzung einer Projektidee im eigenen Schulalltag möglich wird.

3.4 Organisatorische Gesichtspunkte des CAS SEI

Grundsatzfragen

Neben diesen inhaltlichen und konzeptionellen Fragestellungen ist es wichtig, in einem nächsten Schritt abzuklären, ob beide Partnerorganisationen in ihren Angeboten und Strukturen so weit zusammenpassen, dass der Lehrgang in die eigenen Weiterbildungsstudiengänge integriert und anerkannt werden kann. Folgende Fragen galt es zu klären:

- Wie arbeiten beide Partner/innen mit dem Bologna-System?
- Arbeiten beide Partner/innen mit ähnlichen Zeitgefäßen (Kann der Lehrgang innerhalb von 15 Monaten abgeschlossen werden?) und in ähnlichen modularen Systemen?
- Wo soll der Lehrgang geographisch stattfinden?
- Wie viele Teilnehmende können aufgenommen werden?
- Gelingt es, Drittmittel zu gewinnen?
- Ist Begleitforschung sinnvoll und möglich?

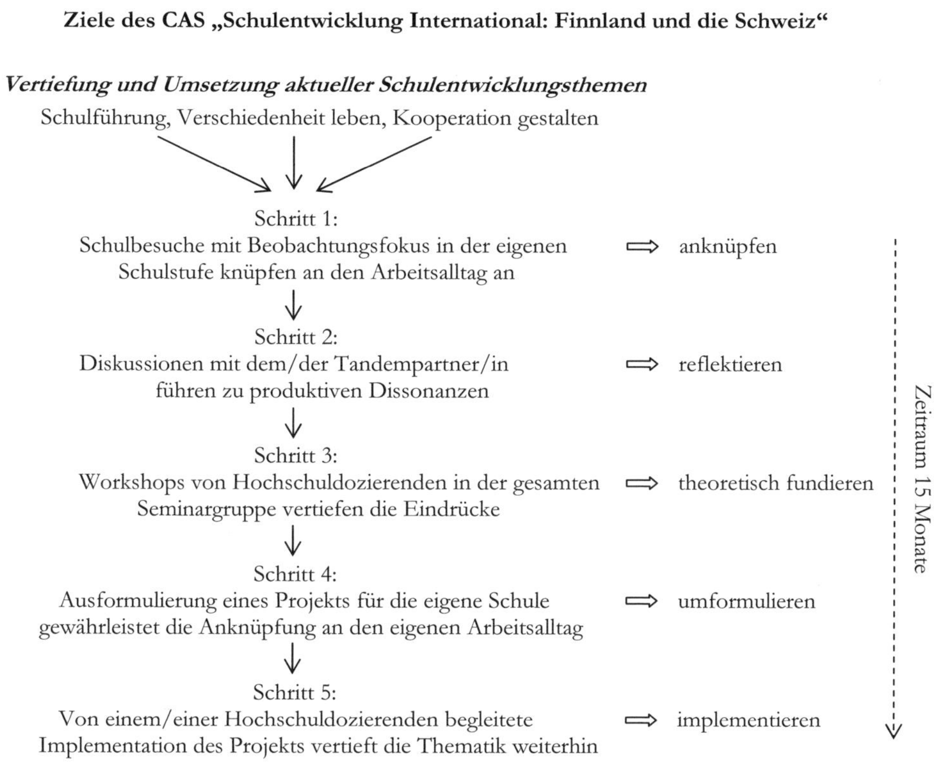

Abb. 3: Die Ziele des CAS Schulentwicklung International

Von der ersten Idee bis hin zur Vertragsunterzeichnung hat die Bearbeitung dieser Fragen ein gutes Jahr in Anspruch genommen. Dabei ist es gelungen, die Stiftung Mercator Schweiz als Drittmittelgeberin zu gewinnen, was den finanziellen Druck erheblich vermindert. Der CAS SEI ist sowohl auf Schweizer wie auch auf finnischer Seite voll anerkannt. In der Schweiz kann er zudem im Rahmen des Master of Advanced Studies zu einem Master-Diplom ausgebaut werden. Abbildung 4 zeigt die wichtigsten organisatorischen Eckpunkte im Überblick:

CAS „ Schulentwicklung International" – organisatorische Eckpunkte

➡ Anerkennung:	Der Lehrgang wird in beiden Ländern im Rahmen der Weiterbildungstudiengänge anerkannt.
➡ ECTS:	15 ECTS-Punkte = 450 Stunden Arbeitszeit = ca. 200 Stunden Seminar; ca. 150 Stunden Eigenarbeit
➡ Zeitraum:	15 Monate = Juli 2008 – September 2009
➡ Struktur:	6 Module (insgesamt 23 Arbeitstage)
➡ Aufteilung der Module:	3 gemeinsame Module (= 14 Arbeitstage) 3 getrennte Module (= 9 Arbeitstage)
➡ Orte:	1 x Finnland, 2 x Schweiz
➡ Anzahl Teilnehmende:	je 16 Personen
➡ Drittmittel:	Stiftung Mercator Schweiz
➡ Begleitforschung:	geplant ab der 2. Durchführung; Start Juli 2009

Abb. 4: Organisatorische Eckpunkte des CAS Schulentwicklung International

Konkrete Umsetzung

Die Bearbeitung der oben aufgezeigten Fragen lenkt den Blick auf ganz konkrete Umsetzungsfragen. Wie Abbildung 5 deutlich macht, besuchen sich Schulleitungen und Lehrpersonen aus beiden Ländern im ersten Halbjahr zunächst gegenseitig im Unterricht in Finnland. Die hier gewonnenen Eindrücke werden mit Hilfe von Hochschuldozierenden in anschließenden Workshops aufgegriffen und vertieft.

Neben diesen gemeinsamen Treffen ist es wichtig, dass in jeder Ländergruppe genügend Zeit bleibt, um die Eindrücke zu verarbeiten und länderspezifisch zu vertiefen.

Aus diesem Grunde ist der Lehrgang so aufgebaut, dass sich die Gruppen während des Lehrgangs je zur Hälfte gemeinsam und getrennt treffen.[9]

Im zweiten Halbjahr folgt in etwa das gleiche Programm in der Schweiz, nur dass sich das Thema ändert: In Finnland steht das Thema „Kooperation gestalten" im Zentrum, in der Schweiz „Verschiedenheit leben". Das dritte Thema „Schulführung" wird in beiden Ländern immer wieder aufgegriffen. So wird der enge Fokus auf nur drei Themen gewährleistet. Am Schluss des Lehrgangs folgt ein Ausblick auf internationale Perspektiven der Schulentwicklung.

9 Die Module 1, 3 und 5 finden in jeweils länderspezifischen Gruppen getrennt statt, die Module 2, 4 und 6 werden gemeinsam durchgeführt.

CAS „Schulentwicklung International“ – Organisation des Lehrgangs

Finnland	**Schweiz**
Schulleiter/innen Lehrpersonen Fachleute aus dem Bildungsbereich	Schulleiter/innen Lehrpersonen Fachleute aus dem Bildungsbereich

↘ ↙

Gegenseitige Schulbesuche

↓

Diskussion & Erarbeitung von ausgewählten Themen der aktuellen Schulentwicklung mit Hochschuldozent/inn/en

↙ ↘

Reflexion in getrennten Gruppen Initiierung eines Projekts an der eigenen Schule	Reflexion in getrennten Gruppen Initiierung eines Projekts an der eigenen Schule

↘ ↙

Gegenseitige Schulbesuche

↓

Diskussion & Erarbeitung von ausgewählten Themen der aktuellen Schulentwicklung mit Hochschuldozent/inn/en

↓

Erweiterung: Internationale Perspektiven der Schulentwicklung

Abb. 5: Organisation des CAS Schulentwicklung International

4. Ausblick

Ausgehend von der Idee, dass Anliegen und Perspektiven der internationalen Schulentwicklung dann besonders fruchtbar in Schulen umgesetzt werden können, wenn Praktiker/innen und Hochschuldozierende aus unterschiedlichen Ländern zusammenkommen, um Chancen und Grenzen für den Schulalltag zu diskutieren, wurde der CAS SEI konzipiert.

Dabei war es von Anfang an ein Anspruch, dass der CAS in der Konzeption und Umsetzung dem aktuellen Wissensstand über „erfolgreiche Weiterbildungen“ entspricht, also Kriterien berücksichtigt werden, die einen möglichst hohen Wissens- und Kompetenzzuwachs der Teilnehmenden ermöglichen. Diese Kriterien wurden aus drei Aspekten gewonnen, die von Weiterbildungsanbieterinnen und -anbietern – unabhängig vom Thema – berücksichtigt werden sollten. Der unsicherste Punkt der Konzeption ist letztlich die Frage, ob der Lehrgang von der Zielgruppe tatsächlich angenommen wird – auch wenn die erste Durchführung auf beiden Seiten ausgebucht war und erste Evaluationsergebnisse eine hohe Zufriedenheit bescheinigen.

Eine besondere Herausforderung dieses CAS besteht darin, dass länderübergreifend gearbeitet wird. Ob, was und wie viel die Teilnehmenden letztlich lernen, kann erst nach der ersten Durchführung mittels Begleitprojekten festgestellt werden.

5. Literatur

Baethge, M., Buss, K.-P. & Lanfer, C. (2003). Konzeptionelle Grundlagen für einen nationalen Bildungsbericht: Berufliche Bildung und Weiterbildung, lebenslanges Lernen. Berlin: Bundesministerium für Bildung und Forschung (BMBF).

Bildungsrat Kanton Zürich (2008). Bildung und Integration. Leitlinien des Bildungsrats vom 14.1.2008. Online unter http://edudoc.ch/record/26648/files/?ln=de [09.01.2009].

Criblez, L. (2009). Die Entwicklung des öffentlichen Schulwesens in der Schweiz seit 25 Jahren. In F. Brückel & U. Schönberger (Hrsg.), Querblick. Alternative Schulen in privater Trägerschaft in der Schweiz (S. 15-45). Zürich: Pestallozianum.

European Commission (2009). Comenius for School Education. Online unter http://ec.europa.eu/education/lifelong-learning-programme/doc84_en.htm [2009-01-09].

Heine, S. (2007). Erstklassige Lehrer gesucht. Weiterbildung, 18(3), 26-29.

Hörner, W., Döbert, H., Von Kopp, B. & Mitter, W. (2007). The Education Systems of Europe. Dordrecht: Springer.

Oelkers, J. (2003). Wie man Schule entwickelt. Weinheim: Beltz.

Rolff, H. G. (2007). Studien zu einer Theorie der Schulentwicklung. Weinheim: Beltz.

Schläfli, A. & Sgier, I. (2008). Porträt Weiterbildung Schweiz. Bielefeld: Bertelsmann.

Wagner, B., Schmid, A. & von der Meden, B. (2007). Allgemeine arbeitsweltbezogene Weiterbildung. Ergebnisse eines Innovationsprojektes. München: R. Hampp.

Unterstützungssysteme an schwedischen Schulen
Eine Fallstudie

Christoph Winkler

Abstract

Unterstützungssysteme werden in der aktuellen erziehungswissenschaftlichen Diskussion als eine Möglichkeit zur Steigerung von Schulqualität diskutiert. Zunächst werden im Beitrag die konzeptuellen Verbindungslinien zwischen Unterstützungssystemen und der Fortbildung von Lehrkräften gezogen. Danach werden exemplarisch Wege aufgezeigt, wie eine schwedische Schule die Gestaltungsspielräume im Rahmen der Output-Steuerung von Schulen dazu nutzt, um Unterstützungssysteme für Lehrkräfte zu etablieren. Der Beitrag liefert neben empirischen Daten zur Umsetzung von Unterstützungssystemen auch Empfehlungen für zukünftige Studien.

Schlagworte (dt.)

Unterstützungssysteme, Schulentwicklung, Schulorganisation

Schlagworte (engl.)

support systems for teachers, school development, organizational research on schools

1. Einleitung

Spätestens seit dem unter- bis durchschnittlichen Abschneiden deutscher Schülerinnen und Schüler in internationalen Schulleistungsstudien (PISA) in der Lesekompetenz und der mathematischen Kompetenz werden in der Erziehungswissenschaft diverse Faktoren diskutiert, wie Schulqualität gefördert werden kann (Prenzel, 2004; Prenzel, 2006). Folgt man den zentralen theoretischen Modellen zur Schulqualität, können diesbezüglich sowohl Faktoren auf der Unterrichts-, Klassen- als auch der Schulebene in den Blick genommen werden (Ditton, 2000; Scheerens & Bosker, 1997). Die Relevanz der Schulebene besteht darin, dass auf ihr systematisch Strukturen und Arbeitsabläufe im Schulalltag entwickelt werden können, die sich auf den Unterricht aller Klassen beziehen und so die Unterrichtsqualität insgesamt an einer Schule fördern. Dazu gehört auch die Frage, wie Fortbildungsmaßnahmen und Unterstützungsangebote (im Folgenden als Unterstützungssysteme bezeichnet) die Lehrkräfte bei der Gestaltung professioneller Lern-Lehr-Arrangements im Unterricht fördern können.

In der Schuleffektivitätsforschung werden auf der Schulebene u.a. folgende Faktoren als förderlich für Schulqualität identifiziert: Schulleitungen, die durch ihren Führungsstil das Kollegium zu Fortbildungen und weiterer Professionalisierung anregen, sowie förderliche Arbeitsbedingungen in der Schule, wie z.B. eine angemessene Arbeitsbelastung und geeignete organisatorische Rahmenbedingungen (Scheerens, 2004, S. 10 ff.).

In diesem Beitrag werden Unterstützungssysteme für Lehrkräfte in den Blick genommen, die im Zusammenhang mit diesen Faktoren auf der Schulebene stehen. Ziel ist es dabei, Unterstützungsmaßnahmen zu identifizieren, die Lehrkräfte im Schulalltag konkret bei der Durchführung ihres Unterrichts helfen. Als Forschungsgegenstand verbinden Unterstützungssysteme Aspekte der Lehrerbelastungsforschung mit Themen der Lehrerfortbildung.

Eine aufschlussreiche Frage in diesem Zusammenhang ist, inwieweit Lehrkräfte an der Einzelschule sowohl über *individuelle* als auch *organisationale* Ressourcen verfügen, die das Lernen als Professionelle begünstigen. Aus der Lehrerbelastungsforschung liegen in der Zwischenzeit einige Befunde vor, die zeigen, dass Lehrkräfte in den untersuchten Studien mehrheitlich nur auf wenig *individuelle* Ressourcen im Umgang mit Belastungen im Lehreralltag zurückgreifen können, was sich u.a. negativ auf die Gesundheit der Lehrkräfte auswirkt (vgl. die Zusammenstellung von Befunden aus der Belastungsforschung bei Rothland, 2007). Besonders bedeutsam für den deutschsprachigen Raum ist in diesem Zusammenhang die Studie von Schaarschmidt und Kolleg/inn/en aus den Jahren 2000 bis 2006. Insgesamt wurden in der Studie in zwei Wellen ca. 15.500 deutsche Lehrkräfte bezüglich der gesundheitlichen Belastungen im Lehrerberuf mittels des AVEM-Instrumentariums befragt. Es zeigt sich, dass im Vergleich zu anderen Berufsgruppen bei Lehrkräften am häufigsten gesundheitliche Risikomuster auftreten (Schaarschmidt & Kieschke, 2007, S. 23 ff.).

Aus diesem Befund können zwei zentrale Fragen abgeleitet werden:

1. Verfügen Lehrkräfte, die unter gesundheitlichen Belastungen stehen, überhaupt über ausreichende Ressourcen, um gewinnbringend an Fortbildungen teilzunehmen (zumal Fortbildungen mitunter auch als Quelle von Belastungen angesehen werden; vgl. Krause & Dorsemagen, 2007, S. 54, die sich auf eine Studie von Rudow aus dem Jahr 2000 beziehen)?
2. Falls diese Ressourcen auf individueller Ebene nicht vorhanden sind, inwieweit kann die Schule als Organisation Unterstützungsmaßnahmen anbieten, um die Ressourcen der Lehrkräfte als Voraussetzung für Lernprozesse im Schulalltag zu stärken? Diese Frage wird umso virulenter, als die Lehrertätigkeit an und für sich strukturell belastende Momente aufweist (Rothland & Terhart, 2007).

Der vorliegende Beitrag geht auf die zweite der oben genannten Fragen ein. Es geht darum, zu ermitteln, welche Unterstützungssysteme als organisationale Voraussetzungen das Lernen von Lehrkräften fördern. In einer explorativen Fallstudie wird mittels Interviews mit Schulleitungen und Lehrkräften sowie teilnehmender Beobachtung an einem schwedischen Gymnasium, das als besonders effektive Schule eingestuft wird, untersucht, wie solche Unterstützungssysteme umgesetzt werden. Ein solcher Ansatz ist begrenzt, da er nur eine mögliche Konstellation aus Kontext-, Schul- und Unterrichtsfaktoren der betreffenden Schule in den Blick nimmt. Er soll daher als ein erster Einblick in die „Black Box" der Gestaltung von Unterstützungssystemen an Schulen verstanden werden. Wie dieser erste Einblick systematisch in Zukunft forschungsmethodisch sinnvoll zu erweitern ist, wird im Diskussionsteil des Beitrags thematisiert. Mit diesem Beitrag soll auf Unterstützungssysteme als relevante Faktoren für die Schulentwicklung aufmerksam gemacht und die notwendige wissenschaftliche Diskussion weiter angeregt sowie auf praktische Implikationen zur Förderung des Lernens von Lehrkräften durch solche Systeme an Schulen hingewiesen werden.

2. Was sind Unterstützungssysteme?

2.1 Bezug zur Organisations- und Personalentwicklung von Schulen

Zunächst ist es notwendig, den Begriff „Unterstützungssysteme" präziser zu fassen. Unterstützungssysteme sind als Forschungsgegenstand innerhalb der Schulentwicklungsforschung zu verorten. Der größere konzeptionelle Rahmen für Unterstützungssysteme ist die Organisations- und Personalentwicklung von Schulen. Ziel der Organisationsentwicklung ist es, vor dem Hintergrund des staatlichen Bildungsauftrags Ziele an der Einzelschule zu definieren, deren Erreichung durch eine Veränderung der Organisationsstruktur (formelle Regelungen des Aufbaus und der Abläufe) und der Organisationskultur in Form von Leitbildern und Leitsätzen sowie gemeinsamen Werten und Riten gelingen soll (Diettrich, 1998, S. 34 f.). Personalentwicklung in Schulen hingegen bezieht sich stärker auf die Qualifizierung von Lehrkräften, damit diese den sich immer schneller verändernden Anforderungen im Schulalltag gewachsen sind (Buhren & Rolff, 2000).

Unterstützungssysteme sind als Schnittstelle von Organisations- und Personalentwicklung zu verstehen. Zum einen geht es um die *Veränderung schulischer Organisationsstrukturen* in der Art und Weise, dass Lehrkräfte bei der professionellen Durchführung von Unterricht unterstützt und Belastungsmomente im Schulalltag reduziert werden. Beispiele hierfür sind die Einführung von zusätzlichem pädagogischem Personal, von Teamverantwortlichkeiten für ganze Klassenstufen oder auch die veränderte zeitliche Sequenzierung von Unterrichtsblöcken im Schulalltag. Dies ist der Teil der Organisationsentwicklung. Zum anderen geht es im Sinne von Personalentwicklung um Fortbildungsmaßnahmen, die Lehrkräfte dabei unterstützen, die Vielzahl von Berufsrollen (Expertin/Experte für Unterricht und/oder Medien, Erzieher/in, Schulentwickler/in) professionell ausfüllen zu können. Beim erstgenannten Aspekt unterstützen veränderte organisatorische Rahmenbedingungen die professionelle Ausübung des Berufs und das Lernen der Lehrkräfte im Schulalltag; beim zweiten Aspekt ist der Erwerb neuer persönlicher Qualifikationen zentral.

In diesem Artikel wird unter einem Unterstützungssystem ein Bündel von organisatorischen Veränderungen und Fortbildungsmaßnahmen verstanden, welches – aufeinander abgestimmt – die Erreichung dieser beiden Ziele vorantreibt (Reduktion von Belastungen im konkreten Schulalltag sowie Qualifizierung der Lehrkräfte für die Bewältigung neuer beruflicher Aufgaben). Dabei soll der Begriff des *Unterstützungssystems* hervorheben, dass sich die veränderten Organisationsstrukturen auf die Fortbildungsinhalte beziehen und deren wechselseitige Relevanz vor der Durchführung geklärt wird. Gemäß einer Unterscheidung aus der Unterstützungsforschung wird bei dieser Definition von Unterstützungssystemen vor allem auf die instrumentelle (praktische) Unterstützung und weniger auf die emotionale Unterstützung oder die soziale Integration der Lehrkräfte abgestellt

(Ksienzyk, 2006, S. 39 ff.). Eine solche Konzipierung des Begriffs Unterstützung verweist gleichzeitig auf deren schwierige empirische Überprüfbarkeit, weil sich im Schulalltag häufig sowohl instrumentelle als auch emotionale Unterstützung bei der gleichen Hilfeleistung zeigen und diese beiden Aspekte in hohem Maße miteinander verbunden sind. Inhaltlich ist die vorliegende Definition sowohl an die bestehende Konzeption von Unterstützungssystemen aus einer internationalen Studie des BMBF (2007) als auch an die Konzeption von Schaarschmidt und Kieschke (2007, S. 39) anschlussfähig; sie setzt allerdings im Gegensatz zu diesen beiden Quellen stärker einen Schwerpunkt auf die *interne Unterstützung der Lehrkräfte durch organisationale Veränderungen*.

3. Forschungsstand

3.1 Theoretische und definitorische Probleme des Konstrukts Unterstützung

In der Folge werden exemplarisch einige zentrale Befunde zu Unterstützungssystemen und zur Wirkung von Fortbildungen für Lehrkräfte referiert. Als Vorbemerkung gilt es hervorzuheben, dass die Definition des Konstrukts Unterstützung komplex und anspruchsvoll ist und bisher noch unbefriedigend gelöst ist (vgl. auch die Hinweise bei Ksienzyk, 2006). Bisher liegt keine Einigung über eine einheitliche Definition von Unterstützung(ssystemen) vor. Erschwert wird die Vergleichbarkeit von Studien zur Unterstützung von Lehrkräften zusätzlich dadurch, dass neben den uneinheitlichen Definitionen teilweise direkte, teilweise indirekte Effekte der Unterstützung auf Faktoren wie Belastung, Gesundheit, Motivation und Unterrichtshandeln angenommen werden (Ksienzyk, 2006, S. 42).

3.2 Exemplarische Befunde zu Unterstützungssystemen

Bezogen auf den internationalen Forschungsstand zum Thema Unterstützungssysteme liegen bisher noch keine einheitlichen Befunde vor. Das liegt nicht zuletzt daran, dass die Konzeptionen von Unterstützungssystemen für Schulleitungen und Lehrkräfte beispielsweise in einzelnen PISA-Teilnehmerstaaten erheblich differieren (z.B. erfolgt in manchen Ländern die Unterstützung durch externe Beratungsinstitute, in anderen in Form von internen Schulentwicklungsprojekten) (BMBF, 2007, S. 157 ff.).[1] Im deutschsprachigen Raum liegen inzwischen einige Befunde zu Unterstützungssystemen vor. Hierbei sind insbesondere die Programme SINUS, QuiSS in Deutschland und IMST in Österreich wissenschaftlich untersucht bzw. evaluiert worden (vgl. auch das SEIS-Programm der Bertelsmann-Stiftung). Zusätzlich zu den hier genannten Quellen sei auf den ausführlicheren Literaturüberblick zur Wirkung von Fortbildungen von Lipowsky in diesem Band verwiesen.

1 Für eine Darstellung der Unterstützungssysteme in den Niederlanden sei auf einen aktuellen Beitrag von Sparka und van Bruggen verwiesen, die vor allem auf die Probleme bei der Umsetzung solcher Systeme hinweisen (Sparka & van Bruggen, 2009, S. 145).

Als Reaktion auf die Ergebnisse der TIMSS-Studie wurde das BLK-Modellversuchsprogramm SINUS konzipiert (siehe auch Meentzen & Stadler, in diesem Band). Ziel des Programms war es u.a., die Professionalisierung der Lehrkräfte unterstützend zu begleiten. SINUS zielte hierbei vor dem Hintergrund der Schuleffektivitätsforschung vor allem auf die Stärkung der unterrichtsbezogenen Zusammenarbeit zwischen Fachkolleginnen und -kollegen ab. Kooperation im Sinne des Programms bedeutet, dass Lehrkräfte Materialien für den Unterricht oder für Prüfungen austauschen, wechselseitig Hospitationen durchführen und die Inhalte des eigenen Unterrichts miteinander abstimmen. Lehrerfortbildung wurde im Programm hierfür gemeinsam organisiert, und zwar auf der Ebene der Fachgruppe(n) oder der gesamten Schule (Prenzel, Carstensen & Senkbeil, 2005, S. 542 ff.). In der Evaluation der Maßnahmen an den SINUS-Schulen kommt die wissenschaftliche Begleitforschung zu dem Schluss, dass im Vergleich zu PISA-Schulen die teilnehmenden SINUS-Schulen (vor allem Hauptschulen, Schulen mit mehreren Bildungsgängen und Realschulen) zum Teil größere Effekte bei der Kooperation aufweisen. Während der inhaltliche und fachliche Austausch zwischen Lehrkräften in den untersuchten SINUS-Hauptschulen, in Schulen mit mehreren Bildungsgängen und in integrierten Gesamtschulen vergleichsweise stark verbreitet ist, ist dies an SINUS-Realschulen und Gymnasien trotz der durchgeführten Maßnahmen allerdings in deutlich geringerem Maße der Fall.

Ein weiteres BLK-Modellversuchsprogramm ist das in Deutschland durchgeführte QuiSS (Qualitätsverbesserung in Schulen und Schulsystemen), bei dem die Etablierung von Unterstützungssystemen an Schulen untersucht wird (Modellversuchsprogramm QuiSS, 2005). Der Abschlussbericht kommt zu dem Fazit, dass sehr selten systematische Fortbildungsreihen mit Bezug auf die Ziele des Programms durchgeführt wurden. Wenngleich viele Lehrkräfte in den Schulen häufig an Fortbildungen teilnahmen, so waren diese doch in ihrer inhaltlichen Breite selten systematisch auf schulische Entwicklungsziele abgestimmt und miteinander verzahnt. Dabei fehlte es häufig vor Ort noch an einem bedarfsgerechten Fortbildungsangebot mit Beratungs- und Begleitungsangeboten für die Einzelschule mit ihren spezifischen Bedingungen und Problemlagen.

Schaarschmidt und Kolleg/inn/en erarbeiten als Folge der bereits weiter oben erwähnten Potsdamer Lehrerstudie folgende Unterstützungsangebote für Schulleitungen und Lehrkräfte und prüfen deren Wirkungen: 1. ein Arbeitsplatzbewertungsverfahren (ABC-L), mit dem die konkreten Arbeitsbedingungen an der Schule eingeschätzt werden können, 2. wurde ein Interventionsprogramm in Form eines Führungsfeedbacks für Schulleitungen, durch welches Schulleitungen in der Ausübung ihrer Team- und Personalentwicklungsrolle gestärkt werden sollen (Schaarschmidt & Kieschke, 2007, S. 41 ff.). Die positiven Wirkungen des Programms konnten in einer Evaluation gezeigt werden. Ferner entwickeln Schaarschmidt und Kolleg/inn/en Gruppentrainings und individuelle Beratungen für Lehrkräfte, die nachhaltig die Widerstandsfähigkeit der Teilnehmenden gegenüber Berufsbelastungen steigern konnten.

Als drittes Beispiel soll das Unterstützungssystem IMST (Innovations in Mathematics, Science and Technology Teaching für Schulen und Lehrkräfte in Österreich angeführt werden (Krainer, 2007). Insgesamt umfasst das Programm sechs Maßnahmen, u.a. neue Aufgabenbeschreibungen von Fachteams und Arbeitsgemeinschaftsleiter/innen sowie die

Implementierung von Regionalen Netzwerken und die Einrichtung eines Fonds, mit dem innovative Unterrichtsprojekte gefördert werden. Dieser Fonds ist als Unterstützungssystem für Lehrkräfte aller Schultypen konzipiert. Mittels eines „Bottom-up"-Ansatzes, der die Eigeninitiative und Selbstbestimmung von Lehrpersonen und Schulen betont, werden Lehrkräften Mittel zur Verfügung gestellt, um Entwicklungsvorhaben in ihrem Unterricht und in ihrer Schule durch finanzielle und professionelle Unterstützung von Expert/inn/en aus Wissenschaft und Schulpraxis umzusetzen (Rauch & Kreis, 2007).

Die bisherigen Ergebnisse der wissenschaftlichen Begleitforschung zum IMST-Fonds ergeben, dass die Bedeutung der Qualität der Interaktionsprozesse zwischen Systemebene und Lehrpersonen als besonders wichtig einzuschätzen ist (Müller, Andreitz & Hanfstingl, 2008). So führen Unterstützungsmaßnahmen durch die Schulleitung und das Kollegium zu einer höheren intrinsischen Arbeitsmotivation der Lehrkräfte sowie zu einer positiveren Einschätzung der Schüler/innen.

Insgesamt zeigt sich, dass es insbesondere bei SINUS und IMST Hinweise auf die positive Wirkung von Unterstützungssystemen für Lehrkräfte gibt. Insgesamt befindet sich die Forschung zu Unterstützungssystemen allerdings noch in einem Anfangsstadium. In den nächsten Jahren sollte mit dem Ziel gearbeitet werden, die unterschiedlichen Begriffsfassungen zu vereinheitlichen und auch zeitlich länger angelegte Forschungsprojekte zu dem Thema durchzuführen, um die langfristigen Wirkungen von Unterstützungssystemen besser einschätzen zu können.

4. Forschungsfragen und empirischer Zugang

Die zentrale Forschungsfrage der vorliegenden explorativen Studie lautet: Wie setzen besonders effektive Schulen Unterstützungssysteme im Schulalltag um? Dabei interessiert besonders, ob bzw. wie die untersuchten Schulen im Sinne des oben genannten theoretischen Konzepts von Unterstützungssystemen ihre internen Organisationsstrukturen verändern und mit aufeinander abgestimmten Fortbildungsbemühungen im Kollegium verzahnen. Im Rahmen eines Forschungsaufenthalts 2008 in Schweden wurden insgesamt 15 Interviews mit 22 Personen zu Unterstützungssystemen an fünf Schulen durchgeführt (13 Einzelinterviews und zwei Fokusgruppen mit fünf bzw. vier Lehrkräften). Die Schulen wurden dabei in einem *theoretischen sampling* nach den Kriterien der Schuleffektivitätsforschung von einem unabhängigen Experten aus dem schwedischen Bildungsministerium benannt (Merkens, 2007; Scheerens, 2004, S. 10 ff.). Neben den fünf Schulleitungen der Schulen wurden insgesamt in der Studie 13 Lehrkräfte sowie je ein/e Vertreter/in der beiden größten Lehrergewerkschaften und zwei Forscher/innen zum Thema interviewt. Die Auswahl von Schweden als Land der Untersuchung erfolgte dabei vor dem Hintergrund sowohl vergleichsweise guten Abschneidens in vergangenen internationalen Studien als auch aufgrund pragmatischer Erwägungen, da in Schweden Kontakt zu mehreren Schlüsselpersonen (*gate keepers*) bestand.[2]

2 Für weitere Informationen zum Aufbau des schwedischen Schulsystems wird an dieser Stelle auf einen Beitrag von Werler (2004) verwiesen.

Im vorliegenden Beitrag werden die Ergebnisse an einer untersuchten Schule dargestellt. An der Schule wurden die Schulleitung sowie drei Lehrkräfte interviewt. Das Interview mit der Schulleitung war als leitfadengestütztes Experteninterview konzipiert, um Betriebs- und Kontextwissen der Schulleitung zu erfragen (Bogner & Menz, 2005). Die Interviews mit den Lehrkräften zielten stärker auf den Nutzen durch solche Systeme im Schulalltag ab. Allerdings waren Unterstützungssysteme in den Gesprächen mit den Lehrkräften nur ein kleiner Bestandteil neben anderen zu behandelnden Themen, weshalb bei der Ergebnisdarstellung vor allem Hinweise der Lehrkräfte zu den Wirkungen von Unterstützungssystemen in informellen Gesprächen vor bzw. nach den Unterrichtsstunden dargestellt werden. Die Dauer der Gespräche betrug zwischen 45 Minuten und zwei Stunden, wobei Unterstützungssysteme ein Themenkomplex von mehreren war. Die nachstehenden Angaben des Transkripts beziehen sich auf das zweistündige Interview mit der Schulleitung. Die Hinweise der Lehrkräfte, die weiter unten angegeben sind, stammen zum überwiegenden Teil aus informellen Gesprächen vor bzw. nach einigen besuchten Unterrichtsstunden mit den Lehrkräften.

5. Ergebnisse

In der Fallstudie wird ein schwedisches Gymnasium in einem Außenbezirk von Stockholm vorgestellt. Folgende Angaben zum Standort der Schule liegen vor: Im Einzugsgebiet der Schule leben mehrheitlich Einwohner/innen, die nicht in Schweden geboren wurden. Aus den Internetseiten des Stadtteils geht außerdem hervor, dass der Stadtteil eine höhere Einwohnerdichte als im regionalen Durchschnitt besitzt. Auch werden teilweise Probleme mit Jugendkriminalität im Stadtteil genannt. Insgesamt leben knapp 20.000 Einwohner/innen in dem Stadtteil. Am Gymnasium wurden im laufenden Schuljahr 2007/08 insgesamt 700 Schülerinnen und Schüler von ca. 80 Lehrkräften unterrichtet. Die Schule legt einen pädagogischen Schwerpunkt auf fächerübergreifenden Unterricht, welcher auf dem besonderen pädagogischen Konzept der Ross School im amerikanischen Long Island basiert. Es ist der Schule aufgrund des hohen Anteils an Schülerinnen und Schülern mit Migrationshintergrund gelungen, zahlreiche zusätzliche Fördergelder einzuwerben.

Vor der Darstellung der Ergebnisse ist hervorzuheben, dass schwedische Schulleitungen in erheblich höherem Maße als deutsche Schulen über Gestaltungsspielräume bei ihren Entscheidungen verfügen. Im Interview mit der Schulleitung dieser Schule fiel der Vergleich, dass diese ihre Schule wie ein Unternehmen leiten könne. Dies beziehe sich vor allem auf die besonders hohe Entscheidungsfreiheit bezüglich der Verwendung des Budgets. Hierzu gehören auch die Einstellung neuer Lehrkräfte sowie die Möglichkeit der Einstellung von zusätzlichem pädagogischem Personal. Die Schule verfügt beispielsweise über ein ausreichendes Budget, um dauerhaft eine Krankenschwester, zwei Studienberater sowie einen Sozialpädagogen an der Schule einzustellen, was die Lehrkräfte bei akuten Problemen im Schulalltag entlastet (Transkript, S. 2).

Unterstützungssystem 1: Veränderte organisatorische Strukturen

Als erstes internes Unterstützungssystem wurde eine Matrix-Organisationsstruktur an der Schule eingeführt. Diese Matrix-Organisation hat zwei wesentliche Ebenen: Lehrkräfte sind sowohl Teil von *jahrgangsbezogenen* als auch von *fächerbezogenen* Teams (Transkript, S. 5 und S. 10). Die *team leaders* leiten ein Team von sechs bis acht Lehrkräften, die als Team für den Unterricht von einhundert Schülerinnen und Schülern einer Jahrgangsstufe zuständig sind und diese Jahrgangsstufe über mehrere Jahre begleiten (Transkript, S. 20). Ein Team hat einen eigenen Arbeitsraum zur Verfügung. Die *team leaders* erhalten bei ihrer Ernennung zusätzlich eine Gehaltserhöhung und eine Zusatzausbildung für Führungskräfte durch externe Berater/innen (Transkript, S. 34). Die *team leaders* treffen sich einmal pro Woche mit der Schulleitung, um über alle anstehenden Fragen zu diskutieren. Für die Arbeit mit den Schülerinnen und Schülern haben die Teamleiter/innen zusätzlich jeweils eine halbe Stunde pro Woche Zeit (Transkript, S. 21). Maximal alle vierzehn Tage wird ein fester Zeitraum geschaffen, an dem alle Teammitglieder zu einer Besprechung zusammenkommen, um die aktuelle Situation und Entwicklungen im Jahrgang zu diskutieren.

Zusätzlich gibt es für die Kernfächer Geschichte, Mathematik und Naturwissenschaften, Musik, Englisch und Schwedisch so genannte *domain leaders*. *Domain leaders* leiten die Gruppe von Fachlehrerinnen und -lehrern an der Schule an. Sie sind für folgende Kernfragen in ihren Fächern verantwortlich: Was sind die grundlegenden Konzepte in meinem Fach? Aus was besteht das *enduring understanding* in unserer Disziplin? Was sind die *essential questions*, die in unserem Fach immer wieder gestellt werden und die durch unser Fach beantwortet werden müssen (Transkript, S. 23)? Von diesen Fragen ausgehend wird mit den anderen Fachkolleg/inn/en diskutiert, an welchen Stellen Anknüpfungspunkte zwischen dem eigenen Fach und anderen Fächern bestehen. Diese Erarbeitung fächerübergreifender Unterrichtskonzepte bedeutet zu Beginn einen erheblichen Mehraufwand, rechnet sich allerdings langfristig durch erhebliche zeitliche Entlastungen für die Lehrkräfte in den Lehrerteams.

Wirkungen

Diese veränderte Organisationsform ist *aus Sicht der Lehrkräfte* insbesondere für neue Lehrkräfte sehr förderlich, was vor allem in informellen Gesprächen nach zwei Unterrichtsbesuchen geäußert wurde. Das Gefühl, Teil einer größeren Lehrergruppe zu sein, in welcher ein fester Platz eingenommen wird, hilft beim Abbau von Unsicherheiten zu Beginn des Lehrerberufs. Zusätzlich berichten die Lehrkräfte, dass nach einigen Anlaufschwierigkeiten mittlerweile auch erste Materialien untereinander ausgetauscht werden und in den letzten Jahren mehr und mehr Kooperation stattgefunden habe, was die einzelne Lehrkraft bei ihrer Vorbereitungszeit für den Unterricht langfristig entlastet. Somit erhalten die Lehrkräfte Zugang zu instrumenteller und emotionaler Hilfestellung und zusätzlichen Ressourcen durch die Veränderung der organisationalen Rahmenbedingungen. *Aus Sicht der Schulleitung* verändert sich zudem die Perspektive an der Schule auf die Schülerinnen und Schüler, die aufgrund der veränderten Organisationsstruktur in jahrgangsbezogenen Teams zum Mittelpunkt der Arbeit des Kollegiums werden.

Herausforderungen
Eine Herausforderung dieses Prinzips ist es, dass sowohl die schülerbezogene Seite der Matrix-Organisation als auch die fachbezogene Perspektive der Organisation Bedeutung erhält (Transkript, S. 24). Aufgrund der politischen Verordnung wurde in den letzten Jahren der Schülerbezug stark in den Vordergrund gerückt und auf Lehrerkonferenzen und Fortbildungen thematisiert; fachbezogene Fortbildungsmaßnahmen traten demgegenüber in den Hintergrund. Langfristig ist es aber aus Sicht der Lehrkräfte und der Schulleitung wichtig, sowohl die fachdidaktische als auch die schülerbezogene Perspektive in eine angemessene Balance zu bringen (Transkript, S. 10). Darüber hinaus gestaltet sich der Wandel weg von einer Fachperspektive im Kollegium mitunter aus Sicht der Lehrkräfte als schwierig, auch weil viele Lehrkräfte im Arbeitsalltag eine Überlastung empfinden (Transkript, S. 12 und S. 25). Sowohl die Schulleitung als auch die interviewten Lehrkräfte betonen, dass eine solche grundsätzliche Änderung einer langen Umsetzungszeit bedarf.

Unterstützungssystem 2: Jahresgespräche

Neben der veränderten Organisationsstruktur wurden an der Schule Jahresgespräche eingeführt. Interessant an diesem System ist, dass Jahresgespräche auf allen Ebenen der Schule stattfinden: zwischen Schülerinnen und Schülern sowie Lehrkräften, zwischen Lehrkräften und Teamleiterinnen und -leitern, zwischen Teamleiterinnen und -leitern und der Schulleitung sowie zwischen der Schulleitung und der Schulverwaltung (Transkript, S. 28). Die Gespräche beziehen sich dabei auf vorgegebene Ziele durch die Kommune Stockholm, die allerdings recht „weich" formuliert sind („Die Schüler/innen sollen gute Bürger/innen der Gesellschaft werden."). Nach Aussage der Schulleitung werden die Gespräche zwischen den Lehrkräften und der Schulleitung vor allem als eine Art Entwicklungsgespräch genutzt. An dieser Schule wird bei den Jahresgesprächen mit sehr offenen Fragen gearbeitet und die Ziele werden gemeinsam mit den Lehrkräften festgelegt (Welche sollten aus Ihrer Sicht die Ziele für die Schule in diesem Jahr sein? Welche Ziele hat das Team, in dem Sie arbeiten? Welche Ziele sollten Sie in ihrem Fachteam für das Fach Schwedisch/Mathematik/Englisch angehen? Welche persönlichen Ziele verfolgen Sie in diesem Schuljahr?) (Transkript, S. 31). Diese offenen Fragen werden am Anfang des Schuljahrs an die Teamleiter/innen verteilt und die Lehrkräfte in den Teams werden gebeten, die Ziele ihres Teams und ihre individuellen Ziele miteinander abzustimmen. Somit wird versucht, einheitliche Zielvorstellungen zu entwickeln, die systematisch im Sinne eines Unterstützungssystems aufeinander bezogen sind. Im Laufe des Schuljahrs finden dann mehrere (teils formelle, teils informelle) Gespräche zwischen der Lehrperson und den Teamleiterinnen und -leitern statt, in welchen konkret die Ziele für die einzelne Lehrkraft diskutiert werden und besprochen wird, was die Schulleitung im Zusammenhang mit den Zielen konkret für die Lehrperson tun kann (Was haben Sie bisher im Schuljahr für die Ziele tun können? Haben Sie das Gefühl, dass Ihre Kolleg/inn/en den bisherigen Fortschritt im jahrgangsbezogenen/fachbezogenen Team/die Schüler/innen den Fortschritt im Unterricht genauso einschätzen? Gibt es Probleme bei der Umsetzung der Vorhaben?) (Transkript, S. 31).

Darüber hinaus besteht ein eigenes Weiterbildungsbudget an der Schule und die Lehrkräfte können mit Bezug auf das Jahresgespräch aus verschiedenen Fortbildungsangeboten wählen. Das Fortbildungssystem bezieht sich auf einige wenige Fortbildungsmaßnahmen, die von der Mehrheit der Lehrkräfte durchlaufen werden soll (Transkript, S. 9). Beispielsweise orientiert sich die Schule in starkem Maße an dem Konzept der Ross School im amerikanischen Long Island. Das Kernfach der Ross School ist Geschichte, welches mit anderen Fächern wie Mathematik, Naturwissenschaften, Sprachen, Kunst, Theater und Sport in einem fächerübergreifenden Unterricht verbunden wird. Durch zusätzliche Förderung einiger Sponsor/inn/en ist es an der Schule möglich, pro Jahr eine kleine Gruppe von Lehrkräften und Schülerinnen und Schülern mehrere Tage an der Ross School in den USA hospitieren zu lassen. Da diese Maßnahme jedes Jahr mit anderen Lehrkräften und Schülerinnen und Schülern wiederholt wird, gibt es inzwischen eine große Anzahl von Personen, die versteht, wie das Partnerkonzept in den USA umgesetzt wird. Die Lehrkräfte können an Ort und Stelle erleben, wie das Konzept gelebt wird. Außerdem werden sie in jedem folgenden Jahr an die Abläufe der Schule erinnert, die als eigenes Schulentwicklungsziel angestrebt werden. Bisher haben bereits etwa 65 Lehrer/innen an dieser Maßnahme teilgenommen.

Wirkungen

Bezüglich der Jahresgespräche nennt die Schulleitung vor allem die Abstimmung der Ziele in den einzelnen Lehrerteams als großen Vorteil. Darüber hinaus entsteht ein auf die schulischen Ziele ausgerichtetes, systematisches Unterstützungssystem dadurch, dass die Form des Gesprächs zwischen verschiedenen an der Schule beteiligten Gruppen wiederholt wird. Hierdurch wird der pädagogische Kern der täglichen Arbeit durch häufigen Austausch gestärkt. Darüber hinaus besteht ein weiterer Nutzen in den Jahresgesprächen aus Sicht der Lehrkräfte darin, dass sie durch die Schulleitung im besten Falle ein Beispiel aus eigener Erfahrung erhalten, wie ein solches Gespräch ablaufen sollte. Auch durch die bewusste Gegenüberstellung einer Fremd- und Selbstsicht in den Entwicklungsgesprächen über die Ziele wird die pädagogische Reflexion der Lehrkräfte angeregt, die aufgrund der Teamstruktur mindestens mit der Teamleitung, der Fachleitung (*domain leader*) und der Schulleitung geführt werden kann. An dem letztgenannten Punkt sieht man die Verzahnung aus veränderter Organisationsstruktur und institutionalisierter Lerngelegenheit in Form eines Jahresgesprächs besonders deutlich.

Herausforderungen

Für einige Lehrkräfte an der Schule ist es *aus Sicht der Schulleitung* nicht ersichtlich, warum die Zielgespräche mit den Schülerinnen und Schülern zu führen sind, da diese mit einem zum Teil erheblichen zeitlichen Zusatzaufwand verbunden sind. Darüber hinaus ist die Abstimmung von Entwicklungszielen in den Teams für Lehrkräfte schwierig, weil sie eine Abkehr vom reinen Fächerbezug bedeutet und somit Abstimmungserfordernisse mit anderen Kolleginnen und Kollegen notwendig werden. Auch handelt es sich häufig nicht um eindeutig messbare Kriterien. Außerdem wird die Verpflichtung der Jahresgespräche als eine zusätzliche zeitliche Belastung für einzelne Lehrkräfte empfunden (Transkript, S. 31).

6. Diskussion der Ergebnisse und Ausblick

Das Lernen von Lehrkräften im Schulalltag (und die Reduktion von Belastungen) wird in der Fallstudie nach Selbstauskünften durch die Einführung von jahrgangsbezogenen und fachbezogenen Lehrerteams sowie Jahresgesprächen gefördert. Die Fortbildungen sind mit ihren Inhalten zum fächerübergreifenden Unterricht aufeinander abgestimmt und mit den Zielen der Lehrerteams in den Jahresgesprächen institutionell verzahnt. *Das Lernen der Lehrkräfte findet somit aufeinander abgestimmt formell und informell als Gruppe(n) an der Schule statt.* Somit greifen organisatorische Veränderungen und Fortbildungsbemühungen als Unterstützungssysteme an der Schule ineinander. Die Einführung dieser Veränderungen begann an der Schule Mitte der 1990er Jahre und ist noch nicht abgeschlossen. Auch die kollegiumsinternen Konflikte aufgrund der Veränderungen werden dabei an mehreren Stellen in den Interviews deutlich. Die Schulleitung versucht, diese zu moderieren und zwischen den einzelnen Interessen nach Möglichkeit einen Ausgleich zu finden. Insgesamt wird der Nutzen der Veränderungen nach Selbstauskünften der Lehrkräfte für die Mehrheit des Kollegiums in den letzten Jahren sichtbarer, vor allem die Aufgabe eines „Einzelkämpfertums" mit all seinen früheren Belastungen. Durch die veränderten Organisationsstrukturen setzt die Schule somit auch auf eine andere Strategie als bei SINUS und QuiSS, in denen Schulen die Kooperation unter Fachkolleg/inn/en vor allem durch Fortbildungen und überschulischen Austausch zu fördern versuchen.

Interessant ist an der Fallstudie, dass sich an der beschriebenen Schule intern eine Hierarchie als Unterstützungssystem ausbildet, um in einem sehr dezentralen Schulsystem mit den Anforderungen des Schulalltags umzugehen. Das schwedische Schulsystem war bis Anfang der 1990er Jahre in viel stärkerem Maße zentralisiert und somit als Schulsystem stark hierarchisch organisiert. Es ist auffallend, dass nun innerhalb der Schule eine Hierarchie als Koordinations- und Unterstützungsinstrument sowohl „von oben" als auch „von unten" genutzt wird: Einerseits hat die Schulleitung einen erheblichen Einfluss auf die Ernennung der *team leaders* und *domain leaders*, andererseits sind die Lehrerteams die zentrale Handlungseinheit an der dargestellten Schule.

Ergänzend zu den bisherigen Darstellungen zeigte sich in der Fallstudie eine weitere Möglichkeit zur Stärkung der Schuleffektivität durch die Kombination von Unterstützungs- und Anreizsystemen. In Schweden liegt ein individuelles Bezahlungssystem für Lehrkräfte in Schulen vor (Strath, 2004). Die Schulleitung in der Fallstudie setzt dieses System in besonderem Maße dafür ein, um sehr engagierte Lehrkräfte für die neu geschaffenen Posten der *team leader* und *domain leader* zu gewinnen. Es besteht die Möglichkeit, Lehrkräfte mittels der Unterstützungssysteme in ihren Qualifikationen zu fördern und mittels des Anreizsystems zusätzlich monetär zu belohnen. Durch die Kombination beider Systeme wird die Zielorientierung an der Schule als ein Kriterium effektiver Schulen unterstützt und *monetär belohnt.* Diese Verbindungsmöglichkeit greift damit eine Schlussfolgerung von Schaarschmidt auf, der neben der Einführung von Unterstützungssystemen ein verändertes Gratifikationssystem für Lehrkräfte fordert, damit diese mehr Anerkennung für ihr Engagement erhalten (Schaarschmidt, 2005). Wie diese Systeme zusammenhängen, wird derzeit in einem eigenen Forschungsvorhaben in Fallstudien intensiver untersucht.

Für die weitere Erforschung von Unterstützungssystemen ist es erstens angezeigt, künftig präzisere definitorische Bemühungen zur Konzipierung von Unterstützungssystemen zu unternehmen. Zweitens ist es erforderlich, größer angelegte, längsschnittliche Studien durchzuführen, die in einem Forschungsdesign mit Kontroll- und Treatmentschulen und Vorher-Nachher-Vergleich arbeiten, um die Wirkungen dieser Systeme (als eine Form von Intervention) auf die Arbeitszufriedenheit der Lehrkräfte, das organisationale Commitment, die Unterrichtsqualität sowie die Steigerung von Schülerleistungen in den Blick nehmen zu können. Nur so lassen sich langfristig Aussagen über kausale Zusammenhänge und Wirkungen von Unterstützungssystemen treffen, die im hier vorgestellten Forschungsdesign so nicht eruierbar sind. Als Voraussetzung dieser Studien steht darüber hinaus eine vertiefte konzeptionelle Begriffsklärung und eine verstärkte theoretische Arbeit im Vordergrund, wie Faktoren der Schulqualität auf Schul-, Klassen- und Schülerebene miteinander verzahnt sind, um die Wirkmechanismen von Unterstützungssystemen adäquat modellieren und empirisch nachweisen zu können.

7. Literatur

Bogner, A. & Menz, W. (2005). Das theoriegenerierende Experteninterview. Erkenntnisinteresse, Wissensformen, Interaktion. In A. Bogner, B. Littig & W. Menz (Hrsg.), Das Experteninterview. Theorie, Methode, Anwendung. (2. Aufl., S. 33-70). Wiesbaden: VS Verlag für Sozialwissenschaften.

BMBF (2007). Vertiefender Vergleich der Schulsysteme ausgewählter PISA-Teilnehmerstaaten. Kanada, England, Finnland, Frankreich, Niederlande, Schweden. Stand: Juli 2003 (3. Aufl.). Berlin: Bundesministerium für Bildung und Forschung, Referat Öffentlichkeitsarbeit. Online unter http://www.bmbf.de/pub/pisa-vergleichsstudie.pdf [10.06.2009].

Buhren, C. G. & Rolff, H.-G. (2000). Personalentwicklung als Beitrag zur Schulentwicklung. Jahrbuch der Schulentwicklung, (11), 257-296.

Diettrich, A. (1998). Organisationsentwicklung in berufsbildenden Schulen. Kölner Zeitschrift für „Wirtschaft und Pädagogik“, 13(25), 31-52.

Ditton, H. (2000). Qualitätskontrolle und Qualitätssicherung in Schule und Unterricht. Ein Überblick zum Stand der empirischen Forschung, Qualität und Qualitätssicherung im Bildungsbereich; Schule, Sozialpädagogik, Hochschule. Zeitschrift für Pädagogik, 73-92.

Krainer, K. (2007). IMST als Innovation im Österreichischen Bildungssystem. Journal für Schulentwicklung, 11(4), 36-42.

Krause, A. & Dorsemagen, C. (2007). Ergebnisse der Lehrerbelastungsforschung: Orientierung im Forschungsdschungel. In M. Rothland (Hrsg.), Belastung und Beanspruchung im Lehrerberuf. Modelle, Befunde, Interventionen (Springer-11776/Dig. Serial, S. 52-80). Wiesbaden: VS Verlag für Sozialwissenschaften.

Ksienzyk, B. (2006). Sozial unterstützendes Verhalten im Arbeitskontext. Universität Potsdam, Humanwissenschaften. Online unter http://deposit.ddb.de/cgi-bin/dokserv?idn=980551366 [10.06.2009].

Merkens, H. (2007). Auswahlverfahren, Sampling, Fallkonstruktion. In U. Flick, E. von Kardorff & I. Steinke (Hrsg.), Qualitative Forschung. Ein Handbuch (5. Aufl., S. 286-299). Reinbek bei Hamburg: Rowohlt.

Müller, F. H., Andreitz, I. & Hanfstingl, B. (2008). Die Bedeutung der Selbstbestimmung von Lehrpersonen für Unterricht und Lernen – Empirische Befunde aus dem Interventionsprojekt IMST. Online unter http://ius.uni-klu.ac.at/publikationen/wiss_beitraege/dateien/IUS_Forschungsbericht_3.pdf [09.02.2008].

Prenzel, M. (2004). PISA 2003: Der Bildungsstand der Jugendlichen in Deutschland; Ergebnisse des zweiten internationalen Vergleichs. Münster: Waxmann. Online unter http://www.agi-imc.de/intelligentSEARCH.nsf/alldocs/DC32F54B753D984FC1257302002220DE/ [10.06.2009].

Prenzel, M. (2006). PISA 2003: Untersuchungen zur Kompetenzentwicklung im Verlauf eines Schuljahres. Münster: Waxmann. Online unter http://www.agi-imc.de/intelligentSEARCH.nsf/alldocs/6F3588280353E8C1C12573020022220F/ [10.06.2009].

Prenzel, M., Carstensen, C. H. & Senkbeil, M. (2005). Wie schneiden SINUS-Schulen bei PISA ab? Ergebnisse der Evaluation eines Modellversuchsprogramms: Paralleltitel: The performance of SINUS schools in the PISA test. Evaluation results of a pilot programme. Zeitschrift für Erziehungswissenschaft, 8(4), 540-562.

QuiSS Koordinierungsstelle (2005). Modellversuchsprogramm QuiSS, Qualitätsverbesserung in Schulen und Schulsystemen. Abschlussbericht. 5. Sachbericht (Berichtszeitraum: 01.01.2003 bis 31.07.2004). Oberhausen: QuiSS Koordinierungsstelle. Online unter http://www.pedocs.de/volltexte/2008/360/ [10.06.2009].

Rauch, F. & Kreis, I. (Hrsg.) (2007). Lernen durch fachbezogene Schulentwicklung. Schulen gestalten Schwerpunkte in den Naturwissenschaften, Mathematik und Informatik. Innovationen im Mathematik- und Naturwissenschaftsunterricht. Innsbruck: Studienverlag.

Rothland, M. (Hrsg.) (2007). Belastung und Beanspruchung im Lehrerberuf. Modelle, Befunde, Interventionen (Springer-11776/Dig. Serial). Wiesbaden: VS Verlag für Sozialwissenschaften. Online unter http://dx.doi.org/10.1007/978-3-531-90500-6 [10.06.2009].

Rothland, M. & Terhart, E. (2007). Beruf: Lehrer – Arbeitsplatz Schule. Charakteristika der Arbeitstätigkeit und Bedingungen der Berufssituation. In M. Rothland (Hrsg.), Belastung und Beanspruchung im Lehrerberuf. Modelle, Befunde, Interventionen (Springer-11776/Dig. Serial, S. 11-33). Wiesbaden: VS Verlag für Sozialwissenschaften.

Schaarschmidt, U. (Hrsg.). (2005). Halbtagsjobber? Psychische Gesundheit im Lehrerberuf. Analyse eines veränderungsbedürftigen Zustandes. Weinheim: Beltz.

Schaarschmidt, U. & Kieschke, U. (2007). Gerüstet für den Schulalltag: Psychologische Unterstützungsangebote für Lehrerinnen und Lehrer. Reihe Pädagogik. Weinheim: Beltz.

Scheerens, J. (2004). Review of school and instructional effectiveness research: Background paper prepared for the Education for All Global Monitoring Report 2005. The Quality Imperative. Online unter http://unesdoc.unesco.org/images/0014/001466/146695e.pdf [2009-06-10].

Scheerens, J. & Bosker, R. J. (1997). The foundations of educational effectiveness (1st ed.). Oxford: Pergamon. Online unter http://www.loc.gov/catdir/enhancements/fy0602/96029992-t.html [2009-06-10].

Sparka, A. & van Bruggen, J. (2009). Schulische Unterstützungssysteme in den Niederlanden. Die Deutsche Schule, 101(2), 136-148.

Strath, A. (2004). Teacher Policy Reforms in Sweden: The Case of Individualised Pay. Online unter http://www.unesco.org/iiep/eng/research/basic/PDF/teachers2.pdf. [2008-06-19].

Werler, T. (2004). Schweden. In H. Döbert (Hrsg.), Grundlagen der Schulpädagogik. Vol. 46: Die Schulsysteme Europas (2. Aufl., S. 459-476). Baltmannsweiler: Schneider.

Lehrerfortbildung in Kroatien

Stand und Perspektiven[1]

Igor Radeka, Marko Palekčić & Ana Marija Rogić

Abstract

Der Beitrag berichtet von einer Untersuchung über das Fortbildungsverhalten und die Zufriedenheit kroatischer Lehrerinnen und Lehrer mit ihrem Beruf und insbesondere mit der praktizierten Lehrerfortbildung. Ziel der Untersuchung ist es, eine erste Ist-Analyse zum kroatischen Lehrerfortbildungssystem durchzuführen, um Hinweise für deren Entwicklung zu erhalten. Die Ergebnisse der Untersuchung belegen, dass es eine deutliche Kluft zwischen den Entwicklungsbedürfnissen der Lehrerinnen und Lehrer und den Fortbildungsangeboten bzw. Bedingungen gibt. Demnach wird das Fortbildungswesen in Kroatien von den befragten Lehrerinnen und Lehrern als zu intransparent, einseitig angebotsorientiert und als unzureichend organisiert charakterisiert. Insbesondere die Dauer und die Methoden der Fortbildungen werden kritisiert.

Der Beitrag diskutiert die Befunde hinsichtlich bildungspolitischer Rahmenbedingungen und praktischer Implikationen.

Schlagworte (dt.)

Lehrerfortbildung, Kroatien, Arbeitszufriedenheit

Schlagworte (engl.)

teacher professional development, Croatia, job satisfaction

1. Einleitung

Die Entwicklung des Bildungssystems in Kroatien ist eng verknüpft mit dem gesamtgesellschaftlichen Transformationsprozess nach dem Bürgerkrieg in Ex-Jugoslawien. Dabei sind im Wesentlichen die strukturellen Rahmenbedingungen aus der Jugoslawien-Ära übernommen worden, wobei durch die Öffnung des Landes in Richtung Europa auch Reformen im Bildungssystem angestoßen und zum Teil schon umgesetzt wurden. Zu erwähnen ist in diesem Zusammenhang insbesondere die Bologna-Deklaration für die Hochschulen, die Reform der Curricula sowie die Vorbereitungen für die Einführung von Bildungsstandards. In der Lehrerbildung ist allerdings weiterhin von einem Reformstau zu sprechen, was sich insbesondere im Bereich der Lehrerfortbildung zeigt.

Der Lehrerfortbildung widmeten sich bis zum Zweiten Weltkrieg nur Standesverbände, vor allem durch Veröffentlichung pädagogischer Periodika und Studien. Von einer systematischen Lehrerfortbildung kann demnach nicht gesprochen werden. Erst Mitte der

---

1 Die Ergebnisse sind Befunde aus dem Projekt „Struktur der lebenslangen Lehrerbildung", das vom Ministerium für Wissenschaft, Bildung und Sport der Republik Kroatien finanziell unterstützt wird.

50er Jahre des vorigen Jahrhunderts lässt sich mit der Einführung eines einjährigen Praxisjahrs nach der Hochschulausbildung, welches durch Mentoren betreut wurde, der Beginn einer sich langsam systematisierenden Lehrerfortbildung markieren.

Heute wird in Kroatien berufsbegleitende Lehrerfortbildung von zwei staatlichen Institutionen angeboten. Für alle Lehrenden allgemein bildender Schulen ist dies die „Agentur für Erziehung und Bildung“ und für die berufsbildenden Schulen die „Agentur für Ausbildungsfächer“. Die beiden Agenturen bieten umfangreiche Fortbildungen an, welche zurzeit allerdings eher nach einer Angebotslogik ausgerichtet sind und die Entwicklungsbedürfnisse der Lehrkräfte nicht ausreichend berücksichtigen. Das heißt, die Angebote der Lehrerfortbildung entstehen nicht aufgrund systematischer Untersuchung von Lehrerbedürfnissen, sondern werden zentral für das ganze Land geregelt und *top down* festgelegt.

Neben den staatlichen Anbietern werden in den letzten Jahren vermehrt auch fachliche Fortbildungsangebote auf der Ebene der Landkreise angeboten, die von regionalen und nationalen Fachverbänden organisiert werden. Diese Fortbildungsangebote werden in Kooperation mit gewählten Lehrervertreterinnen und -vertretern, Schulleitungen und staatlichen Beraterinnen und Beratern zusammengestellt, wobei der spezifische regionale Entwicklungsbedarf z.T. Berücksichtigung findet.

Insgesamt lässt sich die Situation der kroatischen Lehrerfortbildung als Modell beschreiben, dass *top down* agiert, angebotsorientiert arbeitet, eher traditionelle Fortbildungen im Sinne von externen Seminaren favorisiert, nur zum Teil Unterrichts- und Schulnähe aufweist und in den wenigsten Fällen partizipativ und kollaborativ organisiert ist. Nur vereinzelt finden sich Schulen, die in Eigeninitiative Schulentwicklungsprogramme initiieren und z.B. auch evaluative Elemente im Sinne eines Qualitätsmanagements implementieren (vgl. auch Razvoj modela, 2004, S. 149; Domović & Godler, 2003). Hier zeichnet sich ein interessanter Trend in der Lehrerfortbildung in Kroatien ab, nämlich dass Einzelschulen mehr und mehr beginnen, Lehrerfortbildungsseminare selbst zu organisieren (Zgaga, 2006).

Bisher existieren für Kroatien kaum Untersuchungen zur inhaltlichen, methodischen und organisatorischen Zufriedenheit der Lehrpersonen mit den bisher bestehenden Angeboten, zum Entwicklungsbedarf von Schulen und Lehrpersonen oder zur Wirkung von Fortbildungsmaßnahmen. Auch Evaluationsmaßnahmen sind kaum Teil der kroatischen Fortbildungskultur für Lehrerinnen und Lehrer. Eine Ausnahme bildet die Studie von Zgaga (2006), die Rahmendaten und empirische Befunde zur Lehrerbildung im südöstlichen Europa aufzeigt.

In diesem Beitrag wird von einer ersten empirischen Bestandsaufnahme zur Fortbildungssituation und zur Zufriedenheit mit den Angeboten aus Sicht der Lehrpersonen berichtet. In die Befragung sind auch allgemeine Fragen zur Berufszufriedenheit und zum beruflichen Image eingegangen, da hierüber ebenso keine Daten existieren. Es wurde erwartet, dass die allgemeine Zufriedenheit mit dem Lehrberuf mit jener der Fortbildung korreliert. Die Untersuchung soll dazu beitragen, auf der Basis empirischer Daten, die die Einschätzungen der betroffenen Lehrpersonen zum Ausdruck bringen, Vorschläge für Reformen des kroatischen Lehrerfortbildungssys-tems und der Fortbildungspraxis zu machen.

2. Konzeption der empirischen Untersuchung

Erhebungsinstrument

Der Fragebogen beinhaltet Fragen zum Fortbildungsverhalten sowie Einschätzungen von Lehrerinnen und Lehrern zur Anwendung von Methoden und zu den angebotenen Inhalten in der Fortbildung. Bezüglich der Fortbildungsmethoden wurden je Frage zwei Antwortskalen angeboten, die jeweils eine Einschätzung des realen Zustands sowie des idealen Zustands ermöglichen. Zusätzlich wurden auch Items konstruiert, die sich auf die Arbeitszufriedenheit als Lehrperson sowie auf das Image des Berufs beziehen.

Stichprobe

Im Jahr 2004 wurden insgesamt 1950 Lehrerinnen und Lehrer des Landkreises Zadar befragt. 25 % dieser Lehrer/innen unterrichten in der Primarstufe, 38 % in der Sekundarstufe I[2], 12 % in Gymnasien, 19% in fachlichen Mittelschulen und 6 % in anderen Schultypen. Für die Zusammenstellung dieser Stichprobe wurden aus den verschiedenen Schultypen des Landkreises jeweils proportional zur Grundgesamtheit nach dem Zufallsprinzip Schulen ausgewählt (Mužić, 1982, S. 601) und deren Lehrerinnen und Lehrer befragt. 71 % der Stichprobe sind Lehrerinnen, 29 % Lehrer.

Je nach Arbeitserfahrung können die befragten Lehrerinnen und Lehrer in folgende Kategorien eingeteilt werden: 4 % sind Referendarinnen und Referendare (weniger als ein Jahr Erfahrung, noch nicht abgeschlossenes Staatsexamen), 27 % der Lehrer/innen weisen eine Arbeitserfahrung bis zu 10 Jahren auf, 26 % der Lehrer/innen arbeiten bereits zwischen 10 und 20 Jahren in ihrem Beruf, weitere 25 % zwischen 20 und 30 Jahren und 19 % der Lehrer/innen sind mehr als 30 Jahre im Schuldienst tätig.

3. Ergebnisse

Fortbildungsverhalten und Zufriedenheitseinschätzungen

89 % der Lehrerinnen und Lehrer geben an, sich regelmäßig fortzubilden. Dies entspricht bei der jüngst publizierten internationalen Vergleichsstudie TALIS 2008 dem Durchschnitt der teilnehmenden OECD-Länder (OECD, 2009). Realistischerweise dürfte der Wert für Kroatien etwas unter dem Durchschnitt liegen, da bei TALIS nach den Fortbildungen der letzten 18 Monate gefragt und bei dieser Untersuchung die Fortbildungsfrequenz im letzten Schuljahr als Referenz herangezogen wurde.

Betrachtet man allerdings die Stundenzahl der Fortbildungen in Kroatien, dann fällt auf, dass sich 83 % der Lehrpersonen insgesamt ca. zehn Stunden im Jahr fortbilden, was einem Durchschnittswert von etwas mehr als einem Tag pro Jahr entspricht. Damit liegt Kroatien nahezu am Ende des Rankings der Fortbildungsstunden pro Jahr (OECD, 2009, S. 53). Allerdings ist in Kroatien die Variation der Fortbildungshäufigkeit relativ hoch.[3]

---

2 In Kroatien gibt es eine gemeinsame Sekundarstufe I für alle Schülerinnen und Schüler, die nach der achten Schulstufe endet.

3 10 % der kroatischen Lehrer/innen besuchten sechs bis zehn Seminare in den letzten elf Monaten (Zgaga, 2006).

Die Lehrpersonen wurden ferner nach dem „Ort“ ihrer Fortbildungsaktivität befragt: 11 % geben an, sich überwiegend an der eigenen Schule fortzubilden (z.B. durch Teambesprechungen, Fachkonferenzen usw.), 5 % besuchen Veranstaltungen an der Universität und 7 % bilden sich autodidaktisch fort. Den größten Stellenwert haben die Angebote der oben beschriebenen staatlichen bzw. regionalen Institutionen mit rund 70 %.

Insgesamt geben 32 % der Lehrpersonen an, dass sie in Sachen Fortbildung auf sich alleine gestellt sind und deshalb Fortbildungen informell organisieren. In diesem Zusammenhang kann man davon ausgehen, dass sie dies aus Mangel an passenden Angeboten bzw. aufgrund fehlender finanzieller Ressourcen der Schulen tun. In den offenen Antwortformaten finden sich dezidierte Hinweise für diese These. Die Lehrer/innen äußern dort den Wunsch, dass mehr Geld von Seiten des Staates für Fortbildungen zur Verfügung gestellt wird. Momentan müssen die Lehrpersonen und die einzelnen Schulen den Hauptanteil der Lehrerfortbildungskosten selbst tragen.

Abbildung 1 zeigt, dass ein Großteil der Befragten der Lehrerfortbildung eine hohe Bedeutung für ihre Tätigkeit als Lehrer/innen einräumt. 30 % geben ein mittleres Urteil ab und nur insgesamt 9 % äußern sich skeptisch bezüglich des Nutzens von Lehrerfortbildungen.

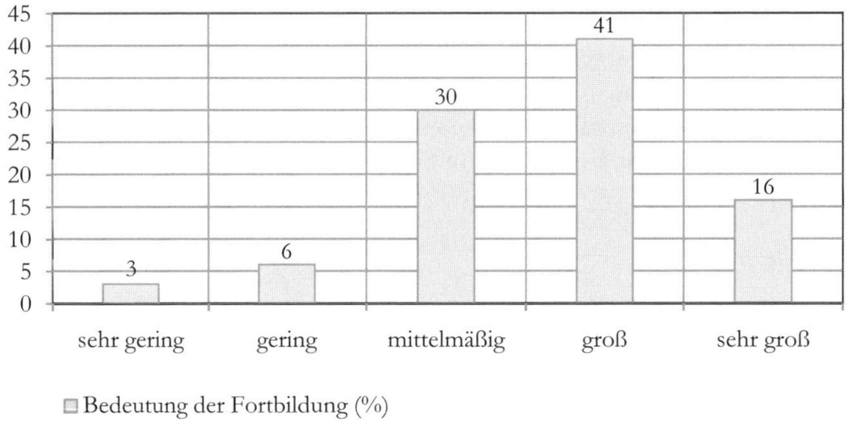

Abb. 1: Bedeutung der Fortbildung, die die Lehrerinnen und Lehrer ihrer Arbeit beimessen

Die Lehrerinnen und Lehrer sehen somit durchaus den Nutzen der Fortbildungsmaßnahmen. Allerdings äußern sie erhebliche Kritik an der bestehenden Praxis des Fortbildungswesens in Kroatien. Nur 27 % der Lehrer/innen sind mit der eigenen Fortbildung teilweise oder hauptsächlich zufrieden. 71 % hingegen sind teilweise oder hauptsächlich unzufrieden (2 % haben nicht geantwortet). Ihre Unzufriedenheit hat mehrere Ursachen: Von den befragten Lehrpersonen wird neben den schon erwähnten knappen finanziellen Mitteln vor allem die unangemessene Auswahl an Methoden, die nur wenig bedürfnisorientierten Inhalte oder die meist fehlende Qualitätssicherung genannt bzw. die unzureichende Partizipation der Lehrer/innen bei der Angebotserstellung und der Durchführung der

Seminare, zeitlich zu kurz angelegte (meist eintägige) Veranstaltungen sowie die schlechte Organisation der Fortbildung und die Intransparenz der Themenauswahl für die Fortbildungsangebote erwähnt.
Diese ernüchternden Einschätzungen verweisen auf einen erheblichen Handlungsbedarf im kroatischen Fortbildungswesen für Lehrerinnen und Lehrer.

Einschätzung der Methoden in der Lehrerfortbildung

Tabelle 1 gibt einen Überblick über die in der Lehrerfortbildung angewendeten Methoden (real), wobei die befragten Lehrpersonen auch gebeten wurden, die Präferenz des Methodeneinsatzes anzugeben (erwünscht). Es zeigt sich, dass die Fortbildungen vor allem durch Frontalunterricht gekennzeichnet sind. Allerdings wird auch der Aspekt „Kombination von Methoden“ relativ häufig von den Teilnehmerinnen und Teilnehmern genannt. Deutlich weniger häufig finden sich die Arbeitsformen „Gruppenarbeit“, „Individuelle Arbeit“ und „Diskussionsrunden“. Ein Vergleich mit den Methodenpräferenzen der Teilnehmenden demonstriert, dass sie eine Kombination von Methoden bevorzugen und insbesondere auf gemeinsame Diskussionen, Gruppen- und Einzelarbeiten Wert legen. Die Unterschiede zwischen realer und erwünschter Einschätzung sind in allen Fällen statistisch signifikant.

Tab. 1: Reale und erwünschte Fortbildungsmethoden

Fortbildungsmethoden	*Real*			*Erwünscht*			
	M	*SD*	*Rang*	*M*	*SD*	*Rang*	*t (real/erwünscht)*
Frontaler Unterricht	3,54	1,01	1	2,75	0,91	5	12,59*
Kombination von Methoden	3,32	1,11	2	4,55	0,61	1	20,89*
Gruppenarbeit	2,98	0,90	3	3,91	0,66	4	17,93*
Individuelle Arbeit	2,81	1,17	4	3,93	0,80	3	17,07*
Diskussionsrunden	2,65	1,10	5	4,14	0,79	2	23,66*

Skala: von 1 bis 5 (1=niedrige, 5=hohe Zustimmung)
**p<0.01; M=Mittelwert, SD=Standardabweichung*

Aus den offenen Antworten geht ferner hervor, dass die meisten Lehrerinnen und Lehrer kritisieren, dass sie zu wenige informierende Rückmeldungen zu ihrem eigenen Lernprozess durch die Fortbildner/innen erhalten. 28 % der Befragten sind mit der Unterstützung ihres Professionalisierungsprozesses zufrieden, 46 % sind nur teilweise zufrieden und 26 % äußern sich eindeutig negativ hinsichtlich der Unterstützungsmaßnahmen.

Ferner erwarten die Lehrer/innen auch, dass mit dem Besuch von Fortbildungsveranstaltungen berufliche Aufstiegsoptionen verbunden werden (vgl. auch Radeka & Sorić, 2005a). Im Detail wird im Rahmen dieser Befragung zur Lehrerfortbildung der Wunsch nach mehr Transparenz hinsichtlich des beruflichen Aufstiegs deutlich.

Image, Status und Zufriedenheit mit der Arbeit

Tabelle 2 veranschaulicht, dass die Lehrer/innen das Image ihres Berufs im Vergleich mit anderen akademischen Berufen als äußerst gering einschätzen. Ihrer Meinung nach sollte der Lehrberuf deutlich aufgewertet werden. Dies verdeutlicht die hohe Rangreihung des Lehrberufs beim erwünschten beruflichen Image.

Tab. 2: Einschätzungen des realen und erwünschten Ansehens verschiedener Professionen[4]

Profession	*Real*			*Erwünscht*			
	M	*SD*	*Rang*	*M*	*SD*	*Rang*	*t (real/erwünscht)*
Politiker	4,46	0,93	1	3,26	0,96	13	17,75*
Arzt	4,42	0,68	2	4,49	0,57	2	01,87
Anwalt	4,33	0,69	3	3,91	0,68	9	09,43*
Richter	4,30	0,78	4	4,30	0,67	5	00,14
Führungsposition in einem Wirtschaftsunternehmen	4,18	0,74	5	3,92	0,73	8	05,19*
Zahnarzt	4,04	0,65	6	4,17	0,60	6	03,27*
Hoher Beamter im Staatssektor	3,99	0,77	7	3,66	0,69	10	06,82*
Notar	3,91	0,80	8	3,39	0,76	12	10,79*
Hochqualifizierter Angestellter im öffentlichen Sektor	3,78	0,77	9	3,59	0,68	11	04,61*
Tierarzt	3,51	0,724	10	4,02	0,65	7	13,58*
Universitätsprofessor	3,47	0,814	11	4,62	0,53	1	24,67*
Mittelschullehrer	2,58	0,783	12	4,36	0,57	3	39,42*
Grundschullehrer	2,32	0,742	13	4,32	0,59	4	45,38*

Skala: 1 bis 5 (1=niedrige, 5=hohe Zustimmung)
**p<0.01; M=Mittelwert, SD=Standardabweichung*

Trotz des schlechten Images des Lehrberufs und des relativ geringen Lebensstandards von Lehrpersonen in Kroatien[5] sind etwa 60 % der Lehrer mit ihrer Arbeit zufrieden, mehr als 90 % fühlen sich für die Arbeit kompetent, über 60 % würden keine andere Arbeitsstelle annehmen, wenn sie die Gelegenheit hätten, und wiederum ca. 60 % würden den Lehrberuf nochmals wählen.

Aus Tabelle 3 ist ersichtlich, dass diejenigen Lehrerinnen und Lehrer, die sich einen Wechsel in einen anderen Beruf vorstellen können, sich hinsichtlich der Arbeitsbedingungen nicht von den anderen Lehrpersonen unterscheiden. Die Unterschiede zeigen sich insbesondere in der allgemeinen Arbeitszufriedenheit, im Lebensstandard und im gesellschaftlichen Ansehen.

4 Im Fragebogen wurde auf eine gendergerechte Formulierung verzichtet.

5 Das Einkommen von kroatischen Lehrerinnen und Lehrern war im ersten Quartal 2009 um 9,7 % geringer als das durchschnittliche nationale Einkommen in Kroatien (FINA, 2009).

Tab. 3: Varianzanalyse zu Einschätzungen zum Lehrberuf (mit und ohne Ambition, den Beruf zu wechseln)

Variablen	*M (mit Ambition den Beruf zu wechseln)*	*M (ohne Ambition den Beruf zu wechseln)*	*F*	*p*
Arbeitsbedingungen	2,95	2,92	0,08	0,78
Lebensstandard	2,45	2,64	6,20	0,01*
Gesellschaftliches Ansehen	2,43	2,67	8,02	0,01*
Eigene Kompetenzen	3,51	3,69	5,15	0,02*
Zufriedenheit mit der Arbeit	3,28	3,80	49,63	0,00**

Skala: 1 bis 5 (1=niedrige, 5=hohe Zustimmung)
$*p<0{,}05$, $**p<0{,}01$; M=Mittelwert

Bei näherer Betrachtung zeigt sich, dass 81 % der Lehrpersonen mit der Ambition den Lehrberuf zu wechseln, angeben, dass eine Steigerung des Lebensstandards ihre Arbeitszufriedenheit erhöhen würde und der Verbleib im Beruf wahrscheinlich wäre[6] (Radeka & Sorić, 2006).

Die Befunde zeigen, dass das Thema Lehrerfortbildung in Kroatien mit der allgemeinen Situation der Lehrer/innen, z.B. hinsichtlich Status- und Imagefragen, verbunden ist. Lehrerfortbildung, die neben dem Kompetenzerwerb nicht auch mit zusätzlichen Anreizen verbunden ist, wird es nicht nur bei den Lehrerinnen und Lehrern mit geringer Berufszufriedenheit schwer haben, akzeptiert zu werden.

4. Perspektiven der Lehrerfortbildung in Kroatien

Die Befunde, die in diesem Beitrag exemplarisch vorgestellt wurden, sind deutliche Hinweise für die Reformbedürftigkeit nicht nur des Systems der Lehrerfortbildung, sondern der Lehrerbildung in Kroatien insgesamt. Die enge Verknüpfung der Lehrerfortbildung mit Statusfragen, mit dem Image des Lehrberufs sowie mit der Arbeitszufriedenheit ist dabei zu berücksichtigen. Ansonsten scheint es in Zukunft schwer zu sein, geeignete und motivierte Schulabgänger/innen für den Lehrberuf gewinnen zu können (vgl. Delors, 1998) sowie das Personal weiter zu professionalisieren und zu motivieren. Die Ergebnisse der Untersuchung verweisen auf einige praktische Implikationen für die Bildungspolitik:

Zunächst sind die inhaltlichen Fortbildungsbedürfnisse der kroatischen Lehrer/innen detailliert zu erheben und dementsprechend die Fortbildungsangebote – unter Berücksichtigung aktueller gesellschaftlicher Herausforderungen – neu zu bestimmen. Neben einer inhaltlichen Neubestimmung ist die Entwicklung einer partizipativen und auf Selbst-

6 Interessanterweise wurden ähnliche Trends auch in ökonomisch entwickelten Ländern wie den USA festgestellt. So zeigte die von der National Education Association (NEA) durchgeführte Untersuchung, dass 50 % der Lehrpersonen aufgrund des schlechten Ansehens des Lehrberufs und geringer Verdienstmöglichkeiten diesen nicht nochmals wählen würden und dass dieser Prozentsatz in den letzten Dekaden rapide angestiegen ist (Charlson & Thompson, 1995).

bestimmung beruhenden Fortbildungskultur unerlässlich. Die empirische Untersuchung verweist in diesem Zusammenhang auf den Ausbau der Methodenvielfalt, auf kooperativen Austausch, auch über die Einzelveranstaltungen hinaus, auf die Implementierung von Qualitätssicherungsmaßnahmen (Evaluation der Fortbildungen) oder auf mehr Partizipation der Lehrer/innen bei der Festlegung der Inhalte sowie mehr Beteiligung im Prozess der Fortbildungsmaßnahme. Professionalisierungsmaßnahmen sollten praxis- und schulnäher erfolgen, da ein Transfer von Wissenseinheiten aus einem Seminarkontext (Lernkontext) in die Praxis (Anwendungskontext) nur selten gelingt (Gerstenmaier & Mandl, 2009). Eine produktive Veränderung im Fortbildungswesen kann nach den Erkenntnissen der Wirkungsforschung besonders dann gut gelingen, wenn die Angebote Entwicklungsprozesse über einen längeren Zeitraum begleiten. Eine weitere Entwicklungsperspektive wäre die regionale Vernetzung von einzelnen Schulen, um in Sachen Professionalitätsentwicklung zu kooperieren.

Man kann der Bildungspolitik auch anraten, die strukturellen und organisatorischen Rahmenbedingungen zu überdenken. So könnte zum Beispiel der regelmäßige Besuch von Fortbildungen auch mit Karriereoptionen verbunden werden. Dazu müsste ein transparentes System von Aufstiegskriterien entwickelt werden.

Insgesamt steht und fällt die Reform der kroatischen Lehrerfortbildung mit dem politischen Willen, die nötigen Strukturen sowie finanzielle und personelle Mittel bereitzustellen, und mit der Entwicklung entsprechender Kompetenzen der Lehrerfortbildner/innen. Die Qualifizierung der Fortbildner/innen hat somit höchste Priorität. Ferner ist auch die Wissenschaft aufgefordert, sich vermehrt an der Kontinuität der Professionalisierung über das Lehramtsstudium hinaus zu engagieren sowie bei der Ausbildung von Lehrerbildnerinnen und -bildnern mitzuwirken.

5. Literatur

Charlson, B. C. & Thompson, J. A. (1995). Job Burnout and Job Leaving in Public School Teachers. Implications for Stress Management. International Journal of Stress Management, 1, 15-29.

Delors, J. et al. (1998). Učenje: blago u nama: Izvješće UNESCO-u Međunarodnog povjerenstva za razvoj obrazovanja za 21. stoljeće [Lernfähigkeit: unser verborgener Reichtum]. Zagreb: Educa.

Domović, V. & Godler, Z. (2003). Suvremeno obrazovanje učitelja u Europi i/ili moguća budućnost obrazovanja učitelja u Republici Hrvatskoj [Die gegenwärtige Lehrerbildung in Europa und Perspektiven für die Lehrerbildung in der Republik Kroatien]. Metodika, 6, 49-60.

FINA (2009). Informacije o plaćama [Informationen über Verdienste der staatlichen Finanzagentur]. Zagreb.

Gerstenmaier, J. & Mandl, H. (2009). Konstruktivistische Ansätze in der Erwachsenenbildung und Weiterbildung. In R. Tippelt, A. von Hippel (Hrsg.), Handbuch Erwachsenenbildung/Weiterbildung (S. 169-178). Wiesbaden: VS Verlag für Sozialwissenschaften.

Mužić, V. (1982). Metodologija pedagoškog istraživanja [Methodologie pädagogischer Forschung]. Sarajevo: Svjetlost – OOUR Zavod za udžbenike i nastavna sredstva.

OECD (2009). Creating effective teaching and learning environments: First results from TALIS. Teaching and learning international study. Paris: OECD.

Radeka, I. & Sorić, I. (2005a). Kvaliteta permanentnog usavršavanja nastavnika [Qualität von Lehrerfortbildung]. Zbornik Učiteljske akademije u Zagrebu, 2, 263-277.

Radeka, I. & Sorić, I. (2006). Zadovoljstvo poslom i profesionalni status nastavnika [Arbeitszufriedenheit der Lehrer und professioneller Lehrerstatus]. Napredak, 2, 161-177.

Razvoj modela cjeloživotnog obrazovanja učitelja i nastavnika [Entwicklung des lebenslangen Lehrerbildungsmodells]. Institut za društvena istraživanja u Zagrebu. Centar za istraživanje i razvoj obrazovanja. Online unter http://www.idi.hr/cerd/publikacije/TEDcijeli.pdf [2004-05-15].

Zgaga, P. (2006). The Prospects of Teacher Education in South-East Europe. Ljubljana: CEPS.

Kapitel VII

Motivation zur Fortbildung

Strategien überdauernden Engagements von Lehrkräften in Schulinnovationsprojekten

Judith Schellenbach-Zell & Cornelia Gräsel

Abstract

Schulinnovationsprojekte können als eine langfristige Lerngelegenheit für Lehrkräfte begriffen werden. Auf das Lernen der Lehrerinnen und Lehrer innerhalb eines Projekts wirkt ein langfristiges Engagement unterstützend. Wir gehen davon aus, dass langfristiges Engagement von Lehrkräften für ein Schulinnovationsprojekt zweierlei bedeutet: Es meint zum einen, dass Lehrkräfte ihre Beteiligungsmotivation langfristig aufrechterhalten und sich immer wieder für die Fortführung einer Teilnahme entscheiden. Zum anderen bedeutet langfristiges Engagement auch den Einsatz von Willensprozessen und damit die eigene Regulierung, wenn beispielsweise die Motivation nachlässt. Wir nehmen weiter an, dass bestimmte Strategien, die die Lehrkräfte im Rahmen der Projektarbeit einsetzen, eine überdauernde Teilnahmebereitschaft und die Selbstregulierung unterstützen können. Dabei untersuchen wir zwei Formen von Strategien: metakognitive Strategien und Strategien der Motivationskontrolle. In der Studie erweisen sich beide Strategieformen für die langfristige Motivation und die Selbstregulierung als bedeutsam. Während Strategien der Motivationskontrolle nur die langfristige Motivation unterstützen können, wirken metakognitive Strategien sowohl auf die langfristige Motivation als auch auf die Selbstregulation. Möglich ist, dass das Kennen und Anwenden der untersuchten Strategien nicht nur für ein Engagement in Schulprojekten von Belang ist, sondern auch für den komplexen Bereich der Schule. Somit lassen sich das Wissen und die Nutzung von Strategien, wie sie beispielsweise in Schulinnovationsprojekten vermittelt werden, auch als Teilbereiche professioneller Kompetenz interpretieren.

Schlagworte (dt.)

Lehrermotivation, Volition, Metakognition, Motivationsregulation

Schlagworte (engl.)

teacher motivation, volition, metacognition, regulation of motivation

1. Einleitung

Im Zusammenhang mit dem Thema „Lehrerinnen und Lehrer lernen“ stellt sich die Frage, wie der Kontext beziehungsweise die Lernumgebung gestaltet werden kann, damit das Lernen von Lehrkräften unterstützt wird. In den letzten 20 Jahren wurden zahlreiche Forschungsarbeiten zu dieser Frage durchgeführt (vgl. Überblicksarbeit bei Oelkers & Reusser, 2008, S. 119 ff.). Im Wesentlichen bestätigte sich dadurch, was Darling-Hammond (1998) formulierte: “Staff development […] that are curriculum-based, sustained over time, linked to concrete problems of practice, and built into teachers' ongoing work with their colleagues“ (S. 9) sind in dem Sinne erfolgreich, als sie sich eher positiv auf die Lernleistungen der Schülerinnen und Schüler auswirken. Darling-Hammond beschreibt solche erfolgreichen, zeitlich überdauernden Lernumgebungen weiter: Sie weisen Verbindungen zum Unterricht auf, stehen in fachspezifischem Zusammenhang und zielen auf konkrete Unterrichtsaufgaben und deren Lösungen ab und werden durch die Forschung, überdauernde Kommunikation und Coaching-Strukturen gestützt (vgl. Darling-Hammond, 1998, S. 9). Diese Charakteristiken lassen sich auf die Lerngelegenheiten für Lehrerinnen und Lehrer in schulischen Innovationsprojekten übertragen. Ein schulisches Innovationsprojekt meint hier die Einführung einer neuen Idee, die in der Schullandschaft mittels einer Projektstruktur verankert werden soll.

Schulinnovationsprojekte können das Lernen von Lehrerinnen und Lehrern in vielfältiger Weise anregen. Im Vordergrund dieser Studie steht das Lernen der Lehrkräfte hinsichtlich ihrer selbstbezogenen Kognitionen. Das bedeutet: Wir gehen davon aus, dass sich Lehrkräfte in einem zeitlich überdauernden Projekt beständig dafür entscheiden, ihre Beteiligung am Projekt fortzusetzen. Man kann von der Aufrechterhaltung der Beteiligungsmotivation sprechen. Wenn die Motivation nachlässt oder punktuell nicht ausreicht, setzen willensbezogene (volitionale) selbstregulative Prozesse ein, um die langfristige Beteiligung fortzuführen. Darüber hinaus nehmen wir an, dass für die Aufrechterhaltung von Motivation und für die volitionale Selbstregulation bestimmte Strategien von Bedeutung sind. Diese strategischen Kognitionen können nicht für das langfristige Engagement in Schulinnovationsprojekten relevant sein, sondern auch für das vielschichtige Arbeitsfeld Schule. Das Wissen über Strategien, wie man Motivation aufrechterhalten und Volition stützen kann, und das Wissen über deren Einsatz können somit Teilbereiche professioneller Kompetenzen abbilden (vgl. Modell professioneller Kompetenz bei Baumert & Kunter, 2006, S. 482 ff.). Neben unterschiedlichen Wissensformen des Professionswissens (wie pädagogisches Wissen, Fachwissen und fachdidaktisches Wissen) sieht das Modell professioneller Handlungskompetenz nach Baumert und Kunter auch bestimmte Überzeugungen und Werthaltungen sowie motivationale Orientierungen und selbstregulative Fähigkeiten vor. Unsere untersuchten Strategien betreffen damit die beiden Bereiche, nämlich die motivationalen Orientierungen und die selbstregulativen Fähigkeiten, die „für die psychische Dynamik des Handelns, die Aufrechterhaltung der Intention und die Überwachung und Regulation des beruflichen Handelns über einen langen Zeitraum verantwortlich [sind]“ (Baumert & Kunter, 2006, S. 501). Lipowsky (2006, S. 49) geht davon aus, dass solche Teilaspekte der Lehrerkompetenz eher handlungsfern sind und geringe Beziehungen zu den Schülerleistungen angenommen werden können. Baumert und Kunter (2006, S. 501) heben jedoch die Bedeutsamkeit der beschriebenen selbstbezogenen Kognitionen für psychologische Funktionsfähigkeit der Lehrkräfte beispielsweise vor dem Hintergrund möglichen Belastungserlebens im Lehrberuf hervor.

Die vorliegende Studie geht der Frage nach, mit welchen Strategien es Lehrkräften gelingt, überdauernd motiviert zu bleiben und ihre Volition zu stützen. Der theoretische Hintergrund der Motivation und Volition sowie der untersuchten Strategien wird nachfolgend ausgeführt.

2. Theoretischer Hintergrund

Bei Schulinnovationsprojekten handelt es sich nicht um verpflichtende Verordnungen, sondern um ein Angebot zur Unterstützung der Schulentwicklung auf verschiedenen Ebenen. Die Teilnahme der Lehrkräfte daran erfolgt freiwillig und ist verbunden mit verschiedenen Überlegungen und bestimmten Gründen. So bieten Schulprojekte die Möglichkeit, den eigenen Unterricht zu verbessern und in Folge möglicherweise auch das Lernen der Schülerinnen und Schüler. Die Teilnahme kann auch beispielsweise von anderen Personen wie dem Schulleiter erwünscht sein. Es ist davon auszugehen, dass die Lehrkraft sich aus verschiedenen Gründen für ein Engagement an einem Schulinnovationsprojekt entscheiden kann. Dabei handelt es sich jedoch nicht um einen einmaligen Entschluss. Eine langfristige Beteiligung bedeutet für die Lehrkraft, sich immer wieder für ein Engagement im Projekt zu entscheiden und sich überdauernd mit den Projektinhalten auseinanderzusetzen. Beide Aspekte – die Entscheidung für die Beteiligung und die konkrete Arbeit im Projekt – können theoretisch als unterschiedliche Phasen innerhalb eines Handlungsprozesses betrachtet werden. Entsprechend den Ansätzen zur Handlungsmotivation kann dann die überdauernde Bereitschaft zur Teilnahme an einem Innovationsprojekt als motivationale Phase und das Bei-der-Stange-Bleiben, das dauerhafte Engagement, als volitionale Phase betrachtet werden.

Betrachtet man die Entscheidung einer Lehrperson, sich an einem schulischen Innovationsprojekt zu beteiligen, und die Regulation einer überdauernden Teilnahme als zwei unterschiedliche Phasen innerhalb eines Handlungsprozesses, so können Verbindungen zur theoretischen Unterteilung von Motivation im Handlungsgeschehen in Selektionsmotivation und Realisationsmotivation hergestellt werden (Kuhl, 1983). Dabei werden im ersten Teilprozess bestimmte Intentionen ausgewählt, während diese im zweiten Teilprozess vor konkurrierenden Intentionen abgeschirmt und realisiert werden (vgl. Kuhl, 1987a). Diese Zweiteilung wird im Handlungsphasenmodell (auch Rubikon-Modell genannt) nach Heckhausen und Gollwitzer aufgegriffen und expliziert (Heckhausen, 1989, S. 212; vgl. Abb. 1).

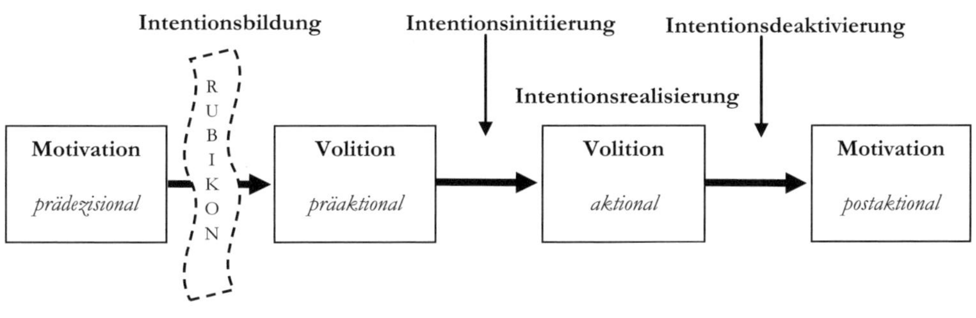

Abb. 1: Rubikon-Modell der Handlungsphasen nach Heckhausen und Gollwitzer (Heckhausen, 1989, S. 212)

Heckhausen und Gollwitzer differenzieren im Handlungsgeschehen die beiden Teilprozesse in insgesamt vier Phasen aus, in zwei motivationale und zwei volitionale. Die Autoren nehmen für die unterschiedlichen Phasen unterschiedliche Aktivitäten an: Die erste motivationale Phase ist bestimmt durch das Wünschen und Abwägen verschiedener Handlungsmöglichkeiten. Bevor ein Handeln initiiert wird, wird eine konkrete Handlungsintention gefasst. Somit nennt sich diese Phase prädezisional. Die zweite und dritte Phase sind stark handlungsorientiert und stehen in engem Zusammenhang zueinander. Zunächst findet die Planung der Intentionsumsetzung statt (präaktionale Phase) und anschließend die konkrete Realisierung, also die Umsetzung der zuvor gefassten Intention (aktionale Phase). Auf die Umsetzungsphase folgt eine Bewertungsphase, in der das Handlungsergebnis, deren Realisierungsweg und die eigene Person eingeschätzt werden. Abhängig vom Evaluationsergebnis wird an diesem Punkt die Intention deaktiviert oder eine neue Handlungsschleife initiiert. Rheinberg (2004) bemerkt zu diesem Modell, dass es dazu geeignet ist, viele Ansätze der Motivations- und Volitionsforschung zu integrieren. Entscheidend für die vorliegende Studie sind dabei die Phase, in der eine Entscheidung getroffen wird (z.B. sich immer wieder für die Projektarbeit zu entscheiden), und die Phase, in der die eigene Handlung reguliert wird (z.B. die eigene Arbeit für das Projekt zu steuern). Wir greifen dabei auf unterschiedliche Theorierichtungen zurück: Zur Erklärung der Motivationsregulation, wie sie im Rubikon-Modell vorgesehen ist, stützen wir uns auf die Selbstbestimmungstheorie nach Deci und Ryan, die dafür verschiedene stärker emotionale Regulationsformen vorsieht (z.B. Deci & Ryan, 2000). Hinsichtlich der Handlungsregulierung gehen wir von verschiedenen wirksamen Strategien aus, wie sie in der Forschung zur Selbstregulation formuliert werden. Nachfolgend werden die Theorien näher ausgeführt.

Zur genaueren Analyse der Motivation greifen wir vor allem auf die Unterscheidung von intrinsischer und extrinsischer Motivation zurück und orientieren uns dabei an der Selbstbestimmungstheorie nach Deci und Ryan (1993, 2000). Deci und Ryan gehen in ihrer Theorie von der Internalisierung von Werten und Normen aus, die von einer als wichtig erachteten Gruppe an das Individuum herangetragen und vom Individuum in das Selbst integriert werden. Zum besseren Verständnis soll zunächst der Begriff der intrinsischen Motivation näher bestimmt werden. Intrinsische Motivation steht in engem Verhältnis mit den in der Selbstbestimmungstheorie formulierten psychologischen Grundbedürfnissen nach Autonomie (deCharms, 1968) und Kompetenz (White, 1959) und wird „üblicherweise definiert als der Wunsch oder die Absicht, eine bestimmte Handlung durchzuführen, weil die Handlung selbst als interessant, spannend, herausfordernd usw. erscheint“ (Schiefele & Köller, 2001, S. 304). Dabei wird die Handlung vom Selbst verursacht, frei von externem Druck oder Kontrolle. Die Handlung wird ganz um ihrer selbst willen ausgeführt. Dies geht mit einer hohen Erlebensqualität einher, die Csikszentmihalyis Beschreibung des „autotelischen“ freudvollen Tuns entspricht (z.B. Csikszentmihalyi, 1975).

Extrinsisch motivierte Handlungen werden dagegen ausgeführt, um eine bestimmte Konsequenz des Handelns, die vom Selbst separiert ist, herbeizuführen oder zu vermeiden (Ryan & Deci, 2000; Schiefele & Köller, 2001). Deci und Ryan unterscheiden zwischen vier Formen extrinsischer Motivation, die sich auf einem Kontinuum zwischen hoher Selbstbestimmung und hohem Kontrollerleben anordnen lassen: Die externale Regulation entspricht der klassischen Vorstellung von extrinsischer Motivation; Handlungen werden auf dieser Stufe aufgrund antizipierter Konsequenzen ausgeführt. Die nächste Stufe, die introjizierte Regulation, beschreibt eine beginnende Übernahme von Werten; die Gründe der Handlung liegen zum Beispiel in einem schlechten Gewissen. Die beiden Regulationsformen, die externale und die introjizierte Regulation, werden aufgrund ihres hohen Anteils an Kontrollerleben im Folgenden zu einer Form zusammengefasst, die „kontrollierte Motivation" genannt wird. Die nächste Regulationsform mit deutlich stärkerem Autonomieanteil wird von Deci und Ryan (2000) identifizierte Regulation genannt, in der eine deutliche Wertübernahme stattgefunden hat. Wurde eine Werthaltung mit dem Selbst in Übereinstimmung gebracht, sprechen sie von integrierter Regulation. Beide Formen – identifizierte und integrierte Regulation – weisen einen hohen Anteil an Autonomieerleben auf und werden im Folgenden deswegen unter „autonome Motivation" subsumiert. Autonome Motivation und intrinsische Motivation bilden zusammen die Basis selbstbestimmter Handlungen, daher lassen sich beide Formen unter dem Begriff der selbstbestimmten Motivation zusammenfassen.

Für die Motivation, sich immer wieder für die Projektarbeit zu entscheiden, lässt sich resümieren: In Anlehnung an die Selbstbestimmungstheorie (Ryan & Deci, 2002) können unterschiedliche Formen von Motivation differenziert werden. Für die vorliegende Arbeit sind die autonome und intrinsische Motivation als Motivationsformen mit einem hohen Grad an Autonomie sowie die kontrollierte Motivation mit einem niedrigen Grad an Autonomie relevant.

In der volitionalen Handlungsphase wird die ausgewählte Intention umgesetzt und vor konkurrierende Handlungsalternativen abgeschirmt. Der Erfolg der Umsetzung einer Handlungsintention hängt ab von einer gelingenden Selbstregulation sowie von der Kompetenz, Handlungen tatsächlich anzugehen und mit der anstehenden Aufgabe zu beginnen. Tendenzen, Handlungen aufzuschieben, werden als *Prokrastination* bezeichnet. Die Überwindung dieser Tendenzen ist ein Teilaspekt der Volition. In seiner Handlungskontrolltheorie beschreibt Kuhl verschiedene volitionale Strategien, die für eine erfolgreiche Selbstregulation – beispielsweise zur Vermeidung der Prokrastination – eingesetzt werden können (Kuhl, 1987a, 1987b, 1996). Für die vorliegende Studie sind vor allem zwei Arten von Strategien relevant: Strategien der Motivationskontrolle und metakognitive Strategien. Dabei geht es bei der ersten Kategorie um Strategien, die die Motivation stützen und erhöhen sollen.

Schwinger, von der Laden und Spinath (2007) sowie Wolters (1998, 2003) untersuchten Strategien der Motivationskontrolle und unterscheiden folgende Strategien: Die Interessensteigerung ist die strategische Anreicherung einer Aufgabe mit spannenden Aspekten oder Tätigkeiten. Zwei weitere Strategien beziehen sich auf die Bewusstmachung der Konsequenzen einer bestimmten Handlung im Sinne der Zieltheorien (Dweck & Leggett, 1988). Hier kann ein Ziel ausgerichtet sein auf die extrinsischen Konsequenzen einer Handlung zum Beispiel dergestalt, dass man bei einem Vergleich der Leistung nicht standhalten könnte oder Lob für die Leistung erhält (Leistungszielorientierung). Ein anderes Ziel stellt der Lerngewinn dar, den man durch die Leistung erhält (Lernzielorientierung). Eine weitere Strategie zur Steigerung von Motivation beruht ebenfalls auf der Vergegenwärtigung von Konsequenzen. Sie wird in der Taktik deutlich, sich selbst eine Belohnung in Aussicht zu stellen. Die oben genannten Autoren subsumieren außerdem die Umweltkontrolle unter die Strategien der Motivationskontrolle, das heißt die Gestaltung der Umwelt auf eine Weise, dass sie die aktuelle Motivation nicht beeinträchtigt und nicht von der Aktion ablenkt (z.B. Handy ausschalten, Rückzug in Räume, in denen man nicht gestört werden kann).

Die zweite Kategorie von Strategien, die in unserer Studie berücksichtigt wird, sind metakognitive Strategien, die in vielen Modellen der Selbstregulation eine bedeutsame Rolle spielen (Boekaerts, 1999; Pintrich, 2000; Corno, 2001). Metakognitive Strategien nehmen die Bedeutung von Schlüsselkompetenzen ein, da sie „Lernende befähigen, den rapiden Wissenswandel zu bewältigen" (Artelt & Moschner, 2005, S. 262). In der vorliegenden Studie werden drei metakognitive Strategien unterschieden: Planung, Monitoring und Evaluation. Dabei bezieht sich die Planung auf die Formulierung von Zielen, mit denen die aktuelle Situation im Rahmen des Monitorings (Überwachung) abgeglichen werden kann. Ist eine Teilaufgabe bewältigt, erfolgt eine Bewertung der Aufgabe und des Zustands ebenfalls unter Abgleich mit dem angestrebten Zielzustand (vgl. Rahmenmodelle von Selbstregulation bei Schiefele & Pekrun, 1996; auch Pintrich, 2000).

Die Annahme liegt nahe, dass Motivationskontrollstrategien geeignet sind, die vorhandene Motivation aufrechtzuerhalten. Bezogen auf die Teilnahme an Innovationsprojekten bedeutet dies, dass eine Anwendung von Motivationskontrollstrategien damit einhergehen sollte, dass die Lehrkräfte auch nach einem längeren Zeitraum motiviert sind, sich am Projekt zu beteiligen und sich dafür zu engagieren. In der Forschung ist es bisher eine offene Frage, inwieweit metakognitive Strategien auch geeignet sind, sich positiv auf die langfristige Motivation auszuwirken. Meist wurde eher von ungerichteten Zusammenhängen zwischen dem Einsatz von Lernstrategien und dem Aufrechterhalten der Motivation berichtet (z.B. Schiefele & Schreyer, 1994). Zusammenfassend nehmen wir an, dass sich die langfristige Motivation von Lehrkräften durch zwei Arten von Strategien unterstützen lässt, nämlich durch Strategien der Metakognition und Strategien der Motivationskontrolle. Ferner gehen wir der Frage nach, inwieweit sich diese Strategien auf die volitionale Selbstregulation auswirken, etwa auf ein Vermeiden eines „aufschiebenden Verhaltens".

Die Studie wurde im Rahmen eines Innovationsprojekts durchgeführt, das den Titel „Chemie im Kontext (CHiK)" trägt (z.B. Parchmann, Ralle & DiFuccia, 2008).[1] Die Innovation beinhaltete eine Konzeption für den Chemieunterricht, die sich auf drei Pfeiler stützte: die Verwendung von Kontexten, also Problem- und Fragestellungen aus der Lebenswelt der Schülerinnen und Schüler als Ausgangspunkt und als Rahmen für den Unterricht; die Verwendung grundlegender, hinter den Beispielen liegender, chemischer Prinzipien, die Basiskonzepte genannt werden; der Einsatz vielfältiger Unterrichtsmethoden. Es handelte sich bei „Chemie im Kontext" um ein freiwilliges Angebot, die Schulen konnten sich melden, wenn sie sich am Projekt beteiligen wollten. Die Schulinnovation wurde im Rahmen sogenannter Sets an die Schulen getragen, das heißt Arbeitsgruppen bestehend aus Lehrkräften, Personen aus der Wissenschaft und der Schulaufsicht befassten sich gemeinsam unter Austausch der jeweiligen Expertise mit der Realisierung von „Chemie im Kontext" (Gräsel & Parchmann, 2004).

1 Das Projekt wurde vom Bundesministerium für Bildung und Forschung sowie 14 beteiligten Ländern gefördert.

3. Fragestellung und Methode

Das Kennen und Anwenden von Strategien, die Motivation und Volition unterstützen können, ist nicht nur vor dem Hintergrund eines überdauernden Engagements relevant. Möglich ist, dass solche Kenntnisse auch für die Arbeit in der Schule selbst im Sinne einer Erweiterung der professionellen Kompetenz nützlich sind. Die vorliegende Arbeit setzt sich zunächst zum Ziel, wirksame Strategien zur Aufrechterhaltung von Motivation und zur Unterstützung von volitionaler Selbstregulation zu identifizieren. Dabei geht sie folgenden Fragestellungen nach: Welche Effekte haben Strategien der Motivationskontrolle und metakognitive Strategien von Lehrkräften auf die langfristige Motivation, sich an einem Schulinnovationsprojekt zu beteiligen? Dabei unterscheiden wir zwei Formen der langfristigen Motivation, nämlich selbstbestimmte und kontrollierte Motivation. Ferner untersuchen wir, in welchem Zusammenhang diese Strategien mit der volitionalen Selbstregulation stehen.

Die vorliegende Studie befragte Chemie-Lehrkräfte, die sich am Projekt „Chemie im Kontext" beteiligten. Da das Projekt nicht verpflichtend war, erhält die Frage, wie Lehrkräfte für eine langfristige Teilnahme zu motivieren sind, eine besondere Relevanz. Die Studie umfasst einen Messzeitpunkt im Frühjahr 2007. Zu dieser Zeit betrug die Projektlaufzeit bereits insgesamt sechs Jahre und der größte Teil der Lehrkräfte war zu diesem Zeitpunkt mindestens zwei Jahre beteiligt. Damit ist die langfristige Beteiligungsmotivation gut erfassbar. Bei der Stichprobe handelt es sich um 61 Lehrer und 64 Lehrerinnen, deren Alter sich über eine Spanne von jünger als 30 Jahre (zwei Personen) bis über 60 Jahre (eine Person) erstreckt, wobei die meisten Angaben in der Kategorie „zwischen 31 und 40 Jahre" gemacht wurden. Eine wichtige Rahmenbedingung des Projekts lag in der Verteilung von Ausgleichstunden: Von den 128 Personen bekamen 87 keine Ausgleichstunden für das Engagement im Projekt, während die übrigen Personen in der Mehrheit zwischen einer und zwei Stunden zur Unterrichtsentlastung freigestellt wurden. Die Lehrkräfte kamen zu 77% von Gymnasien und verfügten in der Mehrheit über mehr als zehn Jahre Berufserfahrung.

Die Lehrkräfte wurden zu verschiedenen motivations- und volitionsrelevanten Dimensionen befragt. Dabei wurde hauptsächlich auf bewährte Instrumente zurückgegriffen. Die Skalen der Motivationsformen orientieren sich am Intrinsic Motivation Inventory (Deci & Ryan, 2006a) sowie dem Academic Self-Regulation Questionnaire (Deci & Ryan, 2006b) und der deutschen Adaption dieses Fragebogens (Prenzel, Kristen, Dengler et al., 1996; Kramer, 2002). Die Items wurden für den Lehrerkontext abgewandelt. Es gibt drei Skalen zur Motivation, die sich auf die Gründe beziehen, warum eine Lehrkraft am Projekt teilnimmt: Die Skala kontrollierte Motivation beschreibt extrinsische Gründe wie zum Beispiel den ausdrücklichen Wunsch des Schulleiters. Der Faktor selbstbestimmte Motivation umfasst die Skalen autonome und intrinsische Motivation. Dabei werden mögliche Gründe für eine Teilnahme erfragt wie die Überzeugung, dass die Kinder dadurch mehr und besser lernen, aber auch Begründungen wie Spaß und Freude an der Tätigkeit selbst.

Die volitionale Selbstregulation bezieht sich auf die Fähigkeiten, sowohl mit einer Handlung zu beginnen als auch während einer Handlung ausdauernd zu bleiben und sich zu regulieren. Daher umfasst die volitionale Selbstregulation die beiden Skalen Prokrastination und Selbstregulation. Beide Skalen orientieren sich an den gleichnamigen Skalen von Schwarzer (1999a), wobei die Skala Selbstregulation um Items einer anderen Skala von Grob und Maag Merki ergänzt wurde (Schwarzer, 1999b; Grob & Maag Merki, 2001).

Des Weiteren wurden die beiden oben genannten Kategorien von Strategien abgefragt: Fünf Skalen zur Motivationskontrolle orientieren sich an den bestehenden Instrumenten von Wolters (1998) und Schwinger und Kollegen (2007). Die Skalen wurden für die Situation von Lehrkräften bei einem Motivationsdefizit adaptiert, eine Arbeit im Projektzusammenhang zu erledigen. Es wurden darüber hinaus drei Skalen eingesetzt, die die metakognitiven Strategien erfassen: Planung, Monitoring und Evaluation. Bei allen drei Skalen handelt es sich um Modifikationen der Instrumente von Grob und Maag Merki (2001). Tabelle 1 gibt einen Überblick über die statistischen Kennwerte der verwendeten Skalen. Es zeigt sich, dass alle Skalen zufrieden stellende Reliabilitäten aufweisen.

4. Ergebnisse

Zur Beantwortung der oben aufgestellten Fragen wurden regressionsanalytische Verfahren verwendet. Zunächst soll das Regressionsmodell erklärt werden, das im Folgenden mehrmals eingesetzt wird: In den theoretischen Ausführungen wurden zwei Kategorien von Strategien unterschieden, metakognitive Strategien und Strategien zur Motivationskontrolle. Daher wurden beide Kategorien getrennt schrittweise in das Regressionsmodell als Prädiktoren aufgenommen. Im ersten Schritt wurden die drei metakognitiven Variablen Planung, Monitoring und Evaluation und im zweiten Schritt die fünf Strategien zur Motivationsregulation eingeschlossen. Dieses Modell wurde jeweils auf drei abhängige Variablen angewendet: die selbstbestimmte Motivation, die kontrollierte Motivation und die volitionale Selbstregulation. Tabelle 2 zeigt zunächst die bivariaten Korrelationen aller relevanten Variablen. Tabelle 3 beinhaltet die entsprechenden ermittelten Regressionsparameter. Es folgt die Erläuterung der relevanten Ergebnisse (vgl. ausführlich bei Schellenbach-Zell, 2009).

Werden im ersten Schritt die Variablen Planung, Monitoring und Evaluation als metakognitive Beeinflussungsdeterminanten für Motivation und Volition eingeschlossen, so kann für alle drei abhängigen Variablen ein signifikanter Anteil der Varianz erklärt werden. Für die selbstbestimmte Motivation können 14 %, für die kontrollierte Motivation 7 % und für die Volition 28 % Varianz durch die metakognitiven Strategien erklärt werden. Die Beta-Werte geben Aufschluss über den eigenständigen Beitrag einer Variable zur Varianzaufklärung. Hier zeigen sich Unterschiede in der Einflussnahme der einzelnen Prädiktoren. Bei der selbstbestimmten Motivation und bei der kontrollierten Motivation gehen die Effekte hauptsächlich auf das Monitoring zurück, wobei dieser Einfluss bei der kontrollierten Motivation negativ gerichtet ist. Je ausgeprägter das Monitoring, desto geringer wird die kontrollierte Motivation. Für die Volition zeigt sich ein anderes Bild: Hier tragen vor allem die Planung und die Evaluation als Strategien eigenständig und signifikant zur Varianzaufklärung bei, während das Monitoring eine eher untergeordnete Rolle einnimmt.

Tab. 1: Statistische Kennwerte der verwendeten Skalen (N = 121–128)

Skala	*Item-anzahl*	*M*	*SD*	*Cron-bach's a*	*Beispielitem*
intrinsische Motivation	6	3.22	.50	.70	Wenn ich an CHiK arbeite, macht mir das viel Spaß.
autonome Motivation	7	3.41	.47	.87	Ich arbeite bei CHiK mit, um meinen Unterricht spannend zu machen.
kontrollierte Motivation	7	1.88	.42	.61	Ich arbeite bei CHiK mit, weil die Schulleitung es erwartet.
Selbst-regulation	7	3.27	.44	.81	Wenn ich mich an einer konkreten Arbeit für CHiK befinde, komme ich schnell wieder zum Thema zurück, wenn ich von einer Sache abgelenkt werde.
Prokras-tination	5	2.72	.54	.81	Nach einem Settreffen komme ich erst nach Tagen dazu, Dinge zu tun, die ich eigentlich sofort erledigen wollte (rec.).
Planung	4	2.95	.52	.80	Wenn ich an CHiK arbeiten soll, nehme ich mir Zeit für die Planung.
Monitoring	4	3.07	.43	.75	Wenn ich an CHiK arbeiten soll, überlege ich immer mal wieder, welche Änderungen am Vorgehen sinnvoll sein könnten.
Evaluation	4	3.51	.44	.78	Nach der Durchführung einer Unterrichtseinheit interessiert es mich, warum einzelne Aktivitäten gut oder weniger gut gelungen sind.
Interessen-steigerung	4	2.75	.54	.6	Wenn ich mal keine Lust habe, an CHiK zu arbeiten, motiviere ich mich, indem ich die Aspekte besonders herausstelle, die mir Spaß machen.
Belohnung	3	1.94	.75	.82	Wenn ich mal keine Lust habe, an CHiK zu arbeiten, motiviere ich mich, indem ich mir selber irgendeine Belohnung in Aussicht stelle, wenn ich die Arbeit erledigt
Umwelt-kontrolle	3	2.46	.63	.68	Wenn ich mal keine Lust habe, an CHiK zu arbeiten, motiviere ich mich, indem ich mir zum Arbeiten bewusst Zeiten aussuche, zu denen ich mich besonders gut
Leistungsziel	6	2.09	.58	.79	Wenn ich mal keine Lust habe, an CHiK zu arbeiten, motiviere ich mich, indem ich mir bewusst mache, dass mein Beitrag in CHiK von anderen Personen bewertet
Lernziel	3	2.44	.69	.78	Wenn ich mal keine Lust habe, an CHiK zu arbeiten, motiviere ich mich, indem ich mir selbst sage, dass ich weiterarbeiten sollte, um für mich persönlich so viel wie möglich zu lernen.

Anm.: Das Antwortformat reichte von 1 (= trifft überhaupt nicht zu) bis 4 (= trifft völlig zu).

Im zweiten Block sind die fünf Strategien zur Motivationsregulation aufgenommen. Es zeigt sich nur für die beiden Motivationsformen ein signifikanter Zuwachs an Varianzaufklärung. Beim Modell mit der selbstbestimmten Motivation als abhängige Variable können weitere 12% und beim Modell mit der kontrollierten Motivation als abhängige Variable können weitere 19% der Gesamtvarianz aufgeklärt werden. Bezüglich der kontrollierten Motivation können zwei Strategien als starke Prädiktoren identifiziert werden, nämlich die der Interessensteigerung und der Vergegenwärtigung von Leistungszielen.

Tab. 2: Bivariate Korrelationen aller verwendeten Skalen

Variable	*(1)*	*(2)*	*(3)*	*(4)*	*(5)*	*(6)*	*(7)*	*(8)*	*(9)*	*(10)*	*(11)*	*(12)*
intrinsische Motivation (1)	-											
autonome Motivation (2)	.61***	-										
kontrollierte Motivation (3)	.07	.03	-									
Prokrastinationsresistenz (4)	.16*	.07	.11	-								
Selbstregulation (5)	.18**	.31**	-.06	.29***	-							
Planung (6)	.20**	.21**	-.03	.26***	.56***	-						
Monitoring (7)	.30***	.30***	-.23**	.15*	.45***	.50***	-					
Evaluation (8)	.17*	.42***	-.17*	.14	.56***	.46***	.52***	-				
Interessensteigerung (9)	.28***	.33***	.34***	.01	.06	.24***	.21**	.19**	-			
Belohnungsaussicht (10)	.06	.02	.16*	-.06	-.14	-.09	-.01	-.13	.36***	-		
Umweltkontrolle (11)	.04	.10	.21**	-.09	.08	.15*	.18*	.07	.48***	.52***	-	
Leistungszielorientierung (12)	.20**	.21**	.36***	.04	.01	.04	.04	.01	.51***	.38***	.42***	-
persönlicher Gewinn (13)	.28***	.36***	.26***	-.09	.03	.14	.15	.16*	.61***	.31***	.41***	.60***

*** $p < .01$ ** $p < .05$ * $p < .10$

Tab. 3: Regressionsparameter für die Wirksamkeit einzelner Strategien für die selbstbestimmte Motivation, kontrollierte Motivation und Volition als abhängige Variable (N = 115–116)

	abhängige Variable	*selbstbestimmte Motivation*				*kontrollierte Motivation*				*Volition*			
	eingeschlossene Variablen	β	T	F	Δ R^2	β	T	F	Δ R^2	β	T	F	Δ R^2
	Planung	.00	.00			.07	.71			.37	3.81***		
1	Monitoring	.21	2.02**	6.19***	.14	-.27	2.60**	2.72**	.07	.08	.88	14.42***	.28
	Evaluation	.15	1.49			-.13	-1.26			.24	2.46**		
	Interessensteigerung	.17	1.48			.28	2.39**			-.07	-.64		
	Belohnungsaussicht	-.01	-.09			-.07	-.68			-.01	-.05		
2	Umweltkontrolle	-.16	-1.52	3.41***	.12	.06	.55	5.60***	.19	-.06	-.61	1.47	.05
	Leistungsziele	.07	.62			.23	2.12**			.19	1.82*		
	persönlicher Gewinn	.22	1.92*			.00	.02			-.21	1.84*		
	korrigiertes R^2	.20				.20				.28			

*** $p < .01$ ** $p < .05$ * $p < .10$

Für die selbstbestimmte Motivation als abhängige Variable scheint das Zusammenwirken aller Strategien zur Varianzaufklärung beizutragen. Nur die Strategie zur Vergegenwärtigung des persönlichen Gewinns trägt tendenziell eigenständig dazu bei ($p = .057$). Alle anderen Strategien verfehlen die Signifikanzgrenze.

Das Modell ist für die Anwendung auf alle drei abhängigen Variablen signifikant und kann insgesamt für die selbstbestimmte Motivation 20 % ($F(8,108) = 4.70$; $p < .01$), für die kontrollierte Motivation ebenfalls 20 % ($F(8,108) = 4.73$; $p < .01$) und für die Volition 28 % ($F(8,107) = 6.44$; $p < .01$) der jeweiligen Gesamtvarianz erklären.

5. Diskussion

Die Frage, welche Strategien der Lehrkräfte bezüglich eines langfristigen Engagements in Schulinnovationsprojekten bedeutsam sind, lässt sich wie folgt beantworten: Zunächst können sowohl metakognitive Strategien als auch Strategien der Motivationskontrolle das langfristige Engagement der Lehrkräfte unterstützen. Insbesondere die Strategie, von Zeit zu Zeit die Arbeit zu unterbrechen und den Arbeitsstand zu überprüfen, führt dazu, dass die Lehrkraft selbstbestimmt motiviert bleibt, also aus Gründen wie der eigenen Persönlichkeitsentwicklung am Projekt beteiligt bleibt. Diese Strategie führt aber auch dazu, dass die kontrollierte Motivation abnimmt. Gründe für eine Beteiligung wie der ausdrückliche Wunsch der Schulleitung oder das Gefühl der Verpflichtung nehmen an Bedeutung ab. In Bezug auf die volitionale Selbstregulation erweisen sich die Strategien der Planung und der Evaluation als effektiv. Wenn Lehrkräfte ihre Projektarbeit in einzelne Arbeitsschritte untergliedern und Pläne für die Durchführung entwerfen, können sie sich bei der Durchführung der Arbeit besser selbst regulieren und möglichen Aufschubtendenzen entgegenwirken. Die eigene Regulation wird zudem dadurch unterstützt, wenn die Lehrkräfte abgeschlossene Arbeiten bewerten und Konsequenzen für die zukünftigen Arbeiten ableiten.

Auch die Strategien der Motivationskontrolle erweisen sich insbesondere für die langfristige Motivation als wirksam. Für die Beteiligungsmotivation aus Gründen der eigenen Persönlichkeitsentwicklung scheint das Zusammenspiel aller Strategien wichtig zu sein, tendenziell hat die Strategie, sich den eigenen Lerngewinn zu vergegenwärtigen, stärkeren eigenständigen Einfluss. Die Motivation der Lehrkräfte, deswegen am Projekt mitzuwirken, weil es für das eigene Ansehen bedeutsam ist oder es von anderen Personen erwartet wird, lässt sich durch Strategien stützen, die auf die Vergegenwärtigung der Bewertung durch andere zielen. Damit sind Handlungsziele ähnlich wie bei der extrinsischen Motivation gemeint. Es geht darum, bei einem Vergleich der Leistung gut abschneiden zu können, ein negatives Vergleichsergebnis zu umgehen oder andere – außerhalb der Tätigkeit liegende – Ziele wie zum Beispiel eine Beförderung zu verfolgen. Die Vergegenwärtigung solcher Konsequenzen der anstehenden Arbeit kann die kontrollierte Motivation erhöhen. Auch die Anreicherung einer Aufgabe um spannendere Aspekte wirkt auf die Lehrkräfte motivierend. Denkbar ist, dass Lehrkräfte diese Strategie bei Aufgaben einsetzen, die sie als unattraktiv und langweilig empfinden. Es ist daher umgekehrt möglich, dass die Verdeutlichung relevanter und interessanterer Aspekte bei einer Aufgabe dabei helfen kann, auch langweilige Aufgaben zu bewältigen.

Die Bedeutung des Monitorings für die Motivation lässt sich in anderen Studien aus dem Bereich des schulischen und universitären Lernens bestätigen. Eine Metastudie zum Zusammenhang zwischen Motivation und dem Einsatz von Lernstrategien bei Schülerinnen und Schülern und Studierenden konnte nachweisen, dass intrinsische Motivation vor allem mit dem Einsatz tiefer gehender Lernstrategien (z.B. mit metakognitiven Strategien) verbunden ist, während extrinsische Motivation mit eher oberflächlichen Strategien im Zusammenhang steht (Schiefele & Schreyer, 1994). Erklärbar ist die Bedeutung des Monitorings für die langfristige Motivation der Lehrkräfte vor allem durch das hohe Autonomie- und Kompetenzerleben, das mit dem Monitoring einhergeht. Die Bedürfnisse nach Autonomie und Kompetenz sind zwei der insgesamt drei postulierten Grundbedürfnisse in der Selbstbestimmungstheorie (Deci & Ryan, 2000). Wenn Lehrkräfte sich ihren Arbeitsprozess vergegenwärtigen, haben sie die Möglichkeit, zu erkennen, was sie selbst bewirken können. Sie erleben sich selbst als kompetent und wirksam und können durch das weitestgehend selbständige Arbeiten gute Leistungen auf sich selbst zurückführen. Die Anwendung dieser Strategie kann daher dazu führen, dass die Lehrkraft zunehmend selbstbestimmt am Projekt teilnimmt, weil sie sich dabei weiterentwickeln oder ihren Unterricht damit verbessern kann. Gründe für eine Teilnahme wie der ausdrückliche Wunsch des Schulleiters spielen dann eine nachrangige Rolle. Die Gründe für eine Beteiligung am Projekt liegen damit stärker im Selbst als außerhalb des Selbst.

Wenn die Motivation nachlässt oder nicht ausreicht, ist es für die Lehrkräfte besonders wichtig, die anstehenden Aufgaben gut durchzuplanen und aus abgeschlossenen Arbeiten Konsequenzen für weitere Aufgaben zu ziehen. Die Wichtigkeit von detaillierten Handlungsplänen bestätigt sich auch in anderen Studien (z.B. Gollwitzer & Brandstätter, 1997). Studierende wurden befragt, welche Projekte sie in der vorlesungsfreien Zeit angehen würden. Im Gegensatz zu Studierenden ohne konkreten Handlungsplan haben zwei Drittel der Personen, die für die Projekte schon konkrete Handlungspläne entworfen hatten, ihre Pläne umgesetzt. Helmke und Schrader (2000) konnten die Planung ebenfalls als wichtigste Vorbeugemaßnahme für Prokrastination bei Studierenden bestätigen.

Einschränkend zu den Befunden muss gesagt werden, dass die vorliegende Studie nur Lehrkräfte untersuchte, die sich an einem Projekt beteiligten, das auf die Weiterentwicklung ihres eigenen Unterrichtsfachs zielte. Denkbar ist, dass diese Lehrkräfte bereits über eine hohe Beteiligungsmotivation schon zu Beginn ihres Engagements verfügen, das sich – neben einer Reihe weiterer Faktoren – auch auf die dauerhafte Beteiligungsmotivation auswirken kann. Daher kann die vorliegende Studie auch keine Hinweise darauf geben, wie Lehrkräfte motiviert werden können, sich überhaupt an Fortbildungsmaßnahmen zu beteiligen.

Dennoch sind die Befunde der Studie durchaus bedeutsam für das Lernen von Lehrerinnen und Lehrern: Es lässt sich zunächst konstatieren, dass geeignete Strategien beim Lernen nicht nur für Schülerinnen und Schüler, sondern auch für Lehrkräfte wichtig und relevant sind. Die Wichtigkeit des Kennens und Anwendens von Strategien zeigt sich zweifach: (1) Eine zeitlich andauernde Fortbildungsmaßnahme wie beispielsweise ein Schulinnovationsprojekt kann neben der fachlichen Vermittlung auch auf die Entwicklung von Handlungskompetenzen im Umgang mit Motivation und Volition zielen. Lehrkräfte können lernen, mit welchen Strategien sie ihre Motivation erhöhen und wie sie sich bei konkreten Arbeiten selbst regulieren. Die Beteiligung an einer solchen Maßnahme kann somit zur Weiterentwicklung von professioneller Kompetenz beitragen, die sich möglicherweise nicht nur auf das Schulinnovationsprojekt beschränkt, sondern auch auf den komplexen Bereich Schule übertragbar ist (siehe auch Baumert & Kunter, 2006). (2) Der Einsatz geeigneter Strategien kann dazu führen, dass sich Lehrkräfte über einen längeren Zeitraum hinweg an Fortbildungsmaßnahmen beteiligen. Eine langfristige Teilnahme ist wiederum eine zentrale Voraussetzung dafür, dass die Lehrpersonen ihr Unterrichtshandeln verändern. Daran wird deutlich, dass eine Fortbildungsmaßnahme auch beinhalten sollte, Lehrkräfte in Arbeits- und Regulierungsstrategien zu schulen. Die Vermittlung solcher Kompetenzen zu Beginn einer Fortbildungsmaßnahme beziehungsweise zur Auffrischung im Laufe der Zeit kann somit auch zum Erfolg der Fortbildungsmaßnahme selbst führen.

6. Literatur

Artelt, C. & Moschner, B. (2005). Lernstrategien und Metakognition. Münster: Waxmann.

Baumert, J. & Kunter, M. (2006). Stichwort: Professionelle Kompetenz von Lehrkräften. Zeitschrift für Erziehungswissenschaft, 9(4), 469-520.

Boekaerts, M. (1999). Self-regulated learning: where we are today. International Journal of Educational Research, 31, 445-457.

Corno, L. (2001). Volitional Aspects of Self-Regulated Learning. In B. J. Zimmermann & D. H. Schunk (Eds.), Self-Regulated Learning and Academic Achievement (pp. 191-225). Mahwah, NJ: Lawrence Erlbaum Associates.

Csikszentmihalyi, M. (1975). Beyond boredom and anxiety. San Francisco: Jossey-Bass.

Darling-Hammond, L. (1998). Teachers and Teaching: Testing Policy Hypotheses from a National Commission Report. Educational Researcher, 27(1), 5-15.

deCharms, R. (1968). Personal Causation. New York: Academic Press.

Deci, E. L. & Ryan, R. M. (1993). Die Selbstbestimmungstheorie der Motivation und ihre Bedeutung für die Pädagogik. Zeitschrift für Pädagogik, 39(2), 223-238.

Deci, E. L. & Ryan, R. M. (2000). The "What" and "Why" of Goal Pursuits: Human Needs and the Self-Determination of Behavior. Psychological Inquiry, 11(4), 227-268.

Deci, E. L. & Ryan, R. M. (2006a). Intrinsic Motivation Inventory. Online unter http://www.psych.rochester.edu/SDT/measures/intrins.html [2006-01-09].

Deci, E. L. & Ryan, R. M. (2006b). The Self-Regulation Questionnaires. Online unter http://www.psych.rochester.edu/SDT/measures/selfreg_acad.html [2006-01-09].

Dweck, C. S. & Leggett, E. L. (1988). A social-cognitive approach to motivation and personality. Psychological Review, 95, 256-273.

Gollwitzer, P. M. & Brandstätter, V. (1997). Implementation intentions and effective goal pursuits. Journal of Personality and Social Psychology, 73, 186-199.

Gräsel, C. & Parchmann, I. (2004). Implementationsforschung – oder: der steinige Weg, Unterricht zu verändern. Unterrichtswissenschaft, 32(3), 196-214.

Grob, U. & Maag Merki, K. (2001). Überfachliche Kompetenzen. Theoretische Grundlegung und empirische Erprobung eines Indikatorensystems. Bern: Peter Lang.

Heckhausen, H. (1989). Motivation und Handeln. Berlin: Springer.

Helmke, A. & Schrader, F.-W. (2000). Procrastination im Studium – Erscheinungsformen und motivationale Bedingungen. In U. Schiefele & K.-P. Wild (Hrsg.), Interesse und Lernmotivation: Untersuchungen zu Entwicklung, Förderung und Wirkung (S. 207-225). Münster: Waxmann.

Kramer, K. (2002). Die Förderung von motivationsunterstützendem Unterricht – Ansatzpunkte und Barrieren. Kiel: Christian-Albrechts-Universität.

Kuhl, J. (1983). Motivation, Konflikt und Handlungskontrolle. Berlin: Springer.

Kuhl, J. (1987a). Action Control: The Maintenance of Motivational States. In J. Kuhl & F. Halisch (Eds.), Motivation, Intention and Volition (pp. 279-291). Berlin: Springer.

Kuhl, J. (1987b). Motivation und Handlungskontrolle: Ohne guten Willen geht es nicht. In H. Heckhausen, P. M. Gollwitzer & F. E. Weinert (Hrsg.), Jenseits des Rubikon. Der Wille in den Humanwissenschaften (S. 101-120). Berlin: Springer.

Kuhl, J. (1996). Wille und Freiheitserleben: Formen der Selbststeuerung. In J. Kuhl & H. Heckhausen (Hrsg.), Enzyklopädie der Psychologie (Bd. 4, S. 665-765). Göttingen: Hogrefe.

Lipowsky, F. (2006). Auf den Lehrer kommt es an. Empirische Evidenzen für Zusammenhänge zwischen Lehrerkompetenzen, Lehrerhandeln und dem Lernen der Schüler. Zeitschrift für Pädagogik, 51. Beiheft, 47-70.

Oelkers, J. & Reusser, K. (2008). Qualität entwickeln – Standards sichern – mit Differenzen umgehen. Bildungsforschung (Bd. 27). Online unter http://www.bmbf.de/pub/bildungsforschung_band_siebenundzwanzig.pdf [05.12.2008].

Parchmann, I., Ralle, B. & DiFuccia, D.-S. (2008). Entwicklung und Struktur der Unterrichtskonzeption Chemie im Kontext. In R. Demuth, C. Gräsel, I. Parchmann & B. Ralle (Hrsg.), Chemie im Kontext. Von der Innovation zur nachhaltigen Verbreitung eines Unterrichtskonzepts (S. 9-47). Münster: Waxmann.

Pintrich, P. R. (2000). The Role of Goal Orientation in Self-regulated Learning. In M. Boekaerts, P. R. Pintrich & M. Zeidner (Eds.), Handbook of Self-Regulation (pp. 451-502). San Diego: Academic Press.

Prenzel, M., Kristen, A., Dengler, P., Ettle, R. & Beer, T. (1996). Selbstbestimmt motiviertes und interessiertes Lernen in der kaufmännischen Erstausbildung. Zeitschrift für Berufs- und Wirtschaftspädagogik, 13. Beiheft, 108-127.

Rheinberg, F. (2004). Motivation (5. überarbeitete und erweiterte Aufl.). Stuttgart: Kohlhammer.

Ryan, R. M. & Deci, E. L. (2000). Intrinsic and Extrinsic Motivations: Classic Definitions and New Directions. Contemporary Educational Psychology, 25, 54-67.

Ryan, R. M. & Deci, E. L. (2002). Overview of Self-Determination Theory: An Organismic Dialectical Perspective. In E. L. Deci & R. M. Ryan (Eds.), Handbook of self-determination research (pp. 3-33). Rochester: The University Press of Rochester.

Schellenbach-Zell, J. (2009). Motivation und Volition von Lehrkräften in Schulinnovationsprojekten. Dissertation eingereicht an der Bergischen Universität Wuppertal.

Schiefele, U. & Köller, O. (2001). Intrinsische und extrinsische Motivation. In D. H. Rost (Hrsg.), Handwörterbuch Pädagogische Psychologie (S. 304-310). Weinheim: Beltz.

Schiefele, U. & Pekrun, R. (1996). Psychologische Modelle des fremdgesteuerten und selbstgesteuerten Lernens. In F. E. Weinert (Hrsg.), Enzyklopädie der Psychologie (Bd. 2, S. 249-278). Göttingen: Hogrefe.

Schiefele, U. & Schreyer, I. (1994). Intrinsische Lernmotivation und Lernen. Zeitschrift für Pädagogische Psychologie, 8(1), 1-13.

Schwarzer, R. (1999a). Online unter http://web.fu-berlin.de/gesund/skalen/Prokrastination/prokrastination.htm [09.01.2006].

Schwarzer, R. (1999b). Online unter http://web.fu-berlin.de/gesund/skalen/Selbstregulation/selbstregulation.htm [09.01.2006].

Schwinger, M., von der Laden, T. & Spinath, B. (2007). Strategien zur Motivationsregulation und ihre Erfassung. Zeitschrift für Entwicklungspsychologie und Pädagogische Psychologie, 39(2), 57-69.

White, R. W. (1959). Motivation reconsidered. Psychological Review, 66, 297-333.

Wolters, C. A. (1998). Self-regulated Learning and College Students' Regulation of Motivation. Journal of Educational Pychology, 90(2), 224-235.

Wolters, C. A. (2003). Regulation of Motivation: Evaluating an Underemphasized Aspect of Self-Regulated Learning. Educational Psychologist, 38(4), 189-205.

Intensivierung der Nachfrage nach Lehrerfortbildung

Vorschläge für Bildungspraxis und Bildungspolitik

Konrad Krainer & Peter Posch

Abstract

Die fachliche, fachdidaktische und pädagogische Kompetenz der Lehrkräfte ist eine zentrale Voraussetzung für die Qualität des Lehrens und Lernens an den Schulen. Kontinuierliche Fortbildung gilt dazu als unverzichtbar. Während sich zahlreiche Studien auf Merkmale des Angebots an Fortbildung beziehen, fokussiert diese Arbeit auf einen bisher eher vernachlässigten Bereich, nämlich auf Bedingungen für die Nachfrage nach Fortbildung. Es werden strukturelle und individuelle (jeweils verpflichtende und ermöglichende) Bedingungen für die Nachfrage nach Fortbildung unterschieden und anhand konkreter Beispiele illustriert.

Schlagworte (dt.)

Nachfrage nach Lehrerfortbildung, Bedingungen zur Förderung von Fortbildungsbereitschaft

Schlagworte (engl.)

demand for teacher professional development, conditions for stimulating readiness for professional development

1. Einführung

Internationale Studien bestätigen die an sich alte Erfahrung, dass die Qualität des Lernens der Schülerinnen und Schüler in der Schule am stärksten durch die Qualifikation und das Engagement der Lehrkräfte beeinflusst wird (vgl. Konstantopoulos, 2006; McKinsey Report, 2007). Die bestfunktionierenden Schulsysteme legen – unabhängig von den ansonsten großen Unterschieden im Aufbau und in den Rahmenbedingungen – einen klaren Schwerpunkt auf die Verbesserung des Unterrichts, weil sich diese direkt auf die Schülerleistungen auswirkt. Zu den drei wichtigsten Einflussfaktoren für die Qualität des Schulsystems gehört laut McKinsey Report die Aus- und Fortbildung von Lehrkräften. Dabei nehmen Erfahrungsaustausch und Reflexion eine bedeutende Rolle ein (vgl. Fullan & Stiegelbauer, 1991). Dies gilt insbesondere für jene 30 bis 40 Jahre, die Lehrkräfte im Allgemeinen an ihren Schulen unterrichten. In dieser – etwa sieben- bis zehnmal längeren als die Ausbildung währenden – Zeit ist die Fortbildung eine entscheidende Quelle der Professionalitätsentwicklung von Lehrkräften.

Die folgenden Ausführungen beziehen sich in erster Linie auf die österreichische Fortbildungssituation (vgl. Mayr & Neuweg, 2009). Es gibt jedoch viele Hinweise, dass sich die Situation in Deutschland davon nicht wesentlich unterscheidet. Erst in den letzten Jahren ist im deutschsprachigen Bereich das Professionswissen von Lehrkräften in den Fokus einschlägiger Studien gelangt, wie etwa jenes von Mathematiklehrkräften im Kontext des Projekts COACTIV (vgl. Brunner et al., 2006). Eine besondere Herausforderung für die Lehrerfortbildung ist der hohe Anteil an fehlenden Fachlehrkräften im Bereich des Mathematik- und vor allem Naturwissenschaftsunterrichts. So unterrichten an deutschen Hauptschulen (bzw. Gymnasien) 63,3 % (23,0 %) der Lehrkräfte ein naturwissenschaftliches Fach (vgl. Autorengruppe Bildungsberichterstattung, 2008, S. 353), ohne einen facheinschlägigen Lehramtsabschluss zu haben. Für Österreich fehlen überhaupt systematische Daten, wenngleich einzelne Informationen ein düsteres Bild erahnen lassen. So gibt es in Wien bereits jetzt einen Mangel an Lehrkräften in diesen Fächern, sodass Sonderverträge mit Studierenden sowie Praktikantinnen und Praktikanten abgeschlossen werden müssen (vgl. Krainer & Benke, 2009, S. 233). In wenigen Jahren wird sich die Situation aufgrund der Altersstruktur der Lehrkräfte zusätzlich verschärfen. Diese Ausgangslage ist nicht nur für die einzelnen (fachlich nicht ausreichend ausgebildeten) Lehrkräfte und deren Schülerinnen und Schüler prekär, sondern stellt auch eine strukturelle (institutionelle wie auch bildungspolitische) Herausforderung dar. An dieser Problematik wird exemplarisch schon deutlich, dass die Frage der Förderung von Lehrerfortbildung individuelle und strukturelle Aspekte beinhaltet.

Die Mehrzahl der wissenschaftlichen Auseinandersetzungen mit der Qualifikation der Lehrkräfte beziehen sich auf das Angebot an Lehrerfortbildung (vgl. Krainer & Posch, 1996; Prammer-Semmler, Prexl-Krausz & Sokoup-Altrichter, 2006; Altrichter & Posch, 2008; Wittwer et al., 2004) und (bereits in wesentlich geringerem Ausmaß) auf die Untersuchung der Auswirkungen von Lehrerfortbildung (z.B. Lipowsky, 2004 und in diesem Band; Burke & Hutchins, 2007; Wackermann, 2008; Schuster, 2008; Zehetmeier, 2008). Fast völlig fehlen Studien zu den Bedingungen der Nachfrage nach Lehrerfortbildung (vgl. aber Kwakman, 2003). Es fehlen auch genauere Daten über das Ausmaß der Nutzung (wie auch der Bedingungen, Hintergründe und Erwartungen) von Lehrerfortbildung (vgl. aber Jäger & Bodensohn, 2007; Benke, 2007). Nach einer Lehrerbefragung, die im Rahmen der TALIS-Studie durchgeführt wurde (vgl. Grafendorfer, Neureiter & Längauer-Hohengaßner, 2009) gaben 97 % der befragten österreichischen Lehrkräfte der Sekundarstufe I an, in den vergangenen 18 Monaten mindestens an einem Tag eine Fortbildungsveranstaltung besucht zu haben (ebenda, S. 32). Österreich liegt damit im oberen Drittel der 20 Vergleichsländer. Die durchschnittliche Fortbildungsdauer von 11 Tagen in 18 Monaten liegt bei den österreichischen Lehrkräften hingegen im unteren Drittel der OECD/EU. Diese Zahl verdeckt zudem erhebliche Unterschiede zwischen Lehrkräften an Hauptschulen und Gymnasien. Während sie bei den Lehrerinnen und Lehrern an Hauptschulen wegen der für sie bestehenden Fortbildungsverpflichtung bei mindestens 15 Stunden pro Jahr liegt, beträgt sie bei jenen an Gymnasien nur zwei Tage (ebenda, S. 33). Die besser qualifizierten Lehrkräfte nehmen damit wesentlich weniger Fortbildung in Anspruch als die formal weniger qualifizierten Lehrkräfte an Hauptschulen. Der Trend in den meisten OECD-Ländern ist hingegen genau umgekehrt (OECD, 2009, S. 56): Die Lehrkräfte mit höheren

Qualifikationen (Master und darüber) haben mehr Fortbildung absolviert als die weniger qualifizierten Lehrkräfte (Bachelor und darunter). Abweichend von den meisten anderen Ländern berichten Lehrkräfte an Gymnasien in Österreich allerdings über deutlich mehr unbefriedigte Nachfrage nach Fortbildung als Lehrkräfte an Hauptschulen (ebenda, S. 60; vgl. auch Grafendorfer, Neureiter & Längauer-Hohengaßner, 2009, S. 36).

Ein ähnliches Bild zeichnet der letzte Bericht des österreichischen Rechnungshofs (2006, S. 77) zur Lehrerfortbildung. Seine Datenbasis ist eine Befragung von Schulleitungen, die sich auf alle Lehrkräfte (und nicht nur jene der Sekundarstufe I) bezieht. Nach diesem Bericht bilden sich die Lehrkräfte an Gymnasien sowie an berufsbildenden mittleren und höheren Schulen zu je einem Drittel intensiv, mäßig bzw. gar nicht fort. Besser sei die Situation in Österreich in der Primarstufe und der Hauptschule, an denen von den Schulleitungen sichergestellt werde, dass Fortbildungsangebote im Rahmen der gesetzlichen Mindestverpflichtung absolviert werden. Nur an den Berufsschulen werde Fortbildung fast durchgehend in Anspruch genommen, vor allem weil die Lehrkräfte an diesen Schulen ihre pädagogischen Kenntnisse erst während ihrer Lehrtätigkeit erhielten (wobei es sich hier zum Großteil gar nicht um Fortbildung, sondern um berufsbegleitende verpflichtende Ausbildung handelt). Aufgrund dieser Sachlage erscheint es sinnvoll, der Frage nachzugehen, warum die Nachfrage nach Fortbildung unter den Erwartungen zurückbleibt und welche Maßnahmen eine Verbesserung der Situation erwarten lassen.

In einem ersten Abschnitt wird zunächst eine Modellvorstellung skizziert, die als Grundlage für die Suche nach möglichen Maßnahmen gedient hat. Im Abschnitt 2 werden einige Maßnahmen zusammengefasst, die wissenschaftliche Vorarbeiten zur Erweiterung des Wissens über die Nachfragesituation betreffen. Im Abschnitt 3 werden strategische Maßnahmen beschrieben, von denen eine Verbesserung der Nachfrage erwartet werden kann.

2. Modellvorstellung zur Charakterisierung einzelner Maßnahmen

Zur Untersuchung der Voraussetzungen für die Nachfrage nach Lehrerfortbildungsangeboten wird im Folgenden eine Modellvorstellung herangezogen, die sich an Giddens' (1992) Dualität von Struktur und Aktion (vgl. auch Elliott, 1993) anlehnt und in der Governance-Theorie weiter ausdifferenziert wurde (Kussau & Brüsemeister, 2007; Altrichter & Heinrich, 2007; siehe auch Altrichter, in diesem Band).

Giddens meint, dass Strukturen (Regeln und Ressourcen) und Handlungen von Personen aufeinander bezogen sind, also komplementär sind. Handeln erfolgt in einem strukturellen Rahmen und nimmt zugleich Einfluss auf diesen Rahmen. Strukturen wiederum werden durch das Handeln (re)produziert und bieten ihrerseits Optionen für das Handeln. Im Schulbereich ergibt sich zum Beispiel folgender konkreter Zusammenhang: Das Handeln als Lehrerin oder Lehrer wird von einer Vielzahl an strukturellen Rahmenbedingungen, etwa der Existenz bestimmter Schulfächer, beeinflusst. Das Handeln einer Vielzahl von Akteur/inn/en beeinflusst aber auch diese Rahmenbedingungen: Es stabilisiert sie (z.B. durch die Bildung von Fachgruppen), schwächt sie und kann sie auch verändern (z.B. durch interdisziplinäre Projekte oder neue Gegenstände). Das Modell wendet sich damit gegen einseitig objektivistische (Struktur „entscheidet“) und gegen einseitig subjektivistische (Individuum „entscheidet“) Konzeptionen des Handelns und setzt beide in Beziehung zueinander.

Man kann den Gedankengang weiterführen: Es gibt strukturelle Voraussetzungen, die eine in der Praxis stehende Person zu etwas veranlassen oder gar verpflichten (Regeln), und es gibt strukturelle Voraussetzungen, die ihr etwas erleichtern oder überhaupt erst ermöglichen (Ressourcen). Analoges kann auch für das Handeln angenommen werden: Es gibt individuelle Voraussetzungen, die eine Person zu bestimmten Handlungen veranlassen oder anregen (den Regeln entsprechen hier u.a. ihre Wertvorstellungen), und es gibt individuelle Voraussetzungen, die das Handeln erleichtern oder erst ermöglichen (den Ressourcen entsprechen hier u.a. ihre Kompetenzen). Alltagsentscheidungen, zum Beispiel für berufliche Fortbildung, können als Ergebnisse des Zusammenspiels dieser vier Voraussetzungen angesehen werden.[1]

Tab. 1: Strukturelle und individuelle Voraussetzungen von Lehrerfortbildung

Strukturelle Voraussetzungen der Nachfrage	*Individuelle Voraussetzungen der Nachfrage*
Strukturelle Voraussetzungen, die zur Nachfrage veranlassen (Normen)	Individuelle Voraussetzungen, die zur Nachfrage veranlassen (Einstellungen und Haltungen)
Strukturelle Voraussetzungen, die die Nachfrage erleichtern (Ressourcen)	Individuelle Voraussetzungen, die die Nachfrage erleichtern (Ressourcen)

Im Folgenden werden die vier Kategorien dazu verwendet, um zu untersuchen, wodurch die Nachfrage nach Lehrerfortbildung beeinflusst wird (vgl. auch Posch, 2009).

Die beiden folgenden Voraussetzungen beziehen sich auf *strukturelle Merkmale*:
A. Zu den *strukturellen Voraussetzungen*, die zur Nachfrage nach Lehrerfortbildungsangeboten veranlassen bzw. dazu anregen (Normen), gehören unter anderem

- rechtliche Verpflichtungen (z.B. Verpflichtung von Lehrkräften, sich fortzubilden), die als sinnvoll erlebt werden („Making policy“ bedeutet „Making sense“; vgl. Spillane, 2004);
- schulinterne Vereinbarungen (z.B. eine durch die Leitung durchgesetzte Fortbildungsverpflichtung im Rahmen einer gezielten „Fortbildungspolitik“ oder Personalentwicklung der Schule“; vgl. Mayr & Neuweg, 2009, S. 118);
- ungeschriebene „Gesetze“ bzw. „Kulturen“ oder Selbstverständlichkeiten (z.B. Erwartungshaltungen von Seiten relevanter Bezugspersonen oder Institutionen);
- pragmatische Drucksituationen (z.B. kann ein Mangel von Fachlehrkräften in bestimmten Fächern zur Nachfrage nach Aus- und Fortbildungsangeboten führen, in welchen Lehrkräfte anderer Fächer zusätzliche Qualifikationen erwerben können).

1 Ein Konzept mit drei Kategorien („Müssen – Können – Wollen“) hat Strittmatter (2001) vorgelegt.

B. Zu den *strukturellen Voraussetzungen*, die die Nachfrage nach Lehrerfortbildungsangeboten erleichtern bzw. ermöglichen (Ressourcen), gehören unter anderem

- materielle Ressourcen (z.B. finanzielle Ressourcen für die Nutzung von Fortbildungsangeboten);
- immaterielle Ressourcen (z.B. Regelungen, die die Nachfrage erleichtern, etwa im Hinblick auf die Information über und den Zugang zu Fortbildungsmöglichkeiten);
- organisatorische Maßnahmen (z.B. das Zur-Verfügung-Stellen von Zeitressourcen).

Die beiden folgenden Elemente beziehen sich auf *individuelle Merkmale der Handelnden:*
C. Zu den *individuellen Voraussetzungen*, die zur Nachfrage nach Lehrerfortbildungsangeboten veranlassen bzw. dazu anregen (Einstellungen und Haltungen), gehören unter anderem

- intrinsische Werthaltungen und Motive (z.B. der berufliche Stolz, den Stand des fachlichen, fachdidaktischen und pädagogischen Wissens im Unterricht zur Geltung zu bringen);
- das Bewusstsein, durch Fortbildung einer Rechenschaftspflicht zu entsprechen (z.B. die vom Gesetz eingeforderten Fortbildungseinheiten zu absolvieren);
- das Interesse, durch Fortbildung Vorteile zu erhalten oder Nachteilen zu entgehen (z.B. Fortbildung als Karrieremöglichkeit).

D. Zu den *individuellen Voraussetzungen*, die die Nachfrage nach Lehrerfortbildungsangeboten erleichtern bzw. erst ermöglichen (Ressourcen), gehören unter anderem

- die Erfahrung, durch Fortbildung an beruflicher Souveränität zu gewinnen;
- die Erfahrung, als Person wirksam zu werden (z.B. durch einen verbesserten Unterricht, durch Weitergabe an andere Lehrkräfte oder eigene Angebote zur Lehrerfortbildung);
- die Kompetenz, die strukturellen Vorgaben und die verfügbaren Ressourcen nutzen zu können (je höher die fachlichen, fachdidaktischen und pädagogischen Kompetenzen, desto attraktiver dürfte die Nutzung von Lehrerfortbildungsangeboten bzw. die Bereitstellung eigener Angebote erscheinen und desto eher dürfte Nachfrage entstehen).

Wenn man von dieser Modellvorstellung ausgeht, können auf jeder dieser vier Ebenen hypothetisch Bedingungen für eine Neuorientierung der Lehrerfortbildung lokalisiert werden. Die Modellvorstellung legt auch nahe, dass Einzelmaßnahmen nur wenig versprechen – ein Ensemble aufeinander abgestimmter Maßnahmen ist erforderlich. Dazu kommt eine Verschiebung der Gewichte zwischen strukturellen und individuellen Voraussetzungen. Bereits Hutmacher (1998) hat darauf hingewiesen, dass Verwaltungen dazu tendieren, sich nach politischen Entscheidungen um die Implementierung dieser Entscheidungen nicht mehr weiter zu kümmern und gleich zum nächsten Geschäft überzugehen. Dabei wird völlig übersehen, wie unterschiedlich Menschen politische Vorgaben interpretieren und wie wichtig die Investition in Kommunikation über die Intentionen von Regelungen und in die erforderlichen Rahmenbedingungen ist (vgl. auch Kussau & Brüsemeister, 2007, S. 21; Rürup & Heinrich, 2007, S. 157). Das Ergebnis sind nicht selten „Schnellschüsse", die im Hinblick auf erwünschte Effekte relativ wirkungslos bleiben (wie z.B. in Österreich das Landeslehrerdienstrechtsgesetz LDG).

Die stark gewachsene Komplexität und Unterschiedlichkeit praktischer Handlungserfordernisse auf Schulebene hat die Problemlösekapazität zentraler Einflussnahmen verringert und in den letzten Jahrzehnten eine Erweiterung lokaler Handlungsspielräume erzwungen (Posch & Altrichter, 1993). Die professionellen Werthaltungen und Kompetenzen der Lehrkräfte (wie auch der Schulleitungen) haben wegen dieser Entscheidungsspielräume einen wesentlichen Einfluss auf die Qualität ihrer Arbeit. Die individuellen Voraussetzungen (Kategorien C und D) haben daher nicht geringere Bedeutung als die üblicherweise als dominant angesehenen strukturellen Voraussetzungen (Kategorien A und B). Es ist wichtig, die Lehrkräfte für Fortbildungsangebote zu gewinnen und ihnen Gelegenheit zu geben, aktiv ihre eigene professionelle Entwicklung zu gestalten. So bedeutsam die individuellen Voraussetzungen für die Nachfrage nach Fortbildung (C und D) sind, die Versuche, auf sie Einfluss zu nehmen, erfordern zumeist wiederum strukturelle Maßnahmen. Diese Anomalie wird durch das Kategorienschema nicht aufgelöst.

Die folgenden Maßnahmen sind in drei Gruppen gegliedert, wobei allerdings die Zuordnung nicht immer eindeutig ist:

- Maßnahmen, die primär die einzelne Schule betreffen;
- Maßnahmen, die primär die Lehrerbildungsinstitution betreffen;
- Maßnahmen, die primär die regionale und überregionale (legislative, strategische und operative) Schulsystemsteuerung betreffen.

Bei den folgenden Vorschlägen handelt es sich um Annahmen, die zum großen Teil auf Erfahrungen der Autoren beruhen und eine gewisse Plausibilität beanspruchen. Einschlägige Befunde stehen jedoch nur wenige zur Verfügung.

Vor jeder dieser Maßnahmen ist in Klammer das Kürzel (A, B, C oder D) angeführt, durch welches sie den einzelnen Kategorien zugeordnet wird. Auch hier ist die Zuordnung nicht immer eindeutig. Die gewählte Zuordnung soll die primäre Verantwortung zum Ausdruck bringen. Zahlreiche Maßnahmen, vor allem jene, die die einzelnen Schulen betreffen, liegen auch im Verantwortungsbereich der regionalen und überregionalen Schulsystemsteuerung.

3. Wissenschaftliche Vorarbeiten

Im Folgenden werden vier Bereiche skizziert, die aus unserer Sicht besondere Aufmerksamkeit in der Forschung verdienen:

- Der *Fortbildungsbegriff sollte geklärt werden* und auch nicht kursmäßig organisierte Fortbildung (z.B. selbstgestaltete professionelle Entwicklung „on the job"; vgl. Kwakman, 2003; vgl. auch Hascher & Weyringer, in diesem Band) erfassen, sofern sie zu überprüfbaren Konsequenzen führt. Dies sollte in Abstimmung mit dem in Entwicklung befindlichen nationalen und europäischen Qualifikationsrahmen (NQR/EQR) erfolgen (Schneeberger et al., 2007). In der internationalen TALIS-Erhebung der OECD (2009) wurden zum Beispiel auch Angaben über informelle Formen von Lehrerfortbildung erhoben: Informelle Gespräche über Unterricht mit Kolleginnen und Kollegen wurden von 93% und Lesen berufsbezogener Literatur von 89% der befragten Lehrkräfte angegeben. Beiden Varianten werden allerdings nur von 30% (bzw. 27%) der Befragten große Auswirkungen auf ihre berufliche Entwicklung zugeschrieben (Grafendorfer, Neureiter & Längauer-Hohengaßner, 2009, S. 35). Dieses bemerkenswerte Ergebnis verlangt nach weiterer Klärung.

- Die *Bedürfnisse und Fortbildungsinteressen von Lehrkräften und Fortbildungserfordernisse an Schulen sollten* – wenn möglich ausgehend von verfügbaren Daten – sorgfältig *analysiert werden*, um die Struktur der Nachfrage besser kennen und einzelne Merkmale besser gewichten zu lernen. Laut TALIS-Bericht wünschen sich 45% der befragten österreichischen Lehrkräfte mehr Fortbildung (der Durchschnitt der Vergleichsländer liegt bei 53%). Als wichtigste Themen wurden „Unterrichten von Schülerinnen und Schülern mit besonderen Lernbedürfnissen" (70%) sowie der „Umgang mit Disziplin- und Verhaltensproblemen" (67%) bzw. „Lehrmethoden" (68%) genannt (vgl. Grafendorfer, Neureiter & Längauer-Hohengaßner, 2009, S. 36). In diesen Zahlen spiegelt sich nicht nur die zunehmende Integration von Kindern mit besonderen Lernbedürfnissen, sondern mehr noch der Anspruch, den Unterricht an den Bedürfnissen *aller* Schülerinnen und Schüler zu orientieren, das heißt zu individualisieren – bei gleichzeitig wachsender Heterogenität der Schülergruppen (OECD, 2009, S. 61). Da die Karriereoptionen (z.B. Leitungspositionen) durch Fortbildungsaktivitäten beeinflusst werden, sollten mögliche Benachteiligungen durch die zeitweise familiäre Doppelbelastung (von zumeist Frauen) untersucht und Maßnahmen (z.B. Coaching) geprüft werden, die die Vereinbarung von Karriere und Familie erleichtern könnten („work-life-balance").
- Die *Ursachen der zurückhaltenden Nachfrage bis hin zur Weigerung erheblicher Anteile der Lehrerschaft, Fortbildungsangebote für die Weiterentwicklung von Unterricht zu nutzen,* sollten untersucht werden (vgl. Grafendorfer, Neureiter & Längauer-Hohengaßner, 2009; vgl. auch Schellenbach-Zell & Gräsel, in diesem Band). Zum wichtigsten Hemmnis zählt laut der bei TALIS befragten österreichischen Lehrkräfte der Sekundarstufe I die mangelnde Passung des Fortbildungsangebots. Dieser Wert liegt mit 64% um 20% über dem OECD-Durchschnitt und gibt zu einigen Fragen Anlass. 42% der Lehrkräfte geben Konflikte im Zusammenhang mit dem Stundenplan als Hinderungsgrund an und 19% familiäre Gründe. Nur bei Lehrkräften im Gymnasium ist mit 12% die mangelnde Unterstützung durch die Schulleitung auffällig (vgl. Grafendorfer, Neureiter & Längauer-Hohengaßner, 2009, S. 36). Mehr als 80% der befragten Lehrkräfte leisten einen finanziellen Beitrag zur Fortbildung, aber nur 18% geben finanzielle Gründe als Hinderungsgrund an. Bemerkenswert ist in diesem Zusammenhang der Befund, dass in der überwiegenden Mehrzahl der Länder (nicht jedoch in Österreich) ein positiver Zusammenhang zwischen dem Ausmaß an finanzieller Beteiligung und Fortbildungsintensität besteht. Bei kostenloser Teilnahme an der Fortbildung wurden nur 13 Fortbildungstage in den letzten 18 Monaten angegeben, bei finanzieller Beteiligung durchschnittlich 23 Tage und bei voller Kostenübernahme durch die Lehrkräfte 32 Tage. Dies könnte (auch) damit zusammenhängen, dass teurere Fortbildungsangebote meist auch länger dauern (vgl. OECD, 2009, S. 66).

- Die noch recht spärliche *Forschung zur Effektivität von Fortbildung und zur gegenseitigen Abhängigkeit von Nachfragebedingungen und Angebotsmerkmalen von Fortbildung* sollten intensiviert werden (vgl. Lipowsky; in diesem Band; Darling-Hammond, 1998; Hawley & Vally, 1999; Reusser & Tremp, 2008). Der TALIS-Bericht zeigt zum Beispiel, dass 49 % der österreichischen Lehrkräfte Qualifikationsprogrammen und 44 % berufsbezogener Forschung große Auswirkungen auf die berufliche Entwicklung zuschreiben, beide Formen der Fortbildung aber nur von wenigen Lehrkräften (20 bzw. 26 %) absolviert werden. Der kursmäßigen, workshopartigen und schulinternen Fortbildung werden hingegen nur von 14 % der Befragten große Auswirkungen zugeschrieben, obwohl über 92 % der Lehrkräfte angeben, Angebote dieser Art wahrzunehmen (vgl. Grafendorfer, Neureiter & Längauer-Hohengaßner, 2009, S. 35).

4. Strategische Maßnahmen

Maßnahmen, die primär die einzelnen Schulen setzen sollten:

- (A) Die *Pflege einer vielfältigen Feedback-Kultur* sollte zu einer zentralen Aufgabe der Schulleitungen werden, unter anderem indem wechselseitige Hospitationen verpflichtend eingeführt werden sowie Schüler- und Elternrückmeldungen zu Unterricht und Schulleben einen hohen Stellenwert erhalten (z.B. Gegenstand von Mitarbeitergesprächen werden); diese sollen zu Verbesserungen führen, die auch von den Schülerinnen und Schülern wie auch den Eltern feststellbar sind. Auf positive Auswirkungen der Unterstützung von Lehrer/inne/n durch Schulleitungen (und Kolleg/inn/en) weisen etwa Hanfstingl & Krainer (2008) hin. Dies setzt allerdings auch eine Stärkung der Schulleiterposition und einschlägige Fortbildung voraus sowie eine Abkehr vom traditionellen eher an Verwaltungsaufgaben orientierten Rollenverständnis der Schulleitungen. Diese sollten mit ihren Lehrkörpern eine auf den jeweiligen schulischen und regionalen Kontext zugeschnittene Fortbildungsstrategie entwickeln (vgl. auch Mayr & Neuweg, 2009, S. 118). Dies könnte – insbesondere durch das Sichtbarwerden unterschiedlicher Strategien und Bedürfnisse von Schulen – die Nachfrage nach Fortbildung erheblich steigern, vor allem wenn dies auf regionaler (und nationaler) Ebene von einem entsprechenden Nachfrage-Monitoring begleitet wird. Befunde der TALIS-Studie legen den Schluss nahe, dass eine „Fortbildungspolitik" an den Schulen, die als Leitungsaufgabe verstanden wird und im Interesse der Weiterentwicklung der Schulqualität gezielt zu Fortbildung anregt, kaum existiert. Sonst wäre es nicht denkbar, dass als sehr wirksam angesehene Formen von Fortbildung (Qualifikationsprogramme und berufsbezogene Forschung) kaum wahrgenommen werden (vgl. Grafendorfer, Neureiter & Längauer-Hohengaßner, 2009, S. 35).
- (A) *Entwicklung und Evaluierung von Unterricht* (etwa im Rahmen einer Verpflichtung zur Dokumentation im periodisch erneuerten Schulentwicklungsplan bzw. Schulprogramm) sollten *unter verantwortlicher Beteiligung der Fachgruppen bzw. einzelner Fachkräfte als Selbstverständlichkeiten institutionalisiert* sein. In diesem Rahmen sollte auch untersucht werden, inwieweit die Kompetenzen, Interessen und Handlungsoptionen der Lernen-

den zu Bildungskarrieren führen. Wichtige Instrumente sind unter anderem schulinterne Erhebungen, Diskussionsrunden zu Schülerinteressen, vergleichende Klassenarbeiten und informelle Tests (insbesondere in Fächern, in denen keine externen Tests durchgeführt werden). Evaluationen können unter bestimmten Umständen eine wichtige Grundlage und Erfahrungsbasis für die Nachfrage nach Fortbildung bieten.

- (A) *Die Lehrkräfte bzw. Fachgruppen sollten verpflichtet werden, sich mit den Ergebnissen externer standardbezogener Tests auseinanderzusetzen und daraus Schlussfolgerungen zu ziehen.* Die Schulleitungen sollten verpflichtet werden, dies zu überprüfen. Die Schulaufsicht sollte verpflichtet werden zu überprüfen, inwieweit die Schulleitungen diese Aufgabe wahrnehmen. Dies würde nach den Erfahrungen im KESS-Projekt in Hamburg eine erhebliche Nachfrage nach Fortbildung generieren (Landesinstitut für Lehrerbildung und Schulentwicklung, o.J.). Nach Rückmeldung der Ergebnisse einer standardbasierten Testung an die Schule sollte bei Mängeln ein entsprechendes Fortbildungsangebot zur Verfügung gestellt werden.
- (B) *Die weitere Öffnung der Schule gegenüber dem schulischen Umfeld* und die Verlagerung von Lernaktivitäten und Unterricht in kulturelle und soziale Institutionen, Wirtschaftsunternehmen, Forschungs- und Entwicklungseinrichtungen usw. könnten die Nachfrage nach zusätzlichen Kompetenzen (z.B. Umgang mit neuen Medien, politische Bildung etc.) erhöhen und auch selbst zur Professionalitätsentwicklung beitragen.
- (B) *Die autonomen Gestaltungsmöglichkeiten von Lehrkräften und Lehrergruppen sollten erweitert werden*, um ihnen die Erfahrung zu vermitteln, durch qualitätsvolles Engagement etwas bewegen und wirksam werden zu können. Dazu gehören auch Möglichkeiten für Schulen zur lokalen Institutionalisierung von Innovationen (z.B. von Kooperationen zwischen Schulen und Kindergärten).
- (B) *Fachgruppen und lokale Lehrerarbeitsgruppen*, die sich mit speziellen unterrichtsbezogenen Entwicklungsinteressen beschäftigen, sind eine wesentliche Voraussetzung für die Nachfrage nach Fortbildung. Ihre Arbeit sollte *durch zeitliche, räumliche und andere organisatorische Maßnahmen unterstützt* werden (z.B. durch Einführung sogenannter „unterrichtsfreier Stunden“ für gemeinsame Besprechungen).
- (C) Leistungsbezogenes berufliches Selbstbewusstsein von Lehrkräften ist eine mögliche Voraussetzung für die Nachfrage nach Fortbildung. Es sollte durch verschiedene *Formen immaterieller und materieller Anerkennung von (überprüfbaren) Beiträgen zur Entwicklung fachlicher, fachdidaktischer und pädagogischer Kompetenzen* gefördert werden. Die Überprüfung sollte im Rahmen der internen Verbindung von Evaluation und Entwicklung (Schulprogramm) erfolgen.
- (C) *Berufliches Ethos und Verantwortungsbewusstsein* der Lehrkräfte gegenüber den Lernenden und der Öffentlichkeit sollte auf vielfältige Weise gefördert werden, unter anderem indem Entwicklung und Evaluation schulintern einen hohen Stellenwert erhalten (vor allem im Rahmen des Schulprogramms) und die Weiterentwicklung beruflicher Kompetenzen als Gewinn an professionellem Selbstbewusstsein erlebt wird.
- (D) An jeder Schule sollte es eine *Vielzahl an individuellen und kollektiven Profilierungsmöglichkeiten* geben, um den leistungs- und damit auch fortbildungsfeindlichen Gleichheitsmythos (das „Autonomie-Paritätsmuster“; vgl. Altrichter & Eder, 2004) zu über-

winden. Zu den wichtigsten Voraussetzungen für die Generierung von Nachfrage nach Lehrerfortbildung ist die persönliche Erfahrung von Lehrenden, dass ihr professionelles Selbstbewusstsein und ihre Position an der Schule durch ihre Fortbildungsinitiativen gestärkt werden.

- (D) Bestehende Wissensstrukturen und Einstellungen der Lehrkräfte haben großen Einfluss auf die Akzeptanz von Innovationen und auf ihre Bereitschaft, sich weiterzubilden. Informationen, die nicht in die eigenen Wissensstrukturen passen, werden abgewandelt oder ignoriert, können jedoch über soziale Interaktion verändert werden (vgl. Chinn & Brewer, 1993; Coburn, 2003). Auch aus diesem Grund ist die Förderung von lokalen und regionalen Netzwerken, in die Lehrkräfte eingebunden sind, auch für ihre Bereitschaft, sich weiterzubilden, von Bedeutung (vgl. auch Rauch & Scherz, 2009).

Maßnahmen, die primär die einzelne Lehrerbildungsinstitution setzen sollte:

- (A) An den Lehrerbildungsinstitutionen sollten *Intensität und Qualität der für die berufstätigen Lehrer/innen angebotenen Fortbildung* im Rahmen der Leistungsvereinbarungen einen ihrer Bedeutung *entsprechenden Stellenwert erhalten.* Mehr Ressourcen für mehr und qualitätsvollere Aktivitäten, insbesondere auch im Bereich der Begleitforschung (etwa zu Interessen und Kompetenzen von Teilnehmenden; vgl. Krainer & Müller, 2007), können Fortbildungsnachfrage ebenfalls generieren. Wenn Lehrkräfte bereits in der Ausbildung berufsbezogene Forschung erleben, dürfte auch später im Berufsleben Nachfrage nach dieser als hochwirksam eingeschätzten Form der Fortbildung entstehen, sofern an den Schulen entsprechende infrastrukturelle Voraussetzungen (z.B. routinemäßige Entwicklung und Evaluation) bestehen (vgl. Grafendorfer, Neureiter & Längauer-Hohengaßner, 2009, S. 40).
- (B) Das *Bewusstsein der Notwendigkeit kontinuierlicher Weiterentwicklung der Professionalität sollte bereits bei der Ausbildung grundgelegt werden* und in der beruflichen Praxis auf Schulebene ohne Unterbrechung weiter gepflegt werden, etwa durch Begleitung beim Übergang in den Beruf, in deren Rahmen ein Fortbildungsplan entworfen und Erkenntnisse aus der Fortbildung verarbeitet werden können. Der Übergang von der Ausbildung in den Beruf ist eine besonders kritische Zeit, die in Österreich nur sehr mangelhaft dazu genutzt wird, der Weiterbildung einen wichtigen Stellenwert zuzuweisen. Für etwa zwei Drittel der Lehrkräfte an Hauptschulen gibt es weder formale Begleitung für erstmals in den Beruf eintretende Lehrkräfte (62 %) noch Mentorentätigkeit (69 %). Bei den Lehrkräften an Gymnasien ist die Situation etwas anders, weil sie eine zweiphasige Ausbildung erhalten, bei der die zweite Phase teilweise an einer Schule stattfindet und begleitet wird. Hier liegen die Werte nur bei 12 bzw. 29 %. Es ist zu erwarten, dass eine gut betreute Übergangszeit in den Beruf zu einer realistischeren Selbsteinschätzung führen und Fortbildungsinitiativen von Anfang an als selbstverständlich erscheinen lassen würden (vgl. Grafendorfer, Neureiter & Längauer-Hohengaßner, 2009, S. 35).
- (B) Die *Nachfrage nach Lehrerfortbildungsangeboten sollte durch administrative Maßnahmen wesentlich vereinfacht werden* (z.B. durch Vereinheitlichung der Reisekostenformulare, benutzerfreundliche Gestaltung des Such- und Anmeldesystems etc.).

- (B) Die *schultypenübergreifende Fortbildung von Lehrkräften* sollte systematisch gefördert werden, weil davon nicht nur neue Entwicklungsimpulse für den Unterricht erwartet werden können, sondern auch neue Ideen und Initiativen für selbstorganisierte weiterführende Fortbildungsinitiativen (vgl. Kern & Kröpfl, 1996).

Maßnahmen, die primär regionale bzw. zentrale Schulbehörden bzw. der Gesetzgeber setzen sollten:

- (A) Die *Einführung eines europäischen Bildungspasses* (einer Art beruflichen Portfolios) für Lehrkräfte, der unter anderem die Bemühungen der einzelnen Lehrkräfte um Weiterqualifikation dokumentiert, könnte das Interesse an Fortbildung vor allem dann positiv beeinflussen, wenn damit materielle und immaterielle Anreize verbunden werden können (z.B. im Hinblick auf innerberuflichen Aufstieg). Nach Möglichkeit sollten im Bildungspass auch nachhaltige Konsequenzen der Fortbildung (z.B. für den Unterricht) dokumentiert sein.
- (A) Die *Schulen sollten zu Entwicklung und Evaluation* sowie zu deren periodischen Dokumentation im Rahmen des Schulprogramms *rechtlich verpflichtet werden.* Teil dieser Verpflichtung sollte die Personalentwicklung sein. Bei speziellen Entwicklungsvorhaben der Schule sollte in diesem Rahmen gezeigt werden, wie für die erforderlichen Qualifikationen gesorgt wird. Das Schulprogramm sollte von der Aufsicht überprüft werden. Es würde dadurch zu einer Art Leistungsvereinbarung auf Schulebene werden.
- (A) Die Lehrkräfte (und Schulleitungen) sollten für einen bestimmten Anteil der Jahresarbeitszeit – in Österreich derzeit 1776 Stunden – *zur Fortbildung verpflichtet* werden. Diese Verpflichtung sollte in einem Rahmen skizziert werden, der in einem gewissen Ausmaß auch individuelle (z.B. spezifische Sprachaufenthalte) und ortsungebundene Aktivitäten (z.B. Lektüre von Fachliteratur) enthält. Darin wäre auch die Koordination oder Leitung von Fortbildungsaktivitäten (sowie verschiedene weitere Tätigkeiten, die zu einschlägigen Kompetenzen führen) einzurechnen. Es sollte – zum Beispiel in Mitarbeitergesprächen – überprüft werden, inwieweit die Fortbildung realisiert wird. Die Inanspruchnahme von Fortbildung sollte mit positiven Konsequenzen (z.B. eine erhöhte Chance für die Übertragung von Funktionen) verbunden sein. Ein über einen längeren Zeitraum währendes Nicht-in-Anspruch-Nehmen sollte spezielle Aussprachen bis hin zu dienstrechtlichen Konsequenzen bedingen. Einen Beitrag dazu könnte die Einführung (teilweise) leistungsabhängiger Bezahlung leisten. In diesem Fall würde die Entlohnung aus einem Grundgehalt bestehen, das jedoch nicht automatisch erhöht wird (wie etwa derzeit in Österreich alle zwei Jahre), sondern leistungsabhängig (im Rahmen eines Verfahrens) steigt; damit könnten zusätzliche qualitätsorientierte Initiativen auch eine finanzielle Anerkennung finden: durch Weiterbildung bzw. Studium erworbene Qualifikationen (bis hin zu Master und Doktorat), besonderer Erfolg im Unterricht, die Übernahme spezieller Funktionen an der Schule etc. Das Spannungsverhältnis zwischen Verpflichtung und Freiwilligkeit bei der Nachfrage nach Lehrerfortbildung bleibt allerdings bestehen. Da der Verpflichtung zur Fortbildung nicht selten nur pro forma entsprochen wird (vgl. Seel, Altrichter & Mayr, 2006), sollten jene Maßnahmen Priorität erhalten, durch welche die kontinuierliche Arbeit an der

Weiterentwicklung der Professionalität für die Lehrkräfte als unverzichtbares Element beruflichen Selbstbewusstseins erlebbar wird.

- (A) Die *Leitung einer Schule* sollte (je nach Größe der Schule) auf eine *breitere Basis* gestellt werden. Die Einführung beziehungsweise Stabilisierung eines mittleren Managements ab einer bestimmten Größe der Schule bietet schulinterne Aufstiegsmöglichkeiten, die Nachfrage nach Fortbildung generieren können.
- (A) Durch schulstrukturelle Maßnahmen sollten Voraussetzungen dafür geschaffen werden, dass *innere Differenzierung und Individualisierung* an allen Schulen zur Selbstverständlichkeit werden kann. In der Sekundarstufe I ist dies nur dann zu erwarten, wenn die ganze Bandbreite der Begabungen in den Klassen vertreten ist und es rechtlich nicht mehr möglich ist, Lernende abzuschieben oder gar nicht erst aufzunehmen (z.B. in Finnland; vgl. Haahr et al., 2005, S. 199; Laukkanen, 2008, S. 313 und S. 320). Eine Änderung der derzeit in Deutschland und Österreich vorherrschenden strukturellen Förderung leistungshomogener Zusammensetzung der Klassen (durch Aufnahmekriterien für das Gymnasium, durch das Leistungsgruppensystem an Hauptschulen, durch Klassenwiederholungen) dürfte die Nachfrage nach Fortbildung in der Sekundarstufe I erheblich steigern.
- (B) *Schülerleistungen aus nationalen standardbezogenen Tests* sollten den Lehrkräften in Verbindung *mit fairen Vergleichsmöglichkeiten* (Ergebnissen aus Klassen mit ähnlicher sozialer Zusammensetzung) angemessen aufbereitet zur Verfügung gestellt werden. Auf diese Weise könnte auch formell festgestellt werden, ob sich die Qualität des Unterrichts (u.a. durch Fortbildungsinitiativen) verändert (vgl. Bos & Pietsch, 2004).
- (B) Der *Zugang zu für die Fortbildung verfügbaren Ressourcen* sollte auf die direkt und indirekt Betroffenen aufgeteilt werden (vgl. Mayr & Neuweg, 2009, S. 118):
  - auf die Schulverwaltung, um überregionale und regionale Interessen realisieren zu können,
  - auf Schulen, damit sie die lokale Personalentwicklung realisieren können, und
  - auf einzelne Lehrkräfte, um individuelle Fortbildungsinteressen verfolgen zu können.
- (B) Ein *Teil der Ressourcen der Schule* sollte von der regionalen Bildungsverwaltung *auf der Grundlage des Schulprogramms*, etwa im Hinblick auf Personalentwicklungsinitiativen, zugewiesen werden (z.B. durch ein Bonus-Malus-System). Dabei sollte sichergestellt werden, dass Schulen, die Probleme haben und entsprechende Evaluations- und Entwicklungsschritte setzen, die zu ihrer Bewältigung erforderlichen Ressourcen erhalten.
- (B) Die unterrichtliche und außerunterrichtliche *Anwesenheit von Lehrkräften* an der Schule und die Urlaubszeit sollten unter Berücksichtigung der (z.B. durch das jeweilige Fach bedingten) Belastungsunterschiede dienstrechtlich *genauer definiert werden*, damit unterrichtsfreie Dienstzeit an der Schule und in den Schulferien und ihre Nutzung für die Fortbildung (wie auch für Planungsarbeiten, für klassenübergreifende Absprachen etc.) sichtbar werden.
- (B) Die *berufsinternen Aufstiegsmöglichkeiten* (Fachbereichsleitung, regionales fachbezogenes Bildungsmanagement, Expertinnen und Experten für schul- und unterrichtsrelevante Themen wie z.B. Gewaltprävention) sollten erweitert werden. Von Lehrkräften,

die sich auf diese Positionen bewerben oder diese behalten wollen, sollte ein Nachweis der erforderlichen Kompetenzen oder deren Aktualisierung verlangt werden (durch spezielle Zertifikate bis hin zu Master-Abschlüssen). Finanziell könnten sie im Rahmen einer teilweise leistungsbezogenen Bezahlung honoriert werden.

- (B) Auf regionaler Ebene sollten die bestehenden Gelegenheiten für *Initiativen zur Weiterentwicklung und Reflexion von Unterricht in professionellen Gemeinschaften* und ihre Unterstützung durch ein fachbezogenes regionales Bildungsmanagement weiter ausgebaut werden (vgl. Wallner, Posch & Krainer, 2006). Die bisherigen Erfahrungen mit regionalen Netzwerken im Rahmen des österreichischen Projekts IMST (Innovations in Mathematics, Science and Technology Teaching) zeigen deutlich, dass sie nicht nur Nachfrage nach Fortbildung generieren, sondern auch unmittelbar fortbildungswirksam werden (vgl. Rauch & Scherz, 2009).
- (C) Der *Lehrberuf sollte deutlich aufgewertet und besonders für engagierte Personen attraktiver werden.* Dies dürfte eine wesentliche Voraussetzung für ihre Bereitschaft sein, kontinuierlich an ihrer Qualifikation zu arbeiten. Beiträge dazu sind unter anderem
  – die Erweiterung der Gestaltungsspielräume an der Schule, Spezialisierungsmöglichkeiten innerhalb des Berufs, das Abgehen vom Senioritätsprinzip etc.;
  – die inhaltliche Einbeziehung von Lehrkräften in die Vorbereitung bildungspolitischer Entscheidungen auf regionaler und nationaler Ebene;
  – die systematische Steuerung des Zugangs zum Lehrberuf, zum Beispiel durch Beratung und frühzeitige Auswahl geeigneter Interessentinnen und Interessenten für das Lehramtsstudium (vgl. Mayr, 2009);
  – handhabbare dienstrechtliche Maßnahmen für Lehrkräfte und Schulleitungen bei nicht zufriedenstellender Bereitschaft oder Kompetenz bis hin zur Entlassung aus dem Schuldienst.
- (D) Die *Schulen sollten dazu angeregt werden, besondere Kompetenzen in Sachbereichen* – von Unterrichtsmethoden bis hin zur Schulverwaltung – *aufzubauen*, die auch für andere Schulen oder auch außerschulische Institutionen nutzbar sind (und z.B. über eine „good-practice-Website" sichtbar gemacht werden). Auch wenn derartige Websites erfahrungsgemäß kaum direkt wirksam werden, könnten der Stellenwert und die Sichtbarkeit von Professionalität dadurch erhöht werden. Davon kann auch die Nachfrage nach Fortbildung – als Voraussetzung dafür – positiv beeinflusst und indirekt die Nachfrage nach Fortbildung als Voraussetzung dafür generiert werden.

5. Zusammenfassung

In diesem Beitrag werden zahlreiche Vorschläge zur Schaffung individueller und struktureller Voraussetzungen zur Verbesserung der Nachfrage nach Lehrerfortbildung zur Diskussion gestellt. Sie beziehen sich auf die einzelne Schule, die Institutionen der Lehrerbildung und die regionale und zentrale Schulverwaltung und Bildungspolitik. Manche dieser Vorschläge können von den einzelnen Institutionen selbst realisiert werden. Die Mehrzahl erfordert allerdings bildungspolitische Entscheidungen und rechtliche Maßnahmen. Eine

Voraussetzung dafür ist ein „Masterplan", in dem Prioritäten definiert und Synergien zwischen einzelnen Maßnahmen sichtbar gemacht werden.

Das wichtigste Kriterium für den Erfolg derartiger Maßnahmen(bündel) besteht in Schulen, an denen die kontinuierliche Arbeit an der Weiterentwicklung der Qualität ihrer Arbeit von den Lehrkräften als selbstverständlich und von den Schulleitungen als zentrale Führungsaufgabe angesehen wird. Eine solche „Kultur" ist der Boden, auf dem sich vielfältige Formen der Nachfrage nach und Nutzung von Fortbildung entfalten können. Die Gestaltung und Pflege einer solchen Kultur bedarf eines Ensembles von Maßnahmen, das je nach lokaler und regionaler Ausgangssituation durchaus unterschiedlich zusammengesetzt werden kann. Vermutlich unverzichtbar ist eine kluge Abstimmung struktureller Normen und Ressourcen unter Beachtung ihrer Auswirkungen auf individuelle Werthaltungen und Kompetenzen der Lehrkräfte. Aufgrund oben angestellter Analysen gehen wir davon aus, dass folgende Maßnahmen ein besonders hohes Potenzial haben, um Nachfrage nach Fortbildung zu generieren:

- die frühzeitige Vermittlung von Forschungserfahrung und einer experimentellen Einstellung zum eigenen Handeln sowie von Methoden zur Gewinnung und Analyse von Daten über Unterricht im Rahmen der Ausbildung;
- die periodische Übermittlung von Daten über die Leistungen der Schüler/innen in Verbindung mit Leistungsdaten von Klassen mit ähnlicher Zusammensetzung;
- die Verpflichtung der Schulen zu periodischer Rechenschaftslegung über Initiativen zur Weiterentwicklung der Qualität des Unterrichts und der schulischen Rahmenbedingungen unter aktiver Einbeziehung der Schüler/innen;
- die Institutionalisierung von Maßnahmen auf Schulebene zur materiellen und immateriellen Anerkennung von überprüfbaren Bemühungen der Lehrer/innen um die Weiterentwicklung ihrer Professionalität und der beruflichen Arbeit.

6. Literatur

Altrichter, H. & Eder, F. (2004). Das „Autonomie-Paritäts-Muster" als Innovationsbarriere? In H.-G. Holtappels (Hrsg.), Schulprogramme – Instrumente der Schulentwicklung (S. 195-221). Weinheim: Juventa.

Altrichter, H. & Heinrich, M. (2007). Kategorien der Governance-Analyse und Transformationen der Systemsteuerung in Österreich. In H. Altrichter, T. Brüsemeister & J. Wissinger (Hrsg.), Educational Governance – Handlungskoordination und Steuerung im Bildungssystem (S. 55-103). Wiesbaden: VS Verlag für Sozialwissenschaften.

Altrichter, H. & Posch, P. (2008). Forschende Entwicklung und Entwicklungsforschung – Argumente für eine Neubewertung von Aktionsforschungsansätzen in der deutschsprachigen Bildungsforschung. In F. Hofmann, C. Schreiner & J. Thonhauser (Hrsg.), Qualitative und quantitative Aspekte. Zu ihrer Komplementarität in der erziehungswissenschaftlichen Forschung (S. 75-97). Münster: Waxmann.

Autorengruppe Bildungsberichterstattung (2008). Bildung in Deutschland 2008. Berlin: Bildungsministerium für Bildung und Forschung.

Benke, G. (2007). Erste Ergebnisse der Befragung österreichischer Mathematiklehrender der AHS zu ihren Fortbildungserfahrungen, Wünschen und Bedürfnissen. Unveröffentlichtes Manuskript. Klagenfurt: Institut für Unterrichts- und Schulentwicklung.

Bos, W. & Pietsch, M. (2004). Erste Ergebnisse aus KESS 4 – Kurzbericht. Hamburg: Behörde für Bildung und Sport – Amt für Bildung.

Brunner, M., Kunter, M., Krauss, S., Klusmann, U., Baumert, J., Blum, W., et al. (2006). Die professionelle Kompetenz von Mathematiklehrkräften: Konzeptualisierung, Erfassung und Bedeutung für den Unterricht. Eine Zwischenbilanz des COACTIV-Projekts. In M. Prenzel & L. Allolio-Näcke (Hrsg.), Untersuchungen zur Bildungsqualität von Schule. Abschlussbericht des DFG-Schwerpunktprogramms (S. 54-82). Münster: Waxmann.

Burke, Lisa A. & Hutchins, H. (2007). Training transfer: An integrative literature review. Human Resource Development Review, 6(3), 263-296.

Chinn, C. A. & Brewer, W. F. (1993). The role of anomalous data in knowledge acquisition – A theoretical framework and implications for science instruction. Review of Educational Research, 63, 1-49.

Coburn, C. (2003). Rethinking scale – Moving beyond numbers to deep and lasting change. Educational Researcher, 32, 3-12.

Darling-Hammond, L. (1998). Teachers and Teaching: Testing Policy Hypotheses from a National Commission Report. Educational Researcher, 27, 5-15.

Elliott, J. (1993). What have we learned from Action Research in School-Based Evaluation? Educational Action Research, 1(1), 175-186.

Fullan, M. G. & Stiegelbauer, S. (1991). The new meaning of educational change. New York, NY: Teachers College Press.

Giddens, A. (1992). Die Konstitution der Gesellschaft – Grundzüge einer Theorie der Strukturierung. Frankfurt am Main: Campus.

Grafendorfer, A., Neureiter, H. & Längauer-Hohengaßner, H. (2009). Fortbildung. In J. Schmich & C. Schreiner (Hrsg.), TALIS 2008. Schule als Lernumfeld und Arbeitsplatz – Erste Ergebnisse des internationalen Vergleichs (S. 31-40). Salzburg: bifie.

Haahr, J. H., Nielsen, T. K., Hansen, M. E. & Jakobsen, S. T. (2005). Explaining Student Performance. Evidence from the international PISA, TIMSS and PIRLS surveys. Taastrup: Danish Technological Institute. Online unter http://www.pisa.oecd.org/dataoecd/5/45/35920726.pdf [2009-06-04].

Hanfstingl, B. & Krainer, K. (2008). IMST – Innovations in Mathematics, Science and Technology Teaching. Unser Weg, 63(2), 41-45.

Hawley, W. D. & Valli, L. (1999). The Essentials of Effective Professional Development: A New Consensus. In L. Darling-Hammond & G. Sykes (Eds.), Teaching as the Learning Profession (pp. 127-150). San Francisco: Jossey-Bass.

Hutmacher, W. (1998). Strategien der Systemsteuerung. Von der Systemexpansion zum Systemumbau. In BMUK (Hrsg.), Schulleitung und Schulaufsicht. Neue Rollen und Aufgaben im Schulwesen einer dynamischen und offenen Gesellschaft (S. 49-92). Innsbruck: Studienverlag.

Jäger, R. & Bodensohn, R. (2007). Die Situation der Lehrerfortbildung im Fach Mathematik aus der Sicht der Lehrkräfte. Bericht zur Befragung von Mathematiklehrkräften im Auftrag der Deutschen Telekom Stiftung (Bonn). Landau: ZEPF, Universität Koblenz-Landau.

Kern, A. & Kröpfl, B. (1996). Von PFL zu AFL – oder: Am Weg zur selbstorganisierten Gruppe „Aktion forschende LehrerInnen". In K. Krainer & P. Posch (Hrsg.), Lehrerfortbildung zwischen Prozessen und Produkten (S. 111-124). Bad Heilbrunn: Klinkhardt.

Konstantopoulos, S. (2006). Trends of School Effects on Student Achievement: Evidence from NLS:72, HSB:82, and NELS:92. Teachers College Record, 108(12), 2550-2581. Online unter http://www.tcrecord.org [2008-12-13].

Krainer, K. & Benke, G. (2009). Mathematik – Naturwissenschaften – Informationstechnologie: Neue Wege in Unterricht und Schule?! In W. Specht (Hrsg.), Fokussierte Analysen bildungspolitischer Schwerpunktthemen (Nationaler Bildungsbericht Österreich, Bd. 2, S. 223-246). Wien: Leykam.

Krainer, K. & Müller, F. H. (2007). Fachbezogenes Bildungsmanagement – Konzeption eines Lehrgangs und erste Befunde der Begleitforschung. In A. Bikner-Ahsbahs & A. Peter-Koop (Hrsg.), Mathematische Bildung – Mathematische Leistung. Festschrift für Michael Neubrand (S. 79-95). Bad Salzdetfurth: Franzbecker.

Krainer, K. & Posch, P. (Hrsg.). (1996). Lehrerfortbildung zwischen Prozessen und Produkten. Bad Heilbrunn: Klinkhardt.

Krainer, K. & Zehetmeier, S. (2008). What do we know about the sustainability of professional development programmes? Invited presentation in Discussion Group 7 at ICME 11 in Monterrey, Mexico (July 7, 2008).

Kussau, J. & Brüsemeister, T. (2007). Educational Governance: Zur Analyse der Handlungskoordination im Mehrebenensystem der Schule. In H. Altrichter, T. Brüsemeister & J. Wissinger (Hrsg.), Educational Governance – Handlungskoordination und Steuerung im Bildungssystem (S. 15-54). Wiesbaden: VS Verlag für Sozialwissenschaften.

Kwakman, K. (2003). Factors influencing teachers' participation in professional learning activities. Teaching and Teacher Education, 19, 149-170.

Landesinstitut für Lehrerbildung und Schulentwicklung (o.J.). Rückmeldung zu den Ergebnissen der Untersuchung Kompetenzen und Einstellungen von Schülerinnen und Schülern – Jahrgangsstufe 4 (KESS 4). Hamburg: Landesinstitut für Lehrerbildung und Schulentwicklung.

Laukkanen, R. (2008). Finnish Strategy for High-Level Education for all. In N. C. Soguel & P. Jaccard (Eds.), Governance and Performance of Education Systems (pp. 305-324). New York: Springer.

Lipowksy, F. (2004). Was macht Fortbildungen für Lehrkräfte erfolgreich? Befunde der Forschung und mögliche Konsequenzen für die Praxis. Die Deutsche Schule, 96, 463-479.

Mayr, J. & Neuweg, G. (2009). Lehrer/innen als zentrale Ressource im Bildungssystem: Rekrutierung und Qualifizierung. In W. Specht (Hrsg.), Fokussierte Analysen bildungspolitischer Schwerpunktthemen (Nationaler Bildungsbericht Österreich, Bd. 2, S. 99-119). Wien: Leykam.

Mayr, J. (2009). LehrerIn werden in Österreich: empirische Befunde zum Lehramtsstudium. Erziehung und Unterricht, 159, 14-33.

McKinsey Report (2007). How the world's best-performing school systems come out on top. London: McKinsey & Company.

OECD (2009). Creating Effective Teaching and Learning Environments: First Results from TALIS – Teaching And Learning International Survey. Paris: OECD.

Posch, P. (2009). Zur schulpraktischen Nutzung von Daten: Konzepte, Strategien, Erfahrungen. Die deutsche Schule, 101(2), 119-135.

Posch, P. & Altrichter, H. (1993). Schulautonomie in Österreich (2. erw. Neuaufl.). Wien: Bundesministerium für Unterricht und Kunst.

Prammer-Semmler, E., Prexl-Krausz, U. & Soukup-Altrichter, K. (Hrsg.). (2006). Lehrer/innen erforschen ihre Praxis (S. 9-20). Linz: Trauner.

Rauch, F. & Scherz, H. (2009). Regionale Netzwerke: Konzept, Erfahrungen und Chancen. In K. Krainer, B. Hanfstingl & S. Zehetmeier (Hrsg.), Fragen zur Schule – Antworten aus der Praxis. Ergebnisse aus dem Projekt IMST (Innovationen im Mathematik- und Naturwissenschaftsunterricht, Bd. 4, S. 273-286). Innsbruck: Studienverlag.

Rechnungshof (RH) (2006). Wirkungsbereich des Bundesministeriums für Bildung, Wissenschaft und Kultur – Lehrerfortbildung. Online unter http://www.rechnungshof.gv.at/fileadmin/downloads/Teilberichte/Bund/Bund_2006_03/Bund_2006_03_1.pdf [03.06.2009].

Reusser, K. & Tremp, P. (2008). Diskussionsfeld „Berufliche Weiterbildung von Lehrpersonen". Beiträge zur Lehrerbildung, 26(1), 5-10.

Rürup, M. & Heinrich, M. (2007). Schulen unter Zugzwang. Die Schulautonomiegesetzgebung der deutschen Länder als Rahmen der Schulentwicklung. In H. Altrichter, T. Brüsemeister & J. Wissinger (Hrsg.), Educational Governance – Handlungskoordination und Steuerung im Bildungswesen (S. 57-183). Wiesbaden: VS Verlag für Sozialwissenschaften.

Schneeberger, A. et al. (2007). Entwicklung eines Nationalen Qualifikationsrahmens für Österreich – Vertiefende Analysen. Research Report im Auftrag des Bundesministeriums für Wissenschaft und Forschung. Wien: ibw.

Schuster, A. (2008). Ich schreibe, also lerne ich. Welche Anreize bewegen Lehrkräfte zum Schreiben über ihre Praxis? Dissertation an der Alpen-Adria-Universität Klagenfurt. Regensburg: Roderer.

Seel, A., Altrichter, H. & Mayr, J. (2006). Innovation durch ein neues Lehrerdienstrecht? In M. Heinrich & U. Greiner (Hrsg.), Schauen was 'rauskommt – Kompetenzförderung, Evaluation und Systemsteuerung im Bildungswesen (S. 95-111). Wien: LIT.

Spillane, J. (2004). Standards Deviation: How Local Schools Misunderstand Policy. Cambridge, MA: Harvard University Press.

Strittmatter, A. (2001). Bedingungen für die nachhaltige Aufnahme von Neuerungen an Schulen. journal für schulentwicklung, 4, 58-66.

Wackermann, R. (2008). Überprüfung der Wirksamkeit eines Basismodell-Trainings für Physiklehrer. Berlin: Logos.

Wallner, B., Posch, P. & Krainer, K. (2006). Regionales fachbezogenes Bildungsmanagement – ein Beitrag zur Steigerung der Kommunikationsfähigkeit des österreichischen Bildungssystems. Konzept für eine Aufgabenbeschreibung. In K. Krainer (Hrsg.), Ergebnisbericht zum Projekt IMST3 2004/05 (S. 77-87). Klagenfurt: Institut für Unterrichts- und Schulentwicklung.

Wittwer, H., Salzgeber, G., Neuhauser, G. & Altrichter, H. (2004). Forschendes Lernen in einem Lehrgang zum kooperativen offenen Lernen. In S. Rahm & M. Schratz (Hrsg.), Lehrer/innenforschung (S. 105-118). Innsbruck: Studienverlag.

Zehetmeier, S. (2008). Zur Nachhaltigkeit von Lehrer/innenfortbildung. Dissertation an der Alpen-Adria-Universität Klagenfurt.

Autorinnen und Autoren

Aich, Gernot
Dipl.-Päd.; Pädagogische Hochschule Schwäbisch Gmünd; Arbeitsschwerpunkte: Förderung der Kommunikations- und Konfliktlösekompetenz von Lehrerinnen und Lehrern.
E-Mail: gernot.aich@ph-gmuend.de

Altrichter, Herbert
Univ.-Prof. Dr.; Institut für Pädagogik und Psychologie der Johannes Kepler Universität Linz; Arbeitsschwerpunkte: Schulentwicklung und Governance des Bildungswesens, Evaluation, qualitative Forschungsmethoden, neue Lernformen, Lehrerbildung.
E-Mail: herbert.altrichter@jku.at

Andreitz, Irina
Dipl.-Psych.; Projektmitarbeiterin am Institut für Unterrichts- und Schulentwicklung (IUS) der Alpen-Adria-Universität Klagenfurt; Arbeitsschwerpunkt: Lernmotivation und Lehrerfortbildung.
E-Mail: irina.andreitz@uni-klu.ac.at

Astleitner, Hermann
ao. Univ.-Prof. Dr.; Fachbereich Erziehungswissenschaft der Universität Salzburg; Arbeitsschwerpunkte: Lehr-Lern-Forschung, Medienpädagogik und Methoden der empirischen Sozialforschung.
E-Mail: hermann.astleitner@sbg.ac.at

Behr, Michael
Prof. Dr.; Pädagogische Hochschule Schwäbisch Gmünd; Arbeitsschwerpunkte: Emotionale und Soziale Kompetenzen in Erziehung und Schule, Beratung bei Kindern, Jugendlichen, Eltern und Familien sowie Spieltherapie.
E-Mail: michael.behr@ph-gmuend.de

Benke, Gertraud
Ass.-Prof.in Dr.in; Institut für Unterrichts- und Schulentwicklung der Alpen-Adria-Universität Klagenfurt; Arbeitsschwerpunkte: Konzeptuelles Lernen, Klassenzimmerkommunikation, Gender im Klassenzimmer, Evaluationsverfahren, Qualitative Datenanalyse (Diskursanalyse, Textanalyse, Argumentationsanalyse, semantische Verfahren).
E-Mail: gertraud.benkeuni-klu.ac.at

Brückel, Frank
Prof. Dr.; Pädagogische Hochschule Zürich; Arbeitsschwerpunkte: Schulentwicklung und Schulinnovation, Alternative Schulmodelle.
E-Mail: frank.brueckel@phzh.ch

Büttner, Gerhard
Prof. Dr.; Institut für Psychologie der Goethe-Universität Frankfurt am Main, Arbeitsbereich Pädagogische Psychologie. Arbeitsschwerpunkte: Selbstreguliertes Lernen und dessen Förderung sowie Lehrerbildung.
E-Mail: buettner@paed.psych.uni-frankfurt.de

Diem-Wille, Gertraud
ao. Univ.-Prof.in Dr.in; Institut für Unterrichts- und Schulentwicklung (IUS) der Alpen-Adria-Universität Klagenfurt; Psychoanalytikerin sowie Lehranalytikerin (WPV, IPA) in eigener Praxis in Wien; Arbeitsschwerpunkte: psychoanalytische Pädagogik, Kinder und Jugendpsychologie, Tiefenpsychologie, Aus- und Weiterbildung von Lehrer/inne/n sowie die emotionale Entwicklung des Menschen und deren Relevanz für das Lernen.
E-Mail: gertraud.diem-wille@uni-klu.ac.at

Eberle, Thomas
Dr.; Professor für Schulpädagogik mit Schwerpunkt Hauptschule an der Universität Erlangen-Nürnberg. Arbeitsschwerpunkte: Lehrerbildungs- und Schulentwicklungsforschung, Organisationsentwicklung mit Planspiel und Outdoor-Training, Führungskräftecoaching.
E-Mail: office@thomas-eberle.de

Eichenberger, Astrid
Prof.; Fachhochschule Nordwestschweiz, Pädagogische Hochschule, Institut Primarstufe.
E-Mail: astrid.eichenberger@fhnw.ch

Fauser, Peter
Prof. Dr.; Professor für Schulpädagogik und Schulentwicklung an der Friedrich-Schiller-Universität Jena. Arbeitsschwerpunkte: „Verständnisintensives Lernen“, handlungs- und praxisbezogenes Lernen, Qualitätsentwicklung von Schulen, Professionalisierung von Lehrkräften.
E-Mail: p.fauser@imaginata.de

Finsterwald, Monika
MA, Dr.in; Post-Doc am Institut für Wirtschaftspsychologie, Bildungspsychologie und Evaluation der Universität Wien. Arbeitsschwerpunkte: Lebenslanges Lernen, Motivation, Hochbegabung, Trainings und Professionalisierung von Lehrer/inne/n.
E-Mail: monika.finsterwald@univie.ac.at

Gräsel, Cornelia
Prof.in Dr.in; Professorin für den Bereich der Lehr-, Lern- und Unterrichtsforschung und Mitbegründerin des Zentrums für Bildungsforschung und Lehrerbildung an der Bergischen Universität Wuppertal; Forschungsschwerpunkte: in den Bereichen des kontext- und problemorientierten Lernens, der schulischen Leistungsbeurteilung, der Förderung der Lesekompetenz sowie der Implementations- und Transferforschung.
E-Mail: graesel@uni-wuppertal.de

Grasmück, Edith
Dipl.-Psych.; Doktorandin am Institut für Psychologie der Goethe-Universität Frankfurt am Main; Arbeitsbereich Pädagogische Psychologie. Neben ihrer Dissertation zu dem Thema Fähigkeitsselbstkonzepte von Grundschulkindern arbeitete sie zuletzt im Bereich E-Learning und Selbstreguliertes Lernen.
E-Mail: grasmueck@paed.psych.uni-frankfurt.de

Gruber, Hans
Prof. Dr.; Ordentlicher Professor für Allgemeine Pädagogik, Institut für Pädagogik, Universität Regensburg, Deutschland; Arbeitsschwerpunkte: Lehr-Lern-Forschung, Expertiseforschung, Professional Learning, Workplace Learning, Hochschuldidaktik.
E-Mail: hans.gruber@paedagogik.uni-regensburg.de

Hascher, Tina
Prof.[in] Dr.[in]; Universität Salzburg, Fachbereich Erziehungswissenschaft; Arbeits- und Forschungsschwerpunkte: Emotionen und Lernen, Emotionen in der Schule, schulisches Lernen, Lehrerbildung, Gesundheit und Wohlbefinden.
E-Mail: tina.hascher@sbg.ac.at

Heller, Friederike
Friedrich-Schiller-Universität Jena, wissenschaftliche Mitarbeiterin am Lehrstuhl für Schulpädagogik und Schulentwicklung und Trainerin im Entwicklungsprogramm für Unterricht und Lernqualität.
E-Mail: f.heller@imaginata.de

Herzog, Silvio
Prof. Dr.; Leiter der Weiterbildung und Zusatzausbildungen an der Pädagogischen Hochschule Zentralschweiz in Luzern; Arbeitsschwerpunkte: Berufsbiografien und Personalentwicklung, Bewältigung und Ressourcenmanagement im Lehrerberuf sowie Wirksamkeit von Weiterbildungen.
E-Mail: silvio.herzog@phz.ch

Hofmann, Franz
ao. Univ.-Prof. Dr.; außerordentlicher Universitätsprofessor an den Fachbereichen Erziehungswissenschaft und Lehrerbildung der Universität Salzburg; Arbeitsschwerpunkte: einzelne Fragestellungen aus dem Bereich der Pädagogischen Psychologie, Schul- und Unterrichtsentwicklung, Didaktik und Evaluation von Bildungsprozessen.
E-Mail: franz.hofmann@sbg.ac.at

Ingrisch, Doris
Univ.-Doz.[in] Dr.[in]; Dozentin für Zeitgeschichte, freiberufliche Wissenschaftlerin sowie derzeit Gastprofessorin für Gender Studies am Institut für Kulturmanagement und Kulturwissenschaft der Universität für Musik und darstellende Kunst in Wien. Ihre Forschungsprojekte und Publikationen umfassen die Bereiche Cultural sowie Gender Studies, Wissenschaftsgeschichte, Exil/Emigrationsforschung sowie qualitative Methoden.
E-Mail: doris.ingrisch@univie.ac.at

Klieme, Eckhard
Prof. Dr.; Goethe-Universität Frankfurt am Main; Arbeitsschwerpunkte: Unterrichtsqualität, Schuleffektivität und Schulentwicklung, Leistungsmessung und -beurteilung in Schulen (large scale assessment, formative assessment), Evaluation im Bildungsbereich, international vergleichende Bildungsforschung.
E-Mail: klieme@dipf.de

Kohlstock, Barbara
lic.oec.publ.; Bereichsleiterin an der Pädagogischen Hochschule Zürich. Sie ist zudem als Dozentin für Schul- und Bildungsmanagement tätig mit Arbeitsschwerpunkten in Bereichen der Aus- und Weiterbildung von Schulleitenden sowie der schulischen Qualitätssicherung und -entwicklung.
E-Mail: barbara.kohlstock@phzh.ch

Krainer, Konrad
Univ.-Prof. Dr.; Institut für Unterrichts- und Schulentwicklung (IUS) der Alpen-Adria-Universität Klagenfurt; Arbeitsschwerpunkte: Mathematikdidaktik und Lehrerbildung, dabei Fokus auf Unterrichts-, Schul- und Bildungssystementwicklung.
E-Mail: konrad.krainer@uni-klu.ac.at

Krammer, Kathrin
Dr.^{in}; Pädagogische Hochschule Zentralschweiz – Luzern; Arbeitsschwerpunkte: Lehr-Lernpsychologie und Allgemeine Didaktik, videobasierte Unterrichtsforschung (Schwerpunkt Adaptivität im Unterricht, Lehrer-Schüler-Interaktion), Einsatz von Unterrichtsvideos in der Aus- und Weiterbildung von Lehrpersonen, Bildung und Erziehung von vier- bis achtjährigen Kindern.
E-Mail: kathrin.krammer@phz.ch

Lipowsky, Frank
Prof. Dr.; Universität Kassel; Arbeitsschwerpunkte: Erziehungswissenschaften mit dem Schwerpunkt Empirische Bildungsforschung, Unterrichtsforschung, Lehrerforschung.
E-Mail: lipowsky@uni-kassel.de

Lüders, Manfred
Prof. Dr.; Professor an der Universität Erfurt und Inhaber des Lehrstuhls für Schul- und Grundschulpädagogik, Fakultät für Erziehungswissenschaften; Arbeitsschwerpunkte u.a.: Allgemeine Didaktik, Unterrichtstheorie und Lehrerbildung.
E-Mail: manfred.lueders@uni-erfurt.de

Lüftenegger, Marko
Mag.; Universitätsassistent am Institut für Wirtschaftspsychologie, Bildungspsychologie und Evaluation der Universität Wien; Forschungsschwerpunkte: im Bereich der Motivationsforschung und -förderung, Lebenslanges Lernen und der Evaluation bildungspsychologischer Maßnahmen.
E-Mail: marko.lueftenegger@univie.ac.at

Mayr, Johannes
Univ.-Prof. Dr.; Institut für Unterrichts- und Schulentwicklung (IUS) der Alpen-Adria-Universität Klagenfurt; Arbeitsschwerpunkte: Lehrerbildung, Lehrer- und Lehrerbildungsforschung, Schulforschung, Evaluation.
E-Mail: johannes.mayr@uni-klu.ac.at

Meentzen, Uta
Dr.in phil.; wissenschaftliche Mitarbeiterin am Leibniz-Institut für die Pädagogik der Naturwissenschaften in Kiel. Sie arbeitete in der zentralen Koordinierungsstelle des Programms SINUS-Transfer mit den Schwerpunkten Unterstützung und Evaluation von Unterrichtsentwicklung durch Portfolios.
E-Mail: meentzen@ipn.uni-kiel.de

Meier, Albert
Prof. ZFH lic. phil.; Dozent und Ressortleiter an der Pädagogischen Hochschule Zürich. Ein zweiter Arbeitsschwerpunkt ist die Leitung des Weiterbildungsangebotes für erfahrene Lehrpersonen „Individuelles Projekt IP“ im Bereich Intensivweiterbildung und Weiterbildungskurse.
E-Mail: albert.meier@phzh.ch

Müller, Florian H.
Assoc. Univ.-Prof. Dr.; Institut für Unterrichts- und Schulentwicklung (IUS) der Alpen-Adria-Universität Klagenfurt; Arbeitsschwerpunkte: Lernmotivation und Interessenforschung, Wirkung von Fortbildungen, Evaluation von schulischen Interventionsprojekten.
E-Mail: florian.mueller@uni-klu.ac.at

Munz, Andrea
lic. phil.; Leiterin der Abteilung Berufseinführung an der Pädagogischen Hochschule Zentralschweiz in Luzern; Arbeitsschwerpunkte: Lehrerberuf und Perspektiven, Beratung, Aus- und Weiterbildung von Lehrpersonen und Schulleitungen.
E-Mail: andrea.munz@phz.ch

Neuweg, Georg Hans
ao. Univ.-Prof. Dr.; außerordentlicher Universitätsprofessor am Institut für Pädagogik und Psychologie an der Johannes Kepler Universität Linz und Leiter der dortigen Abteilung für Wirtschaftspädagogik; Arbeitsschwerpunkte: Lehrerbildungsforschung, implizites Wissen und Wirtschaftsdidaktik. Er arbeitet sowohl in der Grundausbildung als auch in der Fortbildung von Lehrern.
E-Mail: georg.neuweg@jku.at

Nieskens, Birgit
Dr.in; wissenschaftliche Mitarbeiterin am Institut für Psychologie und Zentrum für Angewandte Gesundheitswissenschaften an der Leuphana Universität Lüneburg; Arbeitsschwerpunkte: Lehrergesundheitsforschung, schulische Gesundheitsförderung und webbasierte Laufbahnberatung im Lehrerberuf.
E-Mail: nieskens@uni.leuphana.de

Palekčić, Marko
Prof. Dr.; Abteilung für Pädagogik der Universität Zagreb; Arbeitsschwerpunkte: Theoretische Pädagogik, Motivation und Interesse, Lehren und Lernen, Allgemeine Didaktik und Lehrerbildung.
E-Mail: mpalekci@ffzg.hr

Pauli, Christine
Dr.[in]; wissenschaftliche Mitarbeiterin am Lehrstuhl Pädagogische Psychologie und Didaktik, Universität Zürich; Arbeitsschwerpunkte: videobasierte Unterrichtsforschung, Lehr-Lernpsychologie, Denken und Handeln von Lehrpersonen.
E-Mail: cpauli@ife.uzh.ch

Posch, Peter
Prof i.R., Dr.; Institut für Unterrichts- und Schulentwicklung (IUS) der Alpen-Adria-Universität Klagenfurt; Arbeitsschwerpunkte: Schulentwicklung, Aktionsforschung, Umwelterziehung, Lehrerfortbildung, Qualitätssicherung im Bildungswesen.
E-Mail: peter.posch@uni-klu.ac.at

Radeka, Igor
Prof. Dr.; Abteilung für Pädagogik der Universität Zadar; Arbeitsschwerpunkte: Historische Pädagogik, Komparative Pädagogik, Didaktik, und Lehrerbildung.
E-Mail: iradeka@unizd.hr

Rahm, Tobias
Dipl.-Psych.; Diplom-Psychologe und als Lehrbeauftragter, Doktorand und freier Mitarbeiter an der Leuphana Universität Lüneburg tätig; Arbeits- und Forschungsschwerpunkte: Aus- und Weiterbildung von Lehrkräften, Professionelle Lerngemeinschaften, Stabilisierung von Lernerfolgen unter Alltagsbedingungen, Online-Beratung, Online-Diagnosen sowie Zeit- und Stressmanagement.
E-Mail: rahm@leuphana.de

Ratzka, Nadja
Dr.[in]; Universität Siegen; Arbeitsschwerpunkte: Leistungsstudien, Mathematikdidaktik, empirische Unterrichtsforschung, Lehrerprofessionalisierung, Schulpädagogik und Didaktik der Grundschule und Sekundarstufe I/II, Genderforschung.
E-Mail: ratzka@zfl.uni-siegen.de

Reusser, Kurt
Prof. Dr.; Ordinarius, Lehrstuhl Pädagogische Psychologie und Didaktik, Universität Zürich; Arbeitsschwerpunkte: Pädagogische Psychologie, Allgemeine Didaktik und Lehr-Lernforschung, videobasierte Unterrichtsforschung, Lehrerinnen- und Lehrerbildung.
E-Mail: reusser@ife.uzh.ch

Rißmann, Jens
Dr.; Friedrich-Schiller-Universität Jena, Diplom-Psychologe, Spiel-und Theaterpädagoge, Assistent am Lehrstuhl für Schulpädagogik und Schulentwicklung und Trainer im Entwicklungsprogramm für Unterricht und Lernqualität.
E-Mail: j.riszmann@imaginta.de

Rogić, Ana Marija
Mag.[a]; Assistentin an der Abteilung für Pädagogik der Universität Zadar; Arbeitsschwerpunkt: Lehrerbildung.
E-Mail: amrogic@unizd.hr

Schaarschmidt, Uwe
Prof. Dr.; ehemals Universität Potsdam, leitete die Abteilung Persönlichkeits- und Differenzielle Psychologie am Institut für Psychologie der Universität Potsdam; Arbeitsschwerpunkte: Zusammenhang von Persönlichkeit, Arbeit und Gesundheit. Seit 2006 ist er im Ruhestand.
E-Mail: uwe.schaarschmidt@coping.at

Schellenbach-Zell, Judith
Dr.[in]; wissenschaftliche Mitarbeiterin am Zentrum für Bildungsforschung und Lehrerbildung der Bergischen Universität Wuppertal; Forschungsschwerpunkte: Motivation und Volition von Lehrkräften sowie die Implementations- und Transferforschung.
E-Mail: zell@uni-wuppertal.de

Schildknecht, Jacques
Bereichsleiter Weiterbildungsstudiengänge (Postgraduate Studies) an der Pädagogischen Hochschule Zürich; Arbeitsschwerpunkte: Bildungsmanagement, Schulführung, Personal- und Schulentwicklung.
E-Mail: jacques.schildknecht@phzh.ch

Schmid, Christoph
Prof. Dr.; Fachbereich Entwicklung und Berufsidentität, Pädagogische Hochschule Zürich, Schweiz; Arbeitsschwerpunkte: Lernen, Kompetenz- und Expertiseentwicklung, Lerntransfer, Lerntheorie, Beurteilen, Fähigkeits- und Kompetenzkonstrukte, Denk- und Lernstrategieförderung, Lehrerbildung, Curriculum, distribuierte Intelligenz.
E-Mail: christoph.schmid@phzh.ch

Schnetzler, Claudia Lena
lic. phil.; Universität Zürich; Arbeitsschwerpunkte: Lehr-Lernpsychologie und Entwicklungspsychologie; Berufsbildung; Betreuung, Bildung und Erziehung von Kindern im Vorschulalter; Einsatz von Unterrichtsvideos in der Aus- und Weiterbildung von Lehrpersonen.
E-Mail: sccl@bfswinti.educanet2.ch

Schnurre, Stephan
Friedrich-Schiller-Universität Jena, Lehrer für Deutsch und Ethik und Trainer im Entwicklungsprogramm für Unterricht und Lernqualität.
E-Mail: schnurre@imaginata.de

Schober, Barbara
ao. Univ.-Prof.^{in} Dr.^{in}; Institut für Wirtschaftspsychologie, Bildungspsychologie und Evaluation der Universität Wien; derzeitige Arbeitsschwerpunkte: im Rahmen ihrer Tätigkeit am Arbeitsbereich Bildungspsychologie und Evaluation: Bereiche Motivationsförderung in der Schule, Lebenslanges Lernen, Evaluation bildungspsychologischer Maßnahmen und Geschlechtsspezifische Bildungsverläufe.
E-Mail: barbara.schober@univie.ac.at

Schumacher, Lutz
Dr.; außerplanmäßiger Professor an der Leuphana Universität Lüneburg und Leiter des Transferzentrums für Sozialwirtschaft in der Professional School. Seine Forschungsinteressen richten sich auf die Veränderungs- und Innovationsfähigkeit von Organisationen, Möglichkeiten einer diagnosegeleiteten Entwicklung von Organisationen und Individuen sowie die Gesundheitsförderung.
E-Mail: schumacher@uni.leuphana.de

Schwarzer, Myriam
Friedrich-Schiller-Universität Jena, studentische Hilfskraft im Entwicklungsprogramm für Unterricht und Lernqualität.
E-Mail: myrisch@gmx.de

Sieland, Bernhard
Prof. Dr.; Institut für Psychologie der Leuphana Universität Lüneburg, Psychologischer Psychotherapeut (Verhaltenstherapie) und Supervisor; Forschungs- und Arbeitsschwerpunkte: Personal- und Organisationsentwicklung: Arbeits- und Gesundheitsqualität in Non Profit-Organisationen; Eignungsdiagnostik und Potenzialanalysen; diagnosegeleitete Professionalisierung durch reale und virtuelle Lerngemeinschaften; Veränderungslernen unter Alltagsbedingungen.
E-Mail: sieland@leuphana.de

Spiel, Christiane
Prof.^{in} DDr.^{in}; Universitätsprofessorin für Bildungspsychologie und Evaluation an der Universität Wien; Forschungsschwerpunkte: umfassen Bildungsmotivation, Lebenslanges Lernen, Aggression, Soziale Kompetenz sowie Entwicklung von Evaluationsdesigns und Durchführung von Evaluationen im Bildungsbereich.
E-Mail: christiane.spiel@univie.ac.at

Stadler, Matthias
Dr.; wissenschaftlicher Mitarbeiter am Leibniz-Institut für die Pädagogik der Naturwissenschaften in Kiel; Arbeitsschwerpunkte: Professionalisierung von Lehrkräften, Lehrerkooperation sowie Naturwissenschaftsdidaktik.
E-Mail: stadler@ipn.uni-kiel.de

Stamouli, Elena
Dr.in Dipl.-Päd.; Institut für Pädagogik, Universität Regensburg, Deutschland. Gymnasiallehrerin und Habilitandin am Institut für Pädagogik an der Universität Regensburg; Forschungsschwerpunkte: Berufszufriedenheit, emotionale Kompetenzen, Professional Learning.
E-Mail: eleni.stamouli(@)paedagogik.uni-regensburg.de

Sturm, Tanja
Ass.-Prof.in Dr.in; Institut für Unterrichts- und Schulentwicklung (IUS) der Alpen-Adria-Universität Klagenfurt; Arbeitsschwerpunkte: Schulentwicklung, soziale Konstruktion von Heterogenität/Homogenität in Schule und Unterricht, Umgang mit Heterogenität/ Homogenität in Schule und Unterricht.
E-Mail: tanja.sturm@uni-klu.ac.at

Thiele, Otto
Friedrich-Schiller-Universität Jena, Lehrer für Informatik und Mathematik und Trainer im Entwicklungsprogramm für Unterricht und Lernqualität.
E-Mail: m-o.thiele@t-online.de

Turner, Agnes
Dr.in; wissenschaftliche Mitarbeiterin am Institut für Unterrichts- und Schulentwicklung (IUS) der Alpen-Adria-Universität Klagenfurt und Supervisorin (ÖVS) in eigener Praxis in Wien; Arbeitsschwerpunkte: psychoanalytische Pädagogik, Aus- und Weiterbildung von Lehrer/inne/n, Qualitative Methoden, Bildungsforschung und Biographieforschung.
E-Mail: agnes.turner@uni-klu.ac.at

Vollmeyer, Regina
Prof.in Dr.in; Institut für Psychologie der Goethe-Universität Frankfurt am Main, Arbeitsbereich Pädagogische Psychologie; Arbeitsschwerpunkte: Motivation und Lernen.
E-Mail: r.vollmeyer@paed.psych.uni-frankfurt.de

Wagner, Petra
Prof.in (FH) Dr.in, Fachhochschule Linz; PD; Professorin für Psychologie an der Fakultät für Gesundheit und Soziales. Ihre aktuellen Forschungsaktivitäten beziehen sich auf verschiedene Fragen der Bildungspsychologie mit Fokus auf Lebenslanges Lernen, selbstreguliertes Lernen, Arbeitszeit für die Schule, schulische Belastungsfaktoren und Evaluation.
E-Mail: petra.wagner@fh-linz.at

Waldenburger, Ute
Friedrich-Schiller-Universität Jena, Lehrerin für Mathematik und Ethik und Trainerin im Entwicklungsprogramm für Unterricht und Lernqualität.
E-Mail: u.waldenburger@imaginata.de

Weyrauch, Axel
Friedrich-Schiller-Universität Jena, Lehrer für Mathematik und Physik, Programmkoordinator und Trainer im Entwicklungsprogramm für Unterricht und Lernqualität.
E-Mail: axel.weyrauch@email.de

Weyringer, Sieglinde
Dr.[in]; Universität Salzburg, Fachbereich Erziehungswissenschaft; Arbeits- und Forschungsschwerpunkte: Begabungs- und Begabtenförderung, Moral- und Werterziehung, Demokratieerziehung, Aktionsforschung.
E-Mail: sieglinde.weyringer@sbg.ac.at

Winkler, Christoph
Dipl.-Kfm.; wissenschaftlicher Mitarbeiter am Arbeitsbereich Schulpädagogik/Schulentwicklungsforschung an der Freien Universität Berlin; Arbeitsschwerpunkte: Schulentwicklungsforschung, schulische Organisationsforschung, Schulleitungsforschung, Anreiz- und Unterstützungssysteme für Lehrkräfte sowie Coaching als Unterstützungsinstrument für Schulleitungen und Lehrkräfte.
E-Mail: christoph.winkler@fu-berlin.de

Zehetmeier, Stefan
Ass.-Prof. Dr.; Institut für Unterrichts- und Schulentwicklung (IUS) der Alpen-Adria-Universität Klagenfurt; Arbeitsschwerpunkte: Professionalitätsentwicklung und Fortbildung von Lehrkräften, Qualitätssicherung und Evaluation im Bildungsbereich, Wirkungsanalysen von Fortbildung, Mathematikdidaktik.
E-Mail: stefan.zehetmeier@uni-klu.ac.at